Grundsatzerklärung:

Autor und Verlag respektieren alle Menschen und Religionen und lehnen deshalb jede Art von rassistischen Voreingenommenheiten und Propaganda ab, komme diese von konfessioneller, politischer oder ideologischer Seite.
Autor und Verlag lehnen jede Verantwortung gegenüber Missverständnissen bzw. Anklagen ab, die aus oberflächlicher, unvollständiger oder voreingenommener Lektüre dieses Buches entstehen könnten.

1. Auflage September 2008

Covergestaltung: DAW Verlag
Satz und Gestaltung: DAW-Verlag
Lektorat: M. Kraemer
Druck: Popp-Druck, Langenhagen

DAW-Verlag
Taubenbergstr. 32
83627 Warngau
Tel.: 08021 – 9016996

Email: info@daw-verlag.de
Internet: http://daw-verlag.de

ISBN: 978-3-9810784-6-6

Uwe Behnken

Why Not

Der zukünftige Weg zum Weltfrieden

Band I „Die Rückkehr - Vorbereitung"

Einleitung

Die folgende Erzählung soll euch ein paar Hindernisse des Lebens zeigen und den Versuch, seine Bestimmung zu finden. Dieser Versuch ist gelungen.

Ich habe erst mit knapp 44 Jahren begriffen, was „Selbstverantwortung" für eine Bedeutung besitzt, und ich mußte dafür einen ungewöhnlichen Preis bezahlen.

Ich bin bereit, meine Verfehlungen Wiedergutzumachen.

Ich werde all den Hilflosen dieser Welt (mit teilweise ähnlichem Schicksal) einen Weg aufzeigen, aus dieser Misere wieder herauszukommen, und all den „guten" Menschen beweisen, daß man die Hoffnung niemals aufgeben sollte.

Ich habe meine Kinder verlassen müssen, um diesen Weg zu gehen, und ich habe Dinge gesehen, zu denen nur wenige Menschen Zutritt haben. Ich denke, das Ergebnis dieser Odyssee wird sich sehen lassen können und alle Menschen zufrieden stellen.

Nun ist es an der Zeit, diese Erfahrungen umzusetzen und zu einem guten Zweck einzusetzen.

Seht selber und beobachtet selbstkritisch, und eure Augen werden klar.

Allen Menschen, die mit mir in Kontakt geraten sind und denen ich Leid zugefügt habe, bitte ich hiermit inständig um Vergebung dessen, was ich ihnen antun mußte, so wie ich denen vergebe, welche mir Leid zugefügt haben.

Ich beabsichtige auf keinen Fall, jemanden mit dieser „ wahren" Begebenheit zu verletzen, sondern betrachte diesen Weg als den einzig richtigen, um das Denken in die richtige Richtung zu lenken. Ich möchte euch an meinen und anderen Begebenheiten teilhaben lassen, um euch den Weg zu interpretieren. Ich will damit zeigen, dass es sich lohnen kann, auf „gewisse Zeichen" zu achten.

Diese Erzählung wird euch aufzeigen, welche Wege das Schicksal gehen kann und wie schnell sich die Räder drehen, wenn man es herausfordert. Als Ergebnis bekommt man einen Weg, der mit dem von Jesus von Nazareth schwer zu vergleichen ist, aber doch einiges gemeinsam hat. Dazu gehört auch „der Wunsch, sich seiner Bestimmung zu fügen".

Jeder von uns ist nicht frei von Verfehlungen, also haben wir alle das Recht auf Wiedergutmachung. Mein Bedürfnis nach Wiedergutmachung ist schwer zu stillen.

Ich habe mir ein paar Brücken bauen können, um alle Verletzungen tausendfach zu begleichen.

Mit göttlicher Führung soll es so werden.

Alle (.............) gekennzeichneten Stellen spiegeln meine inneren Zerwürfnisse während einer sehr schlimmen Odyssee wider, und die seelischen und körperlichen Qualen, die damit verbunden waren.

Ich danke allen Menschen, die mir vertraut und gehofft haben. Ihre und auch meine Hoffnung sollen sich bezahlt machen dürfen.

Mein oberstes Gebot wird es sein, die Zukunft der Kinder zu sichern; dazu gehört, der Abholzung und Rodung der Ur- und Regenwälder sowie dem Mißbrauch der natürlichen Bestände Einhalt zu gebieten. Die Katastrophe durch diesen wohl schamlosesten Raubbau in der Geschichte der Menschheit ist so klar und deutlich, daß sich keiner von uns „dem" mehr entziehen kann.

Ein anderer wohl ebenso belastender Fakt sind die Denkprozesse im Zusammenleben miteinander. Es ist an der Zeit, daß der Mensch sich auf neue „große" Aufgaben vorbereitet und den Beweis antritt, daß die Art Mensch würdig ist, diese Aufgaben zu bewältigen. Ein wichtiger Aspekt hierbei sind die Glaubenskriege.

Laßt uns gemeinsam diese große Aufgabe bewältigen. Wir schulden es unseren Kindern und dem Leid unserer Vorfahren.

Die Straßen zur Durchführung dieser Vorhaben sind gebaut und werden von mir und vielen anderen behütet.

Laßt euch die Wege der Vergangenheit eine Warnung sein und die Zukunft „gemeinsam neu" gestalten!

U. B. (You Be) Bremen, im April/Mai 2000

Meine Wegbeschreibungen sind autobiographisch wiedergegeben. Diese Form der Erzählung ist die einzig richtige, um die Glaubwürdigkeit zu unterstreichen und den Sachverhalt hervorzuheben. Diese Form wird in diesem ersten Teil dienen, die Wege der Gerechtigkeit auszubauen und anzuwenden. Begleitend wird sie die allgemein noch vorhandenen Wertvorstellungen hervorheben und stellenweise neu definieren. Man wird an den Geschehnissen und Schlüsselerlebnissen um meine Person erkennen, in welche Sackgasse die bestehende Gesellschaftsform steuern kann und wird, wenn nicht neue Sichtweisen erlernt und angenommen werden. Ich nehme euch mit auf meine persönliche Reise und werde euch Einblicke in mein Seelenleben erlauben. So wird euch Einblick in Dinge gegeben, welche in der Zukunft die Grundmauern für wichtige Entscheidungen gestalten werden.

Die von mir erstellten „Wegbeschreibungen" wurden von mir immer wieder überarbeitet, um die gewonnenen Erkenntnisse für jedermann deutlich zum Vorschein bringen zu können. Die letzte Überarbeitung fand im Dezember 2006 statt.

Why Not – Der Beginn

Eine wahre Erzählung über ein fast normales Leben

Cadaques, Freitag, 25. September 1998

Mein IGing hat es mir vor ca. 14 Tagen noch einmal bestätigt:

Ich bestimme „den Weg"

~ mehr als mehr heißt noch mehr

als Meer und ausreichend mehr als und wie

genug Geld für „Das Spiel"

Dazu viel Spaß und Freude gemischt mit Sex, Rücksicht und Gefühl.

Kraft und Gesundheit = Fairplay beim Spiel!

Alles zusammen ist mehr als viel, viel:

Bezahlt ist schon alles. Liefert, sonst gibt es ....

Auf keinen Fall Gefühl !!

Und das wäre sogar der Scheiße ein wenig Gestank zu viel !!

Dieses Buch soll den Überlebenden, meiner „Familie", meiner Frau und meinen Kindern gewidmet sein. Mit all meiner Intuition, Kraft und Wahrheit, Liebe und Fürsorge, welche ich noch zu geben in der Lage bin. Ich liebe euch!

Nun, jetzt bin ich krank, am Ende meiner physischen und psychischen Kräfte an dem Platz gelandet, wo auch Dali und Picasso ihre Energie getankt haben. Es ist seltsam, aber mit Sicherheit nicht abzuweisen.

Ich weiß, daß wir den absoluten Auftrag besitzen. Ich hoffe, wünsche und denke, daß wir „ALLE" das gleiche wissen und wollen.

Nun hänge ich vor meinem Notebook und versuche, mein bisheriges Leben zwischen Wirklichkeit, Restaurant am Ende des Universums, Tatsache, Wyatt Earp / Doc Holiday auf einen Punkt zu bringen, obwohl ich eigentlich nur meinen Weg – bloß nicht alles, aber ein wenig – beschreiben muß und soll, und auf jeden Fall auch ganz gerne möchte. 15 Jahre versuche ich nun dieses Wunderding auf Papier zu bekommen, niemals waren die Gelegenheiten und Gegebenheiten so in der richtigen Konstellation, um dann auch die Worte zu finden wie jetzt.

Ich werde alles mit der Energie von unseren/meinen Toten zum perfekten Finale führen. Ich weiß, daß dies mein Auftrag und Vermächtnis, vor allem Sinn und Zweck meines Daseins und meiner Existenz sowie meiner und eurer Kinder sein wird und ist.

Vor dem Erzählen muß ich ein paar wichtige Personen verewigen, die da wären: Heide, meine erste Richtige; ich meine nicht 100 irgendwas, sondern richtige Frau/Lady.

Diese Frau hat mein Leben radikal innerhalb von 1 ½ Jahren geprägt und mir mindestens die Hälfte meiner Fähigkeit, Liebe zu erkennen, um sie genießen zu dürfen, geraubt und gegeben. Ich liebte sie abgöttisch, nur leider ist sie in meinen Armen im Februar 1981 an Darmkrebs verstorben.

Meinen Vater, für den ich keine oder zu wenig Zeit hatte. Er starb ca. 6 Wochen vor Heide an Leberzirrhose.

Heide´s Vater, welcher eine Woche nach ihr an Hautkrebs verstarb.

Meine Großmutter, welche mich aufgezogen und mich in vielerlei Hinsicht geprägt hat.

Lollo, Locke und all die anderen Persönlichkeiten und ihr viel zu kurzes Leben.

Und „Säckel" – das Ungeheuer, das Medium, der absolute Weltrekordler in bezug auf Naturgesetz /Einklang/Herausforderung/ Belastbarkeit. Säckel – Claus, ich und bestimmt noch viele andere! Wir haben und werden Geschichte machen.

Jesus war einer, Wyatt Earp und Doc Holiday waren auch mal da. Es ist jetzt schon abzusehen, daß wir aus all diesen Erzählungen lernen werden und sie zu unserem Nutzen werten.

Claus und ich sind zu einer Person geworden; das befürchte ich jetzt noch viel mehr, weil sich Claus vor zwei Monaten „vom Acker gemacht" hat. Blind und vieles mehr war er zum Schluß, trotzdem nicht totzukriegen. Aber davon später.

Ich selber – na ja! Manchmal wirkte ich durchgeknallt, sehr oft dem Tod knapp entkommen, unzählige Narben, noch verheiratet, zwei Kinder, alle glücklich, jedoch etwas durch meinen Auftrag nervös, aber immerhin nicht abgeneigt. So werden wir anfangen, sofort die Welt zu verändern, um ihr vor ihrem möglichen Untergang noch eine Chance zu offerieren.

Oder sollte alles nur sinnloses Leid verursachen? Ist alles Leiden und auch jedes Tun, das Immer-wieder auf die Beine rappeln umsonst?

Ach ja, die Welt verbessern, geht das?

Ich bin mir sicher!!!

Ich weiß, daß viele von Euch denken: „Schon wieder so ein Weltverbesserer,

.......Spinner, ... wie kann jemand alleine die Welt verändern?"

Einer ist schon einmal mehr als keiner, und ich bin bestimmt nicht alleine!

1. Kapitel – Auch eine Kindheit

.................Immer wenn man denkt, schlimmer geht es nicht, dann gibt es von oben noch einen drauf. Und schon wieder bin ich dem Tod von der Kippe gesprungen. Ich habe schon aufgehört, diese Ereignisse zu zählen, und ich bin noch lange nicht über die Runden. Irgendetwas sagt mir, daß alles gut werden wird. Aber was ist das?

Seit 5 1/2 Jahren kann ich mich nicht mehr richtig bewegen, und seit Jahren steht meine Seele neben meinem Körper.

Wie das alles kam?

Noch weiß ich es nicht, aber ich werde es herausfinden. Koste es, was es wolle.

Mein jetziger Zustand spottet jeder Beschreibung. Ich muß bis zu 20 Tabletten am Tag einnehmen. Angefangen von magenschließenden Medikamenten bis hin zu Morphinsulfat, zusätzlichen Schmerzmitteln, Beruhigungsmitteln und etwas Ähnlichem wie einer Chemotherapie, mit dem Unterschied zu einer üblichen Chemotherapie, daß ich diese erwähnte Therapie täglich und über zwölf Monate zu mir nehmen muß. Vor sechs Jahren hatte ich, zusätzlich, einen schweren Unfall, bei dem ich Menschenleben gerettet habe und selber beinahe gestorben wäre. Seit diesem Tag ist mein Leid von Tag zu Tag unerträglicher geworden. Die Last und der Druck auf meinen Schultern wachsen täglich an und drohen, mich zusätzlich zu ersticken.

Ich bin kaum in der Lage, zu sprechen. Ich werde täglich aggressiver und unausstehlicher. Irgendetwas hindert mich daran, meinen Gefühlen und Gedanken freien Lauf zu geben. Ich kann mich gegenüber meinen Mitmenschen kaum noch artikulieren und schon gar nicht mich verständlich machen.

Alles was ich weiß, ist, daß eine große Aufgabe auf mich wartet, und das macht mich zuversichtlich. Wenn überhaupt, so kann ich mich täglich zwei Stunden auf den Beinen halten. Wenn ich es länger versuche, liege ich wieder drei Tage flach. Meine Zeit nutze ich, um meine Geschichte zu erzählen. Wenn ich nicht aufstehen kann, dann schreibe ich im Liegen auf meinem klei-

nen, etwas defekten Laptop. Es wird der einzige Weg werden, um aus diesem noch andauernden Fiasko herauszukommen.

Das Unerträglichste sind meine Gedanken um das Warum. Warum und wofür mußte ich das alles ertragen? Wofür habe ich so vieles riskiert, und warum kann ich meinen Kindern nicht der Vater sein, der ihnen zusteht? Was ist falsch gelaufen?

Ich habe doch alles getan (und noch viel mehr), um „ES" richtig zu machen! Ist alles eventuell doch nur ein Spiel zur Vorbereitung auf die eine „richtige" Aufgabe?

Ich bin zwar wieder zu Hause angekommen, bei meiner Frau und meinen Kindern, aber es ist nichts mehr wie es war. Ich bin auf ihre Hilfe angewiesen, und dabei sollte ich derjenige sein, der ihnen hilft. Ich war unfair und dumm zu ihnen, mein Verhalten läßt sich durch nichts rechtfertigen, auch nicht durch meine Krankheiten. Ich sehe genau, was um mich herum falsch läuft, und kann mich dagegen nicht wehren. Ich kann mich seit langer Zeit nicht mehr richtig und sinnvoll betätigen. Vielleicht schaffe ich das mit dem Schreiben dieses Buches. Ich fühle mich einsam, alleine und unverstanden, dabei habe ich immer versucht, allen zu helfen, und bin dabei selber auf der Strecke geblieben. Hilf dir selbst und dir wird geholfen, danach kannst du Hilfe geben! ....

Eigentlich fing alles ziemlich normal an.

1956 wurde ich in Bremen, einer der deutschen Hansestädte, geboren. Kurz vor meiner Geburt sorgten pfiffige Freunde und Verwandte meiner Eltern dafür, daß dieses Ereignis richtig eingeleitet wurde. Sie stellten kurzerhand einen leeren Kinderwagen auf den Schornstein unseres Hauses.

An die ersten 2 – 3 Lebensjahre kann ich mich, wie wohl jeder Mensch, kaum erinnern.

Meine Eltern wuchsen im 2. Weltkrieg auf. Meine Großväter kämpften beide an den Fronten. Der eine Großvater (mütterlicher Seite) erlebte sogar noch den Ersten Weltkrieg als junger Mann. Beide sollen, laut Aussage ihrer Frauen, nie einen Menschen getötet haben.

Meine Großmutter Änne, die Mutter meines Vaters, erzählte uns oft von ihren Erlebnissen im Zweiten Weltkrieg. Unter anderem besuchte sie ihren Mann mit dem Fahrrad in einem Kriegsgefangenenlager, weit entfernt von zu Hause. Nicht daß es genug war, diese Strecke mit einem Fahrrad zu bewältigen, sie wurde sogar noch unterwegs von einem Tiefflieger angeschossen. Granatsplitter trafen sie im Gesicht und die gute Frau klagte noch bis ins hohe Alter an den Folgen (Migräne, immer wiederkehrende Stirnhöhlenvereiterung.). Aber stellt euch das vor: diese alten klappernden Drahtesel und diese mörderische und lange Strecke!

Daß ich einmal eine besondere Beziehung zu dieser Geschichte bekommen würde, hatte ich niemals zu träumen gewagt. Daß mein Großvater genau dort gefangengehalten wurde, wo wir weit entfernt von unserer Heimatstadt für einige Zeit leben würden, erfuhr ich erst im Alter von 34 Jahren, als ich mich dort mit meiner Familie ansiedeln mußte.

Sie berichtete sehr viel und oft von ihren Erlebnissen aus dieser Zeit. Dazu gehörte auch, daß sie immer wieder davon erzählte, was der Hunger damals bewirkt hat, daß unser Haus von einer Bombe getroffen wurde und daß sie den Gefangenen im Lager gegenüber unserem Haus, wenn es möglich war, mit Lebensmitteln geholfen hatte. Dort, wo während meiner Kindheit der Park stand, hatte sich im Krieg ein Arbeits- und Gefangenenlager befunden, in dem Russen und Polen untergebracht waren.

****

Wie bei fast allen Kindern in den 60er Jahren wurden meine Ideale stark durch die

Erzählungen von Karl May beeinflußt. In meinem späteren Leben erfuhr diese Prägung neue Schübe, unter anderem auch durch die amerikanischen Legenden um Wyatt Earp und seinem treuen Freund Doc Holiday. Beide waren mit einem göttlichen Auftrag versehen, um die Basis für dauernde Werte zu manifestieren. Eben nach amerikanischem Prinzip Grenzen auszuloten.

Die, aus meiner Perspektive, besten Filme über das Leben und Handeln von Wyatt Earp und Doc Holiday wurden übrigens in Hollywood um 1993 gedreht. Tombstone ist eine Fassung mit Kurt Russell und Val Kilmer und zeigt deutlich den Auftrag dieser beiden, eben grundlegende Werte und Ideale zu verteidigen. Für mich persönlich ein Film, den ich mir Dutzende Male anschauen kann und immer wieder etwas für mich heraushole. Die andere Fassung heißt „Wyatt Earp" und ist mit Kevin Costner in der Hauptrolle des Wyatt Earp besetzt. Diese Fassung ist die etwas kritischere und beginnt mit der Kindheit des Wyatt Earp und den Begebenheiten, die ihn zu dem gemacht haben, was er wurde. Ich ziehe meinen Hut vor beiden Filmen und ihren Darstellungen. Brillant und außergewöhnlich, aber nur so ist es möglich, sich ein Urteil über die Bedeutung dieser Legenden zu erlauben.

Ich möchte behaupten, daß diese Art der Ideale zusätzlich große und sehr starke Wurzeln in meinem Bewußtsein verankert haben, distanziere mich aber ausdrücklich von jeglicher Form der Gewaltanwendung. Warum, werdet ihr später selber herausfinden können. Es dreht sich in diesen Wegbeschreibungen vornehmlich auch darum, die Kreisläufe der Irrleitungen zu erkennen.

****

Meine Schwester wurde 1 Jahr und 3 Monate nach mir geboren. Wir lebten in einem kleinen, bescheidenen Haus, zusammen mit den Großeltern väterlicher Seite. Das Häuschen wurde Anfang des 19. Jahrhunderts gebaut und befand sich im Besitz der Familie. Ich erinnere mich noch gut, wie meine Mutter ihre Wäsche in einem großen Kupferkessel, welcher mit Holz und Briketts angeheizt wurde, waschen mußte. Die Wäsche wurde mit einem sogenannten Wäschestampfer, mit einem langen Stiel, durchgewalkt.

Anschließend wurde das Wasser mit einer Handmangel aus der Wäsche gedrückt. Freitags oder samstags wurde dann unser Badewasser in dem großen Kessel erwärmt.

Das Brennmaterial wurde in einem kleinen Schuppen neben dem Haus gelagert. Es war im Winter so manches Mal etwas mühsam, Nachschub aus dem Schuppen zu holen und die Asche zu entsorgen. Bei Glatteis wurde diese Asche oft zum Streuen des Gehweges benutzt.

Vor unserem Haus befand sich ein kleiner Bürgersteig, an dem eine saubere kleine Straße mit Kopfsteinpflaster verlief. Auf der anderen Seite der Straße begann ein, für uns Kinder, großer Park mit einem großen Spielplatz und einer kleinen Rodelbahn.

1000 m von unserem Haus entfernt wurde Anfang der 60er ein ca. 2,5 km langer und ca. 150 m breiter See mit einem Naturschutzgebiet angelegt. Dieser See sollte bei Sturmfluten als Schutz dienen.

Vor diesem Bau hatte gerade eine große Sturmflut die Landschaft heimgesucht. Sehr viele Menschen wurden damals obdachlos, unter anderem auch eine meiner Großtanten mit ihrer Familie.

****

Ich war noch sehr klein, da zog es meine Mutter wieder in ihren Beruf zurück.

Meine Oma Änne übernahm tagsüber die Erziehung von meiner Schwester und mir. Mein Vater war sehr selten zu Hause. In seinem Beruf (er arbeitete sich in namhaften Reedereien bis zum Personalchef hoch) mußte er ständig unterwegs sein, um Schiffe mit Seeleuten zu besetzen.

In seinen jungen Jahren war mein Vater ein guter und begeisterter Kanu-Rennsportler. Wir verbrachten viel Zeit in dem kleinen Vereins-Bootshaus, an einem kleinen Fluß direkt an der Stadtgrenze. Von dort aus konnten wir gut den Flugplatz unserer Stadt erkennen.

Anfang der 60er Jahre stürzte ein vollbesetztes Passagierflugzeug nur drei km vom Bootshaus entfernt in einen Acker. Viele Vereinsmitglieder hielten sich in der Nähe auf, und ein paar von ihnen versuchten wohl auch zu helfen. Es war eine schreckliche Katastrophe mit sehr vielen Toten. Die Mitglieder des Vereins waren schockiert und tief betroffen. Ich trage das Gefühl in mir, daß sich nach diesem Unglück vieles verändert hat. Das Vereinsleben löste sich langsam aber sicher auf, zumindest unseres. Es wurde alles etwas trostloser, einfach ganz anders.

****

Nicht weit von diesem Bootshaus entfernt lebten meine anderen Großeltern, die Eltern meiner Mutter, in einem kleinen Häuschen mit einem hellroten Ziegeldach. Man konnte das Häuschen über einen schwarzen Schotterweg erreichen. Es war ein schmaler, beeindruckend idyllischer Weg (er konnte gerade mal von einem Auto befahren werden), mit großen, dunklen Tannen auf beiden Seiten.

Wenn im Winter die Äste der Tannen schwer mit Schnee bedeckt waren, fühlte man sich als Teil eines der Wintermärchen, die unsere Großeltern uns an den langen Winterabenden vorlasen. Vor dem Häuschen befand sich ein großer Garten, wo meine Großeltern Blumen, Gemüse, Kartoffeln und Obst bewirtschafteten.

In meiner frühen Kindheit hielten sie sogar noch Hühner und Schweine. Es war ein kleines Fest, wenn dann mal geschlachtet wurde.

Hinter dem Häuschen befanden sich kilometerlang nur Wiesen und Äcker.

Inzwischen befinden sich dort, wo früher Kühe geweidet haben und große Getreidefelder standen, nur Hoch- und Reihenhäuser, nur 200 m entfernt vom Grundstück sogar ein Altersheim.

****

Schon früh zeichnete sich bei mir eine Beziehung zum Tod ab, die ich auf keinen Fall beschönigen möchte. Mein Großvater war Röstmeister in einer großen Kaffeerösterei und erkrankte sehr früh an Lungenkrebs. Er hatte einen langen, über viele Jahre andauernden Kampf mit zahlreichen Operationen. Wir Kinder wurden natürlich ferngehalten, aber wir lebten in einem kleinen Haus. Wir bekamen schon mit, wenn unsere Oma Änne an seinem Bett Wache hielt.

Ich erinnere mich nicht gerne an seinen Todestag. Ich kam gerade vom Nikolauslaufen und war zehn Jahre alt. Am 6. Dezember laufen in unserer Stadt die Kinder verkleidet durch die Geschäftsstraßen und singen Weihnachtslieder, um kleine Gaben wie Kekse und Bonbons zu sammeln. Meine Mutter kam mir an diesem Tag langsam entgegen, um mir behutsam zu erzählen, daß mein Großvater eingeschlafen wäre. Ich dachte und sagte darauf nur: Das ist ja schön, dann wird er ja bald wieder gesund! Bis ich begriff, was passiert war, wurde er schon beerdigt.

Oder der Tag, an dem ich auf dem Anleger des Bootshauses mit meinem Segelschiff spielte. Ich muß so vier Jahre alt gewesen sein. Stolz beobachtete ich, wie das Segelschiff seine Kreise zog. Die Ruder mußten alle paar Runden neu eingestellt werden, damit es sich nicht zu weit von mir entfernen konnte. Aber genau das versäumte ich! Mit der Zeit entfernte es sich immer mehr von dem Anleger, ich wollte es greifen und fiel ins Wasser. Es war wie ein Rausch. Urplötzlich stand ich als Kapitän auf dem Segelschiff.

Mein Vater hatte mich im letzten Moment aus dem Wasser gefischt und sofort, mit Hilfe von Vereinskameraden, wiederbelebt. Ich erwachte in den kühlen, dunklen Gängen des Bootshauses.

Aber schon sehr viel früher soll ich viel „Glück" gehabt haben. Meine Mutter erzählte mir später, daß ich aus dem Fenster im ersten Stock gefallen war und mir nur einen Schlüsselbeinbruch zugezogen hatte. Ein anderes Mal bin ich gestolpert und mit dem Kopf an den heißen Backofen gefallen. Noch heute habe ich eine kleine kahle Stelle am Kopf.Dazu kommen dann die üblichen Blessuren, welche sich ein „Stromer" so einhandelt. Einmal wurde ich von einem Radfahrer angefahren, dabei schürfte ich mir die Haut von der Kniescheibe. Als Zwölfjähriger sollte ich meiner Oma Änne Holz mit einer elektrischen Handkreissäge zerlegen und rutschte mit der Säge in mein rechtes Bein.

****

Wie fast jedes andere Kind auch, durchlief ich alle gängigen Kinderkrankheiten wie Masern, Mumps und Windpocken. Im Vorschulalter wurden mir Polypen entfernt und mit acht Jahren die Mandeln. Bei der Entfernung der Polypen hatte ich ein seltsames Erlebnis, welches mir im Laufe meines Lebens immer wieder in Erinnerung kam. Mit 44 Jahren sah ich diese Bilder im Zusammenhang mit der Entstehung neuer Energietechnologien.

Ich erinnerte mich, wie ich im Krankenhaus eine Maske auf das Gesicht gelegt bekam, danach nahm ich einen merkwürdigen Geruch wahr (sicherlich Narkotika). Ich sah mich als eine große dunkle Kugel, ähnlich dem Bild eines Planeten im Universum. Um mich herum flogen zwei helle farbige Kugeln. Es schien, als würde die eine Kugel der anderen folgen und das mit einer immer schnelleren Geschwindigkeit, solange bis diese Kugeln zusammentrafen oder sich vereinten. Das letztere weiß ich nicht mehr genau. Auf jeden Fall waren die Polypen entfernt, als ich wieder zu mir kam.

Im Grunde sind alle Erlebnisse bis zu meinem 12. Lebensjahr nicht weltbewegend. Man kann sie sogar noch als normal für einen richtigen Roadie bezeichnen. In der Sicht des Ganzen spielen sie aber doch eine Rolle.

****

Ich erinnere mich gerne an meine Kindheit. Die schönen Sommertage, die wir am Wasser verbrachten oder mit dem Kanadier auf der Ochtum zelten fuhren.

An die Regatten des Kanuvereines, auf die wir meinen Vater begleiteten, und natürlich an die Herbst- und Winterabende, wenn ein süßlicher Duft von Backäpfeln in der Luft lag und bei Kerzenlicht Lieder gesungen wurden oder Oma uns aus ihrem großen Buch Märchen vorlas. Manchmal bauten wir Schneemänner und sogar einmal ein riesiges Iglu. Im Sommer fischten wir Aale aus dem kleinen Fluß und legten sie gleich in die Pfanne. Jedes Jahr fand ein großer Lampionumzug mit großen Kapellen statt, und die Boote fuhren, zu Planwagen umfunktioniert, mit Fackeln und Laternen über das Wasser. Der Park vor unserem Haus lud mich jeden Tag zum Spielen ein. Wir bauten Höhlen, kletterten auf Bäume, spielten Winnetou und Old Shatterhand. In den Ferien bot uns der Spielplatz ein vielschichtiges Programm.

In den 60er Jahren waren die Spielplätze noch mit Personal besetzt. Mitfinanziert wurde das Personal durch Wochenmarken, die den Kindern in den Ferien erlaubten, an den Programmen (Busfahrten u.ä.) teilzunehmen. Im Radio ertönten die ersten Hits von den Beatles. Sogar meine Mutter trällerte beim Saubermachen „Ich lieb dich yeah, yeah...", und Fernsehen gab es in Schwarzweiß.

Wir gehörten mit zu den Familien, welche nur einen Schwarzweißbild-Fernseher besaßen. Ich erinnere mich noch genau, daß Oma und Opa oft zu uns hochkamen, um Unterhaltungssendungen mit uns gemeinsam anzuschauen.

Cassius Clay boxte frühmorgens. Kennedys Tod machte mich als kleinen Jungen betroffen. Die ersten Sputniks kreisten um die Erde.

Die Bilder des Vietnam-Krieges erschütterten die Welt, und einmal pro Woche traf sich die ganze Familie, um Peter Frankenfeld oder den „Goldenen Schuß" zu gucken.

An Erfrischungsgetränken genossen wir Kinder Bluna und Afri-Cola und freuten uns im Winter auf den Geruch von gebackenen Äpfeln, Keksen und Tannenzweigen, die auf dem Ofen lagen.

****

Mit dem Ableben und Leiden seines Vaters konnte mein Vater nicht zurechtkommen. Er veränderte sich merklich und spürbar und war immer seltener zu Hause. Heute denke ich, daß er sich in seine Arbeit flüchtete und seinen Schmerz mit Alkohol betäubte. Mein Vater war kein schlechter Kerl, und sein Leiden tat mir weh. Langsam aber sicher konnte ich sehen und spüren, wie seine Umwelt sich von ihm immer weiter entfernte. Keiner begriff, was mit ihm los war, und er selbst brachte es nie fertig, sich alleine aus diesem Teufelskreis zu lösen. Es brach mir schon als Kind das Herz, diesen Mann so leiden zu sehen.

Später kam ich dann selber in so eine Lage. Heute danke ich meinem Vater dafür, daß er mich auf diese Reise geschickt hat. Anders hätte ich es nie begriffen, und so habe ich die Möglichkeit, meinen Kindern die „richtige" Hilfe zu geben; und wenn ich stellenweise als schlechtes Beispiel in die Geschichte eingegangen bin, so habe ich doch noch die Möglichkeit sehr viel Gutes zu tun.

Alles in allem könnte man meinen, wir hatten eine schöne Kindheit, was auch im großen und ganzen so gesehen werden kann, wenn... na ja, wenn sie ewig gedauert hätte.

2. Kapitel – Die 60er

Schon mit zwölf Jahren begann ich in den Ferien, meine Zeit mit kleinen Jobs zu verkürzen. Ich half beim Verkauf von Tannenbäumen oder trug die Ware eines Lebensmittelgeschäftes zu der Kundschaft. Mit Beginn meines Konfirmations-Unterrichtes trug ich Zeitungen aus.

Die Beziehung meiner Eltern verschlechterte sich zunehmend. Durch seinen Job war mein Vater oft Tag und Nacht unterwegs. Zu dieser Zeit verschlimmerte sich die Lage der Reedereien, auch durch den Druck der Gewerkschaften. Nach internationalem Recht mußten beispielsweise fünf Mann Mindestbesatzung an Bord sein, was ausreichend war, um fast alle internationalen Häfen anzulaufen. Die deutschen Behörden verlangten aber für das gleiche Schiff z.B. acht Mann Besatzung. Paradox wurde die Situation, weil nur Schiffe unter deutscher Flagge diesem Gesetz unterlagen. Die Folge war natürlich das Auswandern, genannt Ausflaggen, deutscher Reedereien und ihrer Schiffe sowie die sich langsam auflösende deutsche Seeschifffahrt. Sicherlich war das auch mit der Beginn des Sterbens der Werftindustrie. Für meinen Vater war es der Beginn seines eigenen Todes. Er stand vor einer sinnlosen, aber für die Reederei lebenswichtigen Aufgabe.

Er hatte für die Besetzung der Schiffe zu sorgen, und wenige Seeleute wollten nur für ein oder zwei Tage an Bord eines Schiffes anheuern.

Wenn mein Vater zwischendurch von seiner Arbeit erzählte, fiel oft der Begriff „Schanghaien". Was in seinem Verständnis hieß: „Jetzt muß ich wieder los und bis zur Bewußtlosigkeit saufen." Seeleute sind knallharte Lebemänner; dementsprechend dachte mein Vater, er müßte immer ein Deut besser sein. Eine Bürde, die wohl ein Mensch nicht lange auf sich nehmen kann, aber er sah es als Teil seines Berufes.

Verschlimmern tat sich seine Situation durch seinen körperlichen Zustand. Mein Vater hatte regelmäßig Blut gespendet und wurde dabei nach eigenen Angaben mit einer „innerlichen" Gelbsucht infiziert. Lange Zeit hat er noch nicht einmal gemerkt, wie krank er war. Er war zwischen 30 und 35 Jahre alt, als die Ärzte diese Krankheit erkannten. Sie wurde wohl auch ausgelöst durch seinen beruflichen bedingten Lebenswandel. Zu dieser Zeit war es wahrscheinlich schon zu spät.

Diagnose: Leberkrebs.

Mein Vater wurde eindringlich von den Ärzten gewarnt. Stück für Stück wurden Teile seiner Leber entfernt. Mit dem Lebenswandel konnte er, aus gesagten Gründen, nicht zurückstecken.

Wie denn auch? Er hatte einen gefragten Job. Aber der wesentliche Faktor war wohl die Prognose der Ärzte, daß er sowieso nur noch 1 – 2 Jahre zu leben hätte. Er hatte sich verrannt oder verirrt. Die bestehende Gesellschaft zeigte ihr Gesicht.

Zunehmend gab es immer mehr Differenzen zwischen meiner Mutter und ihm. Es war sicherlich sehr schwer für meine Mutter, ständig war mein Vater unterwegs oder betrunken. Man sah ihr an, daß sie resigniert hatte. Auch ihre Frisur litt sehr. Ich war lange Zeit der Meinung, daß sie meinem Vater mehr Kraft geben sollte.

Sie vergrub sich in ihrer eigenen Welt. Auch ich hatte immer mehr Differenzen mit ihr, was ich oft mit einem Kochlöffel zu spüren bekam.

Was mich aber am meisten irritierte, war das Verhalten meiner Umwelt. Ich sah deutlich und spürte intensiv, daß sich einige die Mühe machten, mir zu helfen, aber ich fühlte mich irgendwie schon sehr früh unter einen gewissen Druck gesetzt, ja fast ausgestoßen. Die Angst der anderen um meine Zukunft war nun einmal spürbar und übertrug sich auf mein Unterbewußtsein. Am schwersten hatten es die Schwester meines Vaters und ihr Mann mit mir. Meine Tante litt selbst unter zahllosen Krankheiten und Operationen. Sie beobachtete argwöhnisch das Geschehen in unserem Zuhause und meinte es eigentlich nur gut mit uns.

In der Schule erlebte ich eine Katastrophe. Zweimal scheiterte ich auf der Realschule an den Fächern Englisch und Geschichte. Ich bekam starke Probleme mit meinem Umfeld und vor allem mit der persönlichen Identifikation. Ich war auf der Suche, aber nach was oder wem?

Eine kurze Zeit lang zog es mich zurück in den alten Kanu-Verein. Aber richtig ernsthaft trainierten wir nicht, so daß wir „Bengels" allerlei dummes Zeug veranstalteten.

****

Bei einem Sonntagsgottesdienst sprühten mein Freund und ich Tränengas in das Ausgangsportal der Kirche. Als die Besucher die Predigt verließen, weinten sie Rotz und Wasser, was dem Pastor zu denken gab. Seine Predigt sollte doch die Leute aufbauen und nicht zu solchen Gefühlsregungen hinreißen. Aus sicherer Entfernung beobachteten wir das Schauspiel und krümmten uns vor Lachen. Die böse Überraschung kam dann zum Mittagessen. Es klingelte an der Tür. Unser Pastor, ein toller Mensch mit einem Nervenleiden aus dem Zweiten Weltkrieg, bat um Einlaß. Seine Miene verriet nichts Gutes. Nach kurzem Gespräch mit meinen Eltern mußte ich mit ihm gehen. Mir ging der „Stift" und das Herz rutschte mir in den Magen, verknotete sich und suchte einen Ausgang.

Der Weg zur Kirche wurde, durch das eisige Schweigen, zum regelrechten Höllengang.

Am Altar angekommen, bat unser Pastor den lieben Gott um Vergebung unserer Sünden. Wir heulten bitterlich und waren uns sicher, dem Fegefeuer knapp entkommen zu sein. Eine Geschichte, die sich noch ein paar Mal bei mir, eigenartigerweise, wiederholen würde.

Zum Zeichen meiner Reue spielte ich eine kurze Zeit Orchestertrompete, sehr zum Leidwesen unserer Nachbarn.

.................Nun schreibe ich schon fast drei Wochen an diesen Seiten. Letzte Woche versuchte ich mir mit einem „Stepper" etwas Kraft zu geben. Zweimal 30 Wiederholungen, und erst nach 3 – 4 Tagen konnte ich wieder aufstehen. Meine von mir getrennt und doch in derselben Wohnung lebende Frau ist mit den Kindern für ein paar Tage zum Zelten gefahren. Ich bin alleine. Ich muß feststellen, daß die Ruhe gut tut, wenn da diese furchtbare Angst vor dem Alleinsein nicht wäre. Alles, was ich

benötige, ist vorhanden. Nur das Telefon bereitet mir Sorgen. Meine Frau hat es nicht geschafft, einen Anschluß frei schalten zu lassen, also muß ich mich mit einem Handy begnügen. Zur Zeit schlafe ich von 23 Uhr bis ca. 16 Uhr. Durch das schwüle Wetter habe ich unbeschreibliche Schmerzen. Wie niemals zuvor vermisse ich, immer stärker, meinen Freund „Claus". Es ist nun etwas mehr als ein Jahr her, das er uns verlassen hat, und ich hatte noch keine Zeit gefunden, mich mit diesem Schmerz auseinander zu setzen.

Meine Frau rief heute kurz auf dem Handy an und erzählte mir, daß unsere Tochter zum ersten Mal ihre Menstruation bekommen hat, aber hallo! Wie schnell die Zeit vergeht!

Ich bin tief betrübt darüber, daß mir niemand mehr Vertrauen entgegenbringt, außer den Kindern. Auch meine Frau hat ihre Hoffnung längst aufgegeben. Das einzige, was mich am Leben hält, ist das Wissen um mein Schicksal. Ich weiß nur viel zu genau, daß mein Leid auf irgendeine Art nützlich sein wird. Alles, an was ich mich klammere, basiert auf diesen Eingebungen. Ich habe mir sehr vieles und großes vorgenommen und weiß, daß ich noch gebraucht werde. Wann endlich bekomme ich die Hilfe, die ich benötige, und wie lange muß ich mich diesem noch aussetzen? Irgendwie spüre ich, daß alles Leid noch lange nicht überstanden ist, aber ich weiß auch, daß ich es überstehen werde. Welchen Preis ich dafür noch zahlen muß, weiß ich nicht. Ich werde es schaffen!.................

Die Hausbar meines Vaters war immer gut gefüllt, schließlich hatte er auch oft Besuch von Kapitänen und Offizieren.

Damit wir Kinder nicht auf den Gedanken kamen, uns daran zu verköstigen, wurde der jeweilige Pegel in den Flaschen markiert. Mich jedoch hielt das nicht auf.

Von den zahllosen Flaschen reichte jeweils ein kleiner Tropfen, gerade so viel, daß es keinem auffiel. Das alles in einem Glas, ... oh Mann!!

Ich fühlte, wie das grausame Gemisch sich durch die Speiseröhre abwärts in Richtung des Magens bewegte, sich langsam im Körper verteilte und mir in den Kopf stieg. Ich bewegte mich rüber zum Spielplatz. Die Erzieherin brauchte dann nicht lange, um zu bemerken, was mit mir los war.

Es war mein letztes Gastspiel auf dem schönen Spielplatz vor unserer Haustür.

****

Mehr und mehr begann ich herumzustreunen. Oft betäubten wir uns mit billigem Rotwein und drehten die ersten Zigaretten. Dem Kanu-Verein drehte ich mehr und mehr den Rücken zu. Als unser Trainer uns beim Rauchen erwischte und mich als alleinigen Sündenbock abstempeln wollte, verließ ich den Verein.

****

Ich trieb mich für kurze Zeit einfach nur noch herum.

Woodstock erreichte schnell unsere Ohren, und wir fingen an, uns mit Wildleder-Boots, Röhrenkordhosen und bunten Tüchern zu schmücken. Ich wurde von dem Trend, der aus Amerika herüberkam, wie von einem Sog mitgerissen. Flower Power, Peace and Love. Die wohl größte und friedlichste Revolution in der Geschichte der Menschheit hatte stattgefunden, und ihre größte Waffe war der Rock ´n' Roll.

Der Film „Easy Rider" war für mich so wichtig, daß ich deswegen von zu Hause fernblieb. Meine Eltern gingen an diesem Tag zur Polizei, um mich suchen zu lassen.

Vor einem Wienerwald-Restaurant protestierten wir, bewaffnet mit kleinen Trommeln, und beschimpften den Geschäftsführer als „Hähnchen-Killer". Das erste Festival, mit vielen Größen aus Woodstock wie Ten Years After, Santana und vielen anderen großen Musikern, erlebte ich ohne Wissen meiner Eltern.

Aber diese Zeit hielt nicht lange vor. Mich füllte das alles nicht so richtig aus.

Obwohl es natürlich auch die Zeit der ersten Erkundungen mit dem weiblichen Geschlecht war. Die ersten Küsse (natürlich probierten wir alles vorher im Freundeskreis) und das erste Petting in einer Waschküche oder in meinem geliebten Park.

****

Mit 13 Jahren bat ich meinen Vater, mir bei der Beschaffung eines Seefahrt-Buches behilflich zu sein. Ich war gerade 14 Jahre jung geworden, da heuerte ich auf einem kleinen Küstenmotorschiff als Deckhelfer an und sollte meine erste Reise als Ferienfahrer in meinen großen Sommerferien erleben. Mein erstes großes Abenteuer begann.

3. Kapitel – Hänschen klein ging allein..............

und da mein zweiter Vorname „Hans" lautet, trifft dieses Kinderlied den Nagel auf den Kopf. Ich saß alleine in einem Zug nach Duisburg, bekleidet mit einer Röhrenjeans und einer Lacklederjacke mit Fellkragen. Meine Haare waren kurz und blond, mit einem Seitenscheitel aus dem Gesicht gekämmt. Wenn man sich das Bild aus meinem Seefahrtsbuch anschaut, sieht man ein richtiges Milchgesicht oder frei nach Karl May ein „Greenhorn".

In meinem Bauch hatte ich ein mulmiges Gefühl. Nun war ich also auf dem Weg zu meiner ersten Seefahrt. Ein bißchen kannte ich mich aus. Mein Vater hatte mich ein paarmal mitgenommen. Nach Helgoland, wenn er die Monatsabrechnung für die Besatzung der Schiffe gemacht hatte, oder zu einer Jungfernfahrt nach einem Stapellauf. Nun war das schon ein wenig anders, nun sollte ich auf einem Schiff arbeiten.

Das Wetter war ausgezeichnet wie das sogenannte Kaiserwetter. Mein Schiff, ein Eigner mit dem Namen „Wilma Frank", sollte im Laufe des Vormittags im Duisburger Hafen einlaufen. Dank einer guten Beschreibung hatte ich den Weg zur Liegestelle schnell gefunden. Immerhin ist und war der Duisburger Hafen der größte Binnenhafen Europas.

Bei meiner Ankunft war weit und breit keine „Wilma Frank" zu sehen.

Im Laufe des Tages freundete ich mich mit ein paar Stauern am Pier an. Ich fragte sie, ob ich irgendetwas tun kann, und sie empfahlen mir, mir die Zeit mit Arbeit zu vertreiben. Zum Dank erkundigten sie sich nach meinem Schiff. Ein gar nicht so schlechter Deal!

Der Hafenmeister wurde auf mich aufmerksam. Schonend brachte er mir bei, daß das Schiff erst am kommenden Mittag erwartet wurde. Da ich wohl keine Chance und auch nicht ausreichend Geld für ein Hotel dabei hatte, nahm er mich mit zu sich nach Hause. Höflich wurden wir von seiner Frau empfangen und bewirtet. Es war übrigens das erste Mal in meinem Leben, daß ich eine gute Stereoanlage zu Gesicht bekam. Ein phantastisches Erlebnis.

Am nächsten Morgen sollte sie also beginnen, meine erste richtige Seereise, dabei war ich doch schon mittendrin, oder gab es da für einen frischgebackenen 14jährigen etwa noch eine Steigerung?

..................In den Medien vernehme ich die Nachricht von einem Kameramann, der an der Elfenbeinküste von einer Mücke mit Gelbfieber infiziert wurde. Er starb! In den letzten Tagen war ganz Deutschland in Angst und Panik hinsichtlich einer möglichen Verbreitung des Ebola Virus. Er wurde mit dem gleichen Medikament behandelt, welches ich täglich in Form von sechs Kapseln zu mir nehmen muß. Ich denke nur:

Leute, wenn es zu spät ist, dann sind wir wirklich jämmerliche Figuren, Bauern auf einem Schachbrett. Es ist doch die logische Folge unseres Raubbaues an der Natur. Diese kleinen Viren, Zellen, gehören auch zu unserer genetischen Herkunft vor Millionen von Jahren. Keiner kennt unser Blut besser als „sie". Wer, wenn nicht „wir", kann diesen Wahnsinn stoppen! Dabei wäre es so einfach, andere, richtige Wege zu gehen! Und weil es anders noch nicht zu stoppen ist, warum finden die kriegswütigen Politiker keine Möglichkeit, um die Rodung des Urwaldes aufzuhalten?? Für mich ein Zeichen, daß, trotz aller vorgegebenen Vernunft, noch die Einsicht zum Überleben fehlt. Wir alle haben schon früh in der Schule gelernt, daß es Bruchteile von Sekunden vor 12 Uhr ist! Welche Ideale und Werte sind denn größer als die, das eigene Leben und das seiner Nachkommen zu sichern? ....

Nach einem schönen, ausgiebigen Frühstück begaben wir uns am nächsten Morgen auf den Weg zum Hafen. Freundlich wurde ich von den Arbeitern begrüßt, und ich durfte auch sofort wieder mit anpacken. Keine Last, sondern eine Freude bei all dem Neuen, was ich zu Gesicht bekam.

Gegen Mittag war es dann endlich soweit. Die „Wilma Frank" war nicht beladen, und sie machte auf mich einen großen, majestätischen Eindruck, als sie sich dem Pier näherte. Na ja, der erste Eindruck. Es war ja „nur" ein Küstenmotorschiff mit 299 BRT. Ich stand an der Kai-Mauer und beobachtete, wie das Schiff vertäut wurde. In meinem Kopf wuchsen die Bilder von grenzenloser Freiheit und Abenteuer. Schnell schnappte ich mir meine kleine Reisetasche und verabschiedete mich von den netten Duisburgern.

Nun stand ich das erste Mal auf dem Deck des Schiffes. Gerade wurde eine Plane von den Lukenkammern entfernt. Danach machten sich die Seeleute mit Lukenhaken an die Planken. Jede mußte einzeln von zwei Männern an die Seite gehievt werden. Die Seeleute hatten eine grandiose Routine darin, und schnell war diese Arbeit getan.

Den Erstbesten gab ich stolz zu verstehen, daß ich der neue Deckhelfer sei. Er jedoch schaute mich ganz verdutzt an und begann nach kurzer Zeit breit zu grinsen. Mit ernster Miene forderte er mich auf, mich sofort nach den zwei Waggons Kohle für den Maschinenraum zu erkundigen. >Daß Maschinen in der Zeit noch mit Kohlen betrieben wurden!? Seltsam< Ich war total verdattert. Ein Alptraum? Mußte ich jetzt, wie ich es in alten Filmen gesehen hatte, jeden Tag Kohlen schaufeln? Oder war es doch nicht so schlimm, und die Kohlen waren „nur" zum Heizen?

Stolz über den ersten Auftrag, ging ich dann zu den Stauern und fragte mit ernster Miene nach den Waggons. Diese schalteten sofort und spielten das Spiel mit. „Der ist noch unterwegs", hörte ich eine barsche Stimme sagen. Diese Mitteilung gab ich sofort an den Seemann weiter. Er stellte sich mir als Steuermann vor, lachte hämisch in sich hinein und brachte mich zum Kapitän und Eigner des Schiffes. Der Kapitän begrüßte mich und fragte mich sofort nach den Kohlen, natürlich mit breitem Grinsen.

Das war mein Einstieg auf diesem Schiff.

Alle Besatzungsmitglieder wußten ab sofort: „Der Neue ist ein Greenhorn!" Ich sollte das noch oft auf dieser kurzen Reise zu spüren bekommen. Schnell sprach sich auch herum, daß ich der Sohn von einem Personalchef war. Daß Personalchefs bei den Seeleuten nicht gerade angesehen waren, erwähnte ich schon?

Mir wurde, wie den anderen auch, ein auf das Notwendigste beschränktes Quartier zugewiesen. Links, neben dem Eingang, war ein doppelstöckiges sehr kleines Etagenbett, ausgestattet mit Vorhängen. Zwischen Tisch, Schrank und Bett paßten gerade mal zwei Stühle. Die Bullaugen wurden von kleinen geschmacklosen Vorhängen gesäumt. Alles, was beweglich war, konnte auf irgendeine Art befestigt werden. Sogar vor den Betten war eine schmale Holzplatte angebracht, welche bei Seegang hochgestellt und befestigt wurde, damit man nicht aus der Kabine fallen konnte. Zum Waschen und zur Toilette mußte man das Zimmerchen verlassen, durch die Gänge, eine steile Treppe hoch. Die Waschräume und die Toiletten waren nicht gerade das, was man zu Hause vorfand.

Neben den Kabinen befand sich der Aufenthaltsraum für die Mannschaft, die sogenannte Messe. In der Messe wurde Fernsehen geguckt, soweit wir Empfang hatten, getrunken und natürlich gegessen.

Erst am Abend sollte ich beim Kapitän vorsprechen, um zur Arbeit eingeteilt und eingewiesen zu werden. Also etwas Zeit zum Umschauen, Einrichten und Beobachten.

Die Besatzung bestand aus dem Kapitän, dem Steuermann, dem Maschinisten (gleichzeitig auch Sohn des Kapitäns), dem Koch, zwei Matrosen und mir. Als Gäste waren die Tochter des Kapitäns und ihre Freundin an Bord. Alle hatten sich wohl köstlich bei meinem „Einstieg" amüsiert und heckten vermutlich schon den nächsten Streich aus.

.................heute wird mein Sohn 5 Jahre alt. Wie gerne würde ich mit ihm toben und spielen. Es ist schon eigenartig, welch eine Macht und Kraft die Kinder auf die Erwachsenen ausüben. Es tut schon sehr weh, wenn man zu spüren bekommt, was diesen hübschen und intelligenten kleinen Kerl bewegt. Seine Zukunft liegt mir richtig am Herzen. Eigentlich bin ich nur noch wegen ihm zu Hause. Mit meiner Frau ist schon lange keine Konversation mehr möglich. Auch meine Tochter ist zur Zeit unausstehlich. Das liegt wohl an ihrem schnellen Wachstum. Was passieren wird, kann ich noch nicht genau sagen, aber eines ist sicher: Ich werde auf keinen Fall resignieren. Die Kinder spielen das Spiel zwar mit, aber sie leiden. All die Jahre wurde ich wie ein Halbgott behandelt, aber immer nur, wenn ich unverwundbar und stark war. Mit den ersten Anzeichen von Schwäche kippt die Situation, und man fühlt sich wie ein alter Feudel oder Fußabtreter. Aber was passiert mit meinen Kindern? Was ist für sie das Beste? Ich verzehre mich nach dem Gefühl von

Zärtlichkeit, aber so werde ich es nie bekommen. Doch warum? Ich weiß, daß ich sehr schlimm war, aber was hätte ich in meiner Lage denn besser machen können? Natürlich sehe ich auch meine Fehler, aber glaubt mir, es ist grausam, wenn man ein halbes Leben lang für seine Freunde und auch für die Familie da war und nun absolut hilflos, ausgeliefert und alleine ist. Diejenigen, die mich ab und zu besuchen, denen sehe ich an, daß ihnen meine Situation unangenehm ist. Es ist grausam, niemanden erklären zu können, was in mir vorgeht.................

An Bord stöberte ich herum wie ein junger Hund. Ich stellte mir vor, wie ich auf hoher See, auf dem Deck über der Brücke in der Sonne liege und die Seeluft genieße.

Das Schiff war schnell wieder bereit zum Auslaufen. Als nächsten Hafen sollten wir Rotterdam anlaufen. Ein tolles Gefühl, der Geruch von Diesel und das andauernde Stampfen der Maschine. Schnell befanden wir uns auf dem Rhein, und ich beschloß erst einmal zu duschen.

Vor dem Duschraum, aus den Bullaugen, sah man auf das Deck am Heck des Schiffes. Es ertönten Stimmen und leises Gelächter. Beim Abtrocknen erkannte ich den Matrosen, den Maschinisten und die beiden Mädchen. Ich war mit dem Abtrocknen noch nicht fertig, als die Tür aufgerissen wurde und die beiden Männer mich aus dem Raum zerrten. Schneller als ich denken konnte, wurde ich auf dem Deck festgebunden und der Matrose erklärte mir, daß ich jetzt eine Schiffstaufe erleben würde. Eine Äquatortaufe, davon hatte ich schon viel gehört, aber eine Begrüßungstaufe?? Der Maschinist beschmierte mich mit allerlei Zeug..... Senf, Mayonnaise, Öl .... und dann, nun dann passierte erst einmal gar nichts.

Da stand ich nun, das Schiff fuhr mit Volldampf auf dem Rhein in Richtung Rotterdam, die Sonne färbte sich langsam blutorange, und ich stand da, stinkend, fröstelnd und festgebunden. Die Nachricht hatte sich sofort an Bord herumgesprochen. Jeder kam schnell vorbei, um sich mein erbärmliches Aussehen anzuschauen und natürlich um seinen „Senf" dazuzugeben. Alle amüsierten sich köstlich. Nur ich fühlte mich auf einmal gar nicht mehr so wohl.

Nach einer guten halben Stunde wurde ich mit einem Schlauch abgespritzt. Eine Tortur, wenn man bedenkt, daß auf so einem Schlauch mehrere atü Druck das Wasser herauspressen. Nach diesem Test blieb ich, immer noch angebunden, eine Weile alleine. Nach einer kurzen Zeit, mir kam es vor wie eine Ewigkeit, hatte eines der Mädchen Mitleid und band mich los. Langsam dämmerte es mir, welche Rolle ich auf diesem Schiff spielen sollte, und das erste Mal spürte ich langsam, was „Heimweh" bedeuten kann.

Nach dieser merkwürdigen Taufe sollte ich bei unserem Kapitän vorsprechen. Mit ernster Miene versuchte er mir meine Arbeit zu erklären. Aber ihm gingen wohl noch die Ereignisse des Tages durch den Kopf, ab und zu drehte er diesen zur Seite, um somit sein Lachen zu verbergen.

****

Meine Arbeit sollte für die nächsten Wochen aus dem Reinigen der Gänge und Waschräume, dem Farbewaschen (dabei wurde mit Seifenlauge der Anstrich des Schiffes gewaschen) und dem Rostklopfen bestehen. Der Kapitän erklärte mir die Verhaltensregeln auf dem Schiff. Ab dem Festmachen in einem Hafen wurde nach normalen Zeiten gearbeitet, auf See wurde jeder zur Wache eingeteilt. Zusätzlich mußte das Schiff im Hafen bewacht werden, auch um es immer wieder neu zu vertäuen, logisch, wegen des ständig wechselnden Wasserstandes (Gezeiten). Ich hatte mir das schon etwas anders vorgestellt, aber was sollte ich erwarten? Ich war eben halt ein Milchgesicht / Laie / Greenhorn und vor allem ein Deckjunge.

Bei Sonnenuntergang durften die Schiffe den Rhein nicht mehr befahren, also wurde rechtzeitig ein Ankerplatz gesucht, wo das Schiff bis zum Sonnenaufgang gesichert wurde. Einen Hafen anzulaufen, ohne zu be- oder entladen wäre wirtschaftlich total unsinnig gewesen.

So erlebte ich also meinen ersten Tag an Bord. Beeindruckt, frustriert und sichtlich angeschlagen legte ich mich in meine Koje und schlief ein.

Die nächsten Tage verliefen verhältnismäßig ruhig. In Rotterdam wurde Ladung aufgenommen. Für eine halbe Stunde hatte ich Landgang, kaum ausreichend, um mir kurz die Füße zu vertreten.

Von Rotterdam schifften wir über die Nordsee in die Elbe. In Brunsbüttel wurden wir in den Nord Ostsee-Kanal eingeschleust. Ein einmaliges Erlebnis, die Größe der Schleusenkammern und vor allem die der anderen Schiffe. Das erste Mal wurde mir bewußt, wie klein unser Kahn wirklich war. Majestätisch und eindrucksvoll passierten uns richtige „Ozeanriesen".

In Kiel wurden wir in die Ostsee eingeschleust, und nach einem kurzen Aufenthalt ging die Reise weiter in Richtung Helsinki.

Der erste Tag auf der Ostsee war ein Traum. Wir hatten ausnehmend gutes Wetter, und meine Zeit zwischen den Wachen verbrachte ich mit Faulenzen auf dem Deck über der Brücke. Ich funktionierte es tatsächlich, in meiner freien Zeit, zum Sonnendeck um und beobachtete von dort die Fische und Quallen im glasklaren Wasser.

Meine Freude war sehr kurz, denn schon in der kommenden Nacht schlug das Wetter um.

****

Wir bekamen Windstärke 6. Ich hatte nicht viel Zeit, um das Schlingern des Schiffes zu genießen. Sehr schnell drehte sich alles um mich herum, mir wurde schlicht „Kotzelend". Zuerst war es noch ziemlich harmlos. Nur alle 10 Minuten stand ich an der Brüstung und spuckte mir die Seele aus dem Leib. Nach ein paar Stunden hatte ich die Nase voll, alle paar Minuten meine Arbeit zu unterbrechen, und ich nahm mir einen zweiten Eimer mit; so hatte ich einen zum Putzen und einen zum Kotzen. Für die Mannschaft war es eine willkommene Abwechslung und endlich wieder etwas Spaß. Der Kaffee wurde mit Salz gezuckert und Rühreier mit Zucker gesalzen. Lecker, vor allem in meinem Zustand. Ich „kotzte" bis zur Bewußtlosigkeit. Die Mannschaft spottete: „Paß bloß auf den braunen Ring mit Haaren drumherum auf. Wenn der hochkommt, schlucke ihn schnell wieder Runter. Du wirst ihn noch brauchen!"

Gegen Abend wurde es dann so schlimm, daß ich sogar vor Erschöpfung schlafend in den Tauen auf Deck lag. Erst am nächsten Abend wurde die See ruhiger. Wir erreichten die Seenplatte vor Helsinki, und schlagartig verbesserte sich mein Zustand. Es ist das Gefühl, neu geboren zu sein. Vor meinen Augen war endlich Land in Sicht.

Das Bild, das sich mir bot, ähnelte manchen Bildern aus Cartoons. Eine kleine Insel neben der anderen, viele waren nur mit einem Baum bewachsen.

Mir ist nicht mehr genau in Erinnerung, ob wir zuerst Kotka oder Helsinki anliefen. Ich denke, es war Kotka. Die Mannschaft erzählte sich nur noch von den finnischen Mädchen. Es hörte sich unglaublich an. Die Väter und Brüder sollen mit ihren Ruderbooten längsseits kommen und die Töchter, für ein bißchen Alkohol, freiwillig an Bord lassen. Oder die Seeleute gingen gleich zu den Mädchen (wenn sie die Mädchen von vorherigen Reisen kannten). Geschichten wie im Paradies, aber doch noch nicht für mich. Ich wußte noch nicht einmal, was eine Ejakulation ist. Natürlich fragten die Seeleute mich, ob ich mit Frauen Erfahrung habe. Ich schämte mich noch von den vorhergegangenen Ereignissen und tat so, als wenn ich diese ausreichend besaß. Ein dummer Fehler!

In Kotka hatten wir etwas Zeit für kleine Vergnügungen. Ich ging ausgiebig in den Wäldern spazieren. Nicht ungefährlich, denn es war leicht möglich, mit Elchen oder sogar Bären in Kontakt zu kommen oder sich schlicht und einfach zu verlaufen.

Die finnischen Hafenarbeiter hatten ihre eigenen Regeln, und so dauerte es Tage, bis sie anfingen das Schiff zu entladen. Diese Zeit nutzten wir, um uns zu vergnügen. Wir sprangen von der Brücke ins Wasser oder ließen das Rettungsboot zu Wasser und ruderten auf eine der kleinen Inseln. Das Wasser war glasklar, und man konnte alle möglichen Fische darin erkennen. Nachdem auf dem Schiff ein Teil der Ladung gelöscht worden war, ging unsere Fahrt weiter nach Helsinki.

****

Über Helsinki hatte ich zuvor viel von meinen Eltern gehört. Sie waren dort vor meiner Geburt auf der Olympiade gewesen.

Unser Liegeplatz lag genau gegenüber den Docks, in dem die Finnstar gebaut wurde. Die Aufbauten der Finnstar waren fast fertiggestellt. Man konnte deutlich erkennen, daß es ein großes und modernes Passagier-/Fährschiff werden sollte.

In Helsinki lag unser Schiff anderthalb Tage. Ich hatte gerade Zeit für einen vierstündigen Spaziergang, auf dem ich mir meinen ersten Hot Dog genehmigte. Bis heute habe ich nie wieder einen so leckeren Hot Dog zu schmecken bekommen.

Von Helsinki aus ging die Fahrt weiter nach Hamina. Unglaublich, aber die Seeleute hatten nicht gesponnen!

Hamina war eine kleine Stadt mit zahlreichen Einwohnern. Viele davon waren, so schien es, Mädchen zwischen 15 und 25 Jahren. Ein Paradies für liebeshungrige Seeleute. Ein Matrose und der Maschinist hatten eine Anlauf-Adresse von früheren Fahrten. Bewaffnet mit ein paar Flaschen Spirituosen machten sie sich auf den Weg, aber nicht ohne sich wieder einen Schabernack auszudenken.

Ich setzte mich in ein kleines Bistro im Stadtkern und trank eine Cola. Schnell wurde ich von den Mädchen am Nebentisch ins Visier genommen. Eine bildhübsche Finnin, so an die 20 Jahre alt, sprach mich nach kurzer Zeit an. Mir stieg das Blut in den Kopf. Ich muß nur noch gestottert haben. Nach einiger Zeit ging sie dann wieder zum Nebentisch und kicherte mit den anderen Mädchen. Da sie sich eine ganze Weile mit mir beschäftigt hatte, dachte ich, sie hätte ernsthaftes Interesse an mir. Ich schrieb ihr einen unbeholfenen Brief auf ein kleines Stück Papier und legte ein 5-DM-Stück bei. Ich hatte doch keine Ahnung, wie man mit einer Frau umgeht, und vor allem wußte ich nicht, daß es die Freundin vom Maschinisten war. Oh Gott! Am nächsten Tag an Bord war ich natürlich schon wieder das Gespött der ganzen Mannschaft. Nun hatte ich wirklich die Schnauze randvoll. Bis zur Abreise hielt ich mich nur noch an Bord und in meiner Koje auf, und das war eine gewisse Zeit. Wir sollten eine Deckladung Holz bekommen, und die Arbeiter streikten wieder einmal. Diesmal dauerte es fast zwei Wochen! Ich fühlte mich einfach nicht wohl unter dieser Mannschaft, und mein Heimweh wuchs von Stunde zu Stunde. Im gleichen Maße verschlechterte sich dann auch noch das Wetter. Ich mochte gar nicht an die Rückreise denken.

An einem Tag hagelte es so stark, daß ich auf Deck sogar Nasenbluten bekam. Das war zu viel für mein Ego. Von da ab verbrachte ich, wenn ich nicht arbeiten mußte, meine freie Zeit nur noch in der Koje.

****

Die Rückfahrt entpuppte sich als purer Alptraum. Windstärke 12 – 14. Der Kapitän wurde nervös. Er überlegte sich, den nächstgelegenen Hafen anzulaufen, wir hatten schließlich eine Deckladung Holz an Bord. Die Mannschaft hatte ihr pures Vergnügen, mir bei meinem Elend behilflich zu sein. Ich bekam eine spezielle alte Seemannsbehandlung verpaßt. Wieder einmal Kartoffelsalat, Ketchup, Mayonnaise, Senf und eine Mischung übelriechender Zutaten wurden in einen Lappen geschmiert, und dieser wurde mir dann auf der Brust und ein anderer auf der Stirn befestigt. Ein Bild für die Götter! Nur geholfen hat es nichts. Es waren grausame letzte Tage meiner ersten Seefahrt. Aber je näher der Kieler Hafen kam, desto mehr Selbstbewußtsein entwickelte sich in mir. Alles, woran ich so furchtbar gelitten hatte, bekam Farbe und wurde zu einem großen Abenteuer. Beim Einlaufen in Kiel-Holtenau stand, zu meiner großen Überraschung, mein Vater am Kai. Meine Papiere waren schon fertig, meine Sachen gepackt, sogar meine Heuer hatte ich schon ausbezahlt bekommen: für knapp 4 Wochen 270, -- DM!

Ich freute mich wie ein kleines Kind auf mein Zuhause, aber das sollte noch etwas dauern. Es gab keine Zugverbindung mehr nach Hamburg, und der Bus fuhr erst am nächsten Morgen gegen fünf Uhr.

Mein Vater hatte wohl angenommen, ich würde schon als „Mann" von Bord zurückkommen, und zeigte mir das Rotlicht-Milieu in Kiel. Es war sehr aufregend: Überall dröhnten die neuesten Hits wie „Lola" und „Neandertal Man" aus den Lautsprechern, die Bars und Diskotheken schillerten bunt und geheimnisvoll einladend in der schwülen Sommernacht. Erst am nächsten Mittag kamen wir zu Hause an. Von meinem hart verdienten Geld kaufte ich mir eine Autorennbahn. Ich baute sie nur ein Mal auf und merkte schnell, daß ich Abschied von meiner Kindheit genommen hatte.

11. August 1999

..................Heute Mittag bin ich, rechtzeitig, zur Sonnenfinsternis aufgewacht. Die letzten zwei Tage waren meine Schmerzen, Alpträume und Kreislaufbeschwerden unerträglich. Ich beobachte die Sonnenfinsternis im Fernsehen. Draußen ist der Himmel stark bewölkt. Wir haben in unserer Region nur eine partielle Sonnenfinsternis. Die Stimmung ist seltsam, so, als wenn etwas Grausames und Bedrohliches auf einen zukommt. Als die erste totale Finsternis, über England, im Fernsehen übertragen wird, spüre ich eine seltsame Unruhe in mir. Ich fange an zu weinen und weiß nicht, ob diese Gefühlsregung aus einer Angst, vor Freude oder aus einer Mischung aller möglichen Dinge entspringt. Sogar die totale Finsternis über Deutschland, obwohl der Planet durch die dichte Regendecke bedeckt ist, hinterläßt spürbare Eindrücke. Unser Kater verkrümelt sich in die hinterste Ecke, und die Kaninchen kauern sich in ihrem Käfig eng zusammen. Ich bin total geschafft und muß unbedingt schlafen. Die Alpträume bringen mich fast um.

Beim Aufwachen spüre ich Angst wie nie zuvor! Einfach anders als die anderen Male, bevor etwas Schlimmes passierte. Eine spürbare Kälte legt sich über jeden faßbaren Gedanken, und ich fange langsam an zu verstehen, was die alten Gelehrten bewegte.

Logische Erklärungen gibt es wie Sand am Meer, aber für den Spürsinn fehlt der Wissenschaft jede vernünftige Erklärung. Jeder klar denkende Mensch, der so etwas erlebt hat, wird mir recht geben. Es sei denn, er verdrängt seine Gefühle oder ist nicht in der Lage, seinen langsam verkümmernden Intuitionen Glauben zu schenken.

Ich hoffe, endlich kommt die lang ersehnte Wende und viele Menschen sind durch dieses

Ereignis endlich aufgewacht. Ich jedenfalls fühle mich in meinem Tun und Handeln nur

bestätigt. Hoffentlich bekomme ich bald meine Kraft und Ausdauer zurück. Zur Zeit bin ich wohl der einzige (außer meinem kleinen Sohn), welcher noch an mich glaubt, aber das wird sich irgendwann ändern.................

4. Kapitel – Endgültiger Abschied von der Kindheit

Zu Hause! Ich brauchte einige Tage, wenn nicht gar Wochen, um sämtliche Eindrücke meines ersten großen Abenteuers zu verarbeiten.

Nur kurze Zeit nach meiner Heimkunft hatte ich dann meine Ejakulation. Was für ein Erlebnis! Zuerst war ich tief erschrocken, lief zu meiner Mutter und sagte ganz verdattert, daß mein Penis eitert. Sie lachte aus vollem Herzen, und mir dämmerte, was passiert war.

Jetzt änderte sich schlagartig alles. In der Schule bekam ich schnell Anschluß in der neuen Klasse. Die Zensuren verbesserten sich schlagartig. Ich bekam Selbstvertrauen. Das Herumgammeln mit den anderen befriedigte mich nicht mehr.

****

An einem schönen frühherbstlichen Abend saß ich an unserem großen See (der See nur einen Kilometer entfernt von unserem Haus) und beobachtete Kanusportler bei ihrem Training. Es war ein tolles und faszinierendes Bild, ganz anders als ich es aus früheren Zeiten kannte. Man sah sofort die ernste Absicht dieser Sportler, etwas erreichen zu wollen.

Tief beeindruckt saß ich am Deich und betrachtete stundenlang dieses Bild.

Eine seltsame Unruhe überkam mich. Ich mußte unbedingt erfahren, um wen es sich handelte.

Es war dann nicht sonderlich schwer herauszufinden, wer sich da so abmühte. Es war eine große Truppe, und viele von ihnen hatten auf Deutschen Meisterschaften eine führende Rolle gespielt.

In den kommenden Nächten fing ich an, vom Kanufahren zu träumen. Am Tage veranstaltete ich Rennen mit meinem Fahrrad und den grünen Ampelphasen. Schaffte ich es bei Grün, eine Ampel zu passieren, bedeutete das für mich, ein Rennen zu gewinnen, und es waren viele Grünphasen, die ich während dieser Zeit passiert hatte.

Eines späten Nachmittags nahm ich meinen Mut zusammen und beschloß die Sportler aufzusuchen. Es war sehr viel einfacher, als ich dachte. Sofort fand ich Anschluß. Ich erzählte von meinem Vater und seinen Erfolgen beim Kanufahren und erweckte sogleich Interesse.

Bernd gehörte zu dieser Gruppe, er hätte gut das Double von Charles Bronson darstellen können. Bernd wurde 30 Jahre alt und hatte sich einen dritten Platz bei den Deutschen Meisterschaften auf der Langstrecke erkämpft. Ein tolles Ergebnis, wenn man bedenkt, daß er erst zwei oder drei Jahre diesen Sport betrieb. Bernd war ein Abenteurer und, wie viele seiner Art, ein Einzelgänger. Es wurde mir berichtet, daß er einmal mit einem „Faltboot" nach Helgoland gepaddelt, ein anderes Mal mit einem speziellen Fahrrad von Norddeutschland bis nach Südafrika und wieder ein anderes Mal mit Schlittschuhen über die Finnische Seenplatte gefahren ist. Unglaublich, aber wahr und voller geheimnisvoller Faszination.

Dieter war ein Jahr älter als ich. Es war klar, daß wir uns schnell anfreundeten. Dieter war auf dem Weg zur 2-Meter-Grenze. Er hatte lange, lockige, braune Haare und braune Augen. Seine Haut war immer sonnengebräunt. Er wuchs ursprünglich im Ruhrpott auf. Sein Vater mußte aus beruflichen Gründen den Wohnsitz wechseln, und so verschlug es die Familie, zusammen mit der jüngeren Schwester, nach Norddeutschland. Dieter besuchte ein Gymnasium, was ich persönlich toll fand, hatte ich doch gerade eine schmerzhafte Erfahrung in der Schule erleben müssen.

Ach ja, und dann war da noch Günther. Günther wurde von allen angehimmelt, ja fast wie ein Gott behandelt. Ständig waren Mädchen um ihn herum. Gerade in diesem Sommer war er Deutscher Vizemeister geworden. Günther war ein untypischer Kanu-Sportler. Er besaß eine hagere, schmale Figur.

Der Kanu-Sport ist eine der härtesten Sportarten der Welt, was die Belastung des Oberkörpers und von Herz und Lunge betrifft.

Wenn ein Mann mit einer Körpergröße von 180 cm und einem Gewicht von 75 kg eintausend Meter in einer Zeit von vier Minuten fahren will, muß er pro Schlag ca. 35 kg ziehen und 15 kg drücken. Es sind aber ca. 440 Schläge in dieser Zeit notwendig. Eine unglaubliche körperliche Leistung.

Vier Minuten für 1000 Meter reichen aber nicht einmal, um sich für den Endlauf bei den Norddeutschen Meisterschaften zu qualifizieren.

Günther hob sich stark von den anderen ab, er wurde für lange Zeit mein Trainer.

Wir hatten in diesem Jahr schon den Herbst vor der Tür. Eine schlechte Zeit, um mit diesem Sport zu beginnen.

Damals ahnte ich nicht im geringsten, wie trainingsintensiv dieser Sport sein kann, obwohl ich seit frühester Kindheit Kontakt zu diesem Metier besaß.

Vorerst begnügte ich mich im Winter mit einmal pro Woche Training in einer Halle. Aber auch das hatte den Reiz des Neuen.

****

Zu Hause spürte ich mehr und mehr, daß sich etwas für mich Unverständliches, Grauenvolles abspielen würde. Der Zustand meines Vaters verschlimmerte sich zunehmend. Der Alkohol und seine Krankheit forderten ihren Tribut. Meine Mutter war mit dieser Situation zunehmend überfordert. Immer öfter krachte es zwischen den beiden. Man merkte meinem Vater an, daß er sich zu Hause überflüssig fühlte. Mit all seiner verbliebenen Kraft stürzte er sich in seinen Beruf und entfernte sich immer mehr von seiner Familie. Ich wußte, ja ahnte nicht einmal, was der arme Kerl alles durchmachen mußte.

Auch wenn man es nicht wahrhaben will, aber man spürt immer, wenn sich etwas grundlegend ändern wird.

Ich war nur noch damit beschäftigt, für mich einen Weg zu finden.

Zu dieser Zeit feierte gerade Charles Bronson mit dem Film „Spiel mir das Lied vom Tod" große Erfolge. Ich habe mir diesen Film, so oft ich konnte, in den großen Kinos angeschaut.

Im folgenden Winter spielte sich nicht allzuviel ab. Mein Körper stellte sich auf das bevorstehende Wachstum ein, und ich begnügte mich mit den üblichen Streifzügen mit ein paar Kumpels aus meiner Schule und beschäftigte mich mit Terry, meinem kleinen Hund, einem Spitz-Terrier-Mischling mit einem wie bei einer Kuh gesprenkelten Fell.

..................Es ist schon seltsam, wie man selber immer wieder das Leid seiner Vorfahren (Eltern) selber durchleben muß. Ich bin jetzt 43 Jahre. Mein Vater war um die 40 Jahre alt, als seine Krankheit langsam vollends zum Durchbruch kam. Ich kann mir heute erst richtig vorstellen, wie er litt. Obwohl ich jeden Tag meine Kinder sehe und höre, fühle ich mich alleine und unverstanden wie niemals zuvor in meinem Leben. Seit vielen Jahren entfernt sich meine Seele immer weiter von meinem Körper. Seit diesem Zeitpunkt fällt es mir täglich schwerer, mich klar verständlich zu machen. Die Folge ist totale innere Vereinsamung! Es nutzt auch nichts, zu wissen, daß man wieder auf die Beine kommt. Woher ich das weiß? Das weiß ich selber nicht, aber ich habe das Gefühl, das Gespür dafür.

Die Zeit ist eben zu lang, und die Menschen vergessen schnell, was man einmal draufgehabt hat. Es ist grausam, mit anzusehen, wie alles den Bach runtergeht und ich machtlos, ohnmächtig und hilflos zugucken muß.

Die Atmosphäre wird durch einen besonderen Blick auf die Medien nicht gerade mit Hoffnung gespickt. In den Nachmittags-Talkshows wird zunehmend über die sogenannten Sozialschmarotzer hergezogen. Es war klar, daß es wieder so kommen mußte. Sogar ich, trotz meines Handicaps, fühle mich schon als absoluter Außenseiter. Warum werden die Verantwortlichen für diese Misere nicht zur Rechenschaft gezogen? Die, auf denen sowieso immer herum getreten wird, ja genau diese stellen ein leicht zu bekommendes Menü für diese Moderatoren da. Ein anderes Niveau ist ihnen aber auch nicht zumutbar. Es ist schlimm, wie sich alles immer wieder im gleichen Kreislauf bewegt. Die Zeichen für eine bessere Welt stehen von Tag zu Tag schlechter.

Vielleicht ist die beste Zeit der Menschheit aber einfach schon gelebt, und wir befinden uns auf dem Rückzug, aber nicht ohne uns noch gegenseitig großen Schaden zuzufügen. Die Verantwortlichen aber sonnen sich in ihrem Ruhm und ihrer Selbstgefälligkeit und beschließen erst einmal, ihren eigenen Hintern in Sicherheit zu bringen!

Wenn der König der Talkshow sich schon öffentlich beschwert, daß er mit seinen Steuergeldern so und so viele Schmarotzer mit„ernähren" muß, dann ist es Zeit, seine Einnahmen zu überprüfen. Viel darf es nicht sein, bei dem Niveau seiner Äußerungen.

Aber auch die anderen „Master" wollen wir nicht vergessen. Schaut doch mal auf die Gäste. Alles arme Schlucker, die gar nicht wissen, in welche Falle sie hineingeraten sind. Oder glaubt ihr etwa, daß diese Menschen nach den Soap Talks und ihren peinlichen Bloßstellungen keine Schäden davontragen? Also bereichern sich diese selbsternannten Talk-Meister an dem Elend der anderen und treten sogar noch auf diese ein, wenn sie dann endlich richtig am Boden liegen. Was oder wer ist denn untragbar und wirklich überflüssig?? !.................

Im kommenden Frühjahr, nach dem ersten kleinen Wintertraining, sollte es dann endlich losgehen. Ich brauchte ein paar Monate, um sicher eine längere Strecke mit dem Kajak paddeln zu können, obwohl ich vorher schon in einem Kajak gesessen hatte.

Man muß sich das Gefühl so vorstellen, als säße man auf einem polierten runden Baumstamm. Um die richtige Balance und das Gefühl für ein Boot zu bekommen, braucht man eine gewisse Geduld und Beharrlichkeit. Schon so mancher, der uns beobachtete, hatte schnell eine Kiste Bier bei einer Wette verloren. Die meisten schafften nur wenige Sekunden, bis sie Bekanntschaft mit dem Wasser machen sollten.

Dann endlich war es soweit! Ich durfte an meinem ersten Rennen teilnehmen. Großartige Erwartungen hatte ich noch nicht, dafür war ich noch viel zu unsicher. Meine größte Angst war es, während des Rennens zu kentern. Das Allerschlimmste aber war das Warten auf Günther, unseren Trainer. Dreieinhalb Stunden mußten wir am verabredeten Treffpunkt verweilen, dann endlich sollte es losgehen. Mein erstes richtiges Rennen sollte auf der Außenalster in Hamburg stattfinden. Zehn Minuten vor dem Start erreichten wir den Austragungsort, und ich war schon restlos fertig, bevor es losging. Immerhin erreichte ich in meinem Lauf als fünfter oder sechster das Ziel. Also nichts Weltbewegendes, aber ausreichend, um mit neuem Mut und Elan weiter zu trainieren.

****

Im Sommer flog ich das erste Mal mit meinen Eltern nach Mallorca. Viel habe ich von diesem Urlaub nicht mitbekommen, meine Gedanken waren fortlaufend mit dem Sport verbunden. Den damals noch kleinen Ort „Cala Ratjada" werde ich dennoch in Erinnerung behalten. Ich hatte sehr viel Zeit, um die Gegend zu erkunden und Pläne über meine Zukunft zu schmieden oder halt nur den Mädchen nachzuschauen.

Endlich wieder zu Hause, war mein erster Weg natürlich zum Bootshaus am See.

Bernd und Dieter kamen gerade vom Wasser und überraschten mich mit einer tollen Neuigkeit. Ich durfte mit nach Dänemark zur Tour de Gudena. Ein absoluter Härtetest für einen Kanusportler. Das kürzeste Rennen ging über eine Strecke von 57 km, und diese auf der Gudena und anfänglich über große Seenplatten. Mir bibberten die Knie angesichts dieser Herausforderung, aber ich empfand dieses Angebot als eine Art Belohnung für meine bisherige Anstrengung.

Bernd fuhr schon im letzten Jahr dieses Rennen, allerdings war seine Strecke bedeutend länger, sie führte über 108 km. Neugierig lauschten wir seinen Erzählungen, und es wurde uns schnell klar, daß wir es knüppeldick zu spüren bekommen würden. Bernd erzählte von der großen internationalen Teilnehmerzahl und von den harten Tricks, mit denen die Konkurrenten ausgeschaltet werden. Dieter und ich beschlossen daraufhin, uns im Zweierkajak melden zu lassen.

Ab diesem Zeitpunkt blieben uns noch knapp fünf Wochen, um uns auf das Rennen vorzubereiten. Ein ganz anderer Trainingsmodus mußte her.

****

Kurz vor Reisebeginn wurden meine ersten Landesmeisterschaften ausgefahren. Die große Mühe wurde belohnt. Zweimal gleich wurde ich Landesmeister, davon ein Mal im Zweierkajak mit Dieter. Ein tolles Gefühl und die richtige Motivation für die Herausforderung auf der Gudena.

Frühmorgens, noch in der Nacht, ging die Fahrt los in Richtung Dänemark, und pünktlich gegen 7.00 Uhr morgens erreichten wir unser Ziel. Bernd hatte uns nicht zu viel versprochen. Eine tolle Organisation und ein großes Teilnehmerfeld erwarteten uns. Das Rennen wurde in zwei Abschnitten gefahren. Start der ersten Etappe war an einem Samstag, und die zweite Etappe folgte dann am Sonntag. Vollkommen richtig, denn die Etappe am Samstag hatte es in sich.

Schon kurz nach dem Start gab es die ersten versenkten Boote. Gestartet wurde auf einem großen See, dieser mündete in die kleine Gudena. Der Fluß war stellen- und streckenweise nur wenige Meter breit. Jeder wollte natürlich als einer der ersten die schmale Einfahrt erreichen, und dabei wurde mit allen Tricks gearbeitet. Paddel zerbrachen und sogar ganze Boote. Dieter und ich wurden mit allen Mitteln attackiert, und in der ersten Kurve mußten wir dementsprechend viel Wasser schlucken.

Die Härte des Rennens übertraf alle unsere Vorstellungen. Auf den großen Seen herrschte starker Wellengang, und der Wind kam von vorne. Mehrmals mußten wir das Boot (trotz extra befestigter Spritzdecken) vom Wasser befreien. An unseren Händen bildeten sich Blasen, und die Gelenke brannten wie Feuer. Aber wir hielten durch.

Am zweiten Tag wurde es etwas einfacher. Die Gudena führte eine sehr starke Strömung, und das Boot ließ sich einfach fahren. Nur der erste Tag steckte noch grausam tief in unseren

Knochen.

Dieter und ich erreichten das Ziel immerhin als achte. Ein für uns stolzes Ergebnis und ein Schlüsselerlebnis für mich. Nun hatte ich richtig Feuer gefangen.

Zurück zu Hause in Bremen, fieberte ich schon der kommenden Saison entgegen. Fast jeder Traum beinhaltete etwas vom Kanufahren. Ich nutzte jede freie Minute, um meine Kondition und Ausdauer zu stärken. Auch im kommenden Winter trainierte ich mindestens einmal am Tag.

****

Günther, unser Trainer, verhandelte mit unserem Verein, um unsere Regatta-Kasse aufzufrischen.

Es war nicht billig, im Sommer jedes Wochenende unterwegs zu sein. Dazu kam das Material wie Paddel, Boote und Spritzdecken. Wir Sportler mußten unser Geld in eine spezielle Ernährung investieren. Der bisherige Verein konnte unsere Anforderungen nicht erfüllen. Ein so geringer Zuschuß für ein komplettes Jahr, das konnte nicht funktionieren. Also nahm Günther Kontakt zu einem auswärtigen Verein auf, und es ergab sich, daß wir im kommenden Jahr für diesen starten sollten. Trainieren konnten wir weiter auf unserem großen heimatlichen See.

Ich hatte auf einmal das Gefühl, etwas wert zu sein, was sich Stück für Stück deutlich auf mein Selbstbewußtsein niederschlug.

Endgültig sollte meine Kindheit der Vergangenheit angehören, und die Ereignisse sollten sich fast jedes Jahr fast potenzierend überschlagen.

****

Ich litt sehr an dem, was sich zu Hause abspielte, machte meinen Eltern aber keinen Vorwurf, auch heute nicht. Irgendwie spürte ich, daß ich nicht zur Welt der „normalen Bürger" gehörte. Etwas trieb mich dazu, mein Schicksal immer wieder herauszufordern.

Niemand konnte mir erklären oder mir beweisen, daß ich den falschen Weg einschlug, und die Zeichen, die ich wahrnehmen konnte, sagten mir immer wieder, daß alles so seine Richtigkeit besitzt.

Meine Zukunft sah ich als ein einziges buntes Abenteuer. In meinen Träumen sah ich Indianer und (vor wichtigen Rennen) den Sport. Seltsam, oft tauchte in diesen Träumen ein weißes Pferd auf.

Und ich vermißte wohl auch die Führung meines Vaters. Ich war auf der Suche nach Wohlbefinden und Geborgenheit.

Das Schicksal nimmt seinen Lauf

Gestärkt durch den herbstlichen Erfolg, ging es in das Wintertraining. Ich trainierte wie ein Besessener, fast jeden Tag. An manchen Tagen sogar zweimal. Zur Abwechslung ließ sich Günther immer wieder etwas Neues einfallen. Zu den üblichen Trainingseinheiten wie Laufen, Intervalltraining, Schnellkrafttraining und Zirkeltraining fügte er in den kommenden Jahren Einheiten zum Gasttraining bei Boxern, Ruderern oder im Fußballstadion hinzu.

Bei unserem Training im Fußballstadion konnten wir gut die Profi-Fußballer bei ihrer Arbeit beobachten. Wirklich lasch, was die da zu bieten hatten. Die Zeit, in der wir uns aufwärmten, zählte für die Profis wie eine Haupteinheit. Wir amüsierten uns jedes Mal über diese Tatsache.

Zuvor bekam ich mein erstes Trainingsverbot. Nach einem anstrengenden Zirkeltraining hatte ich keine Lust auf ein Basketball-Spiel. Günther schickte mich nach Hause. Ich wollte dieses

Spiel nicht, anscheinend weil ich mehr zum Einzelkämpfer tendierte. Mindestens drei Wochen ließ ich mich anschließend nicht sehen, dann fing es an zu schmerzen. All die investierte Mühe sollte umsonst gewesen sein? Oder war es nur so etwas wie Kompetenzgerangel? Fing ich an, meine Stärke zu testen?

Als der Trennungsschmerz langsam unerträglich wurde, lief Günther, wie von unsichtbarer Hand gesteuert, mir bei einem Spaziergang über den Weg. Nach einem kurzen Gespräch einigten wir uns darauf, weiter zusammenzuarbeiten.

****

Trotz aller Disziplin neigten wir sehr stark zu ausschweifenden Partys. Der Alkoholkonsum steigerte sich oft bis zur Bewußtlosigkeit. Zu unserer Ehrenrettung muß ich aber hinzufügen, daß wir uns bei wichtigen Terminen und Aufgaben strikt an unsere Vorgaben hielten. Das Rauchen hatte ich schon seit geraumer Zeit eingestellt, und meine Ernährung sollte sich stark von meinem vorherigen Stil unterscheiden.

In der Schule schaffte ich spielend und ohne Aufwand, meine Zensuren im guten Bereich zu halten, ja sogar meine Problemfächer in ein „Sehr gut" zu verwandeln. Kontaktprobleme hatte ich überhaupt keine mehr. Im Gegenteil, ich bestimmte langsam die Ereignisse mit. Ich denke, daß es für dieses Alter viel zu früh war. Ich war lange auf der Suche nach einer Bezugsperson, die mir mein fehlendes Schutzbedürfnis auffrischen konnte.

Ich faßte zusätzlich den Entschluß, meine verkorkste Bildung zu verbessern, um meine Mittlere Reife nachzuholen.

Mädchen? Mädchen waren auf einmal kein Problem mehr. Mein strotzendes Selbstwertgefühl zog manche direkt an, allerdings erst mit Beginn der neuen Saison. Jetzt, im Winter, war ich nur noch fixiert auf mein Training.

Mein Klassenlehrer hatte auf mich ein Auge geworfen. Er sah die Entwicklung und wollte unbedingt, daß ich bei ihm trainiere. Er war ein bekannter Leichtathletik-Trainer. Einer seiner Zöglinge wurde gerade Deutscher Jugendmeister, und ich lief die 1000 m, im Frühjahr, in einer Zeit von 2 Minuten und 35 Sekunden. Das war knapp über dem deutschen Rekord bei den Jugendlichen.

Ein stolzes Ergebnis, was mir noch mehr Selbstvertrauen gab und meinen Lehrer verärgerte, weil ich mich für den Kanusport entschied.

****

Zum Weihnachtsfest bekam ich von meinen Eltern mein erstes eigenes Paddel geschenkt. Es hat mich durch viele Höhen und Tiefen begleitet, obwohl ich in den kommenden Jahren zeitweise zwei Paddel in einem Jahr verschlissen habe. Um meinen Sport zu finanzieren, habe ich mir in allen Ferien Arbeit gesucht. Im Herbst jobbte ich als Fensterputzer. Arbeitsbeginn war morgens um 4.00 Uhr. Im Frühjahr und Sommer suchten Dieter und ich uns einen Job auf einer Baustelle. Das bedeutete den ganzen Tag körperliche, harte Arbeit und danach unser Trainingsprogramm. Es war anstrengend, mühselig und kostete zeitweise sehr viel Überwindung.

Für die kommenden Jahre belohnten wir unsere Mühen, meist einmal pro Monat, mit einem Spezial-Gericht: Flekesch – gegrilltes Hammelfilet mit einer süchtig machenden Gewürzmischung und einer Flasche Avila. Zu Hause frühstückte ich mit einem Teller Müsli und Joghurt, angereichert mit Eiweißpulver. Meine warmen Mahlzeiten bestanden oft nur aus Fleischgerichten und vielen Eiern.

Meine Oma Änne besserte ihre Rente in einer Eierfabrik auf. Sie saß täglich an einem Fließband und beobachtete dieses, um beschädigte Eier von den anderen zu trennen. So kam ich zusätzlich in den Genuß von Doppeldottereiern.

****

Meiner Oma Änne habe ich sehr viel zu verdanken. Sie kümmerte sich in unserer Kindheit um meine Schwester und mich, und somit erreichten wir immer pünktlich und sauber die Schule. Sie kochte das Mittagessen für uns und versorgte mich mit leckerem Glühwein, wenn ich Mädchen zu Besuch hatte. Auch kümmerte sie sich liebevoll um meinen Hund Terry. Oma hatte eigenartige Marotten. Sie legte keine Unterhose oder Jeans ungebügelt in den Wäscheschrank, was mich natürlich etwas nervte. Später vermißte ich oft diese liebevolle Fürsorglichkeit.

Wenn auf meinem Teller kleine Essensreste liegen blieben, kratzte sie diese mit einem Teelöffel zusammen und betonte immer wieder, wie sie im Krieg mit jedem Bissen rechnen mußsten. Diese Marotte habe ich zum Teil von ihr übernommen. Ich kann es nicht leiden, wenn Essen weggeschmissen wird oder vergammelt. Angesichts der Berichte über die Dritte Welt muß jeder zusätzlich ein schlechtes Gewissen über all unseren Überfluß bekommen.

>Ich denke, daß sich nur jeder von der Natur nehmen sollte, was er wirklich benötigt. Alles andere entbehrt jeder Logik und schädigt den normalen natürlichen Kreislauf. Es ist, als ob man an dem Ast sägt, auf dem man sitzt.<

Meine Mutter tat ihr Bestes, um uns und ihrem Mann ein gutes Zuhause zu geben. Sicher, mein Vater auch. Ihre Probleme waren groß, was die Umstände betraf. Meine Eltern versuchten uns Kinder dabei, so gut wie möglich, herauszuhalten.

Es gab sich deutlich zu erkennen, daß unter den Einflüssen von Luxus ein Preis bezahlt werden muß. Meine Mutter war sehr unglücklich und gereizt, was man ihr auch deutlich ansah. Eine lange Zeit hatte ich ihr das übelgenommen.

Oma war eine kleine, zierliche Dame mit ungeheurer Energie. Ich werde es nie vergessen, wie ich ihr nach einem starken Migräneanfall half, den Rücken zu waschen. Noch heute kann ich mir ein Lächeln nicht verkneifen, wenn ich daran denke, wie sie zu mir sagte: „Du bist der erste Kerl, der mich nackt zu sehen bekommt!“ Verdutzt schaute ich sie an und fragte spontan, wie sie ihre beiden Kinder bekommen habe. Oma antwortete trocken: „Natürlich im Nachthemd und ohne Licht.“ Auf meine Frage, ob sie nichts vermißt hat, nickte sie traurig.

Den ganzen Tag war Oma auf den Beinen und ständig mit irgendetwas beschäftigt.

****

Es war ein kalter Winter, und ich fieberte schon der Eisschmelze entgegen. Kaum war es soweit, saß ich natürlich sofort im Kajak und feilte etwas an meinem Stil und der Technik.

Ich war immer froh, wenn ich alleine trainieren konnte, obwohl dies kaum Sinn machte. Günther war sehr stark mit seinem Beruf und den Frauen beschäftigt. Dieter war nicht so stark wie ich am Training interessiert, und die anderen waren nicht bei unserem Vereinswechsel dabei, und so ergab es sich halt mit dem alleine Trainieren.

Im März war die Zeit der Abfahrtsrennen. Diese Art von Rennen kannte ich bis zu diesem Zeitpunkt noch nicht. Sie ähneln Wildwasser-Rennen, mit dem Unterschied, daß die Strömung im norddeutschen Raum nicht so wild ist wie auf Flüssen in Süddeutschland. Abfahrtsrennen unterscheiden sich grundsätzlich von den Rennen mit Rennkajaks. Mit speziellen Booten für diese Rennen mußte eine Strecke abgefahren werden. Die Teilnehmer starten einzeln in einem Abstand von einer Minute, wobei beim Rennsport auf einer abgesteckten Rennstrecke in Bahnen à neun Teilnehmer pro Rennen gefahren wird.

Wichtig bei dem Abfahrtsrennen ist es, ein Gefühl für Strömungsverhältnisse zu bekommen. Dazu gehört eine gehörige Portion an Erfahrung und etwas Intuition. Zweimal hatte ich die Gelegenheit, mich an diese Verhältnisse zu gewöhnen, und dann ging es zur Sache. Ich schnitt überraschend gut ab und gewann meinen Lauf. Nicht ganz so prächtig verlief unser Rennen in der Mannschaft. Was sollte ich erwarten? Ich startete dieses Mannschaftsrennen nicht in der Jugend, sondern unter den Herren, weil Günther und das andere Mannschaftsmitglied wesentlich älter waren.

Anfang Mai fanden die ersten Rennen in Hannover und Bremerhaven statt. Ich konnte es nicht glauben: Im Ziel angekommen, war hinter mir niemand zu entdecken. Auf meinem ersten 500-Meter-Rennen in Hannover erarbeitete ich mir einen Vorsprung von 50 m.

Nichts, aber auch gar nichts schien mich stoppen zu können. In Bremerhaven schoß ich den Vogel ab. Die Langstrecke für Jugendliche von 2000 m Länge gewann ich mit einem Vorsprung von mehreren hundert Metern vor dem Zweiten.

Nach dem Rennen setzte ich mich auf eine Terrasse am Vereinslokal und bestellte mit Dieter einen Stiefel Bier (2,5-Liter-Glas in Form eines Stiefels) nach dem anderen.

Bei unserer zweiten Bestellung fuhren immer noch Teilnehmer aus meinem Rennen in das Ziel. Schnell gesellten sich andere Sportler an unseren Tisch, und die Katastrophe nahm ihren Lauf. Ständig fielen welche sprichwörtlich um, daraufhin gesellten sich Neue zu unserer Gruppe. Dieter und ich haben bis zum 27sten Stiefel noch zählen können, aber wir sollen mehr geschafft haben.

Am nächsten Morgen fand ich mich unter einer Luftmatratze wieder. Mein Kopf fühlte sich schwer wie Blei an und groß wie eine Wassermelone. Langsam wagte ich es, ihn aus dem Zelt zu stecken. Ein auf den ersten Blick lustiges Bild bot sich mir da. Viele Zelte standen schief, mit verbogenen Stangen. Wie sich herausstellte, haben die anderen Fahrer versucht, ihre Leistung zu verbessern, und als Hilfsmittel für ihre Klimmzüge die Zeltstangen beansprucht. Auch die Waschräume und Toiletten waren in einem erbärmlichen Zustand, meterweise nasses Papier und ein reichhaltiges Angebot an unverdauten Speisen. Erst einmal den Kopf klar machen, dachte ich und lief zum Steg. Mit einem Hechtsprung wollte ich mir schnell Kühlung verschaffen, sehr zum Vergnügen der Anwesenden. Meine Beine standen in der Luft und ich steckte bis zu den Schultern im Schlamm des Fischereihafens.

Ein Bild für die Götter muß sich über die Menschen auf dem Steg ergossen haben, als ich, triefend vor Schlamm, wieder an die Oberfläche kam. Es war ein deutliches Bild für das, was passieren kann und wird. Eine Warnung.

Trotz meines jämmerlichen Zustandes hatte ich aber keine Probleme damit, meine folgenden Rennen zu gewinnen.

****

In der Schule hatte sich meine Aktivität schnell herumgesprochen. Meine Haare waren schulterlang gewachsen. Meine Körpergröße ging in Richtung 186 cm bei einem austrainierten Gewicht von 74 kg, dazu das steigende Selbstbewußtsein. Schnell bekam ich den ersten sexuellen Kontakt zu Mädchen. Das, wovon ich lange geträumt hatte, ging nun endlich in Erfüllung.

Mein erstes großes Heimspiel auf dem Heimatsee stand bevor. Die sogenannte Olympia-Plakette wurde ausgefahren, mit einer großen Teilnehmerzahl. Die Olympia-Plakette war bei uns sehr beliebt, gab es doch bei Meisterschaften und anderen großen Rennen meist nur einen warmen Händedruck. Die großen, goldenen Medaillen für den ersten Platz waren ein begehrtes Objekt für uns. Ich fieberte diesem Rennen wahrhaft entgegen, auch weil ich an diesem Wochenende meinen 16. Geburtstag feierte. Zu meiner Überraschung waren sogar ein Reporter und ein Photograph anwesend, um mit mir ein kleines Interview zu machen. Meine Nervosität wuchs dadurch bis zum Unermeßlichen. Auf einmal war ich nicht mehr „so" sicher.

Ich bekam einen ersten Eindruck von dem ungeheuren Druck, der auf einem Sportler liegt, wenn die Erwartungen hoch steigen.

Den Vor- und Zwischenlauf gewann ich, wie ich es gewohnt war. Dann kam der Endlauf. Ich machte mir vor Aufregung fast in die Hosen. Unter Sportlern nennt man so etwas „Muffensausen".

Dann war es soweit! Beim Start hatten wir starken Wind von vorne. Ich kam zwar gut vom Start weg, bekam meine Nervosität aber nicht unter Kontrolle. Unruhig rutschte ich auf dem Sitz hin und her. Nach dem Start stand ich plötzlich vor einer völlig neuen Situation. Es gab doch tatsächlich jemanden, der mit mir mithalten konnte, ja sogar einen kleinen Vorsprung besaß. Ein erbittertes Rennen begann. Der Zieleinlauf war so knapp, daß wir die Entscheidung noch abwarten mußten.

Mich traf dann fast der Schlag, als das Ergebnis bekannt wurde, und eine Welt brach für mich zusammen. Ich hatte verloren mit zwei Zehntelsekunden Rückstand.

Der Schock saß tief und grausam. Das passiert mir, und auch noch vor heimischem Publikum! Ich zog mich erst einmal zurück und traute mich beinahe nicht einmal mehr vor die Haustür. Es sollte dann einige Zeit dauern, bevor ich mich für diese Niederlage bei meinem neuen Gegner revanchieren konnte.

Der Schulweg am nächsten Morgen wurde zur Qual. Unser Lehrer betrat mit finsterem Blick das Klassenzimmer. Ich dachte, nun kommt es faustdick. Seine Worte sollten mich aber erlösen. Er blätterte seine Tageszeitung auf, wendete sich an die Klasse und sagte mit stolzer Brust: „Seht her und nehmt euch ein Beispiel.“ Mir stockte der Atem. Mein Bild mit Text war auf der Sportseite abgedruckt.

Was für ein Triumph nach dieser scheinbar großen Niederlage. Genau die richtige Dosis an Höhen und Tiefen, um mit entsprechender Vorsicht weiterzumachen. Der Schreck der Niederlage lag mir noch lange Zeit in den Knochen.

Danach wurden die Landes- und etwas später die Norddeutschen Meisterschaften ausgefahren. Bei den Landesmeisterschaften holte ich fünf Titel und bei den Norddeutschen Meisterschaften zwei.

****

Vor der Anreise zu den Norddeutschen Meisterschaften gab es zu Hause einen sehr großen Eklat. Meine Eltern hatten einen furchtbaren Streit, und ich wartete wieder einmal auf Günther. Meine Mutter war gereizt und schlecht gelaunt. Sie wollte mir verbieten, zu den Meisterschaften zu fahren. Ein riesiger Streit brach vom Zaun, in dem meiner Mutter die Hand ausrutschte. Ich wich aus und prallte mit dem Rücken gegen unseren neuen Heizungs-Thermostat. Dabei fügte ich mir ein kleines Loch direkt unter dem rechten Schulterblatt zu. Ich dachte überhaupt nicht mehr an eine Teilnahme an den Meisterschaften. Für mich war in diesem Moment alles aus und vorbei. Meiner Mutter machte ich keinen Vorwurf; schließlich war es mein Vater, der diese Auseinandersetzung durch seine Abwesenheit provoziert hatte.

Natürlich nahm ich an den Meisterschaften teil, und ich wurde sogar mit zwei Siegen, je auf Kurz- und Langstrecke, belohnt. Stark war dann natürlich die Freude, als mein Vater genau zur

Siegerehrung mit einem Taxi auftauchte.

Genugtuung für mich allemal. Hatte ich doch gerade geschafft, was ihm nie gelungen war.

Die verletzte Stelle unter dem Schulterblatt war genau die Stelle, wo ich viele Jahre später eine große und tiefe Verletzung erleiden mußte.

****

Aufgrund der Olympiade in München waren alle Meisterschaftstermine in diesem Jahr sehr frühgelegt. In den ersten Wochen der Sommerferien fanden die ersten Deutschen Meisterschaften statt, an denen ich teilnehmen durfte. Meine Eltern und meine Schwester flogen zu dieser Zeit alleine nach Mallorca. Ich wollte natürlich die Meisterschaft fahren und gleich am nächsten Tag mit Dieter in See stechen. Für dieses Vorhaben hatte mein Vater uns ein Schiff bei seiner Reederei besorgen können.

Zudem stand mir noch ein Schulwechsel bevor. Kurz vor dem Abschluß der Hauptschule bekam ich die Nachricht, daß ich eine weiterführende Schule besuchen durfte. Es sollte, gleich nach den Ferien, auf der Berufsfachschule für das Kfz-Gewerbe zur Mittleren Reife gehen.

Aber eins nach dem anderen. Die Deutsche Meisterschaft in Wilhelmshaven. Mein Vater konnte infolge seiner Krankheit schon zu dieser Zeit nicht mehr auf einer Leiter stehen, und meine Oma Änne wollte unbedingt ihre Küche neu gestrichen haben. Kaum waren meine Eltern im Flugzeug, drängte sie mich, damit sie endlich ihren Willen bekam. Ich tat ihr den Gefallen und machte mich an die Arbeit.

Die alte Farbe kam mir beim Anstrich zusammen mit der neuen entgegen. Sie mußte daraufhin mühsam von der Decke abgeschabt werden. An meinem Fuß hatte ich einen leicht aufgekratzten Mückenstich. Es muß wohl alte Farbe in diese kleine Wunde gekommen sein, jedenfalls bekam ich bei der Arbeit plötzlich hohes Fieber. Oma dachte wohl, daß ich mich vor der

Arbeit drücken wollte, und zeterte auf mich ein. Ich konnte nicht mehr, also schleppte ich mich auf allen vieren die Treppe hoch in unsere Wohnung. Beim Fiebermessen bekam ich einen Schock: 41 Grad Celsius und in zwei Tagen Deutsche Meisterschaft. Das konnte ich wohl vergessen. Fast zwei Jahre Arbeit umsonst, und das wegen einer Mücke? Ein Notarzt gab mir eine Spritze, trotzdem fühlte ich mich schlapp und ausgebrannt. Mit fast dem gleichen Gefühl ging ich ein paar Tage später an den Start, und dementsprechend fiel dann auch das Ergebnis aus. Ich denke, es war ein elfter Platz.

****

Also, auf ging es zur nächsten Seereise. Diesmal sollte keiner mehr den Mut haben, mit mir wie auf der letzten Fahrt umzugehen. Wir waren ja auch zu zweit, und die Reise sollte in meiner Heimatstadt beginnen. Wir hatten als Deckjungen auf der MS Etha angeheuert, einem kleinen Containerschiff mit 499 BRT. Die Luken ließen sich mit großen Winden auf- und zuziehen, also völlig anders als auf meiner ersten Fahrt. Sie bestanden aus massivem Stahl. Die MS Etha gehörte damals zu den modernsten Schiffen.

Die Mannschaft war zu jeder Schandtat bereit. Dieter und ich merkten schnell, daß wir dieses Mal richtig Spaß bekommen sollten. Es ging dann auch ziemlich schnell zur Sache. Als erster Zielhafen stand Hamburg auf dem Programm.

Auf See, kaum die Drei-Meilen-Zone überquert, machte unser Koch den Shop auf und wir deckten uns erst einmal mit zollfreien Waren ein. Darunter auch Becks Bier und Whiskey. Im Hamburger Hafen feierten wir dann so etwas wie unseren Einstand. Wir waren so abgefüllt, daß wir mit den leeren Flaschen Jagd auf Möwen machten, völlig ungefährlich für diese, aber wir hatten eine Menge Spaß. Bis spät in der Nacht lauschten wir noch den Erzählungen der Seeleute.

An Bord befand sich auch eine bildhübsche Sekretärin von der Reederei mit ihrem Freund, sehr zur Freude von uns „Seeleuten". Ich hatte meine Feuertaufe hinter mir. Dieter war den anderen, mit 198 cm Körperlänge, wohl doch eine Nummer zu groß, also wurden die beiden Zivilisten zu „Greenhorns" erklärt.

Es sollte eine kurze, aber doch sehr abenteuerlustige Reise werden. Von Hamburg aus durch die Nordsee, über einen Teil des Atlantischen Ozeans bis zur nordspanischen Küste. Auf dem Atlantik konnten wir, sogar bei Windstärke 12, Delphine (Tümmler) beobachten, die uns eine ganze Weile in einer Art Formation begleiteten. Meine Seekrankheit war lange nicht mehr so schlimm wie auf meiner ersten Fahrt. Stundenlang standen wir auf dem Achterdeck und beobachteten die riesigen Wellenberge, die auf uns zurollten. Ein gigantisches Schauspiel. Es war eine richtige Kunst, bei unserer Arbeit das Gleichgewicht zu halten.

Ein völlig anderes Gefühl als auf der Ostsee, wo die Wellen einen etwas anderen, aber nicht weniger gefährlichen Charakter besaßen.

Als erste Station liefen wir einen Hafen in der Nähe von San Sebastian im spanischen Baskenland an. Dieter und ich beschlossen, mit einem Bus nach San Sebastian zu fahren, um uns ein bißchen die Beine zu vertreten. Eine heikle Sache, nach 3 – 4 Tagen bei der hohen Windstärke auf See. Bei jedem Schritt wankte der Boden unter unseren Füßen. Jetzt konnten wir den Begriff Seemannsgang deutlich spüren und verstehen.

Die Basken unterscheiden sich deutlich von den anderen Spaniern. Es war ein etwas anderes Lebensgefühl, die Menschen waren mißtrauisch und skeptisch. In jeder Kneipe säumte eine Rinne den Tresen am Boden. Sehr schnell bekamen wir heraus, daß diese für die Schalen der Meeresfrüchte bestimmt war, die in jeder Kneipe angeboten werden. Ein tolles und beeindruckendes Bild, die von der Sonne gegerbten Gesichter der Männer mit ihren schwarzen runden Kappen mit dem Tüdelcheln als Kopfbedeckung (Baskenmützen). Als Fremder hatte man sofort das Gefühl, auch wirklich „fremd" zu sein.

Es war schon einige Zeit dunkel. Die beleuchteten gigantischen Festungsmauern der Stadt zogen uns magisch an. Wir schlenderten durch die Straßen, verzaubert von dem Glanz, den diese Stadt ausstrahlte. Vor den Festungsmauern ergoß sich ein langer, sauberer Sandstrand. Große wuchtige Rohre standen da, sauber in einer Reihe in den Boden gestampft. Man konnte annehmen, es handle sich um Kanonen, aber senkrecht im Boden?

Unsere Neugier wurde schnell befriedigt. Es stellte sich heraus, daß die Spanier gerade einen Feiertag begingen, und wir durften eines der schönsten Feuerwerke in unserem Leben sehen. Zufrieden, erschöpft, glücklich und tief beeindruckt fielen wir etwas später in unsere Kojen.

Am kommenden Tag fuhren wir weiter zum nächsten Hafen in der Nähe von Bilbao. Ein kleiner, idyllischer Ort. Von See aus war die Einfahrt nicht sofort zu erkennen; wir bekamen das Gefühl, in eine riesige Felswand hineinzufahren. Das Schiff hatte gerade an der Anlagestelle festgemacht, da erschienen auch schon der Zoll und die Guardia Civil. Unser Kapitän verhielt sich äußerst merkwürdig. Es stellte sich heraus, daß unser Schiff zu den sogenannten „ausgeflaggten" Schiffen, mit Heimathafen Wien, gehörte. Die spanischen Behörden wollten vom Kapitän wissen, wie er mit diesem Frachter in Wien einlaufen könne. Es gab aber keine Erklärung, und so kam es, daß wir ein paar Tage in diesem Hafen liegen mußten.

Die Mannschaft war natürlich begeistert. Für uns bedeutete es ausgiebigen Landgang, nur unser Kapitän war am Boden zerstört. Um seinem Ärger Luft zu machen, kam er mit ein paar Flaschen Weinbrand beladen in die Mannschaftsmesse und lud uns ein, diese mit ihm zu leeren. Mit sechs Leuten wurden dann einige Flaschen geleert. Der Kapitän war fix und fertig. Wir hörten nur noch: "Dienst ist Dienst und Schnaps ist Schnaps!" Kurz Zeit später, er war randvoll, verschwand er. Wir waren aber gerade erst auf Betriebstemperatur. Nachdem wir dem Ölberg in Bilbao (einem Rotlichtviertel) mit einen Besuch die Ehre gegeben hatten, stürmten wir voller Tatendrang den Laderaum, betätigten mit einem Messer das Zündschloß von einem Gabelstapler und lernten im Laderaum, mit diesem zu fahren. Das entstehende Chaos kann sich jeder leicht vorstellen. Durch das Getöse im Laderaum wurde sogar der Kapitän wieder für kurze Zeit munter. Nur mit einer Zipfelmütze und einem Nachthemd stand er vor seiner Kabine und wetterte. Zur Strafe mußten Dieter und ich den ganzen Tag das Schiff außenbords an der Wasserlinie ausbessern. Da hingen wir, kotzelend, mit unseren Füßen im Wasser, und um uns schwammen tote Ratten und Kot von der Bilsch der anderen Schiffe.Unser Kapitän war den ganzen Tag nicht zu sehen. Dienst ist Dienst und*.................!*

****

Schneller als uns lieb war befanden wir uns auf dem Rückweg und waren pünktlich zu Beginn der Olympiade wieder in unseren heimischen Gefilden. Natürlich erwarteten wir die „Spiele", und genauso natürlich errechneten wir uns unsere möglichen Teilnahmen. Eine ganze Menge, wenn man bedenkt, daß ein Kanusportler seinen Leistungshöhepunkt erst mit 28 Jahren erreicht.

.................Heute wurden mir wieder Blutproben entnommen. In erst 8 – 10 Tagen werde ich sicher sein, ob ich eine meiner Krankheiten (die wegen der Therapie, welche ich vor fünf Monaten begonnen habe) besiegt habe oder auch nicht. Bisher konnte ich es immer selber empfinden, ob es noch eine Zukunft für mich gibt. Diesmal aber weiß ich nichts damit anzustellen. Viel zu groß sind die Nebenwirkungen der Medikamente und ist das Gefühl der Leere in mir. Intuitiv weiß ich, daß die Gefahr erst „ab" dem April 2000 gebändigt sein kann.

In den Medien vernehme ich jeden Tag neue Schreckensmeldungen. Schwere Regenkatastrophen und Überschwemmungen, Ignatz Bubis ist gestorben, schweres Erdbeben in der Türkei, Wirbelstürme über Texas und Hongkong. Und das alles knapp innerhalb einer Woche. Zufall oder Folge von............? ! Das Schreiben bereitet mir große Schwierigkeiten. Es sind zu viele Dinge, die mich bewegen und pausenlos attackieren, aber vielleicht werde ich ja dadurch des Rätsels Lösung finden. Eben halt learning by doing.

Die Lage zu Hause hat sich etwas beruhigt, aber auch hier ist noch lange keine Lösung in Sicht. Ich möchte sogar behaupten, es gibt gar keine, soweit es das Zusammenleben mit meiner von mir getrennt lebenden Frau betrifft. Es wird besser sein und sicherer für die Familie, wenn ich wirklich alles hinter mir lasse und noch einmal ganz von vorne anfange.

Die „Anderen" denken wohl, daß ich keine Chance habe, mich zu wehren. Sie vergessen aber, daß sich das Blatt auch schnell wieder wenden kann. Ich habe keine Rachegelüste, aber vergessen kann und darf ich es nicht. NICHT NOCH EINMAL!

Es ist schon schlimm, wie stark das Verhalten eines Menschen von seinem eigenen Egoismus und seinem Überlebenstrieb beeinflußt wird, ohne daß dieser überhaupt merkt wie ihm ge-

schieht und er wider seine „angebliche" Überlegenheit handelt. Aber mach das mal jemandem klar! Es muß so etwas wie eine ausgleichende Gerechtigkeit geben, denn nur der Glaube an genau diese läßt mich hoffen.................

Die Olympiade 1972 in München. Wir Sportler hatten natürlich ein besonderes Interesse. Wie die Sportstätten aussahen, das wußten wir schon sehr früh durch die Berichte der Sportler auf den Regatten. Schon jetzt fieberten wir darauf, diese im nächsten Jahr zu sehen und in Anspruch nehmen zu können. Aber was für ein Schock, als uns die Nachricht von der Geiselnahme erreichte! Unsere Stimmung fiel ins Bodenlose, ja man schämte sich sogar, Sportler zu sein. Das Ende dieser Tragödie traf uns tief und schlimm. Ich hatte keine Lust mehr, den weiteren Ereignissen zu folgen.

****

Schulbeginn! Schnell faßte ich Fuß und machte Jagd auf gute Zensuren. Nie wieder wollte ich so ein Bild wie auf der Realschule abgeben. Daß ich mit dem Beruf eines Kfz-Schlossers nicht viel am Hut hatte, war mir schon klar. Ich wollte die Mittlere Reife, und nur das zählte.

Schnell wurde ich Klassensprecher und kurze Zeit später sogar zweiter Schulsprecher. Immer öfter wurde ich angegriffen und spürte schnell, daß Worte nicht immer das geeignete Mittel zur Verteidigung waren. Ich machte wohl einen unschuldigen, mädchenhaften Eindruck auf so manch einen Außenstehenden mit meinen schulterlangen hellblonden Haaren. Eine ideale Angriffsfläche für so manch einen Verrückten, aber meist merkten diese sehr schnell, daß ich es auch durchaus ernst meinen konnte.

Meine Gefühle fuhren mit mir Achterbahn. Der Streit meiner Eltern eskalierte immer mehr. Mein Vater merkte sehr wohl, daß ihm die Felle wegschwammen, und reagierte zunehmend aggressiver.

Einmal mußte ich meinem Vater richtig wehtun. Meine Mutter erzählte uns, wie aggressiv er zu ihr war. Sie schlief daraufhin bei meiner Schwester.

Eines Abends versuchte mein Vater, restlos betrunken, mit meiner Mutter zu sprechen. Ich mußte auf der Treppe dazwischengehen und meinem Vater Gewalt androhen. Es eskalierte so weit, daß ich ihn später zu Boden zwingen mußte. Ich kann nicht behaupten, daß ich dadurch eine Art Befriedigung verspürt habe. Im Gegenteil, ab diesem Zeitpunkt empfand ich plötzlich eine große Leere in mir.

Sicherlich eine Vorahnung dessen, was kommen würde. Ich verkapselte mich, zog mich in mich selbst zurück. Immer öfter betäubte ich meinen Schmerz oder versuchte auf diese Art auf mich aufmerksam zu machen. Ich erinnere mich, wie ich volltrunken unseren Kühlschrank ausräumte, alles in eine Tüte packte, mir eine Steppdecke schnappte und zum entfernten Bootshaus wankte. Dort legte ich mich erst einmal schlafen. Beim Aufwachen mußte ich wohl über mich selbst lachen, aber es verdeutlicht die Leere und Hilflosigkeit, die sich langsam immer mehr in mir ausbreitete.

****

Meine Schwester und ich teilten sich ein Zimmer. Schon im Frühling hatte ich begonnen, aus diesem Zimmer zwei zu bauen. Es war mir gut gelungen, und so konnte ich meinen Schmerz mit Training, Arbeit und Schule etwas verdrängen. Es ist kaum nachvollziehbar, was in einem Jugendlichen in solch einer Situation vorgeht. Erst jetzt fange ich an zu begreifen, was es bei mir alles angerichtet hatte. Es war mit der Grund, warum ich mich noch zu Hause aufhielt. Ich denke, das Schlimmste war es, zu spüren, wie der häusliche Schutz verlorenging, und das in einer Gesellschaft des wachsenden Wohlstandes. Viel zu früh und total unvorbereitet. Jetzt waren meine Eltern schon so weit zusammen gegangen, und nun sollte alles ein Ende haben?

****

Durch eine Bekannte von Dieter lernte ich eine 30jährige Apothekerin kennen. Ein vollbusiger Vamp mit einer warmen Ausstrahlung. Mit ihr hatte ich ein tolles Abenteuer vor einer Diskothek in der Stadt. Stundenlang vergnügten wir uns in ihrem PKW, einem alten DKW. Ständig wurde der Wagen von Diskothek-Besuchern zusätzlich hin und her geschüttelt. Erst bei Sonnenaufgang fuhren wir nach Hause, und ich fühlte mich wie ein kleiner Gott. Leider war ich der Dame wohl etwas zu jung, und so freundete ich mich mit einer Arbeitskollegin von ihr an. Elke, so ihr Name, sollte mein erstes festes Verhältnis für die kommenden Monate werden. Wir verstanden uns eine Zeitlang sehr gut, und natürlich probierten wir alles Mögliche miteinander aus.

Mein Lebensgefühl aus dieser Zeit spiegelt mein erstes Gedicht deutlich wider.

Sommer 1972

Ich, ein Hampelmann vom Fach?

Ich sitze unter Zelt und Dach.

Mich macht die Welt so kugelrund,

ich bin gekleidet kunterbunt.

Trampe um die ganze Welt,

manch einer für verrückt mich hält!

In das Wasser ich einmal fiel,

jeder der dies sah hat gelacht und schrie.

Leider waren meine Haare nicht naß,

„sie" steckten mich in ein großes Faß.

Mit Eichholzknüppeln schlugen sie mich,

denn jeder weiß:

Langhaarige taugen nichts!

Meine Haare man mit Fackeln verbrannt,

meine Hände zerschlug, an Bäume mich band.

Vor „Menschen" ich flüchte wie ein Tier.

Mal bin ich da, mal bin ich hier!

Die Menschen verlieren ihre Werte mehr und mehr,

sie jagen die Jugend vor Neid und Gier.

Bald wird die Jugend aus Nazis bestehen,

so wie die Alten?

Ich kann es nicht verstehen!

Was mir später bei diesem Gedicht oft ins Auge stach, ist die letzte Aussage in dem Gedicht. Ähnliche Aussagen und Parallelen zum Zeitgeschehen werdet ihr noch oft bei mir entdecken.

Alles in allem war es ein sehr erfolgreiches Jahr, wenn nur die Sache mit meinen Eltern nicht gewesen wäre. Die „Erwachsenen" hielten uns Kinder scheinbar aus den Problemen heraus. Ein oft falsches Vorgehen, wie ich heute weiß, weil ich fast 30 Jahre gebraucht habe, diesen Knoten zu lösen. Anstelle von richtiger Hilfe und Aufklärung ließen mich die „Großen" im Regen stehen. Es gab zwar reichlich viele Versuche, mich auf den Pfad der Tugend zurückzubringen, aber diese Versuche waren immer mit Vorwürfen verbunden. Die Folgen schienen katastrophal für mich.

****

Im Winter platzte die Bombe. Meine Mutter teilte uns mit, daß sie ausziehen wollte und uns mitnehmen würde. Ein Schock!

Günther war uns behilflich, eine geeignete Wohnung zu finden, und nicht weit von den Eltern meiner Mutter entfernt sollten wir dann vorerst wohnen.

Mein Vater hatte von all dem nichts mitbekommen, aber es sicherlich gespürt. Der Tag unseres Umzuges rückte immer näher, und Dieter und ich waren dafür zuständig, die Sachen in unserem Haus zusammenzupacken. Eine Qual für mich. Was sollte ich sagen, wenn mein Vater auftauchen würde?

Meine Mutter war gnadenlos. Es blieb so gut wie gar nichts bei meinem Vater, aber man mußte auch sie verstehen. Ich denke, ein Familienleben hatte sie sich wohl anders vorgestellt.

Ich hatte dabei kein gutes Gefühl. Mein Vater fing an, mir leid zu tun.

Dieter und ich arbeiteten die ganze Nacht durch und verkürzten uns die Zeit und die Angst mit der entsprechenden Portion Alkohol, und wir hielten durch, bis alle Möbel in der neuen Wohnung waren.

Täglich gab es neue schlimme Nachrichten. Meine Eltern kämpften unerbittlich für den Scheidungstermin, dabei wurde sehr dreckige Wäsche gewaschen. Wir Kinder wurden nicht großartig gefragt.

5. Kapitel – Irren ist menschlich...............

Es war für mich sehr schwer, mich mit den neuen Gegebenheiten zurechtzufinden.

Meinen Vater habe ich eine Zeit überhaupt nicht gesehen, und mit meiner Mutter bekam ich immer öfter Streit. Es ging nur um Kleinigkeiten, aber ich hatte ihr die Trennung von meinem Vater wohl übelgenommen. Im Grunde genommen machte ich nur noch, was ich wollte. Immer öfter schwänzte ich die Schule, dabei immer darauf bedacht, meinen Zensuren-Durchschnitt zu behalten.

****

Dieter wohnte in dem Neubaugebiet auf den ehemaligen Wiesen hinter dem Wohnort meiner Großeltern. Dort war im Laufe der Zeit ein großer Komplex von Hoch- und Reihenhäusern entstanden. Dieses Gebiet war als Getto verschrien, obwohl es kaum Grund dazu gab. Es gab eine kleine Gang, welche sich als eine bekannte Motorrad-Gang mit dem Namen Hells Angels zu erkennen gab.

Nicht daß sie mit großen Maschinen auffuhren, nein, sie benutzten Fahrräder und Mofas zur Fortbewegung, aber harmlos waren sie nicht. Ihr Anführer hörte

auf den Namen King Kong. Ein riesiger Fleischberg mit dem Ruf, drei Polizisten auf einen Schlag umzuhauen. Zwei der Mitglieder dieser Gang wohnten bei Dieter im Haus, und es war nur eine Frage der Zeit, bis wir mit ihnen aneinander gerieten. Als wir von ihnen in Bedrängnis gebracht wurden, nahm das Geschehen seinen Lauf und es kam zu einer Auseinandersetzung, woraufhin die Provokationen zunahmen. Von diesem Tag an betrieben Dieter und ich zusätzlich eine neue Beschäftigung. Alle paar Tage machten wir Jagd auf einen dieser Jungs. Am liebsten war es uns, wenn wir einen von ihnen auf einem Moped erwischten, um ihn mit unseren Rennrädern zu stellen. Wir waren in Top-Form, und so war es eine passende Gelegenheit, unsere Stärke zu beweisen. Aber wir durften nicht unvorsichtig sein; schließlich gehörten mehr zu dieser Gruppe, und vielen eilte ihr schlechter Ruf voraus.

****

Bernd bat Dieter und mich, ihm beim Bau einer Boutique behilflich zu sein. Diese sollte direkt in der Fußgängerzone der Innenstadt entstehen. Manchmal standen wir Tag und Nacht auf der Baustelle. Besonders am Tage gaben wir uns richtig Mühe; bei all dem vorbeischlendernden Publikumsverkehr fabrizierten wir eine richtige Show, vor allem, wenn wir mit dem Preßlufthammer arbeiten mußten. Wir nahmen unsere Arbeit sehr ernst. Vor allem hatte Bernd hohe Erwartungen in uns gesetzt. Unser Stundenlohn war für die damalige Zeit sehr zufriedenstellend. Auf den anderen Baustellen betrug unser Lohn die Hälfte dessen, was Bernd uns bot. Also noch ein Grund mehr, richtig Gas zu geben und Stunden zu klopfen.

****

Vor Beginn der neuen Saison kam Günther mit der nächsten Überraschung. Er hatte einen neuen Sponsor für uns gefunden, besser gesagt, dieser fand ihn. Es war der Vorsitzende aus dem Verein, in dem ich aufgewachsen war. Derjenige, der mich zum Sündenbock abstempelte, weswegen ich diesen Verein verließ. Es schien, daß er die richtige Entscheidung getroffen hatte, um nun einen Ausgleich herzustellen.

Der alte Verein hatte beschlossen, seinen Standort an die Oberweser zu verlagern. Die ehemaligen Kanuten waren ihrer kleinen Boote überdrüssig und wollten diese fortan gegen Segel-Yachten eintauschen. Sie hatten das entsprechende Grundstück gepachtet, und sogar eine Behelfskirche stand schon als Vereinsheim auf dem Gelände. Durch unsere Erfolge sollten die Fördermittel für den Verein zum Fließen kommen, und dementsprechend sollte sich auch unser Etat gestalten. Eine interessante Geschichte, und so überzeugte uns Günther, auf diesen Deal einzusteigen. Begeistert war ich nicht, aber nun gut. Ich glaube, die Aussicht auf besseres Bootsmaterial verstärkte meinen Entschluß. Also trainierten wir ab sofort auf dem neuen Gelände.

Zuerst mußten wir jedoch zusätzlich neue Mitglieder werben. Das erwies sich als nicht so schwer, weil viele Anwohner uns fortan täglich trainieren sahen. Meist waren es Kinder und Jugendliche, welche wohlbehütet in den angrenzenden Häusern wohnten. Eine fast noch dörfliche Gemeinschaft.

Unter diesen Jugendlichen befand sich auch eine kleine Gruppe Mädchen. Sofort fiel mir eine von ihnen ins Auge. Obwohl ich noch mit Elke zusammen war, spürte ich sofort, daß es meine neue Freundin werden würde, welche fast täglich auf dem Deich stolzierte. Jeden Tag wartete ich regelrecht darauf, sie wiederzusehen, und oft wurde ich angenehm überrascht.

So ging das 2–3 Wochen, bis ich sie einfach ansprechen mußte; und es war einfach, schließlich suchten wir ja noch neue Mitglieder, und die Mädels warteten nur darauf eingeladen zu werden.

So von nahem betrachtet, bekam ich einen Schreck. Dieses Mädchen war fast zwei Jahre jünger als ich, aber ihre Ausstrahlung war göttlich. Petra hieß sie, und ihre langen braunen Haare reichten ihr bis zu den Hüften. Ihre Figur glich der einer Gazelle, und ihre Bewegungen waren erhaben und graziös, was unseren Altersunterschied wieder aufhob.

Elke ahnte wohl schon, was auf sie zukam, und sie wurde zunehmend ungehaltener.

****

Inzwischen wurde aufgrund der Härte der gegenseitigen Vorwürfe der Scheidungstermin meiner Eltern angesetzt. Nach Monaten sah ich meinen Vater das erste Mal wieder. Er war um Jahre gealtert. Ich war wohl immer noch verärgert über das, was unsere Eltern sich und uns angetan haben. Auf jeden Fall jagte ich meinen Vater fort, als er uns ansprechen wollte. Aufgrund seiner Betroffenheit und seiner Niederlage jedoch spürte ich, daß etwas Ungerechtes geschah. Nächtelang grübelte ich über alles nach, dann besuchte ich meine Oma Änne. Innig erzählte mir Oma, wie sehr mein Vater dringend Hilfe benötigte, was mich noch unruhiger werden ließ.

Meine Mutter erholte sich von ihren Strapazen in einer Kur. Meine Schwester und ich waren für drei Wochen allein zu Hause, und es waren Osterferien. Dieter und ich organisierten in diesen Tage eine große Fete, aber ohne dabei unser Training zu vernachlässigen.

Ostern wollten wir einen Rekord im Eier-Essen aufstellen. Es gab nur noch Eier, als Rühr- und Spiegelei und gekocht, mit Mayonnaise auf Schwarzbrot und, und........... Ostermontag rechneten wir zusammen und kamen auf über 70 Eier. Dazu ein paar Kisten Bier und viel Musik. Nun wußte auch der letzte Nachbar, wer in diesem Haus wohnte. Ach ja, Musik. Ich war langsam umgestiegen. Statt Beatles und Shocking Blue hörte ich nun gerne Deep Purple, Cream, Nice und Floh de Cologne.

****

Durch meine Arbeit auf der Schule, als zweiter Schulsprecher, bekam ich Kontakt zur SDAJ und KPDAJ. Was nicht weniger bedeutete als ein kleines bißchen politisches Interesse. Sicher war Elke nicht ganz unschuldig daran gewesen. Immerhin besuchte sie regelmäßig Schulungen, und einmal pro Woche traf sich ihre „Zelle" (so nannte man die Schulungsgruppen), um sich neue Spinnereien auszudenken.

Ich wollte wissen, mit wem sie ihre Zeit bei all ihren Schulungen verbrachte,

und so beschlossen wir, Elke von ihrer Schulung abzuholen. Diese fand in einer kleinen Spelunke, genannt mit dem treffenden Namen „Schule", statt. Diese Schule war nicht weit entfernt von einer legendären Disco, welche sich Ende der 60er Jahre einen

Namen als Treffpunkt der Studentenbewegung gemacht hatte und bis heute von diesem Ruf zehrt. Diese Disco war damals bundesweit bekannt und heißt heute noch „Lila Eule".

Kaum hatten wir an einem runden Tisch in der Mitte des Raumes Platz genommen, da wurde ich von ein paar Leuten an Elkes Tisch argwöhnisch unter die Lupe genommen. Einer von ihnen verhielt sich besonders aggressiv.

Hinter dem Tresen stand ein gefährlicher, angsteinflößender, Kerl mit einer Lederweste. Es war einer von der Sorte, „besser aus dem Weg gehen, aber wenn schon kennen lernen, dann lieber als Freund". Blitzschnell spitzte sich die Lage zu, und bevor wir ernsthaft in Gefahr kommen sollten, wollte ich die Situation klären. Ich ging zu dem anderen Tisch und fragte nach, was denn los sei. Es gab keine Antwort, nur einer beschimpfte mich. Ich nehme an, daß er wohl scharf auf Elke war, und Elke spürte wohl, daß ich in Gedanken bei Petra war. Mußte er mich deswegen gleich umbringen wollen? Noch bevor er sich richtig positionieren konnte, hatte ich ihn schon an den Nackenhaaren und schlug auf ihn ein. Es ging alles blitzschnell. Stühle, Aschenbecher und Vorhänge flogen durch den Raum, und jeder war auf einmal mit irgendeinem oder irgendetwas beschäftigt. Gott sei Dank haben wir nicht viel einstecken müssen, aber es sollte noch nicht vorbei sein. Mein Kontrahent schlich sich heimlich aus dem Raum und kam mit einer Pistole wieder zurück. Der Kerl hinter dem Tresen hatte ein gutes Gespür und ein gutes Auge. Gelähmt vor Schreck sah ich, wie er dem Verrückten blitzschnell den Revolver abnahm und uns sicher aus der Kneipe führte. Im Eifer des Gefechtes bekam ich kurz mit, wie der Helfer „Claus" gerufen wurde. Zu dieser Zeit hatte ich nicht die leiseste Ahnung, welche Rolle dieser Mensch noch in meinem Leben spielen sollte.

Mein Verhältnis zu Elke war nun restlos gestört, und es gab auch keinen Grund mehr, sich dafür Geradezumachen. Schließlich konnte ich mich jetzt um Petra kümmern. Ich spürte, wie sie mich verzauberte.

****

Die erste Annäherung gab es auf einer Feier in dem neuen Bootshaus. Der erste schüchterne, flüchtige Kuß. Günther wußte wohl, wie ich über Petra dachte, und beschloß diese Angelegenheit auf die Probe zu stellen. Er füllte mich mit Weinbrand ab, so daß ich kaum noch stehen konnte.

Petra war schon längst wieder zu Hause, und meinem Onkel (Mann von Schwester meines Vaters) gefiel mein Zustand überhaupt nicht. Heute weiß ich, daß er es nur gut gemeint hatte. Damals hatte ich Probleme und verstand nicht, warum er in so einem Zustand versuchte, mich zu reizen. Es passierte etwas, was mein Leben in eine andere Richtung laufen ließ und mich auf einen sehr harten Weg führen würde.

Er sah, wie ich am Herumstolpern war, und fing an mich zu beschimpfen. Als er dann lautstark verkündete: „Du bist ja schon schlimmer als dein Vater!", da war unser Schicksal besiegelt. Mit letzter Kraft holte ich aus, traf ihn an der Backe und segelte dann weiter, direkt in eine Pfütze.

Total schockiert lief ich durch die Dunkelheit. Ich muß eine panische Angst gehabt haben. Das mußte alles überhaupt nicht sein, und dann noch vor dem ganzen Verein. Wie konnte so etwas bloß passieren? Wie blind lief ich über Felder und fiel unterwegs noch mit dem Kopf auf eine Absperrung.

Am nächsten Morgen ging es mir richtig dreckig. Ich rief meine Tante an, um mich nach meinem Onkel zu erkundigen. Für sie eine Bestätigung ihres Standpunktes und für mich der Punkt, ihnen aus dem Weg zu gehen.

Ein Vorfall, der mein Leben grundlegend ändern sollte.

****

Der Streit mit meiner Mutter wollte sich nicht legen, außerdem gingen mir die Worte meines Vaters und Oma Ännes nicht mehr aus dem Kopf. Nach einem Streit um ein Ei war der Krug dann randvoll. Ich entschloß mich, zu handeln. Ich sperrte mich in meinem Zimmer ein, packte ein paar mir liebgewonnene Gegenstände in einen Beutel, dazu Kleidung, und wartete.

Als es ruhig in der Wohnung war, öffnete ich leise mein Fenster, sprang hinaus und ging direkt in mein altes Zuhause, zu meinem Vater und Oma. Heute weiß ich, daß ich meiner Mutter sehr wehgetan habe, aber anders hätte ich meiner Bestimmung wohl kaum folgen können.

Ich hatte schon ein mulmiges Gefühl, aber ich spürte auch, daß man den angerichteten Schaden bei meinem Vater nie wieder gutmachen konnte. Aber etwas zu versuchen, das gab mir etwas Trost. Ich weiß bis heute nicht, wie meine Mutter auf mein Verschwinden reagiert hat. Vielleicht war sie froh, eine Verantwortung weniger zu haben, was ihr keiner übel nehmen kann. Schließlich war ich schon geprägt und sicher auch kein einfaches Kind. Ich habe meiner Mutter ihr Leben auch nicht einfacher werden lassen.

Mein Vater reagierte hochsensibel auf mein Erscheinen. Er setzte sich vor mein Bett, hielt meine Hand und weinte. Er hatte, außer seiner Mutter, niemanden mehr und brauchte unbedingt einen Freund. Aber wie sollte ich ihm geben, was er brauchte? Ich war doch erst einmal froh, ihn überhaupt lebend wiederzusehen. Beruflich war bei ihm inzwischen alles kaputtgegangen. Zur Zeit ging er einer normalen Schreibtischarbeit nach, Stufen unter seiner bisherigen Tätigkeit. Er hatte sich längst aufgegeben, keinerlei Glanz war mehr zu sehen. Auch sein Stolz war wie vom Erdboden verschlungen. Ich war verzweifelt; was hatten wir diesem Mann bloß angetan?

Oma kümmerte sich vom ersten Tag an wieder rührend um mich, und Terry und ich bauten erst einmal unsere ehemaligen Kinderzimmer nach meinem Geschmack um. Die eine Hälfte wurde ein großes Bett, es belegte den ganzen Boden. Nur der Rand war mit einer Holzkonsole umsäumt. Das andere Zimmer wurde mein Partyraum, wo ich auch meine Urkunden und Pokale stolz präsentierte. Schule schwänzen wurde schwierig, da Oma mich morgens immer gnadenlos weckte.

****

Die ersten Abfahrtsrennen meisterte ich in diesem Jahr mit Bravour, obwohl ich gerade zu den Junioren aufgestiegen war. Das bedeutete, in den Disziplinen im Rennsport veränderte sich einiges. Jetzt gab es für mich drei Disziplinen zu bewältigen: 500 m die Sprintstrecke,1000 m die olympische Disziplin und 6000 m die Langstrecke.

Bevor es in die neue Saison ging, wollten wir uns noch vom dem alten Bootshaus, in dem ich aufgewachsen war, verabschieden. Wir organisierten eine große Fete, natürlich auch mit dem Gedanken, neue Mitglieder zu werben. Alle waren da, auch die Mädchen. Eine Bombenstimmung und tolle Leute. Petra war sehr zugänglich, und man sah ihr an, daß sie zufrieden und glücklich war.

Wie aus heiterem Himmel kam die Nachricht, daß die Motorrad-Gang mit 20 Leuten auf dem Weg zum Bootshaus war. Schnell versuchten Günther und ich das Bootshaus abzusichern. Wir wollten die Haupttür verschließen, aber es war schon zu spät.

Zwei, mit schwarzer Lederhose und Lederjacke bekleidet, waren schon im Gebäude. Lange fackeln oder überlegen ging nicht, da ihre Absichten eindeutig waren. Nach einem kurzen Wortwechsel kam es zur Auseinandersetzung; schnell hatte ich einen unter mir und bearbeitete ihn mit meinen Fäusten. Ganz urplötzlich und unvorhergesehen ging mir ein stechender, wahnsinniger Schmerz durch mein rechtes Bein. Es war unmöglich, dieses noch zu bewegen. Ich versuchte aufzutreten, aber mein Bein knickte mir sofort wieder ein.

Günther ahnte schon, was passiert sein könnte, und lotste mich in sein Auto. Mit Tempo fuhr er mich in das nächste Krankenhaus, wo sich sein Verdacht bestätigte. Fraktur im rechten Waden- und Schienbein kurz über dem Sprunggelenk.

Mir wurde das Bein sofort in Gips gelegt, danach fuhren wir zurück zum alten Bootshaus. Dort hatte sich noch eine kleine Schlacht entwickelt gehabt. Teilweise flüchteten einige durch den kleinen Fluß auf die andere Seite, an das sichere Ufer. Nun herrschte eine gespenstische Ruhe auf dem Gelände. Wir beschlossen, der Stammkneipe der Rocker einen Besuch zu machen, mit Erfolg. Da saß die Bande und amüsierte sich köstlich.

Ich denke, es war wichtig, daß wir uns zeigten.

Ich hatte an diesem Tag genug erlebt, und in meinem Kopf rechnete ich mir aus, welche Chancen mir in meinem Sport für dieses Jahr noch blieben. Au Backe! Das wurde sehr, sehr eng, ja sogar fast unmöglich. In nur acht Wochen waren die Sichtungsrennen für die Nationalmannschaft. Bis dato war der Stand meiner Leistungen vielversprechend. So dachte ich und schlief erschöpft ein.

****

Am nächsten Morgen wachte ich mit starken Schmerzen auf. Ich mußte an die Deutschen Meisterschaften vom letzten Jahr denken, und nun schon wieder so ein dämliches Mißgeschick. Aber an Aufgeben dachte ich nicht einmal im Ansatz. Jetzt erst recht, sagte ich mir und legte mich erst einmal wieder schlafen.

Am Nachmittag wachte ich wieder auf. Ich dachte sofort an die anderen. Hatte noch jemand etwas abbekommen? Was war mit Petra? Wie oder was erzähle ich meinem Vater? Ihn hatte ich bis dahin noch nicht wiedergesehen.

Ich brauchte nicht lange zu warten, da klingelte auch schon das Telefon. Petra erkundigte sich nach meinem Befinden. Sie wollte mich besuchen kommen, und ich war angenehm überrascht. Plötzlich spürte ich wieder etwas Sonne in meinem Herzen.

Petras Anwesenheit tat mir richtig gut. Sie strahlte eine Wärme und Fürsorglichkeit aus, die mir bis dahin unbekannt geblieben ist. Es war etwas Kostbares, Einmaliges, was sie mir suggerierte. Ich dachte überhaupt nicht daran, über sie herzufallen, sondern genoß einfach nur ihre Anwesenheit.

Mein Vater war sehr fürsorglich, als er von meinem Pech hörte. Er überraschte mich mit der Zusage, mir ein eigenes Rennboot zu kaufen. Er hatte kein Geld, und so ein Boot kostete eine Menge. Das mochte ich ihm nicht antun. Aber es gab noch die Möglichkeit, ein Boot gebraucht zu kaufen, was immerhin noch zwei Drittel des Neupreises kosten sollte. Mein Vater tat alles, um mich wieder aufzubauen, dabei war er es doch, der die eigentliche Hilfe benötigte.

Der nächste Schock ließ nicht lange auf sich warten. Das Telefon klingelte, und das Krankenhaus, in dem mein Bein in Gips gelegt worden war, war am Apparat. Sie hatten festgestellt, daß der Bruch etwas komplizierter war, und ich sollte (sobald die Schwellung zurückging) operiert werden. Ich war tief getroffen, griff meine Kurzhantel und reagierte mich erst einmal ab. Das war die Lösung! Natürlich konnte ich im Liegen mit den Kurzhanteln trainieren, ich mußte mir bloß ein paar neue Bewegungsabläufe ausdenken. Das war der Strohhalm, an den ich mich klammern konnte und der mir zusätzlich Hoffnung gab, mich aufzurichten.

Mein Wadenbein wurde mit dem Schienbein verschraubt, eine zu dieser Zeit noch völlig neue Technik. So sollte der Riß in meinem Sprunggelenk heilen können.

Als ich aus dem OP geschoben wurde, erinnerte ich mich an die liebevolle Hand von Oma Änne.

Es dauerte 2 – 3 Tage, bis die Schmerzen erträglich wurden. Ich hatte noch den Beutel mit dem Wundwasser an der Seite, da versuchte ich schon die ersten Klimmzüge an dem Galgen über meinem Bett. Die Oberschwester fing lautstark an zu protestieren, womit sie aber nicht den geringsten Erfolg verbuchen konnte. Ein kurzes Aufbäumen, als die Hantel ins Spiel kam, und dann war Ruhe.

Petra besuchte mich so oft sie konnte. Unser Verhältnis wurde, langsam aber sicher, immer zärtlicher. Bei den Mädchen vor ihr hatte ich so ein intensives Gefühl noch nicht erlebt. Ich wurde zahm und war fast bereit, ihr aus den Händen zu fressen.

Meine Heilung machte schnelle Fortschritte.

****

Mein Vater hatte eine große Überraschung für mich vorbereitet. Er hatte einen Kredit aufgenommen und sich endlich ein paar neue Möbel angeschafft. Die größte Überraschung aber war, als er mir das Geld für das Rennboot in die Hand drückte.

Nun war ich nicht mehr zu halten. Es mußte doch einen Weg geben, mit dem Gips in mein neues Boot zu steigen!

Natürlich, das Gipsbein wurde in einer Plastiktüte verschlossen, und die Einstiegsluke des Bootes wurde mit Klebeband beschichtet, damit der Gips sie nicht zerstören konnte. Nur mit dem Lauftraining sollte es noch lange nicht klappen, also lief ich in Petras Begleitung täglich 3 – 4 Stunden auf meinen Krücken. Genial, so hatte ich, gratis, auch noch ein zusätzliches Training für meine Arme. Aber ich wurde wieder etwas leichtsinnig. Bei dem „Tanz in den Mai" tanzte ich so wild auf meinen Krücken, daß die Schraube, welche das Wadenbein mit dem Schienbein verband, brach. Gott sei Dank war der Heilungsprozeß so weit fortgeschritten, daß kein zusätzlicher Eingriff notwendig war.

Petra und ich waren uns in der Zwischenzeit deutlich nähergekommen. Ich hatte noch meinen Gips am Bein, da gab es den ersten sexuellen Kontakt. Für Petra war es das erste Mal, und für uns beide war es ein unvergeßliches Erlebnis. Wir konnten einfach nicht genug voneinander bekommen.

Ihre Eltern hatten mich leider noch nie zu sehen bekommen. Anders war das bei ihrer Großmutter. Ich hatte einen herzlichen Kontakt zu ihr aufgebaut.

Aber unser Glück dauerte nicht lange, da kam eine Schreckensnachricht. Petras Mutter hatte bemerkt, daß ihre Tochter ein sexuelles Verhältnis hatte, und war empört. Eine schlimme Zeit begann; schlimm, weil ich überhaupt nichts machen konnte. Mehrmals versuchte ich, über die Oma Kontakt zu Petras Eltern zu bekommen. Aber ohne Erfolg. Ich hatte sogar etwas Angst, zum Training zu gehen.

Die Tage wurden zur Qual. Dann, nach wenigen Wochen, war es soweit. Endlich konnte ich Petra sehen. Mein Gefühl sagte mir: Alles wird gut! Petra hatte sich überraschend gut gehalten und war, zu meiner Überraschung, richtig gut gelaunt. Jetzt mußte nur noch ein Gespräch mit ihren Eltern stattfinden. Ich gebe zu, daß ich etwas Angst bekam. Mit einem Blumenstrauß bewaffnet, hatte ich den Gang nach Canossa vor mir. Mit einem strengen Lächeln wurde ich von der Mutter begrüßt. Das, was ich mir in meinen Alpträumen als Furie vorgestellt hatte, entpuppte sich als warmherzige, aber strenge und gut aussehende Mutter. Der Vater war sehr wortkarg, mit einem unvergleichlichen Lächeln ausgestattet. Eine intakte und gute Familie wie aus einem Bilderbuch, in ihrer Ruhe gestört von einem Banausen wie mir. Trotzdem muß ich einen akzeptablen Eindruck hinterlassen haben. In der kommenden Zeit entwickelte sich ein herzliches Verhältnis zwischen uns.

****

Ein paar Tage vor einem Ausscheidungsrennen bestellte Günther einen Reporter in unser Bootshaus. Der war fasziniert von meiner Leistung und davon, daß ich sogar mit meinem schweren Gips in mein Boot stieg und hart trainierte. Begeistert machte er sich Notizen und schoß Bilder mit seiner Kamera.

Drei Tage vor dem Rennen wurden der Gips und die gebrochene halbe Silberschraube aus dem Bein ambulant entfernt.

Dann ging es los, nach Duisburg. Die anderen Sportler aus unserer Stadt beobachteten mich skeptisch. Ich spürte, daß etwas nicht in Ordnung war. Es stellte sich heraus, daß ein großer Artikel über mich im Sportteil der Tagespresse erschienen war. Er trug die Überschrift: „Hartes Training auch mit Gipsbein! U. B. auf dem Weg in die Nationalmannschaft!"

Jetzt sollte ich den Druck und den Neid richtig zu spüren bekommen. Gerade in unserer Stadt wurde der Sport äußerst konservativ gehandhabt. Die Funktionäre hielten nichts von Werbung für unseren Sport. Ein Händedruck war für sie eine ausreichende Belohnung für gute Leistungen. Noch heute hat sich in diesen Kreisen nicht viel geändert, was die Nachwuchsprobleme meines Erachtens erklären könnte. Aber sie hatten auch Recht: „Nur die Harten kommen in den Garten!"

Vor meinen Starts war ich nervös wie niemals zuvor. Diese Nervosität ging so weit, daß ich sogar ein bißchen Fieber bekam. Meine Vorläufe gingen noch so einigermaßen über die Runden, aber schon bei dem Langstrecken-Rennen versagte ich und danach auch in den Zwischenläufen.

Was war das für eine Macht, die mich immer wieder auf eine

neue Probe stellte?

In dieser Zeit beschäftigten sich meine Gedanken nicht mit dieser Problematik; warum nicht, das kann ich nicht sagen. Sicherlich besaß ich eine gewaltige Portion an Blauäugigkeit und Naivität. Und somit sollte mich diese Niederlage nicht lange schmerzen.

Auf dieser Sichtungsregatta stellte sich heraus, daß ich in unserer Stadt Konkurrenz bekommen hatte. Andreas hieß dieser junge Mann; ein Name den ich mir merken sollte.

Sicherlich lag mein Abschneiden hauptsächlich an dem großen Rückstand durch meinen Beinbruch. Mein Ersatztraining reichte lange nicht aus. Trotzdem ließ ich mich nicht unterkriegen, ja irgendwie trainierte ich noch verbissener.

Schon bei den Norddeutschen Meisterschaften konnte ich mich wieder etwas fangen. Meine Titelsammlung vergrößerte sich.

Im Sommer wollte ich mich dann optimal auf die Deutsche Meisterschaft vorbereiten.

Ich wollte bei einem Freund in Hamburg trainieren. Bei seinem Onkel konnte ich tagsüber auf einer Baustelle arbeiten. Was für eine Quälerei!

Abends nach dem Training fiel ich fast bewußtlos in den Schlaf.

Nach knapp einer Woche rief Günther bei mir an. Ich sollte meine Sachen in Hamburg einpacken und mit Reinhard nach Süddeutschland fahren, um mich dort intensiv auf die Meisterschaft vorbereiten zu können. Ich war erleichtert, nicht mehr auf die Baustelle zu müssen.

Eine tolle Truppe, die Mannschaft in Ludwigsburg bei Stuttgart. Der Trainer war ein bekanntes Fotomodell; er war gerade ganz groß auf einer Werbekampagne von „Wella for Men" in jeder Stadt zu sehen. Aber auch der Rest der Mannschaft war ein lustiger Haufen. Es war sogar ein Wildwasser-Weltmeister unter ihnen.

Die Zeit wurde knapp. Es waren nur noch zwei Wochen bis zur Deutschen Meisterschaft. Viel zu wenig Zeit, meine Mißgeschicke aufzuarbeiten. Ich mußte mich für *eine* Strecke entscheiden, um mich optimal auf diese vorbereiten zu können, und wählte die Langstrecke.

Es war zu wenig Zeit und Vorbereitung, um meine Ergebnisse deutlich verbessern zu können. Aber ich habe viel von diesen sympathischen Leuten lernen können.

Die Zeit der Deutschen Meisterschaft rückte immer näher, und unsere Nervosität stieg von Tag zu Tag. Diese Meisterschaften waren für alle etwas Besonderes. Bekamen wir doch endlich das Olympia-Gelände zu sehen.

Unsere Erwartungen wurden um ein Vielfaches übertroffen.

Die Regatta-Strecke lag in Oberschleißheim, einem kleinen Vorort von München. Die Anlage war nagelneu und dazu sehr gut durchdacht. Tolle Unterbringung, 1a Waschräume und eine bildschöne Strecke mit hellgrün schimmerndem und glasklarem Wasser. Die Regattastrecke verlief schnurgerade und war gleichmäßig breit und lang. Beim Zieleinlauf befand sich eine große Tribüne, und direkt angrenzend waren die Bootslager und Waschräume. Direkt gegenüber der Tribüne waren die Schlafgebäude und die Kantine. Hinter den Bootshäusern konnten Zelte aufgeschlagen werden.

Zum Olympiadorf führte eine S-Bahn-Verbindung. Architektonisch war alles ein Traum und hatte eine Ausstrahlung, welche die Nervosität der Sportler deutlich minderte. Die Wassertiefe war gleichbleibend tief, was unsere Boote gleichmäßig gut laufen ließ. Das Training auf dem Wasser brachte richtig Freude.

Die Rennen liefen einigermaßen gut, und auf der Langstrecke schaffte ich immerhin noch einen sechsten Platz.

Nach der Meisterschaft erholten wir uns für ein paar Tage in Lenggries. Günthers Schwiegereltern besaßen dort eine Eigentumswohnung.

****

Nach den Sommerferien bekam ich in der Schule kaum Probleme. Nur, daß ich mir den Daumen beim Bohrerschleifen verletzte. Das Schutzglas löste sich und prallte auf die Hand. Der rechte Daumen kam in die Schleifmaschine und war plötzlich bis auf den Knochen abgeschliffen. Wieder einmal vier Wochen Trainingsausfall!

Es war einfach, meine Zensuren in einem guten Bereich zu halten. Zeitweise war ich nur anwesend, wenn Arbeiten geschrieben wurden. Ich entschloß mich, noch einen Schritt weiter zu gehen, und meldete mich auf der Fachoberschule für das Bauwesen an.

****

Der Park vor unserem Haus und auch der schöne Spielplatz fielen einem Straßenbahn-Depot zum Opfer. Dieter und ich hatten unseren Spaß mit den Baumaschinen. Wir waren überhaupt nicht erbaut von den Plänen der Stadt. Also ließen wir unserem Ärger freie Fahrt. Nachts knackten wir das Zündschloß einer riesigen Asphaltmaschine und ließen sie einfach laufen. Ein schwacher Trost für die Veränderungen, die wir hinnehmen mußten. Die Anwohner unternahmen nichts. Sie spekulierten damit, daß ihre Grundstücke durch den Ausbau der Straße im Wert erheblich stiegen. Was für eine Milchmädchenrechnung! Der Verlust von Idylle und Ruhe ist unbezahlbar.

Oma wollte das Haus renovieren, bevor der Verkehrsbetrieb vor unserer Tür in Betrieb genommen wurde. Ich sollte diese Arbeit ausführen. Das Gerüst stand, und ich begann, sehr mühselig die alte Ölfarbe von der Fassade abzubrennen. Millimeter für Millimeter! Eine Sisyphus-Arbeit. Fast zwei Monate sollte mich diese Aufgabe beschäftigen, aber das Ergebnis konnte sich sehen lassen.

Die Dinge nahmen ihren Lauf. Petra und ich waren glücklich. In der Schule lief es hervorragend, und sportlich gesehen war ich auf Erfolgskurs. Gerade hatte ich noch harte Schicksalsschläge hinter mir gelassen, und nun die ersehnte Ruhe nach dem Sturm.

6. Kapitel – Der erste Kreis der Hölle!

Eigentlich sollte man meinen, mein Leben verlief bis zu diesem Zeitpunkt bunt und zufriedenstellend. Ich hatte zwar ein paar Niederlagen zu verdauen, aber dafür ja auch eine Menge Bestätigung erhalten. Dazu wurde ich mit dem Glück gesegnet, schöne Frauen um mich zu haben. Was wollte „Mann" noch mehr?

Mit Petras Familie entwickelte sich ein sehr herzliches Verhältnis. Ich fühlte mich wohl in diesem Kreis. Mann o Mann, konnte diese Familie feiern. Es war eine Bilderbuchfamilie. Auf Festen wurde geschunkelt und gesungen. Vor allem war die Atmosphäre immer herzlich, und es gab nie Streit. Ganz anders als in unserer Familie, wo immer eine Debatte über Krankheiten oder Probleme im Vordergrund standen. Bei uns war die Atmosphäre immer kalt und streng, sicherlich auch ein Grund für das Traurige in meinem Vater.

Der Kontakt zu Petras Vater entwickelte sich zunehmend. Die Familie wollte ihr Haus vergrößern, und wir machten uns bald an die Arbeit. Es war ein Donnerstag, Christi Himmelfahrt, als wir mit dem Ausschachten der Fundamente begannen. Es regnete in Strömen, und wir standen bis zu den Hüften im Wasser. Es war eine gute Gelegenheit, dem Vater zu zeigen, daß ich kein dahergelaufener Spinner war, sondern auch verbissen und ernsthaft arbeiten konnte und es funktionierte. Oft belohnten wir uns nach vollbrachter Arbeit mit einem kräftigen Schluck.

Natürlich durfte mein Training nicht zu kurz kommen. Ich war auf dem Weg in die Leistungsklasse der Herren; das hieß bis drei Stunden und im Sommer manchmal bis zu fünf Stunden Training täglich, dazu die Arbeit auf der Baustelle und meine Schule. Also ein volles Programm.

In der Schule waren meine Leistungen ausreichend, um auf der Fachoberschule angenommen zu werden. Es begann mit einer dreimonatigen Grundausbildung, wo uns die Grundlagen des Bauhandwerks beigebracht werden sollten. Ich besorgte mir eine Praktikantenstelle und bekam diese in der Baufirma, in der ich vorher in meinen Schulferien Arbeit gefunden hatte.

Aber was war mit meinem Vater? Er vereinsamte immer mehr,

und häufig weckte er mich, wenn er spät in der Nacht total betrunken und verzweifelt nach Hause kam. Wie sollte ich ihm helfen? Ich versuchte doch, für ihn da zu sein. Aber erreichen konnte ich ihn nur selten, er war fast nie zu Hause. Mir blieb nichts anderes übrig, als so gut wie möglich meinen Weg zu gehen und ihm das Gefühl zu geben, daß er eben nicht so alleine war, wie er dachte.

Er ließ nichts unversucht, um wieder eine Frau zu bekommen, er inserierte sogar Kontaktanzeigen. Oft erzählte er von seinen Erlebnissen nach einem Treffen mit einer Frau aufgrund dieser Anzeigen. Manchmal haarsträubende Geschichten.

Nach langer Suche traf er eine ehemalige Schulkameradin wieder. Eine nette Frau, jedoch hatte die Sache einen Haken. Sie hatte fünf Kinder und lebte in einer der Neubauwohnungen in dem schon beschriebenen Neubaugebiet in der Nähe von Dieters Wohnung. Beide frönten zeitweise gemeinsam dem Alkoholgenuß, und dementsprechend waren dann auch ihre Lebensqualität und die Art der Auseinandersetzungen. Ich war oft zu Besuch bei ihnen und ekelte mich über den Gestank von Urin auf der Toilette. Ich war froh, daß mein Vater überhaupt Anschluß bekommen hatte, und so nahm ich die Zustände als gegeben hin. Wie sollte er unter diesen Bedingungen jemals zu sich selbst finden können?

****

Oma steckte immer öfter ihren Kopf mit meiner Tante zusammen. Irgendetwas lag in der Luft. Ich bekam ein irrsinnig ungutes Gefühl. Meine Tante plagten die Eskapaden meines Vaters; sie befürchtete, daß die gesamte Großfamilie meines Vaters Oma in ihrem Haus zur Last fallen würde. So kam es, daß Oma sich überreden ließ, sich auf den Verkauf des Hauses einzulassen. Das Ergebnis wurde mir mitgeteilt, als die komplette Geschichte abgewickelt war. Quasi von einem Tag auf den anderen. Einen Vorwurf kann ich meiner Tante wohl nicht machen. Sie hatte einfach nur Angst um ihre Mutter.

Meine Tante litt zusätzlich unter zahlreichen Krankheiten und ständigen Operationen. Eine weitere Last konnte auch sie auf gar keinen Fall vertragen.

Ich war tief schockiert. War ich doch zurückgekommen, um ihnen beizustehen. Nun aber wußte ich gar nichts mehr. Wo sollte ich wohnen? Warum wurde ich nicht gefragt?

Was sollte passieren? Eine Welt brach in mir zusammen, so grausam und unerbittlich, daß ich damals beschloß, meine Tante für dieses Desaster verantwortlich zu machen.

Ich war verstört, ängstlich und vor allem verzweifelt. Warum dachte denn keiner an mich und meine Zukunft? Hatte ich mir denn nicht Mühe genug gegeben, um irgendwo einen Gegenwert empfangen zu dürfen? War es denn nicht schwer genug, diesen Weg überhaupt zu gehen? Und nun stand ich da, ohne Wohnung, ohne eigenes Zuhause. Zu meiner Mutter zurückgehen? Das konnte und durfte ich nicht zulassen. Bei Petra einziehen? Unmöglich, es war viel zu wenig Platz, und vor allem waren die Fundamente des neuen Hauses noch nicht einmal gegossen. Zudem war ich empfindlich in meinem Stolz getroffen. Niemals hätte ich es gewagt, diese freundliche Familie um Hilfe zu bitten.

So kam es dann, daß ich vorübergehend auf dem Sofa in der Wohnung meines Vaters und seiner neuen Familie wohnte.

So durfte es nicht weitergehen. Ich tat alles, um diese Situation zu ändern. Die Zustände in der Wohnung raubten mir den Verstand. Warum änderte mein Vater nichts an diesen Verhältnissen? Er war sichtlich überfordert! Sein Job als kaufmännischer Angestellter war inzwischen schon wieder Vergangenheit, und er verdiente sein Zubrot als Nachtwächter. Was für ein elendes Schicksal! Es war ein Wunder, daß er die Kraft besaß, sich überhaupt noch zu beschäftigen und diese Erniedrigungen zu ertragen.

In der Schule ging es so einigermaßen, ich fühlte mich einfach nicht wohl. Schnell kam das nächste Hindernis auf mich zu. Nach einem Tag Arbeit auf der Baustelle wurde mir mitgeteilt, daß die Firma meine Praktikantenstelle nicht weiter tragen kann. Es fehlten ihr angeblich die Aufträge. Es war mir zu viel, und ich schmiß einfach alles hin. Vorbei waren meine Träume, als Bauingenieur arbeiten zu können.

Was war das für eine Macht, die mir immer vor Erreichen eines Zieles so hart zusetzte? Gehörte es zu einer Art Bestimmung oder Fügung, um mir den nötigen Schliff zu geben?

****

Ich war noch keine 18 Jahre, und trotzdem gelang es mir schnell eine kleine Wohnung zu finden. Ich sollte in dem Neubaugebiet in einem Hochhaus, im Erdgeschoß, unterkommen. Nach anfänglichem heftigem Streit mit meinem Vater beschloß dieser, mich finanziell zu unterstützen. Das Geld sollte gerade ausreichen, um die Miete regelmäßig zahlen zu können. Also mußte ich mir zusätzlich noch Arbeit besorgen. Eine Zeitlang arbeitete ich sogar bei einem Großhandel und zeichnete Waren aus oder füllte die Regale.

Ich mußte leben. So beschloß ich, mir eine Lehrstelle zu suchen, und hatte Glück. Schnell fand ich eine für mich anspruchsvolle Lehrstelle in einem Dental-Depot. Eine interessante Tätigkeit. Hier sollte ich meine Ausbildung zum Groß- und Außenhandels- und Dentalkaufmann absolvieren.

Die Arbeit als Lehrling machte mir dann zunehmend Spaß, war ich doch außer dem Chef und dem Prokuristen die einzige männliche Person unter den Mitarbeitern im Büro. Ich fühlte mich oftmals wie der legendäre Hahn im Korb. Schnell fand ich Anschluß, und noch schneller saß ich im Büro des Prokuristen. Der Beruf schien mir einzigartig. Als Kaufmann muß man seine Kunden gut beraten können, und da unsere Kunden Zahnärzte und zahntechnische Laboratorien waren, mußte ich mir eine Menge Wissen aneignen. Dazu gehörten auch die medizinischen Begriffe, also auch ein paar lateinische Grundlagen. Ich hatte zu dieser Zeit Probleme mit meinen eigenen Zähnen und nutzte diese Misere als sogenanntes learning by doing. Ich fraß mich regelrecht in diese Thematik hinein. Oft durfte ich die Techniker oder den Prokuristen auf Kundenbesuche begleiten. So lernte ich eine Menge über den Praxis- oder Laboraufbau, was der Einrichtungsplanung durchaus förderlich sein konnte.

Ein großes, weitreichendes und interessantes Gebiet eröffnete sich mir. Meine Freunde und Kameraden beneideten mich oft. In ihren Augen war es Freiheit, so wie ich lebte.

Aber oft habe ich die Geborgenheit des Zuhauses vermißt, und oft war mein Kühlschrank leer. Häufig war ich dann heilfroh, wenn eine meiner Großmütter mir ein Stück Butter oder ein bißchen Geld in die Hand drückte.

Meine Wäsche mußte ich in der Badewanne mit der Hand waschen. Ich war heilfroh, als ich von einer Arbeitskollegin eine Handwaschmaschine geschenkt bekam. Ein runder Behälter mit einem verschließbaren Deckel und einer Handkurbel. Das Wasser wurde mit einem Tauchsieder zum Kochen gebracht, Waschpulver kam hinzu und dann hieß es kurbeln. Die Wohnung richtete ich mir mit alten Möbeln meiner Mutter ein. Das Bett baute ich, nach gewohnter Manier, selber. Alles in allem eine ansehnliche kleine, moderne Bude.

****

Die Arbeit an dem Haus von Petras Familie ging Stück für Stück voran. Es dauerte seine Zeit. Schließlich wurde alles in Eigenarbeit erstellt, und Petras Vater hatte tagsüber noch seine Arbeit als Kfz-Meister zu erledigen. Oft bekam er Hilfe von seiner Verwandtschaft, von denen einige in der Nähe wohnten. Das Bootshaus war nur ein paar hundert Meter entfernt von dem Haus, und so verbrachte ich die meiste Zeit in dieser Gegend. Oft wartete ich, bis bei Petras Eltern das Licht ausging, und schlich mich dann in ihr Zimmer, das genau gegenüber dem Schlafzimmer der Großmutter lag. Natürlich wußte die Oma von meinen nächtlichen Besuchen, aber verraten hat sie uns nie. Ich hatte ein ehrfürchtiges Verhältnis zu dieser Dame.

.................Es sind jetzt drei Tage seit meinem Kontrollbesuch bei meinem Arzt vergangen. Es dauert noch mindestens fünf Tage, bis ich die Ergebnisse bekommen sollte. Fünf lange und quälende Tage und Nächte. Was soll geschehen, wenn die Medikamente anschlagen und ich weiterleben darf? Es ist sicher, daß

eine neue Zerreißprobe an der nächsten Ecke auf mich wartet. Noch so ein heftiges Ding kann ich nicht überleben. Vor allem aber belastet mich immer noch die Frage nach dem Sinn. Ich habe ihn noch nicht gefunden; ich spüre, daß er vorhanden ist, und das macht meine Situation noch unerträglicher. Ich habe einfach keine Kraft mehr. Manchmal bin ich so fertig, daß ich mir nichts sehnlicher wünsche, als endlich für immer Ruhe zu haben. Es ist wirklich grausam. Immer wieder habe ich mich aufgerappelt, und immer wieder bin ich knapp vor meinem Ziel gestrauchelt. Es gibt bestimmt nur wenige, die den Mut aufgebracht hätten, so weit zu gehen, wie ich es tat. Ich habe Angst vor dem nächsten Hindernis, weil ich es nicht ertragen könnte, noch einmal so eine Situation erleben zu müssen, wie es jetzt der Fall ist.

Neben mir schläft mein kleiner nun fünf Jahre junger Sohn. Sein Gesicht ist vollkommen und unschuldig.

Ich denke über sein genetisches Erbe nach und fange an zu weinen. Hat er das gleiche Schicksal zu erwarten? Haben die anderen Kinder es besser, weil sie mich nie kennengelernt haben? Eine Frage, die ich wohl nie vollständig beantworten kann!

Vor einer Stunde haben wir noch einen Boxkampf mit dem „Tiger" gesehen. Jetzt, wo der Kleine schläft, spüre ich immer noch seine Aufregung. Sein kleines Herz schlägt immer noch schnell und heftig. Der „Tiger" ist unser Freund. Ich habe ihn nie persönlich kennengelernt, aber ich bewundere ihn schon seit der Zeit, als Henry Maske die Boxszene beherrscht hat. Mehrmals war ich bei Kämpfen des „Tigers" dabei.

Das letzte Mal sogar noch mit Claus, obwohl es Claus schon sehr, sehr schlecht ging. Es ist unglaublich, was mir für Gedanken durch den Kopf gehen und welche Gefühlsregungen mich bei diesem Kampf bewegt haben. Der „Tiger" boxt zudem auch noch in meiner Heimatstadt, und ich liege im Bett und kann mich nicht bewegen. Um so größer unsere Freude, als er seinen bisher schwersten Gegner zum Ende der 4. Runde besiegt. Was für ein Triumph! „Tiger", herzlichen Glückwunsch!

Meine Beine kribbeln so stark, daß ich nicht einschlafen kann. So etwa stelle ich mir einen Entzug vor. Oder sind es Durchblutungsstörungen wegen der mangelnden Bewegung? Die quälende Ungewißheit versucht mich daran zu hindern, einzuschlafen.

Eines ist gewiß. Sollte ich wieder gesund leben dürfen, wird sich mein Leben gewiß wieder ähnlich turbulent abspielen wie vorher; anders wären die bisherigen Qualen nicht zu verdauen und die nächsten Aufgaben nicht zu bewältigen. Oder habe ich den „richtigen Weg" nur noch nicht gefunden? Hausforderungen, die auf mich warten, gibt es noch genug. Wollte ich nicht noch den Urwald retten? Und was geschieht denn mit meinem Urlaubsprojekt für Behinderte? Immer noch gibt es keine Möglichkeiten für Behinderte, um angemessen Urlaub erleben zu dürfen. Ein unvorstellbar großer Markt, der in keiner Weise erschlossen ist. Traurig aber wahr! Durch meine jetzige Krankheit habe ich keine Möglichkeit, mich darum zu kümmern, obwohl ich in den letzten zwölf Monaten (1998/99) insgesamt sieben Wochen in Spanien gewesen bin.................

Wenn ich abends Petra besuchte, blieb ich oft zum Schlafen bei ihr. Morgens wurde es meistens spannend. Wollte ich noch vor der Arbeit zum Training, mußte ich schon vor dem Vater aufstehen. Es passierte schon, daß ich hin und wieder die Uhrzeit verpaßte, steckte mir doch täglich das abendliche Training schwer in den Gliedern. Es war eine aufregende Zeit!

****

Ob wir es wollten oder nicht, aber es gab keinen Weg, um die Geschehnisse um uns herum zu ignorieren. Sehr stark wurden wir von den Ereignissen um die Baader-Meinhof-Gruppe, also die RAF, beeinflußt. Ich kann nicht behaupten, daß ich mit dieser Gruppe sympathisierte, aber irgendetwas ging von ihr aus. Die Geschehnisse zwangen mich, diese intensiver zu verfolgen. Ich habe lange Zeit nicht verstehen können, welche Motive sie zu ihren Taten bewegt haben. Was war so wichtig, um solche Schritte zu unternehmen?

Was war denn mit der Abholzung des Urwaldes, den ökologischen Schäden durch die riesigen Chemie-Fabriken und der radioaktiven Bedrohung durch die Atomenergie? Die Sicherung des Lebens ist in meinen Augen ein Ziel, für das es sich zu kämpfen lohnt. Aber das, was die RAF fabrizierte, war scheinbar nichts weiter als gefährliche Spielerei mit der Selbstdarstellung. Dieses Geschehen zog einen stellenweise magisch in den Bann.

Eine gefährliche Zeit, weil man spürte, daß in jedem eine gewisse Sehnsucht nach Heroismus vorhanden ist und war. Hätte die RAF damals richtige Ziele gehabt, sie wäre durch nichts aufzuhalten gewesen.

Manchmal hatte ich das Gefühl, daß diese Personen von jemandem gemacht wurden, um dem Rest der Bevölkerung die Sinnlosigkeit dieses Wirkens klar vor Augen zu führen und weitere Ideale im Keim zu ersticken.

Zu dieser Zeit wurden wir durch die spektakulären Banküberfälle und Kaufhausanschläge in Atem gehalten. Schnell dann wurde das sogenannte Highjacking zum Modetrend unter den Terroristen. Ich war viel zu beschäftigt mit meinem Sport und meinem Beruf, um mich durch irgendetwas aus dem Konzept bringen zu lassen. Aber ich sollte erschreckende Parallelen zu den Bezügen dieser Gruppierungen und meinem Lauf der Dinge entdecken müssen, die mich unweigerlich auf eine große Aufgabe vorbereiten sollten.

****

Der Beruf war einzigartig vielseitig. Es machte richtig Spaß, jeden Tag etwas Neues zu lernen. Insgeheim spielte ich mit dem Gedanken, meine Ausbildung zu erweitern und sie um eine zahntechnische Ausbildung zu ergänzen. Bald sollte sich das als nicht notwendig herausstellen, da ich mir genug Wissen angeeignet hatte.

Mein damaliger Chef hatte sich ein eigenes Ausbildungskonzept ausgedacht. Ein- bis zweimal in der Woche saßen wir Lehrlinge (vier an der Zahl) in seinem Büro, um unser Wissen in der Dentalmedizin aufzubessern.

Deutlich hob ich mich in meinem erlernten Wissen von den anderen ab, und so wurde ich der Liebling unseres Chefs. Der schmiedete schon große Pläne und freute sich auf die Zeit, in der ich für seine Firma im Außendienst tätig sein konnte. Ich war inspiriert, hatte ich doch endlich so etwas wie eine zusätzliche Ersatzfamilie gefunden.

Sehr schnell wurde ich eines Besseren belehrt.

Der Wehrdienst rückte immer näher. Ich entschied mich für einen Dienst beim Technischen Hilfswerk. Die Alternative hieß, einmal die Woche Dienst für die kommenden zehn Jahre. Dazu die Bereitschaftseinsätze bei Katastrophen wie Sturmflutwarnungen.

Schnell war es dann auch soweit! Wir bekamen eine Sturmflutwarnung, und ich saß die ganze Nacht vor dem Telefon und dem Radio und wartete auf meine Bereitstellung. Nichts tat sich, und am frühen Morgen schlief ich dann erschöpft ein. Mittags rief ich im Büro an und erzählte, daß ich auf Bereitschaft war, was ja auch stimmte. Mein Chef erkundigte sich beim THW, aber denen war nichts bekannt, da ich zu Hause auf meine Benachrichtigung gewartet hatte. Und so kam es, daß unser Verhältnis empfindlich gestört wurde.

Ich schämte mich in der Firma und traute mich kaum zur Arbeit. Mein Chef verhielt sich gnadenlos. Wochenlang schenkte er mir keine Beachtung. Es schmerzte sehr tief und dauerte lange, bis ich über diesen Schmerz hinwegkam. Vergessen konnte ich das meinem Chef jedoch nicht. Der Preis, den wir beide noch zahlen sollten, war unermeßlich hoch.

Erst auf dem Rückweg von einer Kohlfahrt gab es die erste Annäherung durch die Frau meines Chefs. Es waren Monate der Qual und der Selbstvorwürfe, die dazwischen lagen. Sogar meinen Dienst beim Technischen Hilfswerk mußte ich quittieren. Ich hatte keine Freude mehr daran.

****

Also beschloß ich, meine Wehrdienstverweigerung durchzusetzen. Ein behütetes Zuhause hatte ich nicht. Ich mußte vorbauen, um wenigstens meine Wohnung behalten zu dürfen.

Mein Verhältnis zu Petra bekam die ersten Kratzer. Inzwischen hatte sie eine Lehre als Rechtsanwaltsgehilfin begonnen. Sie entwickelte sich in eine Richtung, die mir überhaupt nicht lieb war. Es war fast, als würde sie von einer unsichtbaren Stimme gerufen.

Unser Musikgeschmack war so unterschiedlich, wie es kaum schlimmer hätte kommen können. Sie war fasziniert von der Schickeria und Boney M. Ich spürte, daß ich sie einmal verlieren würde, und wurde zunehmend ungehaltener. Eifersucht gehörte bald zu unserer Tagesordnung.

Ich fing an, mich auf meinen Führerschein vorzubereiten. Petras Großvater hatte noch einen alten VW Käfer auf dem Hof stehen, den ich mir aufarbeiten konnte. Über ein halbes Jahr arbeitete ich an dem Auto. Petras Vater half mir dabei, neue Endspitzen einzuschweißen. Ich hatte nicht jeden Tag Zeit, war ich doch mit so vielen Dingen beschäftigt. Pünktlich zur Führerschein-Prüfung war das Auto soweit, daß ich damit zum TÜV fahren konnte. Alles ging gut, und am nächsten Tag sollte ich zur Nachuntersuchung. Es war der 6. Dezember 1974.

Am Abend nach dem Training genehmigten wir uns unsere schwer verdiente Zwiebelsuppe.

Günther wollte in meinem neuen Auto mitfahren. Es nieselte, und die Scheiben ließen sich problemlos mit dem Scheibenwischer reinigen. Wir fuhren von dem Lokal in Richtung einer großen Brücke. Stolz führte ich meinem Trainer meine Fahrkünste vor. Die Straße zur Brücke war leicht ansteigend, und ich gab Gas, um die Ampel noch bei Grün passieren zu können. In der Kurve, die auf der Brücke mündete, schaltete ich in den zweiten Gang zurück.

Da passierte es: Der Regen war auf der Straße gefroren und bildete eine Eisfläche. Ich verlor die Kontrolle, und das Auto bewegte sich in Richtung des entgegenkommenden Verkehrs, auf die andere Straßenseite. Irgendwie bekam ich den Wagen dazu, sich in die andere Richtung zu bewegen. Mein Herz rutschte mir sprichwörtlich in die Hose. Ich ahnte Schlimmes. Das Auto knallte über die 30 cm hohe Bordsteinkante, auf der linken Seite platzten daraufhin beide Reifen, dadurch drillte das Auto wieder in Richtung der Straße zurück. Ich sah vor mir links einen Radfahrer und rechts einen Fußgänger. In der Mitte stand eine große Laterne. Das Auto entschied sich für die Laterne und prallte mit voller Wucht gegen diesen dicken runden Mast. Ein gewaltiger Aufprall folgte, und ich sah nur noch Sterne. Zu dieser Zeit war gerade erst die Diskussion über die Anschnallpflicht entfacht. Ich wollte mir am nächsten Tag einen Gurt installieren. So aber flog ich mit meinem Kopf durch die Scheibe. Günther hatte instinktiv richtig reagiert. Ihm war, Gott sei Dank, nichts passiert. Langsam und vorsichtig stieg ich aus dem Auto. Ich hatte den ganzen Mund voll Glas, aber das nahm ich kaum wahr. Oh Gott, mein Auto. Wie lange habe ich dafür geschuftet, und wie sollte es denn morgen durch den TÜV kommen? Verzweifelt lief ich um das Auto herum. Meine Verletzungen interessierten mich nicht, nur das Auto war wichtig. Günther und ein paar Passanten versuchten mich zu beruhigen. Ich muß ein schreckliches Bild abgegeben haben. Meine Haut um die Augenpartie hing in Fetzen im Gesicht. In der Nase, im Mund und im Kopf steckten überall Glassplitter, dementsprechend lief überall Blut aus meinem Kopf.

Die mich anschließend behandelnden Ärzte machten ganze Arbeit. Mühsam wurde jede Wunde einzeln verarztet und sorgsam mit einer Klammer oder/und mit einer Naht verschlossen. Noch Jahre später kamen mir Glassplitter aus den Augenliedern, aus dem Mund und der Nase. Die Narben kann man nur noch bei genauem Hinschauen sehen; wer nicht weiß, daß sie da sind, der wird sie auch nicht finden. Eine tolle Arbeit der Chirurgen.

Der nächste Tag war eine Tortur. Am ganzen Kopf genäht und geklammert, die Lippen und die Nase aufgerissen, mußte ich der Firma und bei Petras Eltern Bescheid geben. Danach versteckte ich mich für ein paar Tage in meiner kleinen Wohnung.

****

Dieter bekam ich kaum noch zu Gesicht. Er hatte sich inzwischen bei der Bundeswehr verpflichtet und absolvierte seine Ausbildung zum Unteroffizier.

Ich hoffte, daß er sich nicht allzu stark änderte und unsere Freundschaft nicht darunter litt.

Im Sport verlief alles nach Plan. Ich bekam sogar die silberne Ehrennadel des Vereins und wurde Ehrenmitglied. Das hatte in meinem Alter noch keiner erreicht. Meine Titel und meine Erfolge hatte ich aufgehört zu zählen, aber sie waren wohl ganz beachtlich. Zumindest für den Norddeutschen Raum. Durch unsere Erfolge wurde es dem Verein möglich, günstige Fördermittel zu beanspruchen. Die Arbeiten auf dem Gelände wuchsen und drohten uns fast zu verschlingen.

Eine Zeitlang lief alles gut, man kann sogar sagen optimal. Ich bekam eine neue Wohnung in der Neustadt mit zwei Zimmern, Küche und Bad. Im Beruf sollte ich, als erster Lehrling überhaupt, meine Prüfung schon nach 2 ½ Jahren absolvieren, und im Sport wartete eine große Aufgabe auf mich. Zu meiner aktiven Tätigkeit gesellten sich Ämter als Sportwart, Trainer und Jugendwart.

Meine Hauptaufgabe sollte nun sein, endlich einen der vordersten Plätze bei den Deutschen Meisterschaften zu erzielen. Ich bekam einen ansehnlichen Etat und drei neue Boote. Je ein Einer-, Zweier- und Viererkajak wurden auf einer Werft in Dänemark von uns geordert. Wir, das waren Raffi und meine Wenigkeit. Raffi, ein witziger und spritziger junger Fahrer, der sich zu uns gesellt hatte. Raffi hatte es bei seinem ursprünglichen Verein schon einmal geschafft, zur Deutschen Meisterschaft auf dem Siegerpodest zu stehen. Er war zwei Jahre jünger als ich und sollte in der kommenden Saison in die Leistungsgruppe der Herren aufsteigen. Er war ein mindestens genauso irrer Typ wie ich, und wir hatten immer verrücktes Zeug im Kopf.

Ende der Saison sprangen wir von der Autobahnbrücke in den Fluß, oder auf Partys verkuppelten wir uns gegenseitig, um uns danach damit aufzuziehen. Es war immer lustig, mit Raffi etwas zu unternehmen, eine willkommene Abwechslung bei unserem harten Trainingsrhythmus. Raffi kam von einem kleinen, sehr erfolgreichen Verein mit Standort an einem Kuhgraben (so war der Name des kleinen Flusses im Volksmund) der Universität, einem ehemaligen Torfkanal.

****

Meine neue Wohnung richtete ich, in der ersten Ausstattung, mit Möbeln vom Sperrmüll ein. Nach und nach besserte ich mit neuem Material aus. Vieles davon hatte ich selber entworfen.

Petra und ich durchliefen Höhen und Tiefen, wie bei einem Spießrutenlauf. Ich konnte einfach nicht akzeptieren, mit welchen Leuten sie sich umgab. Schickeria, Küßchen hier und da. Die tollsten Geschichten kursierten in der Stadt. Viele davon waren ernst zu nehmen. Ich hielt nichts von diesem affektierten Getue. Die Grenze war überschritten, als ich eines Tages keinen Zugang zu einer Diskothek bekam, in der Petra Stammgast war. Ein deprimierendes und hilfloses Gefühl, welches sich tief bis in mein hinterstes Kämmerchen festsetzte. Damit stand für mich fest: Mit diesen Kreisen hatte ich nichts am Hut. Es war besser, man ging sich aus dem Weg. Traf ich auf eine Gruppe, gab es schnell ein böses Wort nach dem anderen, was dann manchmal in einer Schlägerei endete. Meine Kontakte zu anderen Mädchen nahmen zu.

Ich glaubte, daß das Verhalten meiner Eltern ausschlaggebend für meine Art des Umganges mit den Mädchen war. Ich beurteilte die Mädchen nie nach ihrem derzeitigen Zustand, sondern ich versuchte mir vorzustellen, wie sie aussehen und sich verhalten würden, wenn sie ein paar Jahre älter waren. Meistens verglich ich sie mit meiner Mutter und bekam eine seltsame und gefährliche Ahnung. Ich muß dabei hinzufügen, daß meine Mutter keine schlechte Mutter war. Ich hatte es einfach nicht verstehen wollen, warum alles so kommen mußte. Ich war doch nur ständig auf der Suche und dabei nicht unbedingt immer fair. Es war nicht immer einfach, mit dieser Last zu leben. Alles hat seinen Preis.

****

Raffi und ich hatten eine geniale Idee. Er sprach mit seinen alten Vereinskameraden und fing an, zu verhandeln. Ich gab ihm einen Leckerbissen in die Hand, welcher jeden überzeugen mußte, und das hieß, vor der Deutschen Meisterschaft ein Höhentraining in St. Moritz zu absolvieren. Es war sehr schwer, nach diesem Angebot noch abzulehnen. Das waren Möglichkeiten, die wir uns Jahre vorher niemals erträumt hätten.

Für die kommende Saison waren wir gut gerüstet und stark motiviert mit den vorhandenen Möglichkeiten.

Etwas zuvor bekamen wir die Gelegenheit, einen Sporttests bei einem bekannten Professor für Sportmedizin zu absolvieren. Es wurden auch Bundesligaspieler, ein mehrfacher Weltmeister im Querfeldein-Radfahren, ein Junioren-Weltmeister im Rudern und viele andere getestet. Maßgeblich ging es um die Belastung des Herzens und der Lunge.

Wir hatten mit Abstand die besten Werte vorzuweisen. Mein Ruhepuls lag deutlich unter 40 Schlägen in der Minute. Den Belastungspuls konnte ich bis über 220 Schläge in der Minute treiben. Um so einen Wert erreichen zu können, muß man bereit sein, sich bis zur Bewußtlosigkeit zu quälen, um dann noch einen oben draufzusetzen. Wir waren auf dem richtigen Weg mit unserem Schwerpunkt auf das Intervalltraining. 20 x 100 m bergauf, oben 15 Liegestützen und dann, ohne Pause, wieder runter und gleich wieder hoch. Ich war manchmal wie besessen. Richtig gut lief es, wenn ich mit mir alleine beschäftigt war. Ich war der totale Einzelgänger. Zu meinem Vorteil war es nicht, weil dadurch meine Nervosität vor wichtigen Rennen manchmal bis in das Unerträgliche stieg.

Vor allem aber fehlte mir der Schliff. Ein Trainer, der ständig in meiner Begleitung war und meine Technik verbesserte. Das merkten auch andere, süddeutsche Vereine. Ich bekam etwas später Angebote von Stuttgart, Neckarsulm und anderen.

Neckarsulm war darunter mein Traum. Zwei Fahrer mit Weltmeistertitel aus dem Verein bekundeten ihr Interesse. Arbeit und Wohnung konnten mir von dort aus sofort zur Verfügung gestellt werden. Zusagen konnte ich zu dieser Zeit noch nicht, weil ich erst die Angelegenheit mit der Lehre und die Sache mit dem Wehrdienst klären mußte. Aber dieser Verein konnte mir sicher zu meinem Durchbruch verhelfen.

****

Soweit es ging versuchte ich die Einberufung zu verzögern. In meinem rechten Bein befanden sich noch zwei Schrauben von der Fraktur, und zweimal mußte ich zur Nachmusterung. Dann aber wurde ich als bedingt tauglich eingestuft, und es wurde langsam ernst. Ich holte mir Rat von Zivildienstleistenden und begann, seitenlange Aufsätze für meine Zeugen zu schreiben. Damals gab es noch einen richtigen Prozeß, und es gehörte schon eine gehörige Portion an Vorbereitung dazu.

Soweit ich mich erinnere, saßen mindestens drei Richter vor mir, darunter eine Frau. Bei meinem Verhör spürte man deutlich die Ablehnung der Vorsitzenden. Ich erzählte von meinem Hund „Terry" und davon, wie ich ihn kurz vor der Verhandlung hatte einschläfern lassen müssen. Den Tränen nahe beschrieb ich die Situation und meine Gefühle, die ich dabei empfand. Jetzt hatte ich an Boden gewonnen. Der Rest war Routine. Meine Verweigerung wurde anerkannt. Kein Grund zum Jubeln, denn nun stand mir der schwerste Schritt bevor. Ich mußte einen Weg finden, um meinen Beruf und meinen Sport nicht zu gefährden.

Mein Verein und auch mein Chef erklärten ihre Bereitschaft, sich um alles zu kümmern. Der alte Vereinsvorsitzende war ein Haudegen, wurde aber durch seinen Bruder im Verein ersetzt.

Die Saison begann vielversprechend. Unser Vierer entwickelte sich besser, als wir es vermutet hatten. Es wurde bestimmt, daß ich der Schlagmann sein sollte. Zu diesem Zeitpunkt war ich der Schnellste in unserem Boot. Die Entscheidung und die Trimmung des Bootes schienen optimal zu sein.

Im April holten Raffi und ich das neue Bootsmaterial von der Werft in Dänemark ab. Auf dem Rückweg machten wir Halt bei meinem Freund in Hamburg. Wir weihten das neue Material gebührend ein.

Die Boote waren also still und heimlich von Raffi und mir getauft wurden. Jetzt galt es, nur noch die Bewährungsprobe auf dem Wasser mit der Besetzung zu bestehen.

Unser großer Test lief auf der Tiden Rallye von Nordenham nach Bremen. 58 harte Kilometer. Es war eine Breitensport-Veranstaltung und kein Rennen im herkömmlichen Stil. Diese Fahrt hatte einen besonderen Charakter. Ruderboote starteten, unter anderem auch Ruderachter. Bekanntlich wird mit dem Oberkörper und den Beinen gerudert, und Ruderer haben eine deutlich längere Hebelkraft. Theoretisch mußte ein Ruderachter uns auf dieser Strecke mindestens eineinhalb Stunden abnehmen.

Natürlich fuhren wir nicht mit dem neuen Vierer, das war uns zu gefährlich. Für dieses Spielchen wollten wir das neue Boot nicht riskieren. Also fuhren wir mit der „Hans Alfke", einem Vierer, in dem schon mein Vater gesessen hatte. Ein altes Boot, noch mit Segeltuchbespannung. Bevor wir starteten, verstärkten wir die Bespannung durch Isolierband.

Die Weser ist auf dieser Strecke sehr tückisch und der Wellengang hoch. Außerdem ist sie mit auflaufendem Wasser auch noch stark befahren. Man bekam schon etwas Angst, wenn sich ein Ozeanriese langsam vorbeischob.

Unsere Vermutungen bestätigten sich sehr schnell. Unsere Vorbereitungen mußten Früchte tragen. In einer Rekordzeit von zweieinhalb Stunden erreichten wir das Ziel in Bremen. Weit über eine Stunde nach uns kam der erste Ruder-Achter ins Ziel.

****

Ich hatte bei der Aktion am Wochenende einen sehr starken Sonnenbrand und einen leichten Sonnenstich bekommen, und am nächsten Tag sollte ich meine mündliche Prüfung absolvieren. Es machte mir keine Angst, aber ich hatte große Probleme, die richtige Kleidung zu wählen, wegen der verbrannten Stellen.

Ich entschied mich für ein T-Shirt und weiche Jeans. Der Sonnenbrand war so stark, daß es mir unmöglich erschien, ein Hemd mit Kragen, geschweige den einen Anzug zu tragen.

Es zählt doch nur die Leistung, oder? Obwohl ich mich bei der Prüfungskommission

entschuldigte, merkte man ihnen an, daß sie sehr ungehalten waren.

Die Prüfung verlief ohne weitere Probleme. Ich war, nach Angaben meines Chefs, der beste Lehrling der Nachkriegszeit. Eine Note „sehr gut" bekam ich trotzdem nicht, weil ich nicht standesgemäß aufgetreten war. Unser Prokurist pfiff mich dementsprechend zusammen. Mich kratzte das kaum, wußte ich doch, welche Leistung ich vollbracht hatte. Es ist nicht immer möglich, es allen recht zu machen.

Ein toller Saison Auftakt. Hinzu kam, daß ich schon bald im Außendienst arbeiten sollte. Ein nagelneuer Wagen (ein Passat LS) wurde für mich geordert, und mein Gehalt überschritt schnell das übliche Maß. Beachtlich, wenn man dabei berücksichtigt, daß wir uns im Jahre 1977 befanden.

Da stand ich nun, gerade 20/21 Jahre alt und schon auf ganzer Linie erfolgreich.

****

Der Zeitpunkt der Deutschen Meisterschaft 1977 rückte näher und näher. Der letzte große Test war die Norddeutsche Meisterschaft, die in diesem Jahr in Lübeck gefahren werden sollte. Die Stimmung bei uns war ausgezeichnet, nur das Wetter zeigte sich von der unangenehmen Seite. Ein starker Orkan wütete an diesem Wochenende, und zeitweise war es den Teilnehmern kaum möglich, sich im Freien aufzuhalten. Einige Rennen wurden verschoben, andere drohten abgesagt zu werden. Beim Start zu der Sprintstrecke (500 m) herrschte ein unerbittlicher Wind von vorne.

Die 500 m fuhren wir im Training in einer Minute und zweiundzwanzig Sekunden. Wir wußten: „Wir waren gut!"

Es war unmöglich, das Boot am Start ruhig zu halten. Die Windböen ließen es nicht zu. Das war die Gelegenheit für einen Kampfrichter, dem der Vereinswechsel von Andreas und Wolle (den beiden anderen) nicht paßte. Ohne Vorwarnung wurden wir von ihm aus dem Rennen genommen. Ich war so wütend und aufgebracht, dass meine Partner Mühe bekamen, den Vierer aufzuhalten. Ich versuchte mit aller Kraft, den Vierer in Richtung des Kampfrichters zu steuern, und meine Kollegen mußten gegenhalten, um das Boot zu stoppen.

Auf der 1000-Meter-Strecke war ich übervorsichtig. Ich hielt das Boot so, daß niemand auch nur

im Ansatz eine Chance bekam, uns aus dem Rennen zu nehmen. Lieber am Start eine Sekunde verlieren, als erst gar nicht im Ziel ankommen; und es klappte. Das Rennen lief wie im Bilderbuch. Locker fuhren wir den Meister ins Ziel, und die Erwartungen in unserem Vierer stiegen wieder bis ins Unermeßliche. Die bittere Pille aus dem Kurzstreckenrennen wirkte trotzdem nach.

Alles in allem war dieses Wochenende ein Schlüsselerlebnis, welches eine große Bedeutung im Jahre 2000 erhalten würde.

Auf ging es in Richtung St. Moritz. Kurzer Stopp auf einer Regatta in Wiesbaden, dann weiter nach Augsburg. Einmal wollten wir die olympische Wildwasserstrecke erleben dürfen. Mit dem Wildwasserboot hatte ich nicht die Spur einer Chance, also ließ ich mich ohne Boot ein paarmal einfach durch die Strömung treiben. Ein berauschendes Erlebnis.

In St. Moritz angekommen, machte sich nach kurzer Zeit ein Lagerkoller bei uns breit. Jeder wollte sein Wissen zum besten geben. Meine Funktion als Sportwart und Trainer schienen nicht mehr gefragt. Ich spürte eine Katastrophe auf mich zukommen. Resigniert tat ich nur noch das, was die Gruppe beschloß, und das war eine Katastrophe. Anstelle des harten Trainings stand auf einmal Bergsteigen oder der Besuch des Lago Maggiore auf dem Programm. Ein Gefühl ähnlich wie Heimweh machte sich in mir breit. Verstärkt wurde es durch Eskapaden von Petra. Sie nutzte meine Abwesenheit für ausgiebige Disco-Besuche. Ich konnte anrufen, wann ich wollte; nur selten war sie erreichbar.

Das Wetter gab uns den Rest. Ständig regnete es, und wir wagten uns an manchen Tagen kaum aus den Zelten. Ständig nur nasse Klamotten. Das gab uns den Rest, und wir beschlossen, den Rückzug anzutreten. 14 Tage vor Beginn der Meisterschaften waren wir am Austragungsort auf dem Baldeneysee in Essen. Jetzt quälte mich nur noch der Gedanke um Petra, und ich beschloß, mit der Bahn einen Überraschungsbesuch in meiner Heimatstadt zu machen.

Es war so, wie ich es vermutete. Petra war wieder einmal in einer Schickeria-Disco in der Innenstadt. Diesmal sollte mich kein Türsteher aufhalten können.

Petra amüsierte sich köstlich und war über mein plötzliches Erscheinen sichtlich überrascht. Angeblich, so erzählte sie mir, war sie sauer, weil ich sie nicht mit in das Trainingslager genommen hatte.

Zumindest wußte ich aber, woran ich war, und fuhr zurück nach Essen.

Bei meiner Ankunft waren die anderen gerade beim Turmspringen. Theoretisch wäre nur noch eisernes Training auf der Tagesordnung gewesen. Mit neuer Kraft versuchten wir noch einmal, das Beste aus unserer Situation zu machen. Der Trainingsrhythmus stellte sich wieder ein. Langsam füllte sich der Zeltplatz, und die Deutsche Meisterschaft sollte beginnen.

Die Qualifikation für den Endlauf auf der Deutschen Meisterschaft gelang uns ohne Probleme, aber der Rhythmus stimmte nicht mehr so wie vorher. Ich versuchte mich auf den Endlauf zu konzentrieren. Im Rennen dauerte es lange, bis sich der Rhythmus richtig einstellen konnte, und wir belegten einen enttäuschenden 6. Platz. Der Vorsitzende schoß dann nach der Rückkehr den Vogel ab. Er behauptete, daß ich während der Meisterschaft mit dem Vereinsbus in der Heimatstadt gewesen sei. Ich hatte die Nase endgültig gestrichen voll. Das wollte ich mir nicht bieten lassen. Jegliches Dementi hielt ich für sinnlos. Genervt, tief getroffen und verzweifelt resignierte ich. Nie wieder sollte ich diesem Sport mehr in dieser Form frönen dürfen. Eine Welt brach für mich zusammen. Das, was mir die ganzen Jahre Halt gegeben hat, hatte ich von einem auf den anderen Tag einfach aus meinem Leben gestrichen. Dabei hatte ich doch noch erst meine Karriere vor mir?

Vier Jahre später belegten Raffi und Andreas einen vorderen Rang auf einer Weltmeisterschaft.

Der alte Verein hat nie wieder einen Leistungssportler zu sehen bekommen.

7. Kapitel – Alles halb so schlimm??

Manchmal war ich blöd,
manchmal auch sehr krumm,
selten aber unfair dumm.

Zeit die geht
und Zeiten kommen,
mein Zustand wird wohl
nie vollkommen.

Schlimmer noch,
mein Bewußtsein mußte betäubt sein,
um weiterzukommen.

Kreise sind Kreise,
auch auf der Reise
sind wirklich nur Weise
auch richtig vollkommen.

Ist es nicht schön einen Kreis zu finden,
mit stabilen, dicken, runden Rinden?
(U. B. 1998)

Eine Zeitlang versuchte ich mit meiner Arbeit meinen Schmerz zu überwinden, aber es fehlte mir der Sport. Ich begann mit dem Rauchen von Zigaretten.

Von Petra war ich eine einige Zeit getrennt, jeder für sich fühlte sich irgendwie gekränkt..

Freizeit hatte ich nun mehr, als mir lieb war, also füllte ich diese Zeit mit dem Besuch von Diskotheken. Fast jedes Mal war so ein Besuch mit Erfolg gekrönt. Mehrmals pro Woche lernte ich ein neues Mädchen kennen.

Ich hatte schon bald ein kleines System entwickelt. In der Woche besuchte ich zwei Diskotheken außerhalb meiner Heimatstadt, jeweils 30 km entfernt, jedoch in völlig verschiedenen Richtungen gelegen. An den Wochenenden zog mich eine Disco mit dem Namen „Why Not" in unserer Stadt in den Bann. Eine Szene-Disco, deren Ruf schon einige Zeit vorauseilte, mit schillernd faszinierendem Publikum. Den Kerl hinter dem Tresen hatte ich schon einmal gesehen. Wenn der an einem vorbeiging, zuckte man automatisch zusammen.

Es war Claus, der Kerl, der uns bei der Schlägerei in der „Schule" geholfen hatte. Die Luft in dem Laden roch immer nach Haschisch, und dieses Flair zog mich magisch an. Die Leute verstellten sich nicht wie die Marionetten. Sie stellten sich einfach selber dar. Eine mir in dieser Form unbekannte Welt; es schien mir, daß ich genau nach so etwas gesucht hatte. Man saß einfach da und beobachtete. Das war manchmal spannender als ein Krimi.

Das Inventar dieser Disco bestand aus alten Möbeln, Nähmaschinen und Stehlampen. Das Licht war dunkel, und die Wände waren geziert mit bizarren Malereien; die Tanzfläche war gerahmt von hüfthohen Säulen, auf denen versteinerte Engel ihren Platz gefunden hatten.

Allein eine Wand füllte ein Abbild des Plattencovers von Savoy Browns Hellbound Train. Diese Musik war inspiriert durch eine Kurzgeschichte von Robert Bloch mit dem Titel „Der Zug zur Hölle", in der es der Hauptperson gelingt, den Zug, in dem gefeiert, gesündigt und gespielt wird, auf seinem Weg endlos weiterfahren zu lassen, ohne daß er jemals die Hölle erreicht.

Immer lag ein gewisses Kribbeln in der Atmosphäre. Die Musik besaß ein ganz besonders einzigartiges Flair. Schlägereien wurden meist schon im Keim erstickt. Oft konnte man noch nicht einmal so schnell gucken, wie Claus am Unruheherd war und den oder die Verursacher unsanft vor die Tür beförderte.

Ich begegnete all diesem mit Abstand, Vorsicht und Respekt. Mein alter Beruf wurde mir langsam zur Last. Ich hatte im Prinzip alles, wovon manch einer sich nicht einmal zu träumen gewagt hätte, aber ich wußte oder ahnte, was noch auf mich zukommen sollte, wozu auch meine Einberufung zählte. Ein letztes Mal bäumte ich mich auf, bevor ich die Dinge ihren Lauf gehen ließ. Die Sache mit dem Verein hatte sich für mich erledigt, also baute ich auf meinen Chef. Der aber sah seine Felle den Bach hinunterschwimmen. Dabei hätte er es so leicht haben können. Das, was ich wirklich brauchte, konnte er mir nicht geben. Den Schutz und die nötige Fürsorge, eben den nötigen Halt.

Statt Hilfe spürte ich Ablehnung. Das konnte ich nicht auf sich beruhen lassen,

also nahm ich mir, was eben ging. Ich kürzte die Tourenpläne und erledigte viele Sachen während der Arbeitszeit, obwohl sie zur Freizeit gehört hätten. Es war so etwas wie ein Gnadenbrot, das ich mir gönnte, ständig ein Auge auf meinen Briefkasten gerichtet.

Ich wollte es nicht glauben. Was war das für ein System? Ich habe mir doch Mühe gegeben, oder? Ich verstand die Welt nicht mehr. Warum werde ich doppelt und dreifach bestraft für etwas, was ich nicht alleine zu verantworten hatte? War es denn nicht schwer genug für mich, kein richtiges Zuhause zu haben? Natürlich müssen andere da auch mit durch, aber wie viele davon mußten sich selber ernähren und bei wie vielen wurde durch so eine Situation die Karriere verbaut? Eine Unterstützung in dieser Situation gab es nicht, noch nicht einmal Wohngeld. Für die damalige Zeit eine harte Bewährungsprobe an das Ego, mit ernstem Hintergrund. Aber es gehörte alles zum Bauplan meines Lebens und des dahinter verborgenen Auftrages.

Zu dieser Zeit verdiente ich noch sehr gut, ab dem Tag meiner Einberufung sollte ich nur noch weniger als den 15. Teil meiner Bezüge als Lebensunterhalt zur Verfügung haben. Einen Ausweg aus dieser Situation sah ich nicht, also blieb mir nichts anderes übrig, als mein Schicksal so zu nehmen wie es kam. Verzweiflung gemischt mit Wut machte sich in mir breit.

****

Es war wohl so etwas wie eine Reaktion meines Widerstandes, als ich meinen Katzen die Namen Buback und Schleyer gab. Meine Zwergfinken trugen die Namen Andreas und Ulrike.

Es war seltsam, ja mystisch, was später dann mit diesen Tieren passierte. Als erstes starb Buback. Andreas wurde von Schleyer gefressen und Ulrike starb vor Schreck. Oder war es umgekehrt? Schleyers Lieblingsbeschäftigung war es, mit dem Käfig der Zwergfinken zu schaukeln. Schleyer blieb noch ein paar Jahre bei mir.

Es war zu der Zeit, als der Terrorismus in Deutschland eskalierte und die Dinge ihrem Höhepunkt entgegensteuerten. Ständig gab es Straßensperren mit schwerbewaffneten Polizisten, und meine Verzweifelung über dieses System wuchs von Tag zu Tag. Viele werden behaupten, daß diese Wut ein Vorwand für mich gewesen sein könnte, aber wofür?

Mir blieb nichts anderes übrig, als alles einfach laufen zu lassen.

Ich versuchte mich etwas abzulenken, indem ich anfing, an der Wohnung zu basteln. Unlogisch, aber insgeheim glaubte ich daran einem Weg zu finden, die Wohnung behalten zu können.

Im „Why Not" nahm ich es in Angriff, Anschluß zu bekommen. Ich beschloß, Haschisch zu probieren. Es war gar nicht so einfach, den ersten Kontakt zu schließen. Es gab nur eine Person, welche in dem Laden verkaufen durfte. Dieser Mensch wurde von allen anderen mit Respekt behandelt. Er schien mir fast unnahbar. Ein dunkler, finsterer Typ. Immer hektisch, und es schien, als hätte er immer alles im Auge. Er hatte eine merkwürdige Ausstrahlung. Manchmal spürte man seine Anwesenheit, eine fast hypnotische Wirkung; man wagte es kaum, in seine Nähe zu kommen. Alle nannten ihn „Lollo".

Aber „Lollo" war an dem besagten Tag nicht zu finden. Ich knüpfte also Kontakt zu einem anderen. Der wurde „Töpfer" gerufen und versprach mir etwas Haschisch zu besorgen. Ich gab ihm mein letztes Geld, und er verschwand. Als er nach einer halben Stunde zurückkam, erzählte er mir eine haarsträubende Geschichte darüber, wie ihm das Geld abgenommen wurde.

Hoch und heilig versprach er mir, den Schaden wiedergutzumachen, und er hielt sein Versprechen. Als „Lollo" dann endlich auf der Bühne erschien, besorgte Töpfer uns das Haschisch. Ich versprach „Lollo", ihm das Geld am nächsten Tag zu geben, was ich dann auch tat. „Lollo" bewies seine Menschenkenntnis und stieg gewaltig in meiner Achtung. Dadurch, daß ich ihn nicht enttäuschte und ihm sein Geld auf dem schnellsten Weg zurückgab, war das Eis zwischen uns gebrochen. Von dem Tag an begannen wir, uns langsam kennenzulernen. Unser Verhältnis wurde sehr eigenartig. Er besaß eine große Anziehungskraft auf mich und strahlte eine eigenartige Form von Güte aus. Fortan hatte ich das Gefühl, unter seinem Schutz zu stehen. Er paßte auf mich auf, daß ich nicht Kontakt in die falsche Richtung (Heroin) bekam, und er zog mich aus der Gosse in einer Situation, als mir alles über den Kopf stieg.

****

Töpfer nahm ich mit in meine Wohnung. Stolz zeigte ich ihm meine Pläne, die ich noch verwirklichen wollte, und das, was schon vorhanden war. Töpfer war ein Künstler, und er war begeistert. Das anfängliche Mißtrauen zwischen uns verschwand, und so etwas wie Zuneigung wuchs zwischen uns. Töpfer berichtete mir die ganze Nacht von seinen Erlebnissen. Er erzählte mir sehr viel von seinem Problem, welches er als Drogenabhängiger hatte. Sein Verhängnis war ein Aufputschmittel mit dem Namen Speed. Ich hatte davon gehört, denn viele nutzten zu dieser Zeit diese Droge, und die meisten von ihnen spritzten sich diese, nahmen sie also intravenös. Eindringlich schilderte er mir die Hölle, die er bis zu dem Tag durchlebt hatte. Neugierig lauschte ich seinen Schilderungen und fragte ihn Stück für Stück aus. Ich wollte alles wissen. Die Art und Wirkung der Drogen, sein Urteil über Richtig und Falsch und vieles mehr.

Mir fiel ein Stein vom Herzen, als wir feststellten, daß unsere Meinung über Heroin die gleiche war. Wir beurteilten das Buch „Wir Kinder vom Bahnhof Zoo" einstimmig.

Seit Erscheinen des Buches hatte sich die Anzahl der Fixer in der Szene vervielfacht.

..................Noch immer warte ich auf meine Untersuchungsergebnisse. Sinn macht es nicht mehr viel. In meinem eigenen Zuhause fühle ich mich wie ein Fremder. Jahrelang habe ich Kopf und Kragen riskiert, die Familie hat gut gelebt. Jetzt, wo ich pflegebedürftig bin, muß ich sogar nach Unterwäsche und einem Handtuch betteln. Eine Chance auf Besserung gibt es wohl kaum. Meine Frau beschäftigt sich, um sich abzulenken. Ich hätte es wissen müssen, und vielleicht tue ich das ja auch. Sie braucht eine starke Führung, und ich kann ihr die schon seit einiger Zeit nicht mehr geben, weil ich auf Hilfe angewiesen bin. Die Zeit war einfach zu lang, da sie fast führungslos gewesen war, und ich spürte die ersten Anzeichen dieser Entwicklung schon vor Jahren. Wie soll man das jemandem klarmachen, ohne dabei seinen Stolz und seine Hoffnung zu verlieren?

Eine tolle Erkenntnis, aber ich habe gelernt zu kämpfen und nehme diese miserablen Zustände auf mich. Irgendwann muß sich doch etwas zum Positiven ändern. Meine Tochter wird immer dreister. Hinter meinem Rücken macht sie, was sie will. Natürlich leidet darunter ihre Entwicklung. Letztes Jahr war sie noch eine der Klassenbesten, in diesem Jahr ist sie nicht mehr hinterhergekommen. Eben erst hatte ich meinen ersten richtigen Streit mit ihr.

Mein Sohn ist zur Zeit der einzige Lichtblick und meine einzige Hoffnung. Was passiert mit ihm, wenn ich nicht mehr da bin? Der Gedanke daran macht meine Situation noch unerträglicher. Meine Frau ist nicht in der Lage, alleine klarzukommen, das kann ich jeden Tag beobachten. Ich weiß nur zu genau, daß sie nach einem anderen Mann Ausschau hält; ich denke, sie hat schon einen gefunden. Ich kann nichts unternehmen, sie noch nicht einmal in den Arm nehmen. Seit Beginn der Therapie tut sich bei mir gar nichts mehr.

Der Kleine ist das, was einzig und alleine zählt. Eine endgültige

Trennung von meiner Familie ist nicht mehr vermeidbar. Das gefällt mir ganz und gar nicht und ist meiner Genesung nicht gerade förderlich. Aber was soll ich denn machen?

Ich meine, einem Menschen Zuneigung entgegenzubringen, den man jahrelang geliebt hat, dürfte doch wohl nicht so schwer sein.

Was für ein Schwachsinn! Warum bin ich bloß immer noch so naiv?

Der Mohr hat seine Schuldigkeit getan, der Mohr kann gehen! Aber wohin?.................

Töpfer wußte nicht, wohin er gehen sollte, und so beschlossen wir, daß er mir beim Umbau der Wohnung behilflich sein kann. Ich erkannte es an seinen Augen, daß er dankbar war. So verschwand langsam mein restliches Mißtrauen.

Diese Entscheidung sollte ich nicht sofort bereuen. Töpfer erwies sich in den kommenden Tagen als wirklich nützlich. Er wurde auch zu einem Symbol, besser formuliert eine Warnung dafür, daß Freundschaften, die auf Gier oder Sucht aufgebaut sind, keine wirklichen Freundschaften sein können. In diesem Fall wurde es der einfache Genuß von Drogen wie Haschisch und LSD, der diese Freundschaft belasten sollte, so wie alle kommenden Freundschaften auch. Aber es sollte Hoffnung auch in diese Art der Freundschaften gesät werden, eben weil genau diese Symbole die letzte Hoffnung und der letzte Halt für viele Menschen waren und sind.

****

Der erste Joint erwies sich als scheinbar völlig harmlos. Zuerst spürte ich überhaupt nichts. Nach und nach merkte ich, daß ich das Gefühl bekam, etwas kreativer zu werden. Mein Körper und mein Geist wurden locker, und ich war ziemlich oft am Kichern. Die Wirkung hatte etwas Erhabenes, anders als die Wirkung beim Genuß von Alkohol. Die Überraschung war perfekt, als ich am nächsten Morgen erwachte. Ohne eine Spur von Kater und vor allem gut gelaunt ging es zur Arbeit. Jetzt hatte ich ein großes Geheimnis, und das Gefühl machte sich breit, einfach in einem gewissen Kreis aufgenommen zu sein. Daß ich damit ein Tor zur Hölle aufgestoßen hatte, kam mir vorerst nicht in den Sinn.

Mein Wohnzimmer, die Küche und der Flur in der Wohnung waren schnell renoviert. Die Wände im Flur und der Teppich strahlten in einem leuchtenden Flieder, die Türen und die Lampe waren in einem dezenten Rosa gestrichen. Die Eingangstür und die Lampe säumte ein durchsichtiges rosa Tuch. In den Teppich, der im Eingangsbereich lag, hatte ich ein schwarzes Stück Teppichboden eingelassen, welches mit Messingleisten umrahmt wurde. An den Wänden hingen bemalte Rahmen mit Gebrauchsgegenständen zur Dekoration.

Den Mittelpunkt im Wohnzimmer bildete eine dunkelbraune Sitzgarnitur aus Kord, stilgerecht mit einem Chromrahmen eingefaßt. Ein Rauchglas-Tisch rahmte das Bild etwas ab. Gestrichen war der Raum in Ocker und Dunkelbraun. Allerlei bizarre, selbstgemachte Kunstwerke standen und hingen herum. So auch ein alter Fernseher, aus dem ich das Innenleben entfernt und durch Silberfolie und allerlei Krimskrams ersetzt hatte. Dieser Fernseher stach jedem sofort ins Auge, waren doch Sachen aus der Zahnmedizin und Zahntechnik in ihm als Kunstwerke deklariert.

Mein Badezimmer und die Küche konnte man dagegen als ziemlich normal bezeichnen. Das Juwel der Wohnung sollte das Schlafzimmer werden und wurde es auch. Die Decke beklebten wir mit Dekorplatten. Die Wände wurden dschungelgrün, die Türen und Leisten dunkelbraun. An einer langen Wand, später das Kopfende, malte ich mit Goldfarbe auf schwarzem Untergrund meine Initialen in der Form der Buchstaben einer John-Players-Schachtel. Dieses Bild war 2 x 2 Meter groß und wurde von einem aufgetragenen, gemalten Rahmen gesäumt. An der gegenüberliegenden Wand zierte eine Fototapete mit dem Motiv eines Dschungelstrandes das Fußende.

Töpfer und ich machten uns mit inniger Freude an die Arbeit, um das Herzstück des Raumes fertigzustellen. Wir erhöhten den Fußboden um 30 cm. Natürlich bauten wir Stufen bei der Eingangstür und der Balkontür ein. In der Mitte des neuen Bodens ließen wir ein Loch von zwei mal zwei Metern, dort sollte das Bett sein Zuhause finden. Auf der Balkonseite wurde eine Glasplatte mit einem Durchmesser von 1,2 m im Fußboden eingelassen, so daß man diese ohne Gefahr betreten konnte. Unter der Platte installierten wir einen gelben Strahler, der vom Kopfende aus mit einem Dimmer bedient werden konnte. Auf dieser Glasplatte stand eine sehr gute Musikanlage, welche bequem vom Kopfende aus gesteuert werden konnte. Auf der gleichen Seite spannten wir eine Hängematte. Der Bambuskäfig mit den Zwergfinken gab dem Ambiente das richtige Flair.

Der Bodenbelag bestand aus dickem, dunkelbraunem Teppichboden. Die Kanten wurden mit Messingleisten gesäumt, was dem Bild ein etwas luxuriöses Ambiente verlieh. Den Schrank und die Fenster bedeckten dunkelbraune Rollos aus Bambus. Nun war der Raum fast perfekt.

Töpfer und ich lagen tagelang in dem Zimmer, rauchten Joints, hörten Musik und bewunderten die Umgebung. Ein wahrer Genuß.

Nun hatte ich bei den Mädchen ein noch leichteres Spiel. Kaum sahen sie das Schlafzimmer, probierten sie auch sofort das Bett und blieben oft auch gleich darin liegen. Eben ein lockeres Ambiente. Ich war kein Aufreißer, und das sogenannte Anbaggern war und ist so gar nicht mein Stil. Harten Sex? Den verabscheute ich, ich war mehr der Typ von der zärtlichen und verschmusten Sorte, mit etwas Biß und Phantasie.

****

Langsam kam der Winter. Töpfer und meine Wenigkeit hatten beschlossen, uns mit individueller Wohnungseinrichtung selbständig zu machen. Wir hatten die geniale Idee, die Einrichtung des Kunden nach seinen Wünschen zu gestalten. Ich schrieb Dutzende Hersteller aus allen Bereichen an und bekam schnell die gewünschten Informationen. Jetzt fehlte nur noch das Geld, um beginnen zu können. Wir inserierten in einer Tageszeitung und bekamen prompt die ersten Aufträge.

Erst einmal tapezierten und strichen wir ein paar Wohnungen. Die Kunden waren zufrieden, und es gab Folgeaufträge. Bei einem Auftrag verkalkulierten wir uns nach Strich und Faden. Mit einem Schlag stand unser Konto wieder auf Null. Nun mußte schnell etwas passieren, denn es stand meine Einberufung vor der Tür. Zu dieser Zeit wußte ich schon sehr genau, daß ich nur durch Eigeninitiative überleben konnte. Ich versuchte es zuvor noch einmal auf dem richtigen Weg, aber die Zeit lief mir davon.

Bei einem unserer letzten Aufträge wollten wir die Fertigstellung feiern. Es war eine sehr schwierige Arbeit an einem alten Treppenhaus mit fünf Etagen. Ich drängelte Töpfer, uns LSD zu besorgen. Töpfer war sehr besorgt und versuchte mir die Wirkung zu beschreiben: Das klang sehr mystisch und hörte sich etwa so an: >Grundregel: Nie alleine nehmen, und wenn man nicht mehr klarkommt, immer denken, eingeklinkt ist eingeklinkt. In zwölf Stunden ist alles vorbei<

Töpfers Schilderungen bewirkten bei mir genau das Gegenteil. Unruhig stand ich auf der Leiter und drängelte. Endlich wollte ich wissen, was hinter dieser Droge steht. Es wurde so viel darüber gesprochen, aber ich ahnte ja nicht, daß sie alles Vorstellungsvermögen übertrifft. Als Töpfer mir die Dinger zeigte, schüttelte ich ungläubig den Kopf. Diese kleinen schwarzen Krümel, nicht größer als ein Mohnkorn, sollten etwas bewirken können?

Eine halbe Stunde, bevor wir unsere Arbeit beendeten, schluckte jeder eines von diesen winzigen Krümelchen.

Von nun an war ich ein Gefangener meiner selbst.

Töpfer bleute mir noch einmal die Regeln ein. Dann bekam ich einen Anruf von Angela. Auf sie hatte ich schon einige Zeit ein Auge geworfen. Sie war Sekretärin in unserem Büro. Ein pfiffiger, hübscher, rothaariger kleiner Wirbelwind. Angela hatte sich mit mir, Günther und einer Zahnarzthelferin zum Essen verabredet. Das hatte ich vergessen. Da ich noch keine Wirkung verspürte, außer daß mein Körper anfing in den Schwebezustand zu wechseln, beschloß ich die Verabredung einzuhalten. Töpfer schaute mich verdattert an und fing an zu lachen. Sein einziger Kommentar war: >Wenn du meinst!<

Wir trafen uns in meiner Wohnung. Von hier aus fuhr Günther

uns in ein kleines Restaurant auf dem Land, ca. 20 km entfernt. Auf der Autobahn ging „es" dann schlagartig los. Ich saß mit Angela auf dem Rücksitz und schaute aus dem Autofenster. Es war schon dunkel, und alles um mich herum veränderte sich. Wie in dem Zeichentrickfilm „Das Dschungelbuch" sah es draußen aus.

Ich nahm es mit Fassung und dachte an Töpfers Worte: Eingeklinkt ist eingeklinkt! >Oha, wenn das so weitergeht?!<, dachte ich, und es ging so weiter!

Im Restaurant angekommen, saß ich gegenüber der Zahnarzthelferin und neben Angela. Um keinen angucken zu müssen, starrte ich an eine weiße Natursteinwand. Nach kurzer Zeit fing diese an zu atmen. Die Fugen veränderten sich, und die Steine wurden zu Zellkörpern unter einem Mikroskop. Fluchtartig stand ich auf und stürmte die Toilette. Beim Urinieren wuchsen die Beckensteine wie ein Schwamm, der sich vollsog. >Ach du dickes Ding!< Ich lehnte mich an die Wand, schloß die Augen und sah bunte, scharf gestochene, intensive Farben. Tief Luft holen..... eingeklinkt ist eingeklinkt! Endlich wieder am Tisch. Die Zahnarzthelferin hatte ihre Anti-Baby-Pillen neben ihr Weinglas gelegt. Pillen, oha, ging es mir durch den Kopf. Ich nahm den noch fast vollen Blister, entleerte ihn in einem Weinglas und schluckte alles auf einmal herunter. Die anderen guckten total verblüfft, und wir lachten aus voller Kehle. Mein Zustand beruhigte sich ein bißchen, nur beim Essen hatte ich anfänglich Schwierigkeiten. Es ist gar nicht so einfach, zu essen, wenn die Speisen sich über den Teller bewegen.

Ich will nicht mit absoluter Sicherheit behaupten, daß es an den Anti-Baby-Pillen lag, aber seit diesem Trip wuchs bei mir meine Brustbehaarung.

Wir fuhren nach Hause zurück und beschlossen, der „Welle" einen Besuch zu machen. Die „Welle" war ein ausrangierter Rundfahrten-Dampfer, umgebaut zur gemütlichen Kneipe. Erreichbar war sie über eine Art Steg, der wackelte wie eine Hängebrücke. Kurz vor dem Steg nahm ich Angela zur Seite und versuchte ihr zu erklären, daß sie den Steg sehr vorsichtig begehen sollte, vor allem wegen der „Krokodile" im Wasser. Angela schaute verdutzt und war verärgert. Meine Spielchen schienen ihr nicht mehr zu gefallen. Wenn sie wüßte! Für mich sah der Steg tatsächlich aus wie eine Hängebrücke, und in der Strömung sah ich Krokodile. Der kleine Tresenraum in diesem Schiff schien, als hätte er einen grünlichen Schimmer, und ich sah Lianen an der Decke. Die Gäste hatten alle den gleichen gräulichen Teint im Gesicht. Ihr Kinn war spitz, und die Ohren hatten die Form derer von Mr. Spock aus dem Raumschiff Enterprise. Eingeklinkt ist eingeklinkt, tief Luft holen, ruhig bleiben.

Ich hatte noch mindestens acht Stunden vor mir. Günther fuhr uns endlich nach Hause, und Angela begleitete mich. Zu Hause angekommen, fragte sie, was los ist, und ich versuchte ihr von dem Trip zu erzählen. Als hätte ich es erwartet, ging das Gezeter los. Wie kannst du so etwas machen? Sie erhob immer mehr Vorwürfe, nicht das Richtige in dieser Situation. Ich bat Angela dringend, mit dem Gezeter aufzuhören, aber ohne Erfolg. Mit jedem Wort wurde sie größer, ich bekam etwas Angst.

Als sie die Größe eines Elefanten erreichte, fuhr ich sie ziemlich barsch an und verbat ihr jedes weitere Wort. Das half, Angela legte sich schlafen und ich hörte noch stundenlang Musik.

Was für ein Erlebnis. Niemals vorher hatte ich Musik so wahrgenommen. Die Töne verwandelten sich sofort in Licht in all seinen Variationen. So wunderschön, daß es unmöglich ist, dieses zu beschreiben oder darzustellen. Schlafen war nicht drin, und so kam es, daß ich in dieser Nacht nicht mehr zur Ruhe kam.

Am nächsten Tag hatte ich eine schwere Geburt hinter mir, und so fühlte ich mich auch. Ohne es zu merken, hatte ich mich auf ein Spiel eingelassen, daß wohl zu den gefährlichsten dieser Welt gehört, und ich bildete mir ein, dieses Spiel beherrschen zu können.

Ich kann keinem empfehlen, diese Droge zu probieren, wenn er psychisch labil ist oder ein großes Problem auf ihm lastet. Sie könnte dann den berühmten Zustand des „Stehen bleiben" verursachen. Es ist dann möglich, daß das Gehirn wohl die Dinge, die man zu sehen bekommt, nicht verarbeitet, weil der Angstzustand einen überwältigt. Die Folge ist dann die ständige Wiederholung dieses Angstzustandes, wie bei einem Sprung auf einer Schallplatte.

Diese Droge steigert das Wahrnehmungsempfinden in einer Art, die das normale Bewußtsein oft nur sehr schwer verarbeiten kann. In vielen Fällen aktiviert sie die ungenutzten Kapazitäten des Gehirns und dringt in die dunkelsten Winkel der Sinne ein, um diese visuell freizulegen.

****

Angela entpuppte sich als eine Rassefrau. Unter drei bis vier Stunden Sex mit ihr waren selten. Anstrengend, aber vorerst schön.

Dann war da noch das Problem mit dem Geld für die Firma, die Töpfer und ich

installieren wollten. Die Zeit wurde immer knapper. Und so beschlossen wir, eine

von Töpfers alten „Connections" aufzunehmen. Es sollte nach Amsterdam gehen;

dort wollten wir einkaufen, aber es gab ein Problem. Töpfer hatte keinen

Personalausweis und stand außerdem auf der Fahndungsliste. Aber er wollte genau wie ich endlich ein kleines Stück weiterkommen, und wir sahen keine anderen Möglichkeiten mehr. Schließlich warteten auch unsere zukünftigen Kunden. Reklame für unsere Wohnungseinrichtung hatten wir zuhauf gemacht, und Interesse war vorhanden. Meine Arbeitsstelle wollte ich nicht noch mehr belasten, das wäre zu dreist gewesen. Ich wußte, daß ich sehr vorsichtig sein mußte, schon wegen meiner Nebentätigkeit.

****

Mein Chef war inzwischen unausstehlich geworden. Ich hatte unserem Prokuristen zwar zwei dicke Einrichtungsaufträge eingefädelt, aber das schien keinen zu interessieren. Langsam, aber sicher wendete ich mich mehr und mehr von der Firma ab.

Dabei wäre ich diesen Leuten zu der Zeit bis an mein Lebensende dankbar gewesen, wenn sie mich aus dieser Lage befreit hätten.

****

Die Fahrt, die nun vor uns lag, war absolut irre und im Grunde genommen völlig absurd. Aber sie hatte etwas besonders Mystisches und sollte später für eine Bestätigung meiner Kraft dienen. Auch diese Aktion lief, so wie viele vorherige und noch kommende, wie ferngesteuert.

Vor unserer Fahrt machte ich noch ein paar wahnsinnige Tests für meine Nerven. Nicht, daß ich diese Reaktionen absolut bewußt getätigt habe. Ich hatte das Gefühl, alles wie ferngesteuert durchzuführen. So fuhr ich mit hoher Geschwindigkeit rechts an einer anfahrenden Straßenbahn vorbei. Bis hierhin hatte ich noch keinen ernsthaften Kontakt zu sogenannten kriminellen Gewohnheiten, nun hatte ich wohl eine Schwelle überschritten. Alles klappte, unser Omen stand unter einem günstigen Stern, und ab ging die Reise.

Es war genau die Zeit, in der Arbeitgeberpräsident Hanns Martin Schleyer von der RAF entführt und schon Wochen von ihr festgehalten wurde. Ein riskanter Nervenpoker, waren doch alle Grenzübergänge verstärkt bewacht und ausgerüstet. Frechheit siegt und vor allem Nervenstärke, dachte ich. Wir fuhren in der Dämmerung los, um den Schutz der Dunkelheit zu unserem Vorteil zu nutzen. Kurz vor der Grenze stieg Töpfer dann in den Kofferraum. Zur Beruhigung seiner Nerven hatte er sich ein paar Flaschen Baldrian aus einer Apotheke besorgt. Der Kofferraum roch nach vollem Katzenklo. Ich hatte mich wie ein Vertreter gekleidet, und im Auto lag mein Paddel. Falls ich an der Grenze gefragt werden sollte, wollte ich als Reiseziel die Regattastrecke bei Amsterdam als Zielort angeben. Ganz schön seltsam, Regatta im Herbst, aber es half. Vor der Grenze angekommen, verschwand schlagartig meine Nervosität, und ich bekam das Gefühl, Darsteller in einem Film zu sein. Der Zöllner war sehr freundlich und winkte mich ohne Kontrolle durch. Das war leicht. Ein bißchen Angst war aber doch in mir aufgestiegen. Die Zöllner waren, wie schon erwähnt, verschärft und in der Anzahl verstärkt, fast alle mit Maschinenpistolen ausgerüstet.

Nach ausreichender Fahrt befreite ich Töpfer aus dem Kofferraum. Er war gut abgedeckt hinter dem Rücksitz versteckt. Der Geruch von Katzenklo war im ganzen Auto spürbar. Der arme Kerl mußte fürchterlich gelitten haben. Die erste Hürde war also geschafft. Nun weiter nach Amsterdam. Gegen Mitternacht erreichten wir unser Ziel. Töpfer verschwand für eine Stunde und tauchte mit einem fetten Grinsen wieder auf. Offensichtlich war das Geschäft erfolgreich abgeschlossen. Gleich darauf fuhren wir in eine wenig bewohnte Gegend, um die Ware zu begutachten. Töpfer hatte sie zwar vorher getestet, aber sicher war sicher. Unser Gefühl gab uns recht, und unser Mißtrauen wurde bestätigt: Die Ware hatte eine minderwertige Qualität. Ich fuhr so schnell es ging an den letzten Ort zurück. Töpfer versuchte seine Leute zu finden, aber ohne Erfolg. Was sollte nun passieren? Einen ganzen Tag warten, das war mir unmöglich, mußte ich doch am übernächsten Tag arbeiten. Der Hauptgrund lag bei dem uns fehlenden Geld. Ich hatte gerade nur noch so viel, um mit dem Auto heil nach Hause zu kommen. Wir beschlossen, sofort die Rückreise anzutreten. Töpfer war der Meinung, daß die Qualität noch ausreichend war, um einen guten Schnitt zu erzielen.

Gegen morgen kamen wir in die Nähe des Grenzübergangs. Töpfer nahm seinen Platz im Kofferraum ein, und ich nahm Kurs auf den nächsten Grenzübergang. Ungefähr zehn Kilometer vor der Grenze gab es die erste Überraschung: Stau. Ich fuhr den nächsten Übergang an. Das gleiche Problem wie beim ersten. Über den Verkehrsfunk erfuhr ich, daß der Bundesgrenzschutz verschärfte Kontrollen an allen Grenzübergängen durchführte. Töpfer wurde nervös, und das Auto roch von Minute zu Minute stärker nach Katzenklo. Was sollte ich tun? Ich entschied, daß wir uns in den Stau einreihen und unser Glück versuchen sollten. Ein Zurück gab es nicht mehr, also voll draufhalten.

Schon aus der Entfernung sah man das Inferno. Der Grenzübergang war voll mit uniformierten Beamten, alle mit Maschinenpistolen im Anschlag. In meinem Kopf spielte sich wieder der Film wie auf der Hinfahrt ab. Je mehr wir uns dem Übergang näherten, desto ruhiger wurde ich.

Ich mußte Töpfer ein paarmal zurechtstutzen, damit es im Kofferraum ruhig blieb. Dann kam der entscheidende Moment. Ich wurde sehr scharf gemustert. Mit vorgehaltener Maschinenpistole forderte man mich auf, aus dem Auto zu steigen. Mir stockte der Atem; jetzt ist alles vorbei, ging mir durch den Kopf. Ein Beamter fuhr mich ziemlich hart an: >Hände auf das Dach, Beine breit< Ich stotterte: >Ich bin Sportler und komme von einem Auswahltraining.< Der Beamte warf einen Blick in das Auto und sah mein Paddel. Ein anderer Beamter durchkämmte das Auto. Ich wurde aufgefordert, mit in das Büro zu kommen. Es erschien mir wie eine verdammte Ewigkeit, bis ein Beamter mir meine Papiere reichte, aber dieser Alptraum sollte noch etwas andauern. Der Beamte mit der Maschinenpistole verlangte nun von mir, den Kofferraum zu öffnen. Jetzt fing ich an zu schlottern. Langsam öffnete ich den Kofferraumdeckel. Innerlich hatte ich in diesem Moment wohl aufgegeben, aber genau das schien mich wohl wieder ruhig erscheinen zu lassen. Eine Wolke mit dem Geruch nach vollem Katzenklo kam uns entgegen. Ein Beamter kontrollierte meine Reisetasche. Er fand nur Sportkleidung. Eine weitere Ewigkeit verstrich, bis ich den Kofferraumdeckel wieder schließen durfte. Barsch wurde ich aufgefordert, den Grenzübergang wieder freizumachen. Ich konnte es nicht glauben. Meine Beine fingen an, so stark zu zittern, daß ich Schwierigkeiten hatte, das Auto ruhig vorwärtszubewegen. Langsam fuhr ich an, immer den Grenzübergang im Rückspiegel beobachtend.

Als ich diesen nicht mehr im Spiegel sah, konnte ich nicht mehr an mich halten. Ich brüllte die vorherige Anspannung so richtig aus mir raus. Töpfer wimmerte aus dem Kofferraum und wollte endlich aus seiner Lage befreit werden. Beinahe, so schien mir, hatte ich ihn vergessen. Das nächste Waldstück war unseres, ich öffnete den Kofferraum und half Töpfer aus seiner mißlichen Lage. Freudetaumelnd lagen wir uns in den Armen. So etwas hatte sogar Töpfer noch nicht erlebt. Vorwurfsvoll erzählte ich Töpfer von seiner Duftnote und den möglichen Konsequenzen. Der arme Kerl muß sich da hinten, im Dunkeln, vor Angst beinahe in die Hose gemacht haben. Er erwiderte mir, daß er drei Flaschen Baldrian getrunken hatte. Verdutzt schauten wir uns ins Gesicht und lachten aus voller Kehle.

Locker und gelöst fuhren wir auf der Autobahn in Richtung Heimat. Kurz vor unserer Ankunft hörten wir die Nachricht über den Tod von Hanns Martin Schleyer. Er wurde in einem Kofferraum bei dem Grenzübergang Mülhausen gefunden.

Jetzt wurde uns bewußt, in was für eine gefährliche Situation wir uns begeben hatten. Bis zu unserer Ankunft wurde kein Wort mehr geredet.

Hatte sich diese Gefahr wirklich gelohnt? Bestimmt nicht! Für wenige paar Mark unser Leben zu riskieren, war ganz schön naiv und dumm. Die Folgen bekamen wir dann auch ein paar Tage später knüppeldick zu spüren. Dennoch hatte ich das Gefühl, daß etwas ganz Besonderes passiert war, so makaber wie der Lauf der Dinge auch war.

****

Töpfer wurde ein paar Tage später in seiner Wohnung (inzwischen wohnte er bei seiner neuen Freundin) von der Kripo eines anderen Landkreises verhaftet. Was für ein Aufwand, die Kripo von außerhalb in unserem Landkreis? Da konnte irgendetwas nicht stimmen. Sofort klingelten bei mir die Alarmglocken. Ich beantragte eine Besuchserlaubnis und baute den Besuch auf meiner nächsten Tour in meinen Terminplan mit ein. Ich war schockiert, als ich das Untersuchungsgefängnis betrat. So etwas hatte ich nicht erwartet. Der Eingangsbereich und die Zellen schienen über 100 Jahre alt zu sein. Töpfer war pfahlgrau im Gesicht und übernervös. Er versicherte mir, daß alles okay war und nur sein alter Haftbefehl ausschlaggebend für seine Verhaftung gewesen sei. Ich hatte kein gutes Gefühl, besonders weil Töpfer noch einen Haustürschlüssel von mir besaß und dieser von der Kripo mit beschlagnahmt wurde. Ich beschloß, schnell zu reagieren, und fuhr direkt zur zuständigen Kripo. Ich hatte Glück; die Beamten, welche für Töpfers Verhaftung verantwortlich gewesen sind, waren zufällig anwesend. Irgendwie fühlte ich seltsamerweise, daß sie mich erwartet hatten. Ich bat um ein Gespräch und erzählte ihnen, ich hätte in der Nähe zu tun gehabt, und daß ich die Gelegenheit nutzen wollte, um meinen Schlüssel abzuholen. Die Beamten grinsten sich frech an, dann kam es faustdick. Bis ins kleinste Detail schilderten sie mir das Abenteuer mit Töpfer. Sie wußten sogar unsere Route detailgenau. Ich versuchte, mir nichts anmerken zu lassen, und verneinte die Schilderungen der Beamten. Diese setzten mir immer heftiger zu Leibe, aber ich blieb stumm.

Einer der Beamten händigte mir nach geraumer Zeit meine Schlüssel aus. Aber ohne Warnung und Standpauke ließen sie mich nicht gehen. Total verdattert und mit knetgummiweichen Knien verließ ich das Polizeipräsidium. Die noch ausstehenden Kundenbesuche mußte ich vergessen. Ich wollte so schnell wie möglich zu unserem Versteck, die Ware holen und vernichten. Die ganze Zeit über rechnete ich damit, verfolgt zu werden. Erleichtert war ich erst, als ich mich von dieser Last befreien konnte.

Das war also der Traum vom schnellen Geld? Dumm gelaufen. Aber woher wußte die Kripo so viele Details? Ich konnte es nicht herausfinden. Es war auch nicht mehr wichtig.

Den Kontakt zu Töpfer habe ich langsam, Stück für Stück abgebaut. Ich beschloß, Angela meine Aufmerksamkeit zu widmen, und kümmerte mich erst einmal um sie.

****

Das Abenteuer mit Töpfer hatte bei mir Spuren hinterlassen. Ich wunderte mich über meine scheinbare Gelassenheit an der Grenze. Ich war wohl auch der einzige, der sich an den Kodex hielt und dicht hielt. Ich hatte Blut geleckt und schnupperte an der Luft von Freiheit und Abenteuer. Was sollte ich sonst auch tun? Das System und auch meine bisherigen Partner hatten mich so stark enttäuscht und erniedrigt, daß ich mich von ihnen abwendete und nach einem anderen Zuhause Ausschau hielt.

.................Heute waren Wahlen in Brandenburg und im Saarland. Es ist schlimm, wie die Wähler reagieren. Wenn man Bilanz der letzten Monate zieht, hat die Regierung doch scheinbar wohl eine gehörige Leistung vollzogen. Natürlich schmerzen Veränderungen, aber ohne diese läßt sich nun einmal nichts korrigieren. Korrektur ist nun einmal notwendig, vor allem beim Betrachten des großen Scherbenhaufens, den die Einigung und die Ära Kohl hinterlassen haben. Die Bürger aus den neuen Bundesländern sind verärgert und reagieren mit der Wahl der Rechten,

was deutlich zeigt, daß sie immer noch nicht viel gelernt haben. Wahrscheinlich wird das noch ein Weilchen dauern. Es ist immer noch meine feste Überzeugung, daß jeder Mensch „nur" wenige wirklich gefährliche Gegner hat. Diese Gegner bestehen aus purer Emotion und heißen: Haß, Neid, Stolz, Eifersucht und Habgier. Eine kleine Dosis zu viel von ihnen, und man kommt sofort aus der Bahn. Das Wissen um diese Gegner macht sie noch unberechenbarer, aber man kann sie auch kontrollieren. Eine sehr schwere Bürde. Das ist sicherlich mit ein entscheidender Grund dafür, daß ich noch am Leben bin.

Der Arzt hat am Freitag mit meiner Frau telefoniert. Er wollte mich zurückrufen, hat es aber nicht getan. Wahrscheinlich waren seine Gedanken schon im Wochenende, was ich ihm noch nicht einmal übelnehmen kann. Bei den schweren Fällen, die er jeden Tag zu Gesicht bekommt. Ich habe das Gefühl, daß irgendetwas im Busch ist. Warum erzählt mir meine Frau nicht von dem, was sie weiß? Langsam fange ich an zu phantasieren. Manchmal bin ich fest davon überzeugt, daß sie sich von mir total abgewendet hat. Zu allem Übel habe ich mir, bei dem Versuch meinen Stuhl zu entleeren, den Darm oder den Bauchmuskel angerissen. Seit der zusätzlichen Medikamententherapie habe ich nur alle drei bis vier Tage Stuhlgang, und jedes Mal reißt es mir fast die Augen aus dem Kopf. Heute war es so schlimm, daß ich für ein paar Sekunden bewußtlos wurde. Danach fühlte ich einen grausamen stechenden Schmerz unter der rechten Bauchdecke.

Nachtrag: Die Ergebnisse sind endlich da. Ich habe gewonnen. Ich habe nach Aussage der Ärzte diesen hinterlistigen Virus endgültig besiegt! Ein weiterer Tag, an dem ich künftig einen meiner Geburtstage feiern darf. Ich kann es noch gar nicht fassen, aber ich muß noch sehr, sehr vorsichtig sein! Erst ab dem April des kommenden Jahres werde ich meine Augen richtig öffnen können. Montag, 6. September 1999.

Mein erster Gedanke dreht sich sofort wieder um meine Zukunft. Wie geht es weiter? Erst einmal werde ich die Therapie weiter durchziehen. Noch sechs Monate diese abscheulich widerlichen Medikamente. Dann noch die Nachtherapie. Noch einmal wird mich kein Mensch auf der Welt von meinen Plänen abhalten können. Ich mache mir auch Gedanken über die Personen, die mich so fürchterlich sitzen gelassen haben. Die Sache auf sich beruhen lassen? Ist das möglich, bei dem Schmerz, den mir diese Leute zugefügt haben? Gott sei Dank gibt es so etwas wie eine höhere Gerechtigkeit. Ich denke, ich überlasse sie vollständig ihrem Schicksal und konzentriere mich nur noch auf die richtige Aufgabe! Sofort geht es mir noch ein Stückchen besser. Wenn man Zeit hat, ist alles wieder möglich. Jetzt stehen mir fast alle Tore wieder offen. Danke.................

8. Kapitel – Der Ernst des Lebens, oder............

Angela zu erobern, war nicht sonderlich schwer. Nach nur zwei Monaten zog sie bei mir ein.

Jetzt, wo wir zusammen lebten, bestand unsere Welt nur noch aus Sex. Morgens, vor der Arbeit (wenn wir dann überhaupt zur Arbeit kamen), nachmittags manchmal bis spät in die Nacht. Im Grunde genommen paradiesisch, wenn die Chemie erhalten bleibt. Aber das war leider zwischen uns nicht der Fall. Nach ein paar Wochen fing ich an, ihr aus dem Weg zu gehen.

Ich besuchte wieder das Sportstudio, das ich schon zu meiner Zeit als Hochleistungssportler genutzt hatte. Es war das erste Sport-Gym in unserer Stadt und das am besten geführte. Abends nutzte ich wieder mehr Zeit zum Joggen. Aber es nutzte alles nichts. Es kam die Zeit, in der mich Angela überhaupt nicht mehr anzog. Ich konnte sie noch nicht einmal mehr reden hören. Es ist auch möglich, daß ich von der allgemeinen Situation her überfordert war und ich alles etwas überzogen betrachtete. Auf keinen Fall wollte ich dem kleinen, süßen Wirbelwind wehtun, aber das zu vermeiden gelang mir wohl nicht.

Also ging ich ihr weiter aus dem Weg. Angela wollte ihren Frust mit zusätzlicher

Arbeit betäuben. An ihrer Äußerung, daß sie in einer Bar einen Job annehmen wollte, entnahm ich, daß es sexuelle Frustration war. Ich faßte den Entschluß, der

Sache ein Ende zu bereiten.

Ich verbrachte immer mehr Zeit im „Why Not".

Diese Disco zog mich immer mehr in ihren Bann. Sie hatte etwas Magisches / Mystisches.

****

Inzwischen war ich Stammgast bei „Lollo" geworden. Das Haschischrauchen gefiel mir.

Aber wo illegal Haschisch zu erwerben ist, hat man auch leichten Zugang zu den anderen Drogen, egal welcher Art. Obwohl dem Haschisch nachgewiesen wurde, daß es wesentlich unschädlicher ist als der Genuß von Alkohol, so ist es wie beim Alkohol doch nur die Flucht in eine andere Welt. Andererseits macht das Rauchen weniger aggressiv, und es kann die Sinne schärfen.

Viele meiner Probleme lernte ich aus einem ganz anderen Blickwinkel zu betrachten; genau wie bei den anderen Dingen, übertrieb ich den Genuß bis an die Leistungsgrenze.

Das Wort „aufputschen" hatte bei mir einen besonderen Stellenwert bekommen. Was ich auftreiben konnte, nahm ich, vorrangig Captagon, und ich fing an, damit zu experimentieren.

Angela war sichtlich frustriert. Die Krönung kam, als ich bis unter die Haarspitzen betäubt neben der Toilette lag.

Irgendwie wollte ich ihre Aufmerksamkeit erzwingen, aber das ging nach hinten los.

Angela dachte wohl, daß ich Heroin zu mir genommen hatte. Ich dementierte nicht, und so kam es, wie es kommen mußte. Angela zog aus.

****

In meiner Firma spitzte sich die Lage zu. Als dann meine Einberufung im Briefkasten lag, war alles zu spät. Alles kam so, wie ich es vorher vermutet hatte. Diese angeblich heile Welt ging mir gegen den Strich. Ich empfand sie schon seit geraumer Zeit nur noch als Lug und Betrug, diese Empfindung wurde durch das Verhalten meines Chefs noch verstärkt.

Ein fürchterliches Theater stand mir im Betrieb bevor. Vor der gesamten Belegschaft diffamierte er mich und schmiß mich aus dem Büro. Ohne mir Fragen zu stellen oder mir die Chance einer Rechtfertigung zu lassen. Der Weg zum Rechtsanwalt war nicht mehr zu umgehen. Bei dem folgenden Verfahren vor dem Arbeitsgericht bekam ich mein Recht und gewann den Prozeß. Aber zu welchem Preis?

In der Dentalbranche gab es nicht so viele Entfaltungsmöglichkeiten. In unserer Stadt existierten nur drei Depots. Der Weg zurück schien mir unmöglich.

****

In der Szene hatte ich mir schnell einen Namen gemacht. Nach einer langen

Nacht auf einem Trip beschloß ich, meine Restpower im Sportstudio abzureagieren.

Ich trainierte wie ein Besessener, immer noch die Wirkung des Trips in Kopf und Körper. Die Mannschaft aus dem Why Not war an diesem Tag zur gleichen Zeit im Studio. Ich spürte, wie ich von Claus beobachtet wurde, was mich noch zusätzlich anspornte. Bisher hatte Claus mich nur als Gast wie jeden anderen betrachtet. Nun aber versuchte er, mit mir einen Kontakt aufzubauen, was mir wiederum sehr gut gefiel. Seit diesem Tag sahen wir uns aus einem ganz anderen Blickwinkel.

Immer öfter blieb ich bis zum Feierabend in der Disco, um anschließend mit Claus

noch etwas zu reden. Interessiert lauschte ich seinen Erzählungen, manchmal bis in den nächsten Morgen.

Wir merkten schnell, daß uns irgendeine Macht zusammenführte. Es war, als wenn ich nach einer endlos langen Reise nach Hause zurückkehrte und das Gefühl von Sicherheit und Geborgenheit zu spüren bekäme.

.................Auf und nieder, immer wieder! Gerade ist die erste Freude über meine Ergebnisse verflogen, da stehe ich schon wieder vor einem sehr schweren Entschluß. Ich entscheide mich,

meine Ehe endgültig annullieren zu lassen. Der Kleine spürt die Spannungen zwischen uns. Täglich sehe ich seine Bemühungen, mir seine Zuneigung zu überbringen. Was passiert bloß mit uns? Das habe ich nie und nimmer so gewollt. Im Gegenteil, ich habe alles mir Mögliche getan, um genau diesen Schritt so lange wie möglich hinauszuzögern. Meine Frau und meine Tochter sind unausstehlich in ihrem Verhalten mir gegenüber geworden.

Für mich ein Zeichen, wie sehr sie sich abgewendet haben und wie notwendig es ist, weitere Schritte einzuleiten. Meine Tochter geht den Weg des geringsten Widerstandes, meint sie wohl jetzt, ohne sich Gedanken über das Morgen zu machen. Es ist logisch, daß sie jetzt noch denkt, mehr Freiheiten genießen zu dürfen, wenn ich erst einmal ausgezogen bin. Oder wie war das bei euch mit 13 Jahren?

Meine Frau hat sich in den letzten Jahren immer mehr zurückgezogen. Dutzende Tage und Nächte habe ich damit verbracht mit ihr ins Gespräch zu kommen, ohne die geringste Chance. Wenn Probleme auftauchten oder besprochen werden mußten, wich sie aus. Das, was jetzt passiert, habe ich wieder einmal Jahre vorher prophezeit. Da jedoch hat sie immer wieder alles von sich geschoben.

Ich höre immer noch ihre Worte: „Ich liebe dich, bis an das Ende aller Tage." Nun wird es widerlich, wie das bei Scheidungen nun mal so ist. Verdammt, und das nach 18 Jahren. Au Backe! Wenn ich an den Kleinen denke, steigen mir die Tränen in die Augen. Warum ist das alles so? Nur weil ich meinen besten Freund bis zu seinem Tod begleitet habe? Wenn eine Tür sich schließt, tut sich die nächste auf?

Warten wir es ab. Auf der anderen Seite fällt mir aber auch ein Stein vom Herzen. Die Zeiten ewiger Streitereien und die der überflüssigen Reden sind vorbei. Kaputtmachen kann mir keiner mehr etwas, es ist absolut nichts mehr da.

Ich spüre, was meine Frau bewegt und warum sie ständig aus dem Haus geht. Sie sagt, sie hätte keine Lust auf Auseinandersetzungen, und sie hätte ein Auge auf einen anderen Mann geworfen. Es hat sehr, sehr lange gedauert, bis ich mir sicher war, die Scheidung zu fordern; jetzt gibt es kein Zurück mehr. Ich hoffe für mich, es gibt doch noch einen Weg, um nächstes Jahr auch noch das Morphinsulfat abzusetzen. Oh Mann: Chemothe-

rapie, Morphinsulfat , kein Geld, Schulden, 50 % Invalide, keine Wohnung und immer noch kein Zuhause. Das sind ja richtig rosa Aussichten. Na ja, mit 43 Jahren fängt das Leben doch erst an, oder? Durch meine rosa Brille betrachtet, stehen die wichtigsten Aufgaben erst noch an. Die Midlife Crisis ist an mir vorbeigerauscht, und potent genug bin ich auch. Schade, daß es keine Möglichkeit gibt, mit meiner Frau den späteren Weg zu gehen.

Wie gerne hätte ich sie an Heides Stelle gesehen und unser Leben mit Harmonie

verfeinert. Daß dies nicht möglich sein wird, damit mußte ich von vornherein rechnen.

Dazu gesellt sich der Aspekt der Sicherheit. Sicherheit für die Familie und Voraussicht der Dinge, die da kommen sollten und die ich intuitiv wahrnehme.

Rosi hatte eine schwere Kindheit und ist bis heute nicht bereit, diese hinter sich zu lassen. Lieber zieht sie sich manchmal in eine Scheinwelt zurück mit Soaps und Donna Summer. Jedem das Seine. Aber sie hat auch gute Seiten. Keiner kennt mich und mein Tun besser als sie. Sicher ist ihr Verhalten auch dazu da, um mir meinen Weg etwas leichter zu machen.................

Claus wurde mit Spitznamen „Säckel" gerufen. Säckel hatte meine Körpergröße, lange blonde Haare und einen Spitzbart, ähnlich dem von Buffalo Bill. Sein Körperbau war muskulös und sehnig, sein Gang wankend wie bei einem Seemann, und seinen Augen entging nichts. Er hatte gerade für ein halbes Jahr im Knast gesessen und ein enormes Mitteilungsbedürfnis. Er erzählte von seiner Frau und seinem Sohn und daß er schon seit geraumer Zeit von ihnen getrennt lebte. Das einzige, was aus dieser Zeit übriggeblieben ist, war ein Schlafzimmer. Na ja, Bett und Schrank. Vor diesem Bett saß ich mit ihm stundenlang auf dem Fußboden und lauschte seinen Erzählungen. Im Grunde genommen hatte ich immer schon besseren Kontakt zu älteren Personen als zu Gleichaltrigen. So war es auch bei Säckel. Er war fünf Jahre älter als ich, und es fiel mir nicht schwer, zu ihm aufzuschauen. Claus hatte im Alter zwischen 14 und 15 Jahren angefangen, sich von zu Hause zu lösen. Traurig erzählte er mir von der schweren Arbeit auf dem väterlichen Hof und von dem frühen Tod seiner Mutter. Die erneute Heirat seines Vaters hatte Claus ihm nie verziehen.

Ich war sehr erstaunt über die Parallelen in unserem Leben. Obwohl wir beide relativ

jung waren, hatten wir doch schon ein volles Programm an Schicksalsschlägen hinter uns gelassen. Claus landete, nach seiner Flucht von zu Hause, sofort in der sogenannten Unterwelt-Gastronomie. Der Weg vom Tellerwäscher bis zum Geschäftsführer war für ihn sehr kurz. Er erzählte oft von den „ganz Großen", den Legenden. Viele von ihnen hatten sich zurückgezogen, andere waren im Gefängnis, heroinsüchtig oder schon gestorben. Nur wenige hatten sich über einen längeren Zeitraum gehalten und noch weniger dabei ganz oben.

Vor dem „Why Not" war das „Flophouse" der Treffpunkt der Szene und der Zuhälter. Vom „Flophouse" hatte ich sehr viel gehört, es war weit über die Stadtgrenzen fast schon weltweit bekannt, was durch die Nähe des Hafens sicherlich noch begünstigt wurde. Jetzt, zur Zeit des „Why Not", war in den Gemäuern eine türkische Moschee beheimatet. Das „Why Not" wurde von Säckel und Simon (einem total verrückten Farbigen) aufgebaut. Simon hatte sich später ins Ausland abgesetzt, und Säckel mußte für ein halbes Jahr ins Gefängnis. Er hatte einem Zechpreller eine gewaltige Ohrfeige verabreicht und ihm die Geldbörse abgenommen. Als er entlassen wurde, fing er wieder als Bedienung im „Why Not" mit seiner Arbeit an.

Zu dieser Zeit war Hermann (ein vollbärtiger, rothaariger Zwerg) Geschäftsführer. Fiddi, ein rothaariger, drahtiger Typ mit Sommersprossen und ungepflegten Zähnen, bediente im vorderen Bereich, dem Bistro.

Fiddi und Claus kannten sich schon seit der Zeit vor Claus' Gefängnisaufenthalt. Der Eingang des „Why Not" lag damals noch auf dem Hinterhof. In diesem befand sich zu dieser Zeit auch ein kleines Porno-Kino. Fiddi bediente dort die Projektoren.

Nun verlief der Eingang von der Hauptstraße durch das Bistro. Die Disco war nur über eine kleine Zwischentür erreichbar, diese wurde jeden Abend um 20.00 Uhr zur Seite gestellt, und die Disco war damit eröffnet. Das Bistro öffnete täglich am frühen Nachmittag um 15.00 Uhr. Als Discjockey arbeitete Tommy, ein blonder, langhaariger Hüne. Seine bildhübsche Freundin Michaela kannte ich schon einige Zeit durch Petra. Die beiden waren sogar über die Ecke miteinander verwandt.

Bevor das Why Not sich in diesen Räumen etablierte, hieß die Disco Elektrik 2000.

Es war noch gar nicht so lange her, da war dieser Ort in ganz Deutschland im Gespräch.

Damals sammelten sich die Zuhälter aus Norddeutschland und sogar aus Wien,

um die Türken in die Schranken zu weisen. Eine Jagd durch das „Viertel" begann. Die Polizei hatte keinen Einfluß auf das Geschehen und hielt sich fein säuberlich zurück.

Die Räume über dem Elektrik 2000 wurden als Bordell benutzt. Nun wurden sie nur von Säckel und eine Etage höher von Lollo und seiner Freundin Lissi bewohnt. Jeder belegte zwei Zimmer von den insgesamt sechs Räumen auf jedem Stockwerk. Beide begnügten sich mit einer spartanischen Einrichtung, so als wenn sie damit rechneten, nicht lange an diesem Ort bleiben zu können. Die anderen Räume standen voll mit alten Möbeln und Tüten. Total „zu" konnte man sich schnell verlaufen in diesem immer dunklen Labyrinth.

****

In der Zwischenzeit hatte ich meinen Zivildienst aufgenommen. Ich bekam eine Stelle

als Fahrer bei der Johanniter-Unfallhilfe. Meine Tour begann morgens um 6.30 Uhr.

Ich sammelte behinderte Kinder mit dem Kleinbus ein und brachte sie in eine

Tagesstätte. Diese Kinder besaßen mein aufrichtiges Mitgefühl, und ich schloß sie schnell in mein Herz. Viele von ihnen hatten ihre Behinderung während oder kurz nach ihrer Geburt bekommen. Geistig waren sie voll da, ja stellenweise sogar aufgeweckter als andere Kinder in diesem Alter. Nur äußerlich war ihnen anzusehen, welche Last sie ihr Leben lang tragen müssen. Manche waren gehbehindert und manche autistisch. Ich freundete mich schnell mit ihnen an.

Die Fahrten zur Tagesstätte und nachmittags zurück nach Hause wurden zur hellen Freude. Jeden Tag sollte ich Vadder Abraham und die Schlümpfe singen und bekam dafür ein zufriedenes und herzliches Lachen von diesen Kindern. Es kam sogar so weit, daß mich andererseits wiederum einige Kinder ebenfalls richtig in ihr Herz geschlossen hatten. Es machte sich deutlich bemerkbar, wenn ich mal krank war oder jemand anderes diese Tour gefahren hatte.

Dadurch, daß ich manchmal die Sirene und das Blaulicht einschaltete, wenn es einem der Kinder schlecht ging, stieg meine Gunst noch mehr bei ihnen. Das war natürlich verboten, und alle wußten das auch, aber es machte den Kindern, denen es gerade nicht so gut ging, einen Heidenspaß, und sie waren abgelenkt. Und jene Kinder, die sich an diesen Tagen gerade nicht besonders wohl fühlten, hatten wenigstens das Gefühl, daß sich jemand ernsthaft um sie kümmerte. Es waren ja auch ernste Zwischenfälle. So ein epileptischer Anfall ist nicht ohne.

Nach der morgendlichen Tour wurde Mittagessen für alte und kranke Leute ausgefahren. Meine Tour teilte ich mir so ein, daß ich höchstens eineinhalb Stunden dafür benötigte. So blieb mir genug Zeit, um in der Zwischenzeit für zwei bis drei Stunden im Sportstudio trainieren zu können. Ich fuhr dann mit dem Krankenwagen zu Claus, holte ihn aus dem Bett und wir trainierten zusammen.

Auf der Essenstour mußte ich grausame Erfahrungen machen, welche meine damalige Weltsicht noch verhärteten.

Diese alten Leute hatten zum größten Teil alle zwei Weltkriege durchgemacht und waren nun auf Hilfe von außen angewiesen. Viele von ihnen schämten sich und schlossen sich regelrecht von der Außenwelt ab. Manche lebten sogar hinter zugezogenen Rollos. Die Luft in ihren Räumen roch ranzig.

In dem kommenden Winter erlebten wir sogar, daß einer von ihnen erfror, weil er Angst vor der Stromrechnung hatte. Er stellte einfach seine Heizung nicht an. Gott sei Dank nicht auf unserer Tour, das hätten wir uns wohl nie verziehen. Aber dieses so vollkommene System hatte eindeutig das Nachsehen.

In Zeiten, in denen die Rentenkasse noch voll war, mußten Menschen, die zwei Kriege überlebt und unser System mit aufgebaut hatten, im Alter fast verhungern oder sogar erfrieren. Die Außenwelt bekam davon nichts mit, weil sie es nicht wahrhaben wollten oder aus Gleichgültigkeit, weil es den meisten Menschen viel zu gut ging und sie im Überfluß lebten.

Die Renten waren sicher, na wo denn? Wir hatten gerade erst die sogenannten goldenen Jahre hinter uns gelassen und einen riesigen Überschuß in den Rentenkassen gehabt. Dieser Überschuß wurde weder angelegt noch gesichert, sondern zum Löcherstopfen für Mißwirtschaft in anderen Bereichen verbraucht. Eine Katastrophe.

Ich gebe zu, daß mich diese Erfahrung noch ein Stückchen mehr verbittern ließ; aber die Augen verschließen, wie alle anderen, konnte ich nicht mehr.

Jetzt verstand ich auch das Gezeter von Oma Änne. Gerade die sogenannten Trümmerfrauen hatten einen großen Anteil am Wiederaufbau gehabt. Genau diese Frauen trifft das System am härtesten. Es hat doch wohl keiner in dieser Zeit an das Kleben von Rentenmarken denken können, und so kommt es, daß viele dieser Frauen einen Rentenanspruch weit unter dem Mindestsatz monatlich zur Verfügung hatten und noch haben.

Dazu fällt einem nur eines ein: Es fehlen die Worte! Schier unglaublich, was sich die Politiker leisten und geleistet haben. Ein System, das seine Mitbegründer so schamlos betrügt, hat sich von vornherein selber disqualifiziert und ist früher oder später zum Scheitern verurteilt.

Viele vergessen, daß sich der Wohlstand nur am Reichtum einiger weniger messen läßt. Der große Rest steht geduldig in der Warteschlange und hebt ein paar Krümel auf, die von den anderen achtlos oder mit gezielter Absicht fallen gelassen werden. Die Familie gilt als Vorzeigesymbol für eine intakte Gesellschaft.

Aber was ist, wenn noch nicht einmal die Familie sich einen kostspieligen Rentner mehr leisten kann?

****

Wenn Claus und ich zum Training fuhren, wurden wir oft von einem jungen Mann mit einem weißen Porsche beobachtet. Claus ließ mich ein paarmal neben dem Porsche anhalten, und er wechselte ein paar Worte mit dem Besitzer. Säckel stellte ihn mir als Automatenaufsteller vor, der das Why Not übernehmen wollte. Seine Mutter besaß im „Viertel" eine Gaststätte und eine Automaten-Aufstellung. Ihr Mann war vor einiger Zeit an einem Herzinfarkt verstorben. Beide hatten sich im Viertel einen beachtlichen Namen verschafft.

Jetzt sollte wohl der Junge in Papas Fußstapfen treten und das Imperium ausbauen. Claus verriet mir, daß dieser Mann und ein anderer, vorher Besitzer einer Gaststätte mit Kegelbahn in einem Vorort unserer Stadt, das „Why Not" übernehmen wollten.

Der Aufsteller beobachtete Claus, um sicherzugehen, daß der richtige Mann am richtigen Ort die richtige Aufgabe bekommen sollte. Ich nahm davon nicht viel Notiz, für mich war Claus mein Ansprechpartner.

Wir waren inzwischen schon fast unzertrennliche Freunde, was gar nicht so normal war.

Claus galt als unnahbar. Kaum einer konnte es mehr als zwei Wochen an einem Stück mit ihm aushalten, also ein notorischer Einzelgänger. Wieder ein Grund mehr, der uns zusammengebracht hatte und weiter zusammenhielt. Der Hauptgrund meiner Zuneigung aber war, daß Claus mir das Gefühl von Sicherheit und Geborgenheit gab, das ich dringend benötigte. Er kümmerte sich wirklich ernsthaft und intensiv um mich und gab mir den nötigen Halt und Respekt. Für mich mit ein Grund, ihm fast blind zu vertrauen.

****

Der Sommer verging wie im Flug und war gespickt mit Abenteuern.

Wie ein neugieriger junger Hund erkundete ich meine neue Umgebung, rauchte Joints und nahm LSD und fraß buchstäblich Captagon. Petra war kurz zu mir zurückgekommen, und jeder genoß das Nachtleben auf seine Art. Petra affektiert und hochnäsig, ich ein Hippie und Abenteurer.

Der übermäßige Konsum von Captagon forderte langsam seinen ersten Tribut. Immer öfter mußte ich einen Zahnarzt konsultieren, und in meinem Kopf veränderte sich langsam zusätzlich mein Bewußtsein.

Immer deutlicher bekam ich zu spüren, daß ich in der Szene eigentlich ein blutjunger Neuling war.

Im Spätsommer bekam ich dann Gelegenheit, Claus ein paar meiner handwerklichen Qualitäten zu zeigen. Das „Why Not" wurde tatsächlich von den „Anderen" übernommen und sollte komplett neu renoviert werden. Ich bot meine Hilfe an, und so legten wir los. Hermann war noch Geschäftsführer, Fiddi wirbelte überall mit herum. Fiddi war so ein Typ, der jedem erzählt, was er alles kann, aber alles nur zum Teil erledigte. Aber Fiddi hatte auch seine guten Seiten. Eine davon war sein Gespür für Menschen.

Fast gleichzeitig begann ich meinen Sold durch eine Tätigkeit als Barkeeper im „Why Not" aufzubessern. Es war dringend notwendig, alle Reserven waren inzwischen aufgebraucht.

Das aber alleine konnte nicht ausreichen, und so versuchte ich ein wenig zu dealen, nicht ohne Lollo vorher zu fragen. Ich wollte keinem das Geschäft vermiesen.

Es war spannend und nur von sehr kurzer Dauer, weil ich immer öfter hinter dem Tresen benötigt wurde.

Es dauerte nicht lange, vielleicht zwei oder drei Monate, da bemerkte ich so langsam, daß die Welt hinter dem Tresen sich von allem anderen wesentlich Unterschied. Man bekam eine völlig neue Betrachtungsweise der Menschen und der Dinge. In der Psychedelic-Szene galten besondere Gesetze und Regeln, die mir bis dahin fremd geblieben waren. Langsam spürte ich, was gespielt wurde, und das war gar nicht so rosig wie meine Vorstellung davon.

Wir waren in diesem Jahr eine feste Clique von 30 – 35 Leuten der unterschiedlichsten Herkunft: Dealer, Knackis, Huren, Normalos, Alt-Freaks, Schwule und andere.

Ein Schicksal war aber bei jedem festzustellen. Alle hatten Schwierigkeiten in der Kindheit oder im Elternhaus, und jeder bekämpfte den hohlen Raum in seiner Seele auf seine Art. Alle waren auf der Suche. Aus der anfänglichen Clique blieben schon nach einem Jahr nur noch eine Handvoll Personen übrig. Die Lücke wurde dann Jahr für Jahr durch neue Leute aufgefüllt. Die anderen starben, landeten auf Heroin und starben dann, gingen in den Knast und starben dann später zum Teil durch Heroin oder unter anderen, sehr mysteriösen Umständen. Aus dem harten Kern vom ersten Jahr blieben bis heute (1999) nur wenige Leute am Leben. Wie Elvis, der heute in Düsseldorf lebt; Jürgen, ein knallharter und korrekter Verrückter, der die meiste Zeit seiner Jugend im Gefängnis verbringen mußte; Anne, die ich schon während meiner pubertären Hippie-Phase kennengelernt hatte, und ein paar andere. Nur von den etwas weniger Verrückten leben wohl noch die meisten.

Eine traurige, trostlose und sehr schmerzliche Bilanz und ein richtiges Armutszeugnis für unsere Gesellschaft. Wir alle waren nur auf der Suche nach unserem Recht auf Harmonie und ein sicheres Zuhause. Für viele blieb es nur ein kurzer Traum, eine kurze Reise wie auf einem LSD-Trip.

Daß wir mit unserem Schmerz nicht alleine sind, das wissen wir sehr wohl. In jeder Stadt, in jedem Land leben Leute mit ähnlichen Schicksalen, und ihnen wird kaum Beachtung geschenkt.

Die Wahrheit ist, daß sie sogar mit einem Stempel versehen werden. Dieser zwingt sie, ihr Dasein als ständigen Kampf ums Überleben zu betrachten. Ein nicht alltäglicher Kampf.

Diese Tatsache begriff ich sehr schnell. Sollte ich aussteigen und wieder Anschluß bekommen bei den Leuten, die mich so tief erniedrigt und verletzt hatten? Nein! Lieber aufrecht stehend zu Grunde gehen, als ewig erniedrigt und mit verlorenem Gesicht weiter den Kalfaktor und Sklaven spielen zu müssen. Ich war bereit, meinen Preis zu bezahlen, aber nicht ohne meine Sehnsucht nach Harmonie abzulegen und nicht ohne die Hoffnung auf eine Erlösung aus diesem Höllenkreis.

„King Kong", den ersten Präsi der „Hells Angels" in Bremen, traf ich während der kommenden Jahre in der Szene wieder. Die Gesellschaft hatte ihn fertiggemacht.

„King Kong", der Fleischberg mit dem Ruf, drei Polizisten mit einem Schlag umzuhauen, brachte den Motor, der uns alle antrieb, in einem Text auf den Punkt, der mir fast 30 Jahre später zugespielt wurde. Ein Text, der es wahrlich in sich hat und einen erheblich großen Stellenwert besitzt.

Ich klage euch an,
die ihr glaubt, unser Problem mit Worten zu lösen.

Ich klage euch an,
wir ALLE klagen euch an,
die ihr meint, wir seien mit unserem Weg nur einer Mode nachgegangen.

Wir klagen euch an,
die ihr meint, wir hätten keine Lust am Protest, am anderen.

Wir klagen euch an,
die ihr meint, wir wären arbeitsscheu und wollten nur ein leichtes Leben führen.

Wir klagen euch an,
die ihr uns zu Kriminellen macht, weil ihr uns dazuzählt.

Ihr rennt den technischen Vollkommenheiten nach und vergeßt
all die Einfachheit
und dabei den Menschen!

Ihr fordert den Verstand und angeblich den Geist und vergeßt
den Menschen,
der doch von der Liebe und der Hoffnung lebt!
Glaubt es uns,
wir wollen nicht zerstören, sondern aufbauen;
glaubt es uns;
wir suchen euch, ihr Männer und Frauen, ihr Kinder und Greise, die ihr auch dem Sinn und dem Glück nachjagt.

Glaubt es uns,
wir ALLE, wir jungen Menschen, wir wollten Mensch sein.

Wir suchen Liebe, wir suchen das Glück.

Love

gez. King Kong

Bremen, scene

So begannen meine Laufbahn in der Unterwelt-Gastronomie und meine Einberufung,

als Zivildienstleistender, an die Front. Ein atemberaubendes Abenteuer mit vielen

schmerzlichen Erfahrungen nahm seinen Lauf.

9. Kapitel – Krieg hat viele Gesichter

Unter Hermanns Führung verkam das „Why Not" immer mehr zu einem Treffpunkt der Fixer, anders gesagt der Heroinabhängigen. Das Maß war voll, als dann der dritte Tote auf einer Toilette gefunden wurde. Es kam, wie es kommen sollte: Hermann mußte gehen, und Claus übernahm die Führung. Die Polizei drohte mit der Schließung der Disco, sollte ein weiterer Fixer tot aufgefunden werden.

Eine fast unlösbare Aufgabe stand uns bevor. Wir mußten lernen, einen Fixer sofort zu erkennen, um ihn dann schnell und ohne Kompromisse aus dem Laden entfernen zu können. Es war nicht einfach, vor allem wegen der entstehenden Interessenkonflikte.

Die Folgen des Genusses von Heroin konnten wir täglich hautnah spüren. Kam ein ehemaliger Bekannter oder Freund mit diesem Teufelszeug in Berührung, hieß es sofort Abstand nehmen; andernfalls war bei vielen die Gefahr groß, auf die hinterlistigste Weise beraubt zu werden. Eine Faustregel besagte: Einmal Fixer, immer Fixer. Es gab auch Ausnahmen, aber das waren wenige von Hunderten.

Besonders schlimm wurde die Situation, wenn ein Fixer auf Entzug (Affen) war. Erkennen konnte man das so gut wie nie, man bekam ein unfehlbares Gespür, man fühlte es. Eines der schlimmsten Dinge, die es geben konnte, war ein Heroinabhängiger auf Entzug, vor allem auch, weil seine Aura ansteckend sein konnte. Kam es zu einer Schlägerei, wurde es bei einigen besonders brenzlig. Viele dieser Menschen empfanden kaum noch Schmerzen, weil der Schmerz ihres Entzuges alles andere überlagerte. Es wurde manchmal grausam, und ein paarmal triefte mir das Blut regelrecht von den Armen.

Sollten wir das Hindernis nicht aus dem Weg räumen können, waren wir den Laden, also unser Zuhause, los. Nein, nicht schon wieder so ein Rückschlag. Wir entschlossen uns, mit all unserer Kraft den Kampf aufzunehmen.

Die nun kommenden Monate erwiesen sich als grausam und unerbittlich. Claus und ich kannten kein Pardon. Manchmal waren es nur Bruchteile von Sekunden, die darüber entschieden, ob wir den Laden behalten konnten oder nicht. Oft dann, wenn man nicht sofort sehen konnte, ob es sich um einen vollgedröhnten Fixer handelte oder nur um einen Volltrunkenen, der sich nur kurz erholte. In diesem Fall öffneten wir die Augenlider der Person und versuchten anhand der Pupillen festzustellen, ob es sich um einen Junkie handelte. War er einer, mußte dieser so schnell wie möglich aus den Räumlichkeiten entfernt werden. Oft mit brutalen Mitteln, dabei konnte es passieren, daß wir den Falschen erwischten. Dieser wunderte sich, meist nach dem Erwachen, warum er sich draußen auf dem Bordstein wiederfand. Mitleid gab es nicht und durfte es nicht geben; es ging auch um unser Überleben und um die Chance, etwas längerfristig aufbauen zu können. Aber nicht nur das. Der Laden war der Treffpunkt der „verlorenen Seelen". Überlebenswichtig und ein Zuhause für viele gestrandete und verlorene Kinder. Nichts und niemand sollte uns dieses Zuhause zerstören dürfen.

****

Vor dem Bistro befanden sich eine Terrasse und gleich daneben ein kleiner Imbiß, der von einem Türken betrieben wurde. Ein witziger kleiner Kerl, zu dem wir schnell eine herzliche Verbindung aufgebaut hatten. Claus kannte ihn noch aus seiner Zeit im alten „Flophouse". Oft standen wir in diesem Imbiß und lauschten den Geschichten aus vergangenen Zeiten.

Häufig saßen wir in einer Runde und rauchten dabei einen Joint. Natürlich nach den alten Regeln, ähnlich den Ritualen einer Zusammenkunft in einem Indianerzelt.

Der Konsum war noch verboten, und so traf es zu, daß der Weg vom Haschisch zum Heroin nicht weit war. Logisch, denn der Beschaffungsweg war der gleiche.

Bei jedem übermäßigen Konsum, egal welcher Art, treten Folgeschäden auf. Haschischkonsum ist davon nicht ausgeschlossen. In Verbindung mit anderen Drogen, wie Speed, können die Schäden ein verheerendes Ausmaß annehmen. Zudem ist alles, was den natürlichen Zustand beeinflußt, ein gefährliches Spiel mit Kräften, welche die Seele in eine dunkle und niederträchtige Ebene führen.

Diese Erfahrung würde ich bald am eigenen Leib zu spüren bekommen. Nun mußte ich vornehmlich erst einmal die Veränderung vom vorherigen Leben zum Straßenkämpfer überstehen.

Meine Ausstrahlung war sehr naiv und unschuldig. Viele nahmen das zum Anlaß, mich immer wieder herauszufordern.

****

Von meinem behandelnden Zahnarzt erfuhr ich, was in meiner alten Firma gespielt wurde. An seinen Worten war klar zu erkennen, daß seine Sympathien auf meiner Seite standen. Das gab mir wiederum etwas Kraft und Sicherheit.

Mein Verhältnis zu Petra ging nun endgültig dem Ende zu. Mein sozialer Abstieg gefiel ihr gar nicht, obwohl ich die ganze Situation aus einem anderen Blickwinkel betrachtete. Es schmerzte, wie ich von ihr behandelt wurde. Allerdings beruhte dieses Gefühl sicherlich auf Gegenseitigkeit. Ich war kein Kind von Traurigkeit und ließ keine Gelegenheit aus, mich auszutoben. Ausschlaggebend für ein endgültiges Lösen war jedoch der kommende Heiligabend.

In der Nacht vor dem Fest machten Claus und ich nach Betriebsschluß noch Inventur im „Why Not". Wir beschlossen, danach noch etwas um die Häuser zu ziehen. Nach ein paar Drinks verabredeten wir uns für die kommende Nacht. Wir besaßen jeder noch einen Trip und hatten abgemacht, diesen gegen Mittag einzuwerfen.

Ich war gerade bei Petras Oma zum Mittagessen, als der Trip seine Wirkung zeigte. Das Essen wurde, wie so oft, zu einer artistischen Glanzleistung. Ich bekam einen Lachkrampf nach dem anderen. Schlimm wurde es, als die Familie nach dem Essen und der Bescherung komplett einschlief. Alle nickten in ihren Sesseln und schnarchten vor sich hin. Ich spürte deutlich, daß meine Zeit in diesem behüteten Heim abgelaufen war, und schlich mich langsam aus dem Haus. Draußen war es spiegelglatt; es regnete in Strömen, und dieser Regen bildete auf dem Boden sofort eine Eisdecke.

Mühsam tänzelte ich über die dünne Eisfläche bis zur Bushaltestelle. Der nächste Bus fuhr aber erst eine halbe Stunde später, und so beschloß ich, per Anhalter in das „Viertel" zu fahren. Nach nur fünf Minuten hielt ein junges Ehepaar und nahm mich mit.

Claus war auf einer Party bei Walter und seinen homosexuellen Freunden. Auch Thommy, unser DJ, sowie Lollo und Lissy waren anwesend und eine wie eine Puppe aussehende, langbeinige Blondine mit einem Engelsgesicht und dem Namen Heidi.

Ich spürte sehr schnell, daß die meisten Anwesenden auf dem gleichen Trip waren. Ein komisches Bild, jeder ähnelte irgendeinem wilden Tier. Claus besaß die unheimliche Aura eines Wolfes. Sein legendärer Ziegenbart floß in eins über mit seiner Felljacke. Seine silbernen Ringe an den Fingern sahen aus wie Tatzen, und sein großes silbernes und mit schwarzem Onyx abgesetztes Kreuz, mit dem Jesus aus reinem Silber, schillerte auf seiner Brust. Angst empfand ich nicht, im Gegenteil, das Bild faszinierte mich. Es hatte ein bißchen was von der Aura aus dem Buch von Hermann Hesse, „Der Steppenwolf".

Walter wollte unbedingt mit mir alleine sein. Ich amüsierte mich über seine Versuche, sich mir zu nähern. Die Krönung war, als Claus und ich uns in einem Nebenzimmer unterhielten und Walter mir die Hose öffnete. Als ich begriff, was Walter tat, hatte er sich schon vorgearbeitet.

Ich ging in das andere Zimmer, wo ich den anderen verstohlen lächelnd das Geschehene schilderte. Daraufhin fragte ich die Blondine, ob sie Lust auf Sex hatte. Zu meiner Überraschung nickte sie, und nur etwas später waren wir in ihrer Wohnung, gleich neben der von Walter. Die Wirkung des Trips steigerte sich durch den Sex. Wir gingen ab wie eine Rakete und stöhnten vor Lust. Walter und sein Freund Ronny standen vor der Tür und hämmerten wie wild gegen ein Oberlicht, was mich noch mehr anspornen sollte. Heidi ließ sich von nichts und niemandem stören, außer von mir. Es waren Leidenschaft und Ekstase bis in den Morgen.

Am nächsten Tag wußte ich, daß meine Beziehung zu Petra nun endgültig vorbei war. Das Erlebnis mit Heidi war nicht der einzige Grund; vielmehr war es meine innere Stimme, die mir mitzuteilen schien, daß nun endgültig ein neuer Abschnitt in meinem Leben begonnen hatte.

****

In den kommenden Tagen passierte eine Menge. An einem der Feiertage, wir waren wieder einmal auf einem Trip, hatte Claus gewaltigen Ärger mit Hamburger Zuhältern. Es ging blitzschnell. Ich sprang einen an und schlug auf ihn ein. Ein anderer griff sich einen Barhocker (unsere waren aus gedrehten Stahlbeinen, mit einer massiven Platte) und schlug mir diesen von hinten über den Kopf. Kojak, ein junger Türke, sah das und griff ein. Es war ein harter und schneller Kampf. Von der Verletzung an meinem Kopf spürte ich zuerst überhaupt nichts, im Gegenteil, sie machte mich noch rasender.

Die Zuhälter bekamen anständige Prügel, wir leckten unsere Wunden und begossen sie mit Whiskey. Nach etwa einer Stunde wurde mir plötzlich übel. Ich ging auf die Toilette, um mich zu übergeben, dabei spritzte mir das Blut aus dem Hinterkopf. Jetzt erst erkannte ich die Schwere meiner Verletzung, eine lange Platzwunde. Lollo, Claus und Kojak fuhren sofort mit mir in das nächste Krankenhaus. Die Krankenschwester und der Arzt bemerkten schnell meinen Zustand. Als ich ihnen auch noch erzählte, daß ich Whiskey getrunken hatte, entschlossen sie sich, die Wunde ohne Betäubung zu nähen. Betäubt war ich vom Whiskey keinesfalls, hatte ich doch vorher den Trip genommen. So wurde das Nähen an meinem Hinterkopf zu einem unvergeßlichen Erlebnis.

Am nächsten Tag war der Kopf so groß wie eine Kloschüssel, was mich nicht daran hindern sollte, meiner Arbeit weiter nachzugehen. Nur wenn man diese Art von Humor besaß, hatte man eine Chance sich durchzusetzen.

****

Eine wilde Clique aus dem „Maschinenhaus" (das Maschinenhaus war eine weitere SzeneDisco), nur 1,5 km entfernt vom „Why Not", versuchte immer wieder bei uns Fuß zu fassen. Sie liefen durch die Gegend wie die Jungs aus dem Film „Uhrwerk Orange". Ihre Erscheinung amüsierte mich. Alfred war der Hauptdarsteller, gefolgt von Pummy, einem dicken rothaarigen Monster, und Bünting, einer Kanalratte. Bünting versuchte bei uns Kontakt zu finden. Das Spiel, das von diesen dreien gespielt wurde, war leicht zu durchschauen. Ich beschäftigte mich mit Bünting. Er fuhr einen kleinen schwarzen NSU Prinz.

Silvester wollte ich mit Teenchen verbringen, einer kleinen, bildhübschen Bardame. Teenchen war bekannt und beliebt in der Szene, einfach eine tolle Frau, aber auf ihre Art unnahbar. Um so größer war meine Freude, mit ihr den Abend verbringen zu dürfen. Bünting lieh mir seinen NSU.

Ein paar Tage vor Silvester begann ein Schneesturm. Silvester lag der Schnee auf den Straßen schon über einen Meter hoch. Ich verabredete mich mit Teenchen im Morgenstern, einer kleinen Kneipe neben der Bordellstraße (ähnlich der Herbertstraße in Hamburg). Wir tranken zwei Whiskey und wollten danach in die Innenstadt, um dort das neue Jahr zu begrüßen. Die Fahrt mit dem NSU über die verschneiten Straßen erwies sich als Kunststück. Ständig schleuderte das kleine Auto von einer Seite zur anderen. Kaum merklich für Teenchen und mich, aber für eine Polizeistreife Grund genug, den Wagen zu stoppen.

Ich war sichtlich erstaunt über die Vorgehensweise der Polizisten.

Ich mußte in den Streifenwagen einsteigen, und der Wagen wurde sofort beschlagnahmt. Es stellte sich heraus, daß die Kennzeichen gefälscht waren und unter der Rückbank angeblich ein ganzes Waffenarsenal versteckt sein sollte. Ich hatte etwas Alkohol im Blut, und mein Führerschein wurde sofort eingezogen. Wir klärten den Sachverhalt, daß wir mit dem Inhalt des Wagens nichts zu tun hatten, und rechtzeitig vor Jahresende war ich zurück auf der Straße.

Mir gingen sofort die kleinen behinderten Kinder durch den Kopf. Meinen Führerschein war ich erst einmal los. Ich entschloß mich dazu, Bünting zu stellen.

Schon am nächsten Abend tauchte er auf. Ich warf ihm vor, mich nicht über den Sachverhalt informiert zu haben. Die kleine Ratte grinste, und ich war der Meinung, ihm sofort eine Lektion erteilen zu müssen. Er bekam augenblicklich eine Ohrfeige, und Heidi (die zufällig anwesend war) zog im seine nagelneuen Westernstiefel aus. Danach schickte ich ihn vor die Tür.

Um nach Hause zu kommen, mußte er einige Kilometer durch den Schnee. Unterwegs traf Bünting auf eine Gruppe Zigeuner, denen er auch auf die gleiche Art übel mitgespielt hatte. Nun traf es ihn besonders hart: Die Zigeuner bearbeiteten ihn mit einem Messer und stachen ihm beide Hände durch. Bünting wurde nie wieder bei uns gesehen.

Zwei Jahre später hörte ich davon, daß er im Gefängnis ums Leben gekommen sein soll. Die Stiefel sah ich 1997 im Indiana-Café auf Ibiza in einem Regal mit alten Boots stehen. Ich hatte sie bei meinem ersten Besuch auf Ibiza bei Bernd gelassen.

****

Ich mußte mich auf das nächste Problem konzentrieren. Bereits am folgenden Tag informierte ich meine Zivildienststelle. Die Sekretärin war sehr verständnisvoll und setzte sofort alle Hebel in Bewegung. Am gleichen Tag noch bekam ich zwei Möglichkeiten zur Auswahl: Kartoffeln schälen im Schichtdienst eines großen Krankenhauses oder die Arbeit mit Behinderten bei der Johanniter-Unfallhilfe in Wilhelmshaven. Gegen Kartoffelschälen habe ich nichts, aber der Schichtdienst würde mir nicht mehr erlauben, Säckel zur Seite zu stehen. Ich entschied mich für die Johanniter-Unfallhilfe in Wilhelmshaven.

Einen Zuschuß für meine Wohnung bekam ich nicht, nur ein Wochenendticket für die Bundesbahn. Meinen Dienst sollte ich montags bis donnerstags von 10.00 Uhr bis 22.00 Uhr absolvieren. Freitags sollte ich um 16.00 Uhr meinen Dienst beenden dürfen, um rechtzeitig um 19.00 Uhr im „Why Not" die Arbeit aufzunehmen.

Da war nur noch ein kleines Problem. Was sollte mit meiner

Wohnung passieren? Es fiel mir schwer, regelmäßig die Miete aufzutreiben, also entschied ich mich dafür, einen Nachmieter zu suchen.

In Wilhelmshaven wollte man für meine Unterbringung Sorge tragen. Ein paar Möbel konnte ich bei Claus unterbringen. Um den Rest meiner Sachen und um meine Katze Schleyer wollte sich Heidi kümmern.

Wegen Heidi hatte ich kein besonders gutes Gefühl. Ich spürte, daß sie mir etwas zu verbergen hatte. Aber es gab noch andere Dinge, die in mir Unbehagen auslösten. So zum Beispiel eine Szene auf einem Trip, bei dem sie versuchte, mich auf eine sehr makabere Art zu provozieren. Sie schaffte es, mit mir auf dem Dach des Hauses, in dem sie wohnte (immerhin fünf Stockwerke hoch), auf dem First zu tanzen.

Den Nachmieter für die Wohnung fand ich innerhalb kürzester Zeit. Es war Jürgen, ein BWL-Student mit langen, glatten, blonden Haaren, welche ihm fast bis zu den Hüften gewachsen waren. Über einen Übernahme-Preis wollten wir reden, wenn Jürgen wieder zu Geld gekommen war. Vorerst wollte er mir beim Umzug helfen.

Die Formalitäten mit dem Vermieter waren schnell erledigt, meine Sachen bei Säckel und Heidi verstaut, meine Schallplatten, ein paar Kleidungsstücke sowie meine Anlage in Jürgens Transporter geladen. um mit mir nach Wilhelmshaven zu fahren.

Am späten Abend erreichten wir die Zentrale der Johanniter. Unterwegs schneite es so stark, daß man kaum die Hand vor den Augen erkennen konnte. In der Zentrale standen alle Signale auf Katastrophendienst. Für meine Unterkunft hatte noch keiner gesorgt, also schlug ich mein Quartier im Bereitschaftsraum auf, natürlich mit einem ziemlich mulmigen Gefühl im Bauch. Da war ich nun gelandet, keine Wohnung, kein Führerschein, meine Sachen in alle Richtungen verstreut, aber vollen Mutes auf die Dinge, die da kommen sollten.

..................Etwas anders verhält sich meine jetzige Situation. Ich hatte mir ein Trainingsprogramm zurechtgelegt, aber es ist mir noch nicht möglich, es auszuführen. Meine Verletzung und

die Morphiate behindern mich bei jeder kleinsten Bewegung. Vor dem Frühjahr/Sommer nächsten Jahres wird es wohl nichts werden mit dem Aufbau meines Körpers. Wenigstens versuche ich es immer wieder.

Ich kann mich anstrengen, wie ich will, aber in mir wächst zurzeit täglich die Überzeugung, nie mehr alleine klar kommen zu können. Die Geschehnisse um meine Frau schmerzen mich um so mehr. Natürlich habe ich mich seit dem Unfall verändert. Das Morphinsulfat und die anderen Medikamente geben meiner Sprache eine andere Wirkung, aber was ist das schon im Verhältnis zu anderen pflegebedürftigen Personen? Sie müssen mir noch nicht einmal auf die Toilette helfen. Ich versuche, keinem zur Last zu fallen, und trotzdem gibt es bei jeder Kleinigkeit Theater. Schwer steckt mir noch der Verlust meines besten Freundes in den Knochen, und meine Scheidung läuft. Es ist so, wie ich es vermutet habe: Rosi schleicht sich ständig unter banalen Vorwänden aus der Wohnung. Sie lernt es nie. Will sie etwa ihr neues Leben wieder mit einer Lüge beginnen?

Es schmerzt, besonders weil ich mich nicht wehren kann. Viel denke ich nach über den weiteren Sinn meines Lebens, und oft wollte ich schon meine Quälerei beenden. Aber ich habe es wohl nicht richtig gemacht. Peinlich, mache ich doch sonst alles so perfekt wie möglich, oder gehört das zu meiner Bestimmung? Ich habe noch keine Antwort, meine jetzige Situation ist unerträglich. Wie dringend könnte ich ein Erfolgserlebnis gebrauchen!

Nach fast sechs Jahren und zahlreichen Gutachten habe ich mich mit dem Versorgungsamt auf eine Invalidität von nur 50 % geeinigt. Rente bekomme ich nicht, weil ich die letzten fünf Jahre vor Eintritt der Verletzung 11 Monate keine Pflichtbeiträge gezahlt habe.

Meine privaten Unfallversicherungen haben eine Versicherungssumme im Wert über 1,2 Millionen Mark, aber es gibt keinen Pfennig. Die Art meiner Verletzung steht in keiner Gliedertaxe!!

Es ist sogar noch viel schlimmer, aber dazu später! Jetzt soll ich von ein paar Mark Opferentschädigung meinen Lebensunterhalt bestreiten? Bei diesem Gedanken macht sich eine ungeheure Wut und Verzweiflung in mir breit und ein sehr großes Mitteilungsbedürfnis. Ich habe einfach keine Lust mehr, mich mit den

Ämtern herumzustreiten..................

Ein paar Tage blieb ich in meiner Notunterkunft, dann siedelte ich um in ein kleines Zimmer eines Schwesternwohnheimes. In den letzten Tagen hatte es so stark geschneit, daß tatsächlich Katastrophenalarm gegeben wurde. Ständig kamen neue Schreckensmeldungen. Die Straßen waren nicht mehr passierbar und das Krankenhaus nur noch mit einem Hubschrauber erreichbar. Langsam kam das Wochenende und meine Chancen, pünktlich zum „Why Not" zu kommen, schwanden von Minute zu Minute. Sogar die Bundesbahn mußte den Verkehr vollständig einstellen. Am Freitag entschied ich, es auf eigene Faust zu versuchen. Bis zur Stadtgrenze schaffte es ein Fahrer der Johanniter, dann gab er auf, und ich machte mich zu Fuß durch die Schneewehen. Die Bundeswehr war mit Panzern und schwerem Räumfahrzeug unterwegs, die einzigen Fahrzeuge weit und breit. Ich schaffte es bis Sande, einem kleinen Vorort von Wilhelmshaven. In Sande traf ich einen Vertreter, der selber schon ein paar Tage festhing und unbedingt auf eigene Faust fahren mußte. Dieser war froh, nicht alleine fahren zu müssen. Entgegen allen Schreckensmeldungen schafften wir die Strecke ohne Probleme. Kurz nach 19.00 Uhr kam ich im „Why Not" an. Lollo und Säckel wollten es nicht glauben, was sie da von mir zu hören bekamen. Das ganze Wochenende war ich ihrem Spott ausgesetzt. Ich hatte Verständnis für ihre Reaktion, konnte ich es doch selber kaum glauben. Eines war nun sicher: An meiner Wochenendarbeit konnte mich nichts mehr hindern.

****

Langsam sollte ich die Quittung für meinen übertriebenen Drogengenuß bekommen. Es kam schleichend, aber dafür um so härter. Das Schreckenswort hieß Paranoia. Es wurde grausam und unerbittlich; der Geruch von einem Joint oder auch nur ein Schluck Bier reichte aus, um in diesen Zustand zu kommen. Ich bin sicher, daß man dieses Gefühl mit all den grausamen Nebeneffekten nicht ausreichend beschreiben kann. Kam ich in diesen Zustand, hatte ich das Gefühl, ständig von allen Menschen beobachtet zu werden. Alle waren am Tuscheln, und ich hörte am laufenden Band Stimmen, die pausenlos auf mich einhämmerten: „Los, mach dich weg!" oder „Lauf doch endlich vor eine Straßenbahn!" Das Schlimmste aber war das Gefühl, daß jeder meine Gedanken lesen konnte, noch bevor ich sie selber verstanden hatte. Was für ein Zustand! Es passierten die merkwürdigsten Dinge.

Anläßlich eines Besuches bei Petra erlebte ich den ersten dieser denkwürdigen Zustände.

Sie hatte inzwischen eine Wohnung im „Viertel", ab und an suchte ich noch Petras Nähe. Kurz vor diesem Besuch hatte ich einen mit etwas Haschisch verfeinerten Tee zu mir genommen. Sie bemerkte meinen Zustand und fing an, mich auf eigenartige Weise zu provozieren. Ich verließ nach einiger Zeit ihre Wohnung mit einer inneren Spannung. Als ich im Flur unter einer Lampe stehen blieb, explodierte der Leuchtkörper. Ich war geschockt. Total verstört verließ ich diesen Ort, um im „Why Not" meinen Dienst zu absolvieren. In diesem Zustand eine Tortur. Es war nicht der einzige Vorfall dieser Art.

Unsere Gäste bestanden zum großen Teil aus Haschischkonsumenten. An jedem Tisch brannte ein Joint oder eine Pfeife. Alle zehn Minuten mußte ich an die Tische, und überall wurde ich aufgefordert einen Zug zu rauchen. Das hieß für mich, jeden Tag mindestens drei Stunden Paranoia, fürchterlich. Drei Stunden, weil dieser Zustand täglich diese Zeit in Anspruch nahm. Es dauerte ein Jahr, bis ich lernte, mit diesem Zustand zu arbeiten und umzugehen. Das war meine Feuertaufe. Ich hatte den Test bestanden. Captagon gehörte der Vergangenheit an.

Von einem schwarzen Rasta Man vernahm ich den Namen King of Paranoia.

Der Schlüssel für dieses Phänomen war für mich simpel: Die Stimmen und das schlechte Gefühl waren eindeutige Zeichen, um erkennen zu können, wohin der Weg führen kann. Mann muß sich „nur" damit auseinandersetzen und diese Gefühle auswerten. „Nur" hört sich einfach an, es ist eine große innere Kraft dazu notwendig.

****

In der Zeit des Schneesturmes lernte ich im „Bett", einem kleinen Bistro in Wilhelmshaven, Meike kennen. Meike, eine gut aussehende und gut gebaute, sehr gepflegte Blondine. Schon am gleichen Abend begleitete sie mich in meine Notunterkunft, und mit der Zeit entwickelte sich ein herzliches, freundschaftliches Verhältnis zwischen uns. In der verbleibenden Zeit in Wilhelmshaven machten wir oft die Hotels und Discos unsicher. Es war keine Liebe, vielmehr ein kameradschaftliches Verhältnis mit sehr viel Spaß an verrückten Aktionen.

In den nächsten Jahren sollte Meike mir noch oft über den Weg laufen.

In dieser Zeit muß ich wild ausgesehen haben. Meine Klamotten waren total verheizt. Ich trug vornehmlich Fellmäntel oder -jacken und dicke Ledermäntel aus dem Zweiten Weltkrieg. Ich liebte mexikanische Reitstiefel, an jedem Finger trug ich dicke Ringe aus Sterling-Silber. Die meisten Ringe waren Geschenke von meinen Gästen. Besonders stolz war ich auf einen im Gefängnis gefertigten Ring. Der Aufbau war aus Silberdraht, der kunstvoll zu einem runden Kegel modelliert war.

Mein rechtes Handgelenk schmückte ein breites, klobiges Armband mit einer dicken Gravurplatte aus massivem Silber.

In diesen Jahren mußte ich sehr viel einstecken, verloren habe ich in der Zeit im „Why Not" nicht eine Auseinandersetzung.

Unter anderem brach ich mir öfters das Nasenbein, oft flickte mein Hausarzt mich wieder zusammen. Manches Mal landete ich in der Notaufnahme eines Krankenhauses. Nicht, daß ich stolz auf meine Wunden war, aber anders war ein Überleben unter diesen Umständen kaum möglich. Warum alles so lief und worum es eigentlich ging, merkte ich erst eine Weile später, ungefähr zu der Zeit, als ich meinen Zivildienst beendete. Bereits vorher spürte ich, welchen Lauf die Dinge nehmen sollten.

****

Der moderne Sklavenhandel unserer Regierungen fing an, kräftig zu blühen. Zuerst die Italiener, dann die Jugoslawen und die Griechen und nun gab es einen bis dahin noch nie gewesenen Zulauf von Türken. Viele waren in einer Kaserne, nur fünf Minuten entfernt von meinem Geburtshaus, untergebracht. Während meiner Kindheit wurden die Kasernen von mittellosen deutschen Familien bewohnt. Während meiner Schulzeit kamen die ersten türkischen Familien, und mittlerweile wurde es eine richtige Invasion.

Die Rechnung der Regierung ging nicht auf, oder doch? Daß diese Leute durch falsche Versprechungen betrogen wurden, spürten wir auf der Straße als allererstes. Es waren eben Menschen, die ihr humanes Recht geltend machen wollten. Die meisten arbeiteten unter unmenschlichen Bedingungen, wenn sie überhaupt Arbeit bekamen. Schnell formierten sich richtige Armeen.

Viele Türken lernte ich als ein Indianervolk kennen, ein kriegerisches Indianervolk.

Es dauerte eine ganze Zeit, bis ich ihr Denken und Handeln begriff. Es zu akzeptieren fiel mir lange Zeit schwer, und in der damaligen Zeit war es unumgänglich und aufregend, auch diese Welt kennenzulernen. Von denen, die„ich in der kommenden Zeit kennenlernte, erwiesen sich wenige als richtige Ehrenmänner. Ein Teil entpuppte sich als Attrappe mit dem großen Handicap „stark übertriebener Stolz". Nicht viel anders als bei allen anderen Völkern auch, nur die Türken machten mehr Wind.

Die Gesetze und Regeln dieses Volkes ähnelten den Geschichten von Indianerstämmen, ihre Hierarchie war gnadenlos und unerbittlich. Viele mußten ihre sogenannte Lehre im Knast verbringen, um dann später zu verschwinden und oder aufzusteigen.

Der mir sympathischste von ihnen war Ismet; ein toller Kerl mit einem großen Herzen.

Ismet kannte ich noch aus meiner Zeit als Kanusportler. Er beobachtete mich ein paarmal bei meinem Training, und auch später kümmerte er sich viel um mich. Ich habe durch ihn lernen dürfen und werde ihn nicht vergessen. Heute lebt er wieder in seiner Heimat. Nur zu gerne würde ich ihn einmal wiedersehen.

****

Meine erste ernsthafte Auseinandersetzung mit Türken hatte ich in dem kleinen türkischen Imbiß vor unserem Bistro. Ich erwischte einen Junkie, wie er seine Päckchen im Bistro verstecken wollte. Er lief in den Imbiß, um sich vor mir zu verstecken, ohne Chance. Ich entdeckte ihn, und ohne Verzögerung bekam er eine Ohrfeige. Ich hatte mich noch nicht einmal umgedreht, da traf mich ein Amboß. Ich nahm schützend die Ellenbogen vor meinen Kopf, aber zu spät. In meinem Kopf leuchtete der komplette Sternenhimmel eines ganzen Jahres, und ich hatte den süßlichen Geschmack von Blut auf der Zunge. Gnadenlos spürte ich weitere Schläge. Ich kämpfte mir den Weg frei, direkt zu Claus in die Disco. Beide Lippen waren zerfetzt, und mir fehlten zwei Schneidezähne. Schon wieder Notaufnahme Krankenhaus, schnell zusammennähen und sofort wieder hinter den Tresen. Jetzt eine Schwäche zeigen, bedeutete sein Gesicht zu verlieren. Damit hatte kaum einer gerechnet. An dem kommenden Wochenende suchte der Boxer mich auf und entschuldigte sich bei mir, er kannte die Zusammenhänge nicht. Er hatte nur gesehen, daß ich einen „Schwächeren" angegriffen hatte.

In den folgenden Jahren war er noch oft bei mir zu Gast. Der Mann war gut, ich hatte die Möglichkeit, ihn noch ein paarmal in Aktion zu erleben. Kein noch so gefährlicher Gegner hatte bei ihm auch nur die Spur einer Chance.

****

„Lollo" hatte das Geschäft aufgegeben. Die Türken hatten seinen Platz eingenommen und sich vermehrt um die Geschäfte gekümmert. Er wohnte jetzt mit Lissy in dem Haus, wo auch Walter und Heidi wohnten. Ich war stark verunsichert, als er mir erzählte, daß er nun mit Heroin dealte. Er wußte, wie wir darüber dachten, und er hielt sich nur noch sehr wenig bei uns auf. Manchmal gingen wir noch zusammen um die Häuser, und „Lollo" schien seine Entscheidung zu bedauern. Ein Zurück gab es für ihn nicht mehr. Ich mied so gut es ging den Kontakt zu ihm, aber ich konnte es nicht vergessen, wie er mir aus der Gosse geholfen hatte. Wenn ich mich überwand, mich mit „Lollo" blicken zu lassen, dann war es mir egal, was die Leute denken würden. Ich war ihm noch etwas schuldig, und solange er mich aus seinen Dingen heraushielt, war es mir zwar nicht egal, aber ich mußte es verkraften.

Unser letztes gemeinsames Abenteuer erlebten wir auf einer Zechtour. Wenn die Nacht wieder einmal knallhart war, gingen wir oft in den Sielwallbrunnen, eine kleine Tag-und-Nacht-Gaststätte mit Blick auf eine Kreuzung. Der Tresen war rund und befand sich in der Mitte des Raumes. Über dem Tresen war ein künstliches Schieferdach, an dem eine Dachrinne befestigt war. Die Dachrinne wies eine lange Reihe Dellen aus, von Claus. Wenn Claus im Alkoholrausch war, benutzte er sie oft als Punching Ball, um sich abzureagieren. Immer noch besser als der Kopf eines anderen, obwohl das auch vorkommen konnte.

Auf jeden Fall waren Lollo und ich an diesem Tag sehr gut drauf. Eine Bardame gab uns einen Jägermeister nach dem anderen aus. Sie hatte es auf Lollo abgesehen. Es war schon ein paar Stunden hell, die Bardame wollte unbedingt Lollo mit nach Hause nehmen. Lollo zierte sich, weil er mich nicht alleine stehen lassen wollte, und im Grunde genommen hatte er gar kein Interesse an der Dame. Ich war schneller und fragte die Bardame, ob sie alleine wohnte. Sie antwortete mir, daß ihre Freundin zu Hause sei und fest schlafen würde. Lollo und ich grinsten uns verstohlen ins Gesicht. Wir hatten beide den gleichen Gedanken und machten uns auf den Weg. Die Freundin schlief in einem Hochbett, und ihr makelloser Hintern protzte einladend unter der Decke hervor. Lollo entschied sich für die Bardame, ohne mit ihr in Kontakt zu geraten, und ich kletterte auf das Hochbett, nahm vorsichtig die Decke beiseite und streichelte diesen vollkommenen, bildhübschen Hintern. Dem Mädchen gefiel es, obwohl sie noch nicht einmal die Augen geöffnet hatte. Ganz langsam wachte sie auf.

Erst später fragte sie mich nach meinem Namen, und ich erfuhr von ihr, daß sie zu einem Zuhälter gehörte, mit dem ich noch eine Rechnung offen hatte. Ich glaube, daß niemand von uns vermutete, daß dies unser letztes gemeinsames Abenteuer sein sollte.

****

Es war sehr schwierig, Claus für etwas anderes als seine Arbeit zu begeistern. Er war noch nicht einmal in den Urlaub gefahren. Seit seinem 17. Lebensjahr litt er unter einer schweren Diabetes. Mindestens zweimal am Tag mußte er Insulin spritzen. Um so erstaunlicher waren seine unbändige, urwüchsige Energie und seine unvergleichliche Willensstärke. Claus war mit Sicherheit das, was man sich unter einem Medium vorstellt. Wuchsen einem seine eigenen Probleme über den Kopf, reichte Claus' Nähe und die Probleme waren einfach verschwunden, oder man betrachtete sie aus einem anderen Winkel und sie wurden winzig klein.

Ich entschloß mich, ihn einfach zu überlisten, damit er sich aus seinem eigenen Dunstkreis lösen konnte. Ich wußte, daß der Laden im Sommer einen 14-tägigen Betriebsurlaub machte, um in dieser Zeit die Möbel zu wechseln und Reparaturen auszuführen. Mehrfach unterhielt ich mich mit Claus über Ibiza. Der Sturkopf hatte immer die gleiche Antwort parat: Da sind die Leute auch nicht anders. Richtig, aber auch das Umfeld und das Ambiente? Ich rief in einem Reisebüro an und buchte zwei Flüge. Die Tickets drückte ich Säckel in die Hand. Jetzt konnte er nicht mehr kneifen, und langsam aber sicher bekam Claus bei dem Wort Ibiza Glanz in den Augen.

Ich buchte ein Hotel in Figueretas, auch weil ich wußte, daß Bernd dort inzwischen ein Café besaß. Claus hatte von mir viel über Bernd erfahren und freute sich wie ein kleines Kind, ihn einmal kennenlernen zu dürfen.

****

Bernd hatte einen großen Bauauftrag auf Ibiza ausgeführt und sich gleich danach ansässig gemacht. Bevor er sein Café eröffnete, besuchte er noch schnell einen kleinen Kurs bei einer Rösterei, wo er etwas backen lernte und sich im Herstellen von Speiseeis übte. Durch seine Freundin, die weiter in Deutschland lebte, erfuhren wir seine Adresse.

Zwischendurch versuchte ich auch zu Dieter wieder etwas Kontakt aufzunehmen, was sich jedoch schnell als völlig sinnlos herausstellte. Inzwischen war er von der Bundeswehr zur Polizei gewechselt, also zur anderen Seite. Ich spürte, wie er den Kontakt mied, soweit es ihm möglich war. Ich akzeptierte und verstand seine Reaktion und sah ein, daß es so für uns beide besser war. So ließen sich Kompromittierungen von vornherein ausschließen.

Meinen Vater hatte ich lange Zeit nicht mehr zu sehen bekommen, er arbeitete inzwischen als Sicherheitsbeamter am Flughafen. Was für eine Karriere, erst Personalchef für Seeleute und nun Sicherheitsbeamter. Immerhin war er in einer besseren Position als zuvor. Ein einziges Mal war er bis dahin im Bistro gewesen, um mich zu besuchen. Claus sah ihn nur aus der Ferne und bemerkte seinen niedergeschlagenen Zustand. Nach Feierabend sprach er mich an, er wollte meinem Vater helfen, und schlug vor, ihm einen Kiosk anzubieten, den er finanzieren wollte. Eine Geste, die ihn ehrte und die ich ihm nie vergaß. Leider mußte ich seine Hilfestellung ablehnen; mein Vater hatte keine Kraft mehr, das sah man ihm an. Später erwähnte ich ihm gegenüber das Angebot. Er lehnte ab. Ich denke, seine neue Großfamilie gab ihm den Rest, weil er sich zusätzlich Verantwortung aufgeladen hatte, die er niemals bewältigen konnte; und so war es dann auch.

Er zog aus und nahm sich eine kleine Wohnung. Sein Allgemeinzustand hatte sich weiter verschlechtert. Ich merkte es, weil er zu mir nüchtern kam und sich nach einem Bier und einem Korn kaum noch auf den Beinen halten konnte.

Er hatte nicht die Kraft, sich vom Alkohol zu lösen, was dazu führen mußte, daß er sich unweigerlich weiter im Abstieg befand.

****

Mein Gefühl, was Heidi betraf, war richtig. Ein paarmal schlief ich am Wochenende bei ihr, immer mit diesem seltsamen Gefühl. Nach ein paar Wochen bekam ich heraus, daß sie während meiner Abwesenheit anschaffen ging. Daß sie mir davon nichts erzählte, konnte ich nicht begreifen. War sie wirklich so dumm, daß sie nicht merkte, in welche Situation sie mich dadurch brachte? Sie betrog mich auf eine Art, die im Milieu schnell dazu führen konnte, das Gesicht zu verlieren.

Die Wochenenden waren hart und lang. Meist begannen sie Freitagmorgen mit meinem Dienst in Wilhelmshaven und endeten erst am Montagabend in meinem kleinen Zimmer im Schwesternwohnheim. Sehr oft bekam ich an den verlängerten Wochenenden nicht eine Minute Schlaf. Ab Samstagnacht hielt ich mich oft mit Trips bei Laune. Wenn ich total geschafft war, schlief ich bei Claus oder im Abstellraum bei meinen Klamotten zwischen den Säcken mit Sperrmüll.

****

Bei mir im Bistro hielt sich neuerdings eine tolle junge, brünette Dame auf. Sie hatte eine Ausstrahlung wie eine Lady, mit einem erhabenen, stolzen Gang. Sie war etwas ganz Besonderes, eine Frau, zu der man unbedingt aufschauen mußte. Nur selten tauchte sie ohne ihre Begleitung auf, einem schwarzen Setter-Schäferhund-Mischling, welcher Molly gerufen wurde. Molly hatte die gleiche Grazie wie ihr Frauchen. Legte sie sich in Pose, kreuzte sie ihre Vorderpfoten übereinander. Molly hatte nur einen winzigen Schönheitsfehler, ihr rechter Eckzahn war etwas schief, und es sah beim ersten Blick so aus, als wenn sie etwas die Zähne fletschte. Bei unserem ersten Kontakt verliebte ich mich sofort in diese hübsche Hündin, dabei kam ich etwas zu dicht mit meinem Gesicht an sie heran, und sie biß mich in die Nase. Nicht weiter schlimm, bekam ich doch gleich eine Entschuldigung von ihr. Ihr Frauchen hieß Heide, sie war Soziologie-Studentin und ein Jahr älter als ich. Vom ersten Moment an schaute ich zu ihr hoch, es schien, als wäre sie für mich unerreichbar. Sie war bezaubernd und dadurch schön. Das, was sie jeder Frau voraushatte, waren ihre unnachahmliche Grazie und ihre anmutige Ausstrahlung. Das war der Typ Frau, auf den ich gewartet hatte; so empfand ich es, wenn sie in meiner Nähe war. War sie anwesend, wurde ich so schüchtern und zurückhaltend, daß ich mich langsam anfing über mein Verhalten zu wundern. Die Entscheidung, wer zuerst auf den anderen zugeht, übernahm, wie erwartet, Heide. Sie wartete auf meinen Feierabend, nahm mich unter ihren Arm und führte mich zu sich nach Hause. Das, was ich schon wußte, bestätigte sich. Heide gab mir ein unvorstellbares Selbstvertrauen. In ihrer Nähe wuchs ich bis auf 2 1/2 Meter.

Heide kümmerte sich sofort um Schleyer und meine anderen Sachen, die sich noch bei Heidi befanden. Es war aber nicht so, daß wir uns damit schon gefunden hatten. Ich knabberte immer noch an der Trennung von Petra, und Heide lebte seit ein paar Monaten in Scheidung. Wir ließen uns ausgiebig Zeit und Spielraum für unsere Annäherung. Heide besaß eine, von mir vorher nie empfundene, unglaubliche Toleranz. Sollte dieser Traum wirklich in Erfüllung gehen?

****

Der Sommer kam rasend schnell, und jeden Tag rückte unsere Reise nach Ibiza ein Stück näher.

In Wilhelmshaven hatte man sich längst an meine Eskapaden gewöhnt. Man verstand meine Situation und respektierte sie. Wenn ich montags mit neuen Blessuren auftauchte, wunderte sich keiner. Mein Job als Zivildienstleistender war nicht komplett zeitfüllend, also konnte ich viel Zeit auf einer Vakuum-Matratze verbringen und mich vom letzten oder für das nächste Wochenende ausruhen.

Meine Aufgabe war es, behinderte Menschen zur und von ihrer Arbeit in unserem Bus zu sichern und zu begleiten. Zwischendurch fuhr ich ab und zu bei Krankentransporten mit.

Jeder aus der Wache freute sich mit mir auf meinen bevorstehenden Urlaub, danach noch vier Wochen und das Kapitel Zivildienst sollte beendet sein. Sogar meinen Führerschein sollte ich wiederbekommen.

Noch vor dem Urlaub hatte ich fünf neue Goldbrücken mit Kunststoff-Verblendungen bekommen. Das war meine Art, mich für die unfaire Behandlung zu revanchieren. Ich fand die Gesetzeslücke zusammen mit meinem Zahnarzt. Miete wollten sie nicht zahlen, meine geliebte Wohnung war weg, aber die Kosten des Zahnersatzes mußten sie übernehmen. Die Brücken (insgesamt fünf) wurden mir zwei Stunden vor unserem Abflug eingepaßt. Ein Grund mehr, am Abend auf Ibiza richtig zu feiern.

Lollo begleitete uns zum Flughafen. Wir, das waren Säckel, Eloy und meine Wenigkeit.

Eloy war ein total verrückter Abenteurer. Ich wußte nicht viel über ihn, nur, daß er eine ganz große Nummer abzog. Ich denke, daß es wohl nichts gab, womit er nicht Geld verdiente. Geld hatte er immer und zwar bündelweise und das in Tausendern. Mir gefiel es ganz und gar nicht, wenn er wieder mal seine große Schau abzog und Silbergeld auf die Tanzfläche schmiß. Er amüsierte sich königlich, wenn die Leute sich auf das Geld stürzten und sich stellenweise sogar darum stritten.

Claus fand es gut, Eloy im Handgepäck zu haben. Er stellte sich seine Begleitung als amüsant und abwechslungsreich vor. Damit sollte er recht behalten. Allerdings war Eloys Anwesenheit auch brandgefährlich, wie wir sehr schnell feststellen mußten.

Beim Einchecken am Flughafen erlebten wir unsere erste Überraschung. Mein Vater stand an der Personenkontrolle. Seine Aufgabe war das Durchsuchen der Fluggäste mit dem Metalldetektor. Ich freute mich, ihn wiederzusehen. Aber irgendwie hatte ich kein gutes Gefühl. Was war, wenn er mit uns in Verbindung gebracht wurde? Wir waren inzwischen bekannt wie bunte Hunde, und unsere Namen wurden in einem Atemzug mit der Szene genannt. Wir waren ständig unter Beobachtung und verhielten uns dementsprechend.

****

Ibiza war noch schöner und vor allem interessanter, als unsere Vorstellungen es erlaubt hätten. Unser Hotel war schäbig, aber wer braucht schon ein Hotel auf Ibiza außer zum Schlafen? Bernds Café war nur zwei Straßenzüge entfernt, die Gelegenheit, morgens ein anständiges Frühstück zu bekommen. Eloy wohnte nur ein paar Straßen weiter auf einem Hügel, im Hotel

Zenith.

Das Zenith war damals hauptsächlich von Deutschen belegt, verdeckt unter ihnen eine Gruppe Zuhälter; die nicht mehr nach Deutschland zurückkonnten. Friedliche; anständige Kerle, die meist alle etwas Pech hatten.

Wenn wir nicht unterwegs waren, hielten wir uns am Swimmingpool im Hotel Zenith auf. Es war hochinteressant, den Geschichten und Abenteuern der anderen zu lauschen. Wir bekamen schnell Kontakt, und noch schneller wurden wir von allen akzeptiert.

Gleich am ersten Tag liehen wir uns ein paar Motorroller, alle über den Führerschein von Eloy. Claus war seinen Schein schon seit Jahren los, er hatte sogar Fahrradfahrverbot. Stolz heizten wir mit den kleinen Kisten über die Insel. Nach ein paar Tagen tauschten wir die Roller für kurze Zeit gegen Geländemaschinen. Mit denen fuhren wir am liebsten durch die Dünen kurz vor Las Salinas.

Wir waren verrückt angezogen: Cowboystiefel, orangene Tangas oder Jeans-Shorts. Am Gürtel hing immer griffbereit ein Stirnband.

Das Stirnband wurde zu Claus' und meinem Markenzeichen. Banden wir es über den Kopf, waren wilde Aktionen nicht mehr weit entfernt.

Las Salinas war unser liebstes Ausflugsziel, aber wir waren auch Tag und Nacht unterwegs, um jeden anderen Winkel der Insel zu erkunden. Bernd hatte, und hat heute noch (1999), sein Café voll im Griff. Viele Speisen wurden von ihm selbst zubereitet und schmeckten vorzüglich. Berühmt war das Café für die wunderhübschen Eisbecher und monströsen Torten, aber auch das Frühstück hatte eine kaum zu erreichende Qualität auf der Insel. Bernd kümmerte sich liebevoll um seine Gäste, uns gab er ein paar Tipps, wie wir uns gegenüber den Einheimischen verhalten müssen. Unser Traum war es natürlich, ein eigenes Bistro auf dieser Insel zu besitzen.

Nachts besuchten wir das „Gloris", das „Kuh" oder das „Pascha" am Hafen in Ibiza-Stadt. Das „Kuh" war eine große Disco mit Pool, heute ist dort eine der größten Diskotheken Europas. Das

„Gloris" lag an der Straße zum „Kuh", ungefähr dort, wo sich später das „Indiana-Café" befand. Gleich am zweiten Tag machten wir dem „Gloris" unsere Aufwartung. Ein aufregendes Erlebnis. Das „Gloris" schien riesengroß.

Gleich beim Eingang standen, unter freiem Himmel, Tresen geschmückt mit Dächern aus Palmwedeln. Im Innenraum war eine riesige Tanzfläche, gerahmt von Baßboxen mit einem Maß von scheinbar 2 x 2 m. Vor den Boxen standen bildhübsche Mädchen, in Tangas gekleidet. Eine stand mit dem Rücken zur Tanzfläche und stimulierte sich an den Vibrationen der Bässe.

Eloy bestellte für jeden von uns eine Flasche und schrieb seinen Namen auf das Etikett. Der Barkeeper machte große Augen und wurde überfreundlich. In Windeseile sprach sich unsere Anwesenheit herum. Was für eine dumme Falle. Der Barkeeper stellte uns als die bekannte Rockband „Eloy" vor. Wir kamen aus diesem Klischee nicht heraus und entschlossen uns, die Rolle so gut wie möglich mitzuspielen. Eine schwierige Aufgabe, wie sich noch herausstellen sollte. Ich hatte überhaupt keine Ahnung von dem Gebrauch irgendeines Instrumentes und hielt mich verschämt zurück, nicht ohne dabei so zu tun, als könnte ich Gitarre spielen.

Eloy kostete die Situation voll aus. Der Barkeeper lieferte uns eine grandiose Schau. Perfekt jonglierte er mit den Longdrink-Gläsern und deren Inhalten, sowie mit Eiswürfeln. Blitzschnell füllte er ein Glas randvoll mit Eiswürfeln. Ein anderes leeres Glas, das sich in der selben Hand befand, klickte er kurz mit dem vollen Glas am Boden zusammen und >schwupps< waren beide Gläser gleichmäßig gefüllt.

Später, wieder zu Hause, trainierte ich diesen Handgriff, ohne Erfolg. Das einzige, was sich bei mir in den Gläsern füllte, waren Glassplitter.

Die erste Nacht im Gloris ging dem Ende zu. Auf der Tanzfläche tanzte ein wunderschönes Mädchen, alleine. Eloy ergriff die Gelegenheit und gesellte sich zu ihr. Schnell wie der Blitz tauchten zwei Kerle auf und beförderten Eloy unsanft von der Tanzfläche. Wir waren erstaunt. Es stellte sich heraus, daß dieses Mädchen zu einem reichen Mann gehörte, der seine Besitzansprüche durch seine Bodyguards durchsetzen ließ. Säckel schäumte vor Wut. Wir blieben noch eine Weile, aber die anderen machten so schnell keine Anstalten, die Disco zu verlassen, sondern reizten uns zusätzlich mit ihrem erhabenen Getue. Das Spiel ging so lange weiter, bis das „Gloris" die Pforten schloß.

Eloy und ich saßen schon in einem Taxi, Säckel stand neben dem Ausgang, als die Gruppe die Disco verließ. Ein gewaltiger Schlag von ihm, und die beiden Leibwächter lagen im Schotter. Säckel griff sich sofort den reichen Kerl und hämmerte auf ihn los. Eloy und ich waren blitzschnell aus dem Taxi und stürzten uns auf die Leibwächter, die langsam wieder auf ihre Beine kamen.

Das sollte ihnen eine Lektion sein. Nun waren sie die Gedemütigten.

Am nächsten Abend fuhren wir wieder, frohen Mutes, ins „Gloris". Dort wartete eine Überraschung auf uns. Mindestens sechs Mann standen am Eingang, zum Teil ausgerüstet mit Baseballschlägern, und schienen uns zu erwarten. Ihre Nervosität und die Angst in ihren Augen bestätigte unsere Vermutung. Freundlich forderten sie uns auf, zu verschwinden. Eloy protestierte und verlangte die Herausgabe unserer Flaschen. Einer der Männer ging los und war nach kurzer Zeit mit den Flaschen zurück. Eloy grinste, schraubte die Flaschen auf und ergoß deren Inhalt über ihre Gamaschen. Lachend verließen wir diesen Ort und fuhren ins „Pascha". Es war unser letzter Besuch im „Gloris".

****

Claus wußte, daß sein Freund Ron auf der Insel war. Ron war ein bekannter Zuhälter, er spielte auch eine bedeutende Rolle bei den Hamburgern auf dem Kiez. Wir mußten nicht lange suchen. Mitten in der Innenstadt saß Ron in einem bekannten Café und freute sich über Säckels Erscheinung. Die beiden verstanden sich gut und unterhielten sich wie gute alte Freunde.

Es war eine lange Nacht, und bevor sie zu Ende ging, wollten wir der Disco „Kuh" noch einen Besuch abstatten. Inzwischen fuhren wir wieder Vespas. Claus saß bei Eloy auf der Rückbank. Im „Kuh" war nichts mehr los, und wir entschieden uns, die Nacht zu beenden. Ich fuhr voraus und wunderte mich darüber, daß

Eloy und Säckel schon eine Weile nicht mehr zu sehen waren. Kurz vor meiner Ankunft am ersten Kreisel in Ibiza-Stadt machte ich mir Sorgen. Ich wartete eine Weile am Kreisel, dann war für mich klar, daß tatsächlich etwas passiert sein mußte. So schnell es ging, fuhr ich die Strecke ab. Erst auf dem Schotterweg zum „Kuh" sah ich das Malheur. Säckel saß auf einem Schotterhaufen und krümmte sich vor Schmerzen. Ihnen war ein Auto entgegengekommen, und dieses machte nicht einmal den Versuch, etwas auszuweichen, im Gegenteil: Es blendete Eloy mit seinem Fernlicht. Eloy fuhr mit der Vespa in den Haufen, Säckel rutschte von der Rückbank und schleuderte auf seinem rechten Arm über den Schotter. Die Verletzung mußte ihm höllische Schmerzen bereitet haben. Seine Haut war vom rechten Arm abgezogen. Säckel konnte sich kaum bewegen, und nur mühsam transportierten wir ihn in unser Hotel. Säckel schrie vor Schmerz, und ein Arzt war nicht aufzutreiben.

Eloy fiel ein, daß er noch Schmerztabletten in seinem Gepäck hatte, und rannte los. Wir lösten bei seiner Rückkehr die halbe Packung in einem Glas mit Zucker und warmem Wasser auf, um die Wirkung zu beschleunigen, und flößten Claus den Inhalt mit einem Löffel ein. Die Wirkung der Schmerzmittel nahm schnell wieder ab, und wir machten uns auf die Suche nach einem Krankenhaus. Es war noch früh am Morgen, und unser Spanisch umfing gerade einmal den Wortschatz zum Bestellen eines Bieres. Nach 20 Minuten Fahrt mit einem Taxi fanden wir endlich das Krankenhaus. Wären wir zu Fuß gegangen, hätten wir wohl nur fünf Minuten benötigt.

Das Krankenhaus glich einer Katastrophe, überall lagen alte Mullbinden und gebrauchte Spritzen herum. Auf den Gängen standen aufgebrochene Kisten mit medizinischen Geräten, wohl zum Gebrauch bestimmt. Der Arzt war sympathisch und hilfsbereit, aber die anschließende Rechnung mußte sofort beglichen werden. Säckel bekam den Arm mit Jod gesäubert und verbunden. Danach legte er sich schlafen.

Ich blieb die kommenden zwei Tage am Pool im Hotel Zenith, so lange, bis Säckel sich etwas erholt hatte, dann ging unser Abenteuer weiter. Dieses Mal tauschten wir unsere Roller wieder gegen Geländemaschinen ein.

Am Tag unserer Abreise verabschiedeten wir uns von unseren neuen Freunden im Hotel Zenith. Eloy wollte nicht mit uns zurück in die Heimat; er hatte erfahren, daß er inzwischen auf einer Fahndungsliste stand. Er war in guter Gesellschaft und blieb noch bis zum Herbst auf der Insel. Wie wir später von Bernd erfuhren, soll Eloy noch einen üblen Auftritt auf der Insel gehabt haben, bevor er endgültig verschwand. Bernd kräuselt heute noch nachdenklich seine Stirn, wenn er an diese Zeit erinnert wird.

Wir hörten davon, daß Eloy zuletzt in Asien gesehen wurde, dann verlor sich die Spur.

Wir saßen also friedlich auf der Veranda und ließen unseren Urlaub noch einmal Revue passieren, da tauchten zwei Holländer auf und fing an, unsere Gruppe gemein und sehr übel zu provozieren. Claus und ich bemerkten sofort, daß etwas nicht stimmen konnte, und wir sollten recht behalten. Die Holländer waren auf einem Trip und verloren die Kontrolle, also eine brandgefährliche Situation.

Die Lage eskalierte und war nicht mehr kontrollierbar. Claus wußte, was kommen sollte. Wir waren die einzigen, welche nicht von der Polizei gesucht wurden, also mußten wir den Part übernehmen. Blitzschnell schlugen wir zu, immer wieder, so lange, bis die beiden leblos auf dem Boden lagen. Eine Menge Inventar ging dabei zu Bruch, unter anderem auch die große Scheibe mit den gravierten Goldbuchstaben des Hotels, die Eingangstür und Teile der Rezeption. Damit war unser Auftritt aber noch nicht beendet.

Jetzt galt es, schnell unsere Sachen aus unserem Hotel zu holen und zu verschwinden.

Die ganze Nacht über hatten wir das Gefühl, von der Guardia Civil gesucht zu werden, bis wir am Morgen den Flugplatz erreichen konnten.

Damit war dieses Abenteuer aber noch nicht vorüber. Am Flugplatz zu Hause wurden wir von der Drogenfahndung empfangen. Es folgten ein langes Verhör und eine haarsträubende Kontrolle, bei der sogar Claus' Dupont-Feuerzeug in Einzelteile zerlegt wurde. Uns wurde schnell klar, daß sie nur ihren Frust an uns ablassen wollten, weil wir Eloy nicht im Gepäck hatten. Ein paar klare und knallharte Worte, dann konnten wir endlich nach Hause, in unsere Disco.

Ein paar Tage später erfuhren wir, daß meinem Vater die Arbeit gekündigt wurde; angeblich hatte er bei einer Kontrolle einen weiblichen Fluggast belästigt.

Wenn ich auf alles zurückblicke, kann ich es kaum fassen, daß ich immer noch frohen Mutes an meinen Idealen festhielt. Das waren Mut, Ehre und Respekt sowie festes Vertrauen in eine aufrichtige Freundschaft.

Eines ist doch klar: Wer erkennt in seinem Leben schon mal einen richtigen Freund? Wer ist bereit, sein Leben für diesen zu geben? Nur der, der dazu bereit ist, kann erfahren, was Freundschaft für eine Bedeutung besitzt.

Ich bin davon überzeugt, daß viele nicht einmal merken, wer zu seinen Freunden gehört.

Es gehört etwas Glück dazu, diese zu erkennen. Viele Möglichkeiten gibt es nicht, da ein Mensch in seinem Leben höchstens drei „richtige" Freunde besitzt und oft nur einen von ihnen erkennt. Eine Überzeugung oder besser gesagt Feststellung, die jeglichen Reichtum übertreffen kann.

10. Kapitel – Auch große Liebe

Einer meiner ersten Wege nach unserer Rückkehr von Ibiza war es, Heide und Molly aufzusuchen. Ich hatte Glück und traf die beiden auf ihrem Weg zu ihrer Wohnung.

Unser Verhältnis basierte immer noch auf einer großen Toleranz und gegenseitigem Respekt. Wir sahen uns nicht oft, aber wenn, war es jedes Mal wie das erste Mal. Es wuchs zwischen uns etwas ganz Besonderes, etwas, wovon ich vorher noch nicht einmal zu träumen gewagt hätte. Von Woche zu Woche verstärkte sich unsere Beziehung und es wurde Liebe daraus. War sie in meiner Nähe, verspürte ich, wie eine große Kraft in mir wuchs. Ich wurde unschlagbar, ja fast unverwundbar. Es war ihre Aura, welche mir diese Kraft verlieh.

****

Die letzten Tage meines Zivildienstes gingen schnell vorüber. Was war nun zu tun? Sollte ich versuchen, in meinen alten Beruf zurückzukommen?

Die endgültige Entscheidung fiel mir leicht, vor allem, weil die Würfel längst gefallen waren.

Mein Schmerz über die alte Firma saß zudem noch sehr tief, und vor allem konnte und wollte ich Claus nicht alleine lassen. Wir hatten uns inzwischen so stark aufeinander eingespielt, daß jeder für den anderen nicht mehr zu ersetzen war. Ich entschied mich ganz klar für eine Festanstellung in der Disco.

Das Gehalt, das ich bekam, war nicht ausreichend für die Größe der Aufgabe, aber es reichte, um gut über die Runden zu kommen. Ich ließ mich ohne Kompromisse auf diese Bedingungen ein, weil es unweigerlich schien, daß Claus einen Plan für die Zukunft hatte. Ich vertraute Claus wie keinem Menschen zuvor und ließ alles so auf sich beruhen.

Ich bekam ein Zimmer auf der gleichen Etage wie Claus zugeteilt und richtete es mir nach gewohnter Art ein. Natürlich wieder mit erhöhtem Fußboden, darin eingelassenem Bett, Fototapete mit Südseestrand und Hängematte. Claus und ich teilten uns das Badezimmer, sein Wohnzimmer und einen Raum, in dem wir eine Küche installieren wollten.

In einen anderen freien Raum stellten wir einen Schreibtisch und diverse Sportgeräte. Für die Küche ließen wir uns noch ein bißchen Zeit. Unsere Arbeit erforderte den ganzen Mann und ließ uns keine Zeit und Kraft für andere Unternehmungen. Fast ein Jahr lang hatten wir kaum die Möglichkeit, außer Haus zu gehen.

****

Nach unserem ersten Urlaub spürten wir immer mehr das Ausmaß der politischen Entscheidungen. Es begann ein Verteilungskampf um die Sicherung der Drogengeschäfte, geführt von einigen militanten Türken. Ehe wir es uns versahen, war das Bistro gefüllt mit Dealern. Das einzige, was wir unternehmen konnten, war für Ruhe zu sorgen, eben den Weg der Schadensbegrenzung zu wählen. Meine Aufgabe wurde es, das Bistro zu führen. Claus' Reich war die Disco, welche er, ergänzt durch einen Läufer, alleine führte.

In Diskotheken gleicher Größe rangierten wir jahrelang als die Besten, was die Musik und die Umsätze betrafen, sehr zum Wohlgefallen der hohen Herrschaften. Der Aufsteller verdiente zusätzlich an den Automaten und der andere an den Getränkelieferungen. Beide bauten sich auch mit unserer Hilfe langsam ein großes und mächtiges Imperium auf.

Wir führten das „Why Not" so streng und scharf, daß niemand sich noch trauen sollte, uns irgendwie aufzuhalten. Versuche gab es immer wieder, so auch von der restlichen Gruppe aus dem Maschinenhaus. Richtig verstehen konnte ich das Verhalten nicht, sie hatten ihren Platz und wir unseren. Warum also Machtkämpfe? Daß diese Geschehen zur Vorbereitung späterer Ereignisse dienlich sein würden, kam mir zu diesem Zeitpunkt nicht in den Sinn.

Das Bistro öffnete täglich um 15.00 Uhr, die Disco um 20.00 Uhr, und wir teilten uns den Dienst an den Nachmittagen. Gemeinsam frühstückten wir im Bistro, wo jeder ein Fach für seine Lebensmittel im Extra-Kühlschrank angelegt hatte.

Schon bevor wir das Bistro öffneten, kamen oft Türken oder Araber, um einen Joint mit uns zu rauchen. Mir wurde es langsam lästig, ständig breit zu sein. Ich sehnte mich oft nach ein paar Stunden Ruhe und einem klaren Kopf.

Aber ohne Rauchen schien dieses System nicht zu funktionieren. Die Kräfte reichten dann scheinbar nicht aus, um der täglichen Gefahren Herr zu werden. Das, was uns oft unser Leben sicherte, waren unsere Intuitionen und das Gespür für Gefahr, und dieses funktionierte nur ausreichend in einem gewissen Zustand. Sehr oft begannen wir den Tag mit dem Gefühl im Bauch, daß dieses unser letzter Tag sein könnte. Besonders dann, wenn wir spürten, daß wieder etwas in der Luft lag. Es war schwer, jeden Tag den Umsatz anzukurbeln. Wir nahmen keinen Pfennig Eintritt, und unser Publikum gehörte nicht vornehmlich zu denen, die geregelter Arbeit nachgingen. Wir führten das Geschäft mit scharfem Ton und unmißverständlich: „Nichts saufen? Raus!"

Das „Why Not" lag nur wenige Meter entfernt von der Bordellstraße unserer Stadt. Sonnten wir uns auf unserer Dachterrasse, konnten wir die Mädchen bei ihrer Arbeit beobachten. Ich hatte großen Respekt vor der Arbeit dieser Frauen, als Zuhälter zu arbeiten kam für mich dennoch nicht in Frage. Angebote gab es immer wieder, aber ich merkte schnell, daß ich mich in dieser Rolle überhaupt nicht wohl gefühlt hätte; ebenso erging es Säckel.

Dann kam der Tag, an dem Lollo verhaftet wurde.

Säckel hatte sein Geld aufbewahrt und sich sofort um einen Anwalt gekümmert.

Lollos Prozeß begann schnell. Wir waren an jedem Verhandlungstag anwesend. Von Beginn an spürten wir die Härte der Richter. Sie ließen kaum eine Aussage für Lollo zu, und es war jedem schnell klar, daß er nicht die Spur einer Chance besaß; und so war es dann auch. Eben fünf Jahre, das war damals die Höchststrafe. Das Schlimmste war jedoch, daß seine Freundin die gleiche Strafe bekam. Das bedeutete, daß Lollo nach Santa

Fu in Hamburg und Lissy nach Lübeck transportiert wurden.

Lollo war nur ein kleines Licht in dem was er tat, als Mensch jedoch war er einzigartig und vor allem bemühte er sich, korrekt zu sein.

Lollo war ein Opfer der Gesellschaft. Ich dachte in diesem Moment daran, wie er mir stolz aus seiner Zeit erzählte, als er auf der „Wappen von Bremen" mitsegeln durfte. Nun gehörte er zum Abschaum der Gesellschaft, so wie viele andere auch, deren Jugend so hoffnungsvoll begonnen hatte. Dennoch war Lollo eine besondere Rolle zugedacht worden.

Er hatte gültige Maßstäbe gesetzt.

In der kommenden Zeit wurde ich Spezialist im Packen von Paketen für Lollo. Unser erster Besuch in Santa Fu war ein kleiner Schock. Die großen, langen Mauern aus roten Backsteinen. Ein riesiger Wall mit noch größeren, finster aussehenden Wachtürmen. Eine streng geordnete Stadt in einer Stadt.

Lollo erzählte uns von den anderen Insassen. Einen Block neben ihm saß unter anderem der Massenmörder Fritz Honka. Wie sollte er jemals dort ohne weitere Schäden wieder herauskommen? Er hatte mein aufrichtiges Mitgefühl, so stark, daß ich ihn kaum anschauen konnte.

Lollo beschloß, seine Freundin im Knast zu heiraten. Säckel nahm es in die Hand, unterhielt sich mit dem Anwalt und besorgte die Ringe. Das Geld, welches Claus für Lollo aufbewahrt hatte, war schnell verbraucht. Lollo war außer sich und verlor seine Hoffnung.

****

Im „Why Not" standen die Zeichen für uns günstig. Unsere Konsequenz und vor allem unser Zusammenhalt sprachen sich wie ein Lauffeuer herum. Der Laden brummte inzwischen sogar am Nachmittag. Es war nicht selten, daß bevor am Abend die Disco aufgemacht wurde, erst einmal die großen Kühlschränke wieder komplett aufgefüllt wurden.

Meine Arbeit bestand aus vielen Aufgaben. Ich war Türsteher, Barkeeper, im Service und Bedienung an den Tischen. Die wichtigste Aufgabe war es jedoch, Ruhe unter den immer verrückter werdenden Dealern zu schaffen. Inzwischen waren es auch Araber und Afrikaner, die Boden für sich gewinnen wollten. Teilweise wurde die Situation unerträglich, aber es entwickelte sich ein System, welches eigenständig zu laufen schien.

Schlägereien mit Verrückten waren an der Tagesordnung, und nur dem Zusammenhalt von Claus und mir war es zu verdanken, daß so manche Situation nicht eskalierte.

Das Bistro sah ungefähr so aus:

Vorne, vor dem Eingang, war eine Terrasse, daneben ein kleiner türkischer Imbiß; später siedelte sich dort eine kleine Pizzeria mit den ersten Pizza-Stücken im Außer-Haus-Verkauf an, daneben wieder ein Türke. Der Eingang bestand aus einer Glastür mit undurchsichtigem Gitterglas, die sich mechanisch wieder zuzog. Ging man zwei Meter durch einen schmalen Gang, dann begann auf der linken Seite mein Tresen. Der Tresen war 2 x 7 m groß. Hinter dem Tresen stand eine sehr große, alte, verchromte Kaffeemaschine, die aber ihren Dienst schon geraume Zeit quittiert hatte. Die Spirituosen waren in einem alten, fast antiken Schrank gut sichtbar untergebracht. An der Längsseite vom Tresen waren Sitzbänke angebracht. An der schmalen Seite zum Gang standen ein paar Barhocker. Vor dem Tresen und an der freien Seite reihten sich alte Couchgarnituren, alte Nähmaschinengestelle und Stehlampen, mit bunten Strahlern ausgerüstet. Nach zehn Metern teilte eine Wand den Raum. In der gleichen Länge wie der Tresen befand sich ein großer Torbogen; durch diesen erreichte man einen Raum, in dem der große Billardtisch und andere Spielgeräte standen. Ging man geradeaus weiter, erreichte man durch eine schmale Tür am Abend die Disco. Man mußte ein paar Stufen eine schmale Treppe hinuntergehen und hatte zeitweise das Gefühl, im Paradies zu sein.

Durch geschickt plazierte Spiegel konnten wir fast jeden Winkel in den Räumen beobachten. In jeder freien Ecke befanden sich alte Nähmaschinen oder alte Wäschemangeln zur Dekoration. Auch die Disco war mit alten Stehlampen und Wohnzimmerleuchten ausgestattet.

Ab und zu fuhren wir in den Wald, holten dort ein paar Tannen und pflanzten diese in halbierte, saubere Ölfässer.

Die Wände waren mit hervorragenden Fantasy-Bildern bemalt. Das gab der gesamten Atmosphäre eine ganz besondere Note.

.... Gestern die Nachrichten vom Tod der Raissa Gorbatschow und von Willy Millowitsch. In der Nacht die Nachricht vom Erdbeben in Taiwan und heute morgen die vom Ableben von André Kostolany. Alles Menschen, die auf ein ungewöhnliches, bewegtes, vom Schicksal geprägtes Lebenswerk zurückblicken konnten. Besonders empfindlich trifft mich das Schicksal der Familie Gorbatschow. Ich kann sehr gut nachempfinden, was in Michail Gorbatschow vorgehen muß. Unverantwortlich die Bilder in den Medien, wie die Reporter diesen Mann in seiner schwersten Stunde grausam und unbarmherzig verfolgen. Schwer ist auch der Verlust der anderen beiden Originale. Beide durfte ich noch vor ein paar Jahren persönlich erleben. Unvergeßlich und tief ergreifend der Auftritt von Willy Millowitsch auf einem Winterball in Köln. Mut und Kraft spendend der Auftritt von André Kostolany, dem Börsenguru, auf einer Führungskreis-Tagung.

Leiden müssen nun die Überlebenden. Für die wird es sehr schwer, mit dem Verlust dieser Menschen weiterleben zu müssen. Aber was mich noch mehr beunruhigt, ist: Je näher wir an das Millennium kommen, desto stärker ist das Ausmaß der Katastrophen zu spüren. Werden nicht vielleicht doch Zeichen gesetzt, die dem Menschen sagen sollen, macht endlich Schluß mit dem Wahnsinn!?

Leider werde ich das Millennium noch im Bett verbringen müssen; wie gerne würde ich etwas ganz Besonderes unternehmen, etwas, was zu meinem bisherigen Leben paßt. Etwas, was die bisherigen Kapitel abschließt und ein neues öffnet. Ursprünglich sollte, pünktlich zur Jahrtausendwende, das Behindertenprojekt vorgestellt werden. Urlaub für Gehbehinderte in einem geschlossenen Angebot.

Es ist mir schleierhaft, daß noch kein Mensch darauf gekommen ist; einmal, weil sich ein riesiger Markt eröffnet, zum anderen, weil gerade dieser Personenkreis auf Urlaub Anspruch haben sollte. Ohne diesen werden sie zu ihrem Leid noch einmal „bestraft“, und das, obwohl es noch nicht einmal sein muß.

Das Millennium mit den neuen Instruktionen von Pink Floyd zu erleben, ich glaube, etwas Schöneres und Sinnvolleres könnte ich mir nicht vorstellen. Ich werde jemanden beauftragen, über das Internet Informationen einzuholen, gleich mit einer E-Mail versehen, um unverbindlich anfragen zu können. Was für eine große, tolle Sache. Dafür würde ich, sogar in meinem Zustand, um die Welt reisen wollen. Blödsinnige Idee, weil ich es einfach noch nicht schaffen kann.

Nur wer Pink Floyd live erleben durfte, weiß, wovon ich spreche.................

Ich stand hinter dem Tresen und hatte nicht bemerkt, daß Alfred, Pummy und ein paar Mitläufer aus dem Maschinenhaus sich an mir vorbeigeschlichen hatten. Trotzdem spürte ich, daß etwas „im Busch" war. Meine Antennen schalteten auf vollen Empfang, und schon ging der Zauber los. Eine fürchterliche Schlägerei begann unten in der Disco. Daß da was passierte, sah ich an der Bewegung und der Körpersprache der Gäste in der Disco, welche ich durch den schmalen Eingang erkennen konnte. Oft war es, genau wie umgekehrt, aber auch nur der direkte Draht zu Claus. Der funktionierte fast immer.

Wir schirmten die Gruppe ab, aber leider war schon eine Menge Blut geflossen. Es war schwer, den Überblick zu behalten, der Laden war randvoll. Mühsam kämpften wir uns bis zum Bistro vor.

Plötzlich sackte ein junger Stammgast, ein Jugoslawe, zusammen. Er zeigte mir noch, was mit ihm passiert war, und wurde still und kreidebleich. Ein Messer hatte ihn im Unterleib getroffen und ihn schwer verletzt. Eine unbändige Wut stieg in mir auf.

Stand er doch gerade noch zwischen mir und den Angreifern.

Diese waren inzwischen auf der Terrasse und nutzten die Aufregung, um sich aus dem Staub zu machen. Ich sah das und sprintete hinterher. Ich konnte einen fast erreichen, dieser flüchtete in eine Straßenbahn. Ich erkannte, daß es Alfred war, und erhöhte meine Geschwindigkeit, leider zu spät.

Die Straßenbahn fuhr an, bevor ich sie einholen konnte, und Alfred verschwand. Ich ärgerte mich und ging zum Laden zurück. Claus war sehr erbost. Sofort pfiff er mich an. Ihm paßte es nicht, daß ich alleine diese halsbrecherische Verfolgung unternommen hatte. Auch Heide war maßlos verärgert, beide hatten Angst um mich gehabt. Ich war mir keiner Schuld bewußt. Ich sah das anders, hatten Kommissar Zufall und der Jugoslawe mir nicht gerade das Leben gerettet? War ich es dem Jugoslawen nicht schuldig, daß die Verursacher gestellt wurden?

Der Jugoslawe überlebte diese Attacke. Es wurde nie festgestellt, wer gestochen hatte.

Pummy traf ich, ein paar Tage später, in der „Gaslaterne". Die „Gaslaterne" war eine kleine gemütliche Gaststätte schräg gegenüber vom „Why Not". Herbert, ein Unikum, war der Wirt, und wir waren oft und gerne nach Feierabend bei ihm zu Gast. Ich saß an einem der Tische, und Pummy kam herein. Sofort stürzte ich mich auf ihn. Pummy war kein Leichtgewicht; es kostete einige Mühe, ihn zu Boden zu bekommen. Er lag, und ich forderte von ihm den Namen des Messerstechers. Er wollte nicht antworten, auch nicht, als ich ihm einen Finger zu brechen versuchte.

Alfred und Pummy starben, nacheinander, im Gefängnis. Beide sollen sich erhängt haben.

Es hatte niemand Einfluß auf den Tod der beiden; es war Schicksal, wie auch bei anderen die versuchten, auf diesem Weg ihr Ziel zu erreichen.

****

So ähnlich war es dann auch bei zwei sympathischen Arabern. Große muskulöse Kerle mit einer dicken, lockigen Haarpracht. Die beiden hatten große Probleme mit den Kurden.

Auf jeden Fall verließen sie, aufgebracht und furchtbar aufgeregt, das Bistro. Nur einige Minuten später tauchten sie wieder auf. Beide bewaffnet, der eine mit einer Kalaschnikow, der andere mit einer Makerow (einer russischen 9 Millimeter) im Anschlag. Ich erkannte die Gefahr sofort und stellte beide in dem schmalen Bereich vor meinen Tresen. Ich gab ihnen zu verstehen, daß sie unmöglich ihre Probleme in dem vollen Laden austragen können und schon gar nicht schwerbewaffnet. 500 Personen und eine entsicherte Maschinenpistole ? Was für eine Katastrophe! Es gab nur eine Möglichkeit; ich wendete mich von beiden ab und ging auf den ersten erreichbaren Tisch zu. Ich hatte nur die eine Chance: zu warten, bis die Männer an mir vorbeigingen, um sie dann mit einem Tisch, Aschenbecher oder Stuhl von der Seite her aufzuhalten. Ich ging langsam und sehr vorsichtig, mit dem Rücken zu den Arabern, in Richtung des Tisches. Der eine Araber mit der Makerow verlor die Nerven und gab einen Schuß ab. Ich bekam davon in dem Tumult und der Anspannung nichts mit. Jemand erzählte mir Jahre später, daß er auf meinen Rücken gezielt und mich verfehlt hatte. Unglaublich, bei einer Entfernung von knapp fünf Metern. Den Augenblick nutzten ein paar Türken, um die Waffen an sich zu reißen. Mit Erfolg. Wütend verließen die Araber das Lokal. Am nächsten Tag erfuhr ich, daß beide bei einem Autounfall ums Leben gekommen waren. Ich mochte die Typen, aber mit ihrem letzten Auftritt hatten sie Schicksal gespielt und somit selbst die Weichen gestellt. Das waren die ungeschriebenen Gesetze der Szene, und jeder wußte das.

****

Wir schrieben das Jahr 1979, und die große Angst war die atomare Bedrohung. Eine Angst, die überall spürbar war. Die RAF hatte ihren Kampf verloren; Ensslin, Baader und Meinhof waren ums Leben gekommen. Schleyer (meine Katze) war über die angrenzenden Dächer verschwunden. Wahrscheinlich war sie bei einer der Frauen aus der Bordellstraße gelandet, was ich ihr nicht weiter übelnahm.

****

Endlich sollte ich Heides Familie kennenlernen dürfen. Langsam dämmerte mir, daß ich als Kind, wenn ich zu Besuch bei meinen Großeltern war, mit den Brüdern Murmeln und Fußball gespielt hatte. Die Familie wohnte nur 300 Meter entfernt von dem idyllischen Grundstück meiner Großeltern. Es war Weihnachten, und wir hatten, wie immer, wenig Zeit. Also mußte ich alle Besuche an Heiligabend tätigen, an den anderen Feiertagen hatten wir den Laden voll. Feiertage und Sonntage kannten wir nicht.

Also, Heiligabend war immer volles Familienprogramm, Oma, Vater, Mutter, die anderen Großeltern und dieses Jahr Heides Familie. Für mich oft die einzige Gelegenheit, meine Familie einmal im Jahr zu sehen, obwohl wir alle in der gleichen Stadt lebten. Die Arbeit im „Why Not" ließ es nicht zu.

Heide liebte ihre Familie und ganz besonders innig ihren Vater. Ihr Vater war Fernfahrer, stolz zeugten Urkunden in seinem Haus von seinen Leistungen. Auf denen war zu erkennen, daß er mehrere Millionen Kilometer mit dem LKW gefahren hatte.

Leider wurde sein Stolz, wie vorher schon auf ähnliche Weise bei meinem Großvater, durch ein einschlägiges Ereignis getrübt. Durch die ständige Sonnenbestrahlung im LKW hatte er auf dem linken Arm Hautkrebs bekommen, der sich langsam am ganzen Körper vermehrte.

Ich merkte ihm seine Krankheit nicht an. Von Beginn an waren wir uns sympathisch, und so war es auch mit dem Rest der Familie. Die Mutter empfing mich herzlich wie einen ihrer zwei Söhne, und schnell war das Eis gebrochen.

Ich legte ihnen die Karten auf den Tisch und berichtete von meinem Tun. Sie zeigten Verständnis, ja, sie bestärkten mich sogar darin. Außer daß ich kiffte war ja auch nichts daran auszusetzen. Im Gegenteil, langsam bekam ich wieder den Glanz, den Schwiegermütter am liebsten sahen. Kämpften wir doch für Ideale, die langsam immer mehr von der Bildfläche verschwanden.

Ich war beeindruckt von der Art und vor allem dem Zusammenhalt dieser Familie. War das die Mischung, die ich brauchte und auch gesucht hatte? Endlich wieder ein zusätzliches Zuhause, so wie es besser nicht hätte sein können. Besser als jetzt konnte es kaum noch werden. Ich verehrte die Zuneigung und Wärme, die ich von Heide bekam. Ein Gefühl, wie ich es so bis dahin noch nicht kennengelernt hatte.

****

Es begann im Februar, kurz nach Heides Geburtstag. Heide kam gerade von der „Destille", einer kleinen, gutbürgerlichen und urigen Kneipe, die schräg gegenüber von dem „Maschinenhaus" lag.

Der Wirt und seine Frau waren sympathische Leute, die sich mit der Kneipe einen Traum erfüllen wollten. Der Wirt selber war Kameramann bei einem Fernsehsender. Heide arbeitete in der Destille, um so ihr Studium zu finanzieren.

Zuerst dachte ich, Heide hätte sich überanstrengt; dann machte ich mir Sorgen. Die Symptome ließen auf eine akute Blinddarmentzündung schließen. Sofort brachte ich sie in ein nahe gelegenes Krankenhaus. Die Ärzte bestätigten unsere Vermutung. Ich dachte an die Routine eines solchen Eingriffes und beschloß, mich erst einmal auszuruhen.

Am nächsten Morgen fuhr ich ins Krankenhaus und erlebte eine Überraschung. Heide wurde zwar operiert, aber den Blinddarm hatten sie nicht entfernt. Die Ärzte konnten sich ihre Schmerzen nicht erklären und standen vor einem Rätsel. Es wurde beschlossen, die Sache erst einmal auf sich beruhen zu lassen.

****

Claus hatte inzwischen ein Bistro für seine von ihm getrennt lebende Frau gekauft, und wir besorgten das Inventar. Eine antike, sehr gut erhaltene Couch, fast unbezahlbar, und diverse andere Sachen, alle ziemlich hochwertig. Ich empfand das als respektvolle Geste von Claus. Bevor er anfing, etwas für sich zu tun, dachte er erst an seine Familie, obwohl sie schon lange voneinander getrennt waren. Sein Sohn hatte ein schweres Augenleiden, und ständig mußte der Kleine Operationen über sich ergehen lassen. Einmal brachten wir ihn sogar in eine Spezialklinik bei Bonn. Es war rührend anzusehen, wenn Claus sich um den Kleinen kümmerte und mit ihm sprach. Daß er sonst kaum noch Einfluß auf die Familie hatte, machte ihm stark zu schaffen. Immer wieder erzählte er mir die gleichen Geschichten über seinen Aufenthalt im Gefängnis und die Trennung von seiner Frau. Seine Frau zeigte Verständnis für sein Verhalten, immer wieder erklärte sie mir, wie sehr sie ihn trotz allem liebte. Sie war es auch, die als erste die besondere Beziehung zwischen Claus und mir entdeckte.

****

Claus kaufte uns einen alten Ford Transit. Wir schrieben in gefährlich aussehenden, großen schwarzen Buchstaben „Why Not" auf die Seitenwände und richteten den Innenraum wie ein Wohnzimmer ein, natürlich mit der gebührenden Stereo-Anlage. Mit diesem Auto unternahmen wir kurze Ausflüge, meist am Dienstag, dem Ruhetag des Betriebes. Wir fuhren in den Wald, nahmen uns ein paar armdicke Stämme, sägten diese zurecht und bauten daraus unsere ersten Küchenmöbel.

Es war ein tolles Gefühl, beim Frühstücken den Geruch von frischem Nadelwald zu spüren. Wir mußten zwar etwas aufpassen, weil der Harz ständig aus diesen Möbeln lief, aber das gab dem Ambiente eine ganz besondere Note. Ständig steckte ein großes Messer mit einem Hirschhorngriff zum Brotschneiden in der Tischplatte. Fast so wie in der freien Wildbahn. Irgendwie ein Spiegel unseres Lebensgefühls, sich frei zu entfalten und seine Träume auszuleben, ja, sie sogar in die Realität umzusetzen.

****

Es wurde langsam Frühling, also auch etwas ruhiger im Laden.

Die heftigsten Auseinandersetzungen passierten oft in den Wintermonaten. Heide hatte sich gerade von ihrem Schock erholt. Da kam etwas, was mein Leben wieder brutal umdrehen und ändern sollte. Lieschen, so nannten wir liebevoll ihre Mutter, machte sich große Sorgen um ihre Tochter. Nicht genug damit, daß es ihrem Mann langsam spürbar schlechter ging.

Ich versprach ihr, auf Heide aufzupassen, und das tat ich auch. Ich bekam eine seltsame Ahnung von einer Wirklichkeit, die ich so nicht hinnehmen konnte und wollte.

Inzwischen tauchten Heides Schmerzen immer wieder auf. Es war leicht, sie zu einer erneuten Untersuchung im Krankenhaus zu überreden. Heide wurde geröntgt und wieder operiert. Ich wartete, gleich nach der OP, auf den zuständigen Arzt. Er berichtete mir, daß Heide ein kleiner Tumor aus dem Darm entfernt worden war. Dieses Gewebe wurde zu einer Spezialklinik geschickt, um festzustellen, ob dieser Tumor gut- oder bösartig sei.

Es waren lange Tage und Nächte für mich, dann endlich lag das Ergebnis vor.

An der Körpersprache des Arztes konnte ich erkennen, was auf mich zukam. Der Arzt bat mich eindringlich, Heide nichts von dem Resultat zu erzählen. Sie hatte Krebs, und zwar den aggressivsten, den es überhaupt gab. Ein Karzinom im Darm, welches sich in rasender Geschwindigkeit vermehrte und gerade bei jungen Leuten sehr viel schneller wächst. Ihre Lebenserwartung schätzte der OP-Arzt auf ein gutes halbes Jahr.

Ich war wie versteinert. Das konnte ich einfach nicht glauben. Heide sollte in einem halben Jahr nicht mehr bei mir sein? Die Gefühle in mir fuhren Achterbahn; eine unbändige, nicht zu zähmende Wut stieg in mir auf. Warum Heide, warum ich? Meine Gefühle zum Ausdruck bringen? Dafür fehlen mir immer noch die Worte.

Lange durfte ich nicht überlegen, mußte ich ihr doch im nächsten Moment gegenüberstehen, ihr in die Augen schauen und sie auch noch belügen. Die Ärzte waren der Meinung, daß sie noch ein paar glückliche Tage erleben sollte, bevor sie von der schrecklichen Wahrheit eingeholt wurde. Kein Gang in meinem vorherigen Leben war so hart und erbarmungslos wie der, den ich jetzt gehen mußte. Es war wirklich schwer, meine Gefühle Heide gegenüber zu verbergen. Sie machte es mir leicht. Gut erholt von ihrer Operation, nahm sie mich gefühlvoll in ihre Arme. Sie dachte, daß sie alles überstanden hätte. Oh Gott, was für ein Wahnsinn.

Was ich jetzt brauchte, war ein guter Freund. Säckel war inzwischen mit Michaela liiert. Michaela, die vor ihm mit unserem Diskjockey Thommy zusammen gewesen war. Michaela war Arzthelferin bei unserem Doc, dem Arzt, der uns immer wieder zusammenflickte. Der Weg vom Krankenhaus zur Wohnung wurde unendlich lang und erbarmungslos mit den Gefühlen, die in mir wühlten.

Es war fast so, als würde mir den Kopf zerbersten und mir das Herz aus der Brust gerissen werden.

Michaela hatte gerade Mittagspause, und Claus war schon auf den Beinen. Ich nahm ihn zur Seite, berichtete von meinem Erlebnis, und der Boden verschwand unter meinen Füßen.

Ich ging langsam, fast taumelnd, in mein Zimmer; dort weinte ich eine endlos lange Zeit.

Diese herrliche Familie und so ein grausames Schicksal. Wie sollte ich bloß Lieschen alles beibringen? Diese arme Frau und Mutter! Gleich zwei Krebsfälle im engsten Familienkreis. Gibt es einen Gott, oder ist alles nur eine auf Erzählungen beruhende Geschichte, die irgendwann einmal ausegdacht und zusammengefaßt worden war, um den Menschen einen Sinn in ihrem Leben vorzugaukeln?

Ich meine, die Geschichte um Jesus ist eine der hervorragendsten überhaupt, und sie hat Millionen Menschen geholfen; aber so, wie es erzählt wird, kann es wohl nicht gewesen sein, oder doch? Jesus war ein Außenseiter mit einer unvergleichlichen Ausstrahlung, ein Kämpfer für die Gerechtigkeit und für das Leben, wie viele Leute, die später zu Legenden wurden. Seine Erscheinung war ihm dienlich für den Auftrag, den er sich gesetzt hatte, und behilflich, seine Überzeugung und den Willen Gottes durchzusetzen, weil er sich gegenüber allen anderen stark hervorhob und ihm die Macht von Gott gegeben worden war. Genial, aber mir in dieser Situation nicht hilfreich. Vielleicht war er ja der erste Vorläufer der Hells Angels? Oder verstand und deutete ich die Zeichen nicht richtig?

****

Es war im Juni oder Juli des Jahres 1980. In nur knapp einem halben Jahr hatten wir Unvorstellbares geleistet. Allen Unkenrufen zum Trotz nur durch unserer Hände Arbeit. Zu dem harten Dienst im „Why Not" kamen die Betreuung und der Aufbau der anderen Gaststätten. Ohne Heide und ohne Michaela wäre das so nicht möglich geworden.

Unser Fuhrpark war spontan gewachsen. Er bestand jetzt aus einem alten 280 E Mercedes aus der Baureihe 1968 und dem Transit. Gerade war Claus mit einem Türken am verhandeln, dieser brauchte Geld und bot ihm seinen Ford Mustang Cabriolet an.

Wir waren total erschöpft und niedergeschlagen und erwarteten voller Sehnsucht unseren Urlaub. Wir hatten dieses Mal nur den Flug gebucht und verließen uns auf unsere Instinkte und etwas Glück. Wir wollten wieder nach Ibiza, dieses Mal aber mit der LTU ab Düsseldorf. Jürgen, der blonde Langhaarige, der meine Wohnung übernommen hatte, war im Schlepptau und ein junger Türke. Jürgen war inzwischen als Läufer fest angestellt und gehörte zum Team. Allerdings hatte er nur wenige Freunde, und auch wir beobachteten ihn argwöhnisch.

Ich hatte in der Nacht vor unserer Abreise eine gewaltige Schlägerei in der „Gaslaterne". Danach fand ich kaum Schlaf, und die Knöchel an meinen Händen waren aufgeschlagen und verstaucht. Ich hatte starke Schmerzen, aber das war mir egal, sollte es doch endlich losgehen.

Ich sollte den Mustang nach Düsseldorf fahren, Michaela sollte damit nach Hause zurück, um uns dann später wieder abzuholen. Die Servolenkung des Autos war defekt, und der Wagen war unglaublich schwer in der Spur zu halten. Was für eine Granate. Beim Gasgeben röhrte er wie ein Panzer, dann ging er vorne etwas hoch. Fast so wie bei einem Pferd, wenn es sich aufbäumt, um dann richtig durchzustarten. Eben ein Mustang. Die Kraft des Motors preßte uns in die Sitze. Ich traute mich kaum, das Gaspedal voll durchzutreten. Die kleinste Unaufmerksamkeit, und der Wagen brach zur Seite aus; außerdem schmerzten mir die Hände so stark, daß ich kaum das Lenkrad halten konnte.

Ich brachte uns unversehrt zum Flughafen. Im Flugzeug bat ich Claus um seine Aufmerksamkeit. Ich erklärte ihm, daß ich Heide heiraten und mit ihr noch ein Kind zeugen wollte. Ein verzweifelter Versuch, aber ein Strohhalm, an dem man sich festhalten konnte. Claus war überrascht. Er machte sich Sorgen, daß unsere freundschaftliche Beziehung daran zerbrechen konnte. Ich erklärte ihm, daß ich niemals anders denken könnte, als ihn als Freund zu betrachten, und er stimmte zu. Stolz verkündete er den anderen meine Pläne. Außer Claus wußte keiner um das bevorstehende Schicksal, das uns getroffen hatte.

Es war klar, daß Lieschen auch eingeweiht war. Sie hatte es, genau wie ich, schon geahnt und verhielt sich ungeheuer tapfer. Wenn sie gewußt hätte, was auf sie zukam, ja, sie hätte sich auch nicht anders verhalten. Eine wirklich starke Frau.

Heide hatte viel von ihrer Ausstrahlung, obwohl die beiden sich äußerlich stark voneinander unterschieden.

****

Unser erster Weg auf Ibiza führte uns zu einem Motorrad-Verleih; dort besorgten wir uns Geländemaschinen. Mit denen fuhren wir dann nach Las Salinas und nach Figueretas, um uns eine Unterkunft zu besorgen. Das, was in den kommenden Stunden passieren sollte, gab mir einen tiefen Einblick in die Kraft, die uns anvertraut war. Kraft, karmische Einflüsse zu lenken.

Bernd berichtete von Eloys schlechtem Auftritt nach unserer Abreise im letzten Jahr. Uns war dieser Vorfall peinlich, und wir beschlossen, das Hotel Zenith aufzusuchen, um dort etwas mehr zu erfahren. Im Zenith erkannte uns die Besitzerin auf Anhieb wieder. Sie berichtete von unserem letzten Tag und davon, daß die Holländer noch ein ganzes Apartment zerlegt hatten. Über Eloy erfuhren wir so gut wie gar nichts. Aufgrund des Vorfalls vom letzten Jahr war die Besitzerin nicht bereit, uns noch Zimmer zu vermieten, was ich gut nachvollziehen konnte.

Wir schickten Jürgen und den Türken los, um etwas zum Rauchen zu besorgen. Säckel und ich saßen auf der Veranda des Hotels, bestellten uns ein paar Drinks und beobachteten die gegenüberliegenden Apartments, welche auch zum Hotel gehörten. Über eine an einer hohen Mauer entlangführende Treppe konnte man den Pool des Hotels erreichen, der an diesem Abend schon geschlossen war.

Plötzlich tauchten vier durchgeknallte Franzosen auf, schlichen die Treppe hoch und stiegen über das verschlossene Gitter. Zuerst nahm ich an, es handle sich um Gäste des Hotels, dann hörte ich mit einem Mal knackende Geräusche, so, als wenn jemand Holz zerbrach.

Ich warnte Claus und machte mich auf den Weg. Schon beim Übersteigen des Gitters sah ich die Bescherung. Diese Leute hatten die Bar aufgebrochen und vergingen sich an dem Inhalt und der Ausrüstung. Alles, was für sie nicht brauchbar erschien, wurde zerstört oder in den Pool geschmissen. Sie waren so beschäftigt, daß sie zuerst nicht einmal meine Anwesenheit bemerkten. Ich zitterte vor Anspannung. Niemand konnte uns von der anderen Seite her sehen. Gleich, als sie mich bemerkten, gingen zwei auf mich los. Als sie mich dann fragten, ob ich Heroin kaufen wollte, sprang der Funke über. Einen erwischte ich sofort, ein anderer schmiß mit Stühlen und Tischen, die in dem Pool landeten.

Die beiden anderen wurden aufmerksam, und jetzt hatte ich vier Gegner. Ich mußte schnell den Rückzug antreten. Ich pfiff durch zwei Finger, was das Zeug hielt, und rief nach Claus. Mit einem Satz war ich auf der Mauer und sprang von dort auf die Treppe. Ich war barfuß und kam mit den Hacken zuerst auf den harten Boden der Steintreppe. Ein höllischer Schmerz zuckte mir durch die Beine, aber es war noch keine Zeit, diesen zur Kenntnis zu nehmen. Claus stand verdattert auf der Veranda und die Touristen an ihren Zimmerfenstern. Sie waren sichtlich erstaunt über den Lärm und die Aktion, die sich direkt vor ihren Augen abspielte.

Die Hotelleitung rief die Polizei, war sie doch noch geschockt von den Ereignissen im letzten Jahr.

Die vier Franzosen kamen mir schnell hinterher, einer nach dem anderen standen wir nun auf der langen Treppe. Sie bemerkten, daß sie in eine Zwangslage gerieten. Der einzige Weg aus ihrer Misere führte an mir vorbei.

Ein muskulöser Typ übernahm die Führung, und ich wußte: Wenn der erste Schlag nicht saß, hatte ich nicht die Spur einer Chance. Ich stand unten, die anderen oben, was schon ein gewaltiger Vorteil für sie war. Eine unglaubliche Anspannung, dann der entscheidende Schlag, und der saß. Dem Typen fehlten zwei Schneidezähne, und er fing an zu jammern. Die anderen wurden bleich und gaben auf.

Ich erklärte der Besitzerin, was passiert war. Kreidebleich wartete sie auf das Eintreffen der Guardia Civil. Die vier wurden verhaftet, und die Chefin kontrollierte den entstandenen Schaden. Ich machte meine Aussage beim Personal des Hotels, und als ich auf die Veranda zurückkam, stand unser Tisch voll mit Knabberzeug und je einer Literflasche Campari und Gin, mit freundlichem Gruß der Geschäftsleitung. Sie hatten verstanden, daß wir die Guten waren.

Ich war restlos geschafft. Ich hatte noch die schmerzenden Wunden von der letzten Nacht, und nun konnte ich nicht einmal mehr gehen. Die Hotelleitung gab uns zu verstehen, daß wir auf den Ledergarnituren im Innenraum übernachten konnten. Am nächsten Tag richteten sie uns zwei Zimmer her. Richtig tolle Zimmer, mit eigenem großen Badezimmer und Extra-Schlafzimmer. Manchmal war das Schicksal (Gottes Fügung?) wohl doch korrekt.

Der nächste Tag begann mit höllischen Schmerzen. Ich konnte kaum noch auftreten.

Das Klima und die Sonne ließen mich den Schmerz überwinden. Ich hatte das Gefühl, endlich wieder zu Hause zu sein. Auch Jahre später überkam mich dieses Gefühl; ich spüre immer noch den Duft am Flughafen und den erfrischenden Wind. Vielleicht sollte ich endlich mal wieder diese Insel besuchen.

Unsere Frauen waren zu Hause geblieben; Heide, weil sie Angst um ihren Vater hatte, und das wiederum machte mir etwas Angst.

In den nächsten Tagen war ich in Gedanken nur bei ihr. Aufregung konnte sie jetzt überhaupt nicht gebrauchen, denn die würde dem Krebs genau die richtige Nahrung geben.

****

Aus dem „Gloris" hörten wir, daß sich New Yorker Zuhälter dort breitgemacht hatten. An einem Abend kam die Nachricht, daß einer von ihnen einen gläsernen Aschenbecher in das Gesicht einer Frau geschlagen hatte. Abartig, so ein Verhalten kannte ich bisher von keinem Zuhälter. Bald darauf wurde das „Gloris" geschlossen.

****

So richtig konnte ich unseren Urlaub nicht genießen. Dieses Mal sollte er drei Wochen dauern. Drei endlos lange Wochen ohne Heide?

Am Ende der ersten Woche telefonierten wir, wie jeden Tag. Ich bemerkte sofort Heides niedergeschlagenen Gemütszustand. Heide machte sich große Sorgen um ihren Vater, sein Zustand hatte sich rapide verschlechtert. Ich brauchte nicht lange zu überlegen und packte umgehend meine Reisetasche. Claus verstand sofort, um was es ging, und gab mir die nötige Unterstützung. Er wußte daß für mich der Urlaub beendet war.

Jürgen fuhr mich sofort zum Flugplatz, und ich versuchte einen Platz im nächsten Flieger zu buchen. Es war leicht. Kurz vor dem Abflug nahm ich Platz auf einem Reservesitz eines Jumbo Jets nach Düsseldorf. Von Düsseldorf aus nahm ich die Bahn, und am frühen Abend war ich zu Hause. Heide war überrascht und freute sich riesig; stürmisch nahmen wir uns in die Arme. Michaela wußte von meiner Rückreise und hatte wiederum ihren Flug gebucht. Schon am kommenden Tag fuhr ich sie und Birgit (Jürgens Freundin) zum Flugplatz nach Düsseldorf, natürlich in Begleitung von Heide.

Ich kümmerte mich nun um Heide und half Fiddi bei der Renovierung des Ladens. Sogar die Toiletten sollten endlich gefliest werden. Heide war überglücklich über meine Anwesenheit, immer noch nichts ahnend von ihrem Schicksal. Ich berichtete ihr von dem Gespräch mit Säckel, und Heide war zufrieden.

Es war eine zwiespältige Situation, die ich durchleben mußte. Vertrauen und Mitgefühl, gemischt mit der Machtlosigkeit der , ließ alles in einem anderen Licht erscheinen und bekam für mich persönlich eine völlig neue Bedeutung.

****

Der Laden wurde wieder eröffnet, und schnell trat der alte Trott ins Spiel. Ich übernachtete bei Heide. Sie hatte eine kleine Einzimmerwohnung, nur 1,5 km vom Laden entfernt. Eine winzige Bude, nur 25 qm groß, aber toll eingerichtet. Zu den Bewohnern gehörte natürlich Molly sowie Heides Katze.

Die Zeit verging. Jeden Feierabend wurden die Möbel im Laden von uns sorgfältig durchsucht. Schon alleine wegen der Brandgefahr durch vergessene Zigaretten. Das Telefon klingelte, und Heide wurde kreidebleich. Sie legte auf und versuchte mir zu erklären, daß der Laden abgebrannt war. Das war ein weiterer Schlag mitten ins Gesicht. Ich rannte los, mit dem Gedanken an Claus und Michaela. Sie hatten ihr Schlafzimmer direkt über der Disco.

Es war ein fürchterliches Bild, das sich mir bei meinem Eintreffen bot. Der Laden war nur noch Schutt und Asche. Claus war knapp dem Rauch entkommen. Die ganze Etage war voller Ruß und roch nach frischem Brand. Claus war verzweifelt.

Was konnten wir tun, war doch schon wieder unser Werk zerstört! Was für Ereignisse? Noch am gleichen Tag vereinbarte Claus mit den Besitzern, daß der Laden so schnell wie möglich wieder aufgebaut wird.

Schon am kommenden Tag machten wir uns an die Arbeit und begannen mit den Aufräumarbeiten. Maler, Elektriker sowie

Spezialisten für Diskotheken-Beschallung unterstützten uns, und eine Woche später wurde das Bistro wieder eröffnet. Wir arbeiteten rund um die Uhr, hinter dem Tresen und danach in der Disco bei den Räumarbeiten, sowie bei allen anderen anfälligen Arbeiten.

Nach diesem Brand hat sich viel verändert. Die Musikanlage war auf den neuesten Stand gebracht. Der Innenraum der Disco war komplett erneuert, genau wie das Bistro. Claus hatte ein großes Loch in die Trennwand zur Disco schlagen lassen. So konnte er bequem von seinem Tresen in das Bistro schauen. Auch für mich war es so besser. Wie Claus zu meinem, so sah auch ich bis zu seinem Tresen. Für beide ein beruhigendes Gefühl.

Alles, was im Bereich des Möglichen lag, wurde getan, um unsere Sicherheit zu erhöhen, und das war auch dringend notwendig.

****

Es wurde immer schlimmer. Inzwischen war es eine kaum zu übersehene Anzahl an kleinen Dealern aus den verschiedensten Winkeln der Erde. Alle verkauften ihr Haschisch, und jeder befolgte die ungeschriebenen Gesetze. Probleme entstanden oft durch die verschiedensten Mentalitäten des Ursprungslandes. Jeder versuchte, mit dem Argument, in seiner Heimat sei es am schlimmsten, mehr an Boden zu gewinnen, und dennoch gab es ein ganz besonderes System, das die Verteilung der Kräfte gewährleistete, ohne daß es zum Blutvergießen kam.

Stellt euch mal vor, da flüchtet jemand direkt aus dem Dschungel oder aus Beirut und anderen Krisenherden in letzter Sekunde. Gerade erst hatte er mit einer Machete oder auch mit Schußwaffen unter unvorstellbaren Bedingungen gekämpft. Vielleicht flüchtete er auch im letzten Moment, als er schon einen Strick um den Hals hatte. Innerhalb von wenigen Tagen kommt er, meist durch teure Fluchthelfer, in Deutschland an. Seine letzte Habe wurde bei der Flucht verbraucht, und seine Familie ist tot oder unauffindbar. Nun steht er im angeblichen Paradies, sieht nackte Frauen auf den Titelblättern und ist hilf- und orientierungslos, weil er sich ja illegal und ohne Sprachkenntnisse in einem fremden Land befindet. Dieser Mensch sehnt sich doch schnell nach einer gewohnten Umgebung. Wo wird es ihn hinziehen? Eine Umgebung, wo er sich langsam eingewöhnen kann, immer noch mit einem Hauch Gefahr, weil er den Adrenalin-Kick benötigt. Keiner verstand das besser als wir, und so war unser Schicksal besiegelt.

Die Polizei wußte das, aber statt zu helfen, wenn die Auseinandersetzungen unkontrollierbar wurden, beäugten sie uns mit Argwohn. Sie hielten sich fein säuberlich aus allen Problemen raus. Alles, was nur den Verdacht erweckte, als politisch verfolgt zu gelten, wurde dann in unser Land gekarrt, ohne daß sie sich Gedanken über die Auswirkungen zu machen schienen.

Es hätte auch anders laufen können, aber zu dieser Zeit war der Punkt bereits überschritten, wo die Politiker noch etwas unternehmen konnten und mußten. Doch es tat sich gar nichts. Die halbe Welt finanzierte ihre Kriege auch durch Drogengelder, und mancher Politiker war scheinbar in diesen Kreislauf eingebunden.

Die Waffenindustrie blühte, das war wohl ihr größtes Anliegen; zudem erhielten Universitäten und andere Institutionen dubiose, nicht direkt nachweisbare Zuwendungen, und so war die Lobby perfekt.

****

Aus der Universität unserer Stadt verschwanden nach und nach die deutschen Studentenverbindungen, an den Wänden der Mensa hingen bald nur noch Plakate in arabischen und anderen unbekannten Schriftzügen. Noch war es nicht ganz so schlimm, aber die Entwicklung war auch für Dummköpfe absehbar.

Wir erlebten hautnah, was sich jeden Tag vor unseren Augen abspielte, und waren innerlich zerrissen. Einerseits verstanden wir die Situation, andererseits entstand eine ohnmächtige Wut durch die Art, wie so manches Volk versuchte, uns ihre Lebensgewohnheiten aufzuzwingen. Wir konnten das noch rechtfertigen, zum Teil.

Wie aber würde die Öffentlichkeit ein paar Jahre später darauf reagieren? Eines war klar: Unternahmen die Politiker nichts, hätten wir in ein paar Jahren den gewünschten Nährboden für die rechtsradikale Szene, und ich sollte mit meiner Vermutung recht bekommen.

Immer wieder unterhielt ich mich mit den Führern der einzelnen Gruppen, aber dieses Problem wurde mit einem Lächeln unter den Tisch gekehrt, was immer wieder eine Bestätigung dafür war, daß die Probleme kontrollierbar sein würden.

Für die Kämpfer, die jeden Tag ihre Freiheit und auch ihr Leben riskierten, war diese Haltung akzeptabel, weil sie wußten, wofür sie ihr Leben aufs Spiel setzten. Aber was war mit dem Rest? Der Rest, der in den sicheren Wohnzimmern sitzt und sich nicht einmal Gedanken über den Weg macht, wie diese Sicherheit gehalten wird. Nicht durch den Staat, nein, durch einzelne Idealisten von der Straße. Da ist die Wurzel und da ist der Ort, wo die Weichen gestellt werden.

Stellen sich Politiker als korrupt heraus, werden sie zur leichten Beute für einzelne Interessenvertreter. Das heißt nicht unbedingt, daß sie Geld empfangen; es gibt noch unzählig andere Wege, um jemandem seine Aufwartung zu machen. Andere Völker wissen scheinbar viel besser, wie man mit Politikern umzugehen hat.

****

Draußen brodelte ein knallharter Konflikt, ja fast ein Straßenkrieg. Es begann mit der offiziellen Vereidigung von Soldaten im Fußballstadion. Es wurden Autos in Brand gesetzt, und die Polizei mußte sogar Hubschrauber einsetzen, um Herr der Lage zu werden. Ohne großen Erfolg. Ganze Stadtteile wurden abgeriegelt, und es gab blutige Konflikte zwischen den Vermummten und der Polizei. Wenige der Anarchisten hatten ein Motiv für ihre Handlungen, die meisten fanden es einfach nur schick, Randale zu machen.

Und es war Randale. Ganze Straßenzüge dienten zur Munitionsbeschaffung für ihre Werfer, die auf den Dächern standen und von dort die Polizei mit Pflastersteinen unter Beschuß nahmen.

Es ist paradox, aber so war es nun mal. Die Hölle auf Erden, oder das Paradies in der Hölle?? Alles auf einmal, wie schon so oft. Den Spruch: „Schlimmer geht's nicht", den kann ich nicht mehr hören. Wenn man dem vertraut, wird man sein blaues Wunder erleben! Es gibt immer eine Situation, welche die Lage noch schlimmer machen kann.

Die meisten Menschen haben das Glück, diesen Schlägen ausweichen zu können. Diejenigen, die es trifft, die trifft es dafür manchmal mit voller Wucht.

Ich glaube nicht, daß man großen Einfluß auf sein Schicksal geltend machen kann. Es gibt nur einen Weg, damit klarzukommen: es akzeptieren und das Beste daraus machen. Nie sich die Laune verderben lassen und auf keinen Fall seine Träume vergessen, sondern diese leben. Das geht manchmal sogar schon fast ohne Geld. Das werdet ihr später noch besser verstehen können.

Eine Menge Herausforderungen, die mir da gestellt wurden. Die Anspannung im Laden und dann noch die Sache mit Heide. Gott sei Dank hatte ich eine Menge guter Leute, die sich ständig in meiner Nähe befanden. Da war André, mein Freund und Installateur für Aufzugsanlagen. An einem seiner Geburtstage leerten wir ein paar Liter Jägermeister (ich erinnere mich an 2,5 Liter), danach hatten wir eine Schlägerei mit Seeleuten, bei der sogar seitens der Seeleute Gullydeckel flogen.

Da war Butzi, ein total verrückter und gemütlicher, vollbärtiger Freak. Ständig, wenn er auftauchte, veränderte sich meine Laune ins Positive. Oder Fritz und seine Clique. Fritz, der Orthopädiemechaniker und seine unnachahmliche Lache. Elvis, der alte Freak, bei dem man nie wußte ob er auf Männer oder Frauen stand, anscheinend beides. Elvis gehörte noch zu der Gang aus den 60er Jahren, ständig war ein ganzer Troß an Leuten um ihn herum. Holger, der mir ein unglaubliches Gefühl an Vertrauen entgegenbrachte, und Manni, ein total verrückter Steinmetz. Jockey, eine Frau mit einer tiefen Stimme, sie war früher Rennjockey. Gerwin, ein Musiker und guter Freund von Heide, und viele andere.

Von ihnen bekam ich Kraft, um die schwere Zeit, die vor mir lag, zu überstehen, ohne daß wir genau wußten, was für ein Spiel da eigentlich lief.

****

Es war im Herbst 1980. Erst dachten wir, Heide hätte es eventuell doch geschafft und den Krebs besiegt. Ihre Regel fiel aus, und der Bauch wurde dicker. Wir waren wieder glücklich und freuten uns auf unser Baby, doch unsere Naivität wurde zur knallharten Realität.

Die Ärzte stellten einen neuen Tumor fest, der schon so groß wie ein Kindskopf war. Jetzt kam der Punkt, wo Heide dringend informiert werden mußte. Der zweite Gang nach Canossa stand mir bevor. Wie sollte ich es ihr erklären? Ich machte es kurz und sehr schmerzhaft, für mich wie für sie, aber einen anderen Weg gab es nicht.

Heide war eine große Persönlichkeit, und so verhielt sie sich auch. Sie war noch nicht einmal 26 Jahre alt, aber abgeklärt wie eine reife Lady. Mit erhobenem Haupt ertrug sie die Nachricht von ihrer Krankheit und zog in den Kampf. Ein Moment, der mich wiederum zur Verzweiflung brachte. Wäre es vielleicht doch besser gewesen, ihr sofort Bescheid zu geben? Auch eine Frage, die ich niemals werde beantworten können.

Die nächste Operation dauerte ungefähr sechs Stunden. Ich hatte in der Nacht viele Probleme im Laden, darum bekam ich nicht eine Sekunde Schlaf. Das Warten vor dem OP war eine Qual. Ich wußte aus eigener Erfahrung, wie wichtig es ist, daß eine vertraute Person anwesend ist, wenn man aus der Narkose erwacht. Ein Bild, das man nie vergessen kann; so empfand ich es, als Oma Änne nach meiner ersten OP meine Hand hielt. So war es auch bei Heide. Dankbar öffnete sie ihre Augen und schaute mich an. Ihre Operation war sehr schwer gewesen. Ich spürte, daß nur noch wenig Kraft in ihr war. Ich nahm all meine Kraft zusammen, damit sie nicht merkte, daß mir die Tränen in die Augen schossen. Gott sei Dank schlief sie sofort wieder ein, und ich konnte zurück auf den Flur. Dort sackte ich in mich zusammen und ließ meinen Schmerz heraus.

****

Mein bester Freund und engster Vertrauter während dieser Zeit wurde Molly, Heides Hündin. Wenn wir Zeit hatten, unternahmen wir lange Spaziergänge. Wir teilten unseren Schmerz. Molly war hochintelligent, ihre Empfindungen und Gesten hatten starke menschliche Züge. Molly hatte nur einen kleinen Mangel: Sie machte sich immer so viele Gedanken um Heide oder auch um mich, so daß sie nicht eine Minute alleine bleiben konnte. Ließen wir sie alleine, drehte sie völlig durch. Einmal riß sie sogar meine Ledermäntel von der Garderobe, um Speichel zu produzieren, damit sie sich durch die Tür beißen konnte. Es klingt unglaublich, aber in nur einer halben Stunde schaffte sie ein Loch von ungefähr 20 cm Durchmesser, halb durch die Tür. Danach hatte sie blutige Pfoten und blutiges Zahnfleisch, meine Ledermäntel konnten auf den Müll. Nein, alleine lassen wollte ich sie nie wieder.

Es dauerte nicht lange, und Molly hatte ihren Platz im Bistro. Von vielen Gästen wurde sie akzeptiert. Ihr Kamerad wurde Murphy. Murphy, ein kleiner hellbrauner Pekinese. Säckels neuer Zögling und Mollys neuer Freund. Molly übernahm sogar einen Teil der Erziehung des Kleinen, und wir amüsierten uns köstlich über die Geschichten, die wir mit ihnen erleben durften. In dieser Zeit benötigte ich viel Ruhe und Kraft, und die holte ich mir nachts auf den Spaziergängen mit Molly. Ich bekam ein unfehlbares Gespür für die Zeichen der Natur. Ich fühlte und sah anhand der Formation und Flugrichtung einiger Vögel, ob sich das Wetter änderte oder ob wieder etwas an anderen Veränderungen in der Luft lag. Einen besonderen Reiz hatte für mich die Bewegung der Blätter an den Bäumen. Gerade nachts war es, als ob sie reden würden. Wieder trainieren? Dazu fehlte mir noch die Kraft; ich wollte nur Ruhe, und das war schon schwer genug.

Heide kam wieder aus dem Krankenhaus. Schnell hatte sie ihre Kraft zurück, aber ich spürte deutlich, daß sie nie wieder ins Krankenhaus zurückgehen würde, und auch die Ärzte sahen keinen Sinn mehr in einer weiteren Operation. Es war unglaublich, wie tapfer Heide war. Ein ungeheures Selbstvertrauen, so stark, daß ich an den Aussagen der Ärzte sehr oft zweifelte. Meine Instinkte holten mich immer wieder auf den Boden zurück. Heide plante noch einen langen Urlaub mit mir. Lieschen und ich ahnten und wußten, daß sie noch nicht einmal ihren nächsten Geburtstag erleben würde, aber wir ließen ihr ihre Träume. Noch einmal blühte sie auf, ein letztes Aufbäumen vor dem Finale.

Und es passierte noch etwas, womit ich nicht gerechnet hatte, nicht in diesem Moment. Oma Änne rief uns an und bat mich, bei ihr vorbeizukommen. Mein Vater arbeitete inzwischen als Nachtwächter im Seemannsheim, dort, wo er früher die Seeleute anheuerte. Er lebte alleine in einer Zwei-Zimmer-Wohnung in der Neustadt. Dort waren die Treppen sehr steil, so wie man es von Altbauten her kennt. Auf dieser verlor er sein Gleichgewicht und fiel die Treppe hinunter. Dabei verletzte er sich an den Innereien, wahrscheinlich hatte er innere Blutungen. In dieser Zwangslage hatte er sich bei seiner Mutter einquartiert. Oma Änne war machtlos; sie konnte ihn nicht dazu bewegen, einen Arzt aufzusuchen.

Ich machte mich in Begleitung von Heide auf den Weg. Mein Vater sah schlimm aus; sein Gesicht war angeschwollen und hatte eine violette Verfärbung. Er wußte von Heides Schicksal, und nun versuchte sie ihn aufzubauen, damit er zum Arzt gehen sollte. Ich versuchte mit ihm zu sprechen, aber er hörte kaum zu. Irgendwie gab er mir zu verstehen, daß er mir etwas zu erzählen hat. Ich sah, wie Heide die Situation überforderte, und stand vor einer folgenschweren Entscheidung. Sollte ich zulassen, daß Heide sich weiterquälte, oder sollte ich mit ihr nach Hause gehen? Ich mußte mich für Heide entscheiden, aber nicht ohne meinen Vater eindringlich aufzufordern, sich Zeit für seine Genesung zu nehmen. Er ließ seinen Kopf hängen und nickte.

Zwei Tage später klingelte das Telefon, Oma Änne war am Apparat. Trocken erzählte sie mir, daß mein Vater verstorben war. Mit allem anderen hatte ich gerechnet, aber damit wirklich nicht. Hatte ich die Zeichen nicht gesehen? Wahrscheinlich! Ein Fehler, den ich mir nie verzeihen werde. Das durfte doch nicht wahr sein! Unweigerlich taucht immer wieder die Frage auf: Warum passiert das alles? Es war unerträglich und vor allem nicht faßbar. Heide und ich machten uns sofort auf den Weg. Bei unserer Ankunft wurde mein Vater gerade abtransportiert, ich durfte ihn nicht einmal mehr sehen. Oma berichtete uns, was passiert war.

Früh am Morgen stand er an der Wohnzimmertür und kratzte an der Scheibe. Oma brauchte einige Zeit bis sie das Kratzen wahrnahm. Dann sah sie das Malheur.

Vater stand an der Milchglasscheibe, und das Blut stürzte regelrecht aus ihm heraus. Oma konnte die Tür nicht öffnen, und somit hatte sie keine Chance zu telefonieren, geschweige denn meinem Vater zu helfen. Sie brauchte einige Zeit, und in dieser Zeit war Vater gestorben. Oma war eine liebenswerte, zähe, kleine Frau und trug die Situation mit Fassung.

Die Schwester meines Vaters war anwesend und beobachtete uns mit einem spürbaren Argwohn. Heide hatte starke Schmerzen und wollte sich einen Tee kochen. Meine Tante war außer sich, sie empfand Heides Bitte als pietätlos und fuhr mich von der Seite an. Ich dachte mich trifft ein Bus, was war das für ein Verständnis von Pietät? Respekt für andere erst nach deren Tod, war es das, was Sie damit meinte? Ich mußte raus, um mich zu beruhigen. Ich bot Oma meine Hilfe an.

Ich beschloß, Oma die eben möglichen Wege abzunehmen. Ich fuhr in die Wohnung meines Vaters und suchte nach seinen Papieren. Dann fuhr ich zum Beerdigungsinstitut und von dort zu seiner Arbeitsstelle. Ich erledigte alle Wege, die ich erledigen konnte.

Als letztes fuhr ich zu unserem Pastor, der mich getauft und konfirmiert hatte. Auch meinen Vater hatte er schon als Kind kennengelernt. Ich informierte ihn von dem Vorfall und bat ihn, sich mit meiner Oma Änne in Verbindung zu setzen. Inzwischen war es schon wieder dunkel, ich mußte zurück. Heide hatte sich tapfer gehalten, aber die Anstrengung stand ihr im Gesicht. Ich war kaum in der Tür, da wurde ich von meiner Tante angesprochen.

Sie empörte sich über mein eigenständiges Handeln und hatte Angst, daß ich in Vaters Wohnung „etwas" gefunden hätte. So sagte sie es, und damit sprang der Funke über.

Meine ganze Wut und Enttäuschung sprang mit einem Schlag aus mir heraus. Ich verlor meine Selbstkontrolle, packte die Dosenmilch auf dem Tisch und schlug diese Dose fast durch die Tischplatte. Kein Grund für meine Tante, ruhig zu bleiben; sie stichelte weiter. Mehrfach flehte ich sie an, aufzuhören, aber die

Situation eskalierte. Was unterstellte sie mir? Glaubte sie etwa, ich hätte keine Gefühle? Es war schlimm genug, was sie am Morgen mit Heide gemacht hatte. Das jetzt überspannte meine Belastungsgrenze, ich hatte mich nicht mehr unter Kontrolle und drohte meiner Tante massiv.

Oma tat mir unendlich leid, und auch meine Tante, wie sollte ich das je wiedergutmachen? Heide hatte geahnt, was passieren würde, und beruhigte mich. Sie gab mir zu verstehen, daß mir kaum etwas anderes übriggeblieben war. Oma tat mir unendlich leid. Ich verabschiedete mich und ging.

Die Beerdigung wurde zur Farce. Auf einmal waren sie alle da, ich war empört über so viel Scheinheiligkeit. Alle, die sich vorher das Maul zerrissen hatten, die auf meinen Vater eingetreten hatten, als er am Boden gelegen war. Keiner außer Oma war für ihn da, um ihn aufzubauen.

Jetzt saßen sie da und vergossen ihre Krokodilstränen. Das Faß war voll, als eine Großtante die letzte Frau meines Vaters anfuhr und ihr die Schuld an seinem Tod gab. War nicht unsere Familie die Ursache für sein langes qualvolles Sterben?

Ja, so empfand ich es. Ich verließ die Beerdigung in Begleitung von Heide und der Frau meines Vaters. Wir fuhren direkt zur Anzeigenannahme der Tageszeitung und gaben eine große, auffällige Annonce auf. Der Wortlaut war niederschmetternd, etwa so:

„Du gingst von einer unfairen, scheinheiligen Welt. Du wurdest betrogen und nicht beachtet!

Da, wo du hingehst, wirst Du es besser haben!"

Sogar meine Schwester fand das richtig, der Rest der Familie konnte mir das wohl nicht vergessen.

****

Die Zeit verging viel zu schnell. Da wir Heide eine riesige Freude machen wollten, entschieden wir uns dafür, sie am Heiligen

Abend mit einer inszenierten Hochzeit zu überraschen. Heides Mutter schrieb die Urkunden, und ich besorgte die Ringe. Wir wußten, daß dieses auch Heides Gedanken waren, und so kam es dann auch. Wir waren begeistert und feierten in ihrem Familienkreis, ohne meine Familie.

Heide war überglücklich; noch hatte sie ihre Ausstrahlung, ein Fremder sah ihr ihre Krankheit nicht an.

Silvester feierten wir mit Molly, Birgit und Jürgen in Heides kleiner Wohnung. Inzwischen wohnte ich bei Heide, um sie nicht mehr aus den Augen zu lassen. Es war ein lustiger, schöner Abend. Nach dem Jahreswechsel fuhren wir noch in die Innenstadt.

Eine lustige Szene, nur Zocker, Betrüger und Zuhälter, eben eine Innenstadt-Szene. Wir hatten zu dieser Szene kaum Kontakt, man kannte und respektierte sich.

Der Inhaber war weit über die Stadtgrenze hinaus bekannt. Säckel und er hatten früher einmal zusammengearbeitet.

Es sollte Heides und mein letzter gemeinsamer und schöner Abend werden! Es war schon eine sehr große Leistung von ihr, sich so lange und so tapfer gehalten zu haben.

****

Nun kam es Schlag auf Schlag! Heides Zustand verschlechterte sich täglich. Ich mußte nachts manchmal mit ihr ins Krankenhaus, damit sie Morphium gegen ihre Schmerzen bekam.

Obwohl wir ihre Unterlagen mitgenommen hatten, wurden wir aus einem Krankenhaus, nur 500 m entfernt von ihrer Wohnung, hinauskomplimentiert. Die Schwester unterstellte uns, illegal an Drogen kommen zu wollen. Heides Schmerzen ließen es nicht zu, lange zu debattieren, also ab zum Nächsten. Unser Doc, den wir inzwischen richtig in unser Herz geschlossen hatten, tat alles, um Heide zu helfen.

Heide war fast unschlagbar. Sie fing sogar an, ihre eigene Beerdigung zu organisieren.

Sie bestimmte die Blumen, die Rede des Pastors und die Musik, die in der Kapelle gespielt werden sollte. Dazu machte sie sich Gedanken, auf welche Weise die Musik gespielt werden konnte. Wir entschieden uns für einen tragbaren Plattenspieler. Der Song, den sie sich wünschte, war der, bei dem wir uns kennengelernt hatten: „Stranger" von der Gruppe Highway.

Dann kam es blitzschnell. Heide konnte gerade noch den Wunsch äußern, zu ihren Eltern gebracht zu werden. Es war so mit Lieschen abgesprochen und auch deren Wunsch. Ihr Mann, Heides Vater, lag ein Zimmer weiter auch im Sterben!

Es war grausam und brutal, wir waren ständig auf der Hut! Arbeiten war jetzt nicht mehr drin, nicht nur wegen Heide, sondern es war in diesem Zustand auch äußerst gefährlich.

Ich war es Heide schuldig, und ich machte es gerne. Die Nächte wurden zur Qual, ständig in der Angst, daß es gerade passieren konnte. Der kleine Bruder und ich hielten uns gegenseitig wach und erzählten uns stundenlang Geschichten. Die Mutter machte ihre Sache perfekt und unnachahmlich. Wir machten uns große Sorgen um sie. Wie würde sie das alles überstehen können?

Heide konnte nicht mehr auf die Toilette, sie quälte sich wie ein langsam verendendes Tier. Der ganze Darm war voll mit Metastasen, und sie erbrach ihren eigenen Kot. Ich war ständig im Zwiespalt. Hätte sie mich gebeten, Schluß zu machen............ ich denke ich hätte keine Sekunde gezögert.

Dann kam der Augenblick, den ich wohl nie vergessen werde.

Jörg und ich unterhielten uns in der Küche, da hörte ich den spitzen Schrei von Lieschen.

Ich flog die Treppe rauf und wußte sofort Bescheid. Gerade hatte Heide ihren letzten Atemzug gemacht. Ich hielt ihre Hand und schaute ihr in die Augen. Eine gewaltige Kraft entwich aus ihrem Körper durch die Augen. Es schien, als entstände in mir gleichzeitig ein Vakuum.

Heide war gestorben!.................

Nur eine Woche später erlag ihr Vater seinem Krebs! Drei mir am nächsten stehende Menschen starben qualvoll innerhalb der letzten Monate!

Heide wurde nicht einmal 26 Jahre alt! Sie starb nur wenige Tage vor ihrem Geburtstag.

11. Kapitel – Besinnung

.................Es ist wie verhext. Nun arbeite ich seit einiger Zeit an dieser Wegbeschreibung. In der Zwischenzeit ist sehr viel passiert, was ich ja immer wieder erwähnt habe, und das, obwohl ich seit acht Monaten nicht einmal vor der Tür gewesen bin. Ich will damit sagen, daß ich vieles durch die Medien mitbekomme, das Wesentliche aber durch meine Intuition. Ich spüre auch deutlich das Verhalten der sogenannten „Freunde" mir gegenüber und wie sie sich von mir immer weiter entfernen, ohne auch nur einen Ansatz helfen zu wollen. Im Gegenteil, es kursieren die merkwürdigsten Geschichten, alle mit dem einen Tenor: >Dem kann keiner mehr helfen, das war sowieso ein (Verzeihung) Arschloch.<

Was mich in dieser Zeit am meisten verwunderte, waren die Parallelen der einzelnen Kapitel zu den Dingen die draußen passierten. So war es, als ich die Zeit aufarbeitete, in der wir uns mit unserem Viererkajak auf die Deutsche Meisterschaft vorbereiteten. Mit Freudentränen in den Augen verfolgte ich kurze Zeit später die Nachrichten im Fernsehen. Der Deutsche Vierer wurde gerade Weltmeister.

Ähnliche Parallelen tauchten immer wieder auf. Vor 14 Tagen dann die ersten Anzeichen, daß ich den angeblich heimtückischen Virus wahrscheinlich besiegt habe. Plötzlich und unerwartet taucht die nächste Hürde auf.

Gerade noch schreibe ich an der Geschichte mit Heide, da bekomme ich starke Schmerzen im Unterbauch. Ich bekomme Angst und lasse mich zum Arzt fahren. Der Doktor wird still und nachdenklich. Auf dem Ultraschall sehen wir einen Schatten. Heute ist Freitag. Montag muß ich zur Tomographie.

Wieder tauchen die gleichen Fragen auf. Egal, was ich auch verbrochen habe, aber habe ich nicht schon lange für alles bezahlen müssen?

Wo ist der positive Ausgleich? Ich habe auch das Recht, meine guten Seiten auf dieser Rechnung geltend zu machen! Oder etwa nicht? Andere Menschen zahlen erst nach ihrem Ableben. Welche Umstände sorgen dafür, daß ich so vielen gnadenlosen

Tests unterzogen werde?

Dieses Buch ist noch nicht einmal halb fertig. Ihr werdet genau wissen, warum ich diese Fragen stelle, wenn ihr diese Erzählung weiterverfolgt. Aber auch das, was bis jetzt von mir erzählt wurde, ist wohl schon außergewöhnlich.

In Wirklichkeit waren es jedes Jahr sogar noch wesentlich mehr Dinge, die sich abspielten. Alle zu erwähnen würde den Rahmen sprengen, und die Vielzahl der Dinge würde sie unübersichtlicher gestalten. Eines ist aber sicher: Bei allem, was ich gemacht habe, steckte eine Menge an Herz und Überzeugung dahinter. Ich habe stets versucht, vorbildlich und gerade die Wege zu gehen, die ich durch das Schicksal geleitet gehen mußte. Für jeden Menschen ist es schwer, alles fehlerfrei zu gestalten, so natürlich auch bei mir. Ich habe auch Fehler gemacht, aber nie bewußt. Meist erkannte ich diese Fehler erst im Nachhinein, und ich arbeite sie auf. Bis auf des Rätsels Lösung, aber dazu später mehr.

Da ich nicht weiß, was nächste Woche auf mich zukommt, werde ich mich Tag und Nacht mit dieser Thematik beschäftigen, um mein Werk zu vollenden, wobei mit Arbeit sicherlich die Suche nach des Rätsels Lösung gemeint ist.

Wie gerne hätte ich jetzt einen Menschen, der mir das geben könnte, was ich anderen gegeben habe. Einen Menschen, der mich aufbauen kann und sich ehrlich um mich sorgt. Was ist passiert, daß die Dinge so einen Lauf nehmen müssen? Warum habe ich diese Sicht der Dinge?

Aber das kann lange nicht alles gewesen sein. Zu guter Letzt kam dann auch noch mein Bescheid vom Versorgungsamt. Schwerbehinderung 50 %. Nun sind es sechs Jahre, die es gedauert hat, bis dieser Bescheid zustande kam. Für Menschen, die in schwierigeren Situationen leben, eine unüberwindbare Mauer. Die Rente liegt noch unter dem Sozialhilfesatz. Was für ein Schwachsinn!! Das ist der Preis dafür, zwei anderen Menschen geholfen zu haben und mindestens einem davon das Leben gerettet zu haben? Nicht erwähnenswert die schwere der Verletzung und das Leid, das man dadurch ertragen muß. Meine Stimmung geht mehr und mehr in Richtung Nullpunkt.

Ich muß meine Frau auch verstehen, sie hat Unglaubliches mit-

machen müssen und sich reichlich tapfer gehalten. Trotzdem habe ich den Eindruck, daß sie vor der Vergangenheit davonläuft. Ich spüre genau, daß ich sie vollends verlieren muß. An ihrer Körpersprache erkenne ich deutlich, daß sie sexuellen Kontakt benötigt. Ich kann ihr zum ersten Mal in meinem Leben nicht helfen. Mein Sexualtrieb ist seit Beginn meiner Therapie nicht mehr vorhanden. In einem halben Jahr sieht das wieder anders aus. Bis dahin wird das Schicksal seinen Weg nehmen.................

Nachwehen

Heide war nun nicht mehr da. Ich litt unter einem furchtbaren Schock. Traurig und leer machten Molly und ich uns auf den Weg nach Hause. Was sollte nun mit uns passieren? Würden wir diesen Schlag verdauen können, und wie sollten wir jemals wieder zurechtkommen? Heides Worte gehen mir durch den Kopf: „Verliere keine Zeit, um eine neue Frau zu finden; du bist zu jung, um zu trauern! Damals, als sie das sagte, war ich stinksauer, aber ich verehrte Heide, vor allem ihre Ratschläge. Dieses Mal sollte ich zu spüren bekommen, daß auch sie nicht immer recht hatte.

****

In unserer kleinen Wohnung angekommen, legte ich mich auf unser Bett. Molly war genauso verstört wie ich, legte sich neben mich und ihren Kopf auf meinen Bauch. Stundenlang starrten wir gegen die Wände, überall war Heide anwesend. Ihre persönlichen Sachen, ihre Kleidung und ihr Geruch. Ich konnte es nicht ertragen. Die 25 qm schienen immer kleiner zu werden, ja, sie wurden immer kleiner. Ich fing an, Heides Sachen zusammenzupacken. Es klingelte, und meine Mutter stand vor der Tür. Ich hatte lange Zeit keinen Kontakt zu ihr, aber jetzt war sie da. Liebevoll half sie mir, ein paar von Heides Sachen einzupacken. Im richtigen Moment verabschiedete sie sich und ließ uns wieder allein.

****

Ein guter Freund, der wußte, in welcher Situation ich mich befand, hatte mir Wochen vorher eine kleine Kugel Opium geschenkt. Diese Kugel nahm ich in den Mund und kaute sie langsam herunter, dann ging ich mit Molly spazieren. Ich brauchte Menschen um mich herum, Menschen, die mich ablenkten. Nach endlosen Stunden in verschiedenen Kneipen landete ich im „Pferdestall", einer urigen Szenekneipe. Als Kind hatte ich diese Kneipe ein paarmal mit meinem Vater besucht. Damals standen noch Barhocker mit richtigen Sätteln um den Tresen. Dort saß ich nun, langsam sturzbetrunken und total zu vom Opium. Der Dicke, von uns Motorradkiste genannt, saß bei mir und versuchte auf mich aufzupassen. Ich wurde immer aggressiver. Als eine Gruppe Rocker das Lokal betrat, war es dann soweit. Ich wußte, daß ich keine Chance besaß, aber wenn ich nicht zur Ruhe kommen würde, wäre ich noch Tage in diesem Zustand. Ich warf ein Einwegfeuerzeug an den Kopf des Präsidenten der Gruppe, und der ließ sich nicht lange bitten. Blitzschnell trafen mich ein paar steinharte Schläge.

Irgend jemand aus der Gruppe trennte uns, und eh ich mich versah, saß ich in einem Streifenwagen. Die Polizisten waren jünger als ich und beschimpften mich auf eine Art, die gefährlich werden konnte. Sie drohten, mich auf der Wache zu zerlegen, und, was schlimmer war, sie unterstellten mir, ein Heroindealer zu sein. Ich wurde hellwach. Was hatten sie gerade gesagt? Ich wußte, daß ich in so einem Moment völlig ausklinken konnte. Ich versuchte die Situation zu erklären, aber die Polizisten wurden härter. Als ich ihnen sagte, daß meine Frau gerade gestorben war, und sie mir antworteten: >Bestimmt an einer Überdosis<, brannte die Luft. Sie spürten, daß sie gerade danebengehauen hatten, und ließen mich in Windeseile aus dem Wagen. Wo aber war Molly? Ich stand im Eingang eines großen Bettengeschäftes, und die Anspannung kam aus mir heraus. Langsam rutschte ich an der Scheibe herunter und bekam einen Weinkrampf.

Plötzlich stand Molly vor mir, und zusammen begaben wir uns auf den Weg, um erst einmal richtig auszuschlafen.

****

Die nächsten Tage wurden grausam. Heides Beerdigung verlief so, wie sie es sich gewünscht hatte.

Kurz nach ihrer Beerdigung kam die nächste Hiobsbotschaft: Auch Heides Vater war nun gestorben.

Vor meinen Augen lief nun eine Zeitlang alles ab wie in einer fremden Realität. Ich war nun vollständig in eine andere Welt eingetaucht.

****

Im „Why Not" eskalierte langsam die Lage. Nicht nur, daß die Ratten spürten, an welcher Stelle ich verwundbar war; schlimmer noch: Anarchisten suchten ab und zu Schutz in der Disco, dabei wurden sie oft übermütig und versuchten auch uns anzugreifen. Sie merkten schnell, daß sie an die Falschen geraten waren. Das Schlimme war, daß sie danach mit der Polizei wieder auftauchten. Die, denen sie vorher die Pflastersteine an die Köpfe geschmissen hatten, holten sie nun zur Hilfe, um uns wegen einiger Backpfeifen anzuzeigen.

Ein paar Jahre später hatten wir Einsicht in die Akten aus dieser Zeit. Ein beachtlicher Haufen, der sich da angesammelt hatte. Zum Glück hatte keine Anzeige Erfolg, aber auf andere Verfahren wirkten sie sich nachteilig aus.

In meinen freien Stunden ging ich immer öfter um die Häuser, was bedeutete, daß ich Kneipentouren unternahm. Manchmal brauchte ich Tage, bis ich vor Erschöpfung endlich einschlafen konnte. Molly war immer anwesend. Sie war glücklich, einfach nur bei mir sein zu können, und ich war ebenso glücklich, daß sie bei mir war.

Es dauerte ein paar Wochen, bis ich wieder etwas zur Ruhe kam. Ich war restlos ausgebrannt. Am Anfang dachte ich pausenlos an Heides Worte und suchte verzweifelt nach einer Frau, ohne Erfolg. Frauen gingen mir aus dem Weg, anscheinend war ich ihnen zu extrem.

****

Butzi besuchte mich oft und kümmerte sich rührend um mich. Häufig klingelte er mich aus dem Bett, ein paar Stunden bevor meine Schicht begann.

Ich fing langsam wieder an zu trainieren. Ich begann mit Joggen auf einer gut angelegten Bahn im Stadtwald. Molly machte sich daraus ihren Spaß. Joggen, das war nicht so ihr Ding. Sie bekam sehr schnell heraus, daß die Runde auf der Finnbahn nur 1,5 km lang war. Sie versteckte sich hinter einem Hügel und wartete dort, bis ich wieder vorbei kam. Schnippisch stand sie mit wedelndem Schwanz auf dem Hügel, um dann mit einigem Vorsprung eine kurze Strecke vor mir her zu laufen. So gab sie mir Selbstvertrauen und Mut weiterzumachen. Danach begann das Spiel von vorn. Sie gab mir sehr viel Kraft und versuchte Heide auf ihre Art zu ersetzen. Molly war einzigartig, in ihrem Wesen und auch in ihrer Art, Gefühle zu zeigen. Im Laden gehörte sie schnell zum Inventar und übernahm völlig selbständig ihre Aufgaben.

Wir brauchten nicht reden, um zu kommunizieren. Jeder von uns spürte, was der andere im Sinn hatte. Ohne daß andere Leute es mitbekamen, verriet sie mir, ob jemand etwas im Schilde führte. Oft, wenn das Putzlicht zum Feierabend angeschaltet wurde, trieb sie die Leute aus dem Laden. Ihr Freund Murphy half ihr dabei. Molly stieß besonders schlimme Aspiranten mit den Vorderläufen an und kniff sie mit der Schnauze in den Hintern. Murphy nahm oft die Hacken desjenigen und kniff in die Fersen. „Ein Bild für die Götter." Eine Leine brauchte sie nur, wenn sie läufig war.

Jeder, der sie näher kannte, schloß sie schnell in sein Herz.

Es gibt unzählige Geschichten, vor allem über Molly.

Eine Zeitlang wunderten wir uns, daß sie und der kleine Pekinese zwischen 19.00 Uhr und 19.30 Uhr regelmäßig verschwunden waren. In dieser Zeit bereiteten wir uns täglich auf die Öffnung der Disco vor. Nach Wochen bekamen wir heraus, daß die beiden täglich einen Imbiß, welcher auf der Ecke des Einganges zum Bordell lag, aufsuchten. Sie hatten schnell mitbekommen, wie sie dort zu Extra-Mahlzeiten kamen. Sie setzten sich einfach schön brav und nebeneinander vor den Tresen und warteten. Ein göttliches Bild. Molly schwarz und mittelgroß und Murphy, der kleine beigefarbene Pekinese.

Eine andere Episode brachten die beiden, als Molly wieder einmal läufig war. Molly entführte den Kleinen mit ihrem wohl unwiderstehlichen Geruch in einem unbeobachteten Moment. Gäste berichteten uns, daß am Deich, etwa anderthalb Kilometer von uns entfernt, zwei Hunde über die Hauptstraße liefen und einen Unfall nach dem anderen provozierten. Da ich auf den Laden aufpassen mußte, sollte Butzi sich auf den Weg machen, um die Hunde zu suchen. Er ahnte, das Molly den Weg nahm, den ich mit ihr oft nach Feierabend ging. So war es dann auch. Die beiden saßen schwanzwedelnd vor unserer Haustür und begehrten Einlaß. Molly hatte eben Stil. Ein Schäferstündchen mit ihrem besten Freund? Nur im richtigen Ambiente, bitte!

In den meisten bekannten Diskotheken unserer Stadt hatte Molly freien Zutritt, wo nicht, verschaffte sie sich welchen. Sogar in einem zu einer Disco umgebautem Großkino. Gefiel ihr die Musik nicht, legte sie sich frech vor die Boxen und tat so, als ob sie schlief.

Bei Herbert in der „Gaslaterne" war sie ein gerne gesehener Gast. In regelmäßigen Abständen setzte sie sich auf die Sitzbank am Tresen. Herbert wußte dann, was zu tun war. Er stellte eine Weinbrandschale, gefüllt mit Eierlikör, auf den Tresen und Molly schlürfte den Inhalt mit viel Zeit und Genuß. Das Glas blieb auf seinem Platz stehen und war danach blitzblank.

****

Es tauchte im Laden ein weiteres Problem für mich auf. Die Leute verstanden meine Zeichen nicht, und ich wurde mehr und mehr angegriffen. Auch Claus verstand es nicht, die Zeichen richtig zu deuten. Er griff mich persönlich an, indem er nach einer Auseinandersetzung mit jungen Türken mich vor die Wahl stellte. Entweder ich würde ruhiger, oder wir müßten uns trennen. Ich hatte etwas mehr Verständnis von ihm erwartet; es war schon schlimm genug, daß er nicht einmal auf Heides Beerdigung war. Sah er unsere Freundschaft etwa mit anderen Augen als ich? Oder sollte ich seine Lage besser verstehen? Ich versuchte, ihm meine Lage zu schildern, und er begriff. Schlagartig verbesserte sich die Situation.

Die Wellen beruhigten sich, und ich bekam eine besondere Gabe geschenkt.

Ich lernte, Gefühle und Gedanken über die Körpersprache und die dazugehörenden Gesten der Gruppen oder einzelnen Menschen zu deuten. Eine Errungenschaft, die mir noch oft das Leben sichern würde und vor allem Auseinandersetzungen vermeiden ließ. Auch vorher schon schlummerte diese Eigenschaft, jetzt aber hatte ich gelernt, damit umzugehen.

Alles veränderte sich. Langsam auch meine Ausstrahlung und Reife. Die Menschen fingen an, mich zu respektieren, so wie ich vorher Claus respektierte, und auch Claus begegnete mir mit mehr Achtung. Trotzdem war ich alleine; kein Mensch konnte die Lücke füllen, die Heide hinterließ.

Schon bald hatte ich wieder zahlreiche Affären, meist nur für ein paar Stunden. Viele der Frauen gaben sich richtig Mühe, mich zu verstehen, aber ich war noch nicht bereit, Heides Platz herzugeben. Eine verzwickte Situation, einerseits diese unendliche Lehre und die Sehnsucht nach Partnerschaft, andererseits die Angst, jemand könnte meinen Anforderungen nicht gewachsen sein.

Es war ein langes Hin und Her, zwischendurch verlor ich oft die Orientierung. Ich erinnere mich genau an den Moment, als mir eine von Heides Kommilitonen über den Weg lief. Eine junge Frau mit sehr viel Charisma. Sie sprach mich direkt an und erkannte sofort meine Verzweiflung. Anstatt mir zu helfen, wendete sie sich ab. Nicht ohne mir zu sagen, daß ich in ihren Augen völlig kaputt sei. Ein Schlag ins Gesicht, der mich sehr nachdenklich werden ließ. Ich mußte ihr zustimmen, aber was sollte ich ändern? Ich entschloß mich, den Dingen ihren Lauf zu lassen. Alles, was sich um mich herum abspielte, nahm ich nur noch wahr, als sähe ich einen Film.

Die Anspannung fiel irgendwann von mir ab, die Persönlichkeit entfaltete sich. Nicht, daß mein Leben jetzt ruhiger werden sollte, im Gegenteil, jetzt waren wir erst am Beginn des nächsten Aktes. Wir waren bereit, größere Aufgaben zu bewältigen, und das wußten nicht nur wir. Immer öfter geschahen tiefgreifende Begegnungen, die darauf schließen ließen, daß unsere Aufgaben die Relation des normalen Fassungsvermögens bei weitem überstiegen. So auch an einem, ich meine späten Sonntagnachmittag oder Sonntagabend im Bistro. Es war ruhig, und zwei sehr eindrucksvolle Gäste suchten sich einen Platz am Tresen. Zu dieser Zeit waren sie die einzigen Gäste im Vorraum. Es waren ein Mann und eine Frau, die den intellektuellen Kreisen zugeordnet werden konnten. Ein Pärchen mittleren Alters. Ich erinnere mich ziemlich genau an die Worte der Frau. Sie sagte, daß es Dinge gebe, die nur wenige Menschen vorhersehen können, und fragte mich, wie ich darüber denke. Ich antwortete ihr, daß ich der gleichen Meinung sei. Sie war sehr vorsichtig und wagte einen weiteren Vorstoß, indem sie mich nach meiner Meinung in bezug auf übersinnliche Fähigkeiten befragte. Ich antwortete ihr, daß es mir bewußt sei, daß solche Dinge existieren. Darauf fragte sie mich, ob ich bereit sei, das, was auf mich zukommen würde, zu akzeptieren, wenn es dem Wohl der Menschheit dienen würde, und ich antwortete ihr, daß dies wohl das Ziel eines jeden Kämpfers und der Sinn seiner Existenz und seines Dasein sei bzw. sein sollte.

Ich fragte sie, warum sie mit ihrem Anliegen direkt auf mich zukam, und sie antwortete, daß es Menschen gebe, welche die Zukunft voraussehen können, und einer davon wäre der Mann an ihrer Seite. Ich gab ihr recht in den Behauptungen, die sie aufstellte, war aber sichtlich überrascht von dem, was mir die beiden mitzuteilen hatten.

Sie fuhr fort und teilte mir mit, daß ich in der Zukunft bis zu einem gewissen Punkt machen könnte, was ich wollte. Danach müßte ich eine große Aufgabe erledigen; wenn ich diese überstanden hätte, würde mir die Welt zu Füßen liegen. Ich war damals sichtlich überrascht, und dennoch prägte sich dieses Gespräch wie ein Brandmal in mein Unterbewußtsein ein.

.... Nun kann ich wieder etwas aufatmen, aber ich bin sehr, sehr vorsichtig geworden. Arbeiten konnte ich in den letzten Tagen kaum. Mir war einfach nur hundeelend. Der Röntgentermin hat keinen Hinweis auf einen Tumor erbracht. Es liegt an der schlechten Verdauung durch die Vielzahl der Medikamente, die ich täglich zu mir nehme. Ein Zeichen dafür, daß ich noch vorsichtiger werden muß.

Meine Frau und meine Tochter kümmern sich endlich etwas mehr um alles. Ich muß meine Frau verstehen, ob ich will oder nicht. Die letzten Jahre waren sehr nervtötend, vor allem anstrengend. Auf die Dauer ist bei jedem einmal die Belastungsgrenze erreicht.

Was mich etwas stutzig macht, ist die Tatsache, daß ich meine Grenze längst überschritten habe und es auch früh genug signalisiert hatte. Bloß richtig ernst genommen hat es niemand. Ein gefährliches Spiel mit fast tödlichem Ausgang, und das dicke Ende, das Erwachen, steht mir noch bevor, wenn mein Kopf frei von den Medikamenten ist.

Ich gewinne sehr oft den Eindruck, daß es falsch ist, seinen Zustand zu verbergen, sich auf gut Deutsch zusammenzureißen. Man signalisiert in diesem Moment, daß man noch nicht genug hat, also noch etwas vertragen kann. Das Schicksal reagiert grausam und unbarmherzig. Eh man sichs versieht, hat man den nächsten Sack zu tragen. Zum Teil liegt es aber nicht nur an einem selbst, sondern auch an dem Umfeld, welches einen umgeben hat. Es ist lebenswichtig, seine Freunde zu erkennen, auch wenn als Resultat herauskommt daß es zur Zeit keine gibt. Es ist besser, klarzusehen, nur dann besteht die Chance, etwas verändern zu können. Meinen nächsten Kreis werde ich sehr sorgsam auswählen. Ich weiß, daß es Leute gibt, die ähnliche Gedanken haben und vor allem den Mut und die Kraft, ihre Träume zu verwirklichen. Schon viel zu lange bin ich auf der Suche nach ihnen. Ich glaube fest daran, meine Ziele zu verwirklichen. Vor allem aber bin ich mir sicher, daß es mehr Menschen mit meiner Auffassung geben muß. Es gibt immer einen Platz für mich, aber ich bin es leid, diesem hinterherzulaufen. Die Zeit reicht einfach nicht mehr, sie läuft in riesigen Schritten davon.

Es muß dringend und vor allem schnell etwas passieren, was den Menschen etwas Mut gibt und vor allem ihre Ideale aufleben läßt. Es gab schon gute Ansätze, aber noch nicht das, was eine Veränderung bewirken kann. Ich spreche von neuen Idealen. Nur so kann ein Gleichgewicht von Gut und Böse wieder hergestellt werden und ein neues Selbstbewußtsein in den Köpfen der Leute wachsen. Es gibt Zeichen genug dafür, daß die Menschen regelrecht gierig nach Herausforderungen sind.

Jeden Tag kommt ein neuer Adrenalinkick auf den Markt, immer mehr Leute springen aus Flugzeugen und surfen mit dem Wind, oder sie springen von Funktürmen oder Steilhängen mit einem Gummiseil oder Fallschirm, um ihre Sucht nach diesem Kick be-

friedigen zu können.

Habt ihr schon einmal darüber nachgedacht, woher diese Bereitschaft kommen könnte? Ich denke, viele Menschen sind auf der Suche nach einer richtigen Herausforderung, einer Herausforderung, wofür es sich lohnt, eventuell sogar sein Leben zu riskieren. Es fehlt nur noch an den richtigen Idealen. Aufgaben gibt es mehr, als uns lieb ist. Weckt man das in jedem schlummernde Bedürfnis, Ideale auszuleben, können wir Berge versetzen. Gefährlich wird es, wenn die Guten zu spät ihre Fähigkeiten ausleben. Dann kommt wieder ein Mensch, der weiß, was den Menschen fehlt, und es für seine Bedürfnisse zurecht legt, ähnlich wie es bei Hitler der Fall war................

Wir arbeiteten fast rund um die Uhr. Nicht, daß wir unsere Arbeit als Arbeit auffaßten, nein, wir betrachteten sie viel mehr als Aufgabe, und so wurde sie unsere Erfüllung.

Jeder hatte seine eigenen Erfahrungen, um den täglichen Auseinandersetzungen zu begegnen. Ich hatte die Angewohnheit, meinen Gegnern nie in die Augen zu schauen. Sah oder spürte ich, dass eine Auseinandersetzung unvermeidbar wurde, senkte ich meinen Blick und beobachtete die Bewegung der Hände und Füße. Immer auf die eigene Körperdeckung bedacht, stellte ich die entscheidende Frage: „Waaas ist?" Dadurch, daß ich genau auf die Reaktion des gegenüberstehenden Körpers achtete, war ich immer für Bruchteile von Sekunden im Vorteil, und das reichte in den meisten Fällen. Blitzschnell kam meine verdeckte rechte Hand, und es gab eine fürchterliche Ohrfeige. Schlimm wurde es immer, wenn der Gegner nicht genug kriegen konnte. 60 Sekunden in einem harten Fight auf der Straße konnten endlos lang werden.

Es war keinesfalls so, daß ich immer ungeschoren davonkam. Wie gesagt, regelmäßig wurde ich von unserem Doc zusammengeflickt, aber nicht daß ich mir danach etwas Ruhe gönnte. Ich mußte sofort zurück an meinen Platz.

****

Claus nahm sich immer größere Aufgaben vor. Michaela und ich bekamen Angst. Ging seine Rechnung auf, oder wurden wir von „den Großen" wieder einmal nur benutzt? Säckel nahm mich mit zu den Besprechungen auf die Ranch des Automatenaufstellers. Ein großes Anwesen, fast wie in der Fernsehserie „Dallas". Ein elektrisches Gitter an der Einfahrt, ein großes Herrenhaus mit einem noch größeren Teich. Allerlei Exoten schwammen und krochen auf dem Gelände, unter anderem auch Flamingos.

Hinter dem Anwesen befanden sich Reitkoppel und Stallungen. Direkt neben dem Eingang waren die Werkstatt für die Automaten und das Büro.

Unsere Besprechungen fanden meist im Herrenhaus statt. Mein Mißtrauen legte sich etwas, als ich die Argumente vom Boß hörte. Ich gewann den Eindruck, wir wären ein Teil einer großen Familie, einer Familie, die geben und nehmen konnte, so wie man es sich vorgestellt hatte. Nach dem Gespräch war ich bereit, die nächsten Schritte mitzugehen.

Es wurde langsam mächtig viel. Das „Plausch" von Claus' Frau und die „Goldene Lyra", der „Rauchfang". Eine Gaststätte mit dem Namen „Sound House" in einem Vorort unserer Stadt und eine Diskothek sollten dazukommen. Zu dem harten Job im „Why Not" waren es nun schon fünf weitere Projekte, und alle kamen von den Besitzern des „Why Not". Sie verkauften uns diese Projekte als äußerst günstig, obwohl die Übernahmepreise gewaltig waren. Erst viel später bekamen wir mit, daß niemand außer uns in der Lage war, viele dieser anfänglichen Schrotthaufen wieder zum Laufen zu bekommen, wenn man es überhaupt schaffen konnte. Es wurden sehr kostspielige Schrotthaufen.

Inzwischen waren die Imperien der beiden anderen bis über den Horizont gewachsen. Der Getränkegroßhandel und die Spielautomatenaufstellung florierten ebenso wie alle anderen von ihnen ins Leben gerufenen Unternehmungen. Zu dieser Zeit hatte ich das Gefühl, daß uns niemals etwas passieren konnte, nicht, solange wir uns alle einig waren.

****

Wieder stand unser Urlaub vor der Tür. Dieses Mal sollte es drei Wochen sein, danach mußten die neuen Projekte angegangen werden.

Ich konnte mich nicht entscheiden, was ich unternehmen sollte. Ibiza kam für mich nicht in Frage; warum, das konnte ich auch nicht so bestimmt sagen. Sicher spielte Molly auch eine Rolle bei dieser Entscheidung. Claus flog dieses Jahr mit Michaela und dem kleinen Pekinesen Murphy, begleitet von Jürgen und dessen Freundin Birgit, nach Ibiza. Birgit arbeitete inzwischen unter der Anleitung von Jürgen in der Bordellstraße.

Ich wollte alleine sein und erst einmal entspannen. Es gab eine Menge junger Frauen, die ich gerne mitgenommen hätte, aber das Schicksal entschied, daß Molly und ich alleine fahren sollten.

Claus gab mir den schwarzen Daimler 280 E mit runden Kotflügeln (Bj. 1968) und Alufelgen, und ich machte es uns gemütlich. Auf den Vorder- und den Rücksitz legte ich Schimmel- und Kuhfelle. Im Kofferraum lagen ein Pelzmantel, diverse Kartons mit Lebensmitteln, Hanteln, ein Zelt und andere nützlichen Dinge. Am Lenkrad hingen diverse Stirnbänder.

Meine Standardkleidung bestand aus Lederhosen und Lederwesten. Nur, wohin wir fahren würden, das wußte ich nicht.

Molly und ich fuhren einfach los. Erst einmal Richtung München, dort hielt sich ein Bekannter von mir auf. Auf dem Weg nach München bekam ich Sehnsucht nach Sonne. Das Wetter war kalt und verregnet. Ich dachte daran, daß Säckel und die anderen schon längst am Strand von Ibiza liegen.

Ich bereute langsam, nicht mitgefahren zu sein, aber ich hatte Molly dabei. Molly war zu groß für einen Flieger und vor allem für das Hotel. Also schlug ich die Karte auf und machte mich auf den Weg Richtung Frankreich. Ich ließ mich einfach gleiten.

Der Pfad führte mich über Mulhouse und Grenoble in Richtung des Mittelmeers nach Cannes.

Ich hatte es nicht eilig, aber ich fuhr zügig. Irgendwie lockte mich die Erwartung, das Mittelmeer aus einer anderen Perspektive zu betrachten.

Frankreich sah ich zum ersten Mal, und ich war wirklich überrascht. So hatte ich es mir niemals vorgestellt. Hinter jeder Kurve verbarg sich eine neue märchenhafte Landschaft. Ein nicht endender Traum; oft schien es, als wäre die Zeit im Mittelalter stehengeblieben. Man brauchte kaum Phantasie, um sich vorzustellen, daß hinter der nächsten Ecke die „Drei Musketiere“ warteten. „Einer für alle, alle für einen!“

Auf dem Weg nach Grenoble nahm ich einen Anhalter mit, wie sich schnell herausstellte ein junger Ire. Mein Englisch reichte aus, um ein lebhaftes Gespräch zu führen, und so fuhren wir über Berge, traumhafte Pässe und endlose Steigungen. An der wohl höchsten Stelle des Gebirges passierten wir einen schmalen Tunnel. Am Tunneleingang war in großen Buchstaben: >Brits out of Ireland!< zu lesen. Der junge Ire konnte seine Begeisterung kaum bremsen; so etwas hatte er an diesem Ort, so weit entfernt von seiner Heimat, nicht erwartet. Lebhaft erzählte er von den Greueltaten in Irland, wütend und aufgebracht beschimpfte er die Engländer. Er war eindeutig Sympathisant der IRA und ein ganz lieber Kerl.

Er wußte auch nicht genau, wohin er wollte. Für ihn war es nur wichtig, pünktlich die Fähre zu bekommen, und die fuhr in drei Tagen. Eineinhalb Tage davon sollte er noch unser Gefährte sein. Molly hatte mir schon anfangs signalisiert, daß der Ire in Ordnung war, und wir freuten uns über die kurze Begleitung.

Pünktlich zum Sonnenaufgang erreichten wir Cannes. Die Skyline gefiel uns beiden nicht, und wir beschlossen, weiter die Küste entlang in Richtung St. Tropez zu fahren.

In St. Tropez trennten sich unsere Wege.

Ich beschloß dann, mit Molly weiter die Küste abzufahren, in Richtung Marseille. In der kommenden Nacht schliefen wir im Freien auf einem Plateau. Es sah aus wie das Fundament eines Bunkers aus dem Zweiten Weltkrieg.

Bei dem Versuch zu schlafen wurden wir regelrecht von Moskitos überfallen. Diese kleinen Viecher hörte man schon, wenn sie sich im Anflug befanden. Molly jaulte regelrecht, so genervt war sie von diesen üblen Attacken, aber auch ich hatte meine Probleme. Es schien, als ob die Moskitos jede freie Lücke sofort aufspürten, um dann im Sammelangriff eine neue Attacke zu fliegen. Meinen Schlafsack schienen sie nicht einmal wahrzunehmen.

Am kommenden Morgen sahen wir, warum wir so attackiert worden waren. Nur fünf Meter von unserer Schlafstelle entfernt ging es 50 m steil bergab, und wir erkannten die Mittelmeerküste mit schroffen roten Felsen. In der Nacht sahen wir davon nichts; nur gut, daß wir zu müde waren, um die Gegend zu erkunden.

Nach einem schnellen Frühstück fuhren wir weiter. Am gleichen Tag erreichten wir einen kleinen Ort, ca. 50 km vor Marseille. Dort schlugen wir unser Zelt auf und ließen uns für ein paar Tage nieder.

Molly war die Attraktion am Strand. Die Hitze war ungewohnt stark, und die Sonne hatte eine intensivere Kraft, wohl bedingt durch das naheliegende Gebirge. Um Molly davor etwas zu schützen, legte ich ein feuchtes Badehandtuch über ihren Rücken. Mit diesem Handtuch stolzierte sie am Strand, sehr zur Belustigung der anderen Badegäste. Man hätte denken können, daß sich ein kleines Streitroß unter dem großen, feuchten Handtuch verbarg.

Trotzdem fühlte ich mich nicht so richtig wohl. Ich dachte immer noch oft und ausdauernd an Heide. Es schien mir, als würde sie mir den Weg weisen.

Und da war noch ein anderer Mensch, der meine Gedanken auf sich zog. Sie hieß auch Birgit, ein junges blondes Mädchen mit einer sehr außergewöhnlichen Ausstrahlung. Ihre mittelblonden, strähnigen Haare reichten ihr bis über die Hüften.

Ich fand mich langsam damit ab, von jüngeren Mädchen begehrt zu werden. Natürlich war ich mir der Verantwortung bewußt, und es schien so, als wenn es mein Schicksal sein sollte, mich um etwas jüngere Frauen zu kümmern.

****

Zu uns kamen vornehmlich Menschen mit einer Vorbelastung, entweder mit familiären oder anderen Problemen. So war es auch bei Birgit. Sie litt furchtbar an den Eskapaden ihres Vaters, eines Versicherungskaufmannes in leitender Stellung, und der Trennung ihrer Eltern. Sie hatte noch zwei bildhübsche Schwestern, die etwas älter waren.

Birgit umgab eine ganz besondere eigenartige und geheimnisvolle Aura, die ich viele Jahre nicht entschlüsseln konnte.

Ich lag also am Strand, und immer öfter ging mir ihr Bild im Kopf herum. Seltsamerweise kam mir dabei der Gedanke an eine Familie. Ich sah Birgit in meiner Vorstellung mit zwei kleinen Kindern an der Hand am Strand spazieren gehen. Völlig absurd, ich mit meiner gefährlichen Arbeit und Birgit mit ihren knapp 18 Jahren. Das Verrückteste war, daß ich wußte, daß sie sogar noch Jungfrau war.

Es kam, wie es kommen mußte. Ich packte unsere Sachen, und Molly und ich fuhren zurück nach Bremen. Birgit ging mir nicht aus dem Kopf. Obwohl ich spürte, daß die Bilder, die ich sah, so nicht übersetzbar waren. Diesmal nahm ich die schnellste Strecke über die Autobahn, und wir fuhren ohne Pause zurück.

Zu Hause angekommen war der erste Weg natürlich zu Birgit. Es schien, als hätte sie mich vermißt, und ich nahm mir vor, mich intensiv um sie zu kümmern, immer noch die Vision vom Strand in meinem Kopf.

12. Kapitel – Weiter geht's

Zum Akklimatisieren nach unserer Rückkehr aus dem Urlaub war keine Zeit, es warteten zu viele Aufgaben auf uns. Die Schwierigste von allen war aber immer noch das „Why Not".

Säckel verhielt sich genial. Sehr oft empfand ich seine Reaktionen auf den Lauf der Dinge als Vorsehung. Ich hatte manchmal den Eindruck, man könnte ihn ruhig 20 m tief unter der Erde begraben; er würde immer noch wissen, was um ihn herum passiert, und das manchmal schon Wochen, in manchen Dingen sogar Jahre und Jahrzehnte im voraus.

Heute weiß ich nur zur gut, daß es auch daran lag, weil er bereit war, große psychische und physische Belastungen einzustecken und sie als gegebenes Muß betrachtete. Das war mit ein Grund, warum man in seiner Nähe so ruhig wurde und die eigenen Probleme mit einem Mal als „nichts" betrachtete. Säckel war, so werden es viele bestätigen, ein Medium. Sein großes Problem war es oft, seine Gedanken zu erklären. Das wurde in manchen Fällen meine Aufgabe. Keiner verstand ihn in bestimmten Dingen so gut wie ich. Ich wußte meistens, was in ihm vorging und was er mit seinen Handlungen und Gesten bezweckte. Alles hatte eine tiefe und sinnvolle Bedeutung, vor allem aber schien es, als wären wir dem Lauf der Dinge immer einen Schritt voraus.

Säckels Meisterstück war die Koordination der Musik und der Strategie. Er hatte erkannt, daß man mit der richtigen Musik Politik machen kann. Die Musik wurde zu unserem Markenzeichen, und manche Leute zahlten gerne etwas mehr Geld für einen Live-Mitschnitt auf einer 90-Minuten-Kassette.

Es ist kaum in Worte zu fassen, wie man dieses Gefühl beschreiben sollte, das durch dieses Flair entstand. Einerseits war es jedesmal so etwas wie eine Geschichte oder ein Acht-Stunden-Film, andererseits wirkte die Musik beruhigend und gleichzeitig anregend.

Wenn die Discjockeys auf dem falschen Weg waren drückte Claus auf einen Schalter und ein grelles Licht leuchtete am Arbeitsplatz des Jockeys.

Einen der Discjockeys hatte Claus besonders in sein Herz geschlossen: Olli, ein kleiner, schmächtiger Kerl, der schon seit seiner frühen Kindheit in der Szene verkehrte. Olli war der Sohn der Besitzerin jener urigen Kneipe, in der ich den Abend nach Heides Tod verbrachte. Olli war hypersensibel, so wie ein Discjockey eben sein muß.

Ich hatte mit diesen Jungs manchmal ein Problem. Natürlich waren wir auch nicht ohne, aber der Maßstab der DJ übertraf alle anderen. Wahrscheinlich brauchten sie täglich einen gewissen Level, um ihre Sensibilität zu erhöhen.

****

Eine Vielzahl von Leuten war um uns herum. Dazu tauchten ständig neue Verrückte auf und verschwanden meist so schnell, wie sie gekommen waren. Nur wenige waren über mehrere Jahre hin unsere Begleiter. Was diese Neuen von den Anderen differenzierte, war die Tatsache, daß viele von ihnen noch am Leben sind. Die Statistik veränderte sich also. Im Gegensatz zu den Anfängen erhöhte sich jetzt die Zahl derer, die ein nicht so hartes Schicksal traf wie die Personen zum Beginn unserer Arbeit. Ein schöner Erfolg mit einem angenehmen Beigeschmack. Die meisten von ihnen hatten mit Drogen nicht mehr viel im Sinn. Manche überhaupt nichts.

Da war z.B. Buchi, ein ruhiger, zurückhaltender Kerl. Von Beginn an tauchte er immer wieder auf. War er in der Nähe, war es eine Garantie für gute Laune. Seine unnachahmliche Lache war aus großer Entfernung zu erkennen. Später arbeitete er aushilfsweise als Discjockey für uns.

Minne, ein verrückter Freak mit der Ausstrahlung eines Professors. Minne war Fensterputzer, er wohnte eine lange Zeit in einer der freien Wohnungen über dem „Why Not". Immer wieder überraschte er uns mit neuen Anekdoten. Seine große Leidenschaft waren seine Petzi, eine hübsche vollbusige Blondine, und das Spielen an neuen TV-Automaten.

Eddy, ein angeblicher Psychopath mit dem Ruf, ständig Frauen zu betäuben, um sie dann zu vergewaltigen. Ein Ruf, der ihm nicht unbedingt Freunde verschaffte, aber es wurde ihm nie nachgewiesen, was da über ihn so spekuliert wurde. Eddy war ein Spieler, und er war ein Teil der großen Familie. Im Laufe der Jahre kreuzten sich immer wieder unsere Wege. Ich persönlich hatte nie Probleme mit ihm, begegnete ihm aber argwöhnisch.

Backi, ein geschiedener Familienvater. Backi fuhr zu dieser Zeit für eine Spedition, oft schlief er auf der Ladefläche seines kleinen LKWs. Er tat mir leid, und in der folgenden Zeit nahm ich ihn unter meine Fittiche. Backi sollte uns noch lange begleiten.

Locke, ein blutjunger kleiner, zäher Kerl. Für uns ein richtiger Freund, wie sich noch herausstellen sollte. Locke wurde aus der besagten Großdisco geschmissen und kam von dort zu uns. Volltrunken wollte er sich Zutritt verschaffen. Ich erkannte sofort, daß wir es mit einem Minderjährigen zu tun hatten, und nahm bei ihm Maß. Bei seinem ersten Versuch, dumm zu werden, hatte ich ihn beim Wickel und verwies ihn des Ladens, nicht ohne ihm eine weitere Chance zu geben. Wie sich herausstellte, war es genau das, was er brauchte. Noch Jahre später war er mir dankbar für diesen Verweis, und er wurde fast so etwas wie ein kleiner Bruder für mich.

Locke hatte es sehr, sehr schwer. Schon früh geriet er aus dem Gleichgewicht. Mit 14 Jahren stand er bereits vor dem Richter, wegen eines bewaffneten Raubüberfalls auf einen Kiosk. Er war noch zu jung, um eine richtige Strafe zu bekommen, aber dieses Erlebnis prägte seine Verhaltensweise. War ich mit Locke unterwegs, passierten die tollsten Dinger, aber dazu später mehr.

Selim, ein junger angehender Profiboxer mit sehr viel persönlichem Pech. Selim geriet in eine Straßenschlacht bei einem Bundeswehr-Gelöbnis. Seine Personalien wurden aufgenommen, und er bekam eine empfindliche Geldstrafe. Seine vorgesehene Karriere als Profi gehörte von diesem Tag an zu seiner Vergangenheit.

Selim ist ein herzensguter Familienvater und ein guter Lehrmeister. Ich habe nie verstanden, warum er keinen Nachwuchs mehr trainiert. Wahrscheinlich muß der Richtige erst noch kommen.

„Dachdecker", ein blutjunger Dachdeckerlehrling, der als Gast nur Kaffee mit Milch und Zucker verzehrte. Dachdecker war ein schüchterner, zurückhaltender Mensch. Wurde er aber in ein Gespräch verwickelt, konnte ihn keiner mehr bremsen.

Dachdecker Addi, ein gut gebauter junger Türke, der sich von allen anderen stark hervorhob. Addi war ein feiner Kerl, einer von sehr wenigen, die es wagten, die Ungerechtigkeit der anderen anzuklagen, und auch Schritte unternahmen, solche Fälle zu verhindern. Also ein Kerl mit viel Rückgrat.

Jimmy, ein schon etwas älterer Araber, Verzeihung: Ägypter. Jimmy schien zur Innenstadt-Szene zu gehören, also zu den Zockern und Zuhältern. Aber er tauchte ständig bei uns auf, meist dann, wenn wieder etwas in der Luft lag. Jimmy war in diesen Fällen ein guter Ratgeber, vor allem wenn es um die Mentalität der Südländer ging. Bis vor ein paar Monaten (1998) hatte ich noch Kontakt zu ihm. Seine Nähe tat mir jedesmal gut. Leider konnte ich seine Erwartungen nicht mehr erfüllen, aber ich habe den gleichen Eindruck von ihm. Er war mittlerweile schon über 50 Jahre alt, und es war bewundernswert, wie er noch immer seinen Mann stand. Einfach ein Phänomen.

Annette, ein vollschlanker und vollbusiger Vamp. Annette konnte Menschen mit ihrer Beweglichkeit in absolute Verwunderung versetzen. Es schien, als gäbe es die Gesetze der Schwerkraft nicht, wenn sie sich auf der Tanzfläche bewegte.

Und das bei ihrer Figur, einfach unglaublich! Annette lernte ich kennen, als ich noch meine geliebte Wohnung besaß. Damals wollte ich unbedingt noch eine abfahrende Straßenbahn erreichen und spurtete bis zur nächsten Haltestelle hinterher. Annette stand fassungslos an der hinteren Scheibe des Straßenbahnzuges und beobachtete das Schauspiel. Als ich dann einstieg und nach wenigen Minuten wieder Luft bekam, war sie wohl von den Socken. Am gleichen Abend traf ich sie dann im „Why Not". In der kommenden Zeit hatten wir hin und wieder ein kleines Techtelmechtel. Annette war der Typ Frau, die einen Mann fertigmachen konnte. Ein weiteres Phänomen.

Ulla, eine große, hübsche und ansehnliche Frau mit damaligen guten Verbindungen zu den obersten Rängen im Milieu. Ulla hat bis heute eine reife, würdige Ausstrahlung. Man sieht ihr kaum an, was sie alles erlebt hat. Ihre Würde hat sie auf jeden Fall behalten. Leider hatten wir eine völlig unsinnige Auseinandersetzung mit gefährlichem Ausgang. Seit langer Zeit ist dieser Vorfall erledigt, und heute begegnen wir uns mit gegenseitigem

Respekt.

Biggi, eine junge Friseurin. Biggi war lange für meine Haare zuständig. Nachdem sie ihr zweites Kind bekam, riß unsere Verbindung ab.

Bär, ein alter Kämpfer mit der Ausstrahlung eines Trappers. Er war in seinen besten Jahren ein bekannter und guter Boxer. Zu dieser Zeit war er fast 40 Jahre alt und einer meiner liebsten Gäste. Bär war ein guter Bekannter von Heide, und ihm ging die Geschichte gehörig an die Nieren. Wann er konnte, versuchte er mir beizustehen. Vor solchen sogenannten „Alten Kämpfern" hatte ich einen gehörigen Respekt. Mit seinem Kumpel Joachim traf er sich regelmäßig an den Sonntagen. Die beiden gingen dann auf einen Schießstand, um mit alten Steinschloßpistolen zu schießen. Eben halt richtige Trapper, immer bereit, ihre Ideale aufrechtzuerhalten. Von Joachim bekam ich einen versteinerten Haifischzahn geschenkt, der mindestens drei Millionen Jahre alt gewesen sein soll. Ich ließ diesen Zahn in Gold einfassen und trug ihn noch viele Jahre als Talisman.

Gerwin, ein Musiker und alter Freund von Heide. Zu dieser Zeit versuchte er gerade, eine neue Gruppe aufzubauen, um den endlich ersehnten Durchbruch zu erreichen. Gerwin hatte ein großes Handicap. Bei einer Schlägerei in der Disco saß er auf einem der Barhocker, seine Beine unter der Halterung verklemmt. Säckel mußte über den Tresen springen, um in die Schlägerei einzugreifen. Gerwin konnte sich nicht schnell genug von dem Hocker befreien und brach sich das Sprunggelenk. Der Bruch war sehr kompliziert, weil das Gelenk regelrecht zersplittert war. Seit diesem Tag konnte er seinen Beruf nicht mehr ausüben. Viele Jahre mußte er sich behandeln lassen. Ich denke, noch heute leidet er unter den Auswirkungen dieser Verletzung.

Gerade gesellten sich Boxer und Glatze zu unserer Gesellschaft. Zu dieser Zeit hatten sich beide die Köpfe rasiert und liefen herum wie die ersten Skins. Wie sich dann im nächsten Moment herausstellte, waren es wohl ganz nette Kerle.

„Bayer", ein bayerischer Handwerker, ständig bemüht Frauen anzubaggern. Meike aus Wilhelmshaven hatte sich bei ihm einquartiert. Meike machte nun eine Ausbildung zur Kosmetikerin in unserer Stadt. Bayer war ein ganz angenehmer, aber sehr hochnäsiger Zeitgenosse.

Anke und ihre Clique, bestehend aus dem Schwaben, seiner Frau Ilo, Lothar und anderen. Anke merkte ich an, daß sie verliebt in mich war. Machte ich aber einen Schritt in ihre Richtung, wich sie zurück. Erst in den letzten Jahren hatte ich einen besseren Kontakt zu ihr. Ich mochte diese Frau, wenn da nicht das Problem der Trennung von ihrem Mann gewesen wäre. Unterhielt ich mich mit ihr, kam ich kaum zu Wort, ständig wiederholte sie ihre alten Geschichten. Ich wünschte ihr nur, daß sie sich bald fangen würde. Die ersten guten Schritte hatte sie unternommen. Sie hatte sich auf das Land zurückgezogen, um Abstand zu gewinnen.

Manuela, eine rassige Schönheit, mit ihrem Hund Rocky. Mit Rocky, einem kleinen Yorkshire-Terrier, machte ich einige kuriose Erfahrungen. Dieser Hund hatte ein merkwürdiges und witziges Eigenleben. Irgendwie schien ihn alles, was mit Sex zu tun hatte, magisch anzuziehen.

Karin und Lucky, zwei total abgedrehte Freaks mit einem Hang zum Theatralischen und Frank Zappa. Ständig suggerierten sie uns, daß sie auf einem Trip waren, und sie waren darin nicht einmal schlecht. Lucky fiel es leicht, seine Rolle zu spielen. Er war schizophren und hatte von Natur aus große Pupillen. Unsere Wege kreuzten sich immer wieder. Karin hatte noch eine sehr schwere Last zu tragen. Leider konnte ich ihr nicht beistehen, weil ich selber auf Hilfe angewiesen war.

Ronald, ein stiller, ruhiger Kaffeetrinker. Ronald hat schon in seinen frühen Jahren Probleme mit seiner Kopfbehaarung bekommen. Seine Leidenschaft ist und waren das Bodybuilding sowie große Autos. Ronald war oft bei mir; seine Ausstrahlung war streng und konservativ. Bei anderen Menschen wirkt das oft abweisend, sie bekommen etwas Beklemmung durch seine strenge Wirkung. Ronald ist ein sehr reinlicher und gründlicher Mensch. Jeder Löffel und jeder Bleistift haben bei ihm seinen bestimmten Platz.

Der kleine Oktay, ein witziger, etwas molliger und lustiger Türke. Ständig mit einem Joint in der Hand, immer am diskutieren. Er hatte ein trauriges Schicksal, aber er war ein Mensch mit einem großen Herzen.

Der andere Oktay, ein gut aussehender junger Indianer. Ständig mit neuen Eskapaden. Oktay begab sich gerne in Gefahr, er war so etwas wie ein Bilderbuch-Abenteurer.

Martina, eine hübsche, resolute und aufregende Büroangestellte mit einem Hang zum Nachtleben. Trotz allem vernachlässigte sie nie ihre Arbeit. Ein Beispiel für Zuverlässigkeit. Martina sah ich noch kurz vor Beginn der Medikamententherapie. Ich verabredete mich mit ihr zum Essen. Leider konnte ich diese Verabredung nicht wahrnehmen, mein Zustand verschlechterte sich in einem erschreckenden Ausmaß. Unsere Wege kreuzten sich regelmäßig, und ich hatte das Gefühl, daß sie eine wichtige Rolle in meinem Leben spielt.

Heinz, ein alter Kämpfer aus dem Zuhältermilieu der 60er Jahre. Heinz war ein guter Bekannter von Claus und ein witziger, total verrückter Kerl. Übrigens auch der einzige aus seiner Zeit, der sich in ein Familienleben zurückzog, beachtenswert!

Oskar, ein richtiger, waschechter Gauner aus der alten Garde. Oskar konnte es mit allen aufnehmen. Ging er richtig ab, wurde es grausam. Oskar hatte Mitte der 60er Jahre eine Auseinandersetzung mit einem Türken. Dieser Türke faßte seine Frau in den Schritt. Bei der folgenden Schlägerei prallte der Türke mit seinem Kopf auf eine Bordsteinkante. So unglücklich, daß er daran starb. Oskar mußte wegen dieser Geschichte für fast zehn Jahre in den Knast. Man konnte seine Position klar verstehen. Durch diese Geschichte wuchsen in ihm ein grenzenloser Haß und ein Gerechtigkeitssinn, der mit Verzweiflung gepaart war. Eine tickende Zeitbombe.

Sylvia war wohl die jüngste Barbesitzerin überhaupt. Sylvia war gerade mal 19 Jahre jung und besaß eine gut gehende Bar im Viertel. Irgendjemand gönnte ihr den Erfolg nicht und zündete die Bar an. Im letzten Moment konnte sich Sylvia aus der über der Bar liegenden Wohnung retten. Sie verlor alles.

Marina und ihre Clique, bestehend aus vier hübschen, blonden und langhaarigen Mädchen. Alle tauchten im Spätsommer 1981 zum ersten Mal auf. Marina, Babara und Elke übernahmen später einen besonderen Platz in unserem Leben. Zu dieser Zeit spielten sie noch überhaupt keine Rolle. Sie fielen uns auf, weil sie uns besonders jung erschienen, was natürlich zu Konsequenzen führen konnte.

Marion, eine reife, attraktive und gute Geschäftsfrau. Sie besaß eine kleine Boutique im Viertel, in der sie selbstgefertigte Ledersachen verkaufte. Tolle Hosen, Westen, Gürtel und Jacken. So ganz nach unserem Geschmack. Marion war mit Kurt zusammen, einem Zuhälter mit einer unglaublichen Ausstrahlung. Kurt konnte Frauen mit seinen Augen hypnotisieren, was ihm keine Freunde einbrachte. Das Verhältnis mit Marion war nur von kurzer Dauer, und beide gingen ihre eigenen Wege. Kurt spielte noch eine große Rolle in meinem Leben.

Marion wohnte eine Zeit über dem „Rauchfang" und war gerne bei uns zu Gast. Beinahe hätte ich mit ihr eine Beziehung aufgebaut, aber meine Zeit war noch nicht reif, und ich gab ihr einen Korb. Marion hatte bald das Leben in unserer Stadt satt und zog nach Südafrika. Ich habe sie nie wieder zu sehen bekommen.

Reinhard, der Erfinder der kleinen Pizza-Stückchen, die man auf die Hand nehmen kann. Er übernahm den kleinen TürkenImbiß neben dem „Why Not". Seine Pizza ließ sich wie warme Semmeln verkaufen, und es zeichnete sich schnell ab, daß er eine Marktlücke entdeckt hatte. In den folgenden Jahren wurde er ein erfolgreicher Geschäftsmann.

Engelchen und Murphy. Engelchen, eine aufregende junge Frau mit einem Gemüt wie ein Engel. Erschien sie, verbreitete sie gute Laune. Sie war unnahbar für mich und stets ein guter Freund. Murphy arbeitete als Chemiker am Hochofen einer großen Stahlfirma. Er war über Jahre unser Stammgast und ebenso eine gute Seele wie Engelchen. So kam es dann auch, daß die beiden sich fanden und später eine Familie gründeten. Sie sind immer noch glücklich verheiratet.

Annedore, eine blonde, resolute Frau aus dem Milieu. Sie lernte ich schon in der Zeit kennen, als ich noch als Hippie gekleidet die erste Luft von Freiheit schnupperte. Kurz vor meinem Einstieg in den Kanusport. Annedore war stets ein guter Freund. Allerdings hatte sie einen unheimlich schweren Gang vor sich.

Annedore machte mich auch mit Otto bekannt. Otto war eine Größe im Milieu. Er besaß eine Bar 30 km entfernt auf dem Land. Otto hielt diese Bar viele Jahre, und unsere Wege kreuzten sich immer wieder.

Nicht zu vergessen die vielen anderen „guten" Menschen und natürlich auch jene, die es furchtbar schwer gehabt und sich nie wieder gefangen haben. Alles in allem aber überwog doch die positive Seite aller Menschen um uns herum. Leider kann ich nur wenige stellvertretend für alle erwähnen.

****

Wir kamen schließlich immer mehr unter Beschuß. Einerseits wurde unser Tun von den Politikern akzeptiert, andererseits gab es immer wieder Kommissare, die versuchten, ihre eigenen Vorstellungen zu verwirklichen. Razzien gehörten bald zur Tagesordnung. Manchmal sogar bis zu drei Razzien am Tag. Dabei passierten die unglaublichsten Dinge.

An einem Nachmittag stürmten sie, unter unzähligen anderen Begebenheiten dieser Art, den Laden mit fünf Zivilkräften. Nachmittags hielten sich oft jüngere Menschen bei uns auf, Freaks, die absolut harmlos waren. Die Polizisten kamen mit gezogener und entsicherter Waffe, stellten die Jugendlichen an eine Wand und durchsuchten sie. Dabei war einer der Beamten so aufgeregt, daß ihm die Waffe aus der Hand auf den Boden fiel. Wie schnell hätte das ins Auge gehen können? Und das alles nur wegen einer Droge, die heute sogar in der Krebstherapie angewendet wird.

Damit will ich diese Droge nicht verherrlichen, aber wenn Alkohol zulässig ist, dann ist diese Droge ein kleineres Übel.

Damals waren die Jugendlichen noch relativ harmlos, dann aber entwickelte sich plötzlich eine Art Widerstand. Es begannen sich Cliquen der etwas anderen Art zu formieren.

Aber auch sonst verhielten sich manche Polizisten recht eigenartig. Man konnte ihnen ihre Lieblingskrimiserie an der Kleidung ablesen. Manche spielten Kommissar Derrick, später dann wurden die Jungs aus der Serie Miami Vice kopiert.

Ganz anders waren die Zivilpolizisten aus dem Nachbarlandkreis, mit denen hatte ich bei meinem Einstieg in die Szene ausreichend Bekanntschaft gemacht. Sie gaben und kleideten sich zum Teil wie Freaks und Kämpfer. Der junge Kommissar, der bei mir damals das Verhör geführt hatte, tauchte ab und zu an meinem Tresen auf. Man konnte ihm ansehen, daß er unsere Arbeit verstand und uns Respekt zollte. Schließlich war er nun einmal mitschuldig an meinem Werdegang. Dies meine ich auf keinen Fall abwertend. Ich war sehr stolz auf unsere Arbeit, und das durfte ich auch sein.

Um gegen die Angriffe der Behörden gewappnet zu sein, wurden neue Regeln im Bistro eingeführt: Absolutes Verbot des öffentlichen Haschischkonsums. Für mich hieß das neuer, vorprogrammierter Ärger. Nicht jeder unserer Gäste wußte, was auf dem Spiel stand. Immer wieder versuchten einige, ihre eigenen Vorstellungen durchzusetzen. Wieder einmal mußte ein Exempel statuiert werden. Ich suchte mir dann jemanden mit einem brennenden Joint, und er bekam eine Abreibung. Natürlich immer, wenn genügend Leute anwesend waren, damit dieses Exempel nicht zu oft stattfinden mußte; und es half.

****

Ein Problem ganz anderer Art ergab sich mit einem Nachbarn, einem Friseur. In den Anfängen unserer Arbeit hatte auch er das Problem mit den Fixern. Danke zu sagen war ihm wohl fremd, schließlich hatten wir die Peripherie von den Fixern gesäubert. Er führte seinen eigenen Kampf als Moralapostel. Er versuchte alles, um uns aus diesen Räumen zu vertreiben. Sein bestes Druckmittel waren ständige Anzeigen und Beschwerden wegen der Lautstärke unserer Musik. Die Folge war, daß der Laden schallisoliert werden mußte, aber nur zu der Seite, wo der Friseur wohnte. Die anderen Nachbarn ließen uns gewähren, und auch auf diverse höfliche Nachfragen von uns kam von keinem eine Beschwerde. Trotzdem häuften sich die Beschwerden des Friseurs, und es wurden regelmäßig weitere Messungen durchgeführt. Die damalige Leiterin der Gewerbe-Polizei entschied sich für einen Boykott. Für die nächsten Jahre zählte sie zu unseren härtesten Gegnern. Was für ein Unsinn, was taten wir alles um die Lage in den Griff zu bekommen! Vor allem setzten wir fast täglich unser Leben aufs Spiel, und das nur, um Ruhe und Eintracht zu gewährleisten.

Es ist schwer nachvollziehbar, was sich alles abspielte. Auf jeden Fall fühlten wir uns wie auf einer wichtigen Mission, einer Mission, die von dem Lauf der Dinge und Gefühlen geleitet wurde. Eine erfüllende und gleichzeitig auch wichtige Aufgabe.

****

Elvis hatte mich in den letzten Jahren auf Claus' Diabetes vorbereitet. Elvis hatte ein Asthmaleiden und war aus diesem Grund Frührentner. Einen seiner Anfälle mußte ich miterleben. Damals erzählte er mir von Säckels Zuckerkomas. So richtig vorstellen konnte ich mir diese Anfälle nicht, ich wollte es eigentlich auch gar nicht. Aber das erste Koma ließ nicht mehr lange auf sich warten, und so wurde es unvermeidlich, sich damit zu konfrontieren.

Claus arbeitete gerade an der nächsten Kneipe, dem „Sound House" in einem Vorort unserer Stadt. Nach Feierabend trafen wir uns oft zur Abschlußbesprechung im „Rauchfang". Der „Rauchfang" war eine kleine Kellerkneipe, nur ein paar Minuten Fußweg entfernt vom „Why Not".

Claus war, wie so oft, launisch und mit Sicherheit auch kaputt vom Umfang der Aufgaben, die er sich auferlegt hatte. Es kam urplötzlich und fast ohne sichtbare Vorwahrung. Er bekam große Pupillen, der Körper verkrampfte sich und Säckel lag auf dem Fußboden. Seine Zähne knirschten so, daß man eine Gänsehaut bekam, vergleichbar dem Kratzen eines Fingernagels auf einer Tafel. Claus konnte kein einziges Wort mehr artikulieren. Ich ließ sofort Michaela holen. Als Arzthelferin wußte sie, was zu tun war. Von Elvis wußte ich, daß ich Säckel Zuckerwürfel in den Mund schieben mußte, was sich als sehr schwierig herausstellte. Ich fühlte mich mit einem Mal hilflos und war verstört.

Gott sei Dank beruhigte sich Claus. Sein Zustand verbesserte sich, und er wurde langsam wieder ansprechbar.

Ich war sprachlos und geschockt, das also war ein Zuckerschock? So schlimm hatte ich es mir nicht vorgestellt. Bis zu diesem Tag war alles noch recht harmlos für mich gewesen. Jetzt aber bekam ich Angst um Claus. Was dieser Mann bewältigte, war enorm. Niemand konnte sein Leiden sehen, es sei denn, er spritzte sich gerade seine Dosis Insulin. Seine Ernährung war normal, und saufen konnte er, ohne umzufallen. Wie bitte sollte man da vorher die Ernsthaftigkeit dieser Krankheit mitbekommen?

Das Schlimme war jedoch meine Machtlosigkeit. Claus hatte seinen eigenen Kopf; von ihm zu erwarten, ein paar Schritte rückwärts zu gehen, würde ihn beleidigen, schließlich hatte er alle Situationen bis zu diesem Punkt vorbildlich gemeistert.

Am nächsten Tag war die Welt wieder in Ordnung. Säckel schien mehr Kraft als vorher zu besitzen, er trainierte sogar wieder an unserer Hantelbank. Vielleicht war es ja doch nicht so schlimm, dachte ich mir. Aber der Schock saß tief.

Ich begann, Claus mit etwas anderen Augen zu sehen. Wo ich konnte, versuchte ich zu helfen, so daß er mir sogar einen Verweis erteilte. Vielleicht hatte ich meine Fürsorge etwas übertrieben.

****

Birgit war in der Zwischenzeit in meine kleine Wohnung gezogen. Näherte ich mich ihr, wurde sie abweisend. Ich vermutete, daß ein Erlebnis in ihrer Kindheit ausschlaggebend für ihr Verhalten gewesen sein muß. Nach ein paar Wochen wuchs in mir das Gefühl, nicht attraktiv auf sie zu wirken. Ich tat eine Menge, um ihren Knoten zu lösen. Wir besuchten ihre Mutter, und ich hielt offiziell um ihre Hand an. Das Bild in meiner Phantasie, von meiner Eingebung in Frankreich, ging mir nicht aus dem Kopf. Es war so schön, daß ich es hätte besser wissen müssen. Birgit konnte nichts für ihr Verhalten, und ich beschloß, ihr genügend Zeit zu geben. Als Vertrauensbeweis bot ich ihr unsere Verlobung an, und sie willigte ein.

Birgit hatte eine unglaublich faszinierende Ausstrahlung, fast schien es, als würde sie ein Heiligenschein umgeben. Etwas, was ich in dieser Form noch nie gesehen oder erlebt hatte. Ich war neugierig, was hinter diesem Geheimnis stecken würde. Auf jeden Fall hatte ich angenehme Träume, und ich war bis über beide Ohren verliebt.

.................Langsam fange ich mich anscheinend wieder, sehr langsam, mühselig und anstrengend. Ich war sogar schon zweimal in der Stadt, zwar jedesmal mit einem Taxi, aber immerhin. Beim Gehen knickt mir immer das linke Bein um, es ist kaum Gefühl vorhanden, und das Gehen ist für mich so anstrengend wie das Wandern auf einem Gletscher. Nach jedem Versuch, aufzustehen, liege ich wieder tagelang erschöpft in meinem Bett.

Auch meine Tochter hat sich endlich wieder etwas gefangen. In der Schule gehört sie wieder zu den Besten, und bei meiner Arbeit hilft sie mir so gut sie kann. Ein Punkt, der mir etwas Hoffnung gibt. Gott sei Dank!

Ich wünsche mir und den Kindern, daß ich schnell wieder auf die Beine komme. Die Situation ist für mich unerträglich. Allein der Gedanke, die Kinder nicht mehr um mich zu haben, läßt mich erschaudern. Trotz allem wird es so besser sein.

Mit meiner Vermutung eines Pink-Floyd-Konzertes hatte ich beinahe recht. Ursprünglich sollte dieses Konzert am 31.12.1999 in Gizeh stattfinden. Über das Internet erfuhren wir, daß das alles nur Gerüchte waren. So ein Mist, hätte ich doch noch einen Flug nach Luxor bekommen können. Die Pyramiden scheinen zur Jahrtausendwende zur Pilgerstätte zu werden. Nun ja, physisch bin ich gar nicht in der Lage, so eine Reise zu unternehmen.

Die größte Sorge macht mir die Nachricht, daß die Amerikaner den Atomwaffensperrvertrag nicht unterschreiben wollen. Was für eine fatale Fehlentscheidung, oder ein Zeichen für Machtlosigkeit?

Sollten die Voraussagungen der Gelehrten vielleicht doch noch in Erfüllung gehen? Alle Zeichen stehen dafür, aber wir geben die Hoffnung nicht auf. Es könnte letztlich nur die Folge der sich selbst erfüllenden negativen Prognosen sein. Was aber kann man gegen diese Euphorie unternehmen?

Für viele kann der Tod eine Art Erlösung darstellen. Ich habe schon lange keine Angst mehr vor dieser Tatsache, aber ich finde das Leben immer noch lebenswert. Ein Platz oder eine Aufgabe findet sich immer, um seinem Leben einen Sinn zu geben................

Der Stückgutumschlag in unserem Hafen lief Anfang der 80er Jahre noch hervorragend. Nun liegen die Hafenbecken still oder wurden stellenweise zugeschüttet. Die Mannschaften der heutigen Containerschiffe haben keine Zeit mehr für Landgänge, ganz anders als früher. Seeleute waren immer gute und gerne gesehene Gäste. Für uns so etwas wie Nachrichtensprecher aus fernen Ländern.

Inzwischen war das „Why Not" international bekannt. Die Seeleute kamen auch aus den entfernten Winkeln der Erde. So wie sie es erzählten, hatten sie sogar dort schon von uns gehört. Ein schönes Gefühl, so etwas zu wissen.

Die wohl spannendste Begegnung hatte ich mit zwei australischen Ureinwohnern. Stundenlang saßen die beiden am Tresen, mit tellergroßen Pupillen, und starrten mich an. Mir wurde langsam etwas mulmig; es waren zwei sehr mysteriöse Gestalten, die da vor mir saßen. Es vergingen ein oder zwei Stunden, und ich fragte sie, wer sie seien und was sie wollten, und sie antworteten zu meiner Überraschung, daß sie zwei Monate in einem U-Boot verbracht hatten. Langsam wurden sie locker und fingen an zu reden. Das Schönste war aber die Stelle, an der sie erzählten, in Australien von uns gehört zu haben. Sie hatten sich das „Why Not" als Ziel gesetzt und bei der Marine angeheuert.

Ähnliche Begegnungen hatten wir mit Philippinos und vielen anderen. Viele von ihnen baten uns regelrecht, in ihre Heimat zu kommen um dort zu arbeiten.

****

Unser Selbstbewußtsein wuchs ins Grenzenlose. Claus hatte doch recht gehabt.

Es wurde langsam Zeit, daß unsere Mühen sich auszahlten. Die bis zu diesem Zeitpunkt eröffneten Kneipen kosteten viel Arbeit und Anstrengung, und sie brachten nur knapp die Kosten herein. Wohl gerade noch genug, um die Darlehen zu bedienen, die Claus zum Kauf benötigt hatte.

Wir überlegten, ob wir den nächsten Schritt wagen sollten, und sprachen mit unseren Bossen. Sie interessierte angeblich in erster Linie das „Why Not", was ja durchaus verständlich war. Bei unserer Frage nach einem neuen Projekt glänzten ihre Augen. Unter der Bedingung, daß wir das „Why Not" nicht vernachlässigen, versprachen sie uns ein neues Projekt zu suchen. War das endlich unsere Chance, den Durchbruch zu schaffen?

Dieses Mal sollte es eine Diskothek werden, um den Sprung nach vorne schaffen zu können.

****

Das „Sound House" wurde inzwischen von Glatze geführt, dem verrückten Kerl, der aussah wie einer der ersten Skins. Glatze überraschte uns mit immer neuen Dekorationen. Die Attraktion war ein hochkant aufgestellter Sarg direkt in der Kneipe.

Sein stark übertriebener Haschischkonsum bereitete uns Kopfzerbrechen. Auf unseren Kontrollbesuchen sahen wir ihn nur mit großen selbstgebauten Pfeifen, manche waren aus der Pappe von Teppichrohren. Man kann alles übertreiben, wenn man will auch das Rauchen. Auf die Dauer konnte es so nicht funktionieren.

Glatze landete später auf Heroin und verstarb einige Zeit später.

****

An den Wochenenden besuchte ich frühmorgens nach Feierabend oft die geschiedene Frau von Claus in ihrer Kneipe, dem „Plausch". Das „Plausch" lag auf meinem Heimweg, und am Wochenende hatte es morgens noch geöffnet. Trude machte ein phantastisches Frühstück.

Unter der Woche hatte das „Plausch" meistens schon geschlossen, wenn ich auf dem Weg nach Hause war. Schade, denn die Atmosphäre war sehr angenehm, eine Abwechslung zu unserem Stil.

Es war immer friedlich und lustig bei ihr und vor allem interessant. Ihre Stammgäste bestanden aus Leuten vom alten Flophouse, aus dem nun eine Moschee entstanden war.

Nur einmal gab es Ärger im „Plausch". Ich war auf dem Heimweg und sah bei ihr noch Licht brennen. Ich ging in die Gaststätte und sah, daß der ganze Gastraum voller Fixer war. Es schien, als wäre ihr die Situation aus der Hand geglitten. Einer der Fixer riskierte eine dicke Lippe, wie man so schön sagt,, und die bekam er auch. Andere stellten sich auf seine Seite, und es wurde wieder einmal sehr übel. Sogar Claus mußte sich mit Boxer auf den Weg machen. Seine geschiedene Frau hatte ihn angerufen, als die Situation brenzlig für mich wurde.

Ich bekam rechtzeitig alles unter Kontrolle, obwohl einer sich mit einem Gullydeckel ausgerüstet hatte.

****

Es war nach einem nervtötenden, anstrengenden Tag kurz vor Feierabend. Einer von den Tagen, an dem man am liebsten im Bett geblieben wäre. Die ganze Nacht lag etwas in der Luft, wie schon so viele Male. Ich war froh, daß in einer halben Stunde Feierabend sein sollte. Michaela und Birgit saßen vor einem TV-Automaten und waren ins Spiel vertieft. Ein seltsamer Typ schlich um die beiden Frauen herum. Nach der Bewegung zu urteilen ein Jugoslawe. Zu Jugoslawen hatte ich bisher ein gutes Verhältnis. Sie fielen nie bei uns durch irgendwelche Aktionen auf, so wie die anderen. Bekam man jedoch mit ihnen Ärger, hatte man einen schweren Stand. Meistens kamen sie dann in einer Gruppe, um ihre Aktionen zu vertuschen. Einmal bekam ich mit, wie ein Messer durch eine Gruppe bewegt wurde, so schnell und undurchsichtig, daß man ohne ein geübtes Auge nichts mitbekam. Ich hatte Respekt.

Der Jugoslawe näherte sich immer mehr den Frauen. Urplötzlich faßte er beiden von hinten an die Brüste. Sie schrien vor Empörung und Angst.

Ich hatte alles aus der Ferne beobachtet und war sofort zur Stelle, packte den Jugo an den Schultern und stieß mit meiner Stirn in sein Gesicht. Das half vorläufig. So schnell wie möglich beförderte ich ihn durch das Bistro hinaus auf die Straße. Wieder einmal Glück gehabt, ging mir durch den Kopf, und ich wendete mich den üblichen Aufräumarbeiten zu. Claus war, wie so oft, sofort zur Stelle, um die Situation zu erfassen. An seinen Gesten sah ich, daß die Gefahr noch nicht vorbei war.

(Ich wußte, wie empfindlich Claus reagierte, wenn jemand seine Frau anfaßte.

Vor gar nicht so langer Zeit kamen die ersten Pakistanis nach Deutschland. Sie traten in größeren Gruppen auf. Gerade angekommen, sahen sie nackte Frauen auf jedem Titelblatt. Es war kein Wunder, daß sie dachten, deutsche Frauen seien so etwas wie Freiwild, genau wie andere auch diesen Eindruck haben mußten. Einer von ihnen faßte Michaela an. Es passierte in der Disco, und Claus war gerade in der Wohnung. Ich erfuhr von dem Vorfall erst, als Claus mir dann Bescheid gab, weil Michaela ihm davon berichtet hatte. Ich habe ihn selten so aufgebracht gesehen. Wir warteten eine Woche, dann tauchten die Pakistanis wieder auf, und es kam zu einer brutalen Schlägerei.)

Ich war vorbereitet. Vorsichtig beobachtete ich den Eingang. Ich vermied es, den Rücken der Tür zuzuwenden, und putzte gerade die Zapfhähne. Nur einmal mußte ich die Tür kurz aus meinen Augen lassen, da stand auch schon der Jugoslawe vor meinem Tresen. Er lehnte sich mit seinem Rücken an die Wand, die Hände in seinen Jackentaschen, und fing hämisch an zu grinsen. Ich zögerte keine Sekunde, sofort stand ich vor ihm, packte ihn und drückte seine Ellenbogen auf dem Rücken zusammen, um ihn vor die Tür zu befördern.

Blitzschnell drehte er sich aus diesem Griff heraus. Ich spürte einen Schlag auf meine Brust und war etwas schockiert. Der Jugoslawe nutzte die Gelegenheit und lief blitzschnell über die Straße.

Ich wußte nicht, was mich getroffen hatte, so schnell ging alles. Ich konnte es nur vermuten und rief nach Claus, um ihm mitteilen zu lassen, daß ich getroffen worden war. Gleichzeitig griff ich mir einen Billardstock und zerbrach ihn auf meinem Oberschenkel.

Nur Sekunden später stand ich auf der Straße und sah den Jugoslawen gerade noch in einer kleinen Nebenstraße verschwinden. Einer der Türken, sein Name war Raffit, sah aus einer anderen Gaststätte, wie ich hinter dem Jugoslawen hinterherlief, und schloß sich an. Ich spurtete, dabei merkte ich, wie es auf meiner Brust langsam warm und feucht wurde. Nach 1 - 1,5 km verschwand der Jugoslawe auf dem Gelände unseres Gesundheitsamtes. Raffit sicherte das Gelände. Inzwischen kamen auch Claus und Thommy, der Discjockey. Sie sicherten den Eingang des Geländes. Ich sprang über ein Eisengitter und kämmte vorsichtig das Gelände ab. Plötzlich wurde es laut, der Jugo lief Thommy und Claus in die Arme. Thommy wollte ihn packen, und dabei stieß ihm der Jugo mit seinem Messer durch beide Hände. Das war zuviel. Ich wurde wütend, nahm den halben Billardstock und schlug auf ihn ein. Auch Claus war rasend, und schnell bekamen wir die Situation unter Kontrolle. Den ganzen Rückweg trugen wir den Jugoslawen an seinen Unterarmen, die wir auf seinem Rücken gekreuzt hatten. Immerhin waren wir mehr als einen Kilometer vom Laden entfernt. Auf der Terrasse des „Why Not" angekommen, legten wir ihn in eine Ecke. Auch Molly war sauer, sie biß ihn in den Oberschenkel und stellte sich mit fletschenden Zähnen vor ihn, solange bis die Polizei kam und ihn abführte.

Wie immer ließen sie sich Zeit. Wir riefen sie nur bei akuten Notfällen wie diesen, und trotzdem benötigten sie mindestens 15 Minuten.

Thommy und ich mußten so schnell wie möglich in ärztliche Behandlung, und wir wurden von einem Krankenwagen in das nächstgelegene Krankenhaus gebracht. Thommy wurden die Hände verbunden.

Der Arzt fühlte bei mir mit einer Sonde, wie tief das Messer gekommen war, und er wurde etwas ruhiger. Wie sich dabei herausstellte, habe ich ein vergrößertes Brustbein. Das Messer hatte das Brustbein durchstochen, bis zwei Millimeter vor meinem Herzen war es gekommen.

Thommy konnte einige Zeit nicht arbeiten.

Ich mußte vorsichtig sein, weil ich wußte, was noch auf mich zukommen konnte. Bis zu diesem Zeitpunkt hatte ich nur wenige Fehltage, das waren die Tage, nachdem Heide verstorben war. Claus und ich beschlossen, daß ich mich am kommenden Tag zurückziehen sollte, und das tat ich dann auch.

Beim Aufwachen am nächsten Morgen konnte ich kaum noch Luft holen, jetzt erst erkannte ich die Schwere der Verletzung. Ich beschloß, trotzdem unter Leute zu gehen. Der beste Ort, um sich langsam zu regenerieren, war das „Aladin", die Großdisco. Vorsichtig bewegte ich mich durch die Menge, langsam versuchend, wieder Selbstvertrauen aufzubauen. Nach wenigen Stunden war ich soweit und fuhr in das „Why Not". Die guten Kämpfer zollten mir Respekt. Ich blieb so lange, bis ich sicher war, daß die Jugoslawen weiter nichts gegen mich unternehmen würden; danach legte ich mich schlafen.

Wie sich später herausstellte, wurde der Jugoslawe mit einem internationalen Haftbefehl gesucht.

****

Inzwischen hatte Birgit eine Ausbildung zur Kosmetikerin angefangen. Ihr Verhalten mir gegenüber war immer noch unverändert. Ich versuchte so gut wie möglich auf sie einzugehen, leider ohne sichtbare Erfolge. Mich quälte mein Verlangen, und Birgit war zu naiv, um das zu begreifen. Birgit schoß den Vogel ab, als sie mit einer Freundin und einem älteren Geschäftsmann eine Nacht im Park Hotel verbrachte. Das Park Hotel war die beste Adresse unserer Stadt. Meine Gedanken rotierten. Was hatte sie dort verloren? Was ging in ihrem Kopf vor? Verlangte sie etwa von mir, daß ich sie mit Gewalt nehmen sollte? Das war nicht mein Stil; ich stand auf Zärtlichkeit, untermalt mit Phantasie.

Ich fühlte mich gezwungen, ihr sofort Paroli zu bieten. Die Situation überforderte mich.

Karin war glücklicherweise anwesend, und sie erwies sich als gute Zuhörerin. Ich erzählte ihr von der Geschichte und wie sie mich belastete; dann beschlossen wir, uns einen schönen Morgen zu gestalten.

Es wurde eine angenehme Begegnung, bis, ja bis die Tür aufging und Birgit vor dem Bett stand. Kreidebleich, mit einem großen Strauß Baccara-Rosen stand sie wie angewurzelt da, drehte sich auf den Hacken um und ging.

Karin und ich waren etwas erschrocken. Wir beendeten unsere Beschäftigung, ohne sie wieder aufzunehmen.

Wie sich später herausstellte, ging Birgit zu ihrer Schwester, nur wenige Meter entfernt von meiner Wohnung.

Trotzdem schaffte sie es später, mich noch ein paarmal zu verführen. Warum hatte sie nicht schon eher damit begonnen? Nun war es zu spät, eine feste Beziehung konnte sich zu dieser Zeit nicht mehr entwickeln. Warum, wußte ich nicht.

Bei unserer letzten Begegnung Mitte der 80er Jahre spürte ich deutlich, daß sich unsere Wege eines Tages wieder treffen würden.

****

Das Kunststück mit den Gläsern, das ich auf Ibiza gesehen hatte, bekam ich immer noch nicht in den Griff, aber dafür andere Kunststückchen. Wenn der Kühlschrank aufgefüllt werden mußte, bildete sich oft eine Menschentraube am Tresen. Manche Leute kamen extra, um diesen Moment abzupassen. Ich hatte die Fähigkeit entwickelt, die vollen Flaschen mit einer derartigen Geschwindigkeit in den Kühlschrank zu befördern, daß es für das Auge manchmal kaum noch sichtbar war.

Im Winter war der Andrang von Kaffeetrinkern so groß, daß die Kaffeemaschinen nicht mehr hinterherkamen. Manchmal standen bis zu 30 Tassen, vorbereitet mit Milch, schwarz, mit Milch und Zucker oder nur mit Zucker vor der Kaffeemaschine. Der normale Betrieb, also der Ausschank von Longdrinks, Bier, Cola, ging dabei seinen normalen Gang. Ich arbeitete alleine im Bistro. War der Kaffee dann endlich fertig, wußte ich noch genau, wo und wer welchen Kaffee bekam. Es war keine Seltenheit, wenn ich dann mal 12 oder sogar 14 Tassen Kaffee auf eine Hand nahm, um sie sicher an die Tische zu bringen. Mein bestes Ergebnis lag bei 16 Tassen.

Die Arbeit und die damit verbundene Aufgabe bereiteten mir sichtlich Vergnügen, und manche Leute waren dankbar, was einem natürlich noch mehr Ansporn gab.

Leider wurden die Kaffeemaschinen bald durch einen weiteren Schicksalsschlag entfernt und durch einen modernen Kaffeeautomaten ersetzt. Wieder ein Stück Persönlichkeit und Originalität, das gegen eine kalte Maschine eingetauscht wurde. Mir wäre es lieber gewesen, ich hätte das Geld für diese Maschine auf die Hand bekommen.

Inzwischen war unsere Leistung kaum noch nachvollziehbar und fast unbezahlbar. Ich verließ mich auf den korrekten Lauf der Dinge, sicherlich etwas enttäuscht darüber, daß diese Leistung von unserem Chef nicht gewürdigt wurde.

Mir kam nie in den Sinn, jemals Geld aus der Kasse zu nehmen, was in der Gastronomie im allgemeinen so üblich war. Es wäre dann so gewesen, daß ich das Gefühl gehabt hätte, Säckel zu bestehlen. Sogar mein Trinkgeld packte ich in die Kasse, dafür nahm ich nur das Zigarettengeld heraus. Ein fairer Tausch. Ich war Kettenraucher und verbrauchte in einer hektischen Nacht vier bis fünf Schachteln Zigaretten. Die meisten davon verglühten allerdings in den Aschenbechern.

****

Ich verließ mich voll und ganz auf Claus; es war seine Aufgabe, uns abzusichern, und er tat viel, um dieses Ziel zu erreichen.

Mein Vertrauen zu Claus wurde durch sein Tun und Handeln nur verstärkt. Konnte er, half er ohne zu zögern. Oft kamen Leute zu ihm, die keinen Ausweg mehr sahen. Manche sollten ins Gefängnis, weil sie irgendein Bußgeld nicht bezahlen konnten, andere standen kurz vor der Kündigung ihrer Wohnung. Claus half immer, wenn er konnte, und er würde es immer wieder tun, obwohl viele dieser Leute danach einfach verschwanden. Für mich war Claus' Handeln Beweis genug für sein großes Herz. Ein Kerl, dem man lieber nicht über den Weg laufen würde, mit einem Herzen so groß wie ein Scheunentor. Nicht daß er keine Fehler gehabt hätte, leider gibt es den vollkommenen Menschen noch nicht. Seine Qualitäten überstiegen bei weitem das allgemein übliche Maß. Eine kaum zu lösende Aufgabe, wollte jemand seinen Stand unter den gegebenen Umständen erreichen.

13. Kapitel – Ein aussichtsloser Kampf

Der Winter kam schneller, als wir es vermuten konnten, kalt und brutal.

Ich bekam Sehnsucht nach meinem alten Sport. Erneut begann ich mit leichtem Lauftraining. Dieses Mal fügte ich Intervalltraining mit Kurzhanteln hinzu. Das Laufen war eine Quälerei, nicht wegen des folgenden Muskelkaters, sondern wegen der Geschwindigkeit. Früher überholten mich nur ganz wenige, jetzt war ich derjenige, der hinterherlaufen mußte. In meinem Kopf hatte sich noch das Tempo aus früheren Jahren festgesetzt, und es war sehr schwer, diesen Stand wieder aufzuarbeiten; aber ich hatte es mir nun mal in den Kopf gesetzt, und es half. Schon sehr bald lief ich regelmäßig meine zwölf Kilometer, und das mehrmals in der Woche, morgens um 3.00 Uhr, nach Feierabend im „Why Not".

****

Bis auf den „Rauchfang" besaßen die anderen Gaststätten keine Nachtkonzession, also saßen wir oft im „Rauchfang". Nicht selten bis in den Morgen. Der Rauchfang lief bombastisch. An den Wochenenden standen die Leute oft in Dreierreihen vor dem Tresen, obwohl es nur eine winzige Kellerkneipe war.

Übrigens war es auch das Geburtshaus von dem Junior der Automatenaufstellfirma und der Beginn der großen Karriere seiner Familie.

Unser Fuhrpark hatte sich um einen goldenen Trans Am mit einem großen Adler auf der Motorhaube erweitert. Irgendjemand hatte seine Schulden zurückgezahlt, also Geld, das nicht zum Betriebsvermögen gehörte. Zuerst dachte ich, der Trans Am wäre ein Blender-Auto, äußerlich gut aussehend und sonst kaum etwas zu bieten. Ich mußte meine Meinung schnell revidieren. Das Auto fuhr federleicht und mit einer rasanten Beschleunigung. Einfach toll, diese Kiste. Die Maschine schnurrte wie ein junges Kätzchen, und die Automatik war keinesfalls hinderlich bei der Beschleunigung; das war auch nicht selbstverständlich. Die deutschen Wagen beschleunigten damals besser mit einem Schaltgetriebe.

****

In den 60er und 70er Jahren kam es zu den ersten Engpässen in der Energieversorgung, angeblich hervorgerufen durch eine sogenannte sich selbst erfüllende negative Prognose. Die amerikanische Regierung testete, zusammen mit großen Tageszeitungen, die Auswirkung der Schlagzeilen. In allen großen Tageszeitungen war zu lesen: Benzin wird knapp! Die Leute kamen in Panik, jeder wollte sich einen Vorrat zulegen. Die Folge: Das Benzin war ausverkauft, und wir bekamen weltweit die erste Ölkrise. Die Politiker reagierten in den 70er Jahren mit Panik, es wurde ein Sonntagsfahrverbot auferlegt und die Benzinpreise stiegen in Europa (Frankreich) bis weit über die Eine-DM-Grenze pro Liter. Unsere Autos verbrauchten alle zwischen 25 l und 30 l Super-Benzin auf 100 km, aber das nahmen wir nicht so ernst. Es waren keine großen Strecken, die wir bewältigen mußten. Wir nutzten sie zu Einkaufs- und Kontrollfahrten, und unser Personal wurde zur Arbeit gefahren und abgeholt.

Kojak und Backi übernahmen oft diese Arbeit, wobei Kojak der Zuverlässigere war. Gab es Probleme, zögerte Kojak keine Sekunde, und das war sehr wichtig. Die Zahl derer, die uns unseren Erfolg nicht gönnten, stieg von Tag zu Tag. Es kursierten die dreistesten Gerüchte. Was wir für unseren Erfolg alles in Kauf nahmen, schien niemanden zu interessieren. Für uns bedeutete das, Tag und Nacht hellwach zu sein; an jeder Ecke lauerte Gefahr.

Es sollte nicht mehr lange dauern, bis wir jeden Tag 18 – 20 Stunden auf den Beinen sein mußten. Kein freier Tag mehr, und der letzte Urlaub war auch unser vorläufig letzter.

****

Backi kam oft zu mir zu Besuch, er tat mir irgendwie leid. Ich hatte herausbekommen, daß er sogar bei Minus 15 Grad noch manchmal auf der Ladefläche seines LKW schlafen mußte. Er wurde von seiner geschiedenen Frau stark, wegen der Unterhaltszahlungen für seine drei Kinder, unter Druck gesetzt. So stark, daß für ihn nichts mehr blieb. Es war nur eine Frage der Zeit, wie lange er dieses Spiel noch über sich ergehen lassen konnte.

****

Ich hatte mich gerade in mein Bett gelegt; es muß so gegen 8.00 Uhr morgens gewesen sein, das Jahr 1982 neigte sich so langsam seinem Ende zu. Mein Telefon klingelte. Michaela war am Apparat.

Das „Why Not" war wieder einmal abgebrannt, dieses Mal wesentlich brutaler als zuvor. Die Diskothek war vollständig zerstört, und so gut wie alle Schallplatten waren Opfer der Flammen geworden. Ein unvorstellbares Vermögen, welches vernichtet wurde. Manche Schallplatten waren in der Zwischenzeit unbezahlbar geworden, wenn sie überhaupt noch zu bekommen waren.

Alles in allem fast ein Totalverlust. Uns standen die Tränen in den Augen. Unsere Musik war das wichtigste Werkzeug, und alles war mit einem Schlag vernichtet worden. Säckel war am toben, aber er war schon mit den Aufräumarbeiten beschäftigt. Unser Entschluß stand wieder einmal sofort fest: >Gar nicht lange aufhalten, sofort mit dem Neuaufbau beginnen.< Was das bedeutete, war uns völlig klar. Das Bistro mußte so schnell wie möglich wieder in Gang gesetzt werden, um wenigstens die Leute beruhigen zu können. Schlechte Nachrichten verbreiten sich wie ein Feuersturm, da mußten wir dagegenhalten.

Angeblich wurde der Brand wieder von einer Zigarettenkippe ausgelöst, aber ich hatte eine andere Vermutung. Die Zahl unserer Neider hatte ein unübersehbares Ausmaß erreicht, die Chance einer Manipulation von außen war auf ein gewaltiges Maß gestiegen.

Es war keine Zeit für lange Überlegungen, es hieß Ärmel hoch und los. Wir brauchten sieben Tage, bis das Bistro wieder geöffnet wurde. Es war Winter, und wir arbeiteten Tag und Nacht.

Nach der Eröffnung des Bistros folgte wie auch bei dem Brand zuvor die wichtigste Arbeit, der Neuaufbau der Diskothek.

Wie schon nach dem ersten Brand teilten wir uns die Schichten im Bistro und packten anschließend in der Diskothek mit an. Drei Wochen unerbittliche Kälte, knallharte körperliche Arbeit und der Streß der Leute im Bistro. Eine starke Zerreißprobe. Alles wurde wieder einmal mit Bravour von uns gemeistert, aber nicht ganz ohne Verluste.

Thommy war schockiert, und man sah ihm an, daß er keine Lust mehr hatte. Säckel und er gerieten aneinander, und Thommy nahm seinen Abschied. Mindestens sieben Jahre hatte er in diesem Laden als Discjockey gearbeitet, und nun war für ihn plötzlich alles vorbei. Er hätte einen besseren Abgang haben können, aber die Zeiten änderten sich. Keiner konnte das besser spüren als wir selbst.

Der Tag der Neueröffnung wurde von uns mit einem gewissen Grauen erwartet. Alles war anders und neu, und es lagen Spannung und Aggression in der Luft.

Die Musik- und die Lichtanlage waren auf dem neuesten Stand, nur Schallplatten wurden nun nicht mehr aufgelegt. Alle Titel wurden auf Kassetten aufgenommen um dann mit guten Recordern wieder abgespielt zu werden. Wieder ein Stück Originalität verschwand einfach wie vom Erdboden verschluckt.

****

Schwede, ein gut aussehendes Milchgesicht, hatte sich bei Claus beliebt gemacht und arbeitete als Aushilfe bei der Eröffnung in der Diskothek. Der kleine Oktay spürte, daß mit dem Schweden etwas nicht in Ordnung war, und beide gerieten aneinander. Oktay schlug dem Schweden ein Ohr zur Hälfte mit einer Flasche ab. Ein riesiges Theater folgte. Nur Tage später bekam Oktay recht für seine Vermutung: Der Schwede hatte sich an Claus' Safe zu schaffen gemacht.

Aber damit war der Abend nicht überstanden. Es folgten zahlreiche Auseinandersetzungen, die wir alle schnell in den Griff bekamen. Die Leute mußten sich erst einmal an das neue Feeling und die veränderte Umgebung gewöhnen. Olli machte Musik, und er gab sein Bestes.

Die Spitze dieser Nacht war eine Auseinandersetzung mit zwei bärenstarken Werftarbeitern. Beide versuchten mich zu provozieren, so stark, daß andere darauf aufmerksam wurden. Ich mußte reagieren, und es folgte eine gnadenlose Auseinandersetzung. Ich konnte mich nur befreien, indem ich beide gegen die Reling auf der Terrasse drückte, mit dem Rücken in die Eisengitter.

Schwerstarbeit war angesagt, und meine Haare lagen büschelweise auf dem Fußboden. Wie so oft, konnten auch diese beiden nicht verlieren und kamen mit der Polizei zurück. Ich wurde mit auf die Wache genommen, um meine Aussage zu machen. Der anwesende Beamte erkannte schnell die körperliche Übermacht der anderen und mußte grinsen. So schnell, wie ich gekommen war, konnte ich auch wieder gehen.

Es war ein seltsamer Neuanfang, und wie recht ich damit haben sollte, stellte sich anderthalb Jahre später heraus.

****

Es war nicht mehr wie in den Zeiten davor. Alles verlor etwas von der ursprünglichen Persönlichkeit. Immer schlimmere Verrückte tauchten auf, trieben ihr Spiel oft so lange, bis sie mit internationalem Haftbefehl gesucht wurden, und verschwanden genauso schnell wieder, wie sie aufgetaucht waren. Es wurde immer schwieriger, die Situation unter Kontrolle zu behalten, ja, es fing stellenweise an zu nerven. So, daß eine gewisse Unlust in mir spürbar wurde.

Ich konnte die Türken zeitweise nicht mehr ertragen, ständig das Geschwafel von Freundschaft und: >Ich Türke, wer bist du denn?<

Die alte Garde der Türken hielt sich inzwischen im Hintergrund, meist weil sie selber unter erheblichen Druck geraten war. Wir fühlten uns mißbraucht und waren machtlos; unternahmen wir einen Schritt dagegen, vermehrten sie sich wie die Heuschrecken.

Was mit uns passierte, schien ihnen egal zu sein; wir hatten ihnen genug Profit gebracht, und ein Ende war noch lange nicht abzusehen.

Es wurde lästig, ständig diese Belagerung zu ertragen. Andererseits versuchten wir, ihre Lage zu verstehen, was nicht immer einfach war. Keiner verstand diese Art von Politik besser als die Türken. Es waren inzwischen so viele, daß sie in der Gemeinschaft kaum noch verwundbar waren.

Unsere einzige Chance bestand immer noch in der Schadensbegrenzung. Ich arrangierte mich mit einer Handvoll guter Kämpfer, darunter auch viele Türken. Jeder beobachtete die anfallenden Situationen, und wir versuchten uns so gut wie möglich gegenseitig zu helfen. Manchmal hatte ich das Gefühl, ich verhandele mit einem Kriegerhäuptling in dessen Lager, fast so wie in den alten Karl-May-Filmen.

Es gehörte eine gehörige Portion Wortakrobatik zu diesen Verhandlungen. Eine falsche Bewegung oder eine falsche Geste, und der Hexenkessel hatte sein Feuer.

..................Langsam fange ich wieder an zu begreifen. Meine Frage nach dem Warum bekommt Antworten, und daraus ergibt sich die Frage: Wie weiter? Aber auch darauf finde ich langsam Lösungen. Ein Beweis dafür, daß nach jedem Regen der Sonnenschein folgt. Hat man erst einmal die Höllenqualen überstanden, wird man als neuer Mensch wieder auf der Bildfläche erscheinen. Wie gesagt, erst einmal den größten Tiefpunkt überstehen, und das ist wohl der schwierigste Teil. Kein Mensch, der dieses nicht selber erlebt oder überlebt hat, kann nachvollziehen, was diese Qualen bedeuten. Dieses Gefühl, absolut alleine zu sein, von niemandem verstanden. Alleine und hilflos den Angriffen ande-

rer völlig ausgeliefert; nicht die geringste Chance, sich zu wehren, und dabei zeitweise das Gefühl zu haben, bald nicht mehr am Leben teilnehmen zu dürfen. Und gleichzeitig das Wissen, das Gespür für einen Auftrag. Wer denkt, daß eine gute Nachricht das Leiden beendet, hat sich getäuscht. Zuerst folgt der Wiederaufbau, langsam und mühselig, jede Woche ein Schritt weiter. Erst Monate später sieht man das erste Licht und spürt, vielmehr begreift intuitiv, warum alles einen Sinn bekommen könnte. Erst wenn man einen klaren Weg sieht, geht es langsam wieder bergauf. Ich habe diese Erfahrung mehrfach durchleben müssen, aber nie zuvor in diesem Ausmaß und mit dieser Wucht und Härte. Sicherlich mußte auch der letzte Weg so sein. Wie oft habe ich mir meinen Weg oder meine Ideen durch dumme Fehler oder auch durch das belanglose Handeln anderer kaputtmachen lassen? Wie oft mußte ich, wieder einmal, von vorne beginnen? Ich weiß, und das mit tödlicher Sicherheit, daß ich nun den richtigen Weg finden werde. Ich alleine, ohne die Beteiligung anderer. Obwohl sie später, wenn alles läuft, etwas anderes behaupten werden, aber alle haben mich im Stich gelassen.

Ein paar Häuser neben unserer Wohnung hat ein neuer Tätowierer seinen Laden eröffnet. Ich habe mir einen Wolf auf dem Oberarm tätowieren lassen. Auf meinem Rücken, über einer großen Narbe, wacht ein junger Indianer, und an der Innenseite meines linken Unterarmes ist ein Symbol von einer Yin-Yang-Kugel, geschmückt mit Indianerfedern. Alles hat eine tiefe Bedeutung, an der sich der Wolf angeschlossen hat.

Meine Frau wacht zeitweise langsam wieder auf. Inzwischen versucht sie wieder, einiges zu regeln, aber die Wunden sitzen tief. Sie reagiert knallhart und nutzt meine Hilflosigkeit brutal aus. Ich spüre deutlich, daß sie jemanden für ihre Zukunft in Aussicht hat. Noch kann ich mich nicht klar artikulieren, ohne daß ich aggressiv werde, also verarbeite ich alles so gut es eben möglich ist.

Ich hoffe inbrünstig, nie wieder in eine solche Lage zu kommen.................

Im „Why Not" veränderte sich alles. Backi arbeitete inzwischen bei uns als Springer und Kojak als Fahrer. Wir benötigten Personal für das „Sound House" und den „Rauchfang". In kurzer Zeit war die Anzahl des Personals auf 10 Personen gestiegen.

Zum größten Teil war es gutes Personal, einige von ihnen kamen von der Straße. Andere wollten zu ihrem Beruf noch etwas dazuverdienen.

Gewinne erzielten wir keine, obwohl unsere Läden gut liefen. Die Kosten waren zu hoch. Die viel zu teuren Pachten wuchsen Jahr für Jahr. Die einzigen die wirklich profitierten, waren der Automatenaufsteller und der Getränkegroßhändler.

Wir warteten auf die nächste Aufgabe, in der Hoffnung, geschäftlich endlich auf eigenen Beinen zu stehen und uns zu lösen. Unseren Einstieg hatten wir gegeben und auch bezahlt. Die Zeit wurde eng.

****

Sie gaben uns eine kleine Diskothek in einer Hafengegend, ungefähr 2 km entfernt vom früheren legendären Flophouse. Wir entschieden uns für genau diesen Namen und machten uns unverzüglich an die Arbeit.

Das Haus war eine Ruine, in den zugehörigen Wohnungen befanden sich zerschlagene Wände, und es gab dort keine Sanitär- und Elektroleitungen. Im zweiten Stock standen große Behälter, randvoll mit Urin und fingerdicken Maden. Wieder einmal war die Pacht hoch und die Arbeit knüppelhart.

Wir mußten vieles, was an Arbeit anfiel, selber erledigen. Den finanziellen Background, um Handwerker bezahlen zu können, hatten wir nicht, also tricksten wir mit dem, was wir hatten. Das waren in erster Linie Phantasie und die eigene Kraft.

Die Inneneinrichtung suchte ich mir vom Sperrmüll, aus dem Hafen und aus Holz aus dem Wald. Die Musikanlage war das Wichtigste und kostete viel Geld.

Streichen und Dekorieren waren mein Job. Die Phantasie-Malereien an den Wänden übernahm ein junger begeisterter Künstler. Das Ergebnis konnte sich sehen lassen.

Der Vorraum wurde urgemütlich ausgestattet, mit eingesetzten alten Fensterrahmen und Gardinen vom Sperrmüll. Am Tresen baute ich ein Gerüst aus dünnen Stämmen direkt aus dem Wald. An diesen Stämmen wurden alte Wohnzimmerlampen befestigt und bunte Birnen eingeschraubt.

Die noch leeren Wände schmückten alle möglichen verrückten Dekorationen, von alten Original-Western-Stiefeln bis hin zum alten Bügeleisen oder Staubsauger.

Auf einem kleinen Podest standen eine alte Wohnzimmergarnitur und ein kleiner Billardtisch. Gleich hinter dem Eingang befanden sich zwei TV-Spielautomaten und ein Zigarettenautomat rechts, links war der große Tresen, dem gegenüber ein schmales Podest.

Passierte man einen kleinen Bogen, betrat man die Diskothek. Rechts standen die großen Baßboxen, in deren Mitte befand sich die Tanzfläche auf Edelstahlplatten.

Die Tanzfläche grenzte an die rechte Außenwand und war gesäumt mit einem großen düsteren Phantasiegemälde. Dieses Gemälde stammte von Peter, dem Bruder von „Elvis". Peter war und ist ein bekannter Szene-Künstler. Er hatte schon dem alten Flophouse und dem alten Why Not mit seinen Bildern Leben eingehaucht. An diesem Gemälde wurden verschnörkelte Eisengitter verschraubt, und auf der rechten Seite stand ein großer Haufen Findlinge. Es war der Eingang zu einer anderen Welt.

Am Eingangsbogen links befand sich eine große Bühne, auf der standen Couchgarnituren, und im hinteren Bereich war der Platz für den Diskjockey. Die Bühne wurde abgegrenzt von großen Balken und angeschweißten Rohren, damit keiner hinunterfallen konnte. Über der Bühne hing eine große Plane, welche wir moosgrün spritzten. Alles in allem ein einzigartiger Laden und nicht alles war sofort fertig. Bis zu diesem Punkt sollte ein weiteres halbes Jahr vergehen.

****

Der junge Jugoslawe (er hieß übrigens auch Thommy), der bei der Messerstecherei mit der Maschinenhaus-Gang schwer verletzt worden war, mußte seinen Wehrdienst in seiner Heimat antreten. Seine letzte Nacht wollte er noch etwas erleben. Unterwegs trafen wir Thommy, den ehemaligen Discjockey, und gemeinsam begleiteten wir ihn.

Es war ein Wochentag oder sogar ein Sonntag, also „tote Hose" in der Nachtgastronomie. Seinen Zug oder sein Flugzeug mußte er morgens um 7.00 Uhr besteigen. Bis kurz vor seiner Abreise wollten wir ihn begleiten. Die einzige Diskothek, die bis in den Morgen geöffnet hatte, war das „Maxim". Das „Maxim" war eine dunkle, für uns ungeliebte Szene in Bahnhofsnähe. Die Stammkundschaft bestand aus Kurden und Arabern.

Meine Begleiter grinsten sich hämisch ins Gesicht.

Zwei bildhübsche Frauen, gekleidet in hautenge Nadelstreifen-Kostüme, zogen alle Blicke auf sich. Eine von ihnen kannte ich aus dem Why Not, eine resolute junge Dame mit einer unfehlbaren Stimme. Sie war von der Art „rein ins Gewühl, aber wehe, du kommst mir zu nahe". Ihre Begleiterin hatte etwas ganz Besonderes, eine Ausstrahlung, die jedes Männerherz höher schlagen ließ. Rassig, mit einer tollen Grazie und großen rehbraunen Augen. Ein Anblick, den man nie vergißt. Beide schienen uns zu beobachten, und meine Begleiter schienen es bemerkt zu haben. Ich maß dieser Situation keine Bedeutung zu, für mich war dieses Mädchen unerreichbar. Nicht weil ich es mir nicht zutraute, eine Verbindung aufzubauen, nein, es war immer noch eine gewisse Angst in mir. Gerade bei so hübschen Frauen wußte ich, welche Probleme man, gerade im Nachtleben, bekommen konnte, und dieses Mädchen zog nun mal wirklich alle Blicke auf sich. Eine Mischung aus einer rassigen Zigeunerin und einer Spanierin, war mein erster Eindruck. Thommy spürte meine Bedenken, und er konnte es nicht lassen, dazu seinen Kommentar abzugeben.

Ich gebe zu, daß dieses Mädchen seinen Reiz auf mich ausübte. Eines war vollkommen klar: Es war keine Frau für nur eine Nacht, also wendete ich mich wieder meinen Kameraden zu. Die Nacht verging ohne weitere Vorkommnisse. Der Jugoslawe verabschiedete sich, und wir wußten, wir würden ihn nicht so schnell wiedersehen. Er selbst hatte Angst, nicht wieder zurückzukommen, wahrscheinlich spürte er schon die Unruhe in seinem Land. Bis zur endgültigen Eskalation in Jugoslawien sollten aber noch zehn Jahre verstreichen.

****

Mein nächtliches Training gab mir wieder Selbstvertrauen. Es half mir merklich über den Verlust von Heide hinweg. Der Schmerz saß immer noch sehr tief. Ich hätte nie vermutet, daß ein Mensch so verwundbar sein kann. Sogar noch 20 Jahre später hatte ich sehr oft mit diesem Schmerz zu kämpfen. Ich spürte oft das Gefühl, daß mit dem Zeitpunkt ihres Ablebens die Hälfte meiner eigenen Seele wie durch einen Sog aus mir herausgerissen worden war.

Einerseits besaß ich die Sehnsucht nach Liebe und Zuneigung und das tiefe Bedürfnis nach Harmonie, andererseits den inneren Widerspruch, als hätte ich an dem Tod von Heide irgendeine Schuld, und man denkt dafür eine Strafe hinnehmen zu müssen. Rational gedacht natürlich unsinnig, aber so ist es halt mit inneren Zerwürfnissen. Manche Wunden sind schwer zu heilen, manche nie.

Man lernt mit der Zeit damit umzugehen und geht Kompromisse ein. Eine ideale Partnerschaft ist schon möglich, sie erfordert aber eine große Toleranz mit viel Verständnis. Nicht jedermanns Sache.

Körperlich fühlte ich mich fit. Ich suchte meinen alten Verein auf und erfuhr, daß dieser alle Boote verkauft hatte. Nur ein paar Boote standen noch in einem Bootshaus an einem kleinen Fluß (der Wümme), weit entfernt von dem alten Standort.

Irgendwie erfuhr ich davon, daß eine Vorstandsversammlung anstand. Durch einen Besuch im Bootshaus hatte ich vorher meinen alten Rennkajak entdeckt, eben das Boot, welches mir mein Vater geschenkt hatte. Um eine lange Auseinandersetzung zu vermeiden, fragte ich nach dem Preis des Bootes und bekam es auf der Versammlung für wenig Geld zurück.

Nach knapp fünf Jahren konnte ich wieder in meinem eigenen

Rennkajak sitzen. Für mich ein unbeschreiblich tolles Gefühl. Ein Stück Freiheit auf dem Wasser!

Leider war es mitten im Winter; um mich austoben zu können, mußte ich noch einige Wochen warten. Trotzdem entschloß ich mich, die ersten Anläufe zu starten.

Butzi war begeistert von meinem Vorhaben und schloß sich an. Butzi sah aus wie ein kleiner Bär. Mittellange, dunkle Haare, etwas korpulent und dazu ein Vollbart, seine Augen tief und sinnlich.

An den Ufern der Wümme war noch eine dicke Eisschicht. Butzi wollte, daß ich ihm die Grundlagen des Kanufahrens beibringe. Als Beweis dafür, daß ihm die Kälte nichts ausmachte, sprang er einfach in das eiskalte Wasser.

Ich denke, er hatte diesen Schritt schnell bereut. Nur Minuten später sah er aus wie ein Schneemann, sein Vollbart und seine Haare wurden zu langen Eiszapfen. Butzi war knallhart im Nehmen, ihm schien das Eis in seinen Haaren nichts auszumachen. Er stieg in ein Wanderboot und fuhr los. Unterwegs machte er noch einmal Bekanntschaft mit dem Wasser. In einem Wanderboot ist es schon ein Kunststück, baden zu gehen, aber nicht unmöglich, wie man an Butzi sehen konnte. Sicherlich kämpfte er noch mit der Kälte von seinem freiwilligen Bad zuvor.

Ich wollte unbedingt wieder an Rennen teilnehmen, eine fast unlösbare Aufgabe. Mein Körper hatte in den letzten Jahren ganz schön gelitten, und ich qualmte wie ein Schornstein, bis zu fünf Schachteln Zigaretten am Tag. Mein Ziel war eine kleine Regatta in Bederkesa, ein idyllischer Ort in der Nähe von Bremerhaven. Früher ließen wir diese Regatta nie aus, alleine schon wegen der schönen Pokale, die es zu gewinnen gab. Vor allem aber war es eine Abwechslung zu den sonst eher tristen, anderen Regatten.

So wie in alten Zeiten konnte es nicht mehr werden, das war mir schon völlig klar, gewinnen konnte ich wohl kaum. Ich tat es, weil ich die Spannung des Rennens und die Gemeinschaft der Sportler vermißte.

Meine Aufgabe in den Läden verbrauchte fast meine ganze Kraft. In der Nacht konnte ich nur joggen oder etwas Hanteltraining absolvieren. Auf das Wasser konnte ich nur am Tage, also mußte ich von meinem Schlaf etwas Zeit abzweigen. Mit An- und Abfahrt, sowie der Vorbereitung für eine Stunde Wassertraining, immerhin drei bis vier Stunden. Eine harte Herausforderung, nicht jeden Tag möglich. Schon gar nicht an unseren langen Wochenenden.

.................Meine einzige Verbindung zur Außenwelt ist zur Zeit der Fernseher. Um so schlimmer ist das, was ich zu sehen bekomme. Über die Talkshows kann man, wie schon erwähnt, nur noch müde schmunzeln. Es ist schon traurig, daß die großen Sender nicht zugreifen und die Gelegenheit nutzen, um etwas Sinnvolles zu installieren. Wie wäre es denn mit einem Sender, der die Aktivitäten von WWF, Greenpeace oder sogar Amnesty International unterstützt. Mit der richtigen Verpackung können solche Sendungen die Spannung eines Krimis um Längen übertreffen. Solche Sendungen kosten aber viel Zeit und Arbeit, heute zählt nur noch das schnelle Geld. Das ist so offensichtlich geworden, daß sogar eine komplette Volksverdummung dabei in Kauf genommen wird. Oder ist es gar bewußt so angelegt? Ist es dann so ein großes Wunder, daß unter diesen Voraussetzungen unsere Kinder keine Werte mehr vermittelt bekommen?

Wie die Öffentlichkeit und sogar die Künstler in dieser glamourösen Medienwelt betrogen werden, erleben wir gerade durch den erfolgreichen Suizidversuch von Rex Gildo. Wer aber übernimmt dafür die Verantwortung? Die Medienmogule haben sich die Taschen vollgestopft und gemütlich zurückgelehnt. Warum tragen sie nicht Sorge dafür, daß angesehene Künstler finanziell abgesichert werden? Haben sie etwa Angst, jemand könnte bemerken, wie sie abgeräumt haben? Oder sind wir für sie einfach nur Vieh?

Es war ein großer Schock, als die Amerikaner den Atomwaffensperrvertrag nicht unterschrieben; seitdem sehe ich dieses Volk mit anderen Augen. In den letzten Tagen wurde das Bild verstärkt durch die Meldung, daß ein kleiner elfjähriger amerikanischer Junge verhaftet wurde, weil er seine Schwester angeblich sexuell belästigt haben soll. Was für ein Schwachsinn! Als was spielen sich die Amis eigentlich auf? Wer sind sie denn? Großes Palaver vom Kampf um Freiheit und Gerechtigkeit, doch dabei müßen sie sich ganz still in ihrer Ecke vergraben. Alle haben Vorfahren, die vor der Verantwortung in ihrem Ursprungsland weggelaufen sind. Viele wurden sogar einfach verschleppt, entführt und / oder als Sklaven mißhandelt. Dabei vernichteten sie ganze Völker. Auf dieser großen Lüge präsentieren sie der Welt sogar noch frech eine Freiheitsstatue, und zur Krönung spielen sie sich auch noch als Moralapostel auf. Alleine ihre Schuld an der Eroberung ihres Kontinents verpflichtet sie, auf ewig ihre Verantwortung zu erfüllen. Tun sie es nicht, werden sie vernichtet, so wie die Stämme zuvor, nur etwas grausamer. Jeder Mathematiker wird diese Gleichung mit der einzigen Unbekannten, der Zeit, bestätigen können. Leider werden die Verursacher solcher Geschehen nicht immer zu Lebzeiten bestraft, oft sind es erst die Generationen nach ihnen.

Eine natürliche Gerechtigkeit gibt es; schon oft mußte ich das am eigenen Leib zu spüren bekommen. Durch meine Art des Umgangs mit besonderen Ereignissen bekommt man einen Rückschlag oder auch nur einen winzigen Fehler oft sofort zu spüren. Ich halte das für das bessere Gesetz. Nur so hat man die Möglichkeit, die Gewißheit zu haben, seine moralische Schuld zu begleichen.

In den letzten Tagen wurde eine Verfilmung der Arche Noah gezeigt. Sofort stellte ich mir die Frage, die alle Wissenschaftler beschäftigt: Ist es so passiert?

Hat überhaupt schon mal jemand daran gedacht, daß es vielleicht noch passieren kann? Wo steht geschrieben, daß sich alles schon ereignet hat, und wo ist der eindeutige Beweis dafür?

Anders betrachtet kann man auch zu dem Resultat gelangen, daß alles sich in einem regelmäßig wiederkehrenden Zyklus wiederholt. Mit unterschiedlichen Zeitabständen, je nach Größe und Bedeutung.

Beobachtet man genau die Geschehnisse auf dieser Welt, kommt man zu dem Ergebnis, daß etwas passieren muß, damit die Menschen aus ihrem Dornröschenschlaf aufwachen. Aber was.................

Die Kosten für den Aufbau der Diskothek sprengten unseren Rahmen, zudem steckte ich jede Sekunde, die ich irgendwo abzweigen konnte, in den Um- und Ausbau. Bei der Renovierung der Wohnungen kam ich so in Rage, daß ich mir die rechte Schulter unter dem Schulterblatt etwas kaputtmachte. Ich war so voll Enthusiasmus, daß mir das so ziemlich egal war und ich dem keine Bedeutung zumaß. Aber es war wieder die Stelle an der Schulter, wo Jahre später eine verhängnisvolle Sache passieren sollte.

Ich dachte, alles würde von dem Gelingen der Diskothek abhängen.

Claus übernahm zusätzlich den Aufbau einer früheren Diskothek in einem davor liegenden Stadtteil. Dieser lag an einer Hauptstraße, welche die Stadtteile nördlich der Weser miteinander verband. Diese Hauptstraße führte, folgte man der Hauptstraße 5 km weiter, am Flophouse vorbei. Dieser neue Laden in unserer Sammlung war kurz zuvor abgebrannt und stand einige Zeit leer. Natürlich bekam er den Laden wieder von den Anderen, natürlich angeblich wieder äußerst günstig für eine fünfstellige Ablösesumme. Daran, daß er vielleicht maßlos über den Tisch gezogen worden war, dachte keiner von uns. Aber Claus schien Zeichen zu setzen. Er nannte diesen Laden „Nothing", eben „Nichts".

Immer noch besaßen wir ein grenzenloses Vertrauen in unsere „Familie", schließlich waren wir an ihrem Erfolg nicht ganz unbeteiligt.

Das Why Not hatte einen internationalen Ruf mit einem anrüchigen Flair. Das war ausschließlich unser Verdienst. Dieser Ruf kam durch unseren einzigartigen Zusammenhalt und durch unser konsequentes Durchgreifen.

****

Michaela hatte schon bei der Eröffnung des Flophouse gemerkt, daß unsere Grenzen und Möglichkeiten ausgereizt waren. Sie stellte Säckel vor seine wohl schwerste Entscheidung: „ Entweder sie oder das nächste Projekt." Säckel war abgöttisch verliebt in diese Frau; warum er sich für den nächsten Auftrag entschied, ließ mich aufhorchen. Damals war es für uns ein Zeichen, immer noch auf dem richtigen Weg zu sein. Wenn Claus für diesen Auftrag sogar seine große Liebe hergab, dann mußte dieser Weg der einzig richtige sein. Wie groß der Preis für seine Entscheidung war, bekam er in den kommenden Monaten zu spüren.

****

Wieder einmal hatte ich zahllose Affären. Ich probierte alles mögliche, um meinen Schmerz zu vergessen, aber nichts half. Ein paar dieser Affären taten mir im Nachhinein sehr leid. Nicht alle waren nur für eine Nacht, ein paar von ihnen waren zu Beginn durchaus ernst gemeint, und ich gab mir Mühe, um zu einem Gelingen beizutragen. Leider ohne Erfolg.

****

Das kleine Flophouse besaß eine Grundfläche von ca. 200 qm, also sehr wenig Fassungsvermögen, und es benötigte über die gesamte Woche verteilt sechs Leute Personal. Es mußte also einschlagen wie eine Rakete, sonst hatten wir einen sehr, sehr schweren Stand.

Gleich nach der Eröffnung merkten wir, daß unser Konzept nicht aufging. Was nicht heißen soll, daß wir sofort aufgaben. Mit aller Kraft und allen mir zur Verfügung stehenden Mitteln versuchte ich, den Laden in Schwung zu kriegen.

Was ich mir nicht alles einfallen ließ, sogar Live-Bands wurden engagiert, unter anderem Gerwin und seine Truppe, sowie Patto bzw. Patrick Gammon und viele andere.

Patto wurde zwei Jahre nach seinem Auftritt bei uns weltbekannt durch einen starken Hit. Es wurde mir berichtet, daß beide Namen zum gleichen Künstler gehören sollten. Sein Auftritt bei uns wurde ein unvergeßliches Erlebnis.

Wie vor jedem Konzert waren die Vorbereitungen knüppelhart.

14 Tage vor dem Auftritt begann ich mit dem Plakatieren, eine Woche vorher dann jede Nacht. Die frisch geklebten Plakate waren oft schon am nächsten Tag überklebt, das hieß fast tägliche Kontrolle. Unsere Stadt verteilt sich auf einer Grundfläche von über 5 km Breite und 25 km Länge, sich da zu behaupten, war Knochen- und Ausdauerarbeit. Oft war einer der Jungs mit auf meiner Tour, meist Locke oder Butzi. Vor jedem Konzert war an Schlaf kaum zu denken. Die täglichen zwölf Stunden im Why Not, die Arbeit an den anderen Läden und dann noch das Plakatieren. Freie Tage waren inzwischen so etwas wie ein Fremdwort, und das sollte auch keine Rolle mehr spielen. Wir wollten endlich die Früchte unserer Anstrengungen genießen dürfen, und der Weg war noch weit.

Die Band von Patrick Gammon nahm vor ihrem Auftritt noch einen Termin bei Radio Bremen, in einer Talkshow, wahr.

Alle bisherigen Auftritte von anderen Gruppen fielen ziemlich mager aus, gerade ausreichend, um die Gage zu bezahlen. Dieses Mal standen die Zeichen gut. Endlich der Durchbruch?

Im Vorverkauf wurde keine einzige Karte verkauft, aber das hatte nichts zu heißen. Die bisherigen Bands kamen aus dem Umfeld unserer Stadt. Patrick Gammon hatte einen internationalen Ruf als Gitarrist bei Tina Turner, und auch der Rest der Band war hochkarätig besetzt.

Endlich war es soweit. Meine anfängliche Nervosität verschwand spurlos. Schon bei den Aufbauarbeiten der Roadies spürte man die Professionalität der Band, vollkommen anders als bei den anderen Gruppen.

Als der Auftritt begann, waren höchstens zehn Karten verkauft. Also war eines schon mal klar: Ein Geschäft war an diesem Tag nicht zu machen. Aber warum sollten wir die Zeit nicht sinnvoll nutzen und diesen Auftritt genießen?

Die Musiker spielten gerade mal 20 Sekunden, da brannten die Hauptsicherungen durch. Ich war sprachlos, stand in einem dunklen Laden und konnte nicht einmal meine Hand vor den Augen erkennen. Der Schlagzeuger beruhigte die Situation, indem er im Dunklen weiterspielte. Wir waren beeindruckt. Irgendwie erreichten wir die Hauptsicherung, schraubten den Kasten auf und überbrückten die Leitung. Der Drummer hörte nicht auf zu spielen, viele lange Minuten ohne Licht, und die Gruppe setzte ein, sobald wieder Strom auf der Leitung war. Tief beeindruckt von diesem Erlebnis gab die Band dann richtig Gas und zeigte uns paar Leuten, was sie sonst noch zu bieten hatten.

Ich habe noch einige Auftritte erleben dürfen, keiner von ihnen erreichte die Qualität dieser Gruppe. Keine Star-Allüren, keine Spur von Überheblichkeit und zum Schluß sogar noch eine Abschlußbesprechung, die es wirklich in sich hatte. Ob Gäste oder Musiker, alle saßen an einem Tisch und analysierten den zukünftigen Werdegang der Gruppe. Ich hoffe, daß dieser Abend zu dem späteren Erfolg beigetragen hat.

****

Das rassige Mädchen aus dem Maxim besuchte immer öfter das Why Not. Sehr oft hielt sie sich in meiner Nähe auf, aber ich versuchte kaum Notiz von ihr zu nehmen. Ich wußte, daß sie mit einem jungen Türken zusammengewesen war. Dieser Türke war einer von den gern gesehenen Gästen. Eine meiner grundsätzlichen Auffassungen war es, keine Frauen anderer Kämpfer oder Freunde zu begehren. Dazu kam, daß ich vor einer solchen Frau, mit der Ausstrahlung einer Sophia Loren, viel zu viel Respekt hatte. Bei meinem Job, wie schon gesagt, außerdem nicht ungefährlich. Alle vorherigen Partnerschaften hatten diese Brisanz, aber diese Frau übertraf alles. Man konnte das Feuer der Leidenschaft spüren. Eine Frau, mit der sich jeder Mann gerne schmücken würde.

****

Das Flophouse lag in einem Stadtteil bestehend aus ehemaligen Werft- und Hafenarbeitern. Viele Familien waren kinderreich. Durch den Untergang der größten ansässigen Werften waren diese Familien tief frustriert. Es bildeten sich richtige Gangs um so eine Horde. Einer der Anführer einer solchen Gruppierung hatte es sich zur Aufgabe gemacht, mir das Leben zur Hölle zu machen. Zwei Auseinandersetzungen hatte ich erfolgreich abgewehrt, aber der zähe Hund kam immer wieder. Motiviert wurde er durch seine Auffassung, keine Niederlage zu akzeptieren. Es blieb uns nichts anderes übrig, als ihm eine Lektion zu erteilen. Bei seinem nächsten Versuch, den Laden anzugreifen, fuhren wir los, direkt zu seiner Familie, und klärten die Situation. Das reichte nun endgültig, hinterließ aber einen bitteren Nachgeschmack.

Es war eine schrecklich dunkle Gegend mit zeitweise frustrierten Bewohnern. Eben der Nährboden für zahlreiche Auseinandersetzungen. Nicht weit von dem Laden entfernt lag zudem noch das Gefängnis, nur zehn Minuten Fußweg entfernt.

.................Die Amerikaner sind nicht die einzigen, die auf ihre Vergangenheit achtgeben müssen. Ich denke, kein Volk dieser Erde blickt auf eine vollkommene Vorgeschichte zurück. Wie stark oder folgenreich so eine Schädigung sein kann, spürt wohl fast jeder Mensch mit europäischer Abstammung an seinen eigenen Schamgefühlen und sexuellen Hemmungen. Ich denke, diese Schäden sind auch durch das harte Durchgreifen der Kirche im Mittelalter entstanden. Bevor manche Knaben ihre erste Erektion bekamen, wurde ihnen ein Korb aus Dornen um die Genitalien gelegt,, manche Jungfrauen trugen einen Keuschheitsgürtel und, und .... Eine endlos lange Liste läßt sich diesen Züchtigungen und Erziehungsmaßnahmen hinzufügen. Natürlich auch die Kriege und die daraus resultierenden und nicht rechtzeitig eingestandenen Schuldgefühle.

Die Probleme heute haben natürlich so etwas wie einen Ursprung. Das, was ich selber hautnah erlebe, ist, daß die meisten Menschen nicht mehr bereit sind, sich in die Lage oder in die Gedanken anderer hineinzuversetzen. Das hat sehr, sehr schlimme Auswirkungen. Kranke fühlen sich unverstanden, alte Menschen werden wie Dreck behandelt. Nicht nur weil man ihnen keine Aufmerksamkeit zukommen läßt; viel schlimmer: Meist werden sie links liegengelassen, weil sich kaum einer die Mühe macht, sie zu verstehen. Und was noch schlimmer ist, die meisten Menschen wissen gar nicht, wie das funktioniert; sie haben Angst, ihre eigenen Gefühle zu öffnen, um an dem Leid anderer teilzuhaben. Für mich unverständlich; gäbe es so etwas wie ein hohes

Gericht, diese Menschen würden eine harte Strafe bekommen. Manchmal siegt die natürliche Gerechtigkeit, manches Mal aber leider viel zu spät.

Kein Mensch hat auch nur versucht, sich in meine Lage zu versetzen. Meine Frau ist die einzige Person, die sich dabei richtig Mühe gegeben hat. Sie hat immer noch nicht richtig verstanden, und es scheint, daß sie die Hoffnung schon längst aufgegeben hat und sich nicht traut, es sich einzugestehen. Alle anderen haben restlos versagt. Brauchen sie aber meine Hilfe oder sehen sie, daß es bei mir wieder nach vorne geht, kommen sie auf die unmöglichsten Dinge. Der schmerzlichste Spruch ist: Du weißt ja, wer oder wo deine Freunde sind!

Der einzige, der bedingungslos zu mir hält, ist mein kleiner Sohn. Er steht oft an meinem Bett, oder er liegt neben mir, streichelt mir die Stirn oder hält meine Hand im Schlafe.

Schlimm mit anzusehen ist auch das Schicksal meiner letzten noch lebenden Oma Adele, der Mutter meiner Mutter. Sie lebte über 50 Jahre mit ihrem Mann auf diesem idyllischen kleinen Grundstück. Vor ein paar Jahren verstarb mein Großvater durch eine Verkettung unglücklicher Umstände. Oma Adele hatte nicht die Kraft, alleine damit fertigzuwerden. Wie denn auch? Keiner konnte sich in ihre Lage versetzen, sie wurde unbequem und ließ sich auch von keinem helfen. Jetzt lebt sie in dem Altersheim, da wo früher die großen Wiesen hinter ihrem Haus waren. Ich mache ihren Kindern keinen Vorwurf. Mich kränkte es die ganze Zeit, daß ich sie noch nicht einmal besuchen konnte. Gestern wurde ich zu ihr hingefahren. Es war so einfach, ihr Zuneigung und Zärtlichkeit zu übermitteln. Diese 90jährige Frau; früher wich sie mir aus, wenn ich sie in den Arm nahm, nun schmiegte sie sich wie ein kleines Mädchen an mich und verzehrte sich an dem Gefühl von Geborgenheit und Verständnis. Ich war so überwältigt, daß ich mindesten fünf Minuten brauchte, um meine Tränen zu schlucken. Ich sah, wie sie sich schämte, um Hilfe zu bitten, wenn sie ihre Notdurft verrichten wollte.

Sie gab mir unmißverständliche Zeichen. So machte sie sich Sorgen um ihre Kinder und den Verbleib ihres Geldes. Ich konnte sie beruhigen und genoß die Dankbarkeit in ihren Augen. Solch eine Situation habe ich schon einmal durchleben müssen; jedesmal schien es, daß ich der einzige war, der diese Menschen in solchen Augenblicken richtig verstehen konnte. Für mich ist es das Natürlichste der Welt, mein Herz zu öffnen. Leider habe ich das noch nie bei mir zu spüren bekommen, außer bei allen meinen Großeltern. Obwohl ich die nächsten Tage noch die Auswirkungen dieses Besuches spüren werde, bin ich etwas beruhigt und sehr dankbar darüber, daß die Kinder Oma Adele mit ihrer Behauptung, sie sei nicht mehr zurechnungsfähig, unrecht hatten. Großmutter ist geistig noch richtig fit; man muß sie verstehen lernen, nur dann wird es ihr etwas besser gehen.

Es wäre zu leicht, die Schuld an dem eigenen Versagen seinen Vorfahren und der Geschichte zuzuschreiben. Ich denke, es ist an der Zeit, wo jeder für sein Handeln zur Verantwortung gezogen werden muß!

Übernimmt es nicht der Mensch selber, dies in den Griff zu bekommen, regelt es die Natur oder der schnellere Lauf der Dinge. Sind nicht Herz, Gefühl und Verstand das, was uns von anderen Lebewesen unterscheidet? Oder?..................

Butzi war ein Langzeitarbeitsloser. Um so mehr freute es ihn, als er endlich eine Praktikantenstelle als Steinmetz antreten konnte. Auf meinem Geburtstag überraschte er mich mit seinem Meisterstück. Er schenkte mir einen Grabstein mit Mollys und meinem Namen und unseren Geburtsdaten. Über unseren Namen war ein großes Hanfblatt gemeißelt, gerahmt mit den Worten: „A Friend in weed, a Friend indeed." Er übersetzte es so: „Einen Freund beim Rauchen kannst du immer gebrauchen." Korrekt übersetzt man „weed" mit Unkraut. Der Grabstein paßte gut zu den Findlingen auf der rechten Seite der Tanzfläche, und so kam es, daß er sofort seinen Platz einnahm. Später, nach zahllosen Umzügen, fand er seinen Platz direkt neben dem Bootshaus, einem Naturschutzgebiet.

****

Hatten die „Knackis" Freigang, kamen vereinzelte auf ihrem Rückweg in das Gefängnis manchmal in das "Flophouse". Meist waren sie knüppelvoll und dazu natürlich stark frustriert. Im

Grunde genommen konnte ich sie gut verstehen. Die meisten spürten das, und ich hatte nie Ärger mit diesen Jungs. Nicht alle, wie draußen auch, waren von der edlen Gesinnung.

Die Türken gehörten schnell zum Inventar des „Flophouse", und sicherlich wollten einige auch helfen. So kam es, daß ich sie, wieder einmal, im Gepäck hatte. Fast jeden Abend besprach ich die angefallenen Probleme mit einem älteren Türken. So auch an jenem Tag. Ich saß auf einem Sessel, die Beine lässig über die Lehne, auf dem Sofa neben mir der Türke, und wir rauchten eine Friedenspfeife. Die Tür ging auf, und zwei Knackis betraten den Laden. Wir waren mitten im Gespräch, als einer der Knackis meine Beine packte, sie zur Seite zog und mich mit den Worten „Mach Platz, du Arsch!" aufforderte, meinen Sessel zu verlassen. Lange überlegen durfte ich nicht, schließlich war ich der Mitinhaber dieser Diskothek. Es hieß Gesicht zeigen auf die Art, die in diesen Kreisen am besten verstanden wurde.

Kaum daß der Knacki Platz nehmen konnte, hatte ich ihn in der Gewalt. Nach einer kurzen, aber harten Auseinandersetzung hatte ich ihn im Griff. Aber das war noch lange nicht das Ende. Sein Kumpel konnte diese Schmach nicht auf sich sitzen lassen und griff mich erneut an. Die Auseinandersetzung kam auf der Tanzfläche, direkt vor dem Grabstein, zu ihrem Höhepunkt. Ich landete ein paar gezielte Schläge am Kopf des Gegners. Dieser mußte aufgeben, nahm seinen Kumpel unter die Arme und beide verschwanden.

14 Tage später, es war ein Dienstag, also Ruhetag im „Why Not". Butzi stand aushilfsweise hinter dem Tresen im „Flophouse". Ich betrat den vorderen Raum, ging an den Tresen und verlangte ein Bier und Hartgeld für Zigaretten. Butzi beeilte sich, und es schien, als wollte er mich warnen. Seine Pupillen waren groß und strahlten Angst aus. Sofort schalteten meine Antennen auf Alarmstufe. Der Laden war zu meiner Überraschung gut gefüllt; es war schwer, einen Gegner auszumachen, also zog ich mich in den Eingangsbereich neben den Automaten zurück. Wie immer in solchen Situationen blickte ich nicht direkt in die Menschen, sondern hielt meinen Kopf gesenkt, so daß ich genau die Bewegungen in meiner Peripherie wahrnehmen konnte. Ich öffnete die Zigarettenschachtel, dabei sah ich ein Beinpaar an mir vorbeihuschen. Ich spürte sofort, daß es zu einem der möglichen Angreifer gehörte, und bereitete mich innerlich auf einen Angriff vor, nicht ohne auch die andere Seite im Blickwinkel zu behal-

ten, immer noch den Kopf leicht geneigt. Kaum waren die Beine aus meinem Blickwinkel rechts verschwunden, nahm ich einen Schatten von der linken Seite wahr. Links war die Bühne mit dem Billardtisch und der Sitzecke. Blitzschnell drehte ich mich in diese Richtung, gerade noch rechtzeitig, um meinen Kopf etwas zu heben. Eine fürchterliche Explosion in meinem Kopf ließ darauf schließen, daß mich etwas sehr Hartes und Schweres getroffen hatte. Mir hingen die Hautlappen von der Stirn, etwas später gemischt mit Blut, über meine Augen. Die einzige Möglichkeit für meine Verteidigung war nun mein Gespür. Blitzschnell tastete ich das Gesicht eines Angreifers. Einer war so schockiert, daß er sofort abließ, der andere wollte nicht aufgeben; außerdem war er derjenige, der mich so hart getroffen hatte. Ich griff mit meinen Fingern in seine Augenhöhlen und riß ihn zu Boden, setzte mich auf ihn und schlug auf ihn ein. Die anderen Gäste hatten nicht mitbekommen, daß ich hart getroffen worden war. und ein paar rissen mich von diesem Typen herunter. Sein Gesicht war blutverschmiert, allerdings von dem Blut, das mir aus der Stirn spritzte.

Mein erster Weg war der zur Toilette, um die Wunde im Spiegel zu betrachten. Immer noch hatte ich ein ganzes Planetarium in meinem Kopf. Als ich im Spiegel was erkennen konnte, wurde mir schlecht. Ich mußte auf schnellstem Wege in das nächste Krankenhaus. Gott sei Dank war das nur ein paar hundert Meter entfernt. Noch immer hatte ich keinen blassen Schimmer, was mich da so hart getroffen hatte.

Die Ärzte waren erschrocken, die Wunde auf der Stirn war sternförmig. Sie schnitten die kaputten Hautlappen heraus und nähten den Rest auf der Stirn zusammen. Die Ärzte waren noch beim Nähen, als zwei Polizisten auftauchten und mich nach den Einzelheiten befragten. Viel konnte ich ihnen nicht erzählen, nur das, was sie selber zu sehen bekamen. Die Ärzte wunderten sich über meine Gelassenheit, aber in diesem Krankenhaus waren sie wohl einiges gewohnt. Ich bedankte mich für die schnelle und gute Behandlung und machte mich auf den Weg zurück zum Laden.

Inzwischen hatte Butzi den sogenannten Stein des Anstoßes gefunden. Es war ein faustgroßer Blaubasaltstein. Die Angreifer waren die zwei Knackis, die zwei Wochen zuvor den Ärger veranlaßt hatten. Einer von ihnen hatte den Stein in der Hand und sprang, zum Schlag ausholend, von der Bühne, um mir den

Schädel zu zertrümmern. Diese ganze Auseinandersetzung dauerte nur wenige Sekunden. Ich hatte das Glück, den Schatten rechtzeitig zu spüren. Wohl nur eine Hundertstelsekunde später, und er hätte sein Ziel erreicht gehabt. Der Stein hatte mich an der harten Knochenschale in der Wölbung über dem linken Auge getroffen. An jeder anderen Stelle hätte er leicht den Schädel zertrümmern können.

Ein Jahr später erzählte mir ein Zuhälter, daß in der Innenstadt viel über dieses Ereignis gesprochen wurde. Ich bekam angeblich den Beinamen „Das Tier". Ich gab verletztem Stolz die Schuld an diesem Vorfall.

****

Claus hatte inzwischen die abgebrannte Disco zu einem Bistro, mit eingebautem Sportstudio im Keller, umfunktioniert. Ein tolles Ding. Auch der Trainingsraum konnte sich sehen lassen, er war sogar mit einem Boxring ausgestattet. Selim nahm mich einmal richtig in seine Fittiche und zeigte mir, was ein guter Boxer so drauf hatte. Wirklich beeindruckend, diese Vorstellung. Zeitweise sah ich nicht einmal, wie er sich abduckte und wieder auftauchte. Er hätte mich so umhauen können. Meine Kondition war inzwischen wieder ganz ansehnlich, so konnte ich die Runden gut überstehen.

Ich hatte mich gut auf das Wassertraining vorbereitet; lange nicht ausreichend, um an meine alte Form anzuknüpfen, aber immerhin. Molly und Butzi begleiteten mich nicht nur zum Wassertraining, sondern auch zum Intervalltraining. Intervalltraining ist der grausamste, aber wohl effektivste Weg, um schnell Kondition aufzubauen. Mein Boot hatte ich ständig auf dem Autodach; so war gewährleistet, daß ich jede freie Stunde und bei jeder Gelegenheit auf das Wasser konnte. Mir war sehr schnell klar, daß dies lange nicht ausreichen konnte, aber aufgeben zählte nicht. Bär, der alte Profi, stand mir mit gutem Rat zur Seite, und er hatte seinen Spaß dabei.

****

Das Mädchen mit der Aura von Sophia Loren hatte sich inzwischen von ihrem Partner vollständig getrennt und hielt sich immer öfter an meinem Tresen im Why Not auf. Ich nahm sie erst richtig ernsthaft zur Kenntnis, als Molly sich ständig zu ihr setzte und mich mit wedelndem Schwanz anguckte. Jetzt fing ich langsam an, zu begreifen. Die alten Türken beobachteten unsere Gesten und fingen an zu munkeln. Nicht daß sie etwas gegen uns hatten; im Gegenteil, mir kam es vor, als wenn wir auf etwas Besonderes vorbereitet würden.

Nach einer hektischen Nacht saßen wir zusammen mit Annette in der Gaslaterne, der kleinen Kneipe, wo Molly ab und zu ihren Eierlikör genoß. Immer, wenn die Nacht nervend und sehr anstrengend war, wollten wir uns betäuben, um abschalten zu können. So war es auch dieses Mal. Ich war total breit und wie so oft in diesem Zustand auch fröhlich und ausgelassen. Vorher, am frühen Abend, hatte ich dieses zauberhafte Wesen und Annette auf eine Kontrollfahrt in unserem Mustang Cabriolet mitgenommen. Ich spürte deutlich die Zeichen dieses Mädchens, sie fühlte sich wohl in dieser Rolle bei mir auf dem Beifahrersitz.

Jetzt, spät in der Nacht, war sie immer noch in meiner Nähe. Es wurde Zeit, einen Vorstoß zu wagen. Ich nahm sie einfach in den Arm und küßte sie leidenschaftlich. Ich war enttäuscht, als sie danach von mir ließ, und ging frustriert nach Hause. Später erfuhr ich, daß ich ihr zu leidenschaftlich gewesen war.

Erst einmal aber war ich gekränkt und zeigte es durch meine Zurückhaltung in den kommenden Tagen.

****

Der Tag des Rennens in Bederkesa rückte immer näher, ich wurde sogar ein bißchen nervös. Butzi und Bär wollten mich auf dieser Tour, an einem Sonntagmorgen, begleiten. An Schlaf war in der Nacht zuvor nicht zu denken, ein paar Verrückte halsten mir im Flophouse noch ein Problem auf. Das hieß für mich nach Feierabend die Mannschaft nach Hause fahren und dann Butzi und Bär einsammeln. Auf dem Weg nach Bederkesa machte ich dann noch einmal einen Abstecher an den Läden vorbei, um nach dem Rechten zu sehen. Es war immer gefährlich, wenn jemand wußte, daß einer von uns nicht anwesend war. Danach konnte es endlich losgehen.

Ich fand sofort den Weg zur Regattastrecke und war richtig froh, ein paar alte Bekannte zu treffen. Inzwischen hatte sich viel verändert. Es gab neue Paddel und neue Bootstypen, sogar die Vorbereitungen waren professioneller als ein paar Jahre zuvor. Unter meinen Gegnern war auch ein Hüne mit einem gut trainierten Körper. Alle begegneten ihm mit Respekt und tuschelten, wenn er in Sichtweite kam. So ungefähr muß das ein paar Jahre zuvor bei uns auch gewesen sein. Jetzt war ich nur noch bei wenigen bekannt, aber immerhin. Um lästigen Fragen aus dem Weg zu gehen, hielt ich mich am Rande des Geschehens auf, immer Bär und Butzi an meiner Seite. Bär wußte von der anstrengenden Nacht, die hinter mir lag, und baute erst einmal eine Pfeife; das half. Ich wurde ruhiger und fing an, mit den anderen zu flachsen.

Was mir jetzt noch fehlte, war ein Motiv. Ich wollte das Rennen unbedingt durchhalten, was bei dem Stand der Dinge nicht einfach war. Ich meldete mich zur Sprintstrecke, der wohl härtesten Herausforderung. Zwar fuhren wir diese Strecke in knapp zwei Minuten, aber diese konnten zur Ewigkeit werden. Jeder Schlag mit dem Paddel wurde mit aller Kraft durchführt. Zeit zum Verschnaufen gab es nicht.

Die Brücke in meinem Kopf war dieses wunderhübsche Mädchen. Ich stellte sie mir am Zieleinlauf vor. Wenn ich das Ziel erreichte würde sie zu mir gehören, suggerierte ich mir. Dann ging es los. Schon beim Einfahren sah ich die gute Form meiner Gegner; so hatte ich also fünf Jahre zuvor ausgesehen! Mir war schnell klar, daß ich wenig Chancen hatte, aber so schnell wollte ich nicht aufgeben.

Konzentriert stand ich am Start und wartete auf das Zeichen, dann ging die Post ab. Die ersten zweihundert Meter war ich noch in der Spitze dabei, dann wurden meine Arme immer schwerer. Verbissen kämpfte ich weiter, obwohl einer nach dem anderen an mir vorbeizog. Ich hörte die Stimmen am Zieleinlauf, auch die Stimme einer Trainerin, mit der ich zuvor oft aneinandergeraten war. Alle feuerten mich an, weiterzufahren, und ich fuhr. Mit dem allerletzten Atemzug erreichte ich den Bootssteg. Ich hatte es noch einmal geschafft. Zwar war ich auf den hintersten

Rängen, aber was für mich zählte, war nicht aufzugeben. Ich hatte das Letzte aus mir herausgeholt. Bär und Butzi halfen mir mit bewundernden Blicken aus dem Boot. So schnell ich konnte versuchte ich wieder Luft zu bekommen und verabschiedete mich mit etwas Distanz von den anderen.

Das war nun meine letzte Vorstellung in einem Rennkajak. Nicht weil ich keine Chancen für mich sah; würde ich richtig trainieren können, hätte ich zu dieser Zeit durchaus noch Chancen haben können, sondern weil der kommende Lauf der Dinge mir wieder ein Bein stellen sollte.

****

Claus konnte die Trennung von Michaela nicht verkraften. Sie war seine große Liebe. Ich begleitete ihn immer öfter, wenn er nach Feierabend nicht mehr zur Ruhe kam. Dabei passierten die unmöglichsten Sachen. Ich wußte, ich konnte ihm Vertrauen, schließlich nahm er diesen Schmerz für uns alle in Kauf. Durch diesen Schritt, den er gegangen war, wuchs er in meinem Ansehen um einige Zentimeter. Es war völlig klar, daß er ein Ventil benötigte, um seinen Schmerz abzulassen.

Die größte Angst hatte ich wegen seines Diabetes. Trotzdem gab es nur wenige Situationen, die ihn sichtlich überforderten. Immer, wenn so eine Situation eintrat, vergrößerte sich die Gefahr eines sogenannten Zuckerkomas. Säckel war es unangenehm, wenn man ihn spüren ließ, daß man sich um ihn sorgte; deshalb hielt ich mich oft im Hintergrund und tat so, als würden wir uns manchmal zufällig begegnen.

****

Nach dem Rennen sollten sich wieder einmal eine Menge Dinge verändern. Ich war stolz auf mein Ergebnis und dachte an das Bild in meinem Kopf, beim Zieleinlauf. Dort war diese stolze Frau in meiner Vorstellung gestanden. Seltsamerweise begegnete mir von nun an dieses Mädchen in einer noch völlig unbekannten Weise. Es dauerte nicht mehr lange, und endlich begleitete sie mich in meine kleine Wohnung.

Unsere erste intime Begegnung war etwas ganz Besonderes. Ich spürte deutlich, daß sie so etwas noch nie vorher erlebt hatte, und so war es dann auch. Von nun an war klar, daß wir zusammengehörten, aber ich war immer noch mißtrauisch. Dieses Mädchen war 19 Jahre jung und hieß Rosi. Noch ahnte ich nicht, was dieses Mädchen für mich noch bedeuten sollte.

Es dauerte nur ein paar Tage, und sie wohnte bei mir. So etwas war ich nicht mehr gewohnt, aber es gefiel mir. Nach langer Zeit endlich wieder regelmäßig essen und die Aura einer Frau, dazu einer der hübschesten in dieser Stadt, in meiner Wohnung, nicht übel.

****

Trotz meiner Härte bei Auseinandersetzungen gehörte ich immer zu den Außenseitern, was meine Empfindungen betraf. Ich war und bin ein sehr gefühlsbetonter und sensibler Mensch, viel stärker als meine Mitmenschen es vermuten. Die meisten Menschen weichen mir aus, wenn ich meine Gefühle zeige, wahrscheinlich um ihren eigenen Gefühlen aus dem Weg zu gehen. Durch das, was ich in den Jahren erlebt hatte, muß ich eine seltsame Ausstrahlung bekommen haben. Ich selber sehe diese natürlich nicht, manchmal spüre ich das an der Art, wie andere mir begegnen.

Zu der damaligen Zeit muß die Aura erschreckend gewirkt haben, mit ein Grund für die zahlreichen Angriffe.

****

Es dauerte nicht lange, vielleicht sechs Wochen, und Rosi zeigte mir ein anderes Gesicht. Es stellte sich heraus, daß sie krankhaft eifersüchtig wurde. Bei dem Versuch, die Ursache für ihr Handeln zu finden, bekam ich heraus, daß sie als Kind von ihrem Vater oft geschlagen worden war. Sie hatte kaum Liebe und Zuneigung empfangen können. Nun erlebte sie das erste Mal richtige Zuneigung, klar, daß ihre Angst ins Grenzenlose stieg, diese Liebe zu verlieren.

Ihre Eifersucht nahm immer größere und verhängnisvollere Formen an. Kein Tag verging ohne Vorwürfe und Theater. Forciert wurde das durch Birgit. Sie hatte die Wohnung über uns angemietet. Wenn wir in der Nacht nach Hause kamen, machte Birgit sich manchmal durch lautes Trampeln bemerkbar. Auch für Birgit muß diese Situation unerträglich gewesen sein.

In kürzester Zeit hatte ich die Hölle durchzustehen. Ich packte meine Siebensachen, kündigte die Wohnung und zog mit Rosi wieder über das „Why Not".

Der schlechte Zustand dieser Wohnung übertraf alle vorherigen Erlebnisse. Sie lag nicht auf Claus' Ebene, sondern eine Etage höher. Beim Tapezieren fielen die Tapeten sofort wieder herunter, wegen des Salpeters an den Wänden. Sanitäre Anlagen konnte ich nur notdürftig installieren. Wichtig war vor allem anderen, daß es Rosi etwas besser gehen würde, und in den ersten Tagen schien das auch der Fall zu sein. Dann ging das Theater wieder von vorne los. Ihre Eifersucht wurde so krankhaft, daß sie mit einem Blick so eine miese Stimmung verbreiten konnte, daß unser Bistro in kürzester Zeit leergefegt war.

Nach einiger Zeit konnte ich dem etwas entgegenwirken, indem ich früh genug erkannte. wann die nächste Attacke stattfinden würde. Meist hatte sie vorher ein Glas Weißwein getrunken. Ihre Augen, besonders ihre Iris, bekamen einen eisgrauen Schimmer, und ihre Ausstrahlung verwandelte sich in Windeseile in die einer Furie.

Es gab fast täglich irgendeinen Vorwurf, und ich begann selber daran zu glauben. Natürlich lief bei mir gar nichts anderes während dieser Zeit, aber das sollte ich schnell bereuen. Bei der Art, wie Rosi mich in Beschlag nahm, war es bald egal, ob da was war oder nicht.

Trotzdem ließ ich mich noch nicht beirren und hielt weiter zu ihr. Mir war klar daß man so eine Frau nicht geschenkt bekommt.

Sie war etwas Besonderes, und ich hatte inzwischen gelernt, Kompromisse zu schließen. Rosi war gerade erst 19 Jahre; ich war der Meinung, sie hatte noch genügend Zeit, um dazuzulernen. Wichtig war nur, daß sie es selbst wollte, und das war, wie sich bald herausstellte, so noch nicht der Fall.

Claus und ich beschlossen, daß Rosi im Sound House oder im Rauchfang arbeiten sollte. So war sie wenigstens bis kurz vor Feierabend außer Sichtweite und konnte keinen Schaden anrichten. Ich war aber auch stolz darauf, daß so eine Frau wegen mir eifersüchtig war, auf gewisse Art eine bemerkenswerte Geste.

Wir waren gerade mal drei Monate zusammen, da sprach sie mich auf Nachwuchs an. Ich war schockiert; so schnell, das konnte nicht gutgehen. Oder war es nur ein verzweifelter Versuch, ihre Eifersucht in den Griff zu bekommen? Ich versuchte ihr zu erklären, warum ein Kind jetzt überhaupt nicht in unsere Welt passen würde. Wir hausten in dieser schäbigen Wohnung; das konnte man zwar schnell ändern, aber zur Zeit war das nicht möglich. Der gravierendste Grund waren aber meine Aufgabe, der Job und die fehlende Gewißheit, endlich unserem Ziel ein Stück näherzukommen. Immer noch war ein Bistro oder eine Disco auf Ibiza unser großes Ziel. Unsere Läden warfen weiterhin nichts für uns selber ab. Wir waren froh, unser Personal halten zu können. Inzwischen waren es sechs Läden außer dem „Why Not". Eine Kneipe hatten wir schon wieder abgestoßen, um die neuen Projekte mitzufinanzieren. Überall waren uns die Türken auf den Fersen, und es war schwierig, sie mit den anderen Gästen unter einen Hut zu bekommen. Dazu kam, daß ich Rosi noch gar nicht so richtig kannte. Auf diese Arie mit der Eifersucht konnte ich überhaupt nicht, auch für eine Basis mit einem Kind hielt ich diesen Zustand für sinnlos. Ich bat sie um etwas mehr Zeit.

Es war anders als mit Heide. Heide gab mir das Gefühl, ständig Kraft zu tanken; Rosi saugte die Kraft ab, wohl auch um zu testen, wo meine Belastungsgrenze lag. Wollten wir eine gemeinsame Zukunft, so mußte vorher noch einiges geklärt werden. Das würde sich mit Sicherheit für uns beide auszahlen, aber bis dahin war der Weg noch steinig und sehr lang.

Rosi führte mich an der Nase herum. Sechs Wochen später teilte sie mir mit, daß sie schwanger war. Ich fühlte mich hintergangen und betrogen und trennte mich von ihr. Ich überließ ihr die

Entscheidung, was passieren sollte.

Rosi reagierte apathisch, fast so, als hätte ihr jemand einen Trip in ihr Glas geschmissen. Ich konnte ihr nicht helfen. Kojak schaute nach ihrem Wohlbefinden und berichtete mir von dem, was er zu sehen bekam. Es war verrückt, für sie brach eine ganze Welt zusammen. Ich durfte ihr jetzt auf keinen Fall entgegenkommen. Später bekam ich recht für diese grausame Entscheidung, schließlich war dieser Weg auch für mich besonders schmerzlich. Ich war zutiefst erschüttert über den Weg, wie ich zu diesem Kind kommen sollte. Für mich eine Entscheidung, die, wenn ich es zuließ, auf einen Betrug aufgebaut wurde. Wir hätten uns das nie verzeihen können, und dem Kind hätte es auch nicht geholfen.

****

Rosi gehörte also nicht mehr zu mir, aber sie war ständig um mich herum. Inzwischen arbeitete sie fest im Rauchfang und nutzte jede Gelegenheit, um meine Aufmerksamkeit auf sich zu lenken.

Bald kam der Frühling, und mit den ersten Sonnenstrahlen erschienen auch die ersten zusätzlichen Verführungen. Rosi verstand es ganz besonders, sich in Szene zu setzen. Knackig braune Haut, braune, dunkle Haare bis zu den Schulterblättern, eine unglaubliche Figur, Hot Pants und dazu ein hinten bis zum Hintern ausgeschnittenes T-Shirt. Ihre Haare mit einem hellen Stirnband zusammengehalten. Ein unvergeßliches Erlebnis, wenn man ihr nur begegnete. Ich mied diese Begegnung, so oft es ging, und versuchte sie zu vergessen. Das war aber nicht möglich, so wie sie sich in Szene setzte. Fand sie keine Beachtung oder nahm ich keine Notiz, mußte ich das schmerzlich zu spüren bekommen. Kokett zeigte sie sich mit anderen und versuchte mir zu zeigen, was Eifersucht bedeuten kann. Ich blieb lieber alleine und nahm alles so, wie es sein mußte.

****

Es begann wieder eine Zeit zahlreicher Affären. Ich suchte also wieder, ohne mir dabei großartig Zeit zu lassen. Meist so lange, bis ich wieder eine Frau gefunden hatte, nur um festzustellen, daß wir nicht zusammenpaßten. War ich auf der Pirsch, mußte ich nicht lange warten, und so fand ich oft eine Ablenkung oder einen Grund, um Rosi aus dem Weg zu gehen.

****

Eine kurze Partnerschaft hatte ich mit Anja, einer reifen, hübschen Frau aus dem Stadtteil, in dem sich das Flophouse befand. Es dauerte lange, bis wir uns näherkamen; dann passierte das, was häufig der Grund für eine Trennung ist: Nach dem ersten sexuellen Kontakt merkte oder spürte ich, daß wir nicht zusammenpaßten. Anja war verzweifelt und verhielt sich ähnlich wie Rosi. Es war besser, unser Verhältnis sofort zu beenden, alles andere wäre wieder Betrug gewesen.

Ein paar Monate später erfuhr ich von ihr, daß sie schwanger war. Ich wollte es nicht glauben und vermutete wieder so etwas wie eine Erpressung. Anja stellte keine weiteren Ansprüche, ich denke, sie wollte das Kind. Es war nicht ihr erstes, und sie war eine gute Mutter. Ich wiederum konnte keine Verantwortung übernehmen, und es war besser, eine deutliche Trennlinie zu ziehen; wohl auch, weil ich spürte, was mir alles noch bevorstehen würde. Sie bot mir an, daß ich jederzeit zu ihr kommen könne, und wir verloren uns aus den Augen. Ich dachte noch oft an sie und wünsche mir stets, daß es ihr und den Kindern gut geht. Hätte sie in der Zwischenzeit meine Hilfe benötigt, ich hätte sie nicht abgewiesen. Ich werde mich bei ihr erst melden können, wenn ich mein Ziel erreicht habe und sie es auch wollen. Ich kann ihnen nicht helfen, bevor ich mir selber geholfen habe. Ein Kontakt in der Zwischenzeit hätte jeden von uns überfordert.

****

Bevor Rosi und ich uns wiederfinden sollten, passierten eine Menge Dinge. Zuerst mußte ich eine Lösung finden, was mit dem „Flophouse" passieren sollte. Danach begann mein Eignungstest als Pilot in den Turbulenzen der Emotionen. Eigentlich hatte ich schon jeden Test bestanden, aber Leute, von denen ich es nie erwartet hätte, wollten wohl meine Bekanntschaft machen.

Ich bekam den Eindruck, Kurt der Zuhälter mit dem hypnotischen Blick war der Mittelsmann. So kam es, daß ich eine völlig andere Welt zu sehen bekam. Die Welt der Artisten mit ihrem Tanz auf der Schneide einer Rasierklinge. So aus dieser Sicht hatte ich diese Welt noch nie betrachtet. Für mich wieder eine völlig neue Art, Dinge zu betrachten und mit ihnen umzugehen. Eigentlich keine neue Erfahrung, meine Instinkte und Reflexe waren optimal ausgebildet; aber es gibt immer etwas, was man dazulernen kann. Auch wenn es im ersten Moment nicht so aussieht.

14. Kapitel – Piloten in den Turbulenzen der Emotionen

Das „Flophouse“ wurde zur schweren Last, ich wollte noch nicht aufgeben. Säckel nahm das zur Kenntnis und entschloss sich, weitere Maßnahmen zu ergreifen. Sicherlich dachte er auch dabei >Alles oder nichts<.

Eine schwerwiegende Entscheidung, und wir spürten immer mehr die Auswirkungen der Anstrengungen der letzten Jahre. Zudem wurde es immer schwerer unsere Leute zusammenzuhalten. Immer öfter versuchten Menschen aus der engsten Umgebung, uns zu hintergehen.

Es war auch ein Zeichen dafür, daß in der Gemeinschaft ein Baustein nicht funktionierte. Die Automaten gehörten dem Aufsteller, allerdings waren wir an den Erträgen beteiligt. Diese wiederum flossen in die Pacht.

Sicherlich ist ein bißchen Geld nicht alles, was zählt. Darum ging es auch nicht. Freunde zu bestehlen oder die Gemeinschaft zu schädigen, wäre die korrekte Bezeichnung. Dafür, daß wir unser letztes Hemd gaben, war es um so schlimmer. Schließlich arbeiteten wir fast rund um die Uhr, ohne weiteren Urlaub oder nur einen Ruhetag. Es war nur eine Frage der Zeit, wie wir das noch lange durchhalten sollten und konnten, aber man glaubt nicht, was ein Mensch alles aushalten kann. Rehabilitieren können sich diese Leute nur, wenn sie etwas Außergewöhnliches leisten, etwas, was der Gemeinschaft zugute kommt und einen Stellenwert besitzt.

Eine grobe Spur an Unzufriedenheit und Resignation machte sich in mir breit. Es lief nicht so, wie es geplant war. Ich fing an, intensiv über unser Verhältnis zu unseren Chefs nachzudenken. Immer mehr kam ich zu der Gewißheit, daß wir Mittel zum Zweck geworden waren. Säckel hielt dagegen und nahm mich erneut mit auf die sogenannte Dallas-Ranch. Skeptisch lauschte ich dem Gespräch. Der Automatenaufsteller hatte es inzwischen verstanden, so etwas wie eine Vaterfigur zu spielen. Streng, konservativ und mit einem verschmitzten Lächeln, ein Blitzen in seinen zusammengekniffenen Augen und Argumente mit einem scharfen Verstand ließen mich wissen, daß wir nicht alleine waren. Schnell lenkte er das Gespräch auf ein ehemaliges China-Restaurant im Keller eines Beamtenhochhauses in Bahnhofsnähe. Wieder einmal eine Ruine, verseucht mit altem Fett, jedoch immerhin mit einer Kegelbahn ausgestattet.

Als ich noch ein Kind war und mein Großvater väterlicherseits noch lebte, waren wir mit der Familie zu Gast in diesem Restaurant. Ich erinnerte mich noch genau, weil es damals zu einem Aufstand kam, als in der Zeitung stand, daß dem Essen angeblich Tierfutter beigemengt gewesen sein soll.

Dieser Laden hatte etwas, was keiner vorher zu bieten hatte. Eine Grundfläche über 500 qm, und er lag in der Innenstadt. Zudem war er in der nächsten Umgebung des Hauptbahnhofs. Das bedeutete auch, daß, wenn wir uns für diesen Auftrag entschieden, wir nun endgültig alles auf eine Karte setzen sollten, um völlig neue Wege einzuschlagen.

****

Bevor dieser Schritt gegangen werden konnte, mußte sich einiges verändern. Mir war klar, daß dazu die scheinbar unmöglichsten Dinge zu berücksichtigen waren. Das „Why Not" und dieser Laden würden sich kaum vertragen. Einer von uns müßte dem „Why Not" den Rücken kehren, und für diesen Schritt kam nur einer in Frage. Alleine dieser Schritt würde eine Menge an Spürsinn in Anspruch nehmen und die Bereitschaft, völlig neue Methoden anzuwenden.

Dazu stellte sich die Frage nach dem Warum. Unsere Art zu arbeiten hatte inzwischen internationalen Ruf und Anerkennung. Würde daran etwas verändert, könnte dieses System unweigerlich zu Boden gehen. Eine unlösbare Aufgabe, setzte sie doch eine Trennung von Claus und mir voraus. Ich denke, das war Claus nicht bewusst. Er dachte wohl, diesen Laden könnten Angestellte leiten und wir würden ihn vom „Why Not" aus führen. Sollte der neue Laden richtig geführt werden, und dann noch in der Innenstadt, benötigte er ungefähr zwölf Leute Personal. Das bedeutete, daß die Leitung ständig anwesend sein mußte.

Es schien mir vorerst noch unvorstellbar, mich vom „Why Not" zu lösen. Ich bekam sogar etwas Angst, wenn Säckel das Thema Bahnhof erwähnte. Alleine nur die Vorstellung, vom „Why Not" und von dem geliebten Flair getrennt zu sein, war schon grausam genug.

Ich gab noch einmal alles, um das „Flophouse" in Schwung zu bekommen. Ein aussichtsloses Unternehmen.

Es lief zwar zeitweise besser als bei vielen Vorgängern, wir entwickelten sogar eine eigene Sound-Artistik, aber das Geld reichte vorne und hinten nicht. Als Diskjockeys arbeiteten Olli und Jay. Jay, der Sohn eines großen Büroeinrichters. Er lag ständig im Streit mit seinem Vater. Wenn er Musik machte, verschlang er Unmengen an Jack Daniels. Ich konnte sein Verhalten kaum billigen, unsere Diskjockeys wurden gut bezahlt, und das, was sie nebenbei verbrauchten, kostete zusätzliches Geld. Man sah das Verhalten eines verzogenen Lümmels, der sich absolut keine Gedanken über die Zukunft des Ladens machte. Die Musik war zwar auf einem guten Level, aber mehr Umsatz konnten wir nicht erzielen. Ich konnte das Verhalten nicht akzeptieren und geriet ständig in eine Konfrontation.

Säckel schmunzelte über meine Aufregung und nahm Jay in Schutz; im Hinterkopf war es ihm wohl ganz recht, wenn der Laden dicht machte. Er schwebte in seinen Gedanken in der Innenstadt. Daß ich mit den unbezahlten Rechnungen zu kämpfen hatte und mich schämte, den Laden mit diesen Verbindlichkeiten zu hinterlassen, war ihm wohl nicht so recht bewußt. Er war es dann, der später dafür geradestehen mußte.

****

Es war an einem Wochenende, genau gesagt an einem Sonntag, am frühen Abend.

Die letzte Nacht hatte ich mit Vlado, einem etwas älteren Kämpfer der alten Garde, Tequila gezecht. Es ging fast bis zum Sonntagmittag; dann wollte ich schlafen, um den Alkohol aus dem Blut zu bekommen. Rechtzeitig wie immer wurde ich von Molly geweckt, und ich machte mich auf den Weg, um das Personal zum „Nothing", so hieß das Bistro mit dem Boxring, und dem „Flophouse" zu fahren.

Inzwischen hatte sich unser Fuhrpark um zwei alte VW-Busse erweitert. Diese waren orange lackiert und mit dem Namen unserer Objekte verziert. Alte klapprige Autos, aber sie erfüllten ihren Zweck. So konnte leicht unser Personal und auch das Baumaterial befördert werden. Den Trans-Am hatte Backi in der Zwischenzeit vor einen großen Lichtmast gesetzt, dieser war abgeknickt und auf das Auto gefallen. Da war nichts mehr zu retten.

Nun ja, ich saß nun in diesem Bus, immer noch einen kleinen Nachgeschmack von der vergangenen Nacht auf der Zunge, ansonsten fühlte ich mich fit. Butzi saß neben mir, hinter uns Martina, die hübsche Büroangestellte, und weiteres Personal.

Wenn ich nachts das Personal vom Laden abholte, war es keine Seltenheit, von der Polizei kontrolliert zu werden. Oft war es immer dieselbe Schicht, die sich diese Schikane ausdachte.

Die Straße war an diesem Sonntagabend naß und schwer befahrbar. Die Sicht ließ zu wünschen übrig.

Kurz vor dem „Nothing", unserem ersten Anlaufpunkt, die Straße war breit und zweispurig, sah ich urplötzlich einen Schatten über die Fahrbahn huschen. Gerade noch rechtzeitig zog ich den Wagen zur Mittelspur auf die Straßenbahnschienen und wieder zurück, um ihn mit einer Vollbremsung zum Stehen zu bringen.

Dieser Schatten, so stellte sich später heraus, war ein kleiner türkischer Junge, der wohl in diesem Moment einen wachen Schutzengel besaß. Anders war es bei mir. Hinter uns fuhr eine Dame mit einem nagelneuen Ford Fiesta. Sie konnte nicht rechtzeitig reagieren und rutschte auf den nassen Schienen direkt in unseren VW-Bus. Ein lauter Knall, wir saßen wie versteinert.

Neben uns stand auf einem Parkplatz ein Streifenwagen. Die Besatzung hatte genau beobachtet, was passiert war. Als sie ausstiegen, sah ich, daß es dieselbe Mannschaft war, welche mir nachts so oft das Leben schwer machen wollte. Als hätten sie gewußt, was ich die letzte Nacht getrieben hatte, kam einer von ihnen direkt auf mich zu und ließ mich in einen Alkoholtester blasen.

Den Polizisten war ihr Triumph deutlich anzusehen. Es war Restalkohol in meinem Blut nachweisbar, und ich bekam später eine sehr empfindliche Strafe. Sie war für diese Umstände besonders hoch, weil mir der Schock des Kindes und die Unaufmerksamkeit der Lady zur Last gelegt wurden. Ist Alkohol mit im Spiel, hat man sogar das Versagen der anderen zu verantworten. Eine denkwürdige Situation.

Da ich meinen Führerschein nicht bei mir hatte, fuhr ich noch bis er eingezogen wurde, und das war genau an meinem kommenden Geburtstag, etwa vier Monate nach diesem Vorfall. Erst eineinhalb Jahre später konnte ich ihn wieder beantragen, nicht ohne vorher einen sogenannten Idiotentest zu bestehen. Die ganze Sache kostete viel Geld, nicht abzusehen der Schaden, der durch mangelnde Beweglichkeit entstanden war.

Das war aber nicht mein größtes Problem, es war immer noch das „Flophouse“. Es war nichts zu machen, mit jedem Tag erhöhte sich die Summe der unbezahlten Rechnungen.

Für den Ausbau der darüber liegenden Wohnungen hatten wir zwar einen kleinen Zuschuß von dem Automatenaufsteller bekommen, aber das war ein Witz im Verhältnis zu dem, was wir tatsächlich, inklusive der unzähligen zusätzlichen Stunden, investierten. Ich war tief frustriert und gab mir die Schuld an dem Versagen. Heute weiß ich nur zu genau, daß wir als Mittel zum Zweck gedient hatten; damals sah ich das noch anders.

Ich traute mich kaum noch in das „Why Not“ hinter den Tresen, trotzdem fiel mir ein großer Stein vom Herzen, als die Entscheidung fiel, das „Flophouse“ endlich zu schließen.

Es ging sogar so weit, daß ich keinen Spaß mehr an meiner Arbeit im „Why Not“ empfand. Oft kam ich zu spät, meistens nur mit Widerwillen.

****

Plötzlich tauchte Kurt bei mir auf, so als wäre er von einer höheren Macht geschickt worden. Sein Auftreten erregte allgemeines Aufsehen. Immer gut frisierte Löwenmähne und mit gutem Schmuck ausgestattet, betrat er die Bühne, nicht ohne sich den Haß einiger Türken aufzuladen. Er hatte etwas, was einen sofort in seinen Bann zog. Nicht immer war sein Erscheinen von einem guten Gefühl begleitet. War man in seiner Nähe, fühlte oder spürte man ständig etwas Unbehagen, durch seine Augen machte er dieses Gefühl manchmal wieder gut. Diese Augen waren gerade bei manchen anderen Zuhältern sehr gehaßt. Kam jemand in seinen Blickwinkel, war derjenige zum Teil machtlos. Es war ungefähr so, als wenn er sein Gegenüber hypnotisierte.

Besonders gefährdet waren Frauen in seiner Nähe. War er nicht anwesend, wurde er wegen seines Auftretens gehaßt; war er anwesend, reichte ein tiefer Blick in die Augen dieser Dame und sie schmolz förmlich dahin.

Kurt suchte meine Nähe, weil er so von niemandem belästigt wurde; aber es war noch etwas ganz anderes, was uns zusammenbrachte. Es schien, als bekämen wir einen Auftrag, um neue Erfahrungen zu sammeln.

Mich faszinierte diese Welt mit den selbstbewußten und starken Frauen aus dem Milieu, aber daß dies nicht meine Welt war, bekam ich immer wieder zu spüren. Möglichkeiten und Angebote gab es im Überfluß. Ich gehörte nicht zu der Sorte, die über ihre Gefühle hinwegsehen können, und das war gut so. In Notsituationen wurde der Kontakt zu der Szene später immer so etwas wie die letzte Möglichkeit, nicht wegen des Geldes, sondern wegen einer gewissen Sensibilität, die man in diesem Gewerbe benötigt. Trotzdem bezeichnete ich mich nie als Zuhälter, und ich war auch nie einer. Es war dieses Flair, das mich magisch anzog.

Warum ich diesen Schritt tun mußte, lag auf der Hand. Die Zeiten veränderten sich, jeder Deutsche aus der sogenannten Unterwelt kämpfte um das letzte bißchen Terrain, um seinen Platz zu sichern. Ein ungerechter, harter und fast sinnloser Kampf.

****

Die Entscheidungen einiger Politiker und Staatsanwälte waren haarsträubend und in keinem Fall sinnvoll. In den kommenden Jahren eskalierte die Situation. Es fing damit an, daß die Düsseldorfer Szene langsam und sicher von den Staatsanwälten ausgeschaltet wurde; danach kamen die Hamburger an die Reihe. Alles, was deutschstämmigen Ursprungs war, sah sich plötzlich den Attacken der Gerichte ausgesetzt. Überall, wo deutsche Gruppen ausgeschaltet wurden, machten sich andere Nationalitäten breit. Das war den Verantwortlichen egal, sie wollten gezielt diese Wege gehen und hatten Erfolg. Die Folgen für das Milieu und die Szene waren katastrophal. Die Düsseldorfer verloren ihren großen Einfluß auf Ibiza. Wie die Hamburger verzweifelt um ihr Überleben kämpfen mußten, sah man an der Affäre um Pinzner, die NUTELLA-Bande und die GMBH, die bekanntlich in ein Inferno mündete, zahlreiche Todesopfer forderte und schließlich mit einem Blutbad in einem Gerichtsgebäude ihr Ende fand.

Alle anderen lachten sich ins Fäustchen und übernahmen die freien Plätze schneller als man denken konnte. Der Kiez und die Szene bekamen ein zeitweise fast unausstehliches Flair. Überall machten sich Verzweifelung und ohnmächtige Wut breit.

Sicherlich war auch eine hinterlistige, kaum zu lokalisierende Angst zum Teil mit die Ursache für diese kaum nachvollziehbaren Schritte. Diese Angst wurde geschürt von den Amerikanern und den Libyern und ihren Drohungen sowie den ausgeführten militärischen Auseinandersetzungen. Auch die atomare Bedrohung lag noch spürbar in der Luft, der Kalte Krieg forderte seinen Tribut.

Oberst Ghaddafi stach besonders durch sein Erscheinungsbild hervor. Er gab sich als moderner Freiheitskämpfer, und seine Kleidung paßte gut zu den Einzelstücken, die wir auf der Reeperbahn kaufen konnten.

Die größte Angst kam aber zusätzlich von einem völlig neuen Begriff: „Aids".

Noch nahm kaum jemand diese Katastrophe so richtig wahr, aber man konnte diese Angst spürbar fühlen.

Heute weiß ich nur zu gut, warum gerade in dieser Zeit die Leute aus dem Milieu unsere Nähe suchten. Wir waren immer noch auf dem richtigen Weg, unsere Art und das daraus entstandene System war für viele der letzte Strohhalm. Ein Grund mehr, um weitere Schritte einzuleiten.

Wir hatten eine Basis und ein System geschaffen, um alle internationalen Interessen miteinander reibungslos zu vereinbaren.

Außenstehende nahmen von diesen Problemen so gut wie gar nichts zur Kenntnis. Wir schon, schließlich waren unsere sogenannten Antennen auf höchstmöglichem Niveau so eingestellt, daß wir jeden Zusammenhang schnell entschlüsseln konnten. Irgendwie dachten wir wohl, es könnte ewig so weitergehen.

Es war schon atemberaubend, mit welchem Enthusiasmus wir unserer Arbeit nachgingen.

****

Säckel griff manchmal zu außergewöhnlichen Maßnahmen, um ein paar Türken zu zeigen, daß eine gewisse Grenze überschritten war.

Ich erinnere mich an einen Sonntagmittag. Säckel war wieder einmal auf Tour, um seinen Schmerz zu stillen. Auf seinen letzten Stationen ging er in die türkischen Imbisse im Viertel, veranstaltete ein riesiges Theater und schmiß bei einigen sogar die Glasvitrinen kaputt. Das ganze Viertel und auch andere Stadtteile waren in Aufruhr. Säckel hatte einen Namen bei den Türken, und seine Rolle war bekannt. Die Türken fuhren wenige Stunden später Patrouille in ihren Transits, meist mit mindestens fünf Leuten besetzt, die mit Baseballschlägern ausgerüstet waren. Wir entschieden uns dafür, daß unsere Läden an diesem Sonntagabend geschlossen blieben. Da ich an dem besagten Sonntagmittag bei Säckels Aktion nicht mit anwesend war, übernahm ich unsererseits die Patrouille. Ein Kunststück, da jeder wußte, welche Rolle ich in diesem Spiel zu spielen hatte; dazu natürlich brandgefährlich.

Ich zog Kleidung an, die vorher kaum einer an mir zu sehen bekommen hatte, und machte mich auf den Weg. Meist nahmen mich die Türken erst wahr, nachdem ich mich schon eine Weile unter ihnen befand. Dann war es aber zu spät, um mich anzugreifen; schließlich hatte ich vorher genug Gelegenheiten und diese nicht einmal ansatzweise genutzt. Aus gutem Grund: Ich wollte signalisieren, daß wir gesprächsbereit waren.

****

Es soll auf keinen Fall der Eindruck entstehen, unsere türkischen Mitbürger seien besonders aufdringlich und brutal. Daß sie so reagiert haben, lag an den Freiräumen und Möglichkeiten, die ihnen überlassen wurden. Ich habe großen Respekt vor vielen Familienvätern, die ihre Arbeit ausführen, um ihren Familien ein Überleben zu ermöglichen.

Diejenigen, die sich auf unserer Seite breit machten, gehörten zum größten Teil zu den sogenannten Outlaws oder Außenseitern mit eigenen Regeln. Ich denke, so wurden Bürgerkriege finanziert. Das, was viele dieser Leute an Drogengeldern einnahmen, kam immer irgendwelchen Untergrundorganisationen zugute. Für die sogenannten Kämpfer dieser Gruppierungen eine Art Legitimierung ihres Handeln. Aber sie bauten auch wichtige Brücken, um international ein Gleichgewicht herzustellen. Unsere Politiker schnitten sich etwas von diesem Kuchen ab und duldeten diese Gesinnungen. Heute ist bekannt, daß einige von ihnen diese Unternehmen sogar bewußt und gezielt steuerten.

In der Regel flossen diese Gelder spätestens wieder durch Waffenkäufe in den Kreiskauf zurück. An der Universität wurden Zahlungen in Form von Spenden aufgedeckt, die ihren Ursprung in solchen Gruppierungen hatten. Diese wurden von der Öffentlichkeit nicht wahrgenommen, obwohl sie offen dargelegt wurden, und alles verlief wie das sogenannte Hornberger Schießen.

Inzwischen spürte man sogar die Machtlosigkeit der Polizei aufgrund der Entscheidungen der Politiker. Das Polizeisystem kam erheblich ins Wanken. Die aufgestaute Aggression durch die Machtlosigkeit wurde zusätzlich an denen ausgelassen, die ein leichteres Fressen boten. Dazu kam das Spiel mit der Angst.

Ein Bürger mit nicht deutschstämmiger Herkunft war wesentlich gewaltbereiter als ein Bürger, der in diesem Land geboren war. Logisch nachvollziehbar, denn hier herrschten seit dem Ende des Zweiten Weltkrieges andere Verhältnisse als in den Ländern der sogenannten ritten Welt.

****

Der nächste Tag nach Säckels Aufruhr in den türkischen Imbissen wurde von uns mit großer Anspannung erwartet. Daß eine Auseinandersetzung stattfinden würde, stand völlig außer Frage. Wir entschieden uns dafür, unsere Läden und das Bistro im Why Not sowie die Disco erst um 20.00 Uhr zu öffnen. Wenige Minuten nach der Öffnung kamen dann auch die Vollstrecker. Säckel und ich wurden sofort voneinander abgeschirmt, so daß keiner von uns sehen konnte, was mit dem anderen passierte. Wir waren dieser Situation völlig ausgeliefert und behielten die Nerven. Die Angreifer waren verblüfft. Sie hatten wohl erwartet, wir hätten unsere Mannschaft verstärkt und in Kampfbereitschaft gebracht. Claus meisterte die Situation mit Bravour. Die Gruppe zog aufgeregt wieder ab, nicht ohne vorher noch den Billardtisch aufzuschlitzen.

Viele Leute hatten keine Chance, wenn sie einem von uns alleine gegenüberstanden. Was sie oft stark machte, war unter anderem die Gewissheit, eine ganze Horde hinter sich zu haben. Manchmal strapazierten sie unsere Nerven bis kurz vor dem Zerreißen. Sie traten einzeln auf, immer mit der Gewißheit, eine starke Rückendeckung zu haben. Manchmal schmissen sie mit Gläsern oder Aschenbechern. Hätten wir nur einmal richtig durchgegriffen, sie wären mit einer ganzen Horde wiedergekommen. Und genau das war der Punkt. Es war schwierig, sich als Kämpfer neutral zu verhalten, wenn man diese Machtlosigkeit am eigenen Leib zu spüren bekam. Säckels Vorstoß war so etwas wie ein Spiegel der Verhaltensweise derjenigen, die solche Vorstöße mit Vorliebe unternahmen. Beachtenswert aus dem Grund, weil wir außer uns keine weitere Rückendeckung brauchten. Wir besaßen das Rückgrat, Paroli zu bieten, argwöhnisch beobachtet von anderen, deren Vorliebe es war, sich aus allen Konflikten herauszuhalten, sich aber anmaßten, sich verbal zu jeder Sache zu äußern.

Und noch ein wichtiger Aspekt gesellte sich zu diesen Tatsachen. Mit jeder Auseinandersetzung und jedem gelösten Konflikt wurden wichtige Weichen für die Zukunft gestellt.

****

Kurt hatte sich ein kleines Bistro, nur zwei Kilometer entfernt vom „Why Not", angeschafft. Stolz präsentierte er mir diesen Laden, und ich muß zugeben, er hatte gute Arbeit geleistet.

Ständig war Kurt in meiner Nähe. Er erkannte schnell meine Verzweiflung und nutzte die Gelegenheit. Das „Flophouse" hatten wir inzwischen geschlossen. Das hieß auch, daß ich erst einmal wieder etwas mehr Zeit hatte. Sogar dienstags konnte ich teilweise den Ruhetag genießen.

Kurt zeigte mir seine Welt. Er nahm mich mit nach Düsseldorf und stellte mich der Szene vor. Eine tolle Mannschaft, diese Düsseldorfer. Ich sah alte Meister, die mit Schmuck handelten, und spürte auf Anhieb, daß sich alle nach dem gleichen Ehrenkodex richteten. Das gefiel mir. Bei uns schien es so, als wenn Säckel und ich sowie ein paar der Häuptlinge die einzigen waren, die nach diesen Regeln spielten. Jetzt sah ich, daß wir auf dem richtigen Weg waren, und ich war vorerst begeistert.

Kurt köderte mich mit immer neuen Eskapaden, unter anderem gab er mir eine Edelstahl-Rolex. Ich war überrascht, als er diese kurze Zeit später zurückverlangte und mir dafür eine Cartier-Uhr gab. Wie sich später herausstellte, war die Cartier ein Blender, also eine Fälschung.

Kurt hatte zu dieser Zeit zwei Frauen, mit denen er zusammen war. Eine bildhübsche, mit langen, lockigen, braunen Haaren, die ihr bis über den Hintern reichten, und eine Blondine, die in einem Apartment arbeitete. Die Langhaarige hatte einen Platz in einer „Playboy"-Ausgabe, sie arbeitete in der Bordellstraße. Es war kein Wunder, daß sogar Kurt bis über beide Ohren in sie verliebt war, aber Liebe wird in seinem Gewerbe selten honoriert.

Die Blonde kannte Kurt eine Weile länger. Mit ihr hatte er sich in die Zuhälterszene eingearbeitet. Sie war ständig eifersüchtig und sehr zickig. Wenn sie in unsere Nähe kam, gab es ständig Theater. Ich hatte oft das Gefühl, daß sie mich nicht ausstehen konnte.

Auf eine Art nervte Kurt, jedoch verstand er es immer wieder, sich brillant in Szene zu setzen. Wenn er auf mich zukam und lächelte, war alles, was vorher passiert war, wie vom Erdboden verschluckt. Also, auch ich war seinen Blicken nicht gefeit.

.... Endlich konnte ich mir ein Fahrrad besorgen. Ohne Fahrrad würde die Genesung bestimmt viel länger in Anspruch nehmen. Ich habe schon drei kleine Touren unternommen. Nur mit dem Anhalten und Absteigen funktioniert es noch nicht. Ich passe auf, daß ich Ampeln bei Grün erwische (im Zeitlupentempo), um nicht anhalten zu müssen. In meinem linken Bein ist immer noch kaum Gefühl vorhanden. Beim Gehen muß ich höllisch acht geben, daß ich mit dem Bein nicht umknicke, deshalb ziehe ich es etwas hinterher. Ein Umknicken hätte die Folge, daß mir die Bänder reißen könnten oder ich mir sogar den Fuß brechen könnte. Die Gangschaltung an diesem Rad ist hochkarätig, so kann ich kleine, kaum merkbare Steigungen mit Leichtigkeit bewältigen. Nach jeder kleinsten Tour liege ich wieder tagelang im Bett. Ich komme einfach nicht mit den Medikamenten klar. Immer wieder muß ich nachdenken über die letzten Monate. Immer noch quält mich die Frage, warum die Leute mich nicht ernst genommen haben. Fast täglich nehme ich weiter ab. Essen und Trinken ist einfach nicht drin.

Oder ist es die Unsicherheit der Leute, die mich das vermuten läßt? Ich finde keine Erklärung.

Meine Krankheit gehört wohl mit zu den hinterlistigsten, die es gibt. Noch nicht einmal ich selber habe die Veränderungen an mir gespürt, bzw. erst als es schon viel zu spät war. Dabei kannte ich die Auswirkungen noch von meinem Vater; hatte er nicht unter der gleichen Verständnislosigkeit gelitten? Aber ich habe mich intuitiv richtig verhalten.

Natürlich habe ich meine Mitmenschen und mich darauf vorbereitet, aber wenn einem äußerlich nichts fehlt, ist man in den

Augen der anderen wohl gesund. Schon vor acht Jahren, damals arbeitete ich für Finanzdienstleister in den neuen Bundesländern, begann dieses Leiden ohne äußerlich sichtbare Auswirkungen. Ich veränderte mich langsam in meiner Persönlichkeit, ich wurde zunehmend aggressiver. Ohne daß ich es selbst richtig bemerkte, schien es, als hätte meine Seele den Körper verlassen und entfernte sich immer weiter. Ganz langsam und das so viele Jahre lang. Damals gab ich die Schuld den Umständen, unter denen wir arbeiten und leben mußten. Heute bin ich eines Besseren belehrt.

Erschwert wurde mein Spürsinn durch die Folgen des Unfalls vor sechs Jahren. Seit diesem Unfall nehme ich das Morphin, um meine Schmerzen erträglich zu machen. Der Kern dieses Schmerzes liegt genau über dem befallenen Organ. Eine Meisterleistung, die ich in den vergangenen anderthalb Jahren bewältigt habe. Vor allem nach und vor dem grausamen Ableben meines besten und einzigen Freundes.

Es gibt immer wieder Leute, die sich als Freunde bezeichnen. Ich denke, sie wissen gar nicht, was dieses Wort bedeutet oder gehen leichtfertig damit um, viel zu leichtfertig. Freundschaft geht bis weit über den Tod hinaus. Bei mir drücken sich fast alle vor dieser Verantwortung. Endlich habe ich Platz für neue Freundschaften, alte Anwärter gibt es fast nicht mehr; das wird mir jeden Tag aufs neue bewußt und ist auch richtig so. Meine vor mir liegende Aufgabe erfordert alle Intuition, Kraft und Erfahrung. Jede Leichtfertigkeit kann diese schwere Aufgabe ins Straucheln bringen. Oberflächliche Menschen kann ich um mich herum nicht gebrauchen und schon gar nicht mehr ertragen. Wer sich in den kommenden Jahren nicht selbst findet, der wird unweigerlich untergehen müssen ....

Ringo, ein alter Kämpfer und Dachdecker aus dem gleichen Holz wie Bär, war oft bei mir zu Gast im Why Not. Ein herzensguter, aber furchteinflößender, kleiner, muskulöser Kerl mit einem Dschingis-Khan-Bart. Im Laufe der Jahre habe ich nicht einmal erlebt, daß Ringo handgreiflich geworden ist. Wir mochten uns gerne, wohl auch weil wir spürten, daß wir aus dem gleichen Holz geschnitten waren. Ringo hatte ein so großes Herz, daß er es sogar schaffte, seine Braut vom Straßenstrich und damit vom Heroin zu befreien. Eine achtungsvolle und hervorragende

Leistung. In den kommenden Jahren waren wir, jedesmal wenn wir uns wiedersahen, hocherfreut.

Ringo berichtete mir oft von einem neuen Film, der in aller Munde war: „Rocky" mit einem gewissen Sylvester Stallone. Mir sagte der Name überhaupt nichts.

Erst als Kurt auch öfter über diesen Film sprach, wurde ich neugierig. Kurt hatte in seiner Kneipe einen Fernseher und einen Videorecorder. Kurt wußte auch um Rosis Bemühungen, wieder mit mir zusammenzukommen, und so arrangierte er, daß wir uns an einem Sonntagmorgen in seiner Kneipe, dem Joker, diesen Film anschauten.

Die Rolle einer starken Bindung zu einer Frau ging mir nicht mehr aus dem Kopf. Ich überlegte auch, daß keine Partnerschaft ohne Problembewältigung realisierbar ist, und so kamen Rosi und ich wieder zusammen. Ein Schritt, den ich vorher niemals im Leben gewagt hätte. Jetzt war ich wohl toleranter, vor allem aber hatte ich gedacht, daß der Schmerz über den Verlust von Heide niemals enden würde. Ich mußte auf jeden Fall einen Kompromiß eingehen, wenn ich nicht alleine bleiben wollte, und Rosi war hart im Nehmen und die beste Alternative.

In der folgenden Zeit hatten wir sehr viel Spaß. Wir gingen nachts baden und präsentierten am Tage stolz unsere Frauen. Rosi bekam sogar zeitweise ihre Eifersucht unter Kontrolle. Sie hatte kein Problem mit dem Umgang von Kurt und seinen Frauen. Sagte oder dachte jemand, sie hätte mit diesem Gewerbe zu tun oder daß sie anschaffen ging, wurde sie zur Bestie, und es konnte passieren, daß sie mit Aschenbechern schmiß. Rosi bestand oder besteht rücksichtslos darauf, mit diesem Beruf nicht in Verbindung gebracht zu werden, und das aus gutem Grund. Trotzdem akzeptierte sie die Arbeit dieser Frauen und auch die der Zuhälter und wurde auch in deren Kreisen akzeptiert.

Als Teenagerin war sie die Freundin eines Zuhälters und konnte sich in letzter Sekunde abwenden. Sie hatte versucht, in einer Bar zu arbeiten, und gemerkt, daß sie für diesen Job nicht geeignet war. Bevor sie den ersten Kontakt zu einem Gast bekommen konnte, verließ sie fluchtartig die Räumlichkeiten. Der Schock saß so tief, daß sie einen großen inneren Abstand zu diesem Gewerbe aufbaute, und so sollte es auch bleiben.

Es war ein schöner und abenteuerlicher Sommer mit weitreichenden Folgen.

****

Es begann mit einer Fahrt nach Hamburg. Kurt hatte wohl Mist gebaut und sollte antreten, um die Lage zu erläutern. Dieses Mal sollte er bei der GMBH (eine über die Grenzen bekannte Gruppierung von Zuhältern) vorstellig werden. Uns lockte er mit dem Versprechen, nach Amsterdam zu fahren, und wir begleiteten ihn. In Hamburg angekommen, spürte ich, daß etwas nicht in Ordnung war, vor allem als Kurt mir einen Trip aufdrängte. Wir saßen in einem Café auf dem Kiez, plötzlich gesellten sich vier scheunentorgroße, blendend aussehende Kerle an unseren Tisch und nahmen Kurt ins Gebet. Sie erkannten sofort meine Rolle in diesem Spiel. Anstatt aggressiv zu werden, gaben sie mir eindeutig und locker zu verstehen, daß es nicht um Ärger ging. Mir war völlig klar, würde ich mich in dieses Gespräch einmischen, hätte ich von vornherein schlechte Karten, sehr schlechte. Ich beobachtete genau jede Bewegung und war erleichtert, als die Männer aufstanden und mit einem freundlichen Spruch das Café verließen. Einer von ihnen verabschiedete sich von mir mit einem Satz, der mir immer wieder in Erinnerung kommt: >Hab keine Furcht, deine Zeit wird noch kommen.<

Nach dieser Begegnung wuchsen mein Respekt und meine Achtung vor diesen Jungs. Das Bild der Allgemeinheit über dieses Milieu mußte wohl eindeutig neu definiert werden. Es zählte damals auch in diesen Kreisen so etwas wie ein Ehrenkodex, und das noch viel ausgeprägter und mit weiter reichenden Folgen als in jedem anderen Gewerbe. Paßte nur ein kleiner Baustein nicht in das fast unlösbare Puzzle dieser Jungs, verloren sie alles, wirklich ALLES.

Durch diese gestandenen Jungs spürte ich auch, daß sie Frauen nicht als Tiere, sondern, wenn es sich gebührte, auch als Kämpferinnen betrachteten. Sie nutzten das Milieu, um ihre Sinne deutlich zu schärfen. Die Gefahr, die damit verbunden war, nahmen sie billigend in Kauf. Ihnen war bewußt, auf welche Risiken sie sich einließen, und die Größe ihres Auftrages überstieg bei weitem dieses Risiko. Wir waren also wieder einmal nicht alleine, das linderte meinen Schmerz über den Verlust des „Flophouse".

Vielleicht mußte der nächste Schritt ja doch getan werden?

Eine Woche darauf fuhr Kurt mit mir zu einer Bekannten. Diese Bekannte wohnte in einem Bungalow kurz hinter der Stadtgrenze und schien großen Einfluß zu besitzen. Auch hier hatte sich mein Name schon herumgesprochen, und die Bekannte fragte mich nach bestimmten Hintergründen aus. Besonders neugierig war sie über mein Verhältnis zu den Besitzern des Why Not. Sie war sichtlich aufgebracht über die Behandlung, die uns von unseren Chefs widerfuhr, und begann erbost zu debattieren. Ich konnte es nicht glauben, was ich zu hören bekam. Unsere Chefs hatten inzwischen eine nicht mehr zu bremsende Größe erreicht. Wie ich bestätigt bekam, auch durch unsere Arbeit. Die Angst vor unserer Macht war so groß, daß sie uns an der kurzen Leine hielten. War das also der Grund, weshalb wir nur Ruinen von ihnen zum Auf- und Ausbau bekamen? Als Beweis dieser These telefonierte sie mit dem Getränkelieferanten und ließ uns zuhören.

Dieser war überfreundlich zu ihr. Auf die Frage, ob er für einen guten Bekannten von ihr etwas zu bieten hätte, zögerte er keine Sekunde. Sofort, ohne zu überlegen, bot er eine noble Gastronomie in der Innenstadt an; er fragte nicht einmal nach weiteren Referenzen.

Für mich brach eine Welt zusammen. Hatte ich nicht genau DAS vorher vermutet? Ich wußte, daß Claus mir das nicht abnehmen würde, trotzdem startete ich den Versuch, es ihm zu erklären. Leider ohne Erfolg. Claus fing sogar an, mich zu verhöhnen, wenn ich unser Gespräch in diese Richtung lenkte.

Innerlich wurde ich von Tag zu Tag verzweifelter, so stark, daß es ein paar wichtigen Leuten auffiel.

Claus war mehr und mehr eingenommen von der Idee, die Disco in der Innenstadt aufzubauen, und das nicht ganz ohne Grund.

****

Inzwischen hatten wir einen neuen Gegner, einen neuen Ordnungsamtsleiter. Dieser Herr befand, um seinen Ruf zu verbessern, daß die gesamte Drogenszene nicht in das Steintor gehörte, und machte uns dafür verantwortlich. Im gleichen Atemzug dachte er über eine Verlagerung der Szene in das Bahnhofsviertel nach. Ein totaler Unsinn, aber der Druck wuchs fast täglich. Es war eine Idee, die zu dieser Zeit zum Scheitern verurteilt war, aber ich denke, auch unsere Bosse fanden Gefallen an dieser Vorstellung. Sollte dieser Schritt vollzogen werden, hieß das, noch nie dagewesene, ja für Claus und mich sogar fast unvorstellbare Schritte wagen zu müssen.

Jeder sollte glauben, Claus und ich hätten uns getrennt; aber wie sollte ich das anstellen?

****

Zuerst einmal benötigte ich ein paar Eingeweihte. Zu ihnen gehörte auch der Dicke aus der Motorradkiste. Der Dicke wich seit Heides Tod kaum noch von meiner Seite.

Im Why Not freute sich jeder, wenn er sein Geld auf den Kopf haute. An guten Abenden verzehrte er so mal eben bis zu vier Flaschen Gin.

Wenn er betrunken war, konnte ich ihn nicht ausstehen. Ständig versuchte er, einen Keil zwischen Claus und mich zu treiben, fast so, als wenn er eifersüchtig auf diese Freundschaft wäre. Trotz allem war es oft lustig und sehr interessant in seiner Nähe.

Ich erinnere mich noch genau an die Nacht, in der er nur mit einem Helm, Jeans, T-Shirt und einem Nierengurt bekleidet, auf einem Motorrad nach Hamburg düste. Es war eine Wette mit einem Hamburger Mädchen, was ihn zu dieser Wahnsinnsfahrt motiviert hatte. Jetzt denkt ihr, was daran so schlimm war? Es war Winter, und auf dem Thermometer bewegte sich die Anzeige um den Minusbereich. Das Mädchen saß natürlich auf dem Sozius, um die Einlösung der Wette zu kontrollieren. Ich denke mal, sie hat sich köstlich amüsiert.

Ich gab anderen wichtigen und bestimmten Personen durch meine veränderte Verhaltensweise zu verstehen, daß ein Wechsel bevorstand, und es funktionierte.

Sogar Ismet, der sich schon eine Weile nicht mehr blicken lassen hatte, tauchte plötzlich wieder auf. Ismet kannte mich noch aus der Zeit als Kanusportler und Dentalkaufmann. An seinen Zeichen erkannte ich, daß mein Anliegen durchaus ernst genommen wurde. Ich denke, viele wußten, daß nur ganz neue Wege uns aus dieser Lage befreien konnten; der Lauf der Dinge gab ihnen recht.

Die alten Kämpfer spürten, daß etwas in der Luft lag, manche wandten sich resigniert von dem Geschehen ab.

****

Inzwischen hatte Lollo schon wiederholt Freigang bekommen. Ich fürchtete den Tag seines ersten Besuches. Ich machte mir Gedanken, wie er in dieser völlig veränderten Welt klarkommen würde. Meine Angst bestätigte sich, kaum daß Lollo angekommen war. Ich spürte sofort seine Orientierungslosigkeit. Hilflos war er diesen neuen Eindrücken ausgeliefert, und nach kurzer Zeit drehte er durch. Er schoß wie eine Flipperkugel durch die Menge, kaum noch ansprechbar und völlig verstört. Wie sollte ich ihm helfen? Kaum hatte ich ihn zu fassen, wendete er sich ab. Was erwartete er von uns? Es war schön, ihn wieder unter uns zu haben. Warum genoß er dieses Feeling nicht, setzte sich ruhig in eine Ecke und checkte die Umgebung, um die Veränderungen zu registrieren?

Ich konnte seinen Gedanken nicht folgen und war froh, wenn Lollo mit heiler Haut wieder aus diesem Hexenkessel herausfand.

Gott sei Dank kamen Annette und Lollo sich etwas näher. Nichts gab es, was ich mir mehr für ihn wünschte, als daß er seinen Platz und seine Ruhe finden würde. Bei Annette, so schien es, hatte er seinen Platz erst einmal gefunden. Aber würde er auch zur Ruhe kommen? Bei seinen nächsten Freigängen erlebten wir ihn etwas entspannter, wenn er sich mal blicken ließ, und das war sehr selten. Irgend etwas brannte ihm schwer auf der Seele.

****

Im „Why Not" wurde die Atmosphäre immer angespannter. Wir, die Leute, die Bescheid wußten, arbeiteten konzentriert an den Vorbereitungen für den Wechsel und an meinem Ausstieg. Eine Unmenge an kleinen Dingen war zu berücksichtigen. Wir mußten die Background-Organisation des Bistros so umfunktionieren, daß unser System trotzdem weiterfunktionierte und ein anderer meinen Platz einnehmen konnte, ohne daß er weiteren Gefahren ausgesetzt wurde.

Nach einem gefährlichen Test, einem sogenannten Tanz auf einer Rasierklinge, mit zufriedenstellendem Ausgang war der Weg frei.

Backi konnte meinen Platz übernehmen, allerdings hatte er nur noch die Verpflichtung, für Umsatz zu sorgen. Keiner konnte mehr Schaden anrichten. Ein beruhigendes Gefühl. Für alles schien nun gesorgt.

Am Tag X wollte ich mit Kurt erst einmal für ein halbes Jahr nach Düsseldorf verschwinden, sehr zum Leidwesen von Rosi. Ihre Eifersucht brach wieder durch, und ich hatte ein zusätzliches Problem zu bewältigen.

Ein Zurück gab es für mich nicht mehr, nicht nach all dem, was vorgefallen war. Meine Wut über einen unserer Bosse (den Getränkelieferanten) wuchs ins Uferlose. Ich mußte aufpassen, daß diese Wut nicht in Haß umschlug. Diese Erniedrigung wollte ich nicht auf uns sitzen lassen. Die Vorstellung, daß er gedacht hatte, wir würden ein sauberes Projekt nicht ausführen können, machte mich fast wahnsinnig. So also war seine Meinung über uns? Er wußte genau, welche Vorgeschichte ich besaß; das schlimmste aber war, daß er einen großen Teil seines Rufes und seiner Macht über das Why Not bezog, obwohl wir es waren, die diese Leistung vollbrachten. Sein Zutun bestand lediglich in der

Administration und dem Kassieren.

Seine Vorstellungskraft reichte nicht aus, um das tägliche Geschehen und die damit verbundene Gefahr abzuschätzen.

Alles war gut abgestimmt, und an alles war gedacht. Nur Rosis Eifersucht war unkontrollierbar.

In der Nacht, in der ich Claus meine Schlüssel übergeben wollte, machte Rosi eine turbulente und in ihren Folgen schmerzhafte Szene. So heftig, daß es einen schrecklichen Streit vor meinem Tresen gab. In diesem Wortgefecht fiel auch das Wort Abreise. Yogi, der damalige Mitbegründer des SEK und MEK unserer Stadt, bekam ein paar Fetzen mit und schaltete sofort.

****

Claus war verblüfft und wie vor den Kopf gestoßen. Unsere Vorarbeit war so perfekt, daß sogar er nichts mitbekommen hatte. Oder spielte er das Spiel einfach nur mit? Er tat jedenfalls überrascht. Ich gab ihm noch zu verstehen, daß ich mit dem weiteren Lauf der Dinge nicht einverstanden sei. Zusätzlich erwähnte ich noch einmal den Vorfall mit dem Getränkelieferanten, aber Claus wollte immer noch nichts davon wissen. Als Zeichen meiner Freundschaft packte ich meine Ladenschlüssel in ein graviertes Glas.

Er wußte genau, daß mir an diesem Glas etwas ganz Besonderes lag, trotzdem zerschmiß er es in einem späteren Wutanfall.

Nun schien das Spiel perfekt und war an seinem Höhepunkt angelangt. Ich drehte mich um, ging in die Wohnung und erwartete am nächsten Morgen meine Abreise. Aber nichts tat sich.

Es war schon früher Nachmittag, da erschien Rosi mit einem triumphierenden Lächeln, um mir mitzuteilen, daß Kurt auf einem Autobahnzubringer verhaftet worden war.

15. Kapitel – Der Untergang einer Ära

Da stand ich nun, mit einer eifersüchtigen aber glücklichen Frau, einem Drahtzieher, der im Gefängnis saß, und ohne weitere Möglichkeiten. Meine Kündigung ließ sich nicht mehr revidieren. Zwar kam der Getränkelieferant, um mir ein Angebot zu unterbreiten, aber seine Überredungskunst ließ zu wünschen übrig. Hätte er sich rechtzeitig um so ein Gespräch bemüht, es hätte sicherlich Früchte getragen. Nun war der Zug abgefahren.

Claus konnte sich ein breites Grinsen nicht verkneifen, aber er begriff immer noch nicht, warum alles so passieren mußte. Seine Auftritte im Viertel zeigten mir, daß er tief in seinem Glauben erschüttert war. Ich konnte und wollte darauf noch nicht näher eingehen, zu viel stand auf dem Spiel. Wie sich herausstellte, war das auch richtig so. Auch die letzten Zweifler glaubten an unsere Trennung, und Claus bekam einen schweren Stand.

Es war sicherlich nicht einfach für ihn, ohne Vertrauensperson weiterzuarbeiten. Manche Leute nutzten diese Gelegenheit und hängten sich an seinen Rockzipfel, um böses Blut zu schüren. Diese Zeit wurde eine harte Bewährungsprobe für unsere Freundschaft.

Mit dem Tag der Bewilligung meines Arbeitslosengeldes wuchs meine Enttäuschung. Vorher hatte ich immer genug Geld zur Verfügung, nun sollte ich mit einem Drittel meiner monatlichen Bezüge über die Runden kommen. Eine gewisse Parallele zu meiner vorherigen Tätigkeit als Dentalkaufmann war nicht von der Hand zu weisen.

Ich wußte, daß der Getränkelieferant dafür seine Quittung bekommen würde, aber lange nicht so empfindlich wie sein Vorgänger, mein Chef aus der Dentalbranche. Der mußte, zwei Jahre nach unserer Auseinandersetzung, sein Geschäft an seinen Prokuristen abgeben. Übrigens: Alle Leute, mit denen ich ähnliche Auseinandersetzungen hatte, schienen irgendwie vom Schicksal bestraft zu werden. So war es auch bei dem Funktionär aus dem Kanuverein; er wurde schwerer Alkoholiker und verlor alles. Ich denke, für alle Beteiligten waren es immer wieder harte Bewährungsproben, wenn ein Fehler im System auftauchte.

Ein zusätzlicher Beweis dafür, daß jeder für sein Tun und Handeln selbst verantwortlich ist.

****

Die ersten Tage wohnten wir noch über dem „Why Not". Ich wollte mir die Schrauben aus meinem Bein entfernen lassen, was sich als äußerst schwierig darstellte. Fast zehn Jahre waren sie feste Bestandteile des Beines, die Enden waren mit einer dicken Knorpelschicht überzogen. Ein Chirurg, der diese Schrauben ambulant entfernen wollte, mußte sich nach zwei Stunden geschlagen geben. Ein paar Monate später versuchte ich es in einem Krankenhaus, dieses Mal ohne weitere Probleme. Bei dem ambulanten Versuch wurde die Knochenhaut so schwer gereizt, daß ich einige Tage damit zu tun hatte.

Rosi entschied sich dafür, daß wir vorübergehend zu ihrer Mutter zogen. Ihre Mutter lebte unter einfachen, bescheidenen Verhältnissen mit Kohleofen und Waschküche. Eine sehr liebenswerte Frau, die ich liebevoll mit Mutti anredete.

****

Die erste Begegnung mit Rosis Mutter hatte ich knapp ein Jahr zuvor. Ich vergesse nie, wie sie damals in ihrem Wohnzimmer, umgeben von Häkelsachen und Souvenirs, in ihrem Sessel saß, ihre Katze auf der Schulter. Ihre Hornbrille gab ihr ein strenges, ein zum Fürchten aussehendes Ambiente. Wie sich dann herausstellte, vollkommen unbegründet. Sie hatte genug Leid hinter sich, alleine durch ihre erste Ehe mit Rosis Vater. Ihr zweiter Mann verstarb im besten Alter, nach einem Herzinfarkt. Damals verschwand zudem noch ihre Tochter von zu Hause und ließ sie mit ihrem Schmerz allein. Trotzdem nahm sie Rosi immer wieder auf, jetzt sogar mit mir im Gepäck.

Wir bezogen ein kleines Zimmer ohne Heizung. Das einzige, was wir unterbringen konnten, waren eine Matratze und eine alte

Kommode für unsere Anziehsachen. Der Winter stand vor der Tür, und es wurde bitterkalt. Morgens mußten wir schnell den Ofen anheizen, damit die Feuchtigkeit der letzten Nacht aus den Gliedern kam.

So verbrachte ich meine Tage nach den aufregenden Jahren zuvor. Um Arbeit brauchte ich mich nicht zu bemühen; ich wußte ja, welche Aufgabe ich als nächstes übernehmen würde.

Kaum waren wir bei ihrer Mutter, veränderte sich Rosi. Aus ihrer anfänglichen Eifersucht wurde Trotz. Sie arbeitete in einer Diskothek in der Innenstadt und war ständig unterwegs. Das Geld, das sie verdiente, gab sie oft am gleichen Tag wieder aus; meist kam sie erst am Nachmittag zurück in die Wohnung. Ich war frustriert. Was hatte ich dieser Frau getan?

Der Dicke lenkte mich ab, so gut er konnte, und auch Tanju kümmerte sich etwas um mich. Sicher auch, weil seine Freundin, sie arbeitete mit Rosi in derselben Diskothek, ähnliche Allüren wie Rosi an den Tag legte.

Wehrte ich mich gegen diese Attacken dadurch, daß ich Schluß machte und mit irgendeinem Mädchen eine Affäre begann, drehte sich spontan ihr Verhalten und sie wurde wieder zahm. Immer eine paradoxe Situation. Rosi schaffte es immer wieder, mich auf ihre Seite zu ziehen. Was mich in dieser Zeit sehr stark zu ihr hinzog, war die Art und Weise, wenn wir uns wieder vertrugen. Eine schönere Versöhnung konnte es nicht geben, ja ich wurde sogar etwas süchtig nach diesem Gefühl.

So weit es ging, half ich Mutti etwas bei der Hausarbeit. Ich entdeckte sogar meine Leidenschaft fürs Kochen. Die letzten Jahre, die vielen Kämpfe und der tägliche Kampf ums Überleben hatten deutliche Spuren an Körper und Seele hinterlassen. Zahlreiche Narben an Kopf und Händen zeugten von harten Auseinandersetzungen.

Ich habe das sagenhafte Glück, daß viele der Narben kaum sichtbar sind. Zu den Verletzungen zählten bis dahin auch fünf Nasenbeinbrüche. Die Nase mußte erst nach dem sechsten Bruch, den ich mir später bei einem Sparring zuzog, operiert werden. Nicht weil sie krumm oder platt gewesen wäre, sondern weil ich keine Luft mehr durch die Nase bekam. Richtig sichtbar krumm wurde sie nicht, weil ich nach jedem Bruch sofort auf eine Toilette lief und sie mit einem nassen Tuch geraderückte.

Meine Zähne bereiteten mir wieder Probleme. Die fünf Brücken waren ständig entzündet und verursachten Höllenschmerzen. Mein Zahnarzt gab sich alle Mühe, um zu retten, was zu retten war. Es folgten ein paar Wurzelspitzenresektionen, aber ohne den gewünschten Erfolg. Es half alles nichts, die Brücken mußten herunter. Wir entschieden uns für eine Radikalkur, in der fast alle Zähne entfernt wurden. Das war immer noch besser als ständige Schmerzen und die häufigen Besuche beim Zahnarzt. Schnell fühlte ich mich besser und gewöhnte mich an die neuen Prothesen. Am Anfang sehr ungewohnt, vor allem beim Küssen, aber das war wohl mein geringstes Problem. Mein Selbstbewusstsein war stark genug, um mit dieser Situation locker umzugehen.

Ich mied, so oft es ging, den Kontakt mit den Kneipen. Schließlich hatte ich die von mir selber gestaltete Legende am Leben zu erhalten.

****

Es wurde so, wie ich es vermutet hatte. Tanju und der Dicke unterrichteten mich ab und zu über den Verlauf der Bauarbeiten an der Diskothek in der Innenstadt. Claus hatte sich in ein Faß ohne Boden verliebt. Es ging los mit Auflagen der Behörden. Neue Parkplätze sollten dazugekauft werden, die Toiletten mußten um ein Vielfaches erweitert werden. Bis zu diesem Punkt noch ein allgemein übliches Verfahren.

Bei Regen stand das Gebäude unter Wasser, die Grundmauern mußten abgedichtet werden. Immerhin die Grundmauern eines zwölf Stockwerke großen Hochhauses. Zuschüsse bekam Claus keine, nur günstigere Darlehen. Die gesamte Aktion des Umbaues kostete fast eine Dreiviertelmillion. Die Parkplätze, obwohl nie welche gestellt wurden, verschlangen einen Teil, der Baustrom eine höhere fünfstellige Summe. Für die Abfuhr des Schutts gebrauchte Claus weit mehr als 30 Container. Eine beachtliche zusätzliche Leistung, neben dem täglichen 16 – 18 Stunden Streß. Es sah so aus, als ob Claus eine unbändige Kraft zur Verfügung stehen würde. Diese Leistungen in so kurzer Zeit und nach all den vorherigen Torturen verdienten ehrfurchtsvollen Respekt.

Wir befinden uns im Winter 83/84, immerhin hatten wir nun sechs Jahre diesen Streß ertragen und zeitweise wie die Tiere gearbeitet. Meist ohne Ruhe- oder Feiertage, immer 12 - 18 Stunden am Tag. Auch wenn wir bis dahin keinen finanziellen Nutzen gezogen hatten, so waren wir trotz allem stolz auf unsere Arbeit. Alleine unser Zusammenhalt belohnte diese, schließlich besaßen wir das wertvollste Gut, das es auf Erden gibt. Eine Freundschaft, die einmalig gewesen ist. Es schien, daß jeder bereit war, für den anderen sein Leben zu lassen, ohne nur mit der Wimper zu zucken.

Jetzt stand diese Freundschaft unter der, bis dahin, härtesten Zerreißprobe. Meinen Teil der Freundschaft stellte ich keine Sekunde in Frage. Claus schon, wie er mir später berichtete.

Über Ismet wurde Claus, als er immer noch herummaulte, etwas zurechtgestutzt. Ismet brauchte ich nicht einmal einzuweihen; er wußte wie ich dachte und funktionierte. Er zollte mir Respekt, so wie ich ihm.

Die Disco wurde eröffnet und bekam den Namen „Twen Club". So wie viele unserer Läden ein Name aus der Bremer Gastronomie der sechziger Jahre. Der „Twen Club" in den sechziger Jahren soll eine der ersten Diskotheken in Deutschland gewesen sein. Früher war dieser Laden schon mittags geöffnet. Als Dreizehnjähriger schlich ich mich ein paarmal hinein, unter uns Jugendlichen war das so etwas wie eine Mutprobe. Der damalige Discjockey hieß „Art" und war eine lebende Legende. Als junger Mann wurde er im Korea-Krieg stark verwundet, danach war er als Soldat in Deutschland stationiert. So kam es, daß er in den sechziger Jahren als Discjockey in unsere Stadt kam. „Art" war bekannt für seine Späße und vor allem für seine unvorstellbar große Zunge. Leider hatte sich noch keiner die Mühe gemacht, ihn ausfindig zu machen. So wurde der neue „Twen Club" schnell zur Farce.

Noch war meine Zeit nicht gekommen, in das Geschehen einzugreifen. Weil Claus mich sehr stark gekränkt hatte, blieb ich stur und beobachtete den Lauf der Dinge. Dazu kam, würde ich mich an diesem Punkt schon einmischen, wäre das ganze Vorspiel umsonst gewesen.

Es war sinnvoller, sich erst einmal nach einer Wohnung umzuschauen. Schon eine der ersten Wohnungen, die ich besichtigte, war richtig, nur wenige Minuten vom neuen Laden entfernt. Ich zog dort ein, Rosi kam nur mit Widerwillen mit. Nur wenige Tage nach dem Umzug verschwand sie wieder und bat mich um eine Bedenkzeit. Ich war überrascht. Bedenkzeit wofür? Diese Frau konnte mich bis an die Grenze des Wahnsinns treiben. Egal was ich tat, alles war falsch. Ich dachte nur, wenn ich den neuen Laden übernehme, würde sie wieder zurückkommen.

In der kommenden Zeit lief ich ihr, sogar mehrmals, hinterher. Ich hätte fast jede Frau bekommen können, aber sie hatte sich inzwischen in meinem Kopf festgenagelt und war nicht mehr wegzudenken.

Eines war sonnenklar, Rosi hatte etwas ganz Besonderes an sich. Durch die Liste der Vorfahren in den letzten Generationen bekam dieses Besondere zusätzlich eine fast mystische Bedeutung. Ihre Großmutter mußte ihren Adelstitel im Zweiten Weltkrieg verkaufen, ihr Vater kam aus Schlesien, ihr Onkel ist Spanier und auch zu den Zigeunern hatte sie eine enge Beziehung. All dieses in einer Person vereint, ergibt als Resultat diese Frau.

Schwierige Situationen meisterte Rosi mit Bravour. Nicht nur, weil sie es wollte, sie legte es sogar regelrecht darauf an. Sie hatte eine unbändige Angst, unsere Beziehung aufs Spiel zu setzen, und tat doch genau das immer wieder.

Als dann Fiddi die Regie im „Twen Club" übernahm, wurde es Zeit einzugreifen. Der Laden war an seinem Nullpunkt angelangt. Die Umsätze deckten nicht einmal die Personalkosten. Ich nahm Verbindung zu Fiddi auf und übernahm drei Schichten pro Woche als Aushilfe. Ich übernahm einen Tresen, und der Umsatz stieg von Schicht zu Schicht. Schnell wurden andere aufmerksam und kamen mit den verrücktesten Ideen, um etwas zu ändern.

Das etwas verändert werden mußte, war vollkommen klar; der Stil dieses Ladens paßte nicht in diese Umgebung, aber solange ich eine kontinuierliche Steigerung in den Umsätzen verzeichnete, konnte eine Änderung des Konzeptes noch warten.

Auch die Polizei wurde aufmerksam. Sie konterte mit einer Razzia und stellte merkwürdigerweise die Auflage an Claus, mich als Geschäftsführer einzusetzen. Damit hatte nicht einmal ich gerechnet.

Im ersten Moment war ich etwas konfus und wußte nicht so recht, wie ich mit dieser Situation fertig werden sollte. Erst als Claus diesen Schritt bewilligte, fühlte ich mich etwas besser, ja ich wurde sogar etwas stolz. Ich hatte recht mit meiner Vorgehensweise, die Entbehrungen der letzten Monate trugen ihre ersten Früchte.

Von nun an mußte ich mich erst recht von der Szene fernhalten, was mir natürlich schwer fiel. Mir fehlte unser Feeling, vor allem aber die Nähe zu meinem Freund. Trotz des anfänglichen Erfolges kam mir die Arbeit im „Twen Club" so vor wie die in einer Strafkolonie.

****

Marvin, ein kleiner farbiger Afrikaner, der als Innenstadt-Discjockey einen merkwürdigen Ruf besaß, ging mir nicht mehr von der Seite. Ständig kam er mit neuen Ideen, wovon einige durchaus akzeptabel waren. Wenn Marvin in meiner Nähe war, spürte ich ständig etwas Unbehagen. Dadurch, daß Claus ihn ohne mein Zutun als Discjockey engagiert hatte, gewann dieses Unbehagen ständig an Größe. Claus war immer noch beleidigt und wollte mir dadurch die Arbeit nicht zu leicht werden lassen, so hatte es den Anschein. Er wußte genau, wie er mich ärgern konnte, und nutzte die Gelegenheit.

Marvin erwies sich als der Mensch, den ich in ihm sah. Ständig kamen von ihm neue Intrigen. Ich machte gute Miene zum bösen Spiel und versuchte mich so loyal wie nur möglich zu verhalten.

Marvin hatte nicht Unrecht mit seiner Behauptung, daß grundsätzlich etwas verändert werden mußte. Mit seiner Musik veränderte sich das Publikum in eine mir bis dahin völlig unbekannte Richtung. Schon sehr bald wurde der Laden umgebaut und zusätzliches Personal eingestellt. Jetzt hieß er nicht mehr „Twen Club", sondern „La Tropicana", und so sah er auch aus. Es wurden eine Cocktail-Bar installiert, die Wände und Decken mit Palmblättern dekoriert, die großen Säulen an der Tanzfläche mit getönten Spiegeln verziert, und auch die Gemälde an den Wänden paßten in diese Atmosphäre. Die großen Tresen erhielten eine neue, marmorfarbene Beschichtung, und auch der lange Treppeneingang wurde dieser Atmosphäre angeglichen.

Rosis Mutter übernahm die Pflege dieses großen Ladens. Nach kurzer Zeit wurde sie von den anderen akzeptiert und von ihnen ebenfalls liebevoll „Mutti" gerufen. Auch Molly baute sich anfänglich in diesen Laden ein. Später mußte sie mit zu Mutti, das Gedrängel in dem Laden ließ ihre Anwesenheit nicht mehr zu. Der Hauptgrund aber war, daß Molly älter wurde. Ich wollte, daß sie nicht mehr diesem Streß ausgesetzt war. Molly akzeptierte meine Entscheidung keinesfalls. Wenn sie mit Mutti spazieren ging, kniff sie ständig aus, um dann schwanzwedelnd bei mir im Laden aufzutauchen.

****

Der Laden brummte. Stellenweise gab es richtige Umsatzkämpfe mit dem Why Not, die wir oft für uns verbuchen konnten. Im Eiltempo versuchten wir, die Belastungen aus der vorherigen Zeit abzubauen, was uns auch zum großen Teil gelang.

Rosi kam zurück, störte aber schon bald wieder mit Eifersuchtsszenen. Claus wurde überheblich, was ihm keiner verdenken konnte. Wie stark waren seine Anspannungen und wie hoch seine Risikobereitschaft, um diesen Punkt erreichen zu können? Welche Entbehrungen mußten wir bis dahin schon auf uns nehmen? Endlich sahen wir Licht am Horizont. Sollten sich unsere Träume doch noch verwirklichen?

Ich nahm einen Kredit auf, und wir eröffneten ein weiteres Tag- und Nachtspeiselokal, nur einen Steinwurf vom „Why Not" entfernt.

Wie im „Why Not", so hatte ich auch im „La Tropicana" mindestens einen Vertrauten. Es war Hassan, ein etwas über 40 Jahre junger Tunesier, der viele Jahre seines Lebens in Marseille verbracht hatte. Hassan war durch die Liebe zu einer Frau in unsere Stadt verschlagen worden, sein wohl größter Schicksalsschlag in seinem mit Abenteuern beladenen Leben. Er war bewundernswert, seinen Stolz konnte ihm keiner nehmen. Wenn er in meiner Nähe war, fühlte ich mich sicher. Hassan hatte die Aura eines Marseiller Ganoven aus den alten Schwarzweiß-Filmen. Groß gewachsen, kurze schwarze Haare, kantiges Gesicht und Hakennase. Das, was er aber an Verbindungen zu seinen alten Freunden mitgebracht hatte, war grandios. Nur wenn es tatsächlich um Leben oder Tod ging, griff er ein und verhinderte das Allerschlimmste. Er war tatsächlich ein Mann der ganz alten Schule.

Er schien der richtige Mann für das neue Speiselokal in der Nähe des „Why Not" und der Bordellstraße zu sein, und so kam es, daß er für kurze Zeit als Koch für uns arbeitete. Wann es ihm möglich war, hielt er sich im „La Tropicana" auf. Die Tage, an denen er nicht anwesend war, hinterließen manchmal einen spürbaren Eindruck. Wir hatten eine richtig schöne Zeit, trotz all des Ärgers, der auf uns zurollte.

****

Es begann, wie ich es vorher schon vermutet hatte, mit Marvin und seinen Intrigen. Wenn er Musik machte, konnten wir oft die Uhr danach stellen und Wetten abschließen, wann der nächste Ärger begann. Die Leute waren oft so angeheizt, daß ihnen schlicht nichts anderes übrig blieb als ihren Frust zu entladen. Im Prinzip war dagegen nichts einzuwenden, wenn sie es mit Tanzen getan hätten. Meist aber gab es wilde Szenen und Prügeleien. War der Laden fünf Minuten zuvor noch randvoll, so war mit einer Prügelei das ganze Feeling gestorben, so daß wir danach oft alleine standen und von vorne beginnen mußten.

Mit Marvin kamen auch Essa und Carmen. Beide waren wie Marvin Farbige, mit dem Unterschied, daß sie Marvins Handeln oft scharf verurteilten.

Wenn Essa als DJ arbeitete, strahlte er sprichwörtlich die Ruhe von Uncle Ben aus, und die Welt war in Ordnung.

Essa ging nach Beendigung seines Studiums und nach einer gefährlichen Auseinandersetzung der Türken mit den Afrikanern im „La Tropicana" zurück in sein Heimatland. Ein paar Jahre später hatte er dort einen Ministerposten angenommen. Ich erkannte seine unverwechselbare Stimme in einem Radio-Interview. Seine Freundin bestätigte mir diese Vermutung. Ein tolles Gefühl, mit so einem Mann gearbeitet zu haben.

Carmen war eine bildhübsche, stolze Frau mit einer unglaublich schönen Figur. Ihre Erscheinung verglich ich oft mit dem einer Gazelle.

Mit diesen dreien und Mutti begann der Neuaufbau, und der Personalbedarf steigerte sich auf bis zu 18 Mitarbeiter pro Woche. Alleine die Zahl der Discjockeys betrug zeitweise fünf Mann pro Woche. Wir wollten aus diesem Laden alles herausholen, alles, was eben möglich war.

Von Beginn an war an Schlaf wieder einmal kaum zu denken. Extrem wurde es, als der Laden dann um 13.00 Uhr für die Jugendlichen geöffnete wurde. Ab 20.00 Uhr wurde etwas umgebaut, die Jugendlichen mußten die Räumlichkeiten verlassen, um den Erwachsenen Platz zu machen. Ab fünf Uhr morgens besuchte uns das Personal aus der Gastronomie oder dem Nachtleben.

Häufig konnte ich erst zwischen 10.00 und 11.00 Uhr vormittags den Laden abschließen. Genug Zeit für Mutti, ihre Arbeit zu verrichten. Ich schlief dann für drei oder vier Stunden im Büro. Meist im Sitzen, so daß ich automatisch wach wurde, wenn meine Beine eingeschlafen waren. Nach einiger Zeit half auch das nicht mehr, und ich ließ mir andere Tricks einfallen.

Am besten funktionierte das Schlafen und Aufwachen auf dem Billardtisch. Nach spätestens drei Stunden wurde die Schieferplatte so kalt, daß ich automatisch wieder durch mein Zittern wach wurde.

Den fehlenden Schlaf ergänzte ich durch Ruhephasen in meinem Büro, einem umgebauten Kühlraum in der hinteren Ecke des Ladens. Nicht, daß ich dort zur Ruhe kam; es reichte aber, um die Füße hochzulegen und die Augen für ein paar Sekunden zu schließen, ständig die Geräusche im Laden unter Beobachtung.

****

„Art", der legendäre Discjockey aus den 60er Jahren, tauchte auf, als ob er geschickt wurden wäre. Na ja, natürlich hatte ich ihn auch gesucht. Er übernahm die Tagesschicht für die Teenies. Ich war heilfroh über sein Erscheinen, er brachte viel Ruhe und Ausgewogenheit in das Geschehen. Leider bekam er Probleme mit seiner alten Kriegsverletzung. Ich konnte ihm später nicht so helfen, wie ich es mir gewünscht hätte.

****

Unsere Gäste bestanden eine Zeitlang zum großen Teil aus amerikanischen Soldaten, Afrikanern und Seeleuten.

Auch kuwaitische Offiziere gehörten zu den Stammgästen. Die kuwaitischen Offiziere warfen mit ihren großen Geldscheinen manchmal nur so um sich. Wenn ich den x-ten Tausender nicht wechseln konnte, passierte es schon mal, daß ich ein müdes Lächeln dieser Leute, manchmal begleitet von einer gehörigen Portion an Hohn und Spott, erntete.

Die Türken hatten diesen Laden noch nicht für sich entdeckt, aber es gab immer wieder Vorstöße aus ihren Reihen. Waren zu viele von ihnen anwesend, dann sank die Stimmung fast bis zum Gefrierpunkt. Es war nur eine Frage der Zeit, wann sie diesen Laden vollständig in Beschlag nehmen würden, und ich hoffte inständig, daß dies kaum merklich geschehen würde. Eben so, wie es sich für eine gewaltlose Integration gehört. Bis zu diesem Punkt wehrten wir sie geschickt, auch durch Türsteher, ab. Ein Tropfen auf einem heißen Stein. Immer wieder kam es an der Tür und auch im Laden zu heftigen Auseinandersetzungen.

Meine Strategie sah vor, daß der Laden erst richtig angenommen werden sollte, um dann so nach und nach das richtige Bild abzugeben. Ich wußte um die Angst der Gäste, und es war ratsam, sehr behutsam vorzugehen. Schließlich sollte dieser Laden langfristige Erfolge erzielen. Was mit der Drogenpolitik des Ordnungsamtsleiters und seinen obskuren Ideen zu tun hatte, ging mich vorerst nichts an. Es war ein Plan, der im Sande verlaufen mußte, schließlich hatten doch die Drogenbosse das Zepter in der Hand. Den Politikern blieb nichts anderes übrig, als sich einen Sündenbock zu suchen, was sie dann später auch taten.

****

Von nun an überschlugen sich wieder einmal die Ereignisse. Viele unserer amerikanischen Gäste waren Soldaten mit Kriegserfahrung aus einer nahegelegenen Basis. Wenn Ärger in der Luft lag, sah ich das meist an der Formierung der Veteranen. Wenn sie anwesend waren, vermittelten sie mir ein unglaubliches Gefühl an Sicherheit. Wenn es dann zu einer Auseinandersetzung kam, hatte ich keine Angst, sondern ein Gefühl, welches mir vermittelte, Hauptdarsteller in einem Film zu sein. Ich mochte diese Leute und freundete mich mit einigen an. Besonders faszinierten mich ein paar der farbigen Amis. Wenn sie die Tanzfläche belegten, lief eine ganz besondere Show ab; es war schon tänzerische Akrobatik, die wir geboten bekamen.

Insgesamt war alles noch im Rahmen und vor allem überschaubar und erträglich.

Für die Geschehen, die im Folgenden passierten, bekam ich die noch offenen Antworten teilweise erst zehn Jahre später.

Es begann an meinem Geburtstag. Nach Feierabend zog ich mit Fritz, dem Orthopädiemechaniker, um die Häuser. Wir landeten in einem Bistro neben dem Theater und nur 200 m entfernt vom Gerichtsgebäude. Marvin hatte mich vorher gewarnt. Der Besitzer, so Marvin, würde uns anfeinden und aufs übelste beschimpfen. Ich maß diesen Sprüchen keine Bedeutung zu. Zum Besitzer hatte ich noch nie persönlichen Kontakt gehabt; ich wußte nur, daß er in den frühen siebziger Jahren eine Rolle in der Szene gespielt haben soll. Da ich ihn nie angefeindet hatte, sah ich auch keine Veranlassung, warum er mich angreifen sollte.

Sein Bistro war bekannt, weil sich dort viele Herrschaften vom Gericht aufhielten. Nun war es schon wieder Sonntagmorgen. Fritz und ich waren gut drauf und sichtlich angeheitert. Gerade wollten wir noch einen Cognac bestellen, da verwies uns der Kellner des Hauses. Ich war geschockt, bat den Kellner um eine Erklärung und verlangte den Besitzer zu sprechen. Der Kellner wurde aggressiv, so als hätte er aus irgendeinem Grund Angst vor mir. Als ich eindringlich darauf pochte, den Besitzer zu sprechen, drehte er durch und verlor die Nerven. Ich bekam einen Schlag auf den Mund und schmeckte sofort mein Blut auf den Lippen. Blitzschnell stand ich auf, packte den Kellner am Hals und setze ihn in einen Teller Schwarzwälder Kirschtorte am Nebentisch, danach setzte ich mich wieder zu Fritz an unseren Tisch. An den anderen Tischen saßen zum Teil ältere Bürger, welche ihren Spaziergang für einen Kaffee unterbrochen hatten. Es war Sommer und, wie oft an meinem Geburtstag, auch dieses Mal einer der schönsten Sonnentage im Jahr, und es gab keinen Grund für mich, die Auseinandersetzung weiter eskalieren zu lassen.

Nur wenige Augenblicke später kam ein Streifenwagen. Ich gab den Polizisten sofort zu verstehen, daß ich freiwillig folgen würde. Trotzdem wurden die Beamten aggressiv und legten mir Handschellen an. Demonstrativ führten sie mich in den Streifenwagen, dort erst hörten sie sich meine Version der Geschichte an. Es war übrigens das einzige Mal, daß mir Handschellen angelegt wurden und ich so abgeführt wurde.

Am Montag suchte ich sofort unseren Doc auf, um mir die verletzten Lippen ärztlich attestieren zu lassen. Doc berichtete mir von einem anderen Patienten, der sich kurz zuvor ein Attest von ihm hatte ausstellen lassen. Später erfuhr ich, daß es sich bei diesen Patienten um den Kellner handelte.

Vor Gericht hatte ich schlechte Karten, die Richter hörten sich nicht einmal meine Version des Geschehens an. Sogar mein Attest wurde nicht anerkannt. Die Version des Gerichts war eine vollkommen andere wie die meinige. Ich bekam eine empfindliche Geldstrafe.

Ich fühlte mich betrogen und vor allem im Recht und legte Berufung gegen dieses Urteil ein, ohne Erfolg. Der zuständige

Richter drohte mir vor Eröffnung des Verfahrens mit drei Jahren Gefängnis ohne Bewährung, wenn ich die Berufung nicht zurücknehmen würde. Mein Anwalt riet mir, dies zu tun; ihm seien angeblich die Hände gebunden bei so viel Gegenwind. Auf meine Frage, warum, bekam ich die Antwort: „Sie waren fast sieben Jahre im Why Not tätig, so können wir Sie nicht auf die Menschheit loslassen."

Dieses Urteil veränderte mein Leben. Sicherlich nicht immer zu meinem Vorteil. Daran, daß ich mich verteidigen mußte, dachte wohl keiner, oder es war ihnen völlig egal. Seit diesem Urteil hatte ich so etwas wie eine innerliche Blockade. Bei jeder Auseinandersetzung zog ich mich zurück, so lange bis ich mein eigenes Blut spürte, erst dann konnte ich mich verteidigen. Eine Katastrophe, besonders weil meine Gegner immer den ersten Zug machen konnten. Bis dahin war meine Schnelligkeit und Reaktion dafür verantwortlich, daß ich die zahllosen Angriffe überstehen konnte. Ausgesucht hatte ich mir das nicht. Es passierte eben, und Claus und ich waren wohl für diese Geschichte bestimmt oder, besser gesagt, so etwas wie Auserwählte. Natürlich mußte ich mich aus diesem Kreis lösen. Wie sollte das aber bei meinem Auftrag in dieser Zeit gelingen, ohne das ich mich zur Wehr setzten durfte? Um Probleme gewaltfrei lösen zu können, braucht man in dieser Lage eine ausreichende psychische Kraft und ausreichend Erfahrung und Reife, und nicht immer reichte diese aus, um sein Gesicht zu wahren.

Daß Jahre später diese Geschichte noch auf eine ganz andere Art auf mich nachwirken sollte, unterstrich meine Position.

****

Der Dicke hatte im mittleren sechsstelligen Bereich in seinen Motorradladen investiert. Noch während des Umbaus entschied sich die Straßenbahngesellschaft für eine Erneuerung der Gleise vor seinem Laden. Aus den geplanten sechs Monaten Bauzeit wurden anderthalb Jahre. Der Dicke stand kurz vor dem Durchdrehen. Seine Kunden kamen nicht mehr an die Werkstatt heran, und der Dicke saß nach kurzer Zeit nur noch alleine da. Es war schon beachtlich, wie lange er diese Schmach erdulden konnte. Es kam, wie es kommen mußte, und zwar heftiger, als wir es vermuten konnten. Der Dicke rief mich an und bat, schon fast weinerlich, um mein Erscheinen. Ich war im La Tropicana, und normalerweise verließ ich es selten während der Öffnungszeiten. An seiner Stimme erkannte ich die Ernsthaftigkeit seines Anliegens und begab mich auf den Weg.

Der Dicke hatte einen bildhübschen Rottweiler-Dobermann-Mischling zur Pflege, aber es konnte auch ein brandgefährliches Tier sein. Dieser Hund hatte eine Odyssee hinter sich. Sein Frauchen wurde von ihrem Mann mit einem Schraubenzieher erstochen, vor den Augen des Hundes. Nun war dieser fünfjährige Mischling seit einiger Zeit bei dem verrückten Dicken.

Kaum war ich angekommen, nahm das Schicksal seinen Lauf. Der Dicke war am Ende seiner Belastbarkeit angelangt und drehte völlig ab. Er schmiß mit Ersatzteilen um sich, so daß der Laden so nach und nach zu Bruch ging. Ich ließ ihn gewähren und verhielt mich zurückhaltend, um das Faß nicht vollends zum Überlaufen zu bringen.

Es war schon ein Kunststück, den umherfliegenden Zylinderköpfen auszuweichen. Um ihn etwas zu beruhigen, lachte ich jedes Mal verstohlen, wenn er meinen Kopf verfehlte. Ich dachte, damit könnte ich ihn etwas besänftigen. Wenn es für mich nach einiger Zeit zu gefährlich wurde, stand ich auf und drohte ihm massiv. Für kurze Zeit beruhigte er sich wieder, um dann von vorne zu beginnen. Das ging eine Zeitlang gut, dann sah er einen Streifenwagen an der Baustelle vor der Tür vorbeifahren. Der Dicke besaß ein Luftgewehr und einen umgebauten kleinkalibrigen Revolver, mit dem er die Ratten im Keller jagte. Mit dem Gewehrkolben zerschlug er die große Scheibe seiner Ladenfront, mit dem Revolver legte er auf die Polizisten an.

Der Streifenwagen begab sich sofort in Sicherheit und wartete auf Verstärkung. Das war eine Möglichkeit, noch aus diesem Hexenkessel zu entkommen. Zudem bestand der Dicke eindringlich darauf, daß ich verschwinde. Es war nun nicht mehr möglich, das, was kommen sollte, zu unterbinden.

Ich schnappte mir den völlig verstörten Hund und schlich mich aus dem Laden. In der Richtung, wo die Streifenwagenbesatzung mich nicht sehen konnte. Mein erstes Gefühl sagte mir, daß ich den Dicken wohl das letzte Mal zu sehen bekommen hatte.

Ich sollte mich gründlich getäuscht haben.

Mir blieb nichts anderes übrig, als den nächsten Tag abzuwarten. Auf dem Weg zurück von dem Dicken hörte ich schon, welchen Aufruhr es geben würde. Die ganze Gegend wurde vom MEK abgeriegelt, und zähe Verhandlungen nahmen ihren Lauf. Erst ein persönliches Gespräch mit dem Einsatzleiter zwang ihn zur Aufgabe. Wie er mir später berichtete, nach einer Friedenspfeife.

Am Morgen verkündeten die Titelseiten der Boulevardpresse: „Wildwest in Hastedt".

Der Dicke war am nächsten Tag wieder auf freiem Fuß. Er hatte seine Zelle in Brand gesetzt. Die Polizei hatte keine Lust mehr auf sein Theater und überließ ihn seiner Freundin. Er hat sich nie wieder von dieser Geschichte erholt.

Es kann ihm keiner nachsagen, er hätte nicht um seinen Laden gekämpft!

****

Ich bekam etwas Angst um Molly, denn der Hund des Dicken war gefährlich und durch seine Vorgeschichte unberechenbar. Sein Name war „Buck", und meine Angst erwies sich zunächst als unbegründet. Molly war eine Lady und Buck ein Rüde. Molly stellte schnell klar, daß sie die Herrin im Hause war, und Buck fügte sich sofort, ohne Widerspruch. Molly gab ihm von ihrem großen Rindsknochen etwas ab, um ihn in unserem Kreise willkommen zu heißen.

Buck war noch ein paar Wochen unser Begleiter. Meine anfänglichen Befürchtungen bestätigten sich letztlich. Wenn ich schlafen ging und Buck lag neben mir, beschlich ich eine seltsame Angst. Meine Betten befanden sich oft auf Fußbodenhöhe. Wenn ich auf dem Rücken schlief und der Rüde groß neben mir aufragte, hatte ich nicht selten ein mulmiges Gefühl.

„Buck" war noch bei ein paar Auseinandersetzungen mit dabei.

Eines Morgens, wir hatten gerade Streß mit einem Zuhälter,

sprang Buck dazwischen, direkt in meine Faust. Er war so erschrocken, daß er sich eine Zeitlang verkroch. Ich wollte ihn beruhigen und machte mich mit Fritz auf einen langen Spaziergang zum „Flamingo", unserer Speisegaststätte. „Buck" verkroch sich unter dem Tisch. Fritz kannte ihn schon als Welpen und ging auf ihn zu. Blitzschnell, so daß man es kaum sehen konnte, zerfleischte er die Hände von Fritz. Als ich Buck beruhigen wollte, tat er das gleiche mit mir. Danach drehten wir völlig durch. Die Gäste flüchteten auf den Tresen und auf die Fensterbänke. Mir blieb nichts anderes übrig, als ein Messer aus der Küche zu holen, um dann auf ihn loszugehen. In einer Hand das Messer, in der anderen Hand einen Barhocker. Buck schaute mir in die Augen, und ich spürte sofort, daß ich chancenlos war. Es war gut, daß Rosi anwesend war. Sie hatte eine besondere Beziehung zu dem Hund. Mutig ergriff sie das Halsband und zerrte ihn vor die Tür. Buck riß sich los und verschwand. Wir alarmierten die Polizei und ließen uns mit einem Taxi in das nächste Krankenhaus fahren. Auf dem Weg dorthin sahen wir „Buck" noch in einer Seitenstraße verschwinden, danach hörte ich nie wieder von ihm. Er hatte uns beiden, Fritz und mir, beide Hände zerfleischt.

****

Tanju bot sich an, im „La Tropicana" zu arbeiten. Es war sicherlich gut, einen Türken mit seinem Ruf an der Tür stehen zu haben, und ich mochte ihn. In dieser Zeit stellten die Afrikaner den Hauptanteil der Besucher, und auch aus diesem Grund gab es immer wieder Störungen seitens der Kurden.

****

Lollo war inzwischen seit einer ganzen Zeit wieder auf freiem Fuß. Er und Annette hatten sogar zu einer karibischen Nacht ein riesiges Buffet für uns zubereitet. Lollo verstand die Veränderungen in diesem Laden nicht. Er dachte wohl, es ginge noch nach den alten Regeln. Lollo warnte mich eindringlich; er behauptete, daß unser Laden als Kokain-Umschlagplatz mißbraucht wurde. Ich ignorierte seine Warnung, denn davon hätte ich etwas mitbekommen müssen.

Kokain gehörte bis zu diesem Tag zu den exklusiven Drogen. Nur zu besonderen Anlässen wurde diese Droge benutzt, so an Tagen wie Weihnachten oder Silvester. Sie besaß einen besonderen Stellenwert und wurde von uns mit großem Respekt behandelt. Daß diese Droge jetzt der Allgemeinheit zur Verfügung stehen würde, konnte und wollte ich zuerst nicht glauben. Da Lollo aber wußte, wovon er sprach, war erhöhte Vorsicht geboten.

Wir waren vorbereitet. Marvin legte Musik auf, und wie jedes Mal war höchste Aufmerksamkeit geboten. Eine Gruppe, ungefähr sechs Afrikaner, betrat den Laden. Gleich an der Tür begann eine heftige Auseinandersetzung mit Tanju. Ich zögerte keine Sekunde und kam ihm zu Hilfe. Wir trieben die Gruppe die Treppe aufwärts, bis vor den Laden. Tanju war kaum zu bändigen, er hatte es auf einen dieser Gruppe ganz besonders abgesehen, weil er von diesem immer wieder attackiert worden war. Vor der Tür hatte ich alle Mühe, ihn von den Farbigen fernzuhalten. Es war stockdunkel, die Gruppe der Afrikaner war in der Überzahl und durch ihre dunkle Hautfarbe kaum auszumachen. Tanju und ich standen ihnen alleine gegenüber. Ein paar Freunde von Tanju befanden sich auf der Hauptstraße, zwischen ihnen und uns gab es eine Absperrung. Tanju wurde heftig provoziert. Ich mußte Tanju immer wieder beruhigen und zusätzlich auf die Gruppe acht geben. Plötzlich sackte Tanju zusammen, er hielt die Hände vor sein Gesicht und verschwand in den Eingang. Nun stand ich alleine gegen mindestens sechs Afrikaner. Keine Chance, ich zog mich langsam zurück, runter in den Laden. In Windeseile zerbrach ich ein paar Billardstöcke, drückte sie ein paar Leuten in die Hand und lief mit diesen Leuten der Gruppe hinterher. Die Afrikaner verschwanden gerade über eine Hauptstraße in Richtung des Hauptbahnhofes. Eine wilde Verfolgungsjagd begann, welche vor der Tür der Bahnhofspolizei endete. Dort baten die Afrikaner um Schutz und bekamen ihn auch. Mit gezogener Waffe zwangen die Beamten uns zur Aufgabe, ohne uns nur die Spur einer Chance zu geben, den Sachverhalt klarzustellen.

Als wir in den Laden zurückkamen, gab es eine böse Überraschung. Ulla, die zu der Zeit mit Tanju liiert war, war wütend und aufgebracht. Ich begriff schnell, warum. Tanju war das Gesicht, vom linken Jochbein bis über die Oberlippe, aufgeschlitzt worden. Ulla wußte nicht, was passiert war, und gab mir die Schuld an diesem Unglück. Auch Tanju begriff nichts. Am nächsten Tag, ich hatte noch keine Sekunde Ruhe gefunden, war mein erster Weg der ins Krankenhaus, aber Tanju schmiß mich aus seinem Zimmer.

Ich war am Boden zerstört, hatte ich doch alles mögliche getan. Tanju beruhigte sich keinesfalls, noch Monate später warf er mir Versagen vor.

****

Im Laden hatte ich erst einmal einen Krieg zu verhindern, leider ohne Erfolg. Ich wußte zu wenig über die Hintergründe und war überfordert. Eine gnadenlose Jagd auf die Afrikaner begann. Bei dieser Jagd mußten, wie so oft, auch Unschuldige den Kopf hinhalten. Mir taten die Afrikaner aufrichtig leid, aber ich konnte und durfte nicht verhindern, daß sie aus dem Laden vertrieben wurden.

Diese Geschichte dauerte knapp zwei Wochen. Später erfuhr ich, daß der Afrikaner, um den es sich handelte, in den darauf folgenden Wochen einen Polizisten schwer verletzt hatte. Trotzdem kam er wieder auf freien Fuß. Vollkommen unverständlich und wieder eine Folge der Fehlentscheidungen von Staatsanwälten und Politikern. Man kann den Tätern kaum Schuld an ihrem Tun anlasten; bei den Freiheiten, die ihnen gewährt wurden, mußten sie denken, sich alles erlauben zu dürfen.

****

Dies alles passierte kurz nachdem ich den Laden vollständig übernommen hatte. Claus hatte zwar noch eine Bar eröffnet, aber er war verzweifelt am Kämpfen, um den Überblick zu behalten. Langsam aber sicher sah man ihm die Anstrengungen der letzten Jahre an. Seine Entscheidungen wurden immer undurchsichtiger. Claus verzettelte sich, und es gab keine andere Möglichkeit, als ihm einen großen Berg der Verbindlichkeiten abzunehmen, damit er sich etwas befreien konnte. Der Entschluß war schnell gefaßt. Ich sollte den Laden mit den noch offenen Verbindlichkeiten übernehmen.

Unsere Bosse begrüßten diese Entscheidung. Der Schuldenbetrag wurde als Kaufpreis eingesetzt, und damit war ich der Besitzer der Disco. Natürlich war Claus weiterhin mein Partner, aber das ging nur uns beide etwas an. Claus spielte seine Rolle so überzeugend, daß sogar ich dieses Mal auf ihn hereinfiel. Manchmal glaubte er selber, was er so von sich gab; war das der Fall, gab es jedes Mal einen knallharten Disput zwischen uns. Es traf mich an meiner verwundbarsten Stelle, wenn ich hörte, wie er über mich lästerte, aber es gab mir auch den nötigen Ansporn, noch besser zu werden.

****

Eine weitere bedeutende Begebenheit ereignete sich, als Rosi und ich wieder einmal getrennt waren. Völlig unerwartet bekam ich einen Anruf von einer jungen Frau, die ich zuletzt im Alter von 12 oder 13 Jahren gesehen hatte. Sie war etwas älter als ich, und damals saßen wir händchenhaltend auf einer Parkbank und probierten die ersten Küsse. Jetzt war sie eine erwachsene Frau. Sie hatte ein paar Jahre auf Ibiza gelebt und durch Heides Mutter von meinem Schicksal erfahren. Ich stand wie immer unter einem fürchterlichen Druck, ständig die Gefahr im Nacken und durch Rosis Kapriolen zusätzlich gekränkt. Ich freute mich auf ein Wiedersehen, und am nächsten Tag nach ihrem Anruf stand sie vor mir. Eine schöne Frau, welche ihre Qualitäten fein säuberlich hinter ihrem Outfit versteckte. Sie war mehr als nur sensibel und verbarg auch dies hinter einer guten Maske. Alles in allem gehörte sie zu den liebenswerten Menschen, welche ich in meinem Leben kennenlernen durfte. Es dauerte ein paar Tage, bis wir uns etwas näher kamen. Am Anfang war sie so etwas wie ein Freund für mich. Wir tummelten uns des öfteren durch die Innenstadt, um das schöne Frühsommerwetter zu genießen; dabei wunderte ich mich, daß sie wiederholt versuchte, mich zu Fall zu bringen, indem sie mir immer wieder ein Bein stellte.

Ein paar Tage später kam sie mit zu mir nach Hause und legte sich neben mich in mein Bett. Bis dahin hatten wir uns noch nicht einmal richtig berührt, und wir wollten es dabei lassen. Als sie jedoch neben mir lag, entdeckte ich einen Körper, wie ich ihn vorher selten gesehen hatte, und das sollte schon was heißen.

Auch sie wurde nervös, wir näherten uns einander und dann passierte es.

Es war wohl die kürzeste, aber eine der schönsten Begegnungen dieser Art, die ich bis dahin erlebte. Kaum waren wir vereint, explodierte alles. Wir waren so erschrocken, daß wir uns nur noch verdutzt anschauten.

Die nächsten Tage gingen mir tausend Gedanken durch den Kopf; vor allem als Rosi wieder auftauchte, war ich restlos verwirrt. Wie immer bei solchen schwierigen Situationen ließ ich das Schicksal für mich entscheiden.

Im Laden hatten wir eine Marathon-Fete ausgerichtet, das hieß drei Tage und Nächte durchgehend Tanz, beginnend mit dem Tanz in den Mai. Der vierte Tag begann. Als Geschäftsführer (der ich zu dieser Zeit noch war) konnte ich mir keine Blöße geben, deshalb stand ich die ganzen Tage ohne eine größere Pause. Gegen Abend hatte ich es geschafft; endlich konnte ich nach Hause, um mich schlafen zu legen. Diese Frau war die meiste Zeit mit anwesend, nur als ich nach Hause wollte, war sie plötzlich wie vom Erdboden verschwunden. Ich entschied mich dafür, noch eine halbe Stunde zu warten, bevor ich sanft einschlief. Würde sie kommen, war es für mich das Zeichen des Schicksals, meinen Weg mit ihr gemeinsam zu gehen; so entschied meine innere Stimme. Aber sie kam nicht. Später erzählte sie, daß sie doch noch vorbeigeschaute hatte, ich aber wohl schon eingeschlafen war.

An einem der kommenden Tage, ich war noch völlig geschafft von den vergangenen Tagen, stand sie vor mir. Sie berichtete mir, daß sie schwanger sei. Ich war konfus und sah keine Möglichkeit des Zusammenfindens. Ich fühlte mich veranlaßt, hart zu reagieren, und so stellte ich schroff meinen Standpunkt klar.

..................und schon wieder stehe ich vor einem Desaster. Kaum daß ich in der Lage bin, mich etwas zu bewegen, bekomme ich einen Rückschlag nach dem anderen. Seit meinem letzten Ausflug mit dem neuen Fahrrad liege ich wieder flach. Dabei fühlte ich mich kurz danach pudelwohl. Seit Monaten versuche ich zu analysieren, warum mein Körper auf jeden Vorstoß mit absoluter Gegenwehr reagiert. Verschiedene Faktoren versuchte ich auszuschalten, leider ohne Erfolg. Jetzt habe ich mich für einen wirklich gefährlichen Schritt entschieden. Es hilft alles nichts, aber ich muß unbedingt den totalen Zusammenfall meines Körpers verhindern. Notfalls mit Brachialgewalt, und es ist höchste Eisenbahn. Inzwischen habe ich fast 60 kg Gewicht verloren. Seit drei Tagen nehme ich keine Beruhigungsmittel mehr. Dieses Teufelzeug mußte ich nehmen, weil meine Alpträume so stark sind, daß sie schon lebensgefährlich waren. Seit meinem Unfall vor sechs Jahren konnte ich nicht mehr einschlafen, ohne daß ich Hilfsmittel benötigte. War ich eingeschlafen, hatte ich immer denselben Alptraum. Ich konnte nicht mehr atmen, um mich herum standen Leute. Ich konnte in keinem Traum irgendjemand sehen. Ich wußte nur, daß sie da waren, um mir das Leben zu nehmen. Zu der Atemnot kam immer eine Lähmung des Körpers. Ich war dieser Situation also völlig hilflos ausgeliefert. Es dauerte jedesmal endlos lange, bis ich wieder die Kontrolle über meinen Körper bekam. Meine Frau muß Höllenängste ausgestanden haben, wenn sie mich in diesem Zustand kämpfen sah. Es wurde eine Zeitlang sogar gefährlich für sie, weil ich mich versuchte zu wehren, sobald ich mich lösen konnte. Durch die Medikamente, zuerst Tavor, seit einem halben Jahr Mareen, konnte dieser Alpdruck vermindert werden. Tavor wurde auch im Blut des schleswig-holsteinischen Ministerpräsidenten Uwe Barschel nachgewiesen, nachdem er tot in der Badewanne eines Genfer Hotels aufgefunden worden war.

Seit zwei Tagen habe ich wieder diesen Alptraum, dieses Mal so stark, daß ich überhaupt nicht mehr schlafen kann. Dieses Mal ist es sogar eine Spur härter. Kann ich mich endlich wieder aus dieser Lähmung befreien, wache ich auf und lande im nächsten Alptraum. Dieser erscheint schlimmer als der grausamste Freddy-Krüger-Film. Trotzdem spüre ich, daß es mir körperlich etwas besser geht. Ich entschließe mich, durchzuhalten.................

Mit dem Abschluß des Kaufvertrages wuchsen meine Bedenken.

Irgend etwas stimmte nicht. Unsere Bosse gingen viel zu schnell auf meine Bedingungen ein. Ich war froh, Claus entlasten zu können und gleichzeitig stolzer Besitzer einer großen Diskothek zu sein. Einige Leute dachten, daß ich mir nur den Laden unter den Nagel reißen wollte.

Zur gleichen Zeit tauchte Kurt wieder auf. Ich konnte ihn bis dahin nicht einmal besuchen, ein Jahr lang saß er in Sicherheitsverwahrung; das bedeutete, er hatte keine Möglichkeit, Kontakt zu anderen aufzubauen. Er war während dieser Zeit vollständig von der Außenwelt isoliert. Ein Grund war, daß seine blonde Freundin ihn wieder einmal wegen Zuhälterei angezeigt hatte. Jetzt hatte er die Möglichkeit, sich als Freigänger Arbeit zu suchen. Ich war mißtrauisch und dachte an seine Kapriolen mit den Uhren und anderen Dingen. Als Kurt mir dann seinen alten Mercedes 350 SEL als Firmenwagen anbot, willigte ich doch ein. Kurt bekam einen Angestelltenvertrag. Wir schafften es sogar, daß er manchmal erst um fünf Uhr morgens wieder im Gefängnis erscheinen mußte.

Meinen Entschluß, ihn wieder an mich heranzulassen, sollte ich schnell bereuen. Durch die Isolationshaft hatte er so viel Energie angesammelt, daß er nun überhaupt nicht mehr zu bremsen war. An manchen Tagen schleppte er bis zu drei Frauen ab. Am Anfang fand ich das noch ganz lustig und machte sein Spiel mit. Er mietete uns sogar ein doppelstöckiges Apartment, um unserem Treiben freien Lauf zu lassen. Wie gesagt, eine kurze Zeit lang war das ganz witzig, aber ich verlor sehr schnell die Lust auf dieses Spiel. Irgendwie suchte ich immer noch nach etwas Beständigkeit, etwas, was nur zu mir gehörte und wo ich neue Kraft tanken konnte.

Die Sache mit dem Mercedes war Kurt nur recht. Ich hatte gerade meinen Idiotentest bestanden und meinen Führerschein zurückbekommen. Kurt besaß keinen Führerschein mehr, er war froh, von mir gefahren zu werden.

****

Durch den Vorfall mit den Afrikanern war der Laden wie leergefegt. Ich bekam Schwierigkeiten mit dem Abtrag. Die Fixkosten beliefen sich auf eine Summe über dem mittleren fünfstelligen Bereich.

Trotz seiner ständigen nervtötenden und aufreibenden Eskapaden war es immer faszinierend, Kurt zu begleiten. Zu seiner hypnotischen Gabe hatte er noch eine weitere Besonderheit. Egal, wieviel Geld er in die Hände bekam, es war am nächsten Tag aufgebraucht. Abends hatte er dann wieder seine Brieftasche gut gefüllt; eben ein Überlebenskünstler, und das mit Stil. Vormittags Sonnenbank, Haare waschen und fönen lassen, danach Maniküre und es konnte weitergehen. In der kurzen Zeit unserer zweiten ausgiebigen Begegnung eine äußerst hilfreiche Eskapade, besonders wenn uns der Nachschub an Spirituosen ausging. Das Rezept für diesen Weg war relativ simpel. Betrüge nie jemanden, der selber nicht betrügt.

Robin Hood hätte gesagt: Nehme von den Ausbeutern und verteile unter die Armen. Man muß bei diesem Spiel genau wissen, wo die Grenze ist, dann gibt es keine Probleme. Kurt kannte selten seine Grenzen, deshalb bekam er immer wieder Probleme mit den Behörden und seinen Mitmenschen. Es lag bei ihm klar auf der Hand, daß er die neu gewonnenen Freiheiten schnell zu seinen Gunsten mißbrauchte. Sein Freigang wurde gestrichen, und er mußte wieder einsitzen. Allerdings war es schon bewundernswert, mit welcher Intensität und Ausdauer er sein Spiel betrieb. Es schien oft, dass er neue Wege vorbereiten wollte und die Gesetze neu formulierte.

Für mich wurden die Zeiten immer härter, fast so, als wenn ein Fluch auf dem Laden lag. Einen Auftrag konnten wir noch zufriedenstellend erledigen, danach lief alles aus der Bahn.

****

Locke spürte, so wie ich, daß unser Kampf immer sinnloser wurde. Auch Claus spürte etwas, aber er konnte es überhaupt nicht einordnen. Auf unsere Warnungen reagierte er ziemlich schroff und abweisend. Locke hielt sich immer öfter bei mir auf, so als wollte er mir den fehlenden Freund ersetzen.

Ich wunderte mich an einem Abend über die Anwesenheit von verschiedenen alten Kämpfern. Wie immer an solchen Tagen war auch Locke mit von der Partie. Er kam mit Nobby, einem aus der alten Garde. Außer den beiden war auch der Türsteher einer anderen Diskothek mit Afro-Musik anwesend. Ein über zwei Meter großer, farbiger Riese mit goldenen Zähnen. Auf meine Frage, warum er bei uns war, bekam ich zur Antwort, daß er etwas relaxen wollte.

In der vorherigen Nacht hatte es eine fürchterliche Auseinandersetzung mit den kuwaitischen Offizieren in der Diskothek des Türstehers gegeben, dem „Memory". Die Offiziere waren stinksauer, weil sie innerhalb von wenigen Tagen ihre Zelte abbrechen sollten. In ihrem Land war der Ausnahmezustand ausgerufen wurden. Wir schrieben erst das Jahr 1985. Der Golfkrieg begann also weit vor 1990, die Ursprünge sicherlich weit früher. Die Offiziere hatten sich, ohne Ausnahme, große Limousinen und exklusive Häuser in unserer Stadt anfertigen lassen. Wohl so teuer, daß sogar sie empfindlich getroffen waren. In der vergangenen Nacht hatten sie ihren Frust abreagiert. Eine Diskothek namens „Maddox" in einem Vorort unserer Stadt wurde ihr Opfer, und auch die Diskothek der Farbigen, das „Memory". Dabei bekamen auch diverse Streifenwagen und Polizisten ihre Abreibung. Der farbige Türsteher brach sich bei der Auseinandersetzung einen Unterarm.

Die Kuwaitis tauchten immer in Gruppen von 5 – 10 Leuten auf, alle hervorragend ausgebildet und durchtrainiert.

Bei uns verhielten sie sich soweit friedlich, aber sie waren gereizt. Rosi erzählte mir, daß sie von einem unsittlich berührt worden war. Wer das war, das wollte sie mir nicht verraten, aber ich war vorgewarnt. Vorsichtshalber gab ich Locke Bescheid; bis zum Feierabend waren es noch zwei Stunden. Locke schien zu spüren, was vor sich ging, ebenso Nobby und die anderen.

Die Offiziere wurden immer ungehaltener. Nach dem dritten oder vierten Tausendmarkschein konnte ich nicht mehr wechseln. Als hätte ich die Schuld an ihrer Abkommandierung, fingen sie an zu spotten. Ich entschied mich dafür, rechtzeitig Feierabend zu machen, und ließ das Putzlicht anschalten. Jetzt kam Rosi auf den Plan. Mit Erleuchten der Neonröhren hob sie ihren Mittelfinger und zeigte in Richtung des Offiziers, der sie vorher belästigt hatte.

Die Offiziere haben ihre eigenen Gesetze im Umgang mit Frauen. So etwas war wohl die größte Schmach überhaupt.

Das, was jetzt kam, hatte ich noch nie erlebt, noch nicht einmal in einem Western-Film gesehen. Stellt euch einmal vor: die Kuwaitis, so gebaut, daß sie fast rechteckig, kernig aussahen, alle fast die gleiche Körpergröße. Locke war nur etwas über 160 cm groß. Nobby hatte sein Hüftgelenk gebrochen und es lag in Gips. Nur der Türsteher ragte mit seiner Erscheinung über die Offiziere, aber eben auch mit einem Unterarm in Gips.

Der Offizier, den Rosi herausgefordert hatte, war so schnell bei ihr, daß ich Mühe hatte, ihn zu bremsen. Im allerletzten Moment warf ich mich zwischen die beiden, dann waren auch schon die anderen Offiziere zur Stelle. Ich konnte nur noch die Ellenbogen vor mein Gesicht nehmen, und schon hagelte es Fäuste. Nobby, Locke und der Türsteher, sowie ein paar Begleiter von Nobby, waren, obwohl Nobby die Hüfte eingegipst hatte, sofort in dem Getümmel und schirmten mich ab. Dann ging der Zauber los. In einem vorherigen Kapitel beschrieb ich kurz, wie lang ein paar Sekunden bei so einer Auseinandersetzung sein können. Das, was im Folgenden passierte, dauerte etliche lange Minuten. Der Laden war 500 qm groß. Kein Tisch, kein Stuhl und kein Aschenbecher blieben unverschont.

Locke lag hinter dem Tresen, zwei Kuwaitis auf ihm. Aus einer Bierkiste zog er die vollen Flaschen und versuchte sich zu befreien. Wollte sich ein Mädchen in dieses Gefecht einmischen, flog es kurzerhand über eine Theke. Elke, eine Tresenkraft und Freundin von Marina, brauchte eine ganze Zeit bis sie das Telefon erreichte, um die Polizei zu alarmieren. Erst zum Ende der Auseinandersetzung hatte sie Erfolg. Nobby kämpfte wie ein Löwe, unter Einsatz seiner Krücken. Der farbige Riese schlug wie wild mit seinem gebrochenen Arm. Nobby verbot mir, mich in den Pulk zu bewegen. Ich übernahm einen Tresen und schirmte Rosi so gut es ging ab. Ich hatte bei dieser Auseinandersetzung nicht einen Schlag getätigt, und mir wurde dies auch verboten. Zum einen durch ein Gefühl, das ich in mir trug, und zusätzlich durch Norberts schroffe Anweisung, mich zurückzuhalten. Erst viele Jahre später begriff ich, daß dieser Schritt unbedingt notwendig war, um international eine Bedeutung erhalten zu können. Es wurde an der Basis für die Wege der Zukunft gearbeitet.

Hatten unsere Männer die Kuwaitis in den Eingangsbereich zurück gedrängt, dauerte es nur Sekunden, und sie formierten sich, um dann erneut anzugreifen. Es war so viel, daß wohl jeder jegliches Gefühl für Zeit und Raum verlor. Alle Offiziere waren schwer angeschlagen, trotzdem gaben sie nicht so schnell auf. Dann irgendwann nach dem dritten oder vierten Vorstoß war plötzlich Ruhe.

Da wir wußten, daß die Polizei anrücken würde, stellten wir blitzschnell die Tische und Stühle notdürftig zusammen und sammelten die ersten Scherben ein. Bei der Polizei mußte man mit allem rechnen, auch damit, daß man erst einmal grundlos festgenommen oder angezeigt wurde. Ich ging vorsichtig vor die Tür, um nach den Kuwaitis Ausschau zu halten. Was ich jetzt zu sehen bekam, war genauso unglaublich wie die vorherige Schlacht.

Von allen Seiten kam ein regelrechtes Blaulichtgewitter. Die Polizisten hatten die Abfuhr der vorherigen Nacht nicht vergessen. Elke hatte der Zentrale wohl mitgeteilt, um wen es hier ging. Es waren, so hatte es den Anschein, 30 Fahrzeuge der unterschiedlichsten Bauart, die anrückten. Leider zu spät, wir hatten die Arbeit schon erledigt. Die Offiziere hatten sich im neben liegenden Parkhaus versteckt, so schwer angeschlagen, daß sie sich widerstandslos abführen ließen. Die, bei denen es ging. Die meisten mußten notärztlich im Krankenhaus versorgt werden. Sogar bei der anschließenden Gegenüberstellung und Vernehmung waren viele noch in Behandlung; diejenigen, die es nicht so hart getroffen hatte, saßen verbunden und verstört in der Hauptwache.

Von den Polizisten erfuhren wir, daß sie in ein paar Stunden ausfliegen mußten.

Der Staat war wieder einmal der lachende Dritte. Wir konnten nur die Scherben aufsammeln.

Ich hatte noch die Hoffnung gehabt, daß unser Laden durch diesen Vorfall im Ansehen wuchs. Leider bestätigte sich diese Hoffnung nicht. Es wurde immer schwieriger, so als wenn jemand die Hand dabei im Spiel hatte. Oder war es meine Intuition, die mich wie immer auf große Veränderungen vorbereitete?

****

Eine Gruppe der Jugendlichen, welche sich nachmittags im Laden aufhielten, wurde aufsässig, sogar aufdringlich. Verursacher waren zwei junge türkische Boxer, die ihre Kraft nicht im Ring, sondern auf der Straße ausprobieren wollten. Beide gehörten zu großen, einflußreichen Familien. Das gab ihnen Grund genug, mich persönlich anzugreifen. Ich durchschaute das Spiel und ließ mich nicht auf die Provokationen ein. Sehr zum Nachteil meines Rufes. Ich denke mal, es wäre überhaupt kein Problem gewesen, bei einem der beiden Maß zu nehmen. Zweimal mußte ich mich aufs äußerste zurückhalten, sehr zum Spott der anwesenden Jugendlichen. Diese mußten denken, daß ich kneifen wollte. Der wirkliche Grund war logischerweise ein anderer. Hätte ich etwas unternommen, dann hätte ich noch schlechtere Karten bekommen. Die Familien hätten sich eingemischt, egal wer im Recht gewesen wäre. Das war das, was ich an der Politik einiger Türken nicht verstand. Aufgrund ihres Verhaltens mußte man darauf schließen, daß sie den Hals einfach nicht voll kriegen konnten. Die folgenden Jahre bestätigten meine Theorie. Heute haben sie hoffentlich ihre Lektion begriffen.

Trotz allem wurden sie immer dreister. So, daß ich sogar aus Verzweiflung auf der Tanzfläche die Hacken zusammenknallte und den Arm nach vorne streckte. Ich wollte ihnen zeigen, daß es das ist, was sie damit provozierten. Ich bin ein Widersacher der links- oder rechtsradikalen Gruppierungen. Aber auch mit dieser zugegebenermaßen etwas seltsamen Geste sollte ich leider später recht bekommen.

Die Aufdringlichkeiten nahmen immer größere Formen an und zogen sich bald bis über die gesamte Öffnungszeit hinaus. Die Masse der Türken wurde unüberschaubar, so stark, daß ich schließlich doch eingreifen mußte.

****

Michaela hatte seit einiger Zeit einen neuen Freund. Heino, der Präsident einer Motorrad-Gang. Heino und Steve übernahmen die Arbeit an der Tür, aber auch das half nichts, sie waren der Übermacht nicht gewachsen. Schnell kam es zu Auseinandersetzungen, bis die Lage endgültig eskalierte.

Es war an einem Wochenende, der Laden war mit mindestens 100 türkischen Gästen gefüllt. Plötzlich gab es eine wilde Schlägerei an der Tür. Ich begriff sofort, daß Heino und Steve Probleme hatten, und eilte zu ihnen. Es entstand ein wildes Handgemenge, bei dem ich den vermutlichen Verursacher zu packen bekam und ihn an einer Wand bewegungslos hielt. Sofort spürte ich zahlreiche Fäuste auf meinem Rücken. Ich war so wütend, daß ich von den Schlägen kaum etwas spürte. Ich ließ von dem Typen ab und rannte blitzschnell hinter meinen Tresen. Dort hatte Locke eine automatische Pistole für mich versteckt. Ein Originalmodell, nur als Schreckschußwaffe zu gebrauchen. Ich entsicherte die Waffe und lud sie durch. Mit der vorgehaltenen Pistole kämpfte ich mir den Weg frei, bis ich dem Verursacher gegenüberstand. Ich hielt ihm die Pistole direkt vor seine Stirn, schaute ihm stur in seine Augen und fragte ihn: „Ist das mein Laden oder eurer?" Er wurde kreidebleich, und auch die anderen verstanden schnell. Ich nannte ihnen den Kaufpreis, erklärte kurz, daß ich bereit wäre den Laden zu verkaufen, senkte die Pistole und reichte sie dem Störenfried. „Hier, wenn du meinst im recht zu sein, kannst du ja abdrücken."

Sie begriffen, senkten die Häupter und verließen den Laden. Alle!

Die folgenden Monate verbrachte ich nur noch im Laden. Ging ich kurz vor die Tür, waren ständig Leute um mich herum, um mich abzuschirmen.

Locke und ich bauten langsam den Laden ab. So lange, bis die Wände nur noch schwarz getüncht waren und über dem großen Tresen nur noch eine Piratenflagge hing.

Dieser Prozeß dauerte ungefähr drei Monate, vorher gab es noch einen Grund zur Freude.

****

Ich war, wie Claus, langsam müde. Die ständigen Auseinandersetzungen und Gefahren zermürbten meinen Körper und vor allem mein Gemüt. Ich verlor meinen Biß, so daß ich schon anfing,

Auseinandersetzungen aus dem Weg zu gehen. Bei diesem Job eine fatale Entscheidung. Es war nicht erlaubt, seine Schwächen zu zeigen, schon gar nicht, überhaupt welche zu haben.

Claus war unbelehrbar. Sogar als einer der Bosse mir Claus' Job anbot, hielt er das für eine Lüge.

Ich war verzweifelt; wenn Säckel nicht aufwachen würde, dann war die Katastrophe nicht mehr zu verhindern. Eines war sonnenklar: Ich würde ihn nicht hängen lassen. Ich durchschaute das Spiel, das hinter dem Angebot stand. Der Getränkegroßhändler bekam als offizieller Besitzer des „Why Not" zunehmend Druck von den Behörden. Die hatten schnell den von ihnen so dringend benötigten Sündenbock gefunden. Es lag auf der Hand, wer dieser sein sollte: Säckel. Ich konnte daran nichts mehr ändern oder verhindern. Claus vergrub sich in seiner Arbeit. Ich denke mal, er spürte, was passieren würde, aber er konnte es einfach nicht umsetzen, geschweige denn verstehen und schon gar nicht glauben oder akzeptieren.

Zudem hatte sich Claus mit einigen der führenden Drahtzieher aus dem Drogenmilieu überworfen. Er hatte scheinbar die gleichen Wahrnehmungen gehabt, so wie auch ich es vermutet hatte. Sein Verhalten war eine Bestätigung dieser Entwicklung. Ich konnte absolut nichts mehr ausrichten. Es blieb nur noch die Möglichkeit, das „La Tropicana" so,lange zu halten, bis feststand, was wirklich passieren würde. Wenn ich den Laden dann noch weiterführen wollte, stand für mich fest, daß ich es nicht ohne Säckel machen würde. Meine Verzweiflung war so groß, daß ich selber kaum glauben wollte, was sie im Schilde führten. Ich betete, daß unsere Bosse zumindest für Claus' Zukunft sorgen würden, wenn sie ihn schon offiziell an das Kreuz nagelten.

Claus war immer schon schwer zu verstehen. Richtige Probleme gab es für ihn erst seit unserer offiziellen Trennung. Daß er trotz allem ein einzigartiger und bewundernswerter Mensch war, interessierte zu diesem Zeitpunkt nur einen. Die anderen platzten fast vor Schadenfreude oder sonnten sich noch in seiner Peripherie.

Genau in diesen Turbulenzen beschloß ich, Rosi eine entscheidende Frage zu stellen. Sie hatte mich zutiefst gekränkt und trieb sich mit einer undurchsichtigen Gruppe aus einer Innenstadt-Diskothek herum. Zu dieser Gruppe gehörte auch die blonde Freundin von Kurt. Die, welche ihn in das Gefängnis gebracht hatte. Meine Emotionen kochten hoch. Als diese Gruppe dann noch in meinem Laden einen sehr merkwürdigen Auftritt veranstaltete, bei dem Rosi die Hauptrolle spielte, erteilte ich Rosi Hausverbot. Natürlich wußte ich, daß Rosi, wenn wir wieder einmal getrennt waren, alles versuchte, wirklich alles, um mich wieder zurückzuerobern. Dabei scheute sie auch nicht, Wege zu gehen, die sie später bereuen würde. Irgendwie reizte mich diese seltsame Art. Manchmal hatte ich das Gefühl, es mit einem Wildpferd zu tun zu haben. Mit dem Unterschied, daß ein Wildpferd scheinbar leichter zu zähmen ist. Ihre Liebe zu mir war so intensiv, daß ich ihr immer wieder Verständnis entgegenbrachte. Bei keinem Menschen war ich bis dahin so tolerant wie bei Rosi und Claus. Trotz der Verletzungen, die sie mir zufügten, war ich immer wieder bereit, ihnen genügend Verständnis entgegenzubringen. Im Gegensatz dazu war meine Lage so kompliziert und verzwickt, daß ich froh war jemanden zu haben, der bereit war, diese Last mit mir zu teilen.

Außerdem war Rosi so schön, daß man nur bei ihrem Anblick schon in reinste Verzückung geriet.

Als ihre beste Freundin mich mehr oder weniger verführte, war meinem Schmerz etwas Genugtuung getan. Als Rosi dann anrief (ihre Freundin lag noch bei mir), spürte ich ihren Kummer. Ich entschied mich dafür, sie unverzüglich aufzusuchen. An ihrer Stimmung erkannte ich sofort, daß sie endgültig die Nase voll hatte von dieser Art der Konfrontation. Das Wildpferd schien erst einmal gezähmt.

Es war zu der Zeit, als ich im Laden wohnte. Rosi kam natürlich am nächsten Tag, um zu erfahren, ob ihr Lokalverbot noch Bestand hatte. Ich konnte mir ein Lachen nicht verkneifen und antwortete ihr: „Nur dann nicht, wenn du mich auf der Stelle heiratest.“ Zu meiner völligen Verwunderung schmolz sie dahin und willigte ein. 14 Tage später, das war der schnellstmögliche Termin, waren wir verheiratet.

****

Es war schon eine Glanzleistung, die Hochzeit in dieser kurzen Zeit und unter diesen Bedingungen zu organisieren. Vor allem, weil es eine einigermaßen Sstilvolle Hochzeit wurde. Wie von uns gewohnt, anders und außergewöhnlich.

Natürlich sorgten wir für eine Trauung in der größten Kirche unserer Stadt, dem Dom. Ich hatte mir immer vorgenommen, eine offizielle Hochzeit an diesem Ort zu feiern. In den ganzen Jahren erfüllte ich mir immer meine Wünsche und Träume, ich durchlebte sie sogar. Egal wie schwierig die Voraussetzungen waren. Ich werde diesen Weg nie ändern, schließlich ist es das, was mich von vielen Menschen unterscheidet.

Eine Menge an Vorbereitungen war zu treffen. Daß der Laden kein Geld mehr abwarf, konnte nicht verhindern, daß unsere Hochzeit das gewünschte Flair bekam. Nur mit den Einladungskarten gab es ein paar Probleme. Die Zeit reichte einfach nicht aus, um wirklich alle gewünschten Personen zu erreichen. Die Ringe waren gekauft, die Blumenbuketts bestellt, das Büffet (für 250 Gäste) geordert und die Spirituosen wurden auf Rechnung bestellt. Der Tag unserer Hochzeit kam in Windeseile. Ich freute mich riesig auf den Polterabend. Dann war es soweit.

Sehnsüchtig erwartete ich meine Freunde, unter anderem natürlich auch Claus. Der Abend verstrich, und kaum etwas passierte. Mein Freund Hassan, ein älterer Afrikaner, Locke, meine Mutter und meine Schwester erschienen zum Polterabend. Meine Enttäuschung über die anderen Freunde wuchs bis zur völligen Verzweiflung, aber ich ließ mir nichts anmerken. Tapfer blieb ich, bis der Laden, dieses Mal pünktlich um fünf Uhr morgens, geschlossen wurde. Ins Bett zu gehen, das lohnte sich nicht mehr, und ich bereitete den Mercedes für die Hochzeit vor. Als wir dann endlich unseren Termin beim Standesamt wahrnahmen, war ich so erschöpft, daß ich erst später merkte, daß ich nun verheiratet war.

Die standesamtliche Trauung war nur eine Formsache, trotzdem waren eine Menge Leute anwesend, auch die junge ehemalige Barbesitzerin Sylvia, Elvis, Locke und Butzi.

****

Die kirchliche Trauung sollte der Höhepunkt des Tages werden. Kurz vor der Trauung wurde ich nervös, so nervös, daß ich kaum noch den Wagen steuern konnte.

Rosi übertraf alle Erwartungen; ich hatte das Gefühl, sie war wirklich die schönste Braut, die ich bis zu diesem Zeitpunkt zu sehen bekommen hatte. Man sah ihr an, daß sie diesen Schritt nicht bereute. Ich denke mal, sie bekam endlich das, was sie sich so lange gewünscht hatte.

Natürlich war auch sie nervös, aber sie trug es mit einer unglaublichen Lässigkeit und Würde. Nur einmal, bei unserem anschließenden Brauttanz, kam kurz die Furie wieder durch. Ich nahm es gelassen.

Michaela steuerte den Wagen vor die Kirche, und ich war überrascht über die Vielzahl der Schaulustigen und Gäste. Mir ging der verdorbene Polterabend durch den Kopf, und ich wies Michaela an, an der Menge vorbeizufahren. So etwas wie eine Ehrenrunde, bloß mit dem Hintergedanken, meine Freunde etwas zu ärgern.

Zwei der Mädchen aus der Nachmittagsdisco waren unsere Brautjungfern, beide bildhübsch. Hassan, ein gläubiger Moslem, und Michaela die Trauzeugen.

Der Auftritt begann. Ich sah nur noch die große Masse in der Kirche (es waren wohl so ungefähr 250 Menschen), die schöne Dekoration und die große Kapelle. Ich erwachte aus meiner Trance, als der Pastor mitten in seiner Predigt war. Unglaublich, was er alles von mir wußte. Bei dem Satz: „Auch ein Playboy muß einmal zur Ruhe kommen" ging ein Raunen durch die Kirche. Mir stieg die Röte ins Gesicht, als Playboy hatte ich mich noch nie betrachtet. Als dann noch die Glocken dieses großen Gebäudes geläutet wurden, stiegen mir die Tränen in die Augen. Die große Tür wurde geöffnet und wir standen im Platzregen. Rosi sah das als schlechtes Omen und weinte ihrerseits. Erst nach langen Erklärungen, daß Regen in diesem Moment als Segen zu beurteilen ist, konnte sie sich beruhigen.

Der Tag war ein voller Erfolg für uns. Alleine die Atmosphäre in der Kirche war so faszinierend, daß alles Weitere mir den

Spaß nicht mehr verderben konnte. Wie man es schon von mir gewohnt war, passierten natürlich wieder merkwürdige Dinge. Keine dieser Begebenheiten konnte uns aus der Fassung bringen oder die Freude verderben.

Es fing damit an, daß Claus nicht aufzufinden war. Locke und Jürgen berichteten mir, daß er die letzten Vorbereitungen für die Neueröffnung des „Why Not" traf.

Ab dem kommenden Tag sollte das „Why Not" nun „Fly Inn" heißen. Sogar an diesem für mich sehr wichtigen Tag ignorierte Säckel meine Warnungen, damit machte er mich sehr betrübt. Ich wußte, daß er am kommenden Tag gekündigt werden sollte. Jürgen hatte sich bereit erklärt, seinen Platz einzunehmen. Wenn Säckel nicht auf mich hören wollte, mußte er den zu erwartenden Schock am nächsten Tag alleine auf sich nehmen. Für kurze Zeit war ich sogar etwas schadenfroh. Warum war er nicht auf meiner Hochzeit gewesen?

Das Büffet sah gut aus, aber für 150 Leute war es durchaus nicht ausreichend. Ich hatte vorsichtshalber 250 Gäste angegeben, aber das, was da aufgetischt worden war, sah zwar sehr gut aus, sollte aber nur für die Hälfte der Gäste ausreichend sein. Ich bekam gerade mal zwei Bissen davon ab.

Unsere Bosse ließen sich auch für eine Weile blicken. Gerade als sie erschienen, kam ein Vollstrecker der gesetzlichen Krankenkasse, um säumige Beiträge zu kassieren.

Meine Mutter und auch meine Schwester arbeiteten für diese Kasse. Für sie brach sofort eine Welt zusammen. Eine Dreistigkeit, was der Mann sich herausnahm. Jahrelang hatten wir pünktlich unsere Beiträge abgeführt, und das nicht wenig. Alleine im La Tropicana waren es zeitweise bis zu zwölf angemeldete Angestellte. Als ich mit den Zahlungen nicht mehr hinterherkam, meldete ich den Großteil der Angestellten sofort ab und informierte in einem persönlichen Gespräch die Kasse. Es waren nur geringe Beiträge rückständig, und ich bat um eine Zahlungsfrist. Mehr ist im großen und ganzen nicht passiert. Wir fühlten uns sehr, sehr glücklich. Bis wir aber anfangen konnten, unser Glück auch genießen zu dürfen, sollten noch ein paar Monate ins Land streichen.

****

Säckel wurde wirklich schlimm getroffen. Von einem Tag auf den anderen, man kann sogar sagen von einer Sekunde auf die andere, verlor er alles. Er bekam eine Anklage wegen Gründung einer mafiaähnlichen Vereinigung in acht Fällen.

Es war ein Vorwand, um ihn auszuschalten. Die Art, wie er an das Kreuz genagelt wurde, spottete jeder Beschreibung. Es gibt wohl nichts Schlimmeres für einen Kämpfer und Arbeitstier wie Säckel, als so bloßgestellt zu werden und nicht einmal die Spur einer Chance für eine Verteidigung zu haben. Wir machten unzählige Anläufe, um ihn wieder zu rehabilitieren, aber mit der Anklage verlor er auch seine Konzessionen. Durch den Rausschmiß bekam er nicht einmal mehr sein Gehalt als Geschäftsführer. Der erste Anwalt benötigte die Rücklagen zur Beschaffung und Einsicht der Akten. Ein ungefähr ein Meter großer Berg, in dem jeder Vorfall aus der näheren Umgebung des Why Not aufgelistet war. Jede Lärmbelästigungsanzeige eines selbsternannten Moralapostels, jede Razzia (es waren manchmal bis zu drei Razzien am Tag) wurde ihm zur Last gelegt. Die Anschuldigungen wurden nie rechtskräftig bewiesen, es kam nicht einmal zu einem Prozeß oder einer Anhörung. Der wirtschaftliche Schaden stieg im Laufe der nächsten Jahre in die Millionen. Claus war ein gebrochener Mann, er konnte sich nie wieder von diesem furchtbaren Schlag erholen. Sein Sterben begann, 13 schreckliche, furchtbare Jahre lang.

Aber wir gaben nicht auf. Wir befanden uns doch im Recht. Jahrelang verhinderten wir das Blutvergießen, auch auf der Straße. Es gab nichts an unserem Tun und Handeln, was moralisch nicht zu rechtfertigen war. Ich behaupte sogar, daß wir als so etwas wie die letzte Bastion für die Aufrechterhaltung der ungeschriebenen Gesetze mit verantwortlich waren, und wir machten diesen Job gut. So gut, daß wir in den Augen der anderen eine so große Macht darstellten, daß sie sich zu diesem Schritt gezwungen sahen. Genau die falsche Entscheidung, wie jeder in den kommenden Jahren erleben konnte. Für uns ein schwacher Trost. Nichts, aber auch gar nichts, so schien es, konnte diese Demütigung rechtfertigen oder wieder ins Lot bringen.

Nicht nur bei uns, in ganz Deutschland fielen diese Bastionen. Besonders schlimm traf es die Reeperbahn; alles zerfiel, und die Chaoten gewannen zunehmend die Oberhand.

****

Mein Kampf konzentrierte sich auf den Erhalt des „La Tropicana“. Noch war keine Zeit für meine neue Rolle als Ehemann. Der Druck und das Geschehen um Claus raubten mir die Sinne und den Verstand. Natürlich hätte ich nur zum Automatenaufsteller gehen brauchen, ihn höflich bitten können und das finanzielle Loch wäre durchaus zu überbrücken gewesen. Aber wie sollte ich mich ihnen gegenüber verhalten, nach all dem, was passiert war? Insgeheim hoffte ich, daß Claus sich schnell besinnen und zu mir kommen würde, damit wir den Laden gemeinsam führen konnten; zusammen konnte uns nichts passieren. Aber wollte er überhaupt noch?

Ich entschied mich dafür, ein paar Monate durchzuhalten; würde sich Claus entscheiden, nicht im Laden einzusteigen, dann würde auch ich die Schlüssel abgeben.

Mitte September 1985 war es dann soweit. Ohne Vorwarnung schloss ich den Laden ab und beauftragte die Bosse mit dem Verkauf. Ich packte meine mir noch verbliebenen Siebensachen und zog wieder zu meiner Schwiegermutter. Endlich hatte ich Zeit für meine Frau, und endlich konnte ich mich wieder um Molly kümmern.

Auf den folgenden Spaziergängen mit Molly ging ich hin und wieder an meinem geliebten Laden vorbei, nicht ohne mich kurz hinzusetzen und die Dinge Revue passieren zu lassen. Der Strom war schon eine Zeit lang abgeschaltet und meine Rechnungen auf eine erhebliche Summe angewachsen.

Über das Geld machte ich mir die wenigsten Sorgen, um unsere Zukunft schon mehr.

Ich saß im stockdunklen Laden, als Molly mir zu verstehen gab, daß wir mit Besuch rechnen durften. Schnell erkannte ich die Stimme von einem der Bosse, und in seinem Schlepptau hatte er eine Gruppe Interessenten. Keiner konnte mich sehen oder auch nur ahnen, daß ich anwesend war. Die Eingangstür war verschlossen, und auch Molly verhielt sich ruhig, so als ob sie genau wußte, was ich bezweckte. Die Gelegenheit war günstig, um sie einer letzten Probe zu unterziehen. Meine Taktik machte sich nach ein paar Sekunden bezahlt.

Der Getränkelieferant war bei den Interessenten in Erklärungsnot, weil das Licht abgeschaltet war. Er ließ Taschenlampen holen oder benutzte die umherliegenden Kerzen. Bis sie etwas Licht hatten, konnte ich seinen Ausführungen deutlich beiwohnen. Er ließ nicht ein gutes Wort über unsere Arbeit, sondern bezeichnete uns als Abschaum. Seine Erklärung sah ungefähr so aus:

„Erwarten Sie nicht zu viel, Sie wissen ja, woher dieser Dreck kommt; schließlich braucht das ehemalige „Why Not" keine weiteren Erklärungen."

Das waren wir also in seinen Augen, Dreck und Abschaum. Daß er der offizielle Besitzer war, hatte er wohl vergessen? Wir haben ihm einen Teil seiner Karriere ermöglicht, durch uns hat er seinen Ruf. Der Laden war sauber, schließlich hatte Mutti ihn sauber gehalten.

Irgendwie beruhigte mich andererseits sein Standpunkt. Er war es, der von mir noch Geld haben wollte. Das würde ich ihm nicht einfach machen, das stand schon mal fest. Für sein weiteres Leben war er selber verantwortlich. Einen richtigen Freund würde er niemals bekommen, und seine Auffassung werde ich ihm nicht vergessen können.

Der Aufsteller war in dieser Beziehung ein etwas anderer Mensch. Er gab sich wenigstens etwas Mühe, alles einzuordnen. Leider waren seine Bemühungen durch viel zu viel Eigensinn geprägt, so daß diese sich schnell im Sande verliefen. In den kommenden Jahren wurde er mehrfach um ein paar Millionen Mark erleichtert.

16. Kapitel – Schätze die Blumen während des Lebens, auf den Gräbern sind sie vergebens!

Ich hatte nun schon turbulente Zeiten und zahlreiche atemberaubende Abenteuer überstanden. Es waren harte und auch schöne Zeiten, die hinter mir lagen. Zeiten, die unvergeßlich bleiben werden und bleiben müssen. Genau wie alles, was noch vor mir liegen sollte.

Da stand ich nun. Zum wiederholten Male wurde ich, durch Führungsversagen und fehlendes Einfühlungsvermögen, Opfer von Menschen, deren Gier nach Erfolg und Geld sie zwang, sogar ihre Würde zu verkaufen.

Ich denke, wir Menschen haben selten richtige Probleme, aber eines ist sicher: Die Jagd nach dem Geld läßt viele vergessen, wer sie wirklich sind. Klare Entscheidungskraft geht verloren. Ich meine damit die Entscheidungskraft in der Beurteilung unserer Mitmenschen und der wirklichen Probleme. Eine der größten Gaben der Menschen, sich in die Lage von anderen versetzen zu können, bleibt zunehmend auf der Strecke.

Ein voller Terminplan und die Angst, ihr Geld zu verlieren, zwingt viele Führungskräfte zu mehr Effektivität. Das was wirklich wichtig ist, um einen Betrieb langfristig richtig erfolgreich zu erhalten, bleibt dabei oft unerkannt und auf der Strecke.

Das wichtigste Gut einer Firma sollte die Zufriedenheit ihrer Mitarbeiter sein. Das geht aber nur, wenn man sich intensiv und ehrlich mit seinen Leuten beschäftigt. Eine schwere Bürde für eine Führungskraft, vor allem weil ihre eigene Gleichgültigkeit sich oft schon bis in die untersten Ebenen verbreitet. Es scheint wichtiger zu sein, neue Verordnungen und Normen zu installieren, damit die deutsche Gründlichkeit in diesen Bereichen ihr völlig unsinniges Dasein fristen kann. Alles was damit erreicht wird, ist das Bremsen von guten Ideen, Frust von Mitarbeitern und ein schlechtes Niveau auf dem internationalen Markt.

Natürlich ist es schwer, gerade bei großen Unternehmen, sich um jeden einzelnen zu kümmern, ja es scheint sogar unlösbar. Eine gute Führungskraft braucht schon ein hohes Maß an Sensibilität und ein ausgewogenes Gespür für Menschlichkeit und für den richtigen Weg. Die Frage wirft sich in den Raum, ob die gleichen Probleme vorhanden wären, wenn man die Wurzel des Übels beseitigen und das Geld abschaffen würde.

Sogar die Rechtssysteme haben sich längst selber wieder aufgehoben. Für einen Bankraub bekommt man höhere Strafen als für das schwere Verletzen, ja oftmals sogar das Töten von Mitmenschen. Richtig makaber wird es, wenn die Opfer dann noch nicht einmal Unterstützung vom Staat bekommen, ihnen sogar nur noch Steine in den Weg gelegt werden und ein Überleben nur noch auf dem wohl niedrigsten Niveau stattfinden kann.

Ist es nicht längst überfällig, ein Instrument zu schaffen, das die Politiker endlich für die Folgen ihres Tuns verantwortlich macht und zur Rechenschaft zieht?

Ist es nicht ein Verbrechen, wenn Politiker neben ihrer eigentlichen Aufgabe noch zusätzliche Tätigkeiten ausüben können? Die ursprünglichen Werte und Ideale müssen unweigerlich bei dieser Vorgehensweise auf der Strecke bleiben.

Was ist das für ein System, welches den kleinen Mann fürchterlich bestraft, wenn er seine Rechnungen nicht bezahlen kann, dass sich selber aber so intensiv bedient und dabei noch Billionen an Schulden anhäufen darf, ohne dafür zur Rechenschaft gezogen zu werden?

Ein Bankraub, wo keiner zu Schaden kommt und das Geld sogar noch versichert ist, bringt in Deutschland mindestens fünf Jahre Gefängnis. Die Verantwortlichen für die Staatsverschuldung müßten dann gerechterweise mindestens1000 Jahre absitzen, oder?

Es ist ein Muß. hier wieder einen gerechten Ausgleich zu schaffen. Es muß schnellstmöglich eine sofort greifende Möglichkeit her, welche die „kleinen Schuldner" schnell und wirksam entlastet, um ihnen eine Möglichkeit zu geben, wieder aktiv am Leben teilhaben zu können. Ich denke, hier steckt eine Menge totes Potential, das unentdeckt und nutzlos vor sich hin vegetieren muß. Schafft es dieses System nicht, eine Lösung zu schaffen, so wird der Lauf der Dinge dafür Sorge tragen und dieses System unweigerlich weiter in die Knie zwingen, es als untauglich entlarven.

Die Schuld an dieser Misere auf eine Person abzuwälzen, ist

nicht der richtige Weg. Wer hier nach Schuld sucht, wird sich wundern, wie stark er selber daran beteiligt ist. Wirksame Lösungen müssen her!

Jeder, aber wirklich jeder, der in diesem System lebt, trägt eine gewisse Verantwortung für die Dinge, die hier passieren. Ein wirklicher Anfang wäre damit gemacht, dasß jeder für sich seine Schuld eingesteht.

****

Alles, was ich berichtet habe und noch berichten werde, läßt sich durch Akten, Bilder, Zeugen, Zeitungsberichte und meine Schilderungen, bei denen ich versuche, so objektiv wie nur eben möglich zu sein, beweisen. Es ist alles nur die Spitze eines Eisberges, in Wirklichkeit war und ist alles noch wesentlich makaberer. Würde ich alles in seiner tatsächlichen Härte darstellen, würde es so erschreckend wirken, daß keiner es lesen könnte, ohne die Gefahr auf sich zu nehmen, seelischen Schaden davonzutragen. Alles Schlechte hat aber auch seine guten Seiten. Natürlich könnte ich auch alles nur durch eine „rosa Brille" betrachten und darstellen, dann aber würde es das Ziel um Meilen verfehlen.

Manche meiner Berichte wirken provokativ, und das hat auch seine Richtigkeit. Ich kann und will nicht jeden Bericht sofort mit einer Lösung versehen. Das würde das Lernziel nicht treffen.

Gott sei Dank ist die Welt im Aufbruch, die Systeme müssen sich anpassen, um international eine Bedeutung zu behalten. Für diejenigen, die auf der Strecke geblieben sind, ein wirklich schwacher Trost. Viele haben ihr Leben für diese Ideale gelassen. Sie können nicht einmal mehr zusehen, was ihr Opfer bewirkt hat. Damit meine ich auch die vielen Toten, die ihr Leben beim Aufbau der neuen Bundesländer eingesetzt haben. Ohne sie und ihren bedingungslosen Einsatz hätte die Versorgung der neuen Mitbürger in der ehemaligen DDR nicht so schnell funktionieren können.

Ich war auch einer von den Verrückten, die am Aufbau beteiligt waren. Wir setzten alles auf eine Karte, um unseren Mitmenschen so schnell wie möglich eine Annäherung zu ermöglichen. Die Zahl der sogenannten Raubritter war aber so groß, daß viele der Guten auf der Strecke blieben.

Wobei sich immer wieder die Frage stellte: „Was ist gut und was ist schlecht?"

Die Folgen dieser Geschehen waren eine undurchsichtige, kaum zu überwindende innere Mauer und Haß unter Menschen, die ihren Ursprung in den gleichen Familien besitzen.

Follow me

Nach meiner letzten Begegnung mit dem Getränkelieferanten aus dem Why Not stand für mich eindeutig fest, daß nun nichts mehr zu retten war. Seine Einstellung konnte auch als Kriegserklärung gesehen werden, ein ungleicher Kampf. Er hatte inzwischen so viel Geld und Einfluß, daß ihm anscheinend nichts mehr großartig Schaden zufügen konnte.

Es war sehr schlimm anzusehen, wie abwertend Claus auf einmal behandelt wurde. Kaum jemand traute sich in seine Nähe, hinter vorgehaltener Hand wurde gelästert. Gestern noch wurde er von allen als ungekrönter Bürgermeister gefeiert, heute war er plötzlich nur noch Abschaum. Helfen konnte ihm niemand; er ließ es auch fast überhaupt nicht zu, und es versuchten nur wenige.

Die ersten Monate nach seiner Kündigung versuchte er noch, den „Rauchfang" und das Sound House zu halten, was sich als sehr schwierig herausstellte. Er durfte keinen Anlaß bieten, die Vorwürfe, die gegen ihn erhoben wurden, zu untermauern. Der Rauchfang wurde in Coffee Time umgetauft, das Sound House behielt seinen Namen.

Bis zum Frühjahr des kommenden Jahres konnte er das Coffee Time noch halten, dann mußte er die Stadt verlassen, um sich in das Sound House zurückzuziehen. Vorher sollten wir uns ein letztes Mal aufbäumen.

Ich konnte wieder einmal eine ganze Zeit keine Kneipe mehr sehen. Bei meinen Spaziergängen mit Molly roch ich die Kneipenluft schon aus einiger Entfernung und wechselte die Straßenseite.

****

Die ersten Wochen nach dem Abschließen des „La Tropicana" waren trotz aller Umstände göttlich. Ich konnte mich endlich ausruhen und nutzte die Gelegenheit. Rosi und ich hatten so viel Zeit füreinander, so daß wir das Bett nur noch zum Essen verließen. Eine Zeitlang bestand mein Leben nur noch aus Sex, Sex, Essen und Schlaf. Nur für Molly nahm ich mir Zeit, die wir mit ausgiebigen Spaziergängen nutzten.

Aber irgend etwas stimmte mit Molly nicht. Ihr fiel es immer schwerer, die Treppen zu steigen, und sie legte sich fortwährend auf die kalten Fliesen in der Küche. Die Diagnose des Tierarztes lautete auf Nierenversagen, in ihrem Körper sammelte sich Wasser. Noch schien es, als wenn man ihr helfen könnte, und ein paar Medikamente schienen ihr Leiden etwas zu lindern.

Rosi wurde schwanger. Seit unserer Hochzeit hatte sie die Pille abgesetzt. Trotz unserer finanziellen Schwierigkeiten freuten wir uns dieses Mal gemeinsam auf das Kind. Unsere Liebe und Zuneigung hatte einen ihrer höchsten Punkte erreicht. Rosi war es in dieser Zeit nur recht, daß ich nicht mehr im Mittelpunkt stand. Es schien sogar so, als wenn sie richtig glücklich über den Verlust des Ladens und der anderen Geschäfte war. Mir war dies wiederum recht; es half, die Lage als nicht ganz so tragisch zu beurteilen.

Die Situation war eine völlig andere als die Jahre und Male zuvor. Nun hatte ich erst einmal keine so wichtige Rolle mehr zu spielen wie zu den Zeiten im „Why Not" und „La Tropicana". Ich hatte nur noch dafür Sorge zu tragen, daß wir finanziell über die Runden kamen. „Nur noch" ist relativ harmlos ausgedrückt, besonders bei einer Schuldenlast im sechsstelligen Bereich, und doch war dieser Druck nicht so hoch wie die vorherige psychische Belastung durch die Läden und die damit verbundenen Aufgaben.

Viele andere Menschen haben bei einem solchen Schuldenberg Suizid-Gedanken, ich trug es mit Fassung. Zufriedenheit durch glückliche Zweisamkeit ist mit Geld kaum aufzuwiegen.

Unsere Entscheidung, zu heiraten, war genau im richtigen Moment getroffen worden und zahlte sich aus. Trotz der unbeschreiblichen Belastungen versüßte sie unser Leben. Die Hochzeit hatte den Grundstein gelegt, um die folgenden Jahre erfolgreich zu überstehen.

****

Durch die überstandenen Tiefen und seelischen Verletzungen festigte sich unsere Beziehung in schweren Zeiten. Daß diese Wunden aber niemals ganz verheilen sollten, war mir irgendwie klar. Ein bevorstehendes Chaos schien so vorprogrammiert, weil wir in den Anfängen gravierende Fehler machten und nicht auf die Liebe vertrauten. Nur wann dieses Chaos eintreten würde, wußte ich nicht und zu diesem Zeitpunkt war es mir außerdem völlig egal. Solange ich der Meinung war, dieses Risiko eingehen zu können, und mein Gefühl mir sagte, daß ich alles überstehen würde, konnte ich diesen Weg gehen.

Den einzigen Bezug zur Gastronomie behielt ich über Claus. Ihn besuchte ich regelmäßig. Schon bald bekam ich etwas Energie zurück und startete wieder mit dem Lauftraining. Molly mußte zu Hause bleiben, was mir täglich mehr Sorgen bereitete.

Kurt und Fiddi hatten sich mehrfach an dem Mercedes bedient. Eine Menge an Strafzetteln häufte sich und verwandelte sich in Windeseile in Strafbefehle. Ich saß in der Falle; wenn ich nicht unverzüglich Geld auftreiben konnte, würde ich in Erzwingungshaft genommen. Mir blieb nichts anderes übrig, als die Schallplatten aus dem La Tropicana zu verkaufen. Es gab niemanden; der mir aus dieser Misere geholfen hätte. Ein schlechter Handel, den ich da eingehen mußte. Ein paar hundert Schallplatten für wenige hundert Mark. Da es sich um eine Musikrichtung handelte, die mir nicht ganz so angenehm war, tat es im ersten Moment nicht so weh. Erst Jahre später merkte ich, wie groß der Verlust tatsächlich war. Obwohl die Musikrichtung nicht annähernd mit der aus dem „Why Not" zu vergleichen ist, war sie trotzdem genauso einmalig. Heute wären die Schallplatten und Bänder in Gold kaum noch aufzuwiegen. Zeitzeugen eines Überlebenskampfes einer Ära, den diese Musik widerspiegelte.

Aufzeichnungen dieser Musik hatte ich an einen anderen Discobesitzer verliehen. Er mußte seinen Laden ebenso schließen. Irgendwann schien es, als wenn diese Aufzeichnungen wieder aufgetaucht waren. Ich hörte ein paar von ihnen in einer Disco mit internationalem Flair in Bahnhofsnähe gegen Ende der 90er Jahre.

****

Urplötzlich überraschte uns Fiddi mit einer großartigen Idee. Er bekam eine Option auf das Grundstück und die Gebäude einer ehemaligen bekannten Produktionsstätte von Borgward. Das war eine Chance, unseren Namen wieder in das richtige Lot zu bekommen, vor allem aber wieder Kraft und Hoffnung aufbauen zu können.

Sehr schnell entstand ein einmaliges Konzept. In den Produktionshallen sollte eine riesige Diskothek entstehen. Das Flair sollte etwas von einer großen Bahnhofshalle bekommen. Fiddi und ein Architekt hatten sogar schon alte Eisenbahnwaggons besorgt, welche zur Dekoration und als Bewirtungsstätten in die Halle eingebaut werden konnten.

Die Halle selbst sollte aus zwei Teilen bestehen, so daß sie bei großen Veranstaltungen um das Doppelte vergrößert werden konnte. In einer Nebenhalle, die direkt mit der Haupthalle verbunden war, sollten andere gastronomische Betriebe ihr Zuhause finden. Unter anderem waren auch eine Boutique und ein Friseur vorgesehen. Auf dem Außengelände waren ein zusätzliches Gebäude und ein riesiger Parkplatz, ideal für einen Sonntags-Frühschoppen mit Jazz-Musik oder ähnlichem. Die Versorgung mit Getränken sollte durch einen von uns installierten Getränkegroßhandel stattfinden. Für die Automaten wollten wir einen eigenen Aufstellbetrieb gründen. Alle Betriebe flossen in einer Verwaltungs-GmbH wieder zusammen, so daß die Erträge aller Betriebe in einem Topf zusammenfließen konnten. Das Konzept hatte ich mir ausgedacht. Die Einrichtungskonzepte kamen von Fiddi, Claus und einem Architekten.

Eine große Brauerei war mit unserem Gesamtkonzept einverstanden, solange wir nur unsere Betriebe beliefern würden. Auch ein neuer privater Fernsehsender war von diesem Konzept überzeugt. Die noch existierende Rocknacht der ARD sollte abgeschafft werden, und die Gebäude waren ideal, um den Gedanken weiterleben zu lassen.

Alles lief wie am Schnürchen, für die Vorbereitungen brauchten wir nur knapp zwei Monate. Jetzt lag alles in der Hand unseres Finanzberaters. Daß wir bis über beide Ohren verschuldet waren, spielte bei der Größe dieses Projektes kaum eine Rolle.

Für den Kauf des Geländes und den Ausbau waren mehrere Millionen Mark geplant. Eine relativ kleine Summe, wenn man die Größe und den Umfang unseres Vorhabens in Betracht zog. Unser Finanzberater war ein Herr Körper von einer bekannten Versicherungsgesellschaft. Wie sich herausstellte, war er genau der richtige Mann für diesen Job. In Windeseile besorgte er eine Schweizer Holding, die bereit war, etliche Millionen in unserer Stadt zu investieren. Ein großer Teil davon sollte in unser Projekt einfließen.

Alles hing jetzt nur noch von dem Zeitpunkt des ersten Geldflusses ab. Unser Berater fuhr zu einem Abschlußgespräch in die Schweiz und wollte den ersten Scheck am nächsten Tag mitbringen. In der Nacht seiner Rückreise, er war mit seinem Auto unterwegs, stand Fiddi vor uns im „Coffee Time". Was er jetzt von uns forderte, zog uns die Schuhe aus. Wenn nicht jeder von uns ihm am nächsten Tag eine Viertelmillion für seine Bemühungen auszahlte, würde er seine Option auf das Grundstück zurückziehen. Claus und ich waren sprachlos. Die Kaufverträge waren nicht einmal unterschrieben, noch nicht einmal der erste Handschlag getan.

Wir bekamen ein sehr ungutes Gefühl. Die kommenden Stunden warteten wir auf die Ankunft unseres Mannes. Nichts tat sich.

Erst am frühen Morgen legten wir uns etwas zur Ruhe. Gegen Mittag tauchte Fiddi auf. Kreidebleich und stotternd berichtete er vom Ableben unseres Finanzberaters.

Kurz bevor der sein Haus erreicht hatte, verstarb er durch einen Autounfall. Er kam mit seinem Auto ins Schleudern und prallte gegen einen Baum.

Unser Traum war geplatzt. Unsere Hoffnung, einen Weg aus der Misere zu finden, war in wenigen Sekunden in Schall und Rauch aufgelöst.

Es sollte einfach nicht sein. Resigniert warfen wir unsere Sachen hin und zogen uns, jeder für sich, in eine Ecke zurück. Claus mußte das Coffee Time schließen, ihm blieb nur noch die Kneipe im Vorort unserer Stadt, die letzte verbliebene Gaststätte. Bis die Kapriolen der Beamten bis dahin durchkamen, sollten ein paar Jahre verstreichen. Fürs Erste war Claus sicher aufgehoben, das änderte aber nichts daran, daß sich sein Gemütszustand täglich verschlechterte.

Ich vertraute auf die Macht des Schicksals.

****

Mollys Leiden war nicht mehr zu ertragen. Dieses wohl einmalige Tier konnte keine Treppe mehr gehen; sie lag oft nur noch auf ihrem Platz, ständig floß ihr das Wasser aus dem Körper. Ich war verzweifelt, so stark, daß ich an einem Abend das Coffee Time etwas demolierte. Jeder verstand diesen Schmerz, Molly war bei allen beliebt. Für mich brach die Welt zusammen.

Molly und ich hatten seit dem Tod von Heide eine ganz besondere Beziehung zueinander entwickelt. Wenn Molly mich jetzt nur anschaute, kämpfte ich mit den Tränen.

Gott sei Dank gibt es für Tiere so etwas wie eine Sterbehilfe. Ein Freund fuhr mit mir zu einer bekannten Tierärztin, damit Molly von ihrem Leid erlöst werden konnte. Für mich wurde es wieder einmal ein schwerer Weg.

Alles ging furchtbar schnell, Molly hatte keine Angst. Treu und vertrauensvoll legte sie ihr Schicksal in meine Hände. Ich hielt behutsam ihren Kopf und sie schlief ein. Die Ärztin setzte eine weitere Spritze direkt in ihr Herz. Das Knirschen der Spritze, als sie in den Herzmuskel gestoßen wurde, werde ich nie wieder vergessen können.

Unser Freund fuhr mit mir zu meinen Großeltern in das idyllische kleine Häuschen. Auch meine Großeltern verehrten diese Hündin. Opa hob sofort ein Grab aus und pflanzte auf diese Stelle einen Rhododendronbusch. Hier fand Molly ihre letzte Ruhe.

****

Ich hatte etwas mehr Glück als Säckel. Noch während der Planungsphase des Großprojektes konnten wir, mit Muttis Hilfe, eine schöne Neubauwohnung beziehen. Rosi wurde täglich glücklicher, ich denke, es war die bisher schönste Zeit in ihrem Leben.

Den weiteren Druck, der auf mir lastete, nahm ich zum größten Teil durch den Sport von mir. Ich hatte mich in einem Studio in einer Vorstadt angemeldet, um mir einen asiatischen Kampfsport näherzubringen.

Ich wählte den wohl vielseitigsten Sport, den es auf diesem Gebiet gibt, Ninjutsu. Mir war bekannt, daß mit diesem Sport sehr viel Schindluder getrieben wurde.

Bei meinem Sportstudio in einer Kleinstadt mit dem Namen Delmenhorst, nur 15 km von meinem Wohnort entfernt, wurde mein Mißtrauen etwas abgebaut. Hier bemühte sich der Trainer um Disziplin und Verantwortung. Der Sport wurde so vielseitig, daß wer wollte sich mehrere Stunden am Tag damit beschäftigen konnte. Die meisten trainierten zweimal die Woche, ich wollte mehr. Zu den Übungen im Studio gesellten sich vorerst jeden Tag Lauf- und Schnellkrafttraining.

Um die Zeit weiter zu verkürzen, entschloß ich mich zu einer Ausbildung als Programmierer und Systemanalytiker. Um in diese Akademie aufgenommen zu werden, mußte ich einen Eignungstest bestehen, und im darauf folgenden Jahr sollte es dann losgehen. Ich hatte nicht damit geliebäugelt, diesen Beruf zu ergreifen; mich reizte es aber, etwas über diese Materie zu erfahren.

Bevor ich wieder an feste Arbeit denken konnte, mußte ich erst einen Weg aus meiner Misere finden, schließlich forderten die Gläubiger noch viel Geld von mir.

****

Ich war und bin der Meinung, daß viele ehemalige Geschäftspartner mit Verantwortung schwer an einer Pleite zu tragen haben.

Als die gesetzliche Krankenkasse mir eine Klage wegen Einbehaltung abgabepflichtiger Beiträge anhängte und die Staatsanwaltschaft sogar meine Belege und Stundungsvorschläge nicht akzeptierte, wurde ich wegen dieses angeblichen Vergehens zusätzlich vorbestraft. Als ich dann noch meine Strafe wegen der körperlichen Auseinandersetzung als Gärtner an der Uni abarbeiten mußte, war das Maß voll. Ich entschied mich für das ungeschriebene Gesetz vom Lauf der Dinge. Da, wo es ging, machte ich die Partner mitverantwortlich.

****

Rosi bekam etwas Angst wegen einer möglichen Frühgeburt. Vorsichtshalber ging sie ins Krankenhaus und bekam eine Drainage. Als sie jedoch mit Medikamenten vollgepumpt werden sollte, verließ sie das Krankenhaus fluchtartig. Alles Weitere verlief nach Plan, sogar besser als wir es vermuten konnten.

Es war der 29. April 1986. In den Nachrichten bestätigte sich gerade die Katastrophe von Tschernobyl. Wir waren, wie wohl alle, entsetzt. Das also war die Supermacht Rußland, mit einem so schlechten technischen Niveau?

Ich wußte zwar nicht von einem Arzt, daß wir eine Tochter bekommen würden, aber mein Gefühl und meine Intuition sagten es mir von Beginn der Schwangerschaft an. Noch immer hatten wir keine Namen für unser jetzt sehnsüchtig erwartetes Baby. Kurz bevor ich mich schlafen legen wollte, verfolgte ich noch einmal die Nachrichten. Wie ich halt so bin, kam ich spontan auf einen Doppelnamen, bestehend aus einem russischen Namen und dem einer griechischen Göttin. Rosi war begeistert von dieser Konstellation.

Sie war etwas nervös und gerade mit dem Aufhängen der Wäsche beschäftigt. Es war schön, sie zu beobachten. Ihre Augen strahlten eine Wärme und Zufriedenheit aus, die ich nur während dieser Zeit an ihr beobachten konnte. Die Schwangerschaft machte sie noch attraktiver, als sie schon war. Dann schlief ich ein.

Nach ein paar Minuten wurde ich sanft geweckt. Zu meiner Überraschung war Rosi am Packen ihrer Krankenhaustasche. Ich begriff und rief ein Taxi.

Alles Weitere verlief ruhig und ohne Hektik und Nervosität. Das Krankenhaus war nur wenige hundert Meter von unserer Wohnung entfernt.

Gott sei Dank war es ruhig auf der Entbindungsstation. Nach etwa zwei Stunden ging es schon in das Wochenbett. Die Entbindung ging schnell und ohne Komplikationen. Rosi ist sehr schmerzempfindlich, und es war schwierig, sie an das Pressen zu erinnern. Die Hebamme schaute mich streng an und ich rüttelte Rosi etwas zur Besinnung; dann war der kleine Schreihals da. Auf den ersten Blick sah ich in den Augen des Säuglings das Blitzen der Augen von Oma Änne und entdeckte eine Ähnlichkeit mit mir.

Ihren Glanz hatte sie von Rosi. Sie erblickte frühmorgens am 30. April 1986 das Licht der Welt, fast genau 30 Jahre nach meiner Geburt. Es fehlten ein Monat und drei Tage. Sie kam genau zum richtigen Zeitpunkt, so als wenn auch sie geschickt worden wäre, um mir zur Seite zu stehen.

Was für ein Geschenk, und das in so einer schweren Zeit. Ich war kurzzeitig der glücklichste Mann auf dieser Welt.

Alles, was so wunderbar ist, hat auch seinen Preis. Unsere Tochter stellte uns später immer wieder auf eine harte Probe. Von Anfang an bewies sie eine Hartnäckigkeit, die fast einmalig ist. Ihren Willen setzte sie, bildlich gesagt und getan, mit dem Kopf durch. Bekam sie als Kleinkind nicht sofort, was sie wollte, dann schlug sie mit dem Kopf auf den Fußboden und schrie bis zur Besinnungslosigkeit. Aber auch das konnte unsere Freude über sie nicht im geringsten schmälern.

****

Kurz nach der Geburt mußte ich die Strafe antreten und als Gärtner an der Universität arbeiten. Irgendwie fing ich Gefallen an dieser Arbeit, ermöglichte sie mir doch einen Einblick in die Universität. Ich bekam richtig Lust, mein Leben von ganz vorne zu beginnen, und verbohrte mich in den Gedanken, Sport zu studieren.

Um den Weg freizumachen, mußte ich aber erst mein Abitur nachholen. Da dies für mich nur über einen sogenannten zweiten Bildungsweg gehen würde, meldete ich mich umgehend auf der Fachoberschule für Sozialpädagogik an.

Meine Bewerbung für die Computer-Akademie ließ ich weiterhin bestehen. Die Aufnahme auf der Fachoberschule verlief zügig und ohne Probleme.

Alles in allem gehörten wir, eine kurze Zeit lang, zu den glücklichsten Menschen auf dieser Erde. Die finanziellen Probleme konnte ich für kurze Zeit von uns abwenden. So schnell hatte ich nie gehofft, einen neuen Weg zu finden, und dann noch einen Weg, der mich zusätzlich ausfüllte.

Aber sehr schnell holte mich die Realität wieder ein. Ich bekam Schwierigkeiten mit der Bewilligung von BAföG, einem staatlichen Kredit für Studenten und Schüler. Es stellte sich heraus, daß ich genau zwei Monate zu alt war, um die Gunst dieser Förderung zu genießen. Es stellte sich die Frage, wie ich die Ausbildung finanzieren und gleichzeitig die Familie ernähren sollte. Sehr viel nebenbei arbeiten konnte ich nicht, einmal wegen der Schulden, zum anderen weil die Schule mich forderte. Mit den Fächern wie Sport und Psychologie bekam ich keine Probleme, aber Mathe und Englisch fielen mir plötzlich ungeheuer schwer. Im sprachlichen Umgang mit den amerikanischen Soldaten im „La Tropicana" hatte ich nie Schwierigkeiten, zeitweise beherrschte ich sogar die Umgangssprache. Jetzt in der Schule ging es mehr um Grammatik, und davon hatte ich keine Ahnung.

Als Rosi dann noch Ärger mit den Energieversorgungsbetrieben bekam, gab ich auf, nicht ohne mir ein Abgangszeugnis zu besorgen. Mit den Energieversorgern tauchte folgendes Problem auf. Ich war in der Schule und natürlich telefonisch nicht erreichbar. Die Energieversorger stellten zu Hause den Strom ab, so daß Rosi nicht einmal mehr die Milch für das Baby erwärmen konnte. Da sie sich mit den juristischen Begebenheiten nicht auskannte, ließ sie sich vom Sachbearbeiter einreden, eine Schuldübernahmeerklärung zu unterschreiben. Der Strom wurde noch am gleichen Tag wieder eingeschaltet. Ich war stocksauer.

Die offene Rechnung betraf das „La Tropicana". Als ich die Verträge mit den Energieversorgern abgeschlossen hatte, war ich noch nicht verheiratet. Rein juristisch gesehen war der Betrieb eine vollkommen andere Sache. Das Vorgehen der Stadtwerke war mehr als nur kriminell. Wir hatten, alleine schon während der Bauphase, erhebliche Summen an die Stadtwerke gezahlt. Das, was sie noch forderten, war ein geringer vierstelliger Betrag.

Ich setzte mich umgehend mit einem Regionalsender in Verbindung. Danach besuchte ich das Parteibüro der Grünen. Beide kamen nur bis zum Pressesprecher dieses merkwürdigen Vereines. Dieser stritt natürlich jeden Vorwurf ab, die Sache verlief damit im Sande.

Ich nahm alles noch gelassen und startete sogar den ersten Anlauf zum Schreiben eines Buches. Mit den Gedanken an meine Kindheit fielen mir so viele Erlebnisse ein, daß ich nach den ersten Seiten resigniert aufgeben mußte. Die Zeit war noch nicht gekommen.

****

Ich war schon lange nicht mehr „auf Achse" (unterwegs) gewesen und hatte eigentlich auch überhaupt kein Bedürfnis mehr danach. Locke hatte Geburtstag und bestand auf einer Tour und meiner Begleitung. Ich ließ mich von ihm überreden und begleitete ihn.

Lockes Stammkneipe war die „Kanne". Eine Szenekneipe im Viertel, nicht weit vom dem Standort des ehemaligen „Why Not". Locke hielt sich dort Tag und Nacht auf. Er war ein total verrückter Hund, und ständig hatte er die Finger in mysteriösen Geschäften. Für Locke gab es fast nichts, was er nicht tun würde. Hauptsache er hatte seinen Nervenkitzel. Obwohl er ein kleiner Zwerg war, war er verbissen und ging oft bis zum Äußersten. Er hatte sich einen Namen in der Szene gemacht. Wenn man Locke zum Freund hatte, war er bereit jederzeit sein Leben für den anderen zu geben.

Ich mochte diesen Kerl, vor allem weil er mich immer respektierte. Claus und ich waren wohl die einzigen, die noch keinen richtigen Streit mit ihm hatten.

Daß an diesem Tag wieder etwas passieren würde, lag auf der Hand. Schließlich war es ja sein Geburtstag.

Die „Kanne" gehörte der geschiedenen Frau von Oskar, dem, der so lange Zeit ungerechterweise im Knast verbringen mußte. Auch während dieser Zeit saß Oskar gerade wieder ein. Wie es so Lockes Art war, hatte er es sich zur Aufgabe gemacht, etwas auf den Laden aufzupassen. Locke gehörte eben zu einer aussterbenden Rasse. Einer der wenigen, die die Gesetze auf der Straße zu beherrschen schienen und ihnen jeden nötigen Respekt abverlangten. Aber er hatte ein großes Manko, wohl hervorgerufen durch seinen Zwiespalt, der tief in ihm schlummerte. Dieser Zwiespalt zwang ihn, das Schicksal auf äußerst ungewöhnliche Art und Weise zu provozieren, so wie es bei vielen von uns der Fall ist.

Bei der Polizei hatte Locke einen ganz besonderen Ruf. Wenn er wieder einmal auf einer Wache seinen Auftritt hatte, wurde er regelmäßig von den Beamten schikaniert. Unter anderem versengten sie ihm seine Goldkette mit seinem Dupont-Feuerzeug, oder er bekam beim Verlassen der Wache einen Eimer Wasser über den Kopf. Die Beamten wußten, wo sein empfindlicher Punkt war; sie taten einiges um ihn zu provozieren. So erhofften sie sich von ihm, daß er endlich auspacken und / oder resignieren würde. Bei Locke waren sie dabei auf dem falschen Weg, was wiederum die Polizisten bis an den Rand des Wahnsinns trieb. Locke war eben ein liebenswerter Kerl, aber er verrannte sich in den Wirren dieser Zeit und mußte es teuer bezahlen.

Zuerst gingen wir an diesem Tag in ein Kino, um uns einen neuen Rambo-Film anzusehen. An diesem Tag war ich sehr gereizt und tief betrübt, weil Locke, mir so nebenbei von Lollo berichtet hatte. Lollo war vor kurzem gestorben. Er wurde in seiner Zelle, als er mal wieder eine Strafe absitzen mußte, tot aufgefunden. Angeblich hatte er sich das Leben genommen. Man fand ihn mit einem gesplitteten Tauchsiederkabel. Das eine Ende hatte er sich um eine Brustwarze gelegt, das andere Ende in den Hintern geschoben, dann hatte er den Stecker in einer Steckdose versenkt. Angeblich hatte er dies alles auf einem Trip durchgezogen. Eine tiefe Trauer verankerte sich in meinem Gemüt. Ich machte mir große Vorwürfe, ihm nicht zur Seite gestanden zu haben.

Die Nachricht von seinem Tod erreichte mich so spät, daß ich nicht einmal auf seine Beerdigung gehen konnte. Ich fand keine Entschuldigung für mich, nur daß es wirklich mysteriöse Umstände waren, deren Bedeutung ich erst viele Jahre danach begreifen sollte, und unter denen wir uns aus den Augen verloren hatten.

Nach dem Kino begaben wir uns auf den Weg in die „Kanne". Locke war ruhig und ausgeglichen. Ich hatte erwartet, daß er sich sinnlos betäuben wollte, aber das hatte er schon die Tage vorher erledigt. Im Grunde genommen verlief alles sehr ruhig, sogar ein guter Freund von uns, ein Araber, war anwesend. Locke hatte etwas in einem Branchenbuch versteckt. Als er darin nachschaute, wurde er von einem Afrikaner beobachtet. Ich wiederum beobachtete den Afrikaner und informierte den Araber. Als der Afrikaner sich dann an dem Branchenbuch zu schaffen machte, stellte der Araber ihn zur Rede. Der Afrikaner verlor sofort die Nerven, schmiß eine Becks-Flasche auf den Boden und hob die Scherben auf. Der Araber hatte einen Moment lang nicht aufgepaßt. Als der Afrikaner zum Schlag ausholte, war ich zwischen den Beiden und drängte den Afrikaner an eine Wand. Der zog mich blitzschnell an sich, in der einen Hand noch die Scherben, und diese drückte er mir in den Nacken. Ich mußte dagegenhalten und war verbissen am kämpfen. Um mich aus dieser Lage zu befreien, blieb mir nichts anderes übrig, als dem Afrikaner mit meinen Fingern in die Augenhöhlen zu greifen. Der drehte seinen Kopf, schnappte mit seinen Zähnen meinen rechten Zeige- und Mittelfinger und biß mit voller Kraft, so daß er spürbar bis auf die Knochen kam. Gleichzeitig merkte ich, wie er immer noch mit der anderen Hand die Glasscherben in meinen Nacken drückte. Ich spürte das Blut in den Nacken laufen. Jetzt reichte es mir so langsam. Ich bekam eine ungeheure Wut und befreite mich mit einem Ruck dadurch, daß ich erst einmal die bis auf den Knochen durchgebissenen Finger unter seine Zunge drückte. Beim Befreien drehte der Afrikaner wiederholt seinen Kopf und verbiß sich in meinem linken Unterarm, dabei riß er mir ein Stück Fleisch heraus. Jetzt hatte ich endgültig die Nase voll. Ich prügelte ihn durch den Laden, so lange bis er aufgab.

Daß damit die Angelegenheit nicht erledigt war, spürte ich nach wenigen Minuten. Eine Gruppe Zivilfahnder stürmte den Laden und nahm mich mit auf die Wache. Nicht, daß ich erst einmal ärztlich versorgt wurde, erst einmal folgte ein endlos langes Verhör. Es interessierte wohl niemanden, was mit mir passiert war, obwohl mir das Blut aus dem Nacken, den rechten Fingern und dem linken Unterarm lief. Erst als ich langsam ungehalten und aggressiv wurde, gaben sie nach und ich konnte in ein Krankenhaus fahren, um mich behandeln zu lassen. So etwas passierte also, wenn ich mich wieder auf die Straße begab? Na dann guten Morgen. Nach dem Krankenhaus fuhr ich direkt nach Hause. Hier fühlte ich mich ruhig und sicher. Rosi und ich beschlossen, erst einmal keinen mehr außer Claus an mich heranzulassen. Egal, was passieren sollte.

Die Sache in der „Kanne“ hatte wenigstens dafür gesorgt, daß ich meinen Schmerz über den Tod von Lollo etwas dämmen konnte, obwohl ich sehr wohl wußte, daß Lollo einen entscheidenden Fehler begangen hatte, der sein Schicksal besiegelte.

****

In der kommenden Zeit lief etwa ein Jahr lang alles ruhig, ausgeglichen und nach Plan. Ich kümmerte mich ausschließlich um die Familie, meinen Sport und ab dem kommenden Januar um meine Ausbildung zum Programmierer.

Viele der anderen Schüler hatten gute Vorkenntnisse an den Computern, ich hatte so ein Ding noch nie gesehen. Trotzdem fiel es mir nicht besonders schwer, dem Unterrichtsstoff zu folgen. Die Arbeit an sich war nichts für mich, jeden Tag nur einer Maschine beibringen zu müssen, was sie zu tun hat. Für so etwas war ich nicht geboren, aber es war sicher, daß diese Ausbildung mir in der Zukunft sehr wohl behilflich sein konnte.

Mit dem Kampfsporttraining machte ich inzwischen große Fortschritte. Regelmäßig nahm ich an Lehrgängen teil und besuchte sogar ein Leistungszentrum in der Nähe von Frankfurt. Ich wollte an Waffenbelehrungen teilnehmen und entschied mich für eine Einweisung in den tibetischen Buddhismus. Eine bedeutende und sehr wichtige Erfahrung.

Wer sich ansatzweise mit dem Buddhismus beschäftigt hat, der weiß um die Faszination dieses Glaubens. Es ist einmalig, wie diese Leute das Bewußtsein mit ihren Ritualen stimulieren können. Kein Glaube dieser Welt hat so viele greifbare Rezepte für das Gemüt und die Psyche vorrätig wie der Buddhismus. Ich hörte von 94.000 verschiedenen Möglichkeiten. Was mich aber am meisten an diesem Glauben fasziniert, ist die Einfachheit des gesamten Konzeptes. Im Grunde genommen ist es mit ein paar Worten meines Lehrers erklärbar:

„Alles ist Buddha (wirklich alles, Tisch, Haus, Berg, Wald, Mensch.....) und alles ist vergänglich, um dann wieder in einer neuen Form zu entstehen."

Logisch, einwandfrei nachvollziehbar und ein guter Einstieg für einen Anfang.

****

Ich würde mir diese Art des Glaubens auch als einen richtigen Weg vorstellen können.

In meinem bisherigen Leben sah ich immer nur die Widersprüche, die jeder Glaubensweg offenbarte. Meist waren es zwar die

Menschen, die ihre Glaubensrichtungen mißbrauchten, aber für jemand anderes war der Glaube nie gedacht. An das derzeitige Christentum und den Islam erhebe ich schwere Vorwürfe, sie hatten scheinbar deutlich mehr Leid als Heilung gebracht. Für mich ist das ein Weg, welcher auch eindeutig beweißt, wie leichtgläubig die Menschen sind. Fast alle Glaubensrichtungen sind schamlos von Führern mißbraucht wurden.

Aber alle heutigen Glaubensrichtungen weisen merkwürdige Parallelen zum Christentum auf. Nur der Weg der Schamanen und der des Buddhismus bieten auf den ersten Blick scheinbar durchsichtige und erklärbare, kurze logische Wege.

Die Aussagen des Christentums und anderer Glaubensrichtungen sind sehr wohl richtig. Was mich an ihnen abschreckt, sind die Brutalität der Aussagen und die Härte der Bewährungsproben. Mehr aber noch die Vorstellung eines strafenden Gottes. Wohl auch weil es erschreckend ist, diesen Weg zu erkennen und zu akzeptieren. Merkwürdigerweise kann sich keiner „dem" entziehen, ob er will oder nicht.

Ich habe Achtung vor jeder Glaubensrichtung und bin gerne bereit, mich damit auseinanderzusetzen. Überzeugen können mich nur meine innere Stimme und mein Gefühl, welches aber jedes menschenunwürdige Verhalten verachtet. Jeder Gläubige muß sich der inneren Stimme stellen können, sie gehört schließlich zu dem Erbe dieser Glaubensrichtungen.

Interessant ist, daß viele Glaubenskriege denkwürdige Parallelen aufweisen zu wirtschaftlichen Interessen im Zusammenhang mit Technologien, neuen Lebensformen und Machtverschiebungen politischer Natur.

Der Buddhismus achtet jeden Andersgläubigen. Die meisten Religionen wenden sich strikt dagegen, anderen Richtungen ihren freien Raum zu lassen, was aber nicht im Sinn und Zweck des Erfinders sein kann.

****

Meine sogenannte Zuflucht (Belehrung) sollte ich in Schloß Wachendorf bei Köln bekommen. Ranghöchste Lehrer hatten sich angekündigt.

Es war einfach überwältigend. Die Masse der Meditierenden, die ganze Stimmung und die Atmosphäre. Meine Nervosität stieg, dann war es soweit. Die Zeremonie dauerte nur wenige Minuten. Der Lama sprach eine kurze Formel, warf mit etwas Reis und ich hatte meine Zuflucht genommen.

Der Lama gab mir den Namen „Karma Tenzing Chö Phel", was übersetzt ungefähr die Bedeutung von „der Vermehrer und Halter der Lehre" hat.

Es war schon seltsam, der Lama hatte mich nur kurz gesehen, trotzdem traf er den Nagel auf den Kopf. So kurz dieses Ritual auch war, es hinterließ einen tieferen Eindruck bei mir als jede Feierlichkeit in einer Kirche. Kaum war ich wieder an der frischen Luft, da überkam mich ein seltsames Gefühl von Freude und Leichtigkeit. Die Aura des Mönches hatte ihre Spuren hinterlassen. Noch vierzehn Tage später nahm ich dieses Gefühl wahr. Rosi wies mich nach etlichen Tagen darauf hin, daß ich seit meiner Rückkehr nicht aufgehört hatte, zufrieden zu lächeln.

Plötzlich hatte ich eine andere Einstellung zum Sport. Das Lernen viel mir leichter und mein Körper bildete sich optimal aus. Meine Ausdauer stieg spontan, so daß ich mich sogar zu einem Marathon-Lauf anmeldete.

****

Mit dem Marathon hatte ich mich etwas verkalkuliert. Die größte Strecke, die ich vorher bewältigt hatte, war ungefähr 25 km lang; den Rest, so dachte ich, würde ich mit Meditation bewältigen können.

Die ersten 10 km des Marathons liefen hervorragend, nur das Tempo erschien mir als sehr hoch. Nach 15 km bekam ich die Quittung für diese Überheblichkeit, meine Waden wurden immer dicker. Ich beschloß mein Tempo deutlich zu reduzieren. Schließlich war es mir wichtig, überhaupt das Ziel zu erreichen. Meine Hoffnung, das Ziel im ersten Drittel zu passieren, mußte ich zu diesem Zeitpunkt schon begraben. Auch das Reduzieren des Tempos nutzte nichts mehr, ich hatte meine Kraft im ersten

Drittel verbraucht und war gerade auf einem endlos erscheinenden Deich. Meine Waden verkrampften sich immer mehr, jeder Schritt wurde zur Qual. Ich entschloß mich, zu meditieren, natürlich ohne das Laufen zu unterbrechen, und es half. Allerdings nur für die nächsten 15 km. Dann mußte ich resigniert aufgeben. Ich ließ mich von einem für solche Fälle bereitstehenden Krankenwagen auflesen und zum Ziel bringen. Der brachte mich zu einem Zelt, damit ich dort ärztlich versorgt werden konnte. Danach begab ich mich auf die Suche nach Rosi, die mich mit meiner Tochter sehnsüchtig am Ziel erwartete.

Sie war erstaunt und erschrocken zugleich, als ich ihr von hinten an die Schulter faßte.

Aufgeben, diese Schande wollte ich nicht auf mir sitzen lassen. Unverzüglich besuchte ich einige Stände von anderen Sportverbänden. Nach kurzer Zeit entdeckten wir einen Stand mit Informationen zu einem Triathlon in der Porta Westfalica. Ohne zu zögern griff ich mir ein Anmeldeformular, und zwei Tage später war diese Anmeldung schon unterwegs.

Mir blieben noch ein paar Monate Zeit für die Vorbereitungen.

****

Kurz vor dem Marathon bekam ich die erste Gelegenheit, mich bei den Bossen aus dem „Why Not" zu „bedanken". Der Aufsteller rief mich an, um die Übergabe des Ladens abzuwickeln. Auf dieses Gespräch hatte ich mich lange vorbereitet, es sogar sehnsüchtig erwartet. Sie hatten anscheinend nicht damit kalkuliert, daß ich eine kaufmännische Ausbildung genossen hatte. Betriebswirtschaftslehre gehörte zu meinen beliebtesten Unterrichtsfächern.

Bei Verträgen, die unter Vollkaufleuten abgeschlossen werden, müssen Forderungen innerhalb eines Jahres schriftlich geltend gemacht werden. Das hatte der Getränkegroßhändler versäumt, wohl auch weil er erwartete, daß ich ihn als Partner betrachtete. Sie hatten uns zutiefst gekränkt. Es wäre absurd, wenn sie geglaubt hätten, daß ich ihnen noch etwas schenken würde.

Sie hatten einen staatlichen Gutachter für die Schätzung des Ladens beauftragt. Einen größeren Witz hätten sie sich nicht ausdenken können. Wozu einen Gutachter? Sie selber wußten am besten, was an diesem Laden verändert und gebaut werden mußte. Er war schließlich der Hauptpächter, der Eigentümer war das Liegenschaftsamt unserer Stadt. Als sie mir dann dieses Gutachten vorlegten, war mir klar, was sie damit bezwecken wollten. Der Schätzpreis betrug gerade mal ein paar tausend Mark, davon hätte nicht eine Toilette neu gebaut werden können. Es liegt wohl klar auf der Hand, daß sie damit die Ablösesumme niedrig halten wollten. Mein Anliegen gewann dadurch größere Überzeugungskraft. Jetzt stand endgültig fest, daß auch der Aufsteller die Seiten gewechselt hatte.

Alles Weitere fiel mir sehr leicht; ohne zu zögern, unterschrieb ich den Kaufvertrag und kassierte das Geld. Dann spielte ich meinen Trumpf aus und erleichterte die beiden um ihren Forderungsbetrag, nicht ohne ihnen zu erklären, was das Konto „uneinbringliche Forderungen" für Steuervorteile bringen kann. Der Aufsteller behielt die Fassung, nahm mich still zur Seite und bedankte sich für das gute Geschäft. Der andere war total verstört, damit hatte er tatsächlich nicht gerechnet.

Man sah ihm später manchmal noch den Groll an, den er verspürte, wenn wir uns begegneten.

Ich war zufrieden, schließlich war ich auf einen Schlag schon mal zwei Drittel meiner Verbindlichkeiten los, der Rest bestand nur noch aus warten und richtig reagieren.

****

Die Vorgehensweise der meisten Gläubiger hatte mit Menschenwürde nichts mehr zu tun. Ich entschloß mich daher, die unverschämten Briefe einfach zu ignorieren. Die meisten wurden nicht einmal mehr geöffnet und verschwanden im Papierkorb. Das, was ich für berechtigt hielt, versuchte ich von dem wenigen Geld, das uns noch zur Verfügung stand, zu begleichen.

Das Finanzamt befand sich auch unter den Gläubigern. Die

Angst vieler Leute vor diesem Institut erwies sich als völlig unbegründet. Natürlich greift dieses Amt hart durch; besitzt man aber den Schneid, sich mit dieser Behörde persönlich auseinanderzusetzen, wird man schnell merken, daß sie durchaus gesprächsbereit ist. Die überhöhte Forderung erwies sich schnell als nicht gerechtfertigt, und gemeinsam kamen wir auf den richtigen Nenner, der dann auch bezahlbar wurde.

Anders war es mit meinem Darlehen bei der Sparkasse, welches ich anderthalb Jahre zuvor für die Speisegaststätte aufgenommen hatte. Dieses Darlehen hatte ich zuzüglich Zinsen fast bis zur Hälfte zurückbezahlt. Auf eine Stundung ließen sie sich nur bedingt ein. Nach dem zweiten Verzug wurden sie bissig.

Oma Änne hatte ohne mein Wissen für uns Enkelkinder gespart. Jedes Enkelkind besaß ein Sparbuch. Oma hatte sie in einem Schließfach deponiert. Mein Sparbuch wurde ihr von der Sparkasse weggenommen, nein, gepfändet. Oma verstand die Welt nicht mehr. Eine lange Zeit hatte sie jeden Monat ein paar Mark auf dieses Buch eingezahlt, es sollte eine Überraschung für uns Enkelkinder werden. Für die alte Dame natürlich ein Schock. Nicht die Tatsache, daß ich in der Klemme saß, sondern die dahinter verborgene Ungerechtigkeit nahm ihr die Luft. Als ich sie etwas beruhigt hatte, nahm ich sie beim Arm und fuhr mit ihr direkt zur obersten Etage der Hauptfiliale.

Das Sparbuch konnte ich leider nicht retten, aber Oma war richtig glücklich, als wir diesen Ort verließen. Immerhin hatte ich die Direktion auf ihre Unverantwortlichkeit den alten Leuten gegenüber hingewiesen und ihnen meinen Standpunkt klargemacht.

****

Oma hatte ich während der vergangenen Jahre immer wieder besucht. Ich habe diese kleine zähe Person sehr bewundert. Eine wie sie hätte wohl gerne jeder Mann zur Frau genommen. Schade, daß sie ihr Leben lang nur vom Pech verfolgt wurde. Ich jedenfalls hätte ihr alles Glück dieser Welt gewünscht. Nur von den Familientreffen mußte ich mich fernhalten; zu groß war die Gefahr, Oma den Tag zu versauen. Waren wir unter uns, herrschte immer ein freundlicher und liebenswerter Ton. Oma besaß immer sehr viel Verständnis für mich, mehr als mir gebührte.

****

Der Sommer wurde ruhig, Rosis und mein Konzept gingen auf. Claus war der einzige, der an mich herankam, und zeitweise auch Locke, der Dicke und Ronald. Ich widmete mich der Schule, der Meditation und dem Sport. Drei Monate vor dem Triathlon besorgte Ronald mir ein Fahrrad, und ich begann mit dem Radtraining. Fast täglich wurden es 60 km, und dabei stieg meine Lust auf dieses Training. Laufen sollte ich auf diesem Triathlon nur zehn Kilometer, das sollte kein Problem darstellen. Nur das Schwimmen bereitete mir Kopfzerbrechen. Eine Bahn konnte ich locker durchkraulen, dann ging mir die Puste aus. Die Atemtechnik hatte ich wohl nicht so richtig verstanden.

Das Wetter in diesem Sommer ließ wahrlich zu wünschen übrig. Ich nutzte diesen Zustand, um kostenlos Nachhilfeunterricht im Kraulen zu nehmen, und suchte mir ein Freibad, nicht weit von unserem Stadtteil entfernt. Bis auf einige wetterunempfindliche Leute waren nur die Bademeister anwesend, und die waren froh über etwas Abwechslung. Innerhalb weniger Wochen konnte ich das erste Mal 1000 m durchschwimmen. Zwar immer noch langsam und unbeholfen, aber immerhin durchhalten und das war ein voller Erfolg.

Vier Wochen vor dem Triathlon versuchte ich das erste Mal alle Disziplinen an einem Tag zu bewältigen, und ich war überrascht. Alles lief wie am Schnürchen. Ich hatte einen Weg gefunden, meine Kräfte richtig einzuteilen. Eine Mischung aus Rhythmus, Wohlfühlen, natürlichem Abschalten der Gedanken und Hilfestellung durch die gelernte Meditation.

..................Vorgestern noch sehnte ich mich nach einem Erfolgserlebnis, dabei ist alles schon in Arbeit. In den öffentlich-rechtlichen Fernsehanstalten hat sich das Programm in den letz-

ten Wochen stark verbessert. Endlich kümmern sie sich scheinbar etwas mehr um die richtigen Probleme der Leute. Die Sendungen bekommen ein konstruktives und kritisches Niveau, was durch teilweise unermüdliche Recherchen unterstützt wird. Es werden immer mehr die Probleme kranker und alter Menschen aufgearbeitet, und das so schonungslos, daß kaum einer weggucken kann. Es wird mehr und mehr auf Anstand und Gewaltlosigkeit plädiert. Die Millennium-Euphorie bekommt eine andere Richtung. Ob das an meiner Geschichte liegt? Von Beginn an schreibe ich an namhafte Unternehmen, um Unterstützung für meine Arbeit zu bekommen. Gott sei Dank.

Auch mein Vertrauen in den Kanzler wird endlich belohnt. Für die Verhandlungen heute mit den Banken über das Fortbestehen einer großen Hoch- und Tiefbau AG drücke ich ihm fest die Daumen. Wenn ihm das gelingt, wird den Skeptikern endlich Paroli geboten. Sein Durchstehvermögen und sein Vertrauen in den Lauf der Dinge werden endlich belohnt. Hoffentlich machen die Medien ihm keinen Strich durch die Rechnung, wie schon so oft. Aber es besteht noch Hoffnung, schließlich befindet sich alles zur Zeit im Aufbruch. Auch die Stimmung gegen die Übernahme einer großen deutschen AG durch eine britische läßt hoffen. Endlich wacht die Allgemeinheit auf und erkennt so langsam das Spiel der Gier von Banken und Aktionären. Hoffentlich vergessen sie nicht wieder so schnell. Wer konnte schon ahnen, daß alles nur ein hinterlistiges und ablenkendes Spiel ist?

Die Nachrichten über die vielen Absagen der Millenniums-Veranstaltungen erzeugen da nur noch ein müdes Lächeln. Anfang des Jahres habe ich mich noch über ein paar Preise informiert, lange bevor ich über das angebliche Konzert von Pink Floyd nachgedacht hatte. Schon da hatte ich mich etwas aufgeregt, weil die Preise so hoch waren, daß wohl nur Privilegierte das Millennium feiern sollten.

Ich denke mal, auch meine Theorien und mein Vertrauen in den Lauf der Dinge festigen sich, wieder einmal, von Tag zu Tag. Nur mit dem Unterschied, daß ich mich auf einen völlig neuen Lebensabschnitt vorbereite. Die Fehler der Vergangenheit werde ich fest in meinem Kopf verankern. Endlich gibt es wieder etwas Hoffnung, daß der gesunde Menschenverstand doch die Oberhand behalten wird. Ich will den Tag nicht vor dem Abend loben, aber wie es aussieht haben wir, mit etwas Glück, die letzte große Schlacht des vergangenen Jahrtausends gewonnen.

Hoffentlich fängt es jetzt richtig an. Schon am Ende dieses Tages wird man etwas mehr wissen ....

Iris, eine junge Masseurin, und Rosi waren meine Betreuerinnen auf dem Triathlon. Der Start sollte am Sonntagmorgen um 8.30 Uhr stattfinden. Am Morgen, nach einer unbequemen Nacht in einer Sporthalle, war es dann soweit. Bis auf das 14 Grad kalte Wasser und die Tatsache, daß ich nur eine einfache Badehose besaß, verlief alles ruhig und nach Plan. Wir hatten die Idee, meinen Körper mit Vaseline vor dieser Kälte zu schützen, und es half ein wenig. Beim Schwimmen hatte ich keine Chance, schon auf den ersten Metern schluckte ich so viel Wasser, daß ich mich dafür entschied, den ersten Schwall am mir vorbeiziehen zu lassen.

Es war ein Standard-Triathlon, das bedeutete: 1 km schwimmen, 56 km Radfahren und 10 km Laufen, aber immerhin. Wir waren in der Porta Westfalica, die Landschaft gehört mit zu einer der schönsten in Deutschland, gespickt mit Stauseen, kleinen überschaubaren Städten, großen Wäldern und kleinen Hügelketten mit Steigungen bis zu 18 %.

Gleich nach dem Ziel vom Schwimmabschnitt folgte der fliegende Wechsel zum Radfahren. Mein Rad war ein eher gewöhnliches Rennrad. Bei dem Anblick der anderen Räder wurde mir etwas mulmig. Tolle Renngeräte auf neuestem Stand der Technik. Es ging ziemlich schnell durch den ersten Ort, und gleich nach der ersten Kurve gab es die erste Überraschung, eine Steigung von 15 %. Unmöglich, diese mit meinem Rad zu bewältigen, aber ich war nicht der einzige, welcher Probleme mit dieser Anhöhe bekommen würde. So gut wie jeder Radfahrer mußte vor diesem Berg kapitulieren und von seinem Rad absteigen, sogar die mit den guten Rädern. Nur ein paar der Teilnehmer konnten diese Anhöhe bezwingen.

Aufgeben? Nein Danke! Kurz vor dem Gipfel wurde die Steigung etwas erträglicher; ich bestieg das Rad und holte Schwung, um auf der Abfahrt richtig Tempo zu bekommen. Jetzt machte sich das Gewicht dieses Rads bezahlt. Ich bekam fast einen Geschwindigkeitsrausch und überholte einen nach dem anderen. Bremsen oder die Geschwindigkeit reduzieren ging nicht, auch wenn ich es gewollt hätte, weil die Bremsen es nicht ausgehalten hätten. Darüber verschwendete ich keinen überflüssigen Gedanken. Der Rausch beflügelte meine Sinne, so daß ich mich auf den folgenden Kilometern bis in das erste Drittel vorkämpfen konnte.

Die Konstellation unter Zuhilfenahme der Meditation klappte hervorragend. Von dieser Abfahrt an lief alles Weitere wie am Schnürchen.

Zu meiner großen Überraschung stand ich auf der Ergebnisliste als Zehnter meiner Altersgruppe. Es ging also doch.

****

In der Zwischenzeit hatte ich Lieschen, die Mutter von Heide, einmal wiedergesehen. Ich hatte sie nie besucht, weil ich wußte, wie schwer ihr und mir die Konfrontation mit der Vergangenheit fiel. Ich wußte, daß Lieschen unter starken Beruhigungsmitteln stand und Schwierigkeiten hatte, sich im Leben zurechtzufinden. Wie würde sie reagieren, wenn sie mich und meine Familie sehen würde? Es war ein großes Risiko, dessen war ich mir bewußt. Als der kleinere Bruder von Heide uns zu sich nach Hause einlud, war die Begegnung nicht mehr zu vermeiden. Jörg informierte Lieschen und stellte ihr frei, sich auf diese Begegnung einzulassen oder auch nicht. Zu meiner Verwunderung kam Lieschen ohne Verzögerung vorbei. Ich sah ihr ihren Schmerz sofort an und sie mir meinen. Eine total paradoxe Situation für uns beide. Auch meine Wunden brachen bei dieser Begegnung wieder auf. Für Lieschen muß dieses Treffen schlimm gewesen sein, schließlich hatte ich Rosi und meine Tochter bei mir. Als Lieschen uns nach kurzer Zeit verließ, war ich auf eine seltsame Art verstört; ich denke mal, ich redete nur noch dummes Zeug. Es war Zeit nach Hause zu gehen.

Viele Monate später, es können auch wenige Jahre gewesen sein, zog mich eine seltsame Stimme zu Heides Grab.

Lieschen konnte ich nicht helfen; ich hatte den Schmerz selber nicht verdaut und sie damit nur gefährdet, weil ich selber auf Hilfe und Verständnis angewiesen war. Lieschen bewußt mit meiner Familie zu konfrontieren, erschien mir absurd und unangemessen, aber genau das hätte ich tun müssen.

Nun stand ich vor Heides Grab, da, wo auch ihr Vater beerdigt war, und wurde starr vor Entsetzen. Das Grab war frisch und ein weiterer Name hinzugefügt.

Sofort erinnerte ich mich an den letzten Vers eines Gedichtes, das in der Küche meiner Großeltern hing:

„Schätze die Blumen während des Lebens, auf den Gräbern sind sie vergebens!"

Von dem Vorwurf, der hinter diesen Worten steht, kann auch ich mich nicht freisprechen. Ich ging davon aus, daß Lieschen im Kreis ihrer Angehörigen am besten aufgehoben war. War sie es tatsächlich, deren Name auf diesem Grabstein stand?

****

Es kam wieder einmal ein Ereignis zum nächsten. Es blieb kaum Zeit, um richtig Luft zu schnappen, schon gar nicht genug, um die Vergangenheit aufarbeiten zu können. Heute weiß ich, daß so etwas das Verkehrteste ist, was man überhaupt machen kann. Es ist nichts anderes als eine Flucht nach vorne, in der Hoffnung, daß die Vergangenheit unter der Last des Neuen begraben wird, und mit der Hoffnung, alles irgendwann richtigstellen zu können.

Eine gewaltige Last mit sehr mystischem und gewaltigem Hintergrund.

17. Kapitel – Der Restart

Der Triathlon, an dem ich teilnahm, fand Ende September 1987 statt. Fast genau zwei Jahre, nachdem ich das „La Tropicana" aufgeben musste.

Inzwischen sah man schon deutlich die Auswirkungen, die unter anderem auch durch unser Ausscheiden hervorgerufen wurden. Das Gewaltpotential auf der Straße bekam eine unübersichtliche Größe. Sogar Plünderungen bei Ausschreitungen standen auf dem Programm. Besonders schlimm wurde es, wenn es auf die Weihnachtszeit zuging. Silvester eskalierten diese Auseinandersetzungen regelmäßig in einer Straßenschlacht, welche jahrelang in den Medien zu verfolgen war.

In jeder Szene-Kneipe und in fast allen Diskotheken gab es plötzlich die neue Modedroge Kokain.

Im Hafen unserer Stadt war der Stückgutumschlag noch ein wesentlicher Wirtschaftsfaktor, was dazu beitrug, daß unsere Stadt bis Anfang der neunziger Jahre als Drogentor Europas eine entscheidende Rolle übernahm. Nicht nur, weil wir den Hafen besaßen, sondern weil alle Faktoren unweigerlich zu diesem Zustand führten. Es waren Mächte im Spiel, die diesen Zustand forderten.

****

Aids hatte für mich kaum eine Bedeutung, trotzdem ließ ich mich regelmäßig untersuchen. Nicht nur wegen der angeblichen Aids-Gefahr, sondern auch wegen meines Lebenswandels, gekennzeichnet durch meinen übermäßigen Konsum von Zigaretten und Alkohol. Um nicht das gleiche Schicksal wie mein Vater erleiden zu müssen, begab ich mich einmal pro Jahr in ein Krankenhaus, um mich vollständig untersuchen zu lassen. In diesem Jahr hatte ich mich im Sommer einer Leberpunktion unterzogen, mit sehr guten Ergebnissen. Es bestand keine Gefahr.

Ich hatte soweit meine finanziellen Angelegenheiten inklusive der Verbindlichkeiten auf dem Laufenden. Das, was noch erledigt werden mußte, hatte Zeit. Also kümmerte ich mich etwas um Säckel, dem ging es von Tag zu Tag schlechter. Er bekam in immer kürzeren Abständen regelmäßig Probleme mit seinem Diabetes. Ein paarmal stand der Notarztwagen vor seiner Tür, immer im letzten Moment.

Es gab vor einem Zuckerkoma kaum Anzeichen, die einen Außenstehenden erkennen ließen, was mit ihm passierte. Vor allem, weil Claus überhaupt keine Rücksicht auf seine Krankheit nahm, was wiederum dazu führte, daß er noch zahlreiche traurige Rekorde erlangen sollte.

Säckel überspielte diese Situationen, er machte sich sogar lustig darüber. Wenn er gerade mal wieder so ein Koma überstanden hatte, hörten wir immer wieder die gleiche Aussage von ihm: „Oh Mann, was für ein geiler Flash."

Für Claus wurde es zum Spiel, sein wohl gefährlichstes Spiel und ein großer Test an der Loyalität seiner Mitmenschen. Ich stand ihm weiterhin zur Seite, weil ich wußte, daß das Verhalten von Claus nichts anderes war als ein sehr lauter Hilfeschrei. Erschreckend empfand ich, daß ich immer wieder einen Sinn in seinem Handeln fand.

Ich war zunehmend schockiert über seine psychische Verfassung und litt mit ihm.

****

Ich hatte Erfahrungen genug gesammelt im Umgang mit meinen Gläubigern. Jetzt wurde es höchste Zeit, Säckel unter die Arme zu greifen. Er hatte es sich von vornherein abgewöhnt, seine Post zu öffnen.

Zuerst mußte sortiert und danach die rückständigen Kassenberichte bearbeitet werden.

Es war eine Menge, was sich inzwischen angesammelt hatte. Alleine die Säumniszuschläge der Finanzämter waren inzwischen auf eine sechsstellige Summe angestiegen. Alles in allem kam schon mal leicht eine höhere siebenstellige Summe zusammen. Mit ein bißchen Glück und der dazugehörenden Taktik war ich ziemlich sicher, ihn mit einer halben Million aus dieser Lage befreien zu können, wenn wir eine zusätzliche Einnahmequelle finden würden.

Im Sound House, der letzten ihm verbleibenden Gaststätte, reichten die Einnahmen gerade mal zum Überleben und um die hartnäckigsten Gläubiger etwas ruhig zu stellen. Es war aber nur eine Frage der Zeit, wann auch dieses Kartenhaus zusammenbrechen würde.

Das Sound House war gut 15 km von unserer Wohnung entfernt, trotzdem besuchte ich es regelmäßig. Sehr oft ging ich zu Fuß oder ich nutzte die Strecke zum Lauftraining, manchmal aber auch mit dem Fahrrad.

Seit einiger Zeit fuhr ich wieder einen alten Mercedes 200. Wenn ich Claus für ein paar Stunden aus seinem Mief herausholen wollte, fuhr ich mit diesem Wagen. Allerdings war es, wie schon immer, nie leicht, Claus aus seiner Umgebung herauszulocken.

In den ganzen Jahren hatte er mich nur zweimal in meiner Wohnung besucht, jedes Mal mit Widerwillen und Unbehagen. Ihn zu bewegen, seine Höhlen zu verlassen, war immer ein Tanz auf dem Drahtseil. Ich blieb hartnäckig, auch wenn er mich zum hundertsten Male versetzte.

Besonders schmerzlich war es, wenn ich zu Fuß zu ihm kam und er mich stundenlang vor der Tür stehen ließ. Das gehörte aber zu Säckel wie Margarine oder Butter aufs Brot. Ich denke, ihm war es nicht einmal bewußt, daß er seinen Mitmenschen damit sehr weh tun konnte.

Wollte er bei den restlichen Leuten seinen Namen behalten, so mußte er sich ständig ein neues Geschäft einfallen lassen. So blieb er in aller Munde und konnte wenigstens überleben. Eine trostlose und traurige Alternative zum vorherigen Leben, welche auch bei mir tiefe Spuren hinterließ und Betroffenheit auslöste.

Wir stritten uns bei jeder Gelegenheit, aber wir hielten zusammen. Bei den Summen, um die es hier ging, kein leichtes Unterfangen. Wir betrieben Ursachenforschung und kamen dabei auf die schrillsten Gedanken. Die Vergangenheit und vor allem das Bewußtsein über unsere Leistungen ließen uns immer näher zusammenrücken.

Eine Freundschaft bewährt sich nur in schwierigen Zeiten. Der Schwierigkeitsgrad spielt dabei eine wesentliche Rolle, nämlich gar keine. Zumindest wenn der Begriff Freundschaft ernst gemeint ist. Oft kann man erst mit dem Tod Gewißheit über seine wirklichen Freunde bekommen. Die meisten Freundschaften brechen jedoch schon viel, sehr viel früher.

****

Das ehemalige Why Not wurde von Elke und ihrem Freund übernommen. Jürgen hatte die Belastung durch seine Aufgabe als Geschäftsführer nicht lange ertragen können.

Es war ein Wunder, daß er dabei mit heiler Haut davongekommen war. Elke hatte vorher bei mir im „La Tropicana" für kurze Zeit gearbeitet.

Sie und ihr Freund machten die Sache gut, schließlich waren sie und ihre Freundinnen um Marina in der Szene gut bekannt und gerne gesehen.

Es ergab sich, daß Marina sich anbot, das „Coffee Time" zu übernehmen. Claus war damit einverstanden. Der Kaufpreis bestand lediglich aus einigen offenen Rechnungen bei unseren ehemaligen Bossen aus dem „Why Not".

Claus hatte ein gutes Verhältnis zu Marina und Elke. Es lag auf der Hand, daß er dieses Vorhaben nur unterstützte. Sicherlich auch eine gute Gelegenheit für ihn, die Fäden wenigstens im Hintergrund in der Hand behalten zu können.

Ich hielt mich so gut es ging raus aus dem Nachtleben. Nur in Begleitung von Locke oder Säckel besuchte ich, und das auch nur sehr selten, das „Fly Inn" (ehemaliges Why Not).

Ich konnte das Verhalten und die Einstellung mancher Leute zu dem Geschehenen nicht verstehen und schon gar nicht akzeptieren. Ich meine damit die Leute, die sich von uns abgewendet hatten, um selber in einem besseren Licht dastehen zu können.

****

Mit der Übernahme des „Fly Inn" bekam der Laden wieder einen neuen Namen und hieß nun „Stone". Eine Bedienung verdiente sich eine ganz besondere Aufmerksamkeit. Sagitta, eine hübsche und sportliche Studentin. Wie sich herausstellte, hatte Sagitta am gleichen Tag Geburtstag wie ich, ein außergewöhnlicher Tag. Immerhin der zweite Juni, bei Zwillingen ein Volltreffer. Auch in ihren Idealen unterschied sie sich kaum von den meinigen.

Wenn es zu einer Schlägerei im Laden kam, war sie die Erste im Geschehen und zögerte nicht eine Sekunde einzugreifen. Sicherlich hatte sie Selbstvertrauen durch ihren Kampfsport, aber das änderte nichts an dem Mut, den sie als Frau bewies, und das sogar in der Szene-Gastronomie. Beachtenswert, diese junge Frau.

****

Unsere kleine Tochter wuchs in gut behüteten Verhältnissen auf. Ihre Entwicklung verlief normal. Dadurch, daß sie unser einziges Kind und das erste seiner Generation in der Familie war, wurde sie auch von der Verwandtschaft ständig verwöhnt und verhätschelt. Ich geriet oft mit den Großeltern und Urgroßeltern aneinander und gab ihnen die Schuld an ihrer Sturköpfigkeit. Wenn sie nicht sofort bekam, was sie wollte, konnte sie sogar eine Etage eines Kaufhauses auf ihre Seite ziehen. Uns blieb oft nichts anderes übrig, als die Rabeneltern zu spielen; nachgeben durften wir in so einer Situation nicht, es hätte dieses Verhalten nur verstärkt.

Rosi hatte einen Job als Aushilfe in der Gastronomie angenommen. Damit sie sich tagsüber etwas ausruhen konnte, übernahm ich große Teile des Haushaltes. Dazu gehörte natürlich auch unsere Tochter. Kam ich mal nicht so schnell auf Trab, wie es sich die Kleine wünschte, dann entstanden die drolligsten Kapriolen. Ich lag noch im Bett, und sie hatte ihre Windeln voll. Ich reagierte nicht sofort, sie nahm irgendeinen Behälter und ließ ihn auf einen unserer Köpfe fallen. Einmal setzte sie sich mit der vollen Windel auf mein Gesicht.

Zur Musik hatte sie eine ganz besondere Beziehung. Sie konnte zwar noch nicht sprechen, aber englische Texte schien sie zu verstehen. Hörte ich meine Musik, brabbelte sie ständig irgend etwas, stellte sich aufrecht in ihr Laufgitter und fing an zu tanzen. Wechselte ich nicht die Musik, wurde sie etwas ungehalten. Rosi klärte mich auf und verlangte, daß ich ein bestimmtes Stück für sie spielen sollte. Jetzt verstand ich auch den Satz, den unsere Tochter brabbelte: „Can you feel it!"

Ich war ein stolzer Vater, der Umgang mit der Kleinen fiel mir verhältnismäßig leicht, obwohl ich zunächst Angst vor der Kindererziehung hatte. Nun war es mir eine Freude, sie ständig um mich zu haben. Es läßt sich mit Worten nicht beschreiben, wie viel Mut und Energie einem so ein Kleinkind geben kann. Wenn ich am Wochenende einen Lehrgang besuchte, spürte ich sofort, wenn die Kleine mich vermißte. Sehr oft sah ich dann ihre ängstlichen kleinen Knopfaugen vor meinem Gesicht.

Bis auf ihre Schrei- und Weinkrämpfe gab es, außer den üblichen Beschwerden wie Kinderkrankheiten, keine besonderen Vorkommnisse. Allerdings waren ihre Wutanfälle auch etwas gefährlich. Sie steigerte sich dann so schlimm in so einen Anfall hinein, daß sie manchmal blau anlief, mitunter bis kurz vor einer Ohnmacht.

Eines Tages entschlossen wir uns zu einer Schocktherapie. Bei ihrem nächsten Anfall stellten wir sie kurzerhand unter die kalte Dusche, so wie sie in diesem Moment war, mit Spielzeug und Kleidung; das half. Seit diesem Moment überlegte sie sich etwas länger, wann sie ihren Kopf unbedingt durchsetzen wollte.

****

Es muß kurz vor der Weihnachtszeit gewesen sein; ich hatte den Tag über wie ein Wilder trainiert und war gerade vor meinem Haustempel am meditieren. Kurt rief an und sprach mit Rosi. Ich war erstaunt, weil wir vereinbart hatten, Kurt nicht mehr an mich heranzulassen. Rosi betrachtete das Anliegen von Kurt als wichtig, und das Geschehen nahm seinen Lauf.

Kurts Anruf bei Rosi löste bei mir eine Kettenreaktion aus. Für Kurt schien es ein leichtes Spiel gewesen zu sein, Rosis Vertrauen zu gewinnen, um ihre Einwilligung für ein Treffen zu geben. Ich vertraute auf die Intuition einer Mutter und willigte ein. Immerhin hatte ich das Gefühl, daß ich Kurt noch etwas schuldig war wegen einer Sache im „La Tropicana". Was für ein Unsinn, aber so fühlte ich eben. Ich hatte ihm längst so viel geholfen, daß er sich ohnehin dafür kaum revanchieren konnte. Für seine Verfehlungen mußte er selber geradestehen. Nur was mit meiner Ehre zu tun hatte, damit ließ ich nicht spaßen.

Bei unserem anschließenden Treffen sah ich auch, warum. Kurt war erst kurze Zeit wieder aus dem Gefängnis. In dieser Zeit hatte er sich zurück nach Düsseldorf begeben und schnell ein paar Frauen gefunden, mit denen er zusammenarbeiten konnte. Finanziell schien es ihm gut zu gehen, sein Problem war ein viel größeres. Er umgab sich mit Leuten, die kräftig ihr Kokain über eine Wasserpfeife zu sich nahmen. Man nennt dieses Verfahren Basen, und es ist fast genauso schlimm wie das Spritzen von Heroin. Vielleicht nicht sofort in der körperlichen, dafür aber um so stärker in der psychischen Abhängigkeit.

Ich war noch nie ein Kostverächter. Mein Gefühl und mein Feeling bestimmten immer, auf was ich mich einlassen konnte und womit ich nichts zu tun haben wollte. Basen und das Spritzen von Heroin gehörten immer zu den Dingen, die ich umging. Am besten war es, diesen Leuten aus dem Weg zu gehen, sie konnten nichts Gutes bringen. Kurt in dieser Lage zu sehen, bereitete mir Kopfschmerzen. Was war aus diesem stolzen, immer aktiven und total verrückten Typen geworden? Ihn da einfach sitzen zu lassen, das konnte ich nicht über mein Herz bringen, also ließ ich mich auf ihn ein.

Natürlich klärte ich Kurt darüber auf, wie ich über ihn dachte, und er zeigte Verständnis.

Alles kam wieder zusammen, als wäre eine höhere Macht im

Spiel. In diesem Moment hätte ich Stein und Bein darauf geschworen, daß alles so vorbestimmt gewesen war.

****

Die Computer-Akademie langweilte mich schon seit einiger Zeit. Alles, was ich wissen mußte, hatte ich gelernt und dabei gar nicht mal so schlecht abgeschnitten. Ronald hatte meinen Werdegang beobachtet und hatte eine Klasse nach mir mit seiner Ausbildung angefangen. Er war eher der Typ, der sich Tag und Nacht mit dem Programmieren von Maschinen beschäftigen konnte.

Das letzte Quartal lag noch vor mir, Assembler-Programmierung war der Unterrichtskern. Assembler-Programme sind reine Maschinenbefehle und Steuerungen, also waren für mich der Unterrichtsstoff und das Thema noch öder. Ich überlegte täglich, ob ein weiteres Durchhalten überhaupt Sinn ergab. Brach ich ab, bekam ich ein passables Abgangszeugnis, welches sich sogar in einer Bewerbung ganz gut machen würde. Machte ich weiter, begab ich mich in die Gefahr, meinen Zensurendurchschnitt erheblich zu verschlechtern und mich an diesen Berufszweig zu binden.

Aber einfach abbrechen wollte ich noch nicht, nicht solange es keinen zwingenden Grund dafür gab. Dieser Grund mußte nicht lange auf sich warten lassen.

****

Säckel war zu meiner Überraschung hoch erfreut über Kurts Erscheinung. Früher hatte er immer nur über ihn gelästert, jetzt war Kurt willkommen. Wohl auch, weil er frischen Wind und Glanz verbreitete. Was scheinbar wohl nicht mehr und nicht weniger bedeuten sollte als: frisches Bargeld.

Claus kam im Sound House immer mehr unter Druck, und auch

bei mir wurde es wieder eng. Die restlichen Gläubiger machten Theater. Am schlimmsten verhielten sich die Vollstrecker der Krankenkasse. Bei mir hatten sie sogar eine Betriebsprüfung angeordnet. Laut Gesetz kann die Kasse das jederzeit anordnen, sobald nur der Verdacht besteht, daß sozialabgabepflichtige Beiträge einbehalten werden. So ein Verdacht muß noch nicht einmal begründet werden. Bei mir bissen sie auf Granit. Ich bekam sogar ein kräftiges Lob vom Finanzamt. Trotzdem wurde die Anzeige aufrechterhalten. Bei Claus verhielt sich die Situation etwas anders. Vor allem wegen seiner Zuckerkrankheit.

Die gesetzliche Krankenkasse hatte in Claus einen guten Kunden gehabt, nicht wegen seiner Krankheit (bis dahin war sie noch nicht kräftig zu Buche geschlagen), sondern wegen der Vielzahl der Beschäftigten, die im Laufe der Jahre bei ihm Arbeit gefunden hatten.

Der Getränkegroßhändler wurde wieder etwas dreister und nörgelte wegen jeder Bierrechnung. Wie alle anderen gastronomischen Betriebe von uns, so gehörte auch das Sound House zum Imperium von unseren Bossen aus dem ehemaligen Why Not, was wiederum Säckel ständig Kopfzerbrechen bereiten sollte. Auf diese Art bestand immer wieder ein Abhängigkeitsverhältnis zu seinem Peiniger.

Kurt kam also scheinbar im richtigen Moment. Claus und ich hatten lange überlegt, ob wir noch einen Versuch starten sollten, vor allem ob wir es mußten. Es war an der Zeit, daß wir zeigen mußten, daß wir immer noch bereit waren, Zähne zu zeigen. Das Rotlicht-Milieu bot sich an.

Ich hatte etwas Angst vor diesem Schritt. Ich hatte meine Erfahrungen mit dem Milieu gemacht und wiederholt festgestellt, daß ich diese Leute achtete und respektierte, aber nicht der Typ dafür war. Ich liebte die Frauen zu sehr auf meine Art, und die war absolut nicht tauglich für das Milieu. Daß die meisten von ihnen nicht auf den gefühlsbetonten Mann ansprachen und so etwas auch hinderlich bei deren Arbeit ist, war ein zusätzliches Handicap. Ein weiteres natürlich Rosi und meine Tochter.

Ganz ohne Kontakt zu Frauen aus diesem Gewerbe würde es nicht gehen. Ich ahnte Schlimmes und besprach mit Rosi und Claus, wie wir vorzugehen hatten. Rosi verstand unser Problem, es erschien aber sofort ein gräulicher Schimmer auf den Pupillen.

Claus seinerseits versuchte sich fein säuberlich aus der Affäre zu ziehen, er wollte alles vom Laden aus steuern und mir Rückendeckung geben. Daß sein Verhalten mit etwas anderem zu tun haben konnte, kam mir nicht in den Sinn. Seine Erklärung, er könne den Laden nicht verlassen, reichte mir völlig. Also fiel das Los auf mich. Ich begleitete Kurt, um eine passende Bar für uns zu finden und um Kontakt zu den Frauen aufzubauen, die in dieser Bar arbeiten wollten.

****

Die Würfel waren endgültig gefallen, nachdem Claus und ich auf einem Trip waren. Ich merkte schnell, daß Säckel wieder seltsam und unerklärlich aggressiv wurde. Nicht körperlich aggressiv, sondern psychisch.

Immer wenn er so war, bekam ich etwas Angst um ihn. Noch wußte ich nicht sicher, daß es immer die Vorboten eines Zuckerkomas bei ihm waren.

Wir waren sehr gut drauf, der Trip verlief angenehm. Plötzlich ging Claus in sein Zimmer. Die anderen Gäste waren schon fort, und ich schloß den Laden ab und setzte mich auf eine Couch, um Musik zu hören. Urplötzlich bekam ich das Gefühl, mit einer ganzen Armee von Geisterreitern zu kämpfen.

Es wurde mir schlagartig klar, daß mit Säckel etwas nicht stimmen konnte, und ich ging in sein Schlafzimmer. Claus lag schon im Koma, so daß er sich nicht einmal mehr bewegen konnte. Ich rief den Notarzt, und Claus wurde umgehend in eine Zuckerklinik eingeliefert.

Am nächsten Tag erfuhr ich, daß er einen Blutzuckerspiegel weit über 1800 mg% hatte. Ein Wert von 300 mg% kann bei vielen Menschen schon tödlich wirken.

Der behandelnde Arzt war fassungslos; nach seiner Aussage war es der höchste Wert, von dem er jemals gehört hatte. Wir waren sprachlos.

So also baute Säckel seinen Frust ab? Er kämpfte auf seine Art.

War das sein Weg, dieser Krankheit Paroli zu bieten?

Schon am dritten Tag konnte er die Intensivstation wieder verlassen. Für ihn ein Grund, sich die restlichen Schläuche aus den Venen zu reißen, in ein Taxi zu steigen und zum Laden zu fahren. Wir waren überrascht und fassungslos, als er plötzlich im Laden stand und sofort den Tresen übernahm.

Stolz präsentierte er uns seine Ergebnisse, wieder einmal mit dem abschließenden Satz: „Was für ein Flash!"

Sehr makaber, diese Art von Humor. Wir waren glücklich, daß er noch am Leben war, und konnten uns das Schmunzeln nicht verkneifen. Ich bekam Angst. Wie es aussah, litten wir mehr unter seiner Krankheit als er selber.

So konnte es auf keinen Fall weitergehen. Ich war bereit, alles zu tun, wirklich alles, um uns aus dieser Misere herauszuholen. Auch Rosi zeigte viel Verständnis dafür, verbarg aber nicht ihre Bedenken. Grundsätzlich hatte sie nichts gegen unseren geplanten Ausflug; aber ihre Angst, dabei unsere Familie zu verlieren, war nicht unbegründet.

Nicht nur das. War die Richtung – der Weg –, den ich gehen sollte, der richtige?

18. Kapitel – Die Folgen

Die Blondine, wegen der Kurt schon einmal im Gefängnis gesessen war, hatte ihn erneut angezeigt. Kurt zeigte immer wieder Verständnis für diese Frau und glaubte, ihr Verhalten sei ausgelöst durch ihre krankhafte Eifersucht. Mit eifersüchtigen Frauen hatte ich meine eigenen Erfahrungen, also nahm ich seine Erklärung als gegeben hin.

Wer glaubt, das Milieu sähe nur so aus, wie es in Kriminalfilmen dargestellt wird, der konnte sich schnell vom Gegenteil überzeugen, wenn er einen Blick in diese Szene warf. Natürlich gab es dort auch Spinner und Wahnsinnige. In den Kreisen, in denen ich mich aufhielt, wurden die Frauen mehr mit Respekt behandelt. Aber gerade im Milieu gibt es auch unter den Frauen Irrlichter.

Das, was ich nun durch Kurt unter dem Begriff Milieu kennenlernte, ähnelte eher den Beschreibungen des Berliners Zille.

Gegen Kurt lief also wieder ein Haftbefehl. Folglich begleitete ich ihn auf seiner Flucht. In dem Moment, als ich davon erfuhr, war der Zug schon abgefahren und es gab wieder einmal kein Zurück mehr. Wieder einmal lagen recht abenteuerliche Monate vor mir. Monate, die ich zum größten Teil auf den Autobahnen zwischen Hamburg, unserer Stadt und Düsseldorf verbrachte. Die schnellste Zeit nach Düsseldorf fuhren wir in diesen Monaten in anderthalb Stunden. Die längste Zeit von unserer Heimat nach Koblenz in fünf Tagen. Dabei umfuhren wir mindestens drei angebliche Ringfahndungen und wechselten des öfteren den PKW. Kurt wußte genau, daß, wenn ich bei ihm war, ihm nicht viel passieren konnte. Er wich kaum noch von meiner Seite. Bevor wir loslegen konnten, stellte ich an Kurt eine Bedingung: Er mußte sich seiner Sucht stellen und mit dem Basen aufhören.

Kurt willigte ein. Wir durchlebten seinen Entzug in einem Vertreterhotel in einem kleinen Ort neben der Autobahn.

Solange Kurt nicht allzu viel Bargeld in der Tasche hatte, konnte ich gut mit ihm umgehen. Hatte er wieder eine größere Menge Geld in seinen Händen, entglitt er sofort.

Um eine Bar aufzubauen eine recht ungünstige Konstellation, aber mehr Substanz war halt nicht greifbar.

Kurt brauchte nicht besonders viel Überzeugungskraft anzuwenden, um mich mit nach Düsseldorf zu nehmen. In Düsseldorf hatte er inzwischen Kontakt zu mehreren Prostituierten. Zwei davon waren erfahrene Profis. Beide hatten ihre beste Zeit im Duisburger Ruhrpott und auf der Düsseldorfer Königsallee erlebt. Zeitweise arbeiteten sie für einen der größten Zuhälter aus dieser Zeit. Nun versuchten sie sich auf eigene Beine zu stellen. Kurt hatte Schwerstarbeit zu verrichten. Die beiden waren abgeklärt genug, um ihm sein Leben so schwer wie möglich zu machen.

Anfangs wußte ich nicht welche Rolle ich in ihrem Spiel übernehmen sollte. Die Abgeklärtere von den beiden durchschaute mich nach wenigen Besuchen. Sie spürte sofort, daß ich nicht in dieses Milieu gehörte. Trotzdem half sie mir, so gut sie konnte.

Inzwischen hatte das Milieu von seinem einstigen Glanz kaum noch etwas übrig behalten. Die guten Leute mußten sich still in den Hintergrund begeben oder waren ausgeschaltet, den Rest hatte Aids besorgt. Die Huren und auch die Freier waren verunsichert, das Geschäft schien auf einem seiner wohl niedrigsten Punkte seiner mehrere tausend Jahre alten Geschichte angelangt.

Eine weitere Frau aus Düsseldorf hatte Kurt, zu meiner völligen Überraschung, geheiratet. Eine hübsche, aber recht hochnäsige ehemalige Bankkauffrau. Mit ihrer Karriere in einer Bank hatte sie abgeschlossen, sie stand mehr auf das schnelle Geld. Daß sie dafür auch ihren Preis bezahlen mußte, darüber verschwendete sie anscheinend nicht einen Gedanken. Fürs erste reichte ihr wohl das Kribbeln der Gefahr und des Unbekannten.

Den Umgang mit ihren Freiern lernte sie schnell, ja so, als wäre sie dazu geboren wurden. Manchmal schien es, als wenn sie richtig Spaß an ihrer Arbeit hatte. Nicht Spaß wegen der Freier, sondern Spaß wegen des schnellen Geldes. Ideale Voraussetzungen für diesen Job, um ihn ohne größere Blessuren überstehen zu können.

Es gibt nur sehr wenige Frauen, die diese Arbeit über Jahre und ohne Gefühlsverlust ausüben können. Diese Frau hatte die Veranlagung, sogar mehr Reife und Selbstsicherheit aus ihrer Tätigkeit zu beziehen, so daß sie in jeder Hinsicht profitieren konnte. Zu der Zeit war sie noch eine zickige, neugierige und verzogene junge Dame, die mit allen Mitteln an die Macht wollte. Von den Gesetzen der Straße hatte sie kaum einen blassen Schimmer, aber sie war lernwillig und sie lernte sehr schnell.

****

Die Zeichen der Zeit und die Situation, in der ich mich zusammen mit Säckel und vielen anderen befand, waren mehr als Grund genug, die Zähne zu zeigen. Daß sich daraus eine weitere Katastrophe entwickeln könnte, dieses Risiko war mir bewußt. Die Erniedrigungen, die wir durch den Untergang des „Why Not“ in Kauf nehmen mußten, ließen kein Vernunftdenken mehr zu. Vor allem, weil sich Säckels Gemüts- und Gesundheitszustand fast täglich verschlechterte.

Wenn ich die Situation aus der heutigen Sicht betrachte, fehlen mir immer noch die Worte, um unserer Lage und unserer Verzweiflung den richtigen Ausdruck zu geben. Es soll keine Entschuldigung sein für alles, was wir getan haben; eine Entschuldigung benötigen wir für absolut gar nichts. Was wir uns nehmen mußten, war immer nur das, was wir für uns benötigten, auch wenn das oft einfach nur etwas Abenteuer und Selbstbestätigung gewesen waren. Das Milieu gehörte immer wieder zu einer willkommenen Abwechslung in diesen zeitweise prekären, trostlosen Situationen.

Vor allem war es aber eine etwas außergewöhnliche Art, um auf unsere Probleme aufmerksam zu machen, bevor sie ganz in der Versenkung verschwanden. Eines war sicher: Die Leute hatten wieder Gesprächsstoff, wir wurden wieder beachtet. Auch wenn die meisten schlecht über uns redeten, so machten sie sich immerhin Gedanken über uns.

****

Kurz nach dem Beginn dieses Abenteuers stellte ich meine tägliche Meditation ein.

Auch mein Training mußte ich wieder einmal unterbrechen; ohne die Meditation erschien es mir wertlos. Eine sehr lange Zeit danach hatte ich keinen richtigen Anschluß an diese Lebenseinstellung gefunden. Ich habe mich einfach für den damaligen Aussetzer geschämt und fand mich nicht würdig genug für die Empfängnis dieser grenzenlosen Energie. Daß ich sie dann doch bekommen habe und sie ständig um mich herum war, werdet ihr noch sehr deutlich erkennen.

.................Das wird ein Grund mehr werden, um mein Leben neu zu ordnen und in ruhigere Bahnen zu lenken. Mit „ruhig" meine ich auf keinen Fall „bedeutungslos" oder „uninteressant". Es gibt so viele wichtige Aufgaben, die auf uns warten. Mit der richtigen Vorbereitung und vor allem dem Bewußtsein, etwas für sich und seine Gemütsverfassung tun zu können, kommt die Energie, um diese Ziele zu verwirklichen. Man sollte aber nicht den Fehler machen, etwas als wichtiger zu sehen als das eigene Wohlbefinden. Damit meine ich nicht Luxus, der soll bei Bedarf dazugehören. Ich meine eine tiefe innere Zufriedenheit und Ausgeglichenheit.

„Man kann niemandem helfen, wenn man sich selber nicht einmal helfen kann bzw. geholfen hat!"

Inzwischen haben wir wieder Dezember, die Adventszeit hat begonnen. Wie so oft in den vergangenen Jahren habe ich etwas Angst vor dieser Zeit. Viel zu oft wurde ich gerade da am stärksten enttäuscht, wo doch Wärme und Geborgenheit zu den angenehmen Nebenerscheinungen gehören sollten. Seit dem letzten gemeinsamen Weihnachten mit meinen Eltern gab es nur sehr wenige, die wirklich so waren, wie ich sie mir vorgestellt hatte. Die meisten Jahre habe ich gar keine Zeit gehabt, diese Jahreszeit richtig wahrzunehmen, meist hinderten mich die Arbeit oder die Umstände daran. Weihnachten bin ich besonders empfindlich. In manchen Familien habe ich den Eindruck, sie wollen an einem Tag wiedergutmachen, was sie das ganze Jahr über verbockt haben. Die Folgen sind oft unpersönliche Geschenke, Stöhnen über das wenige Weihnachtsgeld und unzufriedene Familien. Ich denke mal, es gibt keine andere Jahreszeit, in der sich mehr Familien trennen, als zur Weihnachtszeit. Würde man in einer Statistik nachschauen, an welchem Tag die meisten Suizidversuche stattfinden, der 24. und 25. Dezember stehen wohl ganz oben an der Spitze.

Dieses Jahr will ich die Weihnachtszeit genießen können. Ich träume davon, im Frühjahr für ein paar Monate mit meinem Sohn nach Spanien zu fahren, noch bevor ich hier ausziehen muß. Der Kleine hat es sich verdient, ein richtiges Abenteuer zu erleben. Seit seiner Geburt hat er fast gar nichts von mir gehabt. Als Kleinkind konnte ich ihn, aufgrund meiner schweren Verletzungen, nicht einmal richtig auf den Arm nehmen. Fußball spielen und andere Sachen fielen flach. Dann kamen die schrecklichen Ereignisse der letzten drei Jahre, ich fand immer noch keine Zeit für ihn. Seit fast einem Dreivierteljahr meine Therapie, die ich hoffentlich bald restlos überstanden habe, und dann?

Bevor ich mein Leben neu beginne, möchte ich gerne dem Kleinen etwas ganz Besonderes für sein zukünftiges Leben geben. Mein Traum ist es, mit einem Wohnmobil durch Portugal und Spanien zu fahren, zu fischen, Boot zu fahren und zu campen, am Lagerfeuer Geschichten zu erzählen und die Sterne zu zählen. Ich denke mal, wenn wir zwei oder drei Monate unterwegs sein können, wird er diese Tour sein Lebtag nicht vergessen.

Er soll es dann sein, der bestimmt, an welchem Ort ich mich niederlassen werde.

Meine Tochter fühlt sich etwas unverstanden und nicht geliebt. Sie hat auch eine sehr schwere Zeit hinter sich. Gott sei Dank konnte sie als Kleinkind viel sehen und erleben. Sie kennt alles, vom Hubschrauberfliegen über Fünf-Sterne-Hotels bis hin zum Abenteuer Natur im Osten. Nun muß sie sich von ihrer Kindheit verabschieden und sehen, wie sie am besten zurechtkommt. Mir bleibt nicht mehr viel Zeit, um ihr die dringend notwendigen Korrekturen beizubringen. Aber meine Methode zeigt Erfolge. Sie will noch dieses Jahr auf eine höhere Schule. Damit sie begreift, was ich von ihr will, muß ich manchmal etwas abweisend wirken. Tue ich es nicht, fängt sie sofort wieder an, uns an der Nase herumzuführen. Ich sehe jede kleinste Veränderung an ihrem Wesen, um so mehr bin ich enttäuscht, wenn sie versucht, andere Wege zu gehen; aber langsam fängt sie an zu begreifen. Wäre ich anders zu ihr, die bevorstehende Trennung würde bei ihr große Lücken hinterlassen; so bekommt sie den nötigen Abstand.

Meine Sicht der Dinge verändert sich zunehmend. Ein gutes Zeichen für den Beginn einer Genesung, aber noch habe ich mindestens drei harte Monate vor mir. Sollte alles so verlaufen, wie ich es mir wünsche, hoffe ich inständig, Ende März die Koffer zu packen.

Sogar meine Wut auf die Personen, die nur darauf gewartet haben, daß ich sterbe, hat sich zur Zeit etwas gelegt. Sie schlägt fast schon um in Mitleid. Wie wollen solche Menschen mir je wieder in die Augen schauen können?

Auch mein Zorn auf Rosi legt sich von Tag zu Tag. Sie muß selbst wissen, was gut für sie ist. In der Zeit mit mir hat sie genug gelernt, um ihr Leben alleine führen zu können. Sie hat auch genug gelitten und mitgemacht. Mehr kann ich von ihr beim besten Willen nicht erwarten. Daß sie nun die Zeit nicht abwarten kann, wo sie mich endgültig los ist, nehme ich ihr nicht einmal übel. Jeder soll nach seiner Lebenseinstellung glücklich werden. Sich da einmischen, bedeutet weitere Verantwortung mit übernehmen. Ich bin sogar etwas froh darüber, endlich den Absprung zu schaffen. Nur so kann ich mir und meinen Kindern die Hilfe geben, die sie wirklich benötigen.

Aber das ist alles erst einmal noch Zukunftsmusik, vorher habe ich noch eine Menge Arbeit an mir selbst zu erledigen. Ich hoffe, daß ich dadurch auch anderen Menschen eine Hilfe sein kann. Auch denen, deren Leid noch viel größer ist als alles, was ich erlebt habe, und davon gibt es sicherlich eine ganze Menge.

Ich sage oder schreibe das nicht ganz ohne eine gewisse Selbstironie.

Wir überstanden die härtesten Schläge nur durch unsere Grundeinstellung zum Abenteuer. Das mag nicht unbedingt immer der sinnvollste Weg gewesen sein, aber der hilfreichste Weg auf jeden Fall.................

Wer bisher den Eindruck bekommen hat, all unsere Tätigkeiten waren mit krimineller Energie gespeist, den muß ich leider enttäuschen. Zum einen, weil wir manche Dinge nur tun mußten, um überleben zu können, zum anderen gab und gibt es in unserer Wohlstandsgesellschaft genug legale Mittel und Wege, um einigermaßen gut über die Runden zu kommen. Wer diese Wege in so einer Lage nicht beging, der durfte sich auch nicht beklagen, wenn es ihm schlecht ging.

Es gab unendlich viele Möglichkeiten; sogar die Gesellschaft und der Gesetzgeber ließen genügend Spielraum, um immer wieder an Geld zu kommen. Voraussetzung war, daß man genug Rückgrat besaß und sich von banalen, dummen Äußerungen seiner Umwelt nicht irritieren ließ.

Nur wer glaubt, daß er nicht genügend Zeit hat, um einen Weg zu finden, der greift oft nach anderen Methoden. Einige dieser Wege lassen sich durchaus moralisch rechtfertigen, und es besteht kaum Gefahr, mit dem Gesetz in Konflikt zu geraten.

Ich meine damit, daß es für jemanden, der wieder auf die Beine kommen will, immer einen Weg gibt, um das zu schaffen. Er muß nur noch die Kraft besitzen und an sich selber glauben. „Nur noch" hört sich ein bißchen einfach an. Es ist wohl schon die schwierigste Hürde, die man überwinden muß.

Wer sich mit den schlimmen, unwürdigen und niederschmetternden Briefen von Gläubigern auseinandersetzen muß, hat es wahrlich schwer, sein Selbstvertrauen wieder aufzubauen. Da helfen einfach nur Ignoranz und eine gewisse Gleichgültigkeit. Ist es denn nicht schon schwer genug, sich damit auseinanderzusetzen, erst einmal die Niederlage des Verlustes der Selbständigkeit zu verdauen?

****

Das Glück war auf unserer Seite; schneller als wir es geplant hatten, bekamen wir das Angebot, eine Bar, 40 km vor unserer Stadt neben einer Kaserne, zu übernehmen. Dieser Ort lag direkt an einer großen Autobahnstrecke und gehörte zu einer der reichsten Gemeinden in Norddeutschland. Für mich war es ein gutes Zeichen, gerade in so einer Gemeinde eine Bar eröffnen zu dürfen. Hier war Seriosität und Diskretion oberstes Gebot.

Claus war begeistert, nur Kurt hatte wieder einmal seinen eigenen Kopf. Es war nicht seine Idee, und das paßte ihm überhaupt nicht. Ich hatte das Gefühl, dass er unser Anliegen nicht ernst genug nahm. Wir brauchten Kurt, er war der einzige, der in diesem Milieu einigermaßen erfolgreich gearbeitet hatte. Uns war aber auch klar, daß Kurt früher oder später ausfallen würde, schon alleine wegen des offenen Haftbefehls.

Er mußte jeden Tag, ja jede Sekunde und an jedem Ort damit rechnen, auf offener Straße verhaftet zu werden.

Claus entschied sich für einen äußergewöhnlichen Schritt und nahm einen Berliner mit Spitznamen Icke in unserer Runde mit auf. Icke hieß fast jeder Berliner in unserer Szene.

Es war von vornherein klar, daß diese Entscheidung zusätzliche Probleme bringen würde. Vier Mann, wovon scheinbar nur zwei die gleichen Interessen vertraten, in so einem kleinen Laden? Dazu kam, daß die Personen nicht unterschiedlicher hätten sein können.

Säckel hielt sich behutsam im Hintergrund. Er überließ mir die Entscheidungsgewalt und das Sondieren der anderen zwei sowie die gesamte Organisation. Es hing also von mir ab, ob es gelang oder nicht. Ich war nur vorbestraft wegen sogenannter Bagatell-Delikte und mit einer Geldstrafe wegen Körperverletzung. Bei meinen Freunden war diese Liste seitenlang.

Icke war ein ehemaliger DDR-Fluchthelfer und mit allen Wassern gewaschen. Vor gar nicht so langer Zeit half er einigen ostdeutschen Mitbürgern bei ihrer Flucht in den Westen. Er hatte einen großen Hof gemietet und betrieb dort eine Rottweiler-Zucht. Bevor die Hunde verkauft wurden, absolvierten alle eine Schutzhundprüfung. Sie waren gut trainiert und reagierten auf bestimmte Handzeichen. In ihrer Nähe genügte eine falsche Bewegung, und die Tiere reagierten sofort.

Claus kannte meine Bedenken, trotzdem bestand er auf Ickes Mithilfe.

Ein weiterer Grund ließ mich noch vorsichtiger werden. Icke gehörte zur ehemaligen Maschinenhaus-Truppe, der Gruppe um Alfred und Pummy, mit denen wir im „Why Not“ harte Auseinandersetzungen hatten.

Dann eben noch Kurt. Gesucht per Haftbefehl, aber einmalig in seinem Umgang mit den Frauen. Kurt war ungewöhnlich egozentrisch. Seine Auftritte im Düsseldorfer Nachtleben waren außergewöhnlich und hinterließen unübersehbare Spuren. Er war bekannt wie ein bunter Hund, aber selten geliebt. Kurt wußte damit umzugehen und nutzte diesen Sachverhalt sehr zu seinem Vorteil. Es gibt keine bessere Beschreibung seines Charakters als das Lied von Frank Zander (einem deutschen Liedersänger): „Hier kommt Kurt, ohne Helm und ohne Gurt"..................

Kurt hatte mir von seiner Zechtour mit Frank Zander erzählt, durchaus nichts Außergewöhnliches bei ihm. Als dann das Lied auf dem Markt kam, mußte ich mich vor Lachen schütteln. Besser konnte man ihn nicht beschreiben. Das war Kurt.

Und dann natürlich noch ich. Etwas unsicher im Umgang mit den Frauen aus dem Milieu, sonst aber hoch motiviert. Ich sollte also dafür Sorge tragen, daß wir vier uns vertragen und alles in geregelten Bahnen ablief.

Die Aussicht, die Bar zum Erfolg zu bringen, erschien groß. Alle örtlichen Voraussetzungen waren mehr als ideal. Der Besitzer, ein angesehener Mann im Milieu und auch in dieser Gegend, hatte hier seinen Karrierestart hingelegt. Inzwischen besaß er eine ansehnliche Zahl von Rennpferden, meist Traber. Zu seinem 50. Geburtstag kamen bekannte Größen aus allen Ecken der Republik und erwiesen ihm die Ehre.

Ich hatte und habe wirklich großen Respekt vor diesem Mann. Er verkörperte das Selbstbewußtsein der sogenannten alten Garde. Nichts lag mir ferner, als diesen Mann zu enttäuschen.

****

Die Eröffnung verlief plangemäß mit ein paar bekannten Frauen, die bereit waren, uns zu unterstützen. Icke stopfte die noch ausstehenden Lücken durch seine Kontakte zur Hamburger Szene. Nur bei mir selbst lief alles ein bißchen aus den Gleisen. Rosi erwies sich als nicht stark genug, um mir zur Seite stehen zu können.

Wir einigten uns auf eine vorübergehende Trennung.

Zwar war ich nie abgeneigt, anderen Frauen hinterherzuschauen, aber solange bei mir im persönlichen Umfeld alles stimmte, brauchte ich nicht unbedingt den Kontakt. Nur manchmal, wenn Rosi mich nicht mehr beachtete, erzwang ich ihre Aufmerksamkeit durch ein paar Spielereien. Danach war die Welt wieder in Ordnung. War in unserer Beziehung alles harmonisch (dazu gehörte natürlich auch der geschäftliche Erfolg) dann vergötterten wir uns gegenseitig.

Rosi kam sogar zur Eröffnung der Bar und wünschte uns alles Gute. Das war es dann also? Meine Hoffnung setzte ich fortan in das Gelingen unseres Vorhabens, vielleicht würde Rosi sich beruhigen, wenn sich der Erfolg einstellen würde.

****

Richtiges Personal für so einen Laden zu finden, war anfangs schwerer, als ich es mir vorstellen konnte, also waren wir ständig in Bewegung.

Birgit, die ehemalige Freundin von Jürgen, war wieder zurück in der Stadt. Sie hatte ein paar Jahre in Hamburg gearbeitet und wollte sich endlich etwas zur Ruhe setzen. Es war angenehm, mit ihr unterwegs zu sein. Sie hatte eine lockere Ausstrahlung und gab mir ein Gefühl von Sicherheit. Aber sie hatte genug vom Milieu. Sie verabscheute sogar jeglichen Kontakt. Ein paarmal versuchte sie, mich mit Hamburg in Kontakt zu bringen, aber es sollte nicht sein. Wie ich später in Erfahrung brachte, war es wohl auch Kurt, der diese Frau abschreckte. Sein Auftreten war zu offensichtlich, Birgit schreckte endgültig zurück. Ich hatte mir zudem viel von Kurts Gehabe angeeignet und merkte gar nicht, wie billig das auf andere wirken konnte.

Die Düsseldorfer verkuppelten mich mit Evi, einem Abziehbild einer Else Stratmann. Anders gesagt, Evi war eine Nervensäge.

Es war mir unmöglich, sie länger als eine Stunde am Tag um mich zu haben. Vor allem aber konnte ich keine Gefühle zeigen, die ich nicht besaß. Mich länger auf diese Frau einzulassen, hätte bedeutet, mich selber fallenzulassen. Nach kurzer Zeit fing ich an, ihr aus dem Weg zu gehen, wenn sie in meiner Nähe war.

Anja, eine hübsche blutjunge Anfängerin mit kastanienbraunen Haaren bis über die Hüften, stieß zu uns. Anja paßte gut zu mir, und ich war bereit, mich um sie zu kümmern. Wie sich herausstellte, hatte sie ein größeres Drogenproblem. Ich bildete mir ein, daß ich sie mit Zuneigung und etwas Fürsorge an mich binden konnte, um auch ihr Problem in den Griff zu bekommen. Ich empfand sogar ehrliche Zuneigung zu ihr.

Dann war da noch Danny. Wir hatten schon Kontakt aus meiner Zeit im La Tropicana. Sie war damals sehr enttäuscht, als sie erfuhr, daß Rosi und ich heiraten würden, ertrug es jedoch mit Fassung und nicht ohne Witz und Charme. Danny war so etwas wie ein Kumpel, aber eben eine Frau. Da sie ihr Leben lang mit dem Milieu zu tun hatte, war es für sie eine willkommene Gelegenheit, etwas mehr Erfahrung zu sammeln. Kurts Stil und seine Art boten ihr einiges. Sie lernte dazu in dem Umgang mit einem Apartment und die dazugehörige Vorbereitung. Das war es eigentlich, worum es ging und warum sie mich begleitete. Die Aufgabe in der Bar wurde schnell uninteressant, sie hatte sich ein anderes Ziel gesetzt.

****

Es kam, wie es kommen mußte. Kurt wurde nach kurzer Zeit zu anstrengend für mich. Trotz des Zustandes seiner ständigen Flucht unterließ er es keinesfalls, aufzufallen. Mindestens einmal pro Woche mußte ich Abstand von ihm bekommen und fuhr dann allein nach Bremen, um etwas abzuschalten oder mich einfach nur vollaufen zu lassen.

Natürlich riß nie mein Kontakt zu Rosi und meiner Tochter ab. Rosi hatte sich schneller mit der Situation zurechtgefunden, als man es glauben konnte. Schon kurz nach unserer Trennung hatte sie ihre erste Liebschaft. Natürlich ärgerte mich das, aber es war ihre Entscheidung.

Wenn sie der Meinung war, daß ihr das gut tat, dann mußte es eben so sein.

****

Die „Kanne", das Lokal von Oskars Frau, hieß nun „Lambada". Der Sohn eines bekannten Weinhändlers hatte die Geschäftsführung übernommen. Sein Name war mir geläufig, vor allem weil er zum Milieu gehörte. Erst vor wenigen Monaten konnte er zurück in die Stadt kommen. Er hatte sich lange Zeit in Spanien aufgehalten. Er war ein ganz schöner Brocken mit natürlichen knopfgroßen Pupillen. Die Zeit der Veränderungen in der Szene und im Milieu hatte er nur aus der Ferne betrachten können. Jetzt kam er auf die Bühne zurück. Ich beobachtete das mit Argwohn und Vorsicht.

An einem Tag versackte ich im „Lambada". Mich hielten dort an diesem Tag immer neue und andere Frauen buchstäblich bei der Stange.

Mir gefiel das, mußte ich doch ständig neue Kontakte aufbauen, um die Bar ins Laufen zu bekommen. Ein reizvoller Job, aber nicht ganz ohne Gefahr und Herausforderung. Es war schon der zweite Tag und die zweite Nacht ohne Schlaf und nur unter Strom. Ich denke, ich hatte zuvor unzählige Tequilas und viel Kokain zu mir genommen. An der Bar saß eine bildhübsche Frau mit langen braunen Haaren und einem bis knapp über dem Hintern ausgeschnittenen roten Kleid. Ein Traum wie in dem Film „The Woman in Red".

Ich war in einem fremden Revier, fühlte mich aber trotzdem willkommen. Die anderen beobachteten mich zwar sehr argwöhnisch, aber ich hatte nicht das Gefühl, daß sie feindselig gestimmt waren.

Es war schon wieder hell, auf der Straße hatte schon längst der Straßenverkehr das Geschehen im Griff. Die Lady zeigte mir schon seit Stunden ihre Aufmerksamkeit. Ich beschloß, mit ihr ins Gespräch zu kommen, und setzte mich zu ihr an den Tresen. Neben ihr saßen ein paar alte Hasen, einige waren mir gut bekannt. Ich begann ein Gespräch und legte meine linke Hand um ihre Hüften. Da blitzte es auch schon. Der Mitinhaber stand hinter dem Tresen und holte mit voller Wucht aus und traf mich direkt mit der Faust auf den Mund. Der Schlag war so wuchtig, daß mir beide Lippen auseinanderplatzten. Mein Zahnersatz im Oberkiefer zersprang in mehrere Teile. Noch bevor ich überhaupt registrieren konnte, was überhaupt los war, lag ich auf dem Fußboden und bekam fürchterliche Tritte in den Bauch. Es gelang mir, an die Tür zu kommen und mich zu befreien. Ich hatte eine doppelläufige Derringer in der Tasche, den ich einem Verrückten abgenommen hatte. Wie von Geisterhand gesteuert, ging ich zurück in den Laden und klärte die Situation, indem ich den Angreifer mit der Derringer ruhig aufforderte, mir einen Drink zu geben. Der hatte sich inzwischen etwas beruhigt und behielt die Nerven. Gott sei Dank. Jahre später erfuhr ich, daß es sich bei der Lady um seine Frau gehandelt hatte. Außerdem hatte er Geld dafür erhalten, mir eins auszuwischen, und zwar aus einer Ecke die mir sehr wohl bekannt war. Ich war aufgelaufen.

Zur gleichen Zeit, als mir dieses Malheur passierte, wurde Kurt auf offener Straße verhaftet. Ein Zivilfahnder hatte uns schon tagelang im Visier gehabt und nur auf den richtigen Moment gewartet.

Jetzt spielten natürlich alle verrückt. Eine der Düsseldorferinnen behielt als einzige den Kopf. Ich bekam zusätzlichen Streß mit der Ehefrau von Kurt. Sie übernahm den Rechtsanwalt, ich zog mich aus Düsseldorf zurück und wohnte für kurze Zeit auf dem Hof von Icke und bei Evi in Duisburg.

****

Wie immer bei solchen Abenteuern, die auf dieser Art Höhepunkt angelangt waren, wich Locke nicht mehr von unserer Seite. Er tauchte einfach auf, zuerst bei Claus, dann bei mir und für kurze Zeit übernahm er das Beobachten von Icke. Lockes Anwesenheit beruhigte mich etwas, er sorgte wenigstens für Abwechslung und Sicherheit in diesem Spiel. Es wurde für mich immer schwieriger, die Lage in den Griff zu bekommen. Das Theater mit der Bar, die Familie, die Gedanken um Kurt und die

Gesundheit von Claus.

Kurt wollte ich dieses Mal wieder aus dem Gefängnis holen. Seine Chancen wuchsen, als Icke und ich seine Blondine bei einem Zuhälter auslösten und sie ihre Anzeige zurückzog.

Jede Bar braucht eine Anlaufzeit, wie in jedem anderen Geschäft auch. Um diese Anlaufzeit und die damit verbundenen Kosten zu decken, übernahmen wir, bevor die Verstrickungen begannen, ein paar weitere Aufträge. Icke hatte gute Drähte zu anderen Barbesitzern. Wir wollten unseren Einstand geben, indem wir offene Rechnungen für ein paar von ihnen eintrieben. Das ging auch eine kurze Zeit lang gut, bis ich wieder nach Duisburg mußte. Auf dem Weg gab ich dem Verpächter Bescheid, daß er ein Auge auf den Laden werfen sollte.

Langsam aber sicher verlief alles im Sande.

****

Claus hatte inzwischen einmal pro Woche einen Notarztwagen vor seiner Tür und brach fast jeden Rekord, was seine Zuckerwerte betraf. Man kann seine Daten bestimmt noch zurückverfolgen. Meist kam er in eine Spezialklinik unserer Stadt, in einem Stadtteil mit dem Namen Blumenthal.

Evi fing an, mich so stark zu nerven und zu frustrieren, so daß es für mich keinen Sinn mehr machte, mich um sie zu kümmern. Ich fing an, ihr aus dem Weg zu gehen.

Dann fand Kurts Verhandlung statt; wir hatten alles optimal vorbereitet, nur eine einzige Zeugin konnten wir vorher nicht erreichen. Das erwies sich aber auch als richtig so, um eine Beeinflussung auszuschalten. Ich saß stundenlang auf einer Bank vor dem Gerichtssaal; die Tür ging auf und Kurt war wieder auf freiem Fuß. Er wollte natürlich sofort einen draufmachen, ich versuchte, ihn eines Besseren zu belehren.

Kurt zeigte überhaupt kein Interesse an unserer Arbeit, er begann sogar eine Auseinandersetzung mit Icke. Ich stand zwischen den Fronten und entschied mich erst einmal dafür, Kurt zur Ruhe zu bringen. Wir fuhren direkt nach Düsseldorf und Duisburg. Ich wußte, daß es egal war, wie ich mich entscheiden würde. Die Katastrophe schien vorprogrammiert und unaufhaltbar zu sein.

Kurt versuchte mich in Düsseldorf zu behalten. Obwohl er wußte, welche Einstellung ich zu diesem Job hatte, ließ er nichts unversucht, um aus mir einen Zuhälter zu machen. Bei mir blockierte alles. Ich empfand plötzlich nur noch Abneigung und Ekel vor dieser Aufgabe. Ich saß in der Klemme.

Mein Gesundheitszustand ließ mich nachdenklich werden. Ich mußte dringend in eine Klinik, um meinen IstZustand zu erfahren, zudem hatte mein Kreislauf verrückt gespielt.

Ich entschied mich für die Düsseldorfer Uniklinik. Die letzten Monate waren so anstrengend gewesen, daß ich 15 kg an Gewicht verloren hatte. Sogar meine anfängliche gute Kondition war stark angekratzt.

Bevor ich mich auf dieses Abenteuer einließ, hatte ich doch noch den Triathlon gemeistert. Man kann sich wohl leicht vorstellen, welchem Streß und welchen Situationen ich mich ausgesetzt hatte, um in einigen Monaten so abbauen zu können. Es waren gerade mal fünf Monate vergangen.

Ich ließ mich also in der Uniklinik durchchecken. Die kurze Ruhe tat mir unendlich gut.

Im Nebenzimmer lag ein pensionierter Richter, ein Zimmer weiter ein ihm bekannter pensionierter Staatsanwalt.

Es waren soweit prima Kerle mit viel Charme und vor allem unausgesprochenem Verständnis. Ganz anders als die Bürokraten im Norden zu dieser Zeit. Was mich an den beiden begeisterte, war ihr rheinischer Humor und die damit verbundene Gelassenheit, vor allem das Ehrgefühl, das im Rheinland eine ganz besondere Rolle spielt.

Eben richtig prima Kerle. Es dauerte nur wenige Tage, und es entwickelte sich sogar etwas Sympathie untereinander. Schließlich lagen wir alle in einer Klinik, zogen also am selben Strang. Nicht daß wir anfingen vom Fach zu reden, nein, wir machten uns lustig über manche Besuche und andere nur viel zu menschliche Dinge.

Zu unserer Truppe gehörte auch ein 40 Jahre alter Mann mit Hautkrebs. Er trug ständig eine große Morphiumpumpe an einem Rollständer mit sich herum. Er war auf seinem letzten Weg. Ich fragte ihn, ob er der Meinung sei, daß sich sein Leben so korrekt abgespielt hatte, und er bestätigte es mir. Er hatte sich längst damit abgefunden, sein Schicksal so zu nehmen, wie es eben kam. Sein Verhalten und seine Einstellung bestätigten mich in meiner Vermutung, daß es Menschen gibt, die mit ihren Fehlern noch während ihres Lebens abrechnen. Er gab mir Hoffnung. Hoffnung darauf, daß wir vielleicht doch noch unser Recht bekommen würden und unsere Peiniger etwas von unserem Leid würden mittragen müssen. Vor allem aber Hoffnung auf Erlösung und ein besseres Leben.

****

Fast täglich stieg in mir das Bedürfnis auf, meine kleine, zweijährige Tochter um mich zu haben. Im Schlaf erschien sie mir oft im Traum. Ich sah ständig ihre großen Knopfaugen und einen sehnsüchtigen, fragenden Blick. Irgend etwas stimmte in der Heimat nicht, die Kleine erschien mir immer öfter.

Es ist unglaublich, welche Kraft hinter so einem kleinen Kopf steckt. Sie konnte zwar noch nicht richtig reden, aber ich spürte deutlich ihr Verlangen, mich zu sehen. Jetzt fing ich an, richtig zu zweifeln. War dieser Schritt wirklich der richtige gewesen? Gab es überhaupt einen Grund, um so ein kleines Wesen zu verlassen, und wenn es einen Grund gab, war dieses der richtige Weg und der richtige Auftrag?

Ich redete mir ein, daß ich das ja auch mit für sie alles in Kauf nahm. Sie sollte später nie sagen können, ihr Vater hätte nicht alles versucht. Lieber geradestehend untergehen, als mit gesenktem Kopf und gebückter Haltung dahinsiechen. Versucht hatte ich nun wirklich alles, aber wie so oft wieder einmal mit unüberwindbaren Hürden und vor allem den falschen Leuten und dem falschen Auftrag im Hintergrund. Was ist es, was mich leitet und diese Schritte tun läßt?

In solchen Momenten begriff ich meine Haltung in bezug auf die Frauen. Trotzdem plagten mich zusätzliche Gedanken. Ich kam immer wieder zu dem Ergebnis, daß ich richtig gehandelt hatte; und wenn mein Vorgehen egoistisch anmutet, so hatte es doch den Effekt, daß ich immer wieder die nächsten Schritte einleiten konnte.

****

Es war schon ein Wunder für sich, daß wir uns ständig und immer wieder aufrappelten. Andere hätten schon vor Jahren das Handtuch geschmissen.

Warum das so war? Ich nehme an, unsere innere Stimme sagte uns immer wieder, daß wir auf irgendeine Art auf dem richtigen Weg sind. Zumindest was unsere Einstellung zum Geschehen und dem Lauf der Dinge betraf. Im Grunde genommen hatten wir ein Herz so groß wie ein Scheunentor und weich wie Butter. Wir hatten immer versucht, unsere Wege zu gehen, um Hoffnung zu geben. Viele nahmen unsere Art zu Hilfe, um sich selber aus irgendeiner Misere zu befreien. Ging es ihnen wieder gut und hatten sie ihr Leben wieder halbwegs im Griff, verschwanden sie spurlos. Meist für so lange, bis sie wieder einmal keinen Ausweg mehr sahen. Dann saßen sie nicht selten wieder in unserem Kreis und holten sich neue Energie und den dazugehörenden Mut. Ging es uns aber so schlecht, daß wir ihnen nicht einmal mehr ein Gefühl vermitteln konnten, sahen viele hochnäsig auf uns herab, oft mit dem Kommentar: >Ihr seid doch selbst schuld.<

Das Schlimmste für mich war es dann, die Kommentare über Säckels Lebenswandel und seinen Diabetes mit anzuhören.

Würde man diese Maßstäbe anwenden, Säckel hätte schon 1975 den „Löffel“ abgeben müssen. Daß er mit seinem Problem so achtlos und fragwürdig umging, das gehörte mit zu seinem Rezept zum Überleben. Andere denken sich selber krank, indem sie sich ständig mit ihrem Leiden konfrontieren und Angst davor haben, etwas Falsches zu tun. Wenn man bedenkt, was er sonst noch für schwere Lasten mit sich herumschleppte, dann konnte man ihm in einigen Dingen spielend einen Weltrekord im Überleben zusprechen. Aber wie das so ist, wen interessierte das schon?

****

Ich machte mir Sorgen, Sorgen um Claus und Sorgen um meine Tochter und Rosi.

Rosi hatte inzwischen im Lambada Arbeit gefunden. Ich hörte, daß sie pausenlos unterwegs war. Unter anderem verkehrte sie jetzt in den gleichen Kreisen, in denen ich mich herumtrieb. Was war das bloß für ein verrücktes Spiel, auf das ich mich da eingelassen hatte?

Mir konnte und wollte sie nicht zur Seite stehen, weil sie Angst vor diesem Milieu hatte, und nun sorgte sie selbst für Furore in diesen Kreisen. Nicht, daß sie anschaffen gehen wollte; ich vermute, daß sie diesen Weg gar nicht hätte gehen können. Oder hatte ich sie etwa nicht richtig behandelt, und sie war doch bereit dazu? War es das, was sie wirklich wollte? Ich war kurz vor dem Durchdrehen, suchte jeden Groschen zusammen, den ich finden konnte, und machte mich mit einem alten Mazda auf den Weg nach Hause, immerhin hatte ich 250 km vor mir. Mit dem letzten Tropfen Benzin und einer kaputten Kupplung schaffte ich es genau bis auf den Parkplatz des „Sound House". Dann saß ich fest. Müde, ohne weitere Motivation, Auto kaputt und nur noch wenige Pfennige in der Tasche.

Säckel empfing mich, wie immer, mit breitem Grinsen und dem Kommentar: „Das habe ich mir gleich gedacht!" In diesem Moment hätte ich ihn erwürgen können. Er wußte wohl gar nicht, was ich alles für uns ertragen mußte. Hatte er etwa gedacht, ich hätte mich „nur" aus purer Lust und Freude auf dieses Spiel eingelassen? Ich hatte Verständnis dafür, daß er sich in seinen Dunstkreis zurückgezogen hatte, aber in manchen Situationen wäre er gefordert gewesen. In solchen Momenten zog er sich dann noch mehr zurück, anstatt einzugreifen und mir den Rücken zu stärken. Ich glaube, er wußte selbst nicht, wie er sich zu verhalten hatte, das Probieren überließ er mir. Daß er sich nun lustig über mich machte, war nicht so die feine Art. Kam ich mit guten Ergebnissen, unterließ er es nie, sich selbst den Schuh anzuziehen und herumzuprahlen. Im Grunde genommen hatte er recht. Er war es, der krank war, und es war nun meine Aufgabe, ihm zu helfen. Wäre er mit seiner Krankheit anders umgegangen, hätte es mir meinen Weg wohl etwas leichter gemacht, aber das ließen diese Zeiten eben einfach nicht zu.

Andersherum erschien es mir zeitweise, als ob es seine Aufgabe war, mir einen Weg zu bereiten.

Wenigstens beruhigte er mich etwas. Nach einer kurzen Lagebesprechung entschied ich mich erst einmal dafür, bei ihm zu bleiben.

Icke und Kurt wollte ich nicht mehr um mich haben. Schon alleine ihre Namen reichten, um mich in Rage zu bringen. Zu Rosi konnte ich nicht zurück, sie war nicht bereit.

Für die nächsten drei Monate schlief ich auf einer Couch im Laden. Natürlich hätte ich auch in der Wohnung Platz gefunden, aber ich wollte wenigstens ein paar Stunden am Tag mit mir alleine sein, um meine Gedanken neu zu ordnen. Irgend etwas mußte passieren. So konnte es nur für kurze Zeit erträglich sein. Nach gewohntem altem Rezept ließ ich die Dinge auf mich zukommen, und ich war immerhin in der Nähe von Rosi und der Kleinen.

Mit Rosis Verhalten hatte ich recht behalten. Jetzt wo ich in der Nähe war, offenbarte sich das ganze Drama. Warum sie sich auf diese Geschichte einließ? Auch Rosi spürte, daß sie den falschen Weg gegangen war, und bekam ernsthafte Probleme mit sich selbst. Nicht, daß sie sich auf das Milieu richtig eingelassen hätte; nein, das Problem war, auf wen sie sich eingelassen hatte. Es war ein blonder Hamburger Zuhälter, der ihr versprach, für sie sogar solide zu werden. Was für ein Schwachsinn!

Nach einem Besuch von mir fing sie an zu begreifen. Tage später erfuhr ich, daß sie sogar einen Blutsturz im Unterleib gehabt hatte. Ich denke mal, sie hatte schnell begriffen und nun so viele Selbstzweifel, daß ihre Nerven versagten.

Im Grunde genommen waren wir beide in der gleichen Situation; ein klarer Beweis dafür, daß wir den vollkommen falschen

Weg eingeschlagen hatten.

****

Die Tage und Wochen vergingen. Wenn ich es nicht im Sound House aushielt, dann machte ich mich für ein paar Tage aus dem Staub. Meist zusammen mit Locke. Das war dann jedes Mal ein Abenteuer für sich. Allein diese Zeit reicht aus, um ein Buch zu füllen.

Meist gingen wir mit ein paar Mark in der Tasche los und waren damit einige Tage unterwegs. Wenn ich zurückkehrte, hatte ich oft mehr Geld als zu dem Zeitpunkt, wo ich losgegangen war. Unterwegs hatten wir reichlich Gelegenheiten, um unsere Taschen wieder aufzufüllen. In der Regel schafften wir das mit Billardspielen oder Dart.

Ich erinnere mich genau an einen Vorfall mit Locke in der Bordellstraße. Eine der Frauen hatte Ärger mit einem amerikanischen Navy-Soldaten. Die Situation eskalierte, und als wir auftauchten, schien die ganze Straße von Polizisten einer Einsatzgruppe besetzt zu sein. Es wurde viel und aufgeregt debattiert, keiner verstand den anderen. Wir kamen hinzu, weil wir den Aufmarsch beobachten konnten. Nach einem kurzen Überblick der Lage drängte ich mich an den Polizisten vorbei, direkt zu den Soldaten. Ich wendete mich an den Verursacher. Nicht, daß ich ihm körperlich auf den Leib rückte; nein, ich beruhigte ihn innerhalb weniger Sekunden. Damit war die Situation entschärft und im Griff. Unsere Arbeit war getan, und wir machten uns auf den Weg zum Stone (ehemals Why Not). Vor der Bordellstraße stand ein Streifenwagen mit offener Tür, auf dem Rücksitz lag eine Maschinenpistole. Von den Beamten war nichts zu sehen. Locke sah seine Chance und versuchte sofort, sich die Maschinenpistole unter den Nagel zu reißen. Ich fauchte ihn noch an, daß er die Finger davon lassen sollte, da hörte ich herannahende schnelle Schritte. In Windeseile standen wir mit gespreizten Beinen an einer Wand.

Gott sei Dank hatte der Einsatzleiter unsere Aktion mit den Amis beobachten können. Er wies seine Leute an, uns in seinen PKW zu bringen, wo wir eine gehörige Standpauke zu hören bekamen. Ich entschuldigte mich für Locke und versprach dem Einsatzleiter, auf ihn aufzupassen. Der schmunzelte und ließ uns gehen.

Irgendwie waren die Beamten mitverantwortlich für diesen Vorfall. Man stellt keinen Wagen offen, mit einer Maschinenpistole auf dem Rücksitz, auf einen Bürgersteig.

So vergingen viele Tage in dieser Zeit. Langweilig war das auf keinen Fall.

****

Viele meiner Sachen waren bei Icke auf dem Hof abgestellt. Dort hatte ich ein Zimmer zur Verfügung gestellt bekommen, wo die Sachen untergebracht waren. Locke hatte die letzte Zeit viel auf dem Hof verbracht. Nun konnte ich erfahren, was dort vor sich ging. Icke hatte etwas Angst vor uns bekommen. Den Hof und das Gebäude sicherte er mit seinen Hunden. Diese postierte er an den Treppen und den Eingängen, so daß es keine Möglichkeit gab. an ihnen vorbeizukommen. Wir versuchten es trotzdem.

Icke war mit seiner Frau unterwegs, nur sein Schwager war auf dem Hof. Es war am späten Abend, wir hatten uns mit Baseballschlägern und langen Messern ausgerüstet, damit wir im Falle einer Attacke der Hunde nicht schutzlos waren.

Es war aber kein Problem für uns, an den Hunden vorbeizukommen. Ihnen war unsere Witterung bekannt. und wir wußten, welche Bewegung wir auf keinen Fall machen durften. Der Schwager war restlos verdattert, als wir vor ihm standen. Da wir lediglich an meinen Besitz kommen wollten, gab es keinen Grund für eine Auseinandersetzung. Wir setzten uns in ein Zimmer und warteten auf Icke. Er kam nach einer halben Stunde. Man sah ihm deutlich an, wie überrascht er war, daß wir so einfach seine Hunde passieren konnten.Fürs erste war es die letzte Begegnung mit Icke.

****

Marina hatte inzwischen ihren Laden eröffnet. Aus dem ehemaligen „Rauchfang" und späteren „Coffee Time" war nun das „Lilliput" geworden. Sie hatte Angst vor der Belastung, die ihr durch den Abtrag der Altlasten entstanden war. Im Grunde genommen konnte sie heilfroh über den Preis und die Konditionen sein. Ich wünschte mir, wir hätten es nur einmal so einfach gehabt. Na ja, sie war so etwas eben halt nicht gewohnt. Ich vermute, bis zu diesem Zeitpunkt hatte sie noch nie eine größere Menge Geld in der Hand gehabt. Marina brauchte Hilfe und Unterstützung, und die bekam sie auch. Elke half ihr mit den Gästen aus dem „Stone", und auch wir waren, so oft es ging, bei ihr zu Gast. Das reichte aber noch nicht. Sie beschloß für sich, sich auf Säckel einzulassen. Ich wußte, daß Claus sie gut leiden konnte, und so kam es, wie es kommen mußte. Claus hatte nach langer Zeit endlich wieder weibliche Begleitung.

****

Rosi besuchte mich ein paarmal im „Sound House". An ihrem Verhalten spürte ich deutlich, daß ich langsam wieder nach Hause kommen konnte.

Wir fuhren zusammen zu unserem ersten Pink-Floyd-Konzert, ein unvergeßliches Erlebnis. Kurz vor diesem Konzert entschloß ich mich zur Rückkehr nach Hause.

Säckel ging es von Tag zu Tag besser.

Ich war geschafft von diesem grausamen Ausflug und froh, endlich wieder in einem Bett zu liegen.

Vor allem freute ich mich darauf, wieder mehr Zeit mit meiner Tochter verbringen zu können.

Rosi ging mir noch ein Jahr lang aus dem Weg. Eine manchmal unerträgliche Zeit begann für mich, weil ich sie natürlich begehrte. Von meiner Seite her konnte ich das Geschehene zumindest verdrängen und auch verarbeiten. Ihre Ausrutscher kamen immer wieder durch und meine wohl auch, aber ich konnte zumindest damit leben. Für mich zählten ab sofort nur Ruhe und

Harmonie. Rosi machte mir den Weg nicht leicht und versuchte noch ein paarmal auszubrechen.

Erst ein Jahr später hatten wir wieder sexuellen Kontakt. War das die Strafe oder der Preis dafür, daß ich alles auf eine Karte setzte?

Warum und überhaupt wofür? Es war eben halt geschehen und nun nicht mehr zu ändern. Daß alles noch einen Sinn ergeben würde, daran dachte sogar ich lange Zeit nicht im entferntesten.

Im Grunde war alles nichts anderes als ein hartes Studium zum Schärfen der Sinne und zur Vorbereitung auf eine große Aufgabe. Aber welche Aufgabe wird das sein?

19. Kapitel – Eine fast heile Welt

Jetzt war ich frei. Frei von den selbst auferlegten Zwängen, irgend jemandem etwas schuldig zu sein. Bis auf ein paar Gläubiger gab es nichts und niemanden, dem ich noch etwas schuldig war. Ganz im Gegenteil, es gab kaum noch jemand, der mir gegenüber nicht in irgendeiner Verpflichtung stand. Außer der Gewißheit, daß wir uns diese Wunden selbst zugefügt hatten, gab es nichts, worüber ich mich beschweren konnte.

Ich hatte endgültig die Nase voll vom Herumstreunen. Daß man eine richtige Familie nicht geschenkt bekommt, damit hatte ich mich längst abgefunden, also mußte ich mir eine bauen wie jeder andere auch. Noch einmal ganz von vorne anfangen?

Nein, das würde wieder den gleichen Streß bedeuten, ich hatte doch eine hübsche und liebenswerte Tochter und noch eine Frau. Ich entschied mich dafür, das, was ich hatte, zu behalten und auszubauen. Jeder Mensch hat und macht Fehler, ich eingeschlossen. Man sagt: Zeit heilt alle Wunden.

****

Bevor ich mich nur noch um meine Familie kümmern konnte, hatte ich noch eine Sache zu erledigen. Kurt hatte mich hängenlassen, obwohl er die Taschen voll Geld hatte. Seine Frau hatte einen älteren Geschäftsmann auf einer Reise begleitet, natürlich nicht umsonst. Die beiden schwammen im Geld. Kurt hatte sehr schnell vergessen, was ich für ihn getan hatte. Er wußte, daß ich festhing, und kümmerte sich einen Dreck darum.

Elvis, der alte Freak aus der Sechziger- und Siebziger-Szene, hatte ein großes Problem bekommen. Sein Ziehsohn wurde mit einer vergifteten Spritze umgebracht. Elvis kam nach Hause und fand ihn tot auf der Toilette. Obwohl in seinem Blut Arsen gefunden wurde, gab es kaum Ermittlungen zu diesem Fall. Elvis hatte in seinem Leben viele überlebt und schon viele sterben sehen, dieses Mal drohte er daran zu zerbrechen. Elvis war gut bekannt mit Kurt; wenn man so will, hatte er Kurt teilweise den Umgang mit den Huren beigebracht. Da ich wußte, daß es Kurt gut ging, schlug ich ihm vor, ihn nach Düsseldorf zu bringen. Er sollte sich dort einquartieren und mir Bescheid geben, wenn er Hilfe brauchte.

Bevor ich ihn nach Düsseldorf begleitete, besuchten wir Claus im Lilliput. Claus hatte sich sehr verändert, Marina hatte ihm den Kopf verdreht. Claus war überheblich, arrogant und aggressiv.

Marina bekam, immer wenn sie etwas im Sinn hatte, ein seltsames Blitzen in ihren Augen, so auch an diesem Tag. Ich wollte gar nicht wissen, über was die beiden sich unterhielten, wenn sie mit sich alleine waren. Ich war enttäuscht und frustriert. Hatte ich Claus nicht einen Haufen von den Schulden abgenommen, auch sehr viel für uns auf mich genommen? Auch Marina konnte sich nicht beklagen. Im „Lilliput" stand vieles aus dem „La Tropicana". Eine seltsame und merkwürdige Situation, jetzt wo Claus auf einmal nichts mehr davon bedeutete. Er war kaum zu bändigen, griff Elvis an und verabreichte ihm eine Ohrfeige. Ich wartete nur darauf, daß er auch mich angreifen würde. Nur kurze Zeit später tat er das dann auch. Ich war im Recht und hatte ein sehr leichtes Spiel. Ein kurzes Ausweichen, dann hatte ich ihn beim Arm und drückte ihn auf den Boden. Er war überrascht und verdutzt.

Ihm blieb nichts anderes übrig, als kleinlaut nachzugeben und sich zurückzuziehen. Marina bekam einen roten Kopf.

Ich brachte Elvis nach Düsseldorf in das Apartment, wo die anderen Frauen arbeiteten. Auch Kurt hielt sich dort die meiste Zeit auf. Wir hatten noch eine unvergeßliche Nacht, danach sah ich Elvis nicht wieder. Angeblich lebt er immer noch in Düsseldorf, es soll ihm gut gehen.

****

Auch Locke zog sich etwas zurück. Er paßte auf eine Frau mit ihrem kleinen Kind auf. Das kleine Mädchen war im gleichen Alter wie unsere Tochter. Ihr Vater war verhaftet wurden und hatte eine empfindliche Freiheitsstrafe angetreten. Locke war gut befreundet mit diesem Mann und sah es als seine Pflicht an, auf die Familie aufzupassen. Ein edler und durchaus bemerkenswerter Vorsatz.

****

Ich bekam einen bedeutenden bleibenden Eindruck, besser formuliert so etwas wie eine Eingebung auf einer Autobahnfahrt in Richtung Kasseler Berge. Die Autobahn führte uns eine Weile entlang der Zonengrenze. Man sah deutlich die Häuser und die Lebensumstände unserer „Brüder und Schwestern" in ihrem eingezäunten und gut bewachten Lebensraum. In mir wuchs so etwas wie eine Sehnsucht. Sehnsucht nach dem natürlichen einfachen Leben. Ich dachte daran, wie viel bei uns in den Kaufhäusern in den Auslagen lag und was davon für den normalen Bürger erreichbar war. Viele der Sachen, die man in seiner Wohnung oder Küche wiederfand, waren total unsinnig und völlig nutzlos. Unsere Konsumgesellschaft ekelte mich stellenweise an. Diese Scheinwelt aus Glitzer, Glanz und Gloria war nur für wenige erreichbar; den meisten blieb nichts anderes übrig, als die Auslagen zu betrachten und zu träumen. Oder sie spürten deutlich, was sie für kleine Lichter in diesem Spiel waren.

Auf dieser Fahrt beneidete ich unsere Nachbarn im Osten. Bei ihnen war noch alles so wie früher bei meinen Großeltern. Ich stellte mir vor, das Wasser wurde mit einer Pumpe an das Tageslicht befördert, in fast jedem Haushalt gab es Hühner oder Schweine zum Schlachten, vieles wurde aus dem Garten geerntet.

Die rauchenden Schornsteine erinnerten mich an meine Kindheit und an die vielen Kohleeimer, die wir in die Wohnung schleppen mußten.

Jeder weiß heute, wie schädlich das Heizen mit Kohle für die Umwelt ist, aber es ist nicht von der Hand zu weisen, daß es eine besondere Atmosphäre schuf.

Ganz eigenartig packte mich eine Sehnsucht nach diesem Lebensstil. Die tägliche Jagd nach dem Geld hatte ihren Eindruck bei mir hinterlassen. Ganz entsagen wollte ich ihr nicht, aber etwas Gutes tun schon. Wohin führte mich dieser Weg? Was waren das für Zeichen, die ich bekommen hatte? Anderthalb Jahre beschäftigte mich dieses Gefühl, dann hatte ich eine Antwort gefunden.

..................Eine Woche konnte ich nicht am Computer weiterarbeiten. Die Schlaflosigkeit raubte mir den Verstand. Ich mußte wieder Beruhigungsmittel zu mir nehmen. Das ging zwei Tage gut, dann setzten die Nebenwirkungen wieder ein. Ich konnte nicht mehr auf die Toilette und schon gar nicht mehr richtig aufstehen, ohne daß es mir die Luft zum Atmen nahm. Jetzt habe ich mir wieder Tavor verschreiben lassen. Nach einer längeren Einnahme dieses Medikamentes kommt es zu einer erheblichen Suizid-Gefährdung. Ich hatte das schon oft am eigenen Leib zu spüren bekommen.

Was soll ich machen? Mir bleibt nichts anderes übrig, als selber zu experimentieren und mich auf meinen Instinkt zu verlassen. Nur noch knapp drei Monate, dann kann ich das Interferon und das Rebetol (Ribavirin) absetzen, beides Substanzen, die mich von dem Virus befreit haben. Danach lasse ich mich eventuell hypnotisieren, um endlich in Erfahrung bringen zu können, was damals passiert war. Das könnte mir helfen, das Trauma zu besiegen. Was ich mit dem Paket der unerträglichen Schmerzen machen werde? Ich weiß es nicht! Ich denke, erst einmal durchhalten. Wenn ich keine Möglichkeit finde, sieht es schlecht für mich aus. Dann bin ich für den Rest meines Lebens auf Hilfe angewiesen, und was das bedeutet, habe ich im letzten Jahr erleben müssen.

Hier, zu Hause, wird es wieder von Tag zu Tag unerträglicher für mich. Ich habe oft darüber nachgedacht, ob ich meine Familie da rauslassen soll, aber es gab nun mal keine Alternative. Im Grunde genommen ist für die Familie alles noch erträglich und spielt sich im Rahmen ab. Soweit es geht, lassen wir die Kinder aus unseren Disputen heraus, aber sie bekommen schon etwas mit. Mir tut das unendlich leid; vor allem, wenn ich mich in meiner Ausdrucksweise etwas verhaue.

Der Grund ist immer der gleiche. Ich habe schon lange Rosis

Entscheidung akzeptiert und auch für gut befunden. Sie hatte mir, immer wieder, ihre ewige Liebe versichert. Sogar noch vor einem Jahr, als ich schon lange geahnt hatte, was auf mich zukommen konnte, hat sie noch an einem Tresen herumgesponnen, daß sie mich nie verlassen würde. Ich habe dazu nur müde geschmunzelt, weil ich wußte, wie sie sich bei einer Trennung verhalten würde. Ihre Vorsätze brechen dann zusammen wie ein Kartenhaus, und ihre Hormone spielen verrückt. Bevor ich mich dafür entschieden hatte, mich bei ihr und den Kindern auszukurieren, führten wir stundenlange Gespräche, in denen ich ihr zu erklären versuchte, was auf sie zukommen könnte. Sie gab mir Zutrauen und Gewißheit, daß ich bei ihnen gut aufgehoben war. Sie kam mir sogar ein Stückchen näher und gab mir das Gefühl, daß alles wieder im Lot war. Als die ersten Auswirkungen der Chemotherapie ihren Tribut forderten, wendete sie sich ab, als wenn ich ein Aussätziger geworden wäre. Alles, was vorher passiert war, befand sich noch im Grenzbereich, aber nun war ich vollkommen handlungs- und steuerungsunfähig. Ich konnte manches Mal nicht einmal mehr alleine Badewasser einlassen. Essen war schon gar nicht drin, weil ich überhaupt keinen Antrieb mehr besaß. Nur Fürsorge und Zuneigung sind es, die ich am dringendsten nötig habe. Nach wenigen Wochen hatte ich die Nase voll, zu betteln oder überhaupt noch etwas zu fragen. Im Grunde genommen hielt ich mich sehr tapfer, was meine Situation betraf. Rosi und meine Tochter sahen keine Veranlassung, sich mehr um mich zu kümmern, als sie es für nötig hielten, und so kam es, daß ich mich in meiner eigenen Familie alleine und isoliert fühlte. Wie ein Aussätziger. Keinen Mut zu fragen, keine Ambition und vor allem keine Möglichkeit zu einer Verbindung mit der Außenwelt, was meine Verzweiflung und mein Verhalten den anderen gegenüber nur noch unterstützte. Das letztere kam mir ganz gelegen, nur das fehlende Gefühl meiner Familie machte mir richtig zu schaffen. Ich spürte schon Wochen vorher die Veränderungen und sah an ihrer Körpersprache, daß ich recht hatte. Meine Nerven zwingen mich dazu, Dinge zu sagen, die ich so gar nicht sagen will. Damit gebe ich den Dingen einen weiteren Schub und forciere das Geschehen.

Irgendwie spüre ich, daß ich so den richtigen Weg gehe, aber der Preis ist sehr, sehr hoch.

So weit, so gut, auch das kann ich noch über mich ergehen lassen, sicherlich auch durch die Abwesenheit/Betäubung durch die Medikamente. Dann kam aber die Zeit der totalen Absto-

ßung. Auf einmal fühle ich mich manchmal wirklich nur noch wie ein Stück Dreck. Rosi hatte sich schon lange bei dem Kleinen im Zimmer einquartiert und ist kaum noch zu Hause. Auch heute ist sie, wie jeden Tag, wieder unterwegs. Vormittags braucht sie für einen Weg von einer Stunde oft fünf bis sieben Stunden. Es liegt klar auf der Hand, was sie mit dieser Zeit anfängt. Mir setzt das natürlich unheimlich zu. Warum muß sie das jetzt so durchziehen? Soll das eine Art Rache für verschuldete Fehler sein? Für mich ist es nur wichtig, wieder auf die Beine zu kommen, und das fällt mir unter diesen Vorausetzungen unheimlich schwer. Da passiert es schon einmal, daß ich sie übel beschimpfe.

Es ist eben ihre Art, mit ihren Problemen fertig zu werden, und sicherlich unterliegt sie den gleichen Gesetzen wie auch ich.

Ich ertrage alles noch mit Gelassenheit.

Ich denke mal, ihr Verhalten wird auch beeinflußt durch ihre Angst vor Viren und Krankheiten. Diese Angst ist erst bei ihr durchgebrochen, als ich endlich die Behandlung beginnen konnte. Die ganzen acht Jahre vorher konnte sie diese Angst verdrängen, nun hatte sie Überhand gewonnen. Aus Angst wurde bei ihr Ekel. Reden kann ich mit ihr über solche Dinge nicht, sie weicht aus oder wendet sich ab. Dadurch wird die Situation noch unerträglicher. Zur Zeit gibt es niemanden, der mit mir spricht oder sich die Mühe macht, mir zuzuhören.

Meine Überlebenschancen betrugen im Februar nur 10 %. Inklusive aller Einflüsse unter 3 %. Drei Monate später waren es dann laut Aussage der Ärzte 35 %. Wie konnte ich das schaffen unter solchen Umständen?

Ich denke, eine Brücke war diese pausenlose und grenzenlose Ungerechtigkeit, die wir ertragen mußten. Dieses ohne Feedback einfach einzustecken, ohne sich gewehrt zu haben, um dann auf Nimmerwiedersehen in einem Loch zu verschwinden, gibt mir die Kraft weiterzuleben.

Dazu kommt noch das Gefühl etwas noch nicht erledigt zu haben, ich bin mir sicher, daß ich noch einen „richtigen" Auftrag besitze. Manche Menschen sind für eine Aufgabe vorbestimmt, und dieses Gefühl trage ich in mir. Solange dieses Gefühl vorhanden ist, kann mich nichts, aber auch gar nichts umbringen. Noch nicht einmal ich selbst ....

Vom Nachtleben und meinen dazugehörigen Freunden hatte ich die Nase gestrichen voll, und ich hielt mich fern. Das letzte Abenteuer hatte einen hohen Tribut gefordert. Nicht, daß ich mich damit nicht identifizieren könnte. Claus' neue Art war es, mich immer wieder lächerlich zu machen. Jetzt war er neu verliebt und plante sogar, wieder in unsere Stadt zurückzukommen. Diese Wohnung, die sie bezogen, bewohnte bis dahin Uwe, ein genauso verrückter Kämpfer, wie wir es waren. Uwe war blond, groß, mit einem Spitzbart. Sein Erscheinen konnte leicht, wie das unsere, aus einem Western-Film stammen. Seine Art war und ist unnachahmlich. Er besitzt eine ungeheure Energie und war pausenlos am reden. Sein Körper war stramm und muskulös. Ging er richtig ab, war er nicht mehr zu bremsen.

Unsere Wege kreuzten sich zu den Zeiten des „Flophouse" und „Nothing", bis hin zum „La Tropicana", immer wieder und regelmäßig. Nun waren es Marina und Claus, die in der Wohnung ihr Domizil bezogen. Zu der Zeit, als ich noch bei Säckel im „Sound House" auf dem Sofa geschlafen hatte, hatte ich noch mit dem Einzug in diese Wohnung spekuliert.

Einige Zeit vor diesem Umzug besuchte ich Säckel im Sound House. Murphy, der kleine Pekinese und beste Kamerad von Molly, war an einem Herzinfarkt zugrunde gegangen. Claus war fix und fertig. Um so mehr rührte es mich, daß er mich bat, Murphy mit zu beerdigen. Das war typisch Claus. Schon so typisch, daß ich ihm schon lange nicht mehr wegen seiner Eskapaden böse sein konnte. Murphy war schließlich auch mein kleiner Freund. Liebevoll wurde er von uns mit dem Namen Fratze versehen. Wir ärgerten Claus immer wieder mit dem Spruch, er hätte diesen Hund als Welpen vom Balkon geschmissen. Daher, angeblich, stammte die eingedrückte Schnauze. Pekinesen sahen eben so aus, aber bei Murphy fiel dieser Sachverhalt besonders ins Gewicht.

Ich fuhr also sofort zum Sound House, und wir beerdigten Fratze in einem kleinen Waldstück in der Nähe des Grundstückes von Claus' Vater. Ein geschmackvolles und idyllisches Grab für einen Hund. Einsam und gut versteckt zwischen ein paar kleinen Bäumen, eingerahmt mit kleinen Engeln aus Stein, hatte er nun seine Ruhe gefunden. Ganz bestimmt traf er seine alte Freundin und Kameradin Molly wieder.

****

Daß Rosi so verbockt und unnahbar war, störte mich nur in den ersten Wochen.

Ich hatte schnell einen Weg gefunden, um meine Situation erträglich zu gestalten. In der ersten Zeit richtete ich die Küche und das Wohnzimmer neu ein. Ich begann wieder mit etwas Training. Dieses Mal Lauftraining und fast täglich Hanteltraining in einem Studio ganz in der Nähe.

Kochen wurde wieder zu meiner Leidenschaft.

Aber was sollte ich mir zu meinem Beruf machen? Dieses Mal wollte ich gezielt meinen Weg vorbereiten, so daß alle meine Erfahrungen und vor allem mein Enthusiasmus eine große Rolle spielen konnten. Wie meine Geschichte aufzeigt, kann ich ein Arbeitstier sein, das bis zum Äußersten gehen kann. Voraussetzung ist, ich bin überzeugt von dem, was ich tue. Leider fällt das nicht bei Bewerbungen ins Gewicht, was ich schnell zu spüren bekommen sollte.

Aber auch meine Zeugnisse konnten sich sehen lassen.

In der Zeit, in der ich mich viel mit dem Kampfsport beschäftigt hatte, habe ich sogar noch einen Führerschein zum Führen von Lastkraftwagen bestanden, allerdings hauptsächlich, um unseren Traum in Spanien erfüllen zu können. In einem großen Sattelzug mit umgebautem Wohncontainer den richtigen Platz finden, das war die letzte Alternative. Dann wollten wir weitersehen. Auch Rosi träumte diesen unseren Traum.

Ich entschied mich erst mal für die Berufsberatung des Arbeitsamtes. Die Sachbearbeiterin lächelte nur müde. Sie erzählte mir, daß ein Zeugnis, das älter als fünf Jahre ist, auf dem Arbeitsmarkt nicht anerkannt wird.

Noch heute habe ich Wissen über das Arbeiten in einer zahntechnischen Praxis oder in einem zahntechnischen Labor. Inzwischen waren zwölf Jahre vergangen. Auch daß ich als Groß- und Außenhandels-Kaufmann gute Erfolge vorweisen konnte, interessierte niemanden, und das obwohl ich inzwischen Betriebe geführt und besessen hatte. Die Betriebe mußte ich zwar auflösen, aber immerhin konnte ich jedes Mal Konkurse vermeiden. Daß ich in der Betriebswirtschaftslehre fit war, bewiesen meine Verhandlungen mit Vollkaufleuten, bei denen ich gute Ergebnisse vorweisen konnte. Sogar nach meinen Betriebsprüfungen bekam ich ein Lob von den zuständigen Behörden.

Jetzt wollten mir diese Menschen einreden, ich hätte nichts drauf? Damit hatte ich nicht gerechnet. Was also zählt, ist das Auto, mit dem ich vorfahre? Ich denke mal, das öffnet, zusammen mit einem guten Anzug und einem sicheren Auftreten, oft die Türen.

Es war schade, daß der Arbeitsmarkt immer noch nach so billigen Kriterien besetzt wurde. Ein Stückchen Papier, auf dem nur ein paar Zahlen stehen. Mit ein bißchen krimineller Energie lassen sich beliebige Zeugnisse erstellen. War es das, was sie wollten?

Schlimm daran war, daß die viele Arbeit und das Engagement, das in so einer Ausbildung gesteckt hatte, nach fünf Jahren nicht mehr das Papier wert ist, auf dem es gedruckt wurde. Irgend etwas stimmt hier nicht. Vor Beginn meiner Lehre war es das Wichtigste, überhaupt seinen Ausbildungsnachweis in den Händen halten zu können. Davon, daß er beinahe schneller an Wert verliert als ein Computer abgeschrieben werden kann, davon war nie die Rede gewesen.

Die Sachbearbeiterin zeigte etwas Verständnis für meine Einwände und schlug mir eine Einarbeitung in einer Übungsfirma vor. Hier sollte also mein Wissen aufgefrischt werden und ich mit neuem Glanz auf dem Arbeitsmarkt erscheinen?

Das gesamte Programm dieser Firma beherrschte ich nach knapp einer Woche. Eine Einarbeitungszeit in einer Firma dauert in der Regel 3 Monate. Meine Arbeit konnte ich mit einigen Handgriffen erledigen, hierbei machte sich der Kurs zum Programmierer besonders bemerkbar. Den Rest des Tages verbrachte ich im Raucherraum. Das schöne daran war, daß mir keiner etwas vorwerfen konnte; meine Arbeiten und oft auch etwas mehr waren zufriedenstellend erledigt.

Um so mehr ärgerten mich die Kriterien auf dem Arbeitsmarkt. Ich fürchte, stramm stehen und nicken war mehr gefragt als Einsatz und Kreativität.

Um meinen ersten Frust zu verdauen, beschloß ich erst einmal die Einarbeitung in der Übungsfirma durchzuhalten. Nicht weil mir das irgendwie etwas bringen konnte. Ich wollte wohl auch wissen, was passierte, wenn ich dieses Papier in meinen Händen hielt. Wie waren wohl dann die Reaktionen auf meine Bewerbungen?

Es war schon eine lustige Zeit in dieser Firma. Eine Stunde Arbeit, der Ausbilder war zufrieden, sieben Stunden im Aufenthaltsraum, ständig neue Gesichter, vor allem auch hübsche um mich herum. Nur das Geld ließ zu wünschen übrig. Bis zu diesem Punkt hatte ich gearbeitet wie ein Tier. In manchen Zeiten sieben Tage die Woche, jeden Tag nur 3 - 4 Stunden Schlaf und das monatelang. Jetzt war ich 32 Jahre alt und hatte schon mehr malocht als so mancher, der ein wesentlich höheres Alter vorweisen konnte.

Auf irgend etwas hatte ich nicht aufgepaßt. War es der Fluch für unseren Einsatz im „Why Not"?

Aber egal, seit dem letzten Pink-Floyd-Konzert hatte ich das Gefühl, mir nie wieder Gedanken über Geld machen zu müssen. Bei dem Stück „Money" hatte ich eine ähnliche Eingebung wie das Mädchen aus dem Sterntaler-Märchen. Mit einer bestimmten Grundhaltung, das wußte ich auch von der Meditation, kann man so etwas beeinflussen, und wie ihr noch sehen werdet, haut das immer noch hin. Es ist nur wichtig, sich nicht der eigenen Angst zu ergeben. Was man wirklich braucht und haben will, kommt dann zwar nicht auf einen Schlag, aber man sieht sein Ziel Stück für Stück näherrücken.

Laßt euch nie von anderen so weit runterholen, daß ihr euch für deren Geld in eine Katastrophe stürzt. Ein Menschenleben ist mit Geld nicht aufzuwiegen, auch wenn böse Zungen etwas anderes behaupten. Glaubt mir, ich weiß, wovon ich erzähle. Zwar ist Geld genauso vergänglich wie alles andere auch (eingeschlossen wir Menschen), aber es wurde weder von der Natur noch von irgendeinem Gott erschaffen. Wenn, dann als eine Herausforderung Gottes. Kein Grund, sich dafür ins Verderben zu stürzen.

Mir bereitete diese Jagd immer mehr Vergnügen, vor allem nachdem mir bewußt wurde, wie leicht man mit dieser Emotion umgehen kann.

Das allerdings verhindert bei mir aber lange noch nicht die grenzenlosen Enttäuschungen, die ich dabei immer wieder mit meinen Mitmenschen erleben mußte. Viel schlimmer sind die Enttäuschungen, die durch sogenannte Mitstreiter, schlimmer noch sind Mitreiter, entstehen. Vor allem, wenn sie durch Neid oder Habgier hervorgerufen wurden und sie von Menschen provoziert wurden, die anfangs die gleichen Ziele und Ideale an den Tag legten. Eben solche, die zwar anfänglich ein gutes Einfühlungsvermögen besaßen, so daß es reichte, zu denken, daß sie die gleichen Ideale vertraten. Anstatt in ihrer Aufgabe aufzugehen, reichte es vielen, nur mit diesen Aufgaben zu hausieren, um sich selber profilieren zu können. Eine Folge des Geldes und eine Charakterschwäche.

****

Natürlich gehörte wieder einmal ein Gesundheitscheck zu meinem Programm. Ich hatte früher die Bierkästen mit dem rechten Knie gestemmt, das hatte sprichwörtlich bleibende Eindrücke hinterlassen. Kurz über dem Knie hatte sich erst ein blauer Fleck gebildet; daraus wurde eine Schwellung, und ehe ich michs versah, hatte ich am rechten Bein eine dicke, unansehnliche und schmerzende Krampfader. Diese ließ ich mir im Krankenhaus entfernen, eine unangenehme Prozedur, obwohl sie zum Krankenhausalltag gehört. Normalerweise bin ich nicht besonders schmerzempfindlich, aber das Aufstehen nach dieser Operation bereitete mir Schwierigkeiten. Noch Wochen später spürte ich diesen ziehenden Schmerz im Bein und wagte kaum aufzutreten.

Wie immer bei solchen Aufenthalten ließ ich dort auch mein Blut untersuchen.

Alles war in bester Ordnung.

****

Inzwischen hatten wir Locke bei seiner neuen Familie besucht.

Die Frau auf, die er aufpassen wollte und sollte, war eine ehemalige Heroinabhängige. Ihr Mann, der nun leider keinen Einfluß auf sie ausüben konnte, hatte sie von dieser Sucht befreit. Zur Zeit war sie noch clean, aber sie bekam ganz merkwürdige Anwandlungen. Bei einem Besuch entkleidete sie ihren Oberkörper und verlangte eine Massage von mir. Das war nichts Außergewöhnliches, nur ihre Reaktion war es. Sie fing an zu schnurren wie ein Kätzchen und verlangte immer mehr. Für mich war es ein eindeutiges Zeichen, daß sie sich einen Mann suchen wollte. Nicht mit mir! Ich verließ die Wohnung, nicht ohne Locke vorher zu warnen. Der arme Kerl hatte diese Frau Tag und Nacht um sich herum. Es war sonnenklar, daß ihre Hormone verrückt spielten. Für Locke konnte es eine Angelegenheit werden, die ihm das Genick brechen konnte. Würde er sich auf diese Frau einlassen, niemand würde ihn noch als Freund akzeptieren können. Vor allem aber würde ihm niemand mehr seine Frau oder anderes anvertrauen.

Ich ahnte Schlimmes. Locke war im Umgang mit Frauen ein Tölpel. Für diese Frau war er ein gefundenes und leichtes Fressen, wenn sie es darauf anlegen würde. Was mußte ihr Mann im Knast wohl gefühlt oder gedacht haben? Ich will es gar nicht erst wissen. Ich kannte und mochte diesen Typen. Er hatte viel von dem verheizten Motorradfahrer mit dem Nitroglyzerin in der Jacke, aus dem Western „Todesmelodie“. Die gleiche Ausstrahlung, die gleiche Erscheinung und der gleiche Backenbart.

Mehr als ein Auge auf Locke und seine Familie legen konnte ich nicht, dazu reichte diese Verbindung nicht, und ich mußte erst einmal meine eigene Familie wieder in den Griff bekommen. Es gab da noch ein paar andere, die sich mit dieser Situation besser auskannten und vor allem viel länger Kontakt zu diesem Mann hatten.

Wie gesagt, ich ahnte Schlimmes, vor allem bekam ich Angst um Locke.

****

Ronald gehörte zu den wenigen, die sich regelmäßig bei mir zum

Kaffeetrinken anmeldeten. Er ist soweit ein ganz lieber Kerl, und er hat ein gehobenes Verständnis für Ordnung. Vielleicht dachte er ja, daß dies ausreicht, um eine Führungspersönlichkeit zu sein. Daß dem nicht so war, mußte er schmerzlich am eigenen Leib erfahren. Als Führungspersönlichkeit erreicht man seine Autorität durch Wissen und Einfühlungsvermögen, da reicht es niemals, nur eine Persönlichkeit auszustrahlen. Ronald war ein Langzeitarbeitsloser und sah sich nur für größere Aufgaben vorgesehen. Seine Ausbildung als Programmierer hatte er abgeschlossen, nun war er auf Jobsuche, leider noch erfolglos.

Ronald hatte immer eine Auswahl von Schmuckstücken, die er für einen An-und-Verkauf-Händler aufbewahrte. So kam ich oft zu Ray Ban Brillen oder Dupont-Feuerzeugen. Da Ronald eben sehr penibel und akkurat ist, waren es immer gepflegte Schmuckstücke. Da ich ihm damit immer etwas helfen konnte, störte es mich kaum, daß die Preise höher als normal waren. Im Gegenzug war Ronald immer bereit, mir zur Seite zu stehen.

Außer Ronald und Locke kam oft noch der Dicke aus der Motorradkiste zu Besuch. Der Dicke war immer voll bepackt mit Problemen. Der Untergang seines Ladens hatte ihn regelrecht ins Aus befördert. Er war zudem ein typischer und leidenschaftlicher Brummifahrer. Er brauchte den Streß auf dem Bock, um mit seinen Problemen fertig zu werden. Waren wir in Kontakt, endete dieser oft in einer Katastrophe. Der Dicke war unter Alkoholeinfluß unberechenbar. Seine Wohnung und auch seine Freundin bekamen das regelmäßig zu spüren. Er hielt sich gerne in italienischen Restaurants auf und spielte den Paten. Als er dann noch nach Sizilien fuhr, um dort einen Urlaub zu verbringen, wurde er noch unerträglicher. Er war immer noch eifersüchtig auf meine Verbindung zu Claus. Ich fand so etwas überflüssig und vor allem dumm. Er mußte doch am besten wissen, wie eine Freundschaft entsteht und vor allem, welchen Tribut sie fordert. Wenn er wieder auf das Thema Claus kam, verschwand ich so schnell wie möglich von der Bildfläche. Der Dicke hatte aber auch etwas Herzliches, sogar Ritterliches. Das machte vieles wieder gut. Er und seine Freundin kamen uns oft besuchen, und wir revanchierten uns dann mit einem Gegenbesuch. Ich achtete darauf, unser Verhältnis nicht zu eng werden zu lassen. War das der Fall, stand die nächste Katastrophe schon vor der Tür.

****

Ich hatte meinen Kopf voll mit Problemen. Ich wollte endlich raus aus diesem Kreislauf und endlich ein ruhigeres, aber nicht weniger interessantes Leben führen.

Das Jahr verging, und ehe ich michs versah schrieben wir das Frühjahr 1989. Es wurde Zeit, mir darüber klar zu werden wie es weitergehen sollte. Ich ließ mir ein Zeugnis von der Übungsfirma ausstellen, stellte mehrere Bewerbungsmappen zusammen und begab mich auf den Weg.

Wie ich es schon vermutet hatte, wirkte die Ausbildung der Übungsfirma lächerlich auf die Unternehmen. Was sich die Erfinder dieses Konzeptes dabei gedacht hatten, war mir schleierhaft. Na gut, zwischen meiner Glanzperiode als junger Dentalkaufmann und jetzt lag eine gewisse Zeit. Ein erfahrener Personalchef hätte meine Qualitäten entdecken können.

Das Wort Übungsfirma ließ sogar mir die Schamröte ins Gesicht steigen. So als wenn man eine Leiter ohne Stufen hinuntergestiegen wäre.

Wie kommen diese selbsternannten Strategen auf solche Gedanken, diese Institutionen ins Leben zu rufen? Nicht nur bei den Industrie- und Handelskammern, überall sieht man regelmäßig solche Veränderungen. Besonders schlimm ist es bei den Ämtern, die für die Bildung und die Stadtplanungen zuständig sind.

Es kommt mir nicht nur so vor, daß in jeder Wahlperiode der gerade frisch eingenommene Stuhl schnell verewigt werden soll, es war auch tatsächlich so. Daß dabei das Bildungssystem und auch alles andere immer maroder und undurchsichtiger wurden, war vielen verantwortlichen Personen egal. Hauptsache, sie konnten ihren Nachkommen mal erzählen: Siehst du, das hab ich mal gemacht. Es bleibt nur zu hoffen, daß sie dann so ausgelacht werden wie ich bei vielen meiner Bewerbungen.

Aber es gab auch durchaus Personen, die mehr lesen konnten als nur das letzte Zeugnis. Schon ab der 20. Bewerbung konnte ich mir eine Tätigkeit aussuchen.

Meine Zeugnisse waren dabei Nebensache; wichtig für die Inhaber oder Leiter waren das persönliche Gespräch und das dabei entstehende zwischenmenschliche Gefühl. Es kam so, wie ich es mir gewünscht hatte. Ich wollte mich nicht sofort festlegen und entschied mich für zwei Tätigkeiten. Eine hauptberufliche und eine nebenberufliche.

In der hauptberuflichen Tätigkeit sollte ich einem verkommenen Außendienst einer Büroeinrichtungsfirma neuen Elan bringen.

In der nebenberuflichen Tätigkeit wollte ich mich zum Finanzkaufmann ausbilden lassen.

Ich hatte schon mehrere Firmen dieser Branche im Visier gehabt, und keine dieser Firmen hatte einen so seriösen Eindruck hinterlassen wie diese. Bevor ich mich endgültig entscheiden wollte, ließ ich die Firma von der Handelskammer und anderen Leuten durchleuchten. Mein Ausbilder bei der Übungsfirma nickte wohlwollend.

Beide Arbeitsverhältnisse sollten im Spätsommer beginnen. Ich konnte mich also noch ein paar Monate intensiv um meine Familie kümmern.

****

Die Wohnung war inzwischen komplett neu eingerichtet. Bis auf die Sparkasse hatte ich fast alle Gläubiger befriedigt. Die Sparkasse hatte ihre Forderung längst an einen bekannten Hamburger Inkassodienst abgegeben. Die restlichen Forderungen waren inzwischen auf das Dreifache angestiegen. Ich hatte immer noch Oma Änne vor meinen Augen, wie sie das Sparbuch bei der Sparkasse abgeben mußte, und ich hatte schon lange einen Plan. Für diesen Plan mußte ich mir aber noch etwas Zeit lassen. Es würde sich schon lohnen. Gelang mein Vorhaben, hätte ich wieder eine saubere Schufa und meine sogenannten Schulden abgebaut. Ich erinnerte mich noch an die schlaflosen Nächte bei einem Kredit über ein paar hundert Mark, den ich als Lehrling aufgenommen hatte. Dieses Mal war alles anders. Ich fühlte mich im Recht.

Denen von euch, die in einer ähnlichen Lage sind oder waren, empfehle ich, ähnlich zu denken. Ich garantiere euch, ihr werdet einen Weg finden. Last euch niemals von euren Gläubigern unter Druck setzen und erst recht nicht den Schlaf stehlen. Ist einer der Gläubiger besonders aufdringlich, sofort Ablage P (Papierkorb) aktivieren. Was soll schon passieren? Viele haben ihre Lage nicht alleine selbst verschuldet, also zieht auch die Leute, die jahrelang von euch profitiert haben, mit in die Verantwortung. Stellt sich einer quer, habt ihr gewiss genügend Informationen über ihn, und er wird sich die Sache noch einmal durch den Kopf gehen lassen. Ich finde kaum etwas schlimmer, als einem Menschen, der auf dem Boden liegt, mit den Füßen hinterherzutreten. Das trifft aber nur für diejenigen von euch zu, welche ihren Einsatz auch gründlich rechtfertigen können.

Wie heißt das so schön: Fallen ist keine Schande, nur liegen bleiben! Vergeßt aber niemals, erst dann wieder aufzustehen, wenn ihr euch vom ersten Schock erholt habt. Es nutzt überhaupt nichts und niemandem, angeschlagen oder krank ein solches Rennen aufzunehmen. Ich meine damit, daß ihr euch erst etwas körperlich aufbauen müßt. Die seelische Verfassung wird dann automatisch besser. Verliert nie eure Gelassenheit, auch wenn das ab und zu sehr schwer fallen wird.

****

Wie man mit geringen monatlichen Bezügen seine Familie ernähren und so viele Schulden abbauen kann? Wir hielten fest zusammen, und jeder von uns wußte, welchen Teil er dazu beitragen konnte. Was an Arbeit zu kriegen war, wurde gemacht. Es durfte bloß keine feste Arbeit sein. Natürlich wäre das auch gegangen, aber der Berg wäre niemals kleiner geworden. Bei einer Festanstellung hätten sich die Gläubiger wie die Geier auf den Lohn gestürzt. So bestimmte ich, wer und wieviel jemand etwas bekommt. Rosi und ich hatten keine Probleme damit, den Haushalt gemeinsam zu führen. Wer weniger zu tun hatte, übernahm die restlichen Arbeiten. Nebenbei Arbeit zu bekommen, war wohl eines der kleinsten Probleme. Es gab reichlich und genug Arbeit für Leute wie uns.

****

Mir tat es in der Seele weh, daß wir noch nicht einmal eine Hochzeitsreise unternommen hatten. Ich überraschte Rosi mit zwei Tickets für die Insel Kreta. Im Hinterkopf hatte ich die Hoffnung, daß sie sich spätestens auf dieser Reise wieder fangen würde. Es war jetzt schon fast eineinhalb Jahre her, seit wir den letzten sexuellen Kontakt hatten, für mich eine grausame Zeit. Jeder Tag ohne sexuellen Kontakt zu einer Frau war für mich kein guter Tag. Ich brauchte regelmäßigen sexuellen Kontakt wie die Butter aufs Brot. Um so schlimmer war es für mich, mit einer so attraktiven Frau wie Rosi unter einem Dach zu leben. Nachts beobachtete ich ihr Gesicht, zeigte sich ihr Hintern unter der Decke, wurde mir oft schwindelig. Sie zu stark zu drängeln, hätte bedeuten können, sie ganz zu verlieren, sie gar nicht zu beachten aber auch.

Manches Mal war ich drauf und dran, das Handtuch zu schmeißen. Wenn ich dann um die Häuser ging und andere Frauen beobachtete, hatte ich schnell die Nase voll. Die Zeiten hatten sich geändert, die guten Leute hatten sich zurückgezogen. Wer keine Angst vor Aids oder anderen Dingen hatte, war immer noch unterwegs, und das, was unterwegs war, bestand zum größten Teil aus Orientierungslosen, die sich profilieren wollten.

Also den Urlaub auf mich zukommen lassen, er wird es schon richten.

Immerhin würde ich das erste Mal mit Rosi alleine auf eine Reise gehen. Für mich sollte es so etwas wie eine etwas verspätete Hochzeitsreise werden, und ich freute mich wie ein kleines Kind darauf. Für Rosi war es die erste längere und vor allem weitere Reise in ihrem Leben.

An Reisen sollte sie sich schnell gewöhnen müssen, schneller als sie jemals zu denken gewagt hätte.

20. Kapitel – Ein neues Spiel

Der Urlaub hatte sein Ziel nicht verfehlt; zwar war immer noch eine große Distanz zwischen Rosi und mir, aber immerhin wußte ich jetzt, warum. Rosi wollte einfach erobert werden, und das auf eine Art, die mir gar nicht so recht war. Ich hatte niemals damit gerechnet, ihre Liebe nur mit sanfter Gewalt zurückzubekommen, aber so war es eben, und das war auch der Grund, warum es so lange gedauert hatte. In meinen Vorstellungen wurde eine hübsche Frau bei der Liebe immer mit Respekt und Würde behandelt, ich wäre nie darauf gekommen, daß man als Mann seine Würde verlieren kann, wenn man bei einer Frau nicht genug durchgreift. Zwar war mir dieser Zustand aus Erzählungen und Erlebnissen anderer wohlbekannt; daß es mich direkt betreffen würde, war ein tiefer Schock für mich. Egal, welche Härten ich durchleben mußte, ich habe mir immer meine Portion Sentimentalität beibehalten und werde dieses auch niemals ablegen. Werden das Verlangen und die Bedürfnisse der Frauen mir ewig ein Rätsel bleiben?

Auf jeden Fall verbesserte sich unser Verhältnis von Tag zu Tag, aber die Mauer, die sich unsichtbar zwischen uns aufgebaut hatte, war immer noch anwesend. Rosi behauptete zwar, sie hätte das Vergangene restlos verarbeitet, aber dem war bestimmt nicht so. Sie ging dem einfach aus dem Weg.

Es war für sie bestimmt der einfachste Weg, mit sich selbst klarzukommen, für mich war das eine Katastrophe, die so irgendwann bei mir so etwas Ähnliches wie Selbstzerstörung hervorrufen konnte und würde. Zu diesem Zeitpunkt hatte ich sehr viel Hoffnung, und das sollte sich erst einmal auszahlen.

.................Jetzt ist schon wieder der 3. Advent. Von vorweihnachtlicher Stimmung ist bei mir nichts zu spüren. Vielleicht liegt es ja nur an meinen Glückshormonen. Vor kurzem habe ich in einer wissenschaftlichen Sendung gesehen, daß die Grundstimmung eines jeden Menschen von seiner genetischen Beschaffenheit abhängt. Was für ein trauriges Erbe, das da auf mir lastet. Kann man denn nicht einmal Weihnachten richtig genießen, ohne daß die Gentechnik mir einen Strich durch die Rechnung macht? Aber wenn das bloß schon alles wäre. Der 19.12. rückt

unaufhaltsam näher. Der Tag, an dem ich vor sechs Jahren alles verlor und von dem ich mich wohl nie wieder richtig erholen kann? Wie oft habe ich diesen Tag schon verflucht, und wie oft habe ich den Zustand verdammt, diesen Tag überlebt zu haben. Je näher dieser Tag rückt, desto mehr verlassen mich meine Widerstandskräfte. Ich verfalle in tiefe Depressionen und verstecke mich unter meiner Bettdecke. Nicht weil ich mich dieser Situation nicht stellen will, nein, ich habe zur Zeit einfach keine Kraft mehr, alleine damit fertig zu werden. Hilferufe starte ich schon lange nicht mehr, es macht auch keinen Sinn. Ich, der sonst immer so Starke, den nichts aus der Bahn werfen kann, brauche Hilfe? Das kann doch nicht sein, zumindest in den Augen anderer. In ihren Augen lese ich ihren Triumph, so als wollten sie sagen: Selbst schuld, es ist doch dein Leben.

Das Schreiben wird zur unendlichen Qual; jeder Buchstabe, jedes Wort bedeutet eine ungeheure Überwindung. Vielleicht werde ich erst einmal eine lange Pause einlegen. Sich jetzt mit dieser Materie auseinanderzusetzen, bereitet mir äußerstes Unbehagen. Andererseits sollte ich immer wieder einen Versuch wagen, so lange, bis diese grausamen Tage an mir vorbeigezogen sind.

Schlimm daran ist gar nicht einmal der körperliche Schmerz, obwohl der alleine mich oft bis zum Wahnsinn treibt. Daß ich diesen Schmerz nicht mehr besiegen kann, steht anscheinend fest. Viel schlimmer ist die psychische Verfassung. Die Machtlosigkeit, etwas dagegen unternehmen zu können, und die dadurch entstehende Hilflosigkeit. Es ist fast unmöglich, sich immer wieder neu zu motivieren, um wieder auf die Beine zu kommen. Mit jedem Tag wächst der psychische Druck, und dadurch verringert sich meine Widerstandskraft. Das wiederum hat zur Folge, daß der Wille schwächer wird. Es scheint, als wäre es nur eine Frage der Zeit, wann mein Körper sich allem widersetzt und restlos in sich zusammenfällt.

Es ist nicht einmal die Krankheit oder nur die Verletzung, die mir so viele Probleme bereitet. Jedes einzeln für sich wäre noch erträglich. Aber alles zusammen, eingeschlossen die Geschehnisse der letzten fünf Jahre, ergibt eine unerträgliche und kaum zu bewältigende Masse an Belastungen, die kein Mensch lange aushalten kann. Es grenzt schon fast an ein Wunder, daß ich immer noch Antrieb besitze. Ich denke mal, das liegt in meiner Natur.

Einen Sinn in allem sehe ich noch nicht vollständig. Es macht manchmal Hoffnung, nach dem Sinn zu fragen. Ich kann an meinem Schicksal nichts ändern, nur versuchen, so gut wie möglich damit zu leben und vor allem meine Bestimmung zu hinterfragen.

Diese Tatsache kenne ich, seit ich den „Steppenwolf" gelesen habe. Damals war ich gerade mal 18 Jahre alt. Dieses Buch habe ich nie zu Ende gelesen. Das, was ich gelesen hatte, reichte, um mir Teile meines Schicksals zu zeigen. Dieses Buch gab mir eindeutig das Gefühl, meinem Schicksal wehrlos ausgeliefert zu sein, also blieb mir nichts anderes übrig, als es hinzunehmen wie es eben kommen würdet.

Sehnsüchtig warte ich auf etwas Geldsegen, um zumindest den Kindern eine unvergeßliche Freude an unserem letzten gemeinsamen Heiligabend bereiten zu können. Das Geld oder die Geschenke waren nicht das Wichtigste, aber in meinem Zustand hätten sie die Lage deutlich entspannen können. Dabei hätte ich selbst so vieles noch zu bekommen. Aber ich vertraue einfach dem Schicksal, es wird es schon richten. Das denke ich mir so einfach, nehme ein Schlafmittel und lege mich zur Ruhe.................

Gleich nach der Rückkehr von unserer Kreta-Reise hatte ich mir einen Termin zur Korrektur meiner Nase geben lassen. Beim Sparring anderthalb Jahre zuvor hatte ich mir meinen sechsten Nasenbeinbruch eingehandelt. Zwar war äußerlich immer noch kaum etwas sichtbar, aber das Atmen bereitete mir Probleme. Ich bekam kaum noch Luft durch die Nase.

Bevor ich mich den neuen Aufgaben stellen wollte, sollten die körperlichen Blessuren der Vergangenheit so gut wie möglich beseitigt werden.

Ich entschloß mich auch zu einem kleinen kosmetischen Eingriff. Ich hatte noch ein paar winzige Brillanten. Einen davon setzte ich sauber und unauffällig, ohne Rahmen, direkt in den Eckzahn auf der rechten Seite des Oberkiefers. Ich hatte Zahnarztpraxen und Zahntechniker-Werkstätten eingerichtet und beraten; für mich war es ein leichtes, diesen Brillanten richtig zu plazieren. Bloß mit dem richtigen Klebstoff hatte ich meine Probleme.

Einmal im Jahr löste sich der Brillant, solange bis er irgendwann spurlos in der Kanalisation verschwand.

Für meinen beruflichen Werdegang zeigte sich dieser kleine, fast unauffällige Eingriff als durchaus positiv und nützlich. Er war eben so plaziert, daß man ihn nur in einem bestimmten Licht und in einer bestimmten Haltung erkennen konnte. Wenn ich einer Person, meist nie rein zufällig, dieses Glitzern zeigte, war diese oft schwer beeindruckt. Er war eben so gut plaziert, daß er hochkarätig seriös wirken konnte.

Jetzt fehlte mir nur noch das richtige Outfit. Für teure Maßanzüge hatte ich nicht genügend Geld, also nahmen wir einen Versandhauskatalog zur Hilfe. Fürs erste sollte das ausreichend sein, nur mit meinem Schmuck paßte das nicht so ganz. Teure Ringe und Ketten, Brilli im Zahn und eine eindrucksvolle Uhr am Handgelenk, na ja, man kann eben nicht sofort alles haben.

Wer bis zu dieser Stelle gedacht hatte, es lohnt sich nicht die Zähne zu zeigen, der kann leicht erkennen, daß das Gegenteil der Fall sein kann.

Eine wichtige Regel auf der Straße ist es, den Leuten immer wieder vor Augen zu führen, daß man auch schlechte und unberechenbare Seiten an sich hat. Vergißt man so etwas, wird man vergessen und nicht mehr beachtet. Die Gefahr, in der Gosse zu verschwinden, wird wesentlich wahrscheinlicher als ein Gewinn bei einer Wohltätigkeitstombola.

Alles Wichtige war nun erledigt. Ideale Voraussetzungen, um einen neuen Start anzugehen. Also auf was sollte ich nun noch warten? Los ging's!

****

Das Unternehmen, in dem ich meine nebenberufliche Laufbahn beginnen wollte, gehörte zu dieser Zeit zu den seriösesten Firmen einer neuen, schnell wachsenden Branche in der Allfinanz. Bis zu diesem Zeitpunkt war eine riesige, junge und hart umkämpfte Industrie daraus geworden. Leider, wie bei allen großen neuen Strategien, wurde auch hier viel zu leichtfertig mit dem Begriff „schnell verdientes Geld" umgegangen. Viele der freiberuflichen Mitarbeiter nutzten die Möglichkeiten dieses Unternehmenskonzeptes ausschließlich zu ihrer eigenen Bereicherung.

Ich hatte schon viel von den Möglichkeiten in solchen Unternehmen gehört, war aber sehr skeptisch, was deren Philosophie betraf. Bei einigen war ich vorstellig geworden und hatte sofort die Menschenverachtung der Führungskräfte gespürt. Es war auf keinen Fall so, daß ich hinter dem Mond gelebt hätte. Meine Informationen waren immer erstklassig und hochkarätig, meine Allgemeinbildung auf einem hohen Niveau. Da es sich bei der Arbeit um eine freiberufliche, vorerst nebenberufliche und selbständige Tätigkeit handeln sollte, hatte ich also genug Zeit mich zu informieren, bis ich eine endgültige Entscheidung treffen konnte und wollte.

Die Versprechungen der Direktoren hatten durchaus ihre Reize. Meine Bedenken, mit dieser Tätigkeit meine Seele zu verkaufen, verschwanden schnell, nachdem ich erkannte, daß ich doch tatsächlich Menschen mit diesem System helfen konnte. Natürlich war alles nur Geldschneiderei, aber mit der richtigen Anwendung durchaus mit Sinn und Verstand für den Kunden und seinen Betreuer. Vorausgesetzt, man setzte dieses System auch tatsächlich für die Interessen seiner Mandanten ein.

War dies etwa meine erwartete Chance, den Banken und Krankenversicherungen Paroli zu bieten? Der Reiz dieses Gedanken und die damit verbundene Faszination blieben mir nicht verborgen. Mit dieser Einstellung konnte ich „eigentlich" nur auf der Überholspur landen.

****

Ganz anders hingegen gestaltete sich das Arbeiten bei dem Büroeinrichter.

In den vergangenen Jahren hatte sich so gut wie gar nichts verändert. Die Hierarchie in so einem Unternehmen war kaum anders als bei meiner Arbeit als Dentalkaufmann.

Meine Aufgabe in der Büroeinrichtungsfirma sollte es sein, dem Außendienst frischen Wind in die Segel zu blasen. Davon erfuhr ich aber erst später. Die Bezahlung war schlecht und das Betriebsklima miserabel. Irgendetwas stimmte mit diesem Betrieb nicht. Eine richtige Einarbeitung war überhaupt nicht gegeben. Wenn ich ein paar Fragen stellen wollte, wurde ich eiskalt abgewiesen. Ich war also auf mich alleine gestellt. Es dauerte nicht lange, und ich tat nur noch das, was ich eben so zu tun hatte, das Übliche halt. Anfangs, in den ersten Wochen, saß ich manches Mal noch bis in den Abend im Betrieb. Als ich aber mitbekam, daß sich der Einsatz auf keinen Fall rentieren würde, beließ ich es nur noch bei dem Notwendigen.

****

Die nebenberufliche Tätigkeit hatte mich langsam in ihren Bann gezogen, vor allem, als die ersten Schecks eintrudelten. Nur mit geringem Einsatz in den Abendstunden erzielte ich schnell wesentlich mehr Erfolg als mit meiner Arbeit in der Firma. Wenn man das mit Aufwand und Nutzen verglichen hätte, müßte ich leider behaupten, daß der Nutzen und der Einsatz in der Firma kein befriedigendes Resultat brachte. Bei meiner Arbeit mit dem Konzept in der Finanzdienstleistung schaffte ich mit geringem Einsatz schnell den dreifachen Monatslohn wie mit der Arbeit in der Büroeinrichtungsfirma. Das war meine Chance, schnell und ohne Aufhebens meine Rechnung bei der Inkassofirma zu begleichen.

Ich zog mir meine Fransenjacke, Jeans und Cowboystiefel an, steckte ausreichend Geld in die Tasche und fuhr direkt zur Inkasso nach Hamburg. Dort legte ich das Geld auf den Tisch und bot es der Firma unter der Voraussetzung an, mir die restlichen Forderungen zu erlassen und mir den Kfz-Brief des Ford Mustang auszuhändigen. Zu meiner großen Verwunderung dauerte es keine zehn Minuten, und ich hielt die Papiere in der Hand. Kein schlechtes Geschäft, für ein Siebtel des geforderten Betrages den Brief und den Erlaß der Restschuld zu erhalten. Da Claus damals das Geld zum größten Teil verbraucht hatte, bot er sich an, mir den Betrag zurückzugeben.

Ein glücklicher Tag für uns beide! Endlich war ich wieder frei! Richtig frei, sogar ohne Eintrag in der Schufa oder im Amtsgericht. Natürlich dauerte es noch etwas, bis die Eintragungen endgültig gelöscht waren, aber dank meines Anwaltes waren es nur zwei Wochen. Eine durchaus erträgliche Wartezeit.

Nun konnte mich nichts mehr aufhalten. Ich bekam wieder ein Konto und sogar Kreditkarten. Zwei Jahre später war ich sogar schon im Besitz der goldenen American Express. Mit Glück hatte das alles absolut gar nichts zu tun. Es war nur meiner Nervenstärke, meinem Vertrauen in mich selbst und natürlich auch Rosis Mithilfe zu verdanken, daß wir so schnell aus allem rausgekommen waren. Im Grunde genommen war alles nur eine Zerreißprobe für die Nerven. Hätte ich mich nicht im Recht gefühlt, ich glaube, es wäre nicht so glimpflich ausgegangen.

Für meine Ausbildung zum Finanzberater konnte das nur das beste Aushängeschild sein, um anderen wirklich helfen zu können, und so wollte ich die Geschichte auch angehen.

****

Den Kontakt zu meinen Großeltern hatte ich in der Zwischenzeit nie verloren. Oma Änne bereitete mir große Sorgen. Sie fühlte sich in ihrer Neubauwohnung in der dritten Etage nicht richtig wohl. Ich denke, ihr fehlte die Hektik und Betriebsamkeit, die sie durch meinen Vater, das Haus und mich hatte. Zwar ging sie regelmäßig auf Kaffeefahrten und andere Veranstaltungen, aber man merkte ihr schon an, daß sie langsam aber sicher vereinsamte. So oft es eben ging, fuhr ich bei ihr vorbei, um sie zu besuchen. Nicht sehr oft, aber eben so oft es ging. Meist wußte sie schon beim nächsten Anruf nicht mehr, daß wir gerade erst bei ihr zu Besuch gewesen waren, aber das lag auch daran, daß Oma vergeßlich wurde.

Unsere einzige zusätzliche, zuverlässige Informationsquelle über Omas Zustand war meine Schwester. Sie hatte ihre eigenen großen Probleme. Immer noch hatte sie mit einem fatalen Operationsfehler und den Folgen zu kämpfen. Bei dieser Operation hatte man ihr versehentlich die Magenwand angeritzt, und die Säure hatte sie innerlich verätzt. Die Ärzte bemerkten ihren Fehler erst, als die Magensäure schon bis zur Lunge vorgedrungen war. Meine Sorgen konnte sie zwar verstehen, aber was sollte sie denn tun?

So manches Mal stand ich lange vor Omas Tür, und wenn sie nicht öffnete, wuchsen meine Sorgen. Oma hörte hin und wieder ihre Klingel nicht mehr. Wie sich später herausstellte, hatte sie ein kleines Blutgerinnsel im Gehirn. Wir machten uns Gedanken, wie wir ihr helfen konnten, fanden aber keine richtige Lösung. Sie zu pflegen war nicht das Problem, das sich stellen sollte, sondern wie und wo.

Bevor ich nicht richtig sattelfest in einem meiner neuen Berufe war, wußten wir doch selber nicht einmal, was im nächsten Monat passieren würde. Wir entschlossen uns, richtig Gas zu geben, und fingen sogar an, nach einem Haus zu suchen und an einer Finanzierung zu basteln. Wie immer sollten sich auch dieses Mal die Ereignisse wieder überschlagen.

****

Unsere Befürchtungen, was Locke und seine Mission betraf, übertrafen unsere schlimmsten Vorahnungen. Diese Frau hatte es im Handumdrehen geschafft, ihn hörig zu machen. Locke fraß ihr aus der Hand. Wie muß er sich dabei wohl gefühlt haben? Sein Wissen, daß sein Freund im Gefängnis saß und dessen Frau und er ein Verhältnis angefangen hatten. Für Locke war diese Situation mit absoluter Sicherheit genauso unerträglich wie für seinen Kumpel im Gefängnis. Locke verlor die Kontrolle über sich selbst. Das Allerschlimmste aber war, daß diese Frau ihre Aktion durchaus bedacht hatte. Sie nutzte die Gelegenheit, um ihre alten Heroin-Verbindungen wieder in Gang zu setzen. Locke wurde ihr Kurier und Handlanger. Es dauerte nur wenige Tage, und beide waren selber Sklaven ihres Handelns. Wir konnten nichts mehr für ihn tun. Bei dem Kontakt zu Heroin endete jede Freundschaft und mußte beendet werden.

Trotzdem war auch Locke für uns eine Ausnahme. Seine Treue und seinen Einsatz mir gegenüber wollte ich ihm nicht vergessen.

Wir entschieden uns, auf einen Hilferuf von seiner Seite zu warten. Nur so würde die Hilfe eventuell Erfolg haben können. Ihm Hilfe aufzudrängen würde er niemals akzeptieren können oder wollen. Es war völlig klar und vollkommen eindeutig, was mit ihm passieren würde; nur wann, das stand noch in den Sternen. Locke hatte gegen seine eigenen Ideale und Gesetze verstoßen, das konnte nur das Allerschlimmste hervorrufen. Ich wagte es kaum, darüber nachzudenken. Erst vor kurzer Zeit war Lollo so schrecklich zu Grunde gegangen. Locke war nicht mal Mitte zwanzig, sein Leben hatte noch nicht einmal richtig begonnen. Egal was er alles getan hatte und wen er geschädigt hat, er hat auch vielen Leuten sehr geholfen. Er hatte an diesem Punkt noch eine Chance verdient.

****

Meine Vermutungen, was diese seriöse und vollkommen normale Büroeinrichtungsfirma betraf, wurden im Handumdrehen bestätigt. Nach nur zwei Monaten bekam ich dann endlich auch heraus, was wohl jeder in dieser Firma schon lange wußte. Das Unternehmen befand sich vor dem Konkurs. Ich war stinksauer. Der Chef mußte das schon lange, bevor er mich engagiert hatte, gewußt haben. Ich wußte nur zu gut aus eigenen Erfahrungen, daß bis zu einem Konkurs leicht und locker ein bis zwei Jahre vergehen können. Wie konnte er von mir erwarten, die Kartoffeln aus dem Feuer zu holen, wenn sie schon längst verkohlt waren? Was geht in solchen Menschen vor, und warum landete ich immer wieder bei ihnen?

Wie oft und wie lange ich solche Prozeduren noch durchstehen mußte, übertraf jeden Vernunftgedanken.

Von nun an kam mir alles Weitere wieder einmal vor wie eine Vorsehung. Völlig sicher war ich mir bei dieser Auffassung noch nicht, aber nahe dran. Es passierte bei mir mein Leben lang viel zu vieles, was mit dem Lauf der Dinge übereinstimmte. Was mich daran so stutzig macht, sind die Geschehnisse in meinen Gefühlen und Intuitionen, kurz bevor etwas Ereignisreiches passieren sollte. Ich konnte zwar nie wissen, was passieren würde, im Nachhinein mußte ich mich aber sehr oft wundern. Manchmal so intensiv und stark, daß mir die Tränen in die Augen stiegen. Bisher hatte ich es noch nicht lernen können, mit diesen Intuitionen umzugehen, geschweige denn sie richtig zu deuten.

.................Ich denke, daß jeder Mensch solche Intuitionen besitzt, der eine mehr und der andere weniger. Nur wenige können mit diesen Intuitionen richtig umgehen. Vor allem aber ist es nicht leicht, mit den Gefühlen aus diesen umzugehen. Richtig schwer wird es, wenn in so einem Lauf der Dinge Menschen zu Schaden kommen. In so einem Fall kann man schon verzweifeln, wenn man die Zeichen nicht richtig lesen oder verstehen kann.

Richtig wunderlich wurden diese Dinge bei mir in den Jahren 1991 - 1993. Alleine 1993 habe ich meinem eigenen Tod viel zu oft den Garaus gemacht. Ein Jahr zuvor hatte ich eindeutige Zeichen für diese Geschehnisse erhalten, konnte sie aber nicht richtig zuordnen. Der Tod ist der ständige Begleiter der Lebenden. Warum soll man immer darüber nachdenken? Wenn er da ist, merkt man es schon früh genug. Manches Mal kann er zeitweise wie eine Erlösung erscheinen.................

Die bodenständige und mittelständische, seriöse Firma stand vor dem Aus. Ich konnte Augenblicke vorher reagieren, bevor die Banken die Büroräume besetzten und uns die Stühle unter den Hintern wegnahmen.

Alles passierte innerhalb weniger Stunden. Ich war gerade auf meiner Tour, um neue Kunden zu akquirieren. Kurz vor dem Firmengelände spürte ich, daß etwas nicht stimmte, und stellte die wichtigsten Utensilien sicher. Darunter war auch ein völlig neuartiges Fax- und Telexsystem für die Brieftasche. Dieses System wurde von den amerikanischen Geheimdiensten genutzt und trug den Namen PX 1000.

Ich war noch nicht einmal aus dem Firmenwagen ausgestiegen, da standen auch schon die Vollstrecker der Banken vor dem Auto und konfiszierten es samt Inhalt.

In der Firma ging alles drunter und drüber. Mir sollte es nur recht sein, was hier ablief. Zum einen weil das Betriebsklima mir sowieso nicht gefiel, zum anderen weil sich die Firma genau vis-à-vis dem Getränkegroßhandel meines ehemaligen Chefs aus dem „Why Not" befunden hat.

Im Grunde genommen konnte mir gar nichts Besseres zu diesem Zeitpunkt passieren. Es gab für drei Monate Konkursausfallgeld, danach Arbeitslosengeld. Genug Zeit für mich, um mein zweites Standbein zu festigen.

****

Ich wollte auf keinen Fall in eine hauptberufliche Selbständigkeit im Bereich der Finanzdienstleistung, bevor ich nicht sicher wußte, ob ich mein Wissen richtig anwenden konnte.

Da man in diesem Beruf sein Potential angeblich nur über seinen Bekanntenkreis aufbauen konnte, war es mir sehr wichtig, diesen Menschen richtig helfen zu können. Das System sah das zwar so vor, aber es ist nicht alles Gold, was glänzt, und schon gar nicht in der Allfinanz.

Die Versprechungen der Firmengründer waren einleuchtend und glaubwürdig. Die Gründer hatten an fast alles gedacht. Vorbildlich, einzigartig und bis in die unterste Ebene. Jeder konnte scheinbar seines Glückes Schmied werden. Nur die Durchführung in den einzelnen Direktionen gefiel mir ganz und gar nicht. Noch herrschte hier die Auffassung, man müßte so hohe und so viele Lebensversicherungen wie möglich verkaufen. Im Prinzip war das ein Weg, um schnell und einfach eine Menge Geld zu verdienen. Für den Kunden konnte das auf keinen Fall von Vorteil sein.

Ich entschied mich von vornherein, jedem meiner Kunden nur das zu geben, was er auch scheinbar wirklich benötigte und was ihm auch wirklich helfen konnte. Um das aber kontrollieren zu können, mußte ich mir alles Wissen aneignen, das ich bekommen konnte. Die wöchentlichen Schulungen waren dazu nur sehr mangelhaft geeignet. Hier ging es in erster Linie um das beste Wochengeschäft und den höchsten Umsatz.

Es dauerte nicht lange, da spürte ich deutliche Veränderungen in dieser Philosophie, erst in unserem Büro, später sogar bis hoch zur Geschäftsleitung. Immerhin waren es zu diesem Zeitpunkt bundesweit schon knapp 10.000 freiberufliche Mitarbeiter. Die Hierarchie war gut durchdacht. Die Informationen kamen zeitweise schnell nach oben bis in die Geschäftleitung. Dieses System hatte nur einen Fehler: Übereifrige Direktoren, dazu gehörte auch unser Direktor, küßten der Geschäftsleitung regelrecht den Hintern. Wenn sie nicht wollten, daß bestimmte Informationen zur Geschäftsleitung durchkamen, dann passierte da auch nichts. Ich denke mal, wäre die Geschäftsleitung über manch andere Vorkommnisse richtig informiert gewesen, es wäre manchen Menschen eine Menge Leid erspart geblieben. Informationen, welche die Brieftaschen der Direktoren noch praller füllten, waren jene, welche am schnellsten nach oben durchkamen. Oft sehr zum Nachteil der eigenen Mitarbeiter und der Kunden. Langfristig gedacht, konnte nur Seriosität zum richtigen Erfolg führen.

Ich hatte schnell herausgefunden, daß die anderen Führungskräfte mit ihren Stornos (Rücktritt eines Kunden vom Vertrag) schwer zu kämpfen hatten.

Ruckzuck erreichte ich die ersten drei Karrierestufen. Vor allem gewann ich fast jeden Wettbewerb, den es zu gewinnen gab.

****

Wir befinden uns im Spätsommer bis Winter 1989. Wir alle wurden überrascht von den Geschehnissen in der ehemaligen DDR. Zu dem Zeitpunkt, als die Mauer fiel, studierte ich gerade die Konzepte des Unternehmens. Bei mir lief ständig irgendein Fernsehgerät. Ich will immer alles wissen, was auf dieser Welt passiert, der Fernseher war scheinbar die schnellste Informationsquelle. Als ein Nachrichtensprecher die Neuigkeiten verbreitete, daß die DDR-Bürger die Grenzen passieren durften, stockte mir der Atem. Ich war wie versteinert, und es fiel mir sogar schwer, richtig Luft zu bekommen.

War das eine Folge meiner Intuition von der Grenzfahrt, viele Monate zuvor?

Das war so ein Moment, wo mir die Tränen in die Augen stiegen. Allerdings mit, vorerst einmal, durchaus glücklichem Ausgang.

Sollte das wirklich eine Wende bedeuten? Das Ende des Kalten Krieges und vor allem der Beginn vom Ende aller Unterdrückungen weltweit?

Eines war sonnenklar: Die Menschen bekamen eine neue Chance, endlich miteinander auszukommen um friedlich zusammenleben zu können.

Wer dachte in diesem Moment schon daran, daß wir wieder einmal fürchterlich betrogen werden würden? Betrogen durch die Machtgier einzelner Politiker und der Großindustrie!

Aber auch die können den endgültigen Lauf der Dinge nicht verhindern.

21. Kapitel – Wer den Honig will, muß der Biene Sumsum ertragen

(Dale Carnegie)

Der große Betrug begann schon Monate vor der endgültigen Maueröffnung. Plötzlich war genug Geld vorhanden, um neue Sozialwohnungen zu bauen. Wohnungen mit Einbauküchen und Fußbodenheizungen für unsere Schwestern und Brüder aus der sowjetischen Zone und sehr schnell auch für die erste Flüchtlingswelle aus der DDR.

Nicht, daß ich neidisch oder mißgünstig gesinnt war oder bin. Der Grund meines Argwohns war ziemlich eindeutig. Die Lage unter den im Westteil geborenen Deutschen war in den letzten Jahren schon stark strapaziert worden. Die Ausländerpolitik unserer Regierung, besonders schlimm unserer Landesregierung, hatte die minderbemittelten Deutschen ins Abseits bugsiert. Wer auf Sozialhilfe angewiesen war, mußte sich als Deutscher hinten anstellen. Alle anderen bekamen sofort Hilfe, in den meisten Fällen sogar sofort Bargeld. Dabei wußte jeder, daß sich manche Stämme richtig auf das Abkassieren der Ämter spezialisiert hatten. Der soziale Unfrieden war schon unerträglich geworden. Immer mehr Leute gaben sich auf und resignierten vollständig, wiederum oft zur Freude der Heroindealer.

Eine geförderte Wohnung als Deutscher zu bekommen, bedeutete für viele jahrelange Wartezeiten. Jetzt wurde das Maß vollständig überzogen.

Hätten es normale Wohnungen mit gewöhnlichem Standard nicht auch getan?

Es lag auf der Hand und war sonnenklar, daß dieses Vorgehen Haß und Verzweifelung schürte. Die Folgen waren zu dieser Zeit schon empfindlich spürbar. Die rechtsradikale Szene gewann dramatischen Stimmenzuwachs. So wie ich es schon Jahre vorher prophezeit hatte. Jeder schob die Schuld auf den anderen und keiner war bereit, die tatsächlichen Ursachen zu bekämpfen. Eine ungeheuerliche Situation, eine neue Katastrophe schien vorprogrammiert.

Wenn ich über solche Zustände nachdenke, steigt ein unbeschreibliches Gefühl in mir auf. Wer so dumm war, solche Entscheidungen zu treffen, der sonnte sich sogar noch in Wohlgefallen. Wie sollen die Menschen jemals richtig zusammenkommen können, wenn sie ständig auf diese Art boykottiert werden?

Warum schließen sie sich nicht endlich zusammen, um solche Entwicklungen zu verhindern?

So lange wie sie das nicht begreifen, wird das Leiden auf dieser Erde immer existieren, ja sogar unermeßlich ansteigen.

Dabei wäre eine schnelle und korrekte Lösung in diesem Falle leicht möglich gewesen.

****

Weihnachten stand vor der Tür, und ich hatte ein wirklich tolles Geschenk für Rosi und meine Tochter. In einem groß angelegten Wettbewerb hatte ich eine Reise nach Zell am See gewonnen. Fünf-Sterne-Hotel inklusive Skipaß, Skiausrüstung, Skilehrer und jede Menge Programm.

Mich machte es etwas stutzig, als sich unser Direktor im Büro querstellte, weil wir unsere Tochter auf jeden Fall mitnehmen wollten. Mir lag noch klar in den Ohren, wie er in seinen Reden diese Firma als einzigartige Familie präsentierte.

Seit wann gehören Kinder nicht in eine Familie? Unsere Tochter kam natürlich mit, dafür sorgte Rosi.

Der Urlaub war fantastisch. Das Essen übertraf alle meine Erwartungen, vor allem die abendlichen Fünf-Gänge-Menüs. Die abendlichen Veranstaltungen und das Tagesprogramm auch. Die Entscheidung, unsere Tochter mitzunehmen, war goldrichtig, und sie war nicht das einzige Kind auf dieser Veranstaltung. Die Leute, unter ihnen auch der Gründer der Firma, der sonst unnahbar erschien, umgarnten unsere süße Maus, als wenn sie eine kleine Königin für sie wäre.

Viele Leute um mich herum verursachten richtiges Unbehagen in meiner Magengegend. Geld genug war wohl vorhanden, aber was war mit den anderen Werten? Mir machte das etwas Angst, so viele gut gestylte und mit Gold behangene Menschen, denen ich aber sofort ansehen konnte, daß vieles nur zu ihrer Fassade gehörte. Nichts an vielen von ihnen war wirklich echt, bis auf einige Ausnahmen. Diese Ausnahmen waren es, die es mich wissen ließen, daß ich am richtigen Ort und an der richtigen Stelle gelandet war. Zu diesen Leuten gehörte vor allem ein weiterer Direktor unserer Stadt. Er selbst gehörte zum gleichen Schlag wie ich, nur daß er etwas skrupelloser war. Er hatte vor einigen Jahren selber eine Diskothek besessen.

Ich spürte sofort eine gewisse Art von Sympathie zwischen uns. Bevor wir aber zusammenkommen sollten, gab es das übliche Gerangel und Abschätzen unter uns, eben so wie ich es gewohnt war.

Das Eis zwischen uns brach an einem Abend, an dem wir sämtliche Rekorde im Kampftrinken aufstellten, fast Guinness-Buchrekordverdächtig.

Dieser Landesdirektor und seine Art gaben mir den Anstoß, mich doch endlich auf die hauptberufliche Selbständigkeit vorzubereiten. Vielleicht gab es ja einen Weg, in seine direkte Struktur zu wechseln?

Daß so etwas nicht funktionieren konnte, wurde mir sehr schnell klar. Inzwischen hatte ich angefangen, eigene Mitarbeiter aus den Kreisen meiner Kundschaft zu gewinnen. Es wäre absurd gewesen wenn, eine andere Person die Betreuung übernommen hätte. Wir bekamen etwas später schließlich Leitungsvergütung für jeden eigenen Mitarbeiter und den Aufwand, der uns dadurch entstand. Ein Wechsel hätte auch den Verlust dieser Leitungsvergütung bedeutet, und so etwas kann sich ein Unternehmen nicht leisten, ohne seine Glaubwürdigkeit zu verlieren.

Gleich nach diesem einwöchigen Urlaub bereitete ich mich auf einen hauptberuflichen Einstieg vor. Erst wenn ich die Stufe eines sogenannten Geschäftsstellenleiters besitzen würde, käme ich in den Genuß dieser Leitungsvergütung. Mit jeder weiteren Beförderung sollte dann nicht nur meine Provision, sondern auch die Leitungsvergütung steigen. Das gab natürlich richtig Auftrieb. Ein tolles System, dachte ich, und so erwies es sich zunächst auch. Unser Direktor meldete mich für die entsprechenden Seminare an.

Ich bemerkte schnell sein gehobenes Interesse an meiner Person. Als er dann mit mir in die Innenstadt ging und mir einen neuen Anzug, Hemden und Krawatten kaufte, sollte mir das recht sein. Ein seltsames Gefühl hatte ich bei dieser Aktion aber doch. War es reine Sympathie, die ihn dazu veranlaßte, oder nur gezielte Absicht? Sympathie wäre mir eindeutig lieber gewesen, und es schien auch zuerst so.

Rosi zerstreute meine Bedenken und sprach mir Mut zu. Sie kannte sich in diesen Kreisen aus, weil sie selber in den letzten Monaten in einem Strukturvertrieb gearbeitet hatte.

****

Sehr schnell befanden sich unter meinen Mitarbeitern auch ehemalige DDR-Bürger. Einen von ihnen hatte ich sehr schnell in mein Herz geschlossen, Detlef und seine Familie.

Detlef war ein großer, stämmiger Kerl und von Beruf Elektromeister. Er war mit seiner Familie unter den ersten Ausreisewilligen kurz vor oder nach dem Mauerfall. Ich versuchte, ihnen mit meinem Wissen unter die Arme zu greifen, und es entstand schnell ein herzliches Verhältnis zwischen unseren Familien. Als Mitarbeiter für diese Tätigkeit war er zuerst schwierig und etwas zurückhaltend dadurch, daß er völlig neu und fremd in unserer Stadt war. Er sollte seine Chance bekommen, das stand für mich felsenfest. Vielleicht konnte er ja Anschluß an seine alte Heimat bekommen? Bis dahin hatte er noch ausreichend Zeit, um sein Wissen aufzubessern. Jetzt, zu diesem Zeitpunkt, war es noch zu früh, ihn wieder dorthin zu schicken. Wenn dort gearbeitet werden sollte, entschied ich für mich mit meinen Leuten, dann wollten wir auch genau das scheinbar Richtige tun, um diesen Menschen zu helfen. Dazu gesellte sich auch die Tatsache, daß wir vor der Inkraftsetzung des Handelsvertreterrechtes keinen Schritt auf dieses Neuland gehen durften.

Natürlich hörten wir von den bombastischen Geschäften in der ehemaligen DDR, aber was wir hörten, machte uns Angst. Inzwischen war die Volksseele schon übergekocht, die erste Freude und Euphorie war schon in Angst und stellenweise auch Haß umgeschlagen.

Schuld daran war wieder einmal die Politik.

Der Staat war schon lange nicht mehr zahlungsfähig, die Verschuldung ging in unvorstellbare Größenordnungen. Was beschließen diese Geisteskranken? 100,-- DM Begrüßungsgeld für jeden DDR-Bürger.

Was, bitte schön, sind 100,-- DM für eine Person? Für den Staat war es ein unglaublicher Aufwand und zudem eine unzumutbare Belastung für ihn und seine Bürger. Unsere neuen Mitbürger bekamen sofort das Gefühl, alles geschenkt zu bekommen, und die alten Bürger bekamen Brechreize bei dieser Aktion. Innerhalb weniger Tage stand die Mauer schon wieder, obwohl sie noch nicht einmal abgerissen war. Ich denke, gerade so entstand auch die unausstehliche Profilneurose bei vielen ehemaligen DDR-Bürgern, übertragen von den Politikern. Die haben sie und uns durch ihre eigene Profilneurose sofort wieder sauber gespalten. Wieder einmal so, daß fast niemand diese Gefahr erkannte. Die das sahen, konnten nicht mehr eingreifen. Manchmal bekam ich das Gefühl, in einer Diktatur zu leben, wie schon so oft in anderen Zeiten auch. Eine schleichende, hinterlistige und gemeine Diktatur, die auch auf den zweiten Blick anfänglich schwer zu erkennen ist und war. Die Bürger wurden ruhiggestellt und gelockt durch die Auslagen in den Schaufenstern der Kaufhäuser, sowie die Reklame in den Medien. Die Verlockung des Mammon?

Genauso hat es sich zugetragen, und genau dadurch wurde der gegenseitige Haß nicht nur geschürt, sondern auch entfesselt, und fast jeder fiel darauf herein.

Wenn es heute noch so etwas wie eine unsichtbare Mauer gibt, dann entstand sie wohl durch den Stein, der durch diese Aktion ins Rollen kam.

.................Heiligabend und Weihnachten1999. Mein letzter gemeinsamer Heiligabend mit meiner Familie. Unsere Scheidung ist nächstes Jahr durch, und ich muß, sobald ich etwas auf

den Beinen stehen kann, sehen, daß ich alleine zurechtkomme.

Auf diesen Heiligabend freue ich mich fast mehr als die Kinder. Ich bin gespannt, wie sie den heutigen Tag mit mir verbringen werden. Vielleicht wird es ja das schönste Weihnachten meines Lebens? Alles, was in meiner derzeitig beschränkten Macht steht, habe ich unternommen, um diesen Tag so schön wie möglich werden zu lassen. Ich bin aufgeregt, mir ist sogar etwas übel vor Anspannung. Hoffentlich wird es so wie ich es mir vorstelle. Die Bescherung machen wir heute bei meiner Mutter. Vielleicht habe ich ja die Möglichkeit, Oma Adele zu sehen.

Der Mond steht seit Tagen im Zwilling. Er hat derzeit die größtmögliche Annäherung an die Erde, und es scheint, er strahlt bald so hell wie die Sonne. Vielleicht ist das die Erklärung für viele meiner Fragen. Daß unser Universum einen starken Einfluß auf uns und unser Seelenleben ausübt, ist inzwischen wohl jedem klar geworden. Daß ich vom Sternzeichen Zwilling bin, erkennt jeder, der sich etwas mit den Charakteren von Sternzeichen auskennt, auf Anhieb. Ich denke, daß die derzeitige Konstellation gut zusammenpaßt mit der diesjährigen Sonnenfinsternis im Spätsommer. So wird vielleicht ein Teil der fehlenden Energie aus der Sonnenfinsternis wieder ersetzt.

Auf was für seltsame Gedankenzüge man kommen kann!

Die alten Gelehrten(z.B. Nostradamus) und auch die Tibeter sehen, ungefähr gleich, die Zeit um 2030 für den Wendepunkt in der Menschheitsgeschichte an. Nach einer letzten großen Schlacht, es sind sich die Gelehrten nicht einig, was damit genau gemeint ist, formieren sich die Menschen untereinander und werden von nur einem zentralen Medium gesteuert. Danach haben sie endlich gelernt und begriffen, friedlich miteinander auszukommen. Genau zu dieser Zeit steht der Mond in der gleichen Konstellation wie jetzt. Mein Gefühl sagt mir, daß die Natur diese Schlacht schlagen wird. Zwar ist der Mensch auch ein Teil dieser Natur, aber seine Techniken reichen ja anscheinend noch nicht aus, um ihn zur Vernunft zu bringen.

Ich werde ungefähr 70 Jahre alt sein, wenn dieses Ereignis eintreten soll. Bis dahin werde ich noch sehr viel unternehmen, um den richtigen Weg zu finden. Überleben werden diejenigen, die den gleichen Weg suchen und für sich gefunden haben. Der Rest, und das wird der größte Teil sein, wird von dieser Erde zunächst verschwinden.

Das ist nicht nur eine Vorraussagung von mir. Diese Auffassung steht in vielen alten Dokumenten. Alle diese Vorraussagen wurden auf die fast gleiche Art getroffen. Manche Gelehrte oder Propheten benutzten dafür bestimmte natürliche Drogen oder die Kraft der Erleuchtung. Es ist keine Untergangsphilosophie, sondern eine logische, fast mathematische Gleichung. Das Gleichgewicht muß immer stimmen, ob bei der Sonne und dem Mond, dem Nord- oder Südpol, dem Atom mit seinen Protonen und Neutronen und der Sinuskurve in unserem Gefühlsleben. Kommt etwas zu stark aus dem Gleichgewicht, wird es spätestens durch die Natur wieder ins Gleichgewicht gerückt.

Viele Menschen befinden sich schon lange nicht mehr im richtigen Gleichlauf mit der Natur. Der Mensch maßt sich sogar an, die Natur unter Kontrolle zu bekommen, anstatt sich zu unterwerfen oder zu einigen. Er ist ein Teil dieser Natur. Sein Körper lebt und existiert von den Substanzen der Mutter Erde. Sie zu bekämpfen bedeutet sich selber zu bekämpfen. Sie zu lieben und zu behüten bedeutet sich selber zu lieben und zu behüten.

Was für eine unglaubliche Überheblichkeit, die der Mensch sich anmaßt, wenn er sich über die Schöpfung stellt!

Und es werden Zeichen geschehen

an Sonne, Mond und Sternen,

und auf Erden wird den Völkern

bange sein,

und sie werden verzagen vor

dem Brausen und Wogen des Meeres.

Die Menschen werden vergehen vor Furcht

und in Erwartung der Dinge, die da kommen sollen

über die Erde;

denn die Kräfte der Himmel werden ins Wanken kommen.

und alsdann ....

(Lukas21, 25-267)

Ach ja, Heiligabend und meine Erwartungen? Anfänglich war ich todtraurig, aber so ist das nun einmal im Leben. Ich bin sicher, daß sich das alles für mich zum Positiven ändern wird.

Der Kleine und die kleine Tochter meiner Schwester gaben mir einen Teil von dem, was ich mir so sehnlichst gewünscht hatte. Es gibt wohl kaum etwas Schöneres als glückliche und freudig glänzende Kinderaugen.

Auch meine Schwester und meine Mutter gaben mir etwas von dem, was ich brauchte. Das Gefühl, doch eine Familie zu sein.

Mit meiner Mutter hatte ich jahrelang keinen Kontakt und ewig Streit. Seit anderthalb Jahren kommen wir uns wieder näher, endlich!

Meine Schwester hat erst mit 40 Jahren ihre bezaubernde Tochter auf die Welt gebracht. Alleine! Auch sie ist schon ihr Leben lang auf der Suche nach ihrem Glück und der Harmonie in einer Partnerschaft. Dabei wäre sie eine so gute Partie. Beruflich ist sie in der gehobenen Beamtenlaufbahn und zudem gehört sie zu den liebenswerten Menschen auf dieser Welt.

Oma Adele war nicht da. Mutter erzählte mir, daß sie gestern schon völlig abwesend war. Wäre sie abgeholt wurden, es hätte eine Katastrophe gegeben. Meine Schwester und ich beschlossen sofort nach der Bescherung der Kinder aufzubrechen und taten das auch.

Ich hatte schon seit dem Mittag ein sehr seltsames Gefühl, was Oma Adele betraf. Manche dieser alten Leute wissen zwar kaum noch was oder welchen Tag wir haben, aber sie spüren es!

Ein grausamer und unerträglicher Zustand muß das für diese alten Menschen sein. Da sitzen sie den ganzen Tag und wissen erst einmal gar nicht, auf was sie warten. Wenn sie dann merken, daß Heiligabend ist, bricht für viele von ihnen eine Welt zusammen.

Wir waren gerade aus dem Auto gestiegen, da kam uns eine ältere Dame entgegen. Genau vor dem Pflegeheim war eine Bushaltestelle, und von der kam sie direkt auf uns zu. Sie erzählte ganz traurig, daß sie seit 15.00 Uhr jeden Bus verpaßt hätte. Sie war angeblich zu Besuch bei ihrer Schwester im Heim und kam nicht wieder zurück nach Haus. Nun war es nach 19.00 Uhr. Wir reagierten sofort, schauten auf den Busplan und stellten fest, daß der Bus regelmäßig fuhr. Ich spürte sofort, daß dieses ältere Mädchen zum Heim gehörte und verzweifelt einen Weg hinaus suchte. Unser erster Gang führte uns zu einer Pflegerin, um sie zu informieren, und die machte sich sofort auf den Weg. Wir hatten leider und Gott sei Dank recht behalten.

Mir wurde etwas mulmig bei dem Gedanken, was in Oma Adele vorgehen mußte.

Die alten Leute wurden liebevoll vom Heimpersonal umsorgt, in jeder Etage saß eine gemütliche Runde. Es war schön und anmutig beruhigend zu sehen, wie sich rührend um diese Menschen gekümmert wurde. Es war zusätzliches Personal an diesem Abend anwesend.

Es war gar nicht so leicht, Oma Adele ausfindig zu machen. Sie saß in dem größten der Aufenthaltsräume und starrte kreidebleich vor sich hin. Ich ahnte Schlimmes. Als ich mich ihr näher-

te, spürte ich intensiv ihre Abwesenheit. Es schien, als hätte sie so viel gewartet, daß sie nun erschöpft und geistig vollkommen weggetreten war. Als ich sie in den Arm nahm und ihr ins Ohr flüsterte, spürte ich Wut und Abneigung. Sie wollte mich gar nicht erkennen.

Joseph, einer der einfühlsamsten Pfleger, die ich kennenlernen durfte, dazu ein junger Bursche, sah sofort was los war und half uns, Oma Adele in einen stillen Nebenraum zu bringen. Für mich war das eine fürchterliche Tortur. Meine Kräfte waren inzwischen fast vollständig verbraucht. Schon am Nachmittag waren mir einmal die Beine weggeknickt.

Ich streichelte Oma am Hinterkopf, hielt dabei ihre Hand und massierte sie.

Oma Adele wollte keine Annäherung und fing an zu schreien, nein, zu brüllen. Dann fing sie an, Marschlieder zu singen. Nach kurzer Zeit erkannten wir, daß dies ihre Art war, uns etwas mitzuteilen.

Als sie mich dann mit ihrem Stock von sich stieß, war ich im ersten Moment schockiert und hielt mich etwas abseits. Wir holten Joseph und brachten Oma auf ihr Zimmer. Unterwegs stimmte Joseph das Weihnachtslied „O Tannenbaum" an, um Oma Adele von ihrem Schreigesang abzulenken. Wir sangen mit, und sie übernahm die Hauptstimme. Erkennen konnte sie uns kaum, es hatte keinen Sinn, sie weiter zu belästigen. Wir hätten sie nur gequält.

Oma Adele hatte zwei Weltkriege überlebt und zwei Kinder zur Welt gebracht. Obwohl sie sehr spät geheiratet hat, war sie fast 60 Jahre mit ihrem Mann glücklich verheiratet gewesen.

Ich habe das Gefühl, daß sie sich auf ihr Sterben vorbereitet, lange wird es wohl nicht mehr dauern. Sie soll erlöst werden. Vor allem, weil sie ohne ihren Mann sowieso keinen Sinn mehr in ihrem Leben erkennen kann.

Wieder zu Hause war Rosi innerhalb weniger Sekunden verschwunden, und meine Tochter legte sich schlafen, nur der Kleine beschäftigte sich mit seinem Gameboy.

Der kleine Kerl hatte sich ein richtiges System zurechtgelegt.

Bei seiner Oma packte er nur den kleinen Gameboy aus. Die anderen Sachen, ein ziemlich großer Haufen, ließ er in den großen Kartons und würdigte sie keines Blickes. Jetzt wo wir zu Hause waren, sah ich langsam auch, warum. Er hatte es sich gemerkt, als ich ihm erzählt hatte, daß er für jedes neue Teil Zeit brauchte, um es auch richtig zu verstehen. um damit dann richtig umgehen und spielen zu können. Er machte seine Sache sehr gründlich. Erst einmal besiegte er den Gameboy, dann half ich ihm bei den anderen Sachen. Immer Stück für Stück und mit System, seinem System.

Der kleine fünfjährige Zwerg, endlich konnte ich sein richtiges Talent entschlüsseln. Viel zu oft konnte ich ihm nicht helfen, und er nahm das geduldig hin. Endlich habe ich einen Weg gefunden und nun bleiben mir nur noch wenige Monate. Ich wage es gar nicht, darüber nachzudenken. Wie gerne würde ich mich bei ihm revanchieren! Er wird es sein, für den ich mich wieder komplett aufbauen werde. Koste es, was es wolle!

Danke, mein kleiner Freund!

Am ersten Weihnachtsfeiertag bekam ich dann endlich das, worauf ich so sehnlich gewartet hatte - Besuch! Ich beschäftigte mich gerade mit dem Computer, da erkannte ich ein Gesicht am Wohnzimmerfenster. Es war Selim. Selim, der früher mal seine Karriere zum Profiboxer hatte unterbrechen müssen. Einer der wohl anständigsten Kämpfer aus der alten Garde vom Why Not mit einem Herzen so groß wie seine Brust. Er hatte uns nie verurteilt, er war einer der ganz wenigen, die sich Gedanken um unsere Geschichte gemacht hatten, und der sie auch manchmal richtig interpretierte. Ich habe es nie geschafft, seine Familie kennenzulernen, wohl auch weil ich immer Gedacht habe, daß er sich schon um genug Verrückte kümmerte. Noch einen von dieser Sorte wollte ich seiner Familie nicht zumuten. Trotzdem war er immer da, wenn er hörte, daß wir wieder einmal voll im Fettnäpfchen gelandet waren. So war es auch dieses Mal. Erst in der vergangenen Nacht, morgens um 4.00 Uhr, hatte er erfahren, was mit mir passiert war, und nun stand er vor mir.

Ich denke, er wußte nur zu gut, daß er mir damit eine große Freude machen würde, aber er konnte nicht wissen, wie groß diese Freude sein würde und was er damit bei mir auslöste. Endlich habe ich wieder ein bißchen mehr das Gefühl bekommen, doch noch etwas wert zu sein. Es gibt sie also doch noch, und es leben noch welche von ihnen.

Ich habe mir auch noch einmal eine neue Verfilmung vom Leben Jesu angeschaut. Seine Geschichte ist schon einzigartig und wird auf ewig erzählt werden. Eine tolle Geschichte mit sehr viel Weisheit und Lehreffekt. Es gibt viel zu viele, die ein ähnliches Herz besitzen und deren Leid mit seinem verglichen werden kann. Sind sie vielleicht alle Nachkommen von ihm? Dann war er auch ein kleiner Playboy. Ich kann mir nicht vorstellen, daß an dieser Vorstellung etwas Gotteslästerliches oder Verruchtes sein könnte.

Auch bei Claus hatte ich oft das Gefühl gehabt, daß er ein Ableger sein könnte. Begonnen hat diese Deutung schon sehr früh, zu der Zeit, als wir uns richtig kennengelernt hatten. Ich war überrascht, als er mir nach einer Eingebung, von der er nichts wußte, erzählte, daß er vorher einmal eine Lehre als Zimmermann angefangen hatte. Das war natürlich noch lange nicht alles, was mich das denken ließ. Auch wenn es sich anmaßend und überheblich anhört, so war dieser Gedanke doch oft genug präsent, um ihn erwähnen zu müssen. Alles nur ein Zufall?

Oder wird ein neuer Messias kommen oder der alte in neuer Form wieder erscheinen? Die Konstellation der Planeten, die Sonnenfinsternis und der Zwillingsmond, sowie die Jahreszahl 2(000), könnten dieses leicht vermuten lassen.................

Claus ging es inzwischen wieder gut, er hatte sich voll und ganz auf Marina fixiert. Sie war sein Ein und Alles; egal was Marina sagte, es wurde auch getan. Da sich sein Gesundheitszustand erheblich verbessert hatte, war mir das nur recht und zeigte deutlich, daß sie auf dem richtigen Weg waren.

Marina verhielt sich mir gegenüber immer noch überheblich und arrogant. Wenn wir bei ihr zu Besuch im „Coffee Time" waren, kam es uns so vor, als wenn sie mit der berühmten Gabel ihre Rechnung kassierte. Sie hatte schon längst vergessen, was noch alles von mir in ihrem Laden stand. Für mich war das nur ein Zeichen, mich soweit wie möglich von ihr fernzuhalten.

****

Kurt war inzwischen total von der Rolle. Ein paarmal versuchte er noch, Kontakt zu uns zu bekommen, aber es wurde immer seltener. Er wurde langsam etwas neidisch, weil er sah, daß wir besser als er zurechtkamen. Außerdem spürte er, daß ich auf einem anderen, anscheinend besseren Weg gelandet war.

Mir sollte das nur recht sein, ich hatte schon lange die Nase voll vom ständigen Überlebenskampf in der Form, wie ich ihn die letzten Jahre erlebt hatte. Ich war müde von den ständigen Gefahren, und meine Reflexe ließen langsam nach. Es wurde Zeit, andere Wege zu beschreiten.

****

Anzüge und Krawatten konnte ich sehr schwer ertragen, aber es war für mich ein Weg, um aus dem alten Klischee auszubrechen. Als Finanzkaufmann durfte ich mich nicht auf eine körperliche Auseinandersetzung einlassen. Ich wollte die Regeln dieser Gesellschaft akzeptieren, zumindest solange wie ich von ihrer Funktion überzeugt war.

****

Lockes Zustand wurde immer grausamer. Inzwischen sah man ihm an, daß er Heroin nahm. Endlich kam er zu uns und bat uns um Hilfe. In diesem Moment war es klar, daß er seine Chance bekommen sollte. Ich begleitete ihn kurz nach Hause, damit er ein paar Sachen zusammenpacken konnte. Diese Sachen holte er von seinen Eltern, nicht von der Frau, mit der er zusammenlebte. Er war auf der Flucht vor dieser Frau und ein paar Dealern. Was er genau getan hatte, weiß ich bis heute nicht. Für uns (Rosi und mich) war es nur wichtig, ihn da rauszuholen. Nur bei uns konnte er sicher sein, dahin würde ihn nicht einmal ein Dealer verfolgen. Mein Groll auf das Heroin war allgemein bekannt und mein Ruf in der Szene auch.

Locke kam also mit zu uns nach Hause. Ich war froh und ging

los, um uns ein paar Dosen Bier zu besorgen. Als ich nach fünf Minuten wiederkam, war Locke auf Nimmerwiedersehen verschwunden. Rosi war auf seine Geschichte hereingefallen, in der er ihr erzählte, daß wir uns vor der Tür treffen wollten. Locke wollte uns nicht mit in diese Geschichte hineinziehen.

Es war das letzte Mal, daß wir Locke zu Gesicht bekommen hatten.

Tage oder wenige Wochen später hatte Locke eine Eisenstange über den Kopf bekommen und sich nicht ärztlich behandeln lassen. Wenige Tage später brach er auf offener Straße zusammen und fiel tot vor ein Taxi. Er war an einem Schädelbruch gestorben.

Ich stieß auf eine Mauer des Schweigens, wenn ich versuchte, die tatsächliche Ursache herauszufinden. Das Gesetz der Straße hatte ihn gerichtet. (?!)

Ich hörte nur, daß er in der Tiefgarage in dem Haus seiner Freundin überfallen worden war. Er muß grausam niedergeschlagen worden sein. Später sah man ihn noch einmal im Viertel, auch hier soll er eine Auseinandersetzung gehabt haben.

Lockes Beerdigung war standesgemäß. Übrigens das erste Mal, daß Säckel und ich gemeinsam an so einer Feier teilnahmen.

Das war es dann also. Jetzt war einer der letzten von den alten Verrückten aus unserem engen Kreis auf der Strecke geblieben. Eben jene, bei denen sich jeder Vernunftsgedanke ausschaltete, wenn sie der Meinung waren, ihr sogenannter „natürlicher Auftrag" stehe im Vordergrund. Ich habe ungeheuren Respekt vor dem Mut und der Risikobereitschaft dieser Menschen, vor allem, wenn sie dazu noch ein großes Herz besitzen. Der Spruch „zehn Jahre gelebt und den Rest des Lebens gestorben" trifft auf jeden zu, nur nicht auf uns.

****

Oskar, der alte Haudegen, der so lange im Gefängnis gesessen hatte, war inzwischen schon wieder eine zeitlang auf freiem

Fuß. Er kümmerte sich mit seinem Partner um das Lambada, der Laden brummte. Oskar und sein Partner waren Meister im Zocken (Glücksspiel). Oskar konnte auf diese Art schnell mal einige Tausender an einem Abend verdienen.

Ich hatte zu Oskar kein besonders enges, aber ein ganz angenehmes Verhältnis. Streit hatte ich mit ihm nur an dem Tag, als wir uns das erste Mal über den Weg liefen, danach begegneten wir uns mit Respekt. Wenn Oskar im Lambada war, fühlte ich mich sicher, trotz des Zwischenfalls mit seinem Partner. Oskar war der Meister; er entschied, wie oder was passieren sollte. Ich mochte diesen Kerl, vor allem weil er bei dem, was er durchgestanden hatte, immer noch geraden Hauptes und mit viel Enthusiasmus über die Straßen ging. Er hatte zwar seine Eigenarten, dazu gehörte sein unbeschreiblicher Türkenhaß, aber das war noch verständlich - bei allem, was ihm zugestoßen war.

Eines Tages stellte er einen türkischen Rosenverkäufer vor die Wahl, für ein paar hundert Mark seine Blumen zu essen oder den Laden nie wieder zu betreten. Der Rosenverkäufer entschied sich für die erste Möglichkeit.

Das waren aber noch ziemlich harmlose Eskapaden von ihm. Wurde er richtig gereizt, entwickelte sich Oskar im Handumdrehen zur Kampfmaschine.

****

Mein Seminar ging dem Ende zu. Es hatte drei Monate gedauert und war in den letzten Zügen. Inzwischen hatte ich mir einen BMW 520i, grünmetallic mit Alufelgen, zugelegt. So wie es sich für einen angehenden Finanzkaufmann gehörte.

Während des Seminars bekam ich schon einmal etwas Leitungsvergütung auf die Provision meiner Mitarbeiter. Nach Bestehen dieses Seminars erhielt ich die volle Summe. Ein Geschäftstellenleiter bekam die Differenz seiner Provisionsstufe zu dem Abstand der Leistungsgruppe seiner Mitarbeiter, aber die konnten ihn schnell einholen. Also mußte die junge Führungskraft jetzt richtig Tempo machen, um ihre nächste Stufe zu erreichen, und die wurde natürlich von Mal zu Mal schwieriger.

Meine nächste Stufe zum Bezirksleiter konnte ich frühestens im Frühjahr/Sommer 1991 erreichen. Ab dieser Stufe versprachen unser Direktor und auch die Geschäftsleitung eine ausreichende und großzügige Absicherung der Mitarbeiter im sogenannten gehobenen Management.

Ich hatte diese Möglichkeit schnell erkannt und inzwischen schon zwölf Mitarbeiter für meine Struktur rekrutiert. Mit meinen Augen sah ich nichts Verruchtes hinter diesem System. In welcher Firma kann man schon innerhalb eines Jahres vom Anfänger bis in das Management vordringen und in insgesamt fünf bis sieben Jahren in die oberste Direktionsstufe?

Alles hat seinen Preis, und unserer war es, zu Beginn den Direktor zu stopfen und seine Bestandsprovision ins Unermeßliche wachsen zu lassen. Recht auf Bestandsprovision gab es erst ab der Stufe zum Bezirksleiter, und die war dann gering, weil der Großteil wieder einmal bei den Direktoren und in der Geschäftsleitung hängen blieb. Davon war aber in keiner Schulung und auf keinem Seminar die Rede. Auch nicht davon, daß mit dem Beginn der hauptberuflichen Tätigkeit unsere Kosten ganz erheblich steigen würden.

Ich denke, die Aussicht auf eine Direktion war der Honig, die Versprechen der Direktoren das Sumsum

Das, was das Unternehmen uns sonst zu bieten hatte, war beeindruckend. Wer seriös arbeiten wollte, dem stand kaum etwas im Weg. Er konnte sich scheinbar ausbilden, wo und wann er wollte. Auch außerhalb des Programms gab es zahlreiche Möglichkeiten für denjenigen, der wirklich wollte.

Auch die Gründer waren beeindruckend. Die Idee stammte von einem ehemaligen Religionslehrer. Angeblich auf der Suche nach einer Finanzierungsmöglichkeit für sein kleines Eigenheim, entdeckte er die unterschiedlichsten Aussagen der Banken, und so entstand seine Idee von der Allfinanz. Er machte auf mich den Eindruck des strengen Religionslehrers mit einer Mission.

Ein anderer wiederum war einer der weltbesten Verkäufer. So soll es in einem Guinness-Buch gestanden haben. Er soll eine grausame Kindheit in einem Berliner Ghetto erlebt und seit dieser Zeit der Armut den Rücken gekehrt haben. Es wurde erzählt, daß er als jüdisches Kind mit seinem Vater in einem Kohlenkeller überlebte. Als die Russen die Stadt einnahmen, wurde der Vater vor seinen Augen von ihnen erschossen. Ein brillanter Rhetoriker, aber etwas an ihm hielt mich von ihm fern. Vielleicht war es seine scheinbare Arroganz. Mir sagte das nur, daß dieser Mann ein großes innerliches Problem haben mußte.

Dazu kam noch ein echt kölsches Original. Ein langer, sympathischer Kerl mit einem dunklen Schnauzer. Er verkörperte das Väterliche in dieser Geschäftsführung. Er war vom gleichen Holz wie wir. Auch daß ein Mann wie er in der Geschäftsleitung saß und zu den Firmengründern gehörte, war ein triftiger Grund für mich, hier zum Erfolg kommen zu wollen.

Wenn ich erst einmal Direktor war, konnte ich der Geschäftsleitung etwas näherrücken, dachte ich. Bis dahin wartete noch eine Menge Arbeit auf mich.

Wie immer baute ich mir meine eigene Strategie auf. Meine Mitarbeiter fühlten sich wohl, und auch meine Kundschaft war sehr zufrieden.

Meine Mitarbeiter waren erstklassig. Alle ein bißchen verrückt, aber zum größten Teil mit dem Herzen auf dem richtigen Fleck. Da war es egal, wer was früher getan hatte und woher er kam. Eine wirklich witzige Truppe.

Unter ihnen war auch ein Eisenbahner mit einer Invalidität. Als Finanzberater sollte er sich nicht bewähren, aber er blieb mir auch später treu.

Boris, ein damals erst zwanzigjähriger Jungunternehmer mit Rolls Royce und Benz. Boris begleitete mich noch auf einem, langen Weg, allerdings nahm ihn seine ursprüngliche Firma, mit der er großen Erfolg hatte, die Möglichkeiten, um auch bei uns richtig mitzumischen.

Alle jetzt zu erwähnen, würde den Rahmen wieder einmal sprengen, doch muß ich noch zwei weitere Personen einordnen. Da war Sventje, eine blutjunge Rostockerin, die durch Rosi in meiner Struktur gelandet war. Und dann gab es da noch Frank, einen hageren Wuschelkopf mit Thüringer Akzent und schmierigen Klamotten, Anzügen, die nicht paßten, und dazu offene, kaputte Halbschuhe.

Frank wohnte im gleichen Block wie meine Familie. Ich beobachtete fast täglich, wie er sich die Hacken abrannte und nach Arbeit suchte.

Dreimal mußte ich ihn zu einem Informationsabend einladen, bevor er dann am vierten Informationsabend erschien.

Nun hatte ich also auch noch drei ehemalige DDR-Bürger unter meinen schon zahlreichen Mitarbeitern.

Diese drei hatten es natürlich sehr schwer, eine Startmöglichkeit bei uns zu bekommen. Ihnen fehlte der persönliche Bekanntenkreis, da sie erst ein paar Monate in der Stadt waren. Ich ahnte, daß ich ihnen später eine Chance geben konnte. An der richtigen Strategie arbeitete ich schon seit geraumer Zeit. Ich bat sie um etwas Geduld.

Das Führungsseminar hatte ich erfolgreich absolviert und sogar eine weitere Reise nach Marbella gewonnen. Unser Hotel sollte uns angeblich einen Blick auf das Anwesen von Sean Connery erlauben. Diesen fünftägigen Luxusurlaub wollte ich nutzen, um mich auf meinen nächsten Karriereschritt vorzubereiten.

Es war schon ein etwas anderes Gefühl, jetzt auf unserer zweiten Reise kurz nach Beginn meiner Tätigkeit und schon Führungskraft.

Noch nicht einmal ein Jahr war vergangen, seitdem ich den ersten Informationsabend besucht hatte. Erst ein Dreivierteljahr seit meinem ersten richtigen Umsatz. Rosi konnte stolz auf mich sein und war es wohl auch.

****

Meine seinerzeitige Führungskraft war mit allen Wassern gewaschen. Er kam ständig mit neuen Ideen und Konzepten, die mit dem Unternehmen rein gar nichts zu tun hatten. Anfänglich konnte er mich immer wieder neugierig machen. Erst nachdem wir zusammen den Vertrieb des von mir sichergestellten

Fax- und Telexgerätes für die Brieftasche übernehmen konnten, erkannte ich seine wahre Loyalität. Er ließ mich mit diesem Geschäft hängen, und ich mußte eine hohe Konventionalstrafe zahlen. Dumm gelaufen. Bei unserem Unternehmen und den Versicherungen konnte ich dieses Gerät nicht unterbringen; die wollten nichts anderes als frischen Umsatz von mir sehen. Dabei hätte es gerade diesen Leuten einen ungeheuren Vorsprung verschaffen können, erst recht nach dem Mauerfall. In unserer Stadt verkaufte sich dieses Gerät nur sehr schleppend, und das, obwohl die allerbesten Referenzen vorlagen. In solchen Dingen waren die Bürger noch sehr konservativ und zurückhaltend.

Auch in diesem Fall waren die Direktoren die Bremser in unserem Unternehmen. Viele von ihnen scheuten das Wort Computer und rümpften ihre Nase und die Stirn bei dem Gedanken daran. Die Direktoren hatten Angst, der Vertrieb des Gerätes könnte mich von meiner eigentlichen Aufgabe bei ihrer Firma ablenken.

Ich entschied mich für mich und meine Struktur dafür, alleine zu arbeiten, so gut es eben ging.

Und das war hervorragend. Alles lief langsam wie am Schnürchen. Als ich der Direktion meine Pläne vorlegte, sah man das Glänzen und Leuchten in ihren Augen.

Ja, so könnte es funktionieren.

22. Kapitel – Eine völlig unerwartete Wende

Langsam zogen wir in Erwägung, aus unserem Wohnviertel wegzuziehen. Nicht, daß uns die Nachbarn oder die Wohnanlage nicht gefielen, hier war alles zum besten.

Unsere Nachbarn stammten aus vielen Teilen der Welt, unter ihnen auch Polen, Jugoslawen, Italiener und Türken. Meist waren es Familien mit mehreren Kindern. Das Verhältnis zu den deutschen Bewohnern war ausgeglichen und vereinzelt sehr herzlich. Alle Bewohner dieser Anlage gehörten zu der Sorte Mensch, der die Familie am Herzen lag. Mindestens ein Familienmitglied ging geregelter Arbeit nach, was zu dieser Zeit nicht ganz so normal war. Wir steckten noch mitten in einer Rezession.

Unser direkter Nachbar war eine große und liebevolle jugoslawische Familie. Sie hatte mit sehr viel Unglück zu kämpfen. Ihre Familienmitglieder lagen im Streit, und der Mutter ging das so an die Nerven, daß ich sie immer öfter weinen sah. Es mußte ein wirklich ernstes Problem sein, das hinter diesem Zeichen stand. Zwei Jahre später sah man diese Ernsthaftigkeit auf jedem Bildschirm der Welt. Aber zu jener Zeit war es für uns noch vollkommen unverständlich. Wurden in Jugoslawien nicht die Karl-May-Filme gedreht, und war Jugoslawien nicht eines der beliebtesten Urlaubsländer der Deutschen, gleich hinter Spanien und Italien? Wir dachten wirklich, es handele sich tatsächlich „nur" um ein familiäres Problem. Aber es zeigte sich, daß auch hier der Ursprung für große Probleme mit globalen Auswirkungen zu finden war.

In der Wohnanlage waren ein Kindergarten und zwei Spielplätze integriert. Der eine Spielplatz war relativ groß, und eine genauso große Wiese verlängerte diesen Platz. Er befand sich an der hinteren Seite des Blocks, direkt über der Tiefgarage.

Das, was sich so idyllisch und sicher anhörte, war es ganz und gar nicht. Wir lebten in einem winzigen Paradies, umringt vom Viertel. Dem Ort, wo die Fixer ihr Zuhause auf der Straße fanden. Immer öfter fanden die kleinen Kinder einen toten Fixer in den Büschen oder eben gebrauchte Spritzen auf dem Gelände des Spielplatzes. Wir Eltern und auch die Kinder paßten auf, so gut es eben ging, aber wir waren machtlos. Die Polizei hatte resigniert, ihr blieb nichts anderes übrig, als den Müll wegzukehren um ihn am nächsten Tag wieder aufzulesen, falls er überlebt hatte. Ein unhaltbarer Zustand, daß drei- bis fünfjährige und ältere Kinder Fixerleichen auf ihrem Spielplatz fanden.

****

Der Zustand von Oma Änne wurde immer schlechter. Lange konnte sie nicht mehr ohne Aufsicht bleiben.

Ich setzte mich unter Druck und gab noch etwas mehr Gas. Die Finanzierung eines Eigenheimes kam aber vor der nächsten Beförderungsstufe nicht in Frage. Andernfalls hätten wir uns den Boden unter den Füßen weggerissen.

Den Schock vom meinem letzten Niedergang hatte ich immer noch nicht richtig verdaut, obwohl alles noch einmal gut für uns ausgegangen war. Es war nicht einmal das verlorene Geld, was diesen Schock verursacht hatte. Es war das Bewußtsein, vieles richtig gemacht zu haben und trotzdem am Pranger stehen zu müssen. Eben halt die Frustration durch die Niederlage.

Um so mehr Mühe gab ich mir bei den Vorbereitungen auf die kommenden Arbeiten.

Daß unsere neuen Mitbürger einen riesigen Bedarf benötigen würden, war sonnenklar. Meine ostdeutschen Mitarbeiter drängelten inzwischen und wurden ungeduldig.

Vornehmlich stand anfangs noch die Arbeit in meiner Heimat im Vordergrund. Meine drei Ossis sollten ihre Chance bekommen und zurückfahren dürfen, um den Bedarf ihrer Mitbürger zu sondieren. Von vornherein wurden von uns Kriterien und Richtlinien in der Begrenzung der Summen gesetzt, und wir achteten streng auf deren Einhaltung. Das, was in den alten Bundesländern durch die Vielzahl der Unternehmen und die Aufdringlichkeit der einzelnen Vertreter am Kundenbedarf vorbei verkauft wurde, das sollte unseren neuen Mitbürgern nicht passieren, dachten wir.

Der Gedanke und das Konzept der Allfinanz waren scheinbar für solche Wege geschaffen und prädestiniert, wenn es so angewendet wurde, wie es theoretisch vorgesehen war. Es war mir ein Vergnügen, mit diesem Konzept zu arbeiten. Natürlich wußte ich auch, daß ich damit nur das kleinere Übel wählen konnte.

Das Elend unserer Rentner steckte mir schon lange in den Knochen, und auch hier konnten wir etwas Abhilfe schaffen. Leider oft viel zu spät oder gar nicht bei jenen Rentnern, die schon tief in der Misere festhingen. Rentenschulungen wurden zu meinem Lieblingsthema, und es fruchtete.

Die Versprechungen der Hausfinanzierung über eine Lebensversicherung machten mich erst sicher, nachdem ich sah, daß so eine Finanzierung auch funktionierte. Hätte ich mich an die Schulungsvorgaben meiner Direktion gehalten, die Finanzierung wäre schon beim ersten Anlauf in die Hose gegangen. Das konnte nicht im Sinne des Erfinders sein. Für ein Storno (Kündigung eines Vertrages) brauchte ich keinen Riesenaufwand zu betreiben; wenn ich so etwas im Sinn gehabt hätte, würde ich mir den Aufwand der Vorbereitungen gar nicht erst machen müssen. Bevor ich bei meinen Kunden zum Abschluß kam, gab es zahlreiche Gespräche und Besuche, zumindest bei einem solchen Umfang. In den anderen Köpfen war noch viel zu stark der Begriff vom schnellen Geld geprägt, und danach die Sintflut.

So sollte und durfte meine Struktur nicht entstehen und schon gar nicht gedacht werden.

Die Allfinanz dieser Jahre prägte entscheidend das Bild der späteren Börse und vor allem das langsame Umdenken mancher Banken in diese Richtung.

Wir trafen die Vereinbarung, nur kleine Abschlüsse bis 50,--DM monatlich zu tätigen.

Um bewährten Mitarbeitern eine Chance zu geben, ein Büro vor Ort zu eröffnen, legten wir ein bestimmtes Kundenpotential und eine Höhe in der Nachfrage von neuen Mitarbeitern fest.

Wenn ein bestimmter Umsatz vorlag, sowie ausreichend Anmeldungen für einen Informationsabend, dann wollte ich mir den Ort und die Gegebenheiten anschauen. Nach einer Rücksprache mit der Direktion sollte dann entschieden werden, ob wir dann im Vorort ein zusätzliches Büro eröffnen oder nicht.

Meine Direktion war von unserer Vorgehensweise begeistert, und ich spürte die Nachfragen aus den anderen Strukturen. Ohne daß ich es darauf angelegt hatte, waren wir zu einem Vorreiter für den Aufbau unserer Arbeit in den neuen Bundesländern geworden.

Daß die Geschäftsleitung auf dem gleichen Level war, spürten wir sehr schnell und deutlich. Plötzlich gab es Begrenzungen in der Höhe der Versicherungssummen und in der monatlichen Höhe der Beiträge. Alles, was diese überstieg, mußte peinlich genau kontrolliert und abgezeichnet werden.

****

Die Firma überraschte uns immer wieder durch ihr Engagement. So wie unter vielen anderen Veranstaltungen auch zweimal pro Jahr durch eine Führungskreistagung in einer rheinländischen Messehalle. Ich hatte so ähnliche Veranstaltungen schon einmal durch meinen Stiefvater bei einem anderen Strukturvertrieb kennenlernen dürfen.

Die Veranstaltungen unseres Unternehmens hinterließen einen völlig anderen Eindruck und waren qualitativ um ein Vielfaches höher angesiedelt. Auf jeder dieser Veranstaltungen waren bis zu 3000 Führungskräfte anwesend. Diese Plätze waren Wochen im voraus hart umkämpft. Geboten wurde uns so viel, daß es wohl ein Leben lang unvergessen bleiben wird. Auf diesen Führungskreistagungen gab es immer ein paar Highlights, die einem sprichwörtlich die Fußnägel hochklappen ließen. Die größten Eindrücke hinterließen wohl der Börsenguru André Kostolany, Václav Klaus, der tschechische Minister, der die Grenze öffnete, um die ostdeutschen Bürger passieren zu lassen, sowie Henry Kissinger zusammen mit Hans-Dietrich Genscher.

Für die beiden letzteren war es der erste gemeinsame Auftritt in einem öffentlichen Forum, angeblich eine Weltpremiere. Ein für mich unvergessener und bleibender Eindruck von der Weltpolitik der vergangenen und der noch kommenden Jahre. Sie haben einen großen Anteil daran gehabt, eine bessere Welt zu schaffen; so wurde uns suggeriert, um ihre tatsächlichen Machenschaften zu verdecken.

Solche Einblicke bekamen wir von der Geschäftsführung geboten, und das am laufenden Band. Ich hoffe nur, daß alle damals Anwesenden die Aussagen dieser Größen auch richtig interpretiert hatten.

Unvergessen ist für mich auch ein Krankenversicherungsseminar in Sölden.

Bei diesem Seminar waren nur wenige geladene Gäste anwesend und Prof. Dr. Hackethal einer der Referenten. Seit diesem Tag habe ich ein vollkommen anderes Verständnis gegenüber Ärzten, ihren Praktiken und deren Geisteshaltung, was den Kampf gegen den Krebs betrifft. Das, was ich schon lange vermutet hatte, wurde an diesem Tag bestätigt. Die damalige sinnlose Mißwirtschaft der gesetzlichen Krankenversicherungen in vielen Bereichen. Dabei kam aber in keinem Atemzug der Einfluß der Pharmaindustrie zur Sprache.

Hackethal erwies sich als ein Kämpfer, der viele harte Prüfungen aus reiner Überzeugung auf sich nahm.

Unvergessen blieben auch die Winterbälle mit ihren Höhepunkten. Am stärksten beeindruckten mich die Auftritte von Harald Juhnke und Willy Millowitsch. Oder die Einladungen der Geschäftsführung in das Privathaus unseres Hauptgeschäftsführers.

Rosi und ich genossen die Unterbringung und das Essen auf diesen Highlights. Nach kurzer Zeit waren wir im Besitz von VIP-Karten und konnten in den namhaften Hotels zu Sonderpreisen übernachten. Anstelle des üblichen Preises für eine Übernachtung zahlten wir nur noch einen gewissen Anteil. Ich liebte besonders das Hyatt wegen seines Badezimmers. Man konnte bequem in der Badewanne relaxen und seine Frau durch eine Glaskabine beim Duschen beobachten oder umgekehrt. Die richtige Entspannung, vor allem nach stundenlanger Hetze auf der Autobahn.

****

Im Sommer fielen das Endspiel der Fußballweltmeisterschaft und das Wimbledon-Finale von Bumm- Bumm-Boris auf den gleichen Tag. Ich hatte bei meiner Terminplanung keine Rücksicht darauf genommen, und mein Terminplan war randvoll. Es war ein Volltreffer. Die Stimmung unter den Leuten war den ganzen Tag schon fröhlich und ausgelassen. Die sonst so argwöhnische Kundschaft war auf einmal gut gelaunt, lustig und aufgeschlossen. An diesem Tag verdiente ich eine Menge Provision und konnte so sicherstellen, daß ich zumindest erst einmal das Reisegeld und das Startkapital für meine erste Stippvisite in die neuen Bundesländer besaß.

Aber was war mit meinen Mitarbeitern in den neuen Bundesländern? Sollte es wirklich so funktionieren können, wie es von uns geplant war?

Ich war stark verunsichert. Inzwischen gab es zahlreiche Episoden von den sogenannten Raubrittern. Es wurde eimerweise das Geld mit Schund gescheffelt. Völlig überteuerte tragbare Elektrogeräte, ja sogar billiges Spielzeug jeder Art fanden reißenden Absatz an den noch stehenden ehemaligen Grenzübergängen.

Die Spitze der Betrügereien, kaum zu vergleichen mit den Vorwürfen, mit denen sich der Jahrhundertkanzler Kohl später auseinandersetzen mußte, war wohl die Währungsunion. Von Detlef, meinem Mitarbeiter und ehemaligem Ostberliner Einwohner, wußte ich, daß in Berlin der Kurs noch bis kurz vor dem Stichtag mit 1 : 18 bis 1 : 24 gehandelt wurde. Nun sollte der offizielle Umtausch in 1 : 2 stattfinden. Ein Verbrechen an beiden Volksteilen und an der Wirtschaft. Den Bürgern aus den neuen Ländern suggerierte dies nur schnellen Wohlstand, ohne daß sie die Nachteile auch nur ahnen konnten.

Insider berichteten mir später davon, daß manche der eingefleischten alten Genossen den Braten rechtzeitig rochen und sich ein paar Millionen, für ein bis zwei Wochen, liehen und das Geschäft ihres Lebens machten. So werden sich wohl viele mit dem nötigen Kleingeld ausgestattet haben, um anschließend spurlos verschwinden zu können.

Etwas später mußte man als Privatperson schon Rechenschaft über die Herkunft von 20.000,-- DM ablegen. Damals schob man alles auf die Wirren der Zeit, und das trotz der so viel gerühmten deutschen Gründlichkeit.

Kam dieses neue Gesetz über den Nachweis der Gelder vielleicht aus einem schlechten Gewissen heraus?

So lange das Volk nicht nachvollziehen konnte, was in diesen Wirren passierte, so lange wurde das Spiel endlos weitergetrieben, noch viele Jahre lang.

Wir kleinen Leute merkten nur, wie wir täglich mehr mit Neid, Gier und Haß zu kämpfen hatten. Manche hauten sich schon wieder gegenseitig auf die Mütze.

Es hat noch nie zuvor eine größere deutsche Mafia gegeben als in diesen Jahren. Wir zahlen immer noch Solidaritätszuschläge, weil wir im Endeffekt der Meinung sind, sie kommen den Bürgern zugute.

Es gibt nur sehr wenige, die bis zum heutigen Tage von der Einheit profitierten, unter anderem die Banken, Versicherungen, die Großindustrie und die Politik.

Der Mittelstand und die Arbeitnehmer waren nur die Bauern dieser Lehnsherren.

****

Detlef wagte seine ersten Schritte in Berlin. Kurz danach folgte ihm Frank und versuchte sein Glück 120 km nordöstlich von Berlin, 35 km vor Stettin. Seine damalige Lebensgefährtin kam aus dieser Gegend, er selbst aus Thüringen. Da dieser Ort dichter an Berlin lag als seine Thüringer Heimat, paßte er in die Strategie. Sventje wollte es in ihrer Heimat Rostock versuchen, und auch das lag eventuell noch strategisch günstig.

Ich hatte mit wirklich allem gerechnet, aber nicht mit dieser unglaublichen Menge an Nachfragen. Sie, erst Detlef und dann Frank, brachten stapelweise Anträge von ihren Wochenendeinsätzen zurück. Nicht nur das, auch Anträge zukünftiger Mitarbeiter ließen auf eine unglaubliche Nachfrage schließen.

Unsere Strategie schien voll und ganz aufzugehen, und gleichzeitig fingen im ganzen Land Führungskräfte an zu kurbeln.

Wir kamen sehr schnell unter Zugzwang, wollten wir doch die Qualität unserer Beratungen nicht unter unser selbst vorgegebenes Niveau fallen lassen. Frank und Detlef waren fachlich noch nicht prädestiniert für ausreichend kompetente Mitarbeiterführung. Es mußten unbedingt Büros installiert werden. Zwar wäre es auch möglich gewesen, die neuen Mitarbeiter an den Schulungen in Bremen teilnehmen zu lassen, damit war aber auf keinen Fall die Anwesenheit der Führungskraft beim Auswerten einer Bestandsaufnahme und beim Verkauf gesichert. Außerdem war es in unseren Augen unzumutbar, die Neuen mit ihren Trabis jede Woche zweimal auf eine Strecke von insgesamt 1000 km zu schicken. Ich mußte mein Versprechen einlösen und begab mich auf den Weg.

.................Der Jahrtausendwechsel! Was hatte ich mir nicht alles vorgenommen! Ach ja, das Pink-Floyd-Konzert bei den Pyramiden von Gizeh, welches ja bekanntlich nicht stattfinden wird. Meine letzten Geldreserven habe ich inzwischen verbraucht. Gestern sah ich die Proben eines Konzertes von Jean Michel Jarre. Ratet mal, wo! Natürlich zwischen den Pyramiden von Gizeh. Das wird wohl eines der schönsten Ereignisse dieses Jahrtausendwechsels werden. Ich bin nicht sauer und schon gar nicht böse darüber, nicht daran teilnehmen zu dürfen, aber ein bißchen frustriert und enttäuscht bin ich schon. Gelindert wird meine Enttäuschung durch meinen immer noch sehr schlechten Zustand. Diese Anstrengung hätte ich niemals bewältigen können.

Ich habe beschlossen, den heutigen Abend alleine zu verbringen. Meine Kinder werden anwesend sein; zwar bei unseren Nachbarn, aber ich denke, daß sie mich besuchen werden.

Meine Zeit vertreibe ich mir mit etwas Arbeit. Dazu genehmige ich mir eine Magnum-Flasche Champagner und ein paar Zigarillos. Das erste Mal seit langer Zeit, daß ich wieder Champagner genieße. Hoffentlich geht das gut. Nicht wegen des Alkohols, sondern wegen meines Magens und meiner ziemlich angekratzten Geschmacksnerven. Ich finde, es ist einen Versuch wert.

Bei mir ist es so etwas wie Tradition, besondere Ereignisse mit Champagner zu begießen. Hatte ich das vergessen, standen meine Vorhaben unter keinem guten Stern. Rosi hat mich mit diesen Köstlichkeiten versorgt.

Ich weiß, daß ich als völlig neuer Mensch das nächste Jahrtausend beginnen werde. Zwar immer noch verrückt und voller Ideen und Ideale, aber mit Sicherheit etwas bedachter und ruhiger.

Gerade sehe ich einen meiner letzten Begleiter vor meinem Fenster. Also bleibe ich wohl doch nicht ganz alleine?

Wissen ist Macht!

Geld ist Reichtum!

Geben ist Leben, nehmen der Dank!

Das ist Macht!

(Drahty, Silvester-Abend 1999)

Mit diesen Worten ist alles gesagt. Für den Verständnislosen unser Geschenk zum neuen Jahrtausend:

Vielleicht wird es für den einen oder anderen der Anstoß sein, um seinen wirklichen Weg und sein tatsächliches Ich richtig zu entdecken. Vorraussetzung ist natürlich, er hat es nicht längst gefunden.

Die wichtigste Voraussetzung, um sich auf diesen Weg zu machen, ist die Frage, ob ich die Bereitschaft und den Willen dazu besitze. Die grundsätzliche Bereitschaft steckt in der Natur eines jeden.

Ich gehe immer noch davon aus, daß jeder Mensch die Gabe besitzt, sich in die Gedanken und das Gefühlsleben eines anderen Lebewesens hineinzuversetzen. Leider mußte ich immer wieder feststellen, daß kaum einer Lust hat, diese Gabe an sich zu entdecken, geschweige denn den Mut hat und die Kraft aufwendet, diese auch anzuwenden. Denen von euch, die sich einfach nicht trauen, weil sie Angst haben vor dem, was sie zu sehen und fühlen bekommen, gebe ich vollkommen recht. Es kann wirklich zur

Qual werden. Es fühlt sich auch genauso an und ist auch so.

Wer sich trotzdem vor diesen Gefühlen nicht scheut, wird sehen, was wirklich kostbar in seinem Leben ist und sein wird, und er wird nie wieder von dieser Gabe ablassen, sondern sie weiterentwickeln.

Wer denkt, daß dieser Schritt belohnt wird oder sich auszahlt, hat nur sehr bedingt recht. Ich würde davon erst einmal nicht ausgehen. Tut es einfach vorerst nur aus Nächstenliebe, und ihr werdet sofort die Dankbarkeit dessen spüren, dem ihr dieses Opfer bringt. Manchmal nicht sofort und oft auch gleich von diesen Menschen vergessen. Es reicht vorläufig aber schon, wenn ihr Dankbarkeit in den Augen eines einzelnen lesen könnt, auch wenn es sich nur um Bruchteile von Sekunden handelt. Das, was ihr in so einem Moment empfindet, ist wesentlich kostbarer als alle Schätze dieser Welt. Ihr habt in diesem Moment eine Saat gelegt, die sich langfristig bemerkbar machen wird.

Da ihr diese Zeilen erst zu einem viel späteren Zeitpunkt aufnehmen werdet, wünschen wir euch von ganzem Herzen nachträglich ein wirklich anderes und bedeutendes neues Jahrtausend. Gebt euch nur ein bißchen mehr Mühe, und die Welt wird sich schneller zum Positiven wenden, als ihr es jemals zu glauben gewagt hättet. Im Grunde genommen ist alles so einfach, daß man es gar nicht sehen will oder einfach darüber hinwegsieht. Mein größter Wunsch ist es, so vielen Menschen wie möglich die Augen zu öffnen. Ich meine das nicht anmaßend oder überheblich, aber es ist mir wirklich eine Freude, weil ich diesen Kick sehr gut kennengelernt habe.

Sucht euren Weg und eure Bestimmung in eurer inneren Stimme und vertraut dieser, erst recht wenn ihr vor der völligen Selbstverzweiflung steht. Der Glaube an den richtigen Weg und eine wirkliche Aufgabe wird jedem die Kraft geben, alles zu überstehen.

Absolute Bedingung ist: Gebt eure Suche niemals auf, es gibt immer etwas zu verbessern, egal ob ihr Familie habt oder nicht. Gerade seinen Familien gegenüber ist es sich jeder schuldig, ansonsten ist er überflüssig auf dieser Welt. Vor allem aber stiehlt er seinen Familien und Mitmenschen Teile vom Sinn ihres Daseins. Ich meine damit auf keinen Fall, daß ihr euer bisheriges Leben ändern oder verschieben sollt, nur eure Gedanken und

Gefühle sollt ihr auf den richtigen Weg schicken und sie immer wieder korrigieren, also auf den richtigen Kurs bringen oder / und den Kurs nur etwas korrigieren.

Es ist so simpel, einfach und logisch weil es keinen materiellen Aufwand bedeutet und so vieles verändern kann.

In diesem Zustand wißt ihr, daß ihr wirklich gelebt habt, auch wenn ihr es „nur" immer wieder versucht habt. Gebt bloß nicht auf, das kann den sicheren Tod bedeuten.

Erst wird eure Persönlichkeit sterben und danach, meist sehr langsam, euer Körper.

Lebt doch einfach, und das mit aller Kraft und Energie, die in euch steckt, aber nur wenn ihr die Bereitschaft habt, ehrlich und wirklich auf eure Mitmenschen einzugehen.

Eine Rechenschaft darüber könnt ihr nur euch selbst gegenüber ablegen. Sonst niemand, alles andere ist Selbstbetrug. Vergeht euch nicht an den Gesetzen des Lebens.

Denkt daran, daß ihr nur wenige Jahre Zeit habt, wirklich alles auf die richtige Bahn zu lenken. Das Leben ist viel zu kurz, und die Belastungen werden steigen.

Ich glaube nicht an eine und akzeptiere vor allem keine Untergangstheorie, sondern ausschließlich an das Überleben mit Sinn.

Den Uneinsichtigen bestraft eines Tages die Erkenntnis, sein Leben sinnlos vergeudet zu haben.

Ich wage es sogar, denjenigen zu verurteilen, der denkt, durch sein Geld und seinen Wohlstand, den er vielleicht sogar zum Teil an andere weitergegeben hat, seinen Beitrag geleistet zu haben.

Gerade Menschen mit den Fähigkeiten, leicht oder weniger leicht Wohlstand zu organisieren, haben die Verpflichtung, damit sinnvoll und vor allem mit sehr viel Respekt umzugehen.

Nutzen bringen heißt nicht nur Wohlstand und Arbeit, sondern vor allem das langfristige Leben und Überleben sichern.

Nicht nur das eigene Überleben, vor allem auch das Überleben des Schöpfers, den ich persönlich in diesem Zusammenhang auch als Natur bezeichne.

Aber seit auch sehr, sehr vorsichtig. Viele Menschen erkennen sofort eure guten Absichten und nutzen sie schamlos aus. Gesundes Mißtrauen und vor allem eure innere Stimme werden euch den richtigen Weg weisen (Silvester 1999/2000................

Zur ehemaligen DDR hatte ich vorher kaum einen Bezug. Das Land hatte ich nur von der Ferne betrachtet, so zum Beispiel vom Brocken im Harz oder während einer Regatta in Preetz. Regatten, die in Berlin stattfanden, mied ich damals wie die Pest. Meine innere Stimme verriet mir wohl, daß ich zu den Leuten gehören würde, die sofort in diesem anderen System anecken würden und es mir umgehend Schwierigkeiten bereitet, sobald ich das Land betrete. Ich verachte alles, was mit Unterdrückung und Zwang zu tun hatte und hat. Das, was ich damals über meine Sicht auf der anderen Seite spürte, reichte vollkommen aus, um dieses Gebiet tunlichst zu umgehen. Nun sollte ich dieses Land endlich kennenlernen. Ich gebe zu, bei diesem Gedanken wurde es mir schon etwas mulmig.

Meine erste Tour plante ich mit Detlef. Detlef wollte nach Berlin, und ich nutzte diese Gelegenheit, um mich von ihm begleiten zu lassen. Ich fuhr - wie immer bei solchen Vorhaben - ohne Straßenkarte, und das hatte seinen Grund. In Berlin sollten sich unsere Wege sofort trennen, und von dem Moment an wollte ich mich auf meine Instinkte und Gefühle verlassen. Nur dann konnte ich sicher sein, das Richtige zu tun und meine Eindrücke richtig zu verarbeiten. Vor allem aber wollte ich spüren, ob es überhaupt Sinn machte, noch irgendeinen Gedanken an diese Idee zu verschwenden.

Der schnellste Weg führte über Hamburg in Richtung des Grenzübergangs Zarrentin. Als wir uns der Grenze näherten, spürte ich schon die Beklemmung in mir, die von diesem Ort ausging. Ich hatte noch Grenzkontrollen erwartet und war überrascht, daß wir ohne weitere Behinderung passieren konnten. Noch viel verdutzter war ich, als ich erkannte, daß Teile des Grenzüberganges entfernt worden waren. Was für ein Bild, das sich mir hier bot. Man konnte noch klar die kalte und Angst einflößende Macht spüren, die von diesem Ort ausging. Der Kahlschlag der Wälder und die kalte Beleuchtung der Grenzautobahn hinter dem Abschnitt der BRD, die riesigen Wachtürme und die heruntergekommenen Grenzgebäude. Welche Schicksale müssen sich hier abgespielt haben? Sogar ein paar Sicherungsanlagen standen noch. Alles in allem wußte ich nun, warum ich diese Begegnung bisher gemieden hatte. Auch hinter den kilometerlangen Grenzbefestigungen war das Bild kaum angenehmer. Die Autobahn galt als die beste Verbindung von Ost nach West, und die Bundesregierung hatte für den Ausbau dieser Strecke immer wieder Milliarden zur Sanierung bereitgestellt. Davon war nichts zu spüren. Es hatte den Anschein, daß die Gelder in die riesigen Wachtürme am Rande der Strecke verpulvert wurden, welche teilweise immer noch besetzt waren.

Sofort begriff ich auch, was das Schlagwort „Dunkeldeutschland" für eine Bedeutung hatte. Nach dem Passieren der alten Grenze übermannte einen das Gefühl, in einer völlig anderen, nicht zu diesem Planeten gehörenden Welt zu sein. Alles, auch die Dörfer und Kleinstädte am Rande der Strecke, waren in ein seltsames Licht gehüllt. Es dämmerte langsam, und mit dem Einsetzen der Dunkelheit verstärkte sich dieser Eindruck so stark, daß ich ein wirklich seltsames Gefühl bekam. Hier sollte ich eventuell arbeiten?

Ich mußte einen Weg finden. Detlef hatte unsere vorher abgesprochenen Bedingungen zur vollen Zufriedenheit erledigt, und er war ein herzensguter Mensch. Zwar mit der berühmten großen Berliner Schnauze, aber gerade das machte ihn liebenswert. In Berlin angekommen, trennten sich unsere Wege. Ich wollte meine Sensibilität einstellen um die Eindrücke dieser Stadt auf mich wirken zu lassen.

In der kommenden Nacht fuhr ich ziellos durch Berlin. Am frühen Morgen legte ich mich, sehr benommen, in meinem Auto etwas schlafen. Ein Hotelzimmer zu bekommen, war sinnlos; alles war restlos überfüllt. Als ich vom Straßenlärm nach wenigen Stunden geweckt wurde, merkte ich, daß ich mich im Ostteil der Stadt befand. Berlin hatte schon große Teile der ehemaligen Grenze entfernt. Jetzt am Tage konnte man den Unterschied zwischen Ost nach West deutlich spüren. Im Westteil gab es kaum jemanden, der nicht vor Arroganz und Stolz platzte.

Im Ostteil wiederum spürte man Unsicherheit und Angst. In den Etagen der Stadtteilverwaltungen roch man noch den alten Mief und die Herrschaft der Stasi. Die Beschreibung der riesigen Plattenbauten und Trabantenstädte spotteten jeder vorherigen Beschreibung. Unter diesen Umständen konnten sich Menschen richtig wohlfühlen? Für mich unvorstellbar. Schon die Art der Anordnung und das gleiche Aussehen ließen keinen kreativen Gedanken mehr zu. Trotz allem war in den Köpfen der Bewohner ein gewisser Stolz zu spüren. Was blieb ihnen denn auch anderes übrig? Jeder paßt sich seiner Umgebung an und versucht sich darin wohlzufühlen.

Konnte ich ihnen mit meinen bescheidenen Mitteln helfen? Ja, zumindest was meine Arbeit betraf. Geld und der Umgang damit im neuen System war wohl zu dieser Zeit scheinbar das Wichtigste, was diese Menschen lernen und begreifen mußten. Nicht, daß sie das nicht konnten, im Haushalten, Improvisieren und Sparen waren sie einzigartig.

Unter den neuen Bedingungen würde sich das blitzschnell ändern, das war so sicher wie das Amen in der Kirche.

Unsere Motive waren ehrenwert, und es war höchste Eisenbahn. Überall sah man die Spuren der sogenannten Raubritter und Abzocker, kein gutes Omen für eine gute Völkerverständigung.

Ich begab mich auf den Heimweg, um meine niederschmetternden und überwältigenden Eindrücke zu verarbeiten. Eines war mir nach diesem Besuch klar: In Berlin würden wir einen schweren Stand bekommen; zu weit fortgeschritten war der Unmut der Bevölkerung, und ungleicher konnten die Verhältnisse nirgendwo sein. Bei meinem nächsten Besuch wollte ich mich um die Büroräume und um einen Schulungsraum kümmern.

****

Sventje kam nur schleppend in Gang. Ich denke, sie war zu dieser Zeit ganz froh, von ihrem Heimatort Rostock fort zu sein.

Frank überraschte uns mit sehr guten Umsätzen und haufenweise Anmeldungen für einen Informationsabend. Alles kam aus einer kleinen Stadt in der Uckermark, 120 km nordöstlich von Berlin.

Für mich war es ein zusätzliches Zeichen, daß alles in der richtigen Konstellation zusammenpaßte. Berlin und die Uckermark sowie die dazugehörigen Mitarbeiter. Das paßte wie die Faust aufs Auge, also plante ich meine nächste Expedition. Dieses Mal führte es mich in die Uckermark, und ich wollte diesen Ort auf die gleiche Art kennenlernen, wie ich es schon auf meiner Berlin-Reise getan hatte. Nur mit dem Unterschied, daß ich dieses Mal übers Land fahren und alles alleine unternehmen wollte. Ich wollte mir diesmal sicher sein. Zwei, eventuell sogar drei neue Büros zu installieren, hieße auch die Verantwortung tragen müssen und können. Mitarbeiter müßten geschult und auf ihren Verkäufen begleitet werden. Die Betreuung der Kunden müßte gesichert werden. Dazu gehörte natürlich auch, daß ich mich in der entsprechenden Umgebung wohlfühlen mußte. Ohne diese Voraussetzungen wäre alles nur ein schnelles Abzocken gewesen und hätte keinen langfristigen Bestand gehabt. Das war genau das, was ich auf gar keinem Fall bezweckte und schon gar nicht wollte, aber man kann Dinge, die passieren sollen, nicht aufhalten, auch wenn die Vorsätze noch so edel sind.

****

Unser damaliger Direktor war von meinem Konzept begeistert und unterstützte mich nach Leibeskräften, natürlich nicht ohne dabei an seine eigene Karriere zu denken. Schon seit langer Zeit versuchte er den Sprung in die oberste Etage zum Landesdirektor. Nun sah er auch seinen zusätzlichen Weg und baute seine eigene Strategie.

Ich kümmerte mich um meine eigene Struktur, immer noch in dem Glauben, als freier Handelsvertreter auch wirklich frei und unabhängig zu sein. Kompromisse zu schließen war ich gewohnt, und ohne diese einzugehen kann nichts funktionieren.

****

Zu Hause bekamen meine Großeltern Probleme mit ihrem kleinen idyllischen Grundstück. Fast alle alten Nachbarn waren verstorben, und die Grundstücke wurden zu begehrten Objekten verschiedener Bankfilialleiter. Auf den Nachbargrundstücken entstanden neue Villen. Die Wiesen hinter dem Grundstück waren schon seit einigen Jahren dicht bebaut. Durch die Aufschüttung der Nachbargrundstücke stand Opas Grundstück bei Regen unter Wasser.

Man muß wissen, daß diese Grundstücke eine Einrichtung des nach dem Zweiten Weltkrieg hochgeachteten Bürgermeisters Wilhelm Kaisen waren. Sie dienten dazu, normalen Bürgern und Arbeitern nach dem Zweiten Weltkrieg eine Möglichkeit zum Wohnen und Leben zu geben. Ihre Existenz sollte durch den äußerst günstigen Erwerb für diese Gesellschaftsschicht gesichert sein. Opa stand voll und ganz hinter den Idealen dieses Mannes, und das nicht nur wegen des Grundstückes. Er wußte am besten, was der Einsatz in zwei Weltkriegen für ihn bedeutet hatte. Zudem war Opa ein Beispiel für jeden Arbeiter, davon zeugten seine Urkunden im Wohnzimmer, welche ihm 50 Jahre Betriebszugehörigkeit attestierten. Stellt euch das einmal vor: 50 Jahre Betriebszugehörigkeit, zwei Weltkriege und über 50 Jahre verheiratet. Nun sieht er sein Lebenswerk vor seinen Augen verschwinden.

Die Geschichte mit dem Zubauen und den neuen, hochnäsigen Nachbarn war nur ein kleiner Vorgeschmack auf das, was kommen sollte, und das war eine Rechnung vom Senat.

Oma und Opa sollten eine gehobene fünfstellige Summe für die Sanierung des Weges und für einen Kanalanschluß bezahlen. Das war aber noch lange nicht alles. Zudem sollten sie um ein paar Meter ihres Grundstückes enteignet werden.

Ihr ganzes Leben lang hatten sie hart für ihre Idylle gearbeitet. Jeden Pfennig auf die Seite gelegt, selbst Kartoffeln und Gemüse angepflanzt, um sparen zu können, und nun, im hohen Alter von über 80 Jahren, kamen ein paar Leute und nahmen ihnen alles weg, nur weil sie zu bequem waren, den Schotterweg ständig etwas auszubessern. Gerade dieser Schotterweg und die großen Tannen waren das, was diese Idylle in einen Märchenweg verzauberte.

Opa war immer ein Kämpfer mit einem hohen Gerechtigkeitssinn. Trotz seines hohen Alters kämpfte er verbissen gegen diese zum Himmel schreiende Ungerechtigkeit, und wir alle versuchten, ihm dabei zu helfen. Opa hatte seinen eigenen Kopf, und das war auch richtig so.

Wir hatten immer unseren Spaß mit diesem drolligen alten Mann und seinen großen Segelohren.

So hatte er, um nur eine Eskapade von ihm zu beschreiben, ständig Ärger mit den Tauben in den sehr hochgewachsenen Tannen am Eingang des Grundstückes. Die Tannen waren inzwischen so hoch gewachsen, daß auch seine größte Leiter nicht ausreichte um in die höheren Zweige zu kommen. Opa zimmerte sich ein paar Dachlatten zusammen und verscheuchte die Tauben jedesmal, wenn sie sich in den Tannenzweigen niederließen. Auf Dauer war das keine Lösung, und er griff zu einer anderen List. Er legte ein paar Lautsprecherkabel über das Grundstück, befestigte an ihnen ein Paar Lautsprecher und versteckte diese in den Tannen. Opa hatte sich vorher einmal das Gebell von Molly auf Band aufgezeichnet. Nun konnte er es sich in seinem Sessel bequem machen und die Tannen beobachten. Sobald sich die Tauben in den Tannen niederließen, schaltete er die Boxen ein, und es ertönte in den Tannen das Hundegebell.

Oma war schockiert und wollte keinen weiteren Streit mit den Nachbarn. Sie drohte ihm sogar damit, auszuziehen, und schweren Mutes kletterte Opa wieder auf die Tannen.

Zu Weihnachten bekam Oma dann einen Ladyshave von ihm geschenkt. Ein genialer Schelm, dieser Mann.

Bei seinem Kampf um die ihnen widerfahrene zum Himmel schreiende Ungerechtigkeit mit dem Grundstück kam er zumindest bis an den damaligen Innenminister von Nordrhein-Westfalen. Danach zitierte er eine seiner politischen Aussagen auf einem großen Schild, welches er dann gut sichtbar auf seinem Grundstück plazierte. In einer Boulevardzeitung bekam er einen großen Artikel mit Bild. Die Überschrift lautete: Opa Voigt steht unter Wasser!

Leider brachte alles nicht den gewünschten Erfolg.

Meinen Sinn für Gerechtigkeit habe ich wohl zu einem großen Teil von ihm geerbt. Dazu gehört sicherlich auch, daß ich nie meinen Humor verloren habe.

****

Die zweite Inspektion der neuen Bundesländer hatte einen ganz anderen Charakter als die Berlin-Reise.

Der Weg führte mich nun über die Autobahn bis zur Höhe von Stettin. Von dort aus hatte mir Frank eine Strecke von 170 km Länge über die Landstraße empfohlen. Das Wetter spielte mit, es war Hochsommer und mir bot sich ein bis heute unvergessenes Bild. Die Landstraßen waren wie leergefegt. Kaum Westwagen, aber viele Trabis und vor allem Militärfahrzeuge. Die Straßen waren in einem unmöglichen Zustand, aber dieses Manko machte die Landschaft wieder gut. Niemals zuvor (außer in Frankreich) hatte ich eine so unvergleichlich schöne Landschaft gesehen. Riesige Waldflächen, fast lückenlos aneinandergereihte Seenplatten, noch größere Ackerflächen. Nicht flach und trotzdem kilometerweit einzusehen, von kleinen Hügeln unterbrochen. Der Eindruck war wirklich überwältigend, so überwältigend, daß ich diese Gegend sofort in mein Herz schloß. So hatte es in einigen meiner Träume ausgesehen, eindrucksvoller als meine Träume um Portugal und Spanien, zumindest im Sommer.

Was ich auf meiner ersten Tour über das Land schon an Wildbestand zu sehen bekommen hatte, war unvorstellbar, ja fast wie in einem Märchen. Was mich am meisten faszinierte, war, daß diese Landschaft nur einen Steinwurf von der BRD entfernt lag. Als die Mauer noch stand, wirkte dieses Land so fern.

Der Weg führte mich über Mirow, den wohl schönsten Teil der Stecke. Eine Seenplatte grenzt an die nächste, eingerahmt von riesigen Waldgebieten, unterbrochen durch eine Militäranlage der Russen.

An einer Stelle glaubte ich tatsächlich, in einem Film gelandet zu sein. Ich sah gerade noch eine kleine Ampel und zwei blutjunge russische Soldaten. Daneben erkannte ich einen großen Militärflugplatz. Durch die Sonne konnte ich die Farbe der Ampel nicht erkennen und folgte einfach einem Trabi, der vor mir die

Ampel passierte. Plötzlich ertönte ein unvorstellbarer Lärm, und ich sah nur noch einen großen Schatten und ein paar Räder über meinem Autodach.

Wir passierten eine Einflugschneise. Ein außergewöhnliches Erlebnis.

Mein Zielort entpuppte sich als ein kleiner, aber nicht weniger idyllischer Ort mit 25.000 Einwohnern, einer übergroßen Kirche im Mittelpunkt und einem großen See fast im Herzen der Stadt. Wie immer inspizierte ich die Gegend und nahm meine Eindrücke auf. Beim Versuch zu telefonieren trieb es mich bis hoch zu den Ostseebädern auf der Halbinsel Usedom.

Die Hotelzimmer im meinem Zielort waren teuer und spartanisch, auf jeder Etage nur eine Dusche, eine Badewanne und eine Toilette. Personal war mehr vorhanden als Gästezimmer, und der Service war gleich null. Nur der Preis hatte sich an die westlichen Verhältnisse angepaßt, er überstieg ihn sogar um ein Vielfaches im Vergleich zur Leistung.

Unsere neuen Mitbürger hatten also schon einen vollkommen falschen Eindruck von unserer Marktwirtschaft bekommen.

Die Menschen, mit denen ich unterwegs ins Gespräch kam, waren alle herzensgut und freundlich, also fiel es mir leicht, mich zu entscheiden. Frank hatte gut gearbeitet, und auch er sollte seine Chance bekommen.

****

Es überschlugen sich wieder einmal die Ereignisse. Für das nächste halbe Jahr durchweg so positiv, daß diese Zeit durchaus in die erfolgreichste meines bisherigen Lebens eingereiht werden konnte.

Ruhe, Pause oder Luftschnappen war nun kaum noch möglich, und das war vorerst nicht so schlimm bei dem Erfolg, den wir vorweisen konnten. Alleine von Ende August 1990 bis Mitte Dezember 1990 fuhr ich 40.000 km mit meinem PKW. Ständig von Schulung zu Schulung, von Mitarbeitergespräch zum Verkauf.

Die Termine mußten alle halbe Stunde gelegt werden, um den Ansturm wenigstens halbwegs vernünftig in den Griff zu bekommen. Unsere neuen ostdeutschen Mitarbeiter waren nicht mehr zu bremsen.

Die nächsten Informationsabende waren so überfüllt, daß manche Interessenten sogar auf den Fensterbänken Platz nahmen. Den Umsatz brachten wir einmal pro Woche zur Direktion nach Bremen, manchmal in einem Waschkorb. Unser Direktor half uns anfänglich aus Leibeskräften und leitete die Schulungen. Schon bald wuchsen auch die Strukturen der anderen Führungskräfte, und er konnte nur noch zu den Informationsabenden, die einmal pro Monat stattfanden, kommen. Die anderen Schulungen übernahm ich, auch die zukünftigen Hauptseminare für die fortgeschrittenen Mitarbeiter. Ich eignete mir so viel Wissen und Material an, daß schnell ein großer Karteischrank mit Hängeregistern gefüllt war. Schon sehr bald zogen meine Mitarbeiter hinterher, Frank und Detlef waren inzwischen selbst in der Lage; Schulungen zu übernehmen.

Ich stellte bei der Hauptverwaltung den Antrag für die Berufsbezeichnung „Finanzkaufmann" und bekam diese Bezeichnung im Frühjahr des nächsten Jahres ausgehändigt, durchaus zu recht. Mein Fachwissen übertraf inzwischen sicherlich das eines gewöhnlichen Bank- oder Versicherungskaufmannes. Trotz allem wies es aber immer wieder Lücken auf, vor allem in Fragen der gesetzlichen Berufsunfähigkeit.

Es war ein großes Abenteuer und ein wichtiger Schritt, um die Wirtschaft ins Rollen zu bringen. Anhand unserer Bestandsaufnahmen beim Kunden stellten wir sehr schnell fest, daß es unseren Brüdern und Schwestern, zumindest finanziell, einigermaßen gut ging. Wie wir zu unserer Überraschung feststellten, befand sich das durchschnittliche Sparguthaben in einem durchaus sehr passablen Zustand. Es war nur zu gut verständlich, daß viele von Mißtrauen geprägt waren und uns nicht alles preisgaben. Manchmal war das aber auch zu ihrem Nachteil. Gerade bei Umfinanzierungen und Firmengründungen hätten wir manch einem mit vollem Wissen noch besser unter die Arme greifen können.

Aber nicht nur wir befanden uns im Tiefflug, sondern auch viele tausend andere Außendienstmitarbeiter. Man sah sie Tag und Nacht über die Autobahnen flitzen, immer mit Höchstgeschwindigkeit und vollem Risiko. Die Schlauesten fuhren meist nur nachts, und es bildeten sich stillschweigend rasende Konvois. Jeder, der in der Geschwindigkeit mithalten konnte, übernahm für ein paar Kilometer die Führung. So wurde das Risiko gleichmäßig verteilt und die Gefahr einer Geschwindigkeitskontrolle auf ein Minimum reduziert.

Während dieser Monate verlor ich ein paarmal vor Erschöpfung kurz das Bewusstsein.

Der Erfolg dieses Risikos, das wir alle auf uns nahmen, ließ nicht lange auf sich warten. Sehr schnell setzten sich endlose LKW-Konvois in Bewegung. Das waren die Zeichen für einen Umbruch. Es war eine Freude, wenn einem diese oft 150 km langen LKW-Schlangen auf einer Rückfahrt nach Hause entgegenkamen. Mann bekam das Gefühl, an etwas Besonderem teilhaben zu dürfen.

Während dieser Zeit ließen viele meist ehrenwerte Kaufleute und andere Menschen ihr Leben auf den Straßen. Sehr schlimm war es, als der Winter einsetzte, und besonders schlimm unter den ostdeutschen Mitbürgern. Sie waren die Handhabung der wesentlich schnelleren westlichen Kraftfahrzeuge noch nicht gewohnt. Bis zum Februar des kommenden Jahres verloren wir drei Menschen aus dem direkten Umfeld unserer Mitarbeiter, und das alleine in der Uckermark. Das war die Kehrseite der Medaille. Ein hoher Preis für viele Familien. Um so mehr, da ihre Arbeit und das damit verbundene Risiko in den Wirren dieser Zeit oft nicht genügend Beachtung fand.

Auch diese Menschen gehören zu den unvergessenen Personen in meinem Leben, denen ich meine Achtung zolle und deren Leben viel zu kurz gewesen ist. Auch wenn sie mir nicht persönlich bekannt sind.

Um dieser Gefahr etwas entgegenzuwirken, fuhr ich häufig mit Hilfe von Aufputschmitteln. Auch drei bis fünf Liter Kaffee täglich waren keine Seltenheit.

Zu den Einnahmen aus den Provisionen stiegen natürlich auch meine Kosten. Alleine um meine Familie vor diesem Kumulativrisiko zu schützen, zahlte ich vierstellige monatliche Versicherungsprämien. Mein Unfallrisiko war einmal über eine private Unfallversicherung gedeckt und zusätzlich über eine Absicherung durch die Firma.

Im Dezember 1990 hatte ich das wohl höchste Einkommen während meiner gesamten Laufbahn. Mein Direktor legte auf das Einkommen noch gewaltig einen drauf, und so hatte ich schnell eine hochrangige fünfstellige Summe zusammen. Dabei war noch nicht einmal ein Bruchteil der eingereichten Anträge von den Versicherungen erfaßt und ausgezahlt. Theoretisch hatte ich noch mindestens das Doppelte zu erwarten, was ein wirklich beruhigendes Gefühl war. Ein Ende war noch nicht abzusehen, aber es war klar, daß es sich um eine Frage der Zeit handeln würde. Nur wann, das wußten nur die Herren in den Direktionen und den Geschäftsleitungen. Uns wurde Mut zugesprochen und durch indirekte Zuwendungen Sicherheit vorgegaukelt. Welchen Grund sollte es für uns gegeben haben, den Aussagen nicht zu trauen? Wir, zumindest meine Leute und ich, taten wirklich alles, um unsere Kunden anständig und seriös zu beraten. Wir wurden noch nicht einmal mißtrauisch, als wir von der Hauptverwaltung völlig überteuerte IBM-PCs angeboten bekamen. Der Preis für die Hardware hielt sich dabei noch im Rahmen. Dazu kamen die Aufwendungen für die Schulungen in der firmeneigenen Software, und schnell stieg die Anschaffung auf eine ansehnliche Summe.

Auf meine Anstöße ein Jahr zuvor hatte niemand Interesse gezeigt. Jetzt war ein Computer plötzlich nicht mehr zu ersetzen. Da wir die Möglichkeit besaßen, diese Kosten monatlich bei der Hauptverwaltung abzutragen, machte es mir nicht so viel Kopfzerbrechen. Ich war froh, Rosi etwas entlasten zu können.

****

Mein Verhältnis zu Rosi hatte sich um ein Vielfaches zum Positiven gewandelt.

Sie arbeitete wie besessen, um unsere Umsätze zu erfassen und zu ordnen. Mit dem neuen Computer wurde ihr die Arbeit einfacher gemacht, trotzdem saß sie manche Tage bis spät in die Nacht, sogar Heiligabend und Silvester.

Als Kind hatte sie von ihrem Vater sofort Prügel bekommen, wenn sie einen Fehler gemacht hatte. In ihrem Leben machte ihr das schwer zu schaffen. Sie hatte immer Angst etwas selbständig anzugehen, und warf anderen immer vor, sie für dumm und blöd zu halten, so lange und ausdauernd, bis sie selbst fest daran glaubte.

Plötzlich erlebte ich eine völlig andere Person, sehr zu meiner Freude.

****

Zu Berlin konnten wir nicht das richtige Gefühl entwickeln, aber wir gaben uns Mühe, um Detlef zu unterstützen. Die Resonanz der Berliner war nicht so explosiv wie in der Uckermark, obwohl Detlef inzwischen wesentlich besser ausgebildet war als Frank.

Mein Arbeitsfeld beschränkte sich gezwungenermaßen zum größten Teil auf den Norden Berlins.

In meiner Heimatstadt konnte ich meine Kunden nur noch notdürftig versorgen. Weitere Kundschaft konnte ich mir zu Hause nicht mehr aufbauen, genauso verhielt es sich bei den heimischen Mitarbeitern. Von denen blieb nur noch Boris, der junge agile Unternehmer. Wir entschieden uns dafür, daß Boris Detlef in Berlin etwas unterstützen sollte.

Das Vorhaben in Rostock konnte ich mir zeitlich nicht mehr erlauben, zudem hatte Sventje schon längst den Anschluß verpaßt. Für die Uckermark bis hoch nach Usedom und runter nach Berlin lagen verschiedene Büroanträge auf meinem Schreibtisch.

Solange es noch möglich war, wollte ich ein dichtes Netz installieren, um damit die Kosten und Aufwendungen in der Zeit wieder aufzufangen, zu der sich alles wieder etwas beruhigen würde und die anfängliche Euphorie vorüber sein würde.

****

Es war Rosis Idee, und mir gefiel das sehr. Rosi hatte es schnell leid, mich nur noch einen halben Tag in der Woche zu sehen, nämlich dann, wenn ich einmal die Woche zu Hause schlief und mir frische Kleidung abholte. Sie schlug vor, daß wir unseren Wohnsitz in die neuen Bundesländer verlegten.

Ich war stolz auf meine Frau. Jetzt sollte niemand mehr behaupten können, daß wir nur zum Abkassieren rüberkamen. Wir waren eine der ersten westdeutschen Familien, zumindest in unserem Unternehmen, die diesen Schritt wagten.

Kurz vor Weihnachten passierte dann etwas, das unseren Entschluß kräftig bestätigen sollte.

Das Telefonieren aus der Uckermark gestaltete sich als die reinste Katastrophe. Eine Verbindung gab es nur über ein Amt, eine Vermittlung in Neubrandenburg. Um dahin durchzukommen, dauerte es manchmal Stunden, meist mit dem Ergebnis, auch noch falsch vermittelt zu werden. So erfuhr ich über einen kleinen tragbaren Fernseher, den ich auch im Auto bei mir hatte, was in der Heimatstadt passiert war. Die Kinder hatten auf unserem Spielplatz im Sandkasten eine nackte Frauenleiche mit gefesselten Händen gefunden.

Das Maß war voll, das wollte ich meiner Familie nicht länger zumuten müssen. Unser Entschluß stand nun endgültig fest. Ich machte mich natürlich sofort auf den Weg nach Hause, um nach Rosi und Natascha zu schauen, und nahm mir dafür ein paar Tage Zeit. Ich nutzte diese, um eines der bis dahin für uns schönsten Weihnachtfeste vorzubereiten.

Meine Tochter, Rosi und auch ich verwöhnten uns nach Herzenslust an diesem Weihnachtsfest. Die Krönung war dann, daß die Kleine uns einen neuen Wagen aussuchen durfte. Einen nagelneuen BMW 520 i Sechszylinder/Vierventil-Motor in Graumetallic und mit Alufelgen. Eines der ersten Modelle dieser Baureihe.

Das Auto wurde von mir geleast, und das hatte seine Gründe. Vorwiegend dachte ich an den steuerlichen Aspekt; Leasingraten konnte man zu hundert Prozent geltend machen, und mein Geld brauchte ich dringend für die Einrichtung und Anmietung der Büros. Der Nachteil war die Höhe der Leasing-Rate, aber das spielte zu dieser Zeit und bei der Größe des Vorhabens keine Rolle.

Alles in allem war es ein schönes Weihnachtsfest, begleitet von Gesundheit, Glück, Erfolg und Zufriedenheit.

Sogar meine nächste Beförderung stand auf dem Plan. In nur eineinhalb Jahren vom Anfänger bis in das gehobene Management der Allfinanz, eine Stufe vor einer Direktion. Ich finde, das war beachtlich, und ich war ein bißchen Stolz darauf. Alles war scheinbar im Lot und sehr erfolgversprechend.

23. Kapitel – Die raue Realität

Mit den meisten Menschen in den neuen Bundesländern kam ich sehr gut zurecht. Ich denke, viele erkannten sehr schnell, daß wir wirklich gute Absichten hatten. Ein Beweis dafür war der Erfolg vor Ort.

Wer mich danach fragte, dem verschwieg ich keinesfalls meine Herkunft und meine Vergangenheit in der Gastronomie. Aus meiner Sicht gab es auch nichts zu verschweigen oder zu verbergen. Ich war sehr stolz auf diese Zeiten und werde sie ein Leben lang in guter Erinnerung behalten. Unser Erfolg im Why Not war zwar nicht direkt meßbar mit der jetzigen Tätigkeit in den neuen Bundesländern, aber die damalige Arbeit hatte auch eine Menge bewegt und vielen Menschen Kraft und ein Zuhause gegeben.

Anfänglich ging ich ohne Vorurteile mit den Bürgern um. Ich versuchte, auch die ehemaligen Funktionäre zu verstehen und zu begreifen.

Einzig und alleine das Meckern und die tiefen Sorgenfalten gingen mir sehr schnell auf die Nerven. Hatten sie nicht die Wende gewaltlos herbeigeführt, um an der Marktwirtschaft teilnehmen zu können? Sie waren es doch, die es so lange unter dem anderen System ertragen hatten, was im Endeffekt nichts anderes bedeutete, als sich darin indirekt doch wohlgefühlt zu haben. Ich hatte sie nicht aufgefordert, ihr System zu ändern; ich war nur bereit, ihnen bei ihrem Einstieg in das neue System behilflich zu sein.

Jeden Tag standen viele Beratungen auf meinem Terminplan, das hieß oft auch jedes Mal das gleiche Gejammer und dasselbe Unverständnis. Auf die Dauer wurde dies zu einer großen seelischen Belastung. Ich wußte nur zu gut, wie schwer es war, richtig Fuß zu fassen und seine Existenz zu sichern. Das, was ich zu hören bekam, hörte sich an wie das Jammern eines kranken Kindes. Dabei wußte ich doch auch, wie gut es ihnen eigentlich schon ging.

Das gesamte Sparguthaben im Westen war zwar höher, aber auf wesentlich weniger Haushalte verteilt. Das Pro-Kopf-Vermögen eines einzelnen übertraf bei weitem das meiner Kunden in den alten Bundesländern.

****

In Berlin-Marzahn bekamen wir nur ein schäbiges Büro in einem Industriegebiet. Zwei kleine Räume in einem asbestverseuchten Plattenbau einer Straßenbaufirma. Wollte man das Gelände erreichen, brauchte man bei Regenwetter stellenweise Gummistiefel. Die Miete war für Berlin-Ost äußerst günstig, 30,-- DM pro qm. In meiner Heimatstadt kosteten die Büroflächen, zum Vergleich, in der Innenstadt 12 - 18,-- DM pro qm.

In der Uckermark zeigte sich die Situation etwas anders, dort bekamen wir zwei kleine Büroräume und einen großen Versammlungsraum, den wir als Schulungsraum benutzen durften. Zwar auch von einer ehemaligen staatlichen Baufirma gemietet, aber die Miete lag günstiger. Etwa identisch zu dieser Zeit mit den Mietpreisen in Bremen.

Zu den Angestellten und Arbeitern bekamen wir schnell ein sehr herzliches Verhältnis aufgebaut. In den ersten Monaten auch zur Geschäftsleitung. Jeder beobachtete genau unseren Einsatz, und gerade die älteren Leute waren begeistert von unserem Einsatzwillen.

Der Winter in dieser Gegend war brutal und hart. Temperaturen um 15 Grad minus waren keine Seltenheit. Wir befanden uns dort schließlich nur 450 km Luftlinie entfernt von Minsk. Ich hätte es mir vorher nie träumen lassen, wie dicht die Russen an uns dran waren. Durch die Sicht durch den vorherigen „Eisernen Vorhang" war es mir vorgekommen, als ob Kontinente dazwischen lagen.

Jetzt, in diesem Winter, hörten wir sogar eine Rundfunknachricht, in der berichtet wurde, daß ein Wolf die polnische Grenze passiert haben soll. Nachts begegneten mir außer Rot- und Damwild auch Wildschweine, Eulen, Füchse und einmal sogar ein Dachs. Den Dachs, der als besonders menschenscheu gilt, sah ich während der Rückfahrt von Berlin in die Uckermark direkt neben der Autobahn laufen. Diese Autobahn war seit ihrem Bau vor dem Zweiten Weltkrieg nicht mehr richtig erneuert worden, und schon gar nicht befestigt. Es gab Stellen, an denen man, wenn man es nicht wußte und nicht rechtzeitig das Gas wegnahm, einen richtigen Flug durch die Luft machen konnte. Einige Autos landeten dort in den Büschen, sogar mit tödlichem Ausgang. Ich fuhr die Strecken, so gut es ging, meist nicht unter 200 km pro Stunde, auch um meine Stoßdämpfer zu schonen. Die Schlaglöcher waren bei dieser Geschwindigkeit kaum spürbar, man flog einfach drüber hinweg. Es gab aber noch andere Gründe, um dieses Risiko auf sich zu nehmen. Einer war das Fahrgefühl. Der wichtigste Grund war die Zeit. Meist lag die wöchentliche Schulung in Berlin auf einem Montag und ging offiziell bis 22.00 Uhr. Oft wurde daraus ruckzuck auch mal 23.00 Uhr oder länger. Ich besaß keine Ambitionen, in Berlin zu übernachten, da ich meist schon am frühen Morgen Termine in der Uckermark wahrnehmen mußte. Zudem war es schwierig, in Berlin ein geeignetes Hotel zu finden

Wir hatten eine feste Absprache mit einem kleinen Motel (einem ehemaligen Schullandheim) vereinbart, um unsere Übernachtungskosten erträglicher zu gestalten. Allerdings konnte ich nie genau fixieren, wann ich erscheinen würde. Wenn ich Glück hatte, war nach 24.00 Uhr noch jemand anwesend. Hatte ich Pech, mute ich im Wagen schlafen, und das bei 15, manchmal sogar über 20 Grad minus. Ein anderes Zimmer um diese Uhrzeit zu finden, war aussichtslos.

Eines Nachts, das Motel war schon geschlossen, schlief ich vor der Heizung in unserem Büro, aber da war es fast genauso kalt wie draußen. Die Heizer kamen erst gegen 5.00 Uhr morgens, um die großen Kohleöfen anzuheizen.

Damals fand mich die Putzfrau. Ich lag eng angeschmiegt und wie leblos vor einem Heizkörper. Die arme Frau lief schreiend aus dem Raum, sie dachte, ich sei tot, wahrscheinlich erfroren. Tot, nämlich todmüde, war ich tatsächlich und dazu ein bißchen durchgefroren. Immerhin war in den Heizkörpern noch ein wenig Restwärme vom vorherigen Tag.

****

Aus diesen Aufbaumonaten kann man leicht einen ganzen Roman erstellen. Dazu gehörte auch eine mysteriöse Begebenheit mit einer sehr seltsamen Erscheinung. Ich reiste am späten Abend in der Dämmerung in Richtung Heimat. Der Pförtner empfahl mir eine neue, mir noch unbekannte Strecke, weil er wußte, daß sehr dichter Nebel vom Wetterdienst vorhergesagt wurde. Seiner Meinung nach würde ich so zügiger über eine Wetterscheide kommen können. Der Nebel wurde so dicht, daß ich nicht schneller als 30 km/h fahren konnte, und das auch nur mit äußerster Vorsicht. Auf der Fahrt verlor ich sehr oft das Gefühl für die Straße und landete auf dem Seitenstreifen. In einem Moor- und Waldgebiet erstarrte ich vor Schreck. Vor mir stand der leibhaftige Satan. Reflexartig erfolgte eine Vollbremsung, und ich sah ihm direkt in die Augen. Es war ein großer Keiler, die Scheinwerfer meines BMW gaben seinen Augen das Blitzen der Hölle. Was für ein Tier und was für eine Macht, dachte ich und fuhr langsam weiter. Das Bild war unvergeßlich, und mir schlotterten etwas die Knie von dem ersten Schreck. Die weitere Fahrt wurde nervenaufreibend und sehr anstrengend. Mich trieb etwas voran, um schnell vorwärtszukommen. Der Nebel war während der gesamten Fahrt so stark, daß ich bis Hamburg acht Stunden benötigte. Besonders schlimm wurde es dann noch einmal in einer langen Kurve auf der Zufahrt zur Bremer Strecke. Es war kaum möglich, den Seiten- oder Mittelstreifen zu erkennen. Kurze Zeit später hörte ich im Verkehrsfunk, daß in dieser Kurve eine schwere Massenkarambolage stattgefunden hatte, bei der mehrere Personen ums Leben gekommen waren.

Eine andere Begebenheit von nicht so mystischer Bedeutung erlebten wir während der Rückfahrt von der Uckermark über Berlin in den Westen. Die Autobahn war so stark vereist, daß es kaum möglich war zu fahren. Streu- und Räumdienste waren, so schien es, vollkommen unbekannt. Alleine zwischen Berlin und der ehemaligen Grenze sahen wir unzählige Unfälle, oft verursacht von alten, damals üblichen LKWs in der ehemaligen DDR. Für uns gehörte so ein Bild schon fast zum Alltag.

Ich selbst kam einmal auf dieser Strecke ins Schleudern. Es hinderten mich nur der Mittelstreifen und zwei Begrenzungspfeiler an einem Abdriften in den Gegenverkehr, aber so ging es wohl fast jedem von uns.

****

Das Motel, in dem wir regelmäßig übernachteten, hatte Frank für uns entdeckt. Ein Glücksgriff. Manche Zimmer waren sogar mit einer eigenen Dusche ausgerüstet. Wir schlossen schnell Freundschaft mit dem Wirt und seiner Frau, die das Ganze für eine dritte Person bewirtschafteten. Der Wirt war mit Leib und Seele mit diesem Projekt verwachsen und einzigartig. Ein lustiger Kerl und ständig in Bewegung. Im Osten hatte ich etwas Vergleichbares bis zu diesem Zeitpunkt noch nicht erlebt. Uns verband schnell so etwas wie eine Freundschaft. Seine Frau wurde bei uns Mitarbeiterin und blieb auch später noch für das Unternehmen tätig.

Dieser Wirt war es auch, der dann Teile unserer Büromöbel herstellte und uns bei allen anderen handwerklichen Arbeiten behilflich war.

****

Etwas stimmte nicht mehr mit der Abrechnung unserer Provisionen. Unser Direktor erklärte das mit der großen Flut der Anträge. Angeblich waren die Räume unserer Partnergesellschaften und der Hauptverwaltung bis zu den Decken gefüllt. Die Verwaltungen kamen mit dieser Flut nicht zurecht, die Geschäftsleitungen reagierten erst, als vieles schon zu spät war. Wir bekamen die Garantie, daß alles seinen geregelten Lauf nehmen würde, und wurden mit Durchhalteparolen zum Stillhalten aufgefordert.

Unser Direktor war natürlich begeistert von unseren Plänen, in die neuen Bundesländer umzusiedeln, und tat so, als ob er uns mit allen Mitteln unterstützen würde. In Wirklichkeit ging es ihm mehr um seine Beförderung, wohl nicht um die Priorität der Sicherung der Geschäfte. Was er dringend noch benötigte, war ein zusätzlicher Bezirksleiter und Nettoumsatz.

****

Rosi und ich entschieden uns nach einigem Suchen für die Möglichkeit, in einen kleinen, idyllischen Wohnort zu ziehen, nur 15 km von unserer Zentrale entfernt. Ein LPG(Landwirtschaftliche Produktionsgemeinschaft)-Vorsitzender hatte uns umworben und uns mit der Aussicht, ein günstiges Grundstück für 0,50 DM pro Quadratmeter zu erwerben, eine große Wohnung in einem alten Gutshaus zur Verfügung gestellt. Die Miete betrug nur einen kleinen monatlichen Obolus, und das sollte bis zum Erwerb des Grundstückes so bleiben. Dem ersten Anschein nach gar kein so schlechter Deal.

Die neue Wohnung hatte zu DDR-Zeiten als Lehrlingswohnheim gedient. Alles roch noch nach ranzigem Bohnerwachs, und geheizt wurde in großen Kohlekesseln in den Kellergewölben. Dort befand sich auch eine Dusche, die aber erst in Betrieb genommen werden konnte, wenn ein Extra-Kessel vorher angeheizt wurde. Für Rosi und meine Tochter ein unmöglicher Zustand. Sie hatten Angst davor, in diesem riesigen Gebäude nicht zurechtzukommen, vor allem in den dunklen Kellergewölben. Also baute Lothar eine provisorische Badewanne in unsere Etage ein. Um diese mit warmem Wasser zu füllen, dauerte es ungefähr 30 Minuten, und das Wasser war so trübe vom Kalk, daß man erst nach langer Zeit den Boden der Wanne erkennen konnte. Aber es sollte ja nur vorübergehend sein.

Der Tag unseres Umzuges rückte unaufhaltsam näher. Boris, der Jungunternehmer und mein Mitarbeiter, versprach uns einen LKW zur Verfügung zu stellen. Ich half Rosi bei einigen Vorbereitungen in der alten Wohnung. Lothar und einer seiner Freunde bereiteten die Wohnung in unserem neuen Zuhause vor.

Am Tage unseres Umzuges mußte ich ein Seminar für angehende Führungskräfte in der Uckermark leiten. Mein Tag begann also um 3.00 Uhr morgens in meiner Heimatstadt. Um 8.00 Uhr war Seminarbeginn, nach dem Seminarende um 16 Uhr fuhr ich wieder zurück, um den LKW abzuholen. Jede Strecke betrug 470 km.

Schon am Montagabend fand das nächste Seminar in einem Büro in Schwedt/Oder statt. Meine Rückfahrt in die Heimatstadt wurde durch ein paar Unfälle auf der Strecke um Stunden verzögert. Erst spät in der Nacht kam ich in meinem alten Zuhause an.

Der LKW erwies sich als umgebauter Ford Transit, auf dem ein

Kasten aufgesetzt war. Der Wagen war so überladen, daß er schon im Stand eine unübersehbare Schlagseite hatte. Jetzt noch einmal alles umzuladen und vor allem erst einmal einen anderen LKW zu besorgen, schien mir unmöglich. Wir beschlossen, für ein paar Stunden zu schlafen. Die bevorstehende Tour würde meine ganze Kraft und Konzentration in Anspruch nehmen, und so war es dann auch.

Der Wagen benötigte weit über 20 Liter Super-Benzin, die Tankuhr war nicht in Betrieb. Fuhren wir mit einer Geschwindigkeit über 80 km/h, öffnete sich die Motorhaube, so daß es unmöglich war, auch nur einen Meter weiterzufahren, geschweige denn noch etwas zu sehen. Wenn wir von einem LKW überholt wurden, bekam unser Wagen einen solchen Windstoß, daß er zu schwingen begann. Vorne saßen meine Tochter, Rosi, unsere zwei Katzen und ich. Erst nach zwölf Stunden erreichten wir todmüde und restlos erledigt unser Dorf.

Jetzt ging es noch darum, unsere Sachen in die neue Wohnung zu schleppen. Immerhin bekamen wir etwas Hilfe von unserem neuen Nachbarn und einem ehemaligen LPG-Lehrling.

Endlich alles eingeräumt, hatten wir etwas Zeit, über unsere neue Umgebung nachzudenken.

Das sollte also unser neues Zuhause werden. Ein Dorf mitten in der Wildnis mit nur 250 Einwohnern und einem Arbeitslosenanteil von 80 %. Für die Kleine würde dieses Dorf wie ein Paradies erscheinen. Ein Märchenland, vor allem wegen der großen Wälder und des riesigen Wildbestandes.

Bei Vollmond streunten manchmal ein paar Wildschweine bis auf den Gutshof. Eine große Schleiereule war eine Mitbewohnerin des Gutshofes. Zeitweise saß sie auf einem Baum vor unserem Schlafzimmer.

Wie aber würde sich Rosi an diese neue Umgebung gewöhnen? Sie war ein richtiges Großstadtkind und dazu im Viertel unserer Heimatstadt, dem wohl seinerzeit gefährlichsten Stadtteil, aufgewachsen und groß geworden. Ich wußte, daß sie ewig die Sehnsucht gefühlt hatte, aus dieser Umgebung zu verschwinden. Auch ihr Traum war Portugal oder Spanien. Jetzt würde sie es spüren müssen, was es bedeutet, seine Gewohnheiten zu ändern, und sie verhielt sich tapfer. Wider meinen Erwartungen kam sie sogar sehr gut mit der neuen Umgebung zurecht, jedenfalls anfänglich. Unseren Traum von Spanien gaben wir trotzdem nicht auf. Würde ich erst einmal in der obersten Direktionsetage angekommen sein, würde sich dieser Traum von alleine erfüllen, dachte ich.

Claus war natürlich in unsere Pläne eingeweiht. Trotz allem gehörte er natürlich immer noch zu unserer Familie, aber er war auch skeptisch und mißtrauisch, eben so, wie es sich für einen guten Freund gehört.

Erst 14 Tage nach dieser sehr wagemutigen und abenteuerlichen Umzugstour konnte ich die zweite Fahrt mit dem Kastenwagen in Begleitung von Lothar wagen, um die restlichen Sachen aus der alten Wohnung zu holen. Dieses Mal benötigten wir 28 Stunden für die Hin- und Rücktour. Trotz der Handicaps muß ich Boris für seine Hilfe danken. Nicht jeder stellt einfach so einen LKW für einige Tage zur Verfügung.

Kaum war diese Strapaze überstanden, ging der Ärger los. Wir hatten gerade alle unsere Sachen eingeräumt und uns einigermaßen eingerichtet, da plagten uns auch schon die ersten Alpträume.

Als stellte uns eine höhere Macht für diese Entscheidung auf die Probe, kam wieder alles Schlag auf Schlag. Daran änderte auch die Tatsache nichts, als mir Oma Änne erzählte, daß ihr Mann dort in unserem kleinen Dorf während des Krieges in Kriegsgefangenschaft gehalten wurde. Eben jener Ort, den sie damals mit ihrem Fahrrad aufgesucht hatte. Zuerst dachte ich, Oma spinnt, aber nachdem ich im Dorf ein paar Erkundigungen eingezogen hatte, bestätigte sich Omas Aussage. Wir waren sprachlos und sahen dieses erst einmal als gutes Omen.

****

Schon nach wenigen Wochen bekamen wir deutlich zu spüren, was die Versprechungen des Unternehmens wirklich wert waren. Über die Hälfte der eingereichten Umsätze verschwand aus unerklärlichen Gründen. Manche Umsätze verschwanden in unserer Hauptverwaltung, manche bei unseren Partnern, vieles auf dem Postweg.

Die Führungskräfte kamen in Erklärungsnotstand, und die neuen Mitarbeiter wurden mißtrauisch. Richtig schlimm wurde es, als dann noch zusätzlich ein selbsternannter Verbraucherschützer anfing, eine Medienkampagne gegen die Strukturvertriebe zu führen. Fast täglich las man in der Zeitung und hörte im Rundfunk oder Fernseher einen bissigen Kommentar von diesem Mann. Er hatte recht mit vielen seiner Aussagen, aber er traf damit auch die Leute, die ihre Arbeit anständig und korrekt ausführten. Die Leute, gegen die er wetterte, hatten keine langfristigen Erfolge und schon gar keine großen Bestände. Der Schaden, den sie anrichten konnten, war korrigierbar. Der Schaden, der aber durch diese Verunsicherung bei Kunden und Mitarbeitern entstand, war nicht wieder gutzumachen.

Ich raste von Seminar zu Seminar, manchmal führte ich bis zu 9 Seminare inklusive der Führungskreise in der Woche, nur unter unseren Mitarbeitern. Inzwischen entstanden vier Büros, und ein zusätzliches war in Arbeit. Eine Büroleitung übernahm Frank in Templin, eine andere Detlef in Berlin-Marzahn.

Das mir im Dezember ausgezahlte Geld war schnell aufgebraucht, und die neuen Provisionen ließen auf sich warten. Unsere Umsätze hielten sich, trotz aller Widrigkeiten, ziemlich konstant. Es gelang uns noch, unsere Mitarbeiter immer wieder neu zu motivieren.

Unser Direktor überraschte uns mit immer neuen Eskapaden. Besonders schlimm waren seine Auftritte im Büro meiner Heimatstadt. Mir mißfielen seine Art und seine Forderung, ständig bei ihm im Büro zu erscheinen. Immerhin kostete so eine Tour jedes Mal eine Stange Geld und stahl mir kostbare Zeit von meiner Arbeit im Osten. Direkte Hilfe hatten wir von ihm urplötzlich nicht mehr zu erwarten, es kam immer wieder die gleiche Forderung, unsere fehlenden Schecks durch mehr Umsatz und den ständigen Ausbau der Struktur auszugleichen. Das war also seine Zusage, uns mit allen Mitteln zu unterstützen? Noch im Dezember schmiß er nur so mit Geld um sich, jetzt half er nur noch mit kleinen Zuwendungen und unmöglichen Forderungen. Immer gerade so, daß wir uns für kurze Zeit über Wasser halten konnten. Unsere Enttäuschung war groß, weil der Druck merklich über unsere Belastungsgrenze hinauswuchs. Fast täglich bereuten wir unsere Entscheidung, umgesiedelt zu haben.

****

Ich wurde Bezirksleiter, und meine Beförderungsfeier sollte gegen meinen Willen ein großes Ereignis werden. Wieder einmal war es der Direktor, der seinen Willen durchsetzte. Ich hatte ein sehr, sehr schlechtes Gefühl bei diesem Vorhaben. Schon zu diesem Zeitpunkt hatte ich das Vertrauen in die Administration der Hauptverwaltung und die Versprechen der Direktion verloren.

Die Feier wurde zur Katastrophe. Am Nachmittag vor diesem Ereignis erreichte uns ein Anruf, in dem uns mitgeteilt wurde, daß Frank mit seinem Wagen verunglückt war. Rosi, meine Tochter und die Frau von Detlef zusammen mit deren Tochter saßen in dem Auto. Erst kurz vor Beginn der Feier tauchten sie auf. Detlefs Frau hatte sich als einzige verletzt und sich in einem Krankenhaus behandeln lassen, wo sie zur Beobachtung bleiben mußte. Den anderen Insassen war, außer dem Schock, Gott sei Dank nichts passiert.

Nun stand endgültig fest, daß die Feier unter keinem guten Stern stand. Dementsprechend fiel dann meine Rede aus. Ich bekam kaum die lang vorbereiteten Worte über meine Lippen, und die Anspannung war mir deutlich anzusehen.

Nun war ich im gehobenen Management, mit der Hoffnung, es würde sich endlich alles zum Besseren wenden. Das Gegenteil war der Fall.

Den Großteil meiner Bestandsprovisionen kassierte die Direktion, weil diese Provision erst nach einer Vertragslaufzeit von einem Jahr griff. Wenn die Versprechungen mit den geschriebenen Verträgen nicht übereinstimmten, dann waren die Verträge noch nicht einmal das Papier wert, auf dem sie geschrieben waren. Zwar standen diese Konditionen in den Verträgen für leitende Mitarbeiter, diese bekam ich aber erst nach der Beförderung in die Hände.

Der Direktor wurde befördert, und von diesem Punkt an wurde

er noch etwas abweisender. Jetzt gab es nur noch eine Möglichkeit für mich, so schnell wie möglich selbst in eine Direktionsstufe zu kommen. Das sollte frühestens in einem Jahr möglich sein. Ich saß in der Falle, war aber immer noch guter Dinge. Entschädigt wurde ich durch die Loyalität einiger meiner Mitarbeiter, die noch bedingungslos auf meiner Seite standen.

Mit dem zunehmenden Druck stieg automatisch der Alkoholkonsum. Noch war das kein Handicap. Ich war das Trinken gewohnt und dachte, daß ich unverwundbar war. Fast richtig, nur daß Alkohol wie Drogen der Weg in die falsche Richtung ist. Vor allem, wenn die Belastungen steigen. Der Gebrauch lindert kurzzeitig den Schmerz, aber kostet lebenswichtige Energien.

****

Der Frühling brachte die gesamte Schönheit dieser Landschaft zum Vorschein. Die Rapsfelder begannen zu blühen, endlos scheinende knallgelbe Felder überzogen das Land. Das Wetter meinte es gut und präsentiere sich in seinem schönsten Gewand. Eine kleine Entschädigung für unsere Entscheidung, umzusiedeln.

Rosi und meine Tochter fühlten sich zeitweise pudelwohl. Für die Kleine muß es tatsächlich so etwas wie ein Paradies gewesen sein. Tagsüber hatte sie einen Platz in einer Kindertagesstätte, und sie kam sehr gut zurecht. Rosi bewährte sich in unserem neuen Büro. Die wohl schönste Sekretärin weit und breit. Unser Verhältnis zueinander hatte eine noch nie dagewesene Intensität erreicht. Privat war endlich einmal alles in Ordnung, so gut, daß es besser kaum noch werden konnte.

.................Es ist kaum noch zu ertragen. Die Medikamente rauben mir den Verstand. Zwar habe ich den angeblichen Virus besiegt und muß nur noch sechs Wochen durchhalten, aber meine anderen Verletzungen wiegen noch so schwer, daß ich kaum eine Chance sehe, ohne fremde Hilfe jemals wieder auf die Beine zu kommen. Seit ein paar Tagen versuche ich wieder einmal,

die Einnahme aller Mittel zu reduzieren. Der Preis dafür ist zu hoch. Die Schmerzen werden unerträglich, und an regelmäßigen Schlaf ist schon gar nicht mehr zu denken. Trotzdem versuche ich, mit dieser Situation fertig zu werden. Der seelische Druck wächst von Tag zu Tag, vor allem durch die Sorge um die Zukunft der Kinder.

Der Text eines Liedes der Comedian Harmonists gibt mir etwas Hoffnung und die Kraft weiterzumachen:

„Irgendwo auf der Welt gibt's ein kleines bißchen Glück

und ich träum davon in jedem Augenblick!

Irgendwo auf der Welt gibt's ein Stückchen Seligkeit

und ich träum davon schon lange, lange Zeit!

Wenn ich wüßte, wo das ist, ging` ich in die Welt hinein,

denn ich möchte einmal recht so von Herzen glücklich sein.

Irgendwo auf der Welt fängt mein Weg zum Himmel an.

Irgendwo! Irgendwie! Irgendwann!"

Dieses Lied hatte ich schon oft als Kind bei meinem Großvater hören dürfen. Er war ein richtiger Fan dieser Gruppe und immer noch fassungslos über deren Schicksal. Daß Opa ein Freund der Nazis war, kann niemand von ihm behaupten.

Ich werde noch nicht aufgeben, nicht bevor ich die noch offenen Rechnungen beglichen habe. Nicht die der finanziellen Art, sondern die anderen, die so richtig an den Nerven zehren und darauf warten, beglichen zu werden.

Ich muß und ich werde es einfach schaffen..................

Der kommende Sommer zeigte die wahre Schönheit dieser Landschaft. Es war einfach beeindruckend, was wir hier von der Natur geboten bekamen. Ein See reihte sich an den anderen, von Berlin bis hoch zur Ostseeküste. Die Wälder und der Wildbestand waren nur mit dem Begriff Märchenlandschaften beschreibbar.

Aber man spürte schon die ersten Veränderungen, die Verkehrsdichte nahm deutlich zu und überall sah man große Straßenbaumaschinen.

Sogar die kleinen Kopfsteinpflasterstraßen bekamen eine Asphaltschicht, und mich wunderte die Art und Schnelligkeit, wie das alles vor sich ging. Schon bald waren die Straßen in einem besseren Zustand als in meiner Heimatstadt. Trabis und Wartburgs verschwanden zunehmend von der Bildfläche. Das Geschäft mit den Neuwagen blühte in einem noch nie dagewesenen Ausmaß. Mich machte dieser Zustand etwas stutzig und nervös. Wie lange hatte ich gekämpft, um mir endlich mal ein gutes, neues Auto zu besorgen, und nun konnte es sich wirklich jeder leisten? Etwas stimmte bei diesem Verhältnis nicht, vor allem, weil die Bewohner der neuen Bundesländer immer unzufriedener wurden.

Im Dorf hatten wir schnell Anschluß an die Besitzerin eines Getränkestützpunktes gefunden, aber auch viel Neid und Mißgunst manch anderer Bewohner geerntet.

Manche Dorfbewohner konnten einfach nicht verstehen, daß man manchmal erst ab 10.00 Uhr morgens mit der Arbeit beginnen konnte. Für die meisten von ihnen war das schon die Mittagszeit. Daß ich erst spät in der Nacht wieder auf den Hof kam, nahmen sie nicht zur Kenntnis.

Frank hatte inzwischen Schwierigkeiten bekommen. Viele Mitarbeiter wendeten sich aufgrund seines Verhaltens von uns ab.

Die Frau des Wirts aus dem Motel in Blankenburg hatte sich inzwischen sehr gut eingearbeitet und übernahm die Betreuung des Büros in Schwedt an der Oder.

Detlef fing an, große Sorgen zu bereiten, zudem bekam er noch familiäre Probleme.

Ich war bis über beide Ohren mit Arbeit zugedeckt. Immer noch oft sieben Tage Arbeit pro Woche und wieder einmal bis zu 15 Stunden am Tag. Wenn weitere Seminare oder Veranstaltungen der Hauptverwaltung dazukamen, konnte es passieren, daß ich bis zu drei Tage ohne Schlaf unterwegs war.

Da unsere Provisionen immer noch schleppend ausgezahlt wurden und es immer wieder auf den Postwegen zu großen Verlusten kam, blieb mir nichts anderes übrig, als weitere Geldquellen aufzutun. Ich nahm jede Gelegenheit, die ich bekommen konnte. Dazu gehörte auch, daß ich endlose Kilometer mit polnischen Direktoren fuhr, um ihnen Technik und Material für ihre Fabriken zu besorgen. Mein Direktor durfte davon nichts wissen, seine Antwort darauf war klar: Mehr Umsatz und mehr Mitarbeiter. Wie mir diese Phrasen zum Hals heraushingen. Der Mann hatte überhaupt keine Vorstellung von unserer Arbeit vor Ort. Lenkte man das Thema auf diesen Punkt, gab er zur Antwort: Jeder Ort ist gleich. Auf eine Art hatte er wohl recht, aber sicher sind die Umstände immer verschieden.

Dann kam etwas, womit ich überhaupt nicht rechnen konnte. Das Geschäft hatte sich schon lange beruhigt und war auf einen normalen Stand gesunken. Die Anfangseuphorie war verschwunden, was unsere Arbeit nicht weniger schwer werden ließ. Die anfängliche Strategie, flächendeckend die Verluste aufzufangen, erwies sich nur zum Teil als richtig. Plötzlich erhielten wir von der Hauptverwaltung neue Karrierebedingungen. Die Kriterien zur Beförderung in eine Direktion wurden um das Dreifache angehoben.

Noch lag ich sehr gut in diesen Kriterien, aber ich sah auch die Veränderungen in unseren Umsätzen. Dazu kam, daß ständig Mitarbeiter wechselten. Viele warteten auf ihren ersten Scheck und fuhren dann erst einmal mit ihren Familien in den Urlaub; danach waren viele einfach nicht mehr zum Arbeiten zu bewegen.

Das Jahr verging wie im Flug, und schnell stand der Winter wieder vor der Tür.

Zu vielen meiner direkten Kunden hatte ich ein besonderes Verhältnis, vor allem zu den älteren Bewohnern in den Dörfern. Nicht selten testeten sie mich mit Wodka oder anderen Spirituosen. Rosi war oft enttäuscht, nicht wegen des Alkoholkonsums, sondern wegen der Eier und der selbstgemachten Wurst, die ich mit nach Hause bekam. Sie drängte natürlich auf Umsatzergebnisse. Mir reichte der erste Vertrauensbeweis dieser Leute, Umsatz kam dann automatisch. Es ist einfach nicht meine Art, mich jemandem aufzudrängen, und das verstanden viele dieser Leute, und es entstand zeitweise ein vorbildliches Verhältnis.

Ein großes Manko entstand aber durch diese Vorgehensweise. Der Alkoholkonsum fing an, bedrohlich zu werden. Bis auf den original russischen Wodka waren die anderen Sorten bedenklich. Man nannte die unterschiedlichen Sorten nicht Weinbrand, Whiskey, Wodka oder Korn, sondern Weißer oder Brauner. Die Qualität spürte ich oft dadurch, daß mein eigenes Verhalten extremer wurde.

Im Winter wurde es wieder so kalt, daß Rosi und ich unser Bett in das Wohnzimmer verlagerten. Die Versprechen der Gemeinde für ein Grundstück hatten sich in keiner Weise erfüllt. Ständig kamen neue Ausreden, Konditionen und Bedingungen.

Die LPG war in der Auflösung, und im Gutshof wurde eine Kindertagesstätte eingerichtet. Ab dem Nachmittag hatten wir das große Gebäude für uns alleine.

Detlef gab auf, das Berliner Büro wurde geschlossen. Ich versuchte noch einige Zeit, die Mitarbeiter zusammenzuhalten.

****

Dann kam der Tag, an dem es sich entscheiden sollte, ob ich eine Direktion bekomme oder auch nicht. Glaubte man den Aussagen der Geschäftsleitung, würde dies das Ende unserer finanziellen Probleme bedeuten. Es kam aber anders. Haarscharf verpaßte ich die geforderten Umsatzergebnisse.

Jetzt hatte ich wirklich ein großes Problem. Wie sollte ich weiterhin an dieses System glauben, und vor allem, wie sollte ich meine Mitarbeiter motivieren, wenn ich kaum noch Motivation besaß? Ich hatte bis zu diesem Punkt alles gegeben und sogar noch ein Vielfaches mehr. Es wurde nun manchmal unerträglich für mich, in den Schulungen Mitarbeiter auszubilden und ihnen die Vorzüge dieses Systems beizubringen. Besonders grausam wurden die Informationsabende, auf denen ich das Unternehmen neuen Bewerbern vorstellen mußte. Von meinem Vortrag hing es schließlich ab, ob sie sich für eine weitere Zusammenarbeit entschieden oder auch nicht. Die Katastrophe war vorprogrammiert. Anscheinend konnte man mir nichts anmerken, aber es hinterließ deutliche Spuren in mir. Das Büro in meiner Geburtsstadt mied ich wie die Pest, die Stimme von meinem Direktor und die Phrasen verursachten stellenweise nur weiteres Unverständnis in mir, obwohl er sicher mit einigen Aussagen recht hatte. Ich machte gute Miene zum bösen Spiel und versuchte, keinen meine Enttäuschung spüren zu lassen.

****

Wenn wir in unsere Heimatstadt fuhren, was ca. alle sechs Wochen unvermeidbar war, führte mich mein erster Weg zu Claus. Oft kamen wir freitagnachts an, übernachteten bei meiner Schwiegermutter und ich ging nur kurz Zigaretten holen. Meist tauchte ich dann am Sonntagabend wieder auf. Ich hatte immer noch Nachtleben im Blut und die alten Zeiten vor Augen.

Claus ging es soweit ganz gut, aber irgendeine Veränderung war ihm anzumerken. Er wurde auf eine seltsame Art eifersüchtig auf Marina, und das hatte seinen Grund. Marina trieb sich immer öfter um die Häuser herum, und wir hörten sogar im Osten von ihren Eskapaden durch ein paar Telefonate mit guten Bekannten. Marina sollte mehrere Verhältnisse haben, unter anderem mit dem verzogenen Diskjockey aus dem ehemaligen Flophouse. Ich wollte und konnte das nicht glauben. Würde etwas Wahres dran sein, würde es Claus das Genick brechen. Die Kraft für einen weiteren Neuanfang, woher sollte er die noch zusätzlich nehmen?

All seine verbliebene Kraft steckte er in den Auf- und Ausbau eines Ladens, der sich im Erdgeschoß unter seiner Wohnung befand. In diesem Laden war noch nie eine Gastronomie angesiedelt, also dauerte der Aus- und Umbau unendlich lange. Bis eine Baugenehmigung erteilt werden konnte, waren schon mal zwei Jahre vergangen. Schallgutachten mußten erstellt und Unterschriften von Nachbarn vorgelegt werden, in denen diese bestätigten, daß sie mit diesem Vorhaben einverstanden waren.

Alleine die Tatsache, daß Claus trotz seiner Niederlagen und des riesigen Schuldenberges den Ansporn und die Energie für dieses Vorhaben aufbrachte und einen Weg fand, das auch noch zu finanzieren, zeigt, um was für eine Art Kämpfer es sich bei ihm handelte. Das „Lilliput" lief bombig, und Claus verstand es meisterhaft, daraus seinen Profit zu ziehen.

Claus war der Meinung, daß Marina und er unzertrennlich waren. Ich denke, er wollte wohl auch gar nichts anderes wahrhaben. Jeder abwegige Gedanke daran war unzulässig.

Als ich ihm vorsichtig zu erklären versuchte, was da hinter seinem Rücken vor sich ging, redete er fast ein halbes Jahr lang nicht mehr mit mir. Ich war schockiert, aber was sollte ich machen? Dazu wußte ich zu wenig und war viel zu selten in der Stadt. Marina erfüllte mich mit Argwohn, vor allem als sie mir meine Vermutungen bestätigte. Aber jedes Geschehen hat seine Ursache, und die Ursache, die hinter dieser Aktion stand, war auf den ersten Blick nicht erkennbar.

****

Es war im Sommer 1992. Wir waren, wieder einmal, zu Besuch in der Stadt. Ich war mit ein paar Freunden unterwegs. Die ganze Nacht über, und auch die Tage vorher, hatte ich ein seltsames Gefühl, das immer schlimmer und mächtiger wurde. Inzwischen war mir die gesamte Situation über den Kopf gewachsen. Ich denke, ich sollte ein unverkennbares Zeichen bekommen. Eine Warnung, die ich nicht vergessen sollte.

Wir hatten die ganze Nacht durchgezecht und waren auf einem Flohmarkt gelandet. Dieser Flohmarkt befand sich an den Ufern des Flusses unserer Stadt, und nebenbei lief ein riesiger Trubel. Live-Bands spielten und Marktschreier verhökerten ihre Ware. Bei mir waren Backi und Gerd. Gerd ein Bauer und Vollblut-LKW-Fahrer, der mich schon ein paar Mal im Osten besucht hatte und mit dem ich immer sehr viel Spaß hatte. Ich hatte die ganze Zeit das Gefühl, daß meine Zeit abgelaufen war, ja, meine Intuition wurde so stark, daß es keinen Zweifel mehr daran geben konnte. Diese Intuition sagte mir, daß mein Tod unmittelbar bevorsteht. Der alte Ringo gesellte sich zu uns. Ringo, der alte Kämpfer und ehemalige Gast aus dem „Why Not". Ringo sah mich und wußte sofort, was gespielt wurde. Er trug das gleiche Gefühl in sich. Gegenseitig sprachen wir uns etwas Mut zu und betäubten uns sinnlos. Keiner von uns vieren wußte anschließend, wie er nach Hause gekommen war. Backi fand sich in den Wallanlagen wieder.

An diesem Morgen gab ich meinen Talisman einem Menschen meines Vertrauens. Anfänglich dachte ich, er wäre mir gestohlen worden. Es war die goldene Kette mit einem drei Millionen Jahre alten versteinerten Haifischzahn. Mein sogenanntes Totem.

Ringo und ich spürten seit diesem Tag, daß unsere Zeit schon sehr bald ablaufen würde. Nur wann genau und wie, das konnte keiner von uns ahnen. Wir dachten, daß es sehr bald sein würde, und sollten damit auf eigenartige Weise recht behalten.

24. Kapitel – Ist die Hölle das Paradies?

Alles war einfach nur noch öde. Die Seminare der Partner-Gesellschaften, die großen Sprüche der Sesselpupser und das blöde Getue der Direktoren. Wer hatte denn zu ihrem Erfolg einen großen Teil beigetragen und zu welchem Preis?

Auf einmal drehte sich alles nur noch um das Sichern der Geschäfte, urplötzlich so, wie ich es immer gefordert hatte. Eine Stornoquote war schon seit geraumer Zeit eingeführt wurden, jetzt wurde diese Quote auch Maßstab für Beförderungen.

Das war nur gut für mich und meine Struktur. Unsere Stornoquote lag zeitweise innerhalb der letzten laufenden zwölf Monate unter 5 % und innerhalb von 24 Monaten um 10 %. Andere Gesellschaften und auch deren Mitarbeiter waren froh, wenn die Stornoquote in den neuen Bundesländern unter 50 % betrug. Ein Storno bedeutet eine Auflösung eines Vertrages durch den Kunden. Das bedeutete für mich und meine Mitarbeiter dann auch den Verlust unserer Provisionen. Die Arbeit, welche wir ablieferten, war der eindeutige Beweis für unsere Seriosität und ein sauberes Geschäft, und das unter diesen widrigen Umständen und bei der Vielzahl der Neukunden. Aber der Umsatz an sich stagnierte, und man bekam deutlich etwas Hohn dafür zu spüren.

Inzwischen mußten wir die Büroräume wechseln.

Ich wußte schon lange, welche Tricks die Bundesregierung und die Treuhand anwendeten, und mußte machtlos zusehen. Die Situation war unerträglich, mir tat es in der Seele weh, wenn ich von meinen Kunden zu hören bekam, wie einige abgezockt wurden. Arbeitsplätze wurden versprochen, doch nichts tat sich. Nur die Großkonzerne profitierten eindeutig von den Machenschaften der Regierung, und die stellte die Bevölkerung auf eine unglaubliche Art und Weise durch ihre Zuwendungen in Form des Arbeitslosengeldes und des Wohngeldes ruhig. Der Unmut der Bevölkerung wuchs unaufhörlich, ohne daß jemand den tatsächlichen Ursprung wahrhaben und schon gar nicht erkennen wollte oder etwas dagegen unternahm. Jeder fühlte sich auf seine eigene Art abhängig vom Wohlwollen der Regierung und der Industrie, und das Geschäft wurde von der Regierung, der Treuhand, den Banken und der Industrie blendend inszeniert. Ein neues System auf den Grundmauern von Korruption und Betrug aufbauen? Wie soll das enden?

Nicht anders fühlte ich mich in meiner eigenen Situation, nur mit dem Unterschied, daß ich alles noch ziemlich gelassen betrachtete. Ich war wohl einer der wenigen, die auch versuchten, gegen diese Machenschaften Wind zu machen. Im Osten hatten immer noch die alten Seilschaften das Zepter in der Hand, und ich bekam das auch deutlich zu spüren.

Rosi hatte zeitweise schon aufgegeben, sie spürte die Sinnlosigkeit des Ganzen und wetterte auf die Ossis, so wie die über uns. Trotzdem kämpfte sie wie eine Löwin, schließlich wußte sie, was auf dem Spiel stand. Sie war aber genauso machtlos wie alle anderen auch. Es war ihr nicht zu verübeln, daß sie sich nicht mehr an meine Vorgaben hielt und so war der Streit zwischen uns vorprogrammiert.

****

Unsere Tochter wurde im Frühjahr in unserem Dorf eingeschult und erwies sich als Musterschülerin. Auf einer Elternversammlung wurde ich in den Elternbeirat der Klasse gewählt und von dort aus zum stellvertretenden Elternsprecher der Schule. Trotz aller Widrigkeiten hielten Rosi und ich zusammen wie Pech und Schwefel.

****

Um noch einmal auf Teile des großen Betrugs zurückzukommen, bin ich wohl noch ein paar Definitionen schuldig: Eine Abhängigkeit unter den Ostdeutschen bestand in der Zuteilung ihres Arbeitslosengeldes. Sie wurden nach ganz anderen, sehr viel besseren Gesichtspunkten eingeteilt als die Gelder der Westdeutschen.

Eine der größten Verblendungen wurde über die Treuhand organisiert. Die Mieten in den neuen Bundesländern mußten langsam angehoben werden. Die Bausubstanz hätte theoretisch erfordern müssen, daß einzelnen Bewohnern, gerade im ländlichen Bereich, sogar noch ein Schmerzensgeld hätte zugesprochen werden müssen. Oft waren die Wände undicht, und die Mauern hatten fingerdicke Risse. Die Kanalisation war mangelhaft, die Wasserversorgung restlos verkalkt und marode, die Stromversorgung genauso schlecht, die Elektrizität stellenweise lebensgefährlich, die Fenster undicht und die Zuwege genauso gefährlich wie die Elektrizität.

Zentralheizung, was war das denn?

Trotzdem wurde von der Treuhand die Bemessungsgrundlage nach dem westlichen Standard eingeführt. Die Bundesregierung zahlte die Differenzen durch großzügige Wohngeldbewilligungen. Die Bewohner merkten zunächst kaum etwas, sie verstanden diese Praxis nicht. Für sie war der Westen eben ein Schlaraffenland, und das wurde ihnen täglich vor Augen geführt.

In die Renovierungen der Häuser wurden diese Gelder nicht investiert, weil vorerst kaum etwas repariert wurde. War ein Manko wie fehlende Toilette oder fehlende Küche angezeigt, gab es einen Mietnachlaß von 0,50 - 0,80 DM pro qm, aber nur auf die betreffende Fläche, d.h. bei 10 qm für eine fehlende Toilette waren das immerhin 5,-- DM monatlicher Mietnachlaß.

Daß die Staatsverschuldung sich in nur zwei Jahren verdoppelte, war kein Wunder. Das muß man sich einmal vorstellen: Das, wofür die Regierungen in Deutschland die ganze Zeit nach dem Zweiten Weltkrieg gebraucht hatte (45 Jahre), schaffte diese Regierung in nur zwei Jahren. Stolz stellte sich der Kanzler dann noch vor die Medien und pries hoch lobend seine Einheit. Das, was sich an neuer Industrie ansiedelte, war zwar hochmodern und auf dem technisch weltführenden Niveau, aber Technik bedeutet nicht unbedingt mehr Arbeitsplätze, schon gar nicht im Zuge der Automatisierung. Die Konzerne und Banken waren die einzigen Nutznießer. Die Arbeitslosenquote stieg weiter unaufhörlich an. Diejenigen, die versuchten, sich auf eigene Beine zu stellen, bekamen die Knüppel von allen Seiten, vor allem der Mittelstand und die Kleinunternehmer.

Natürlich werden die Verantwortlichen diverse Gründe und Ausreden parat haben, aber ob sie moralisch zu rechtfertigen sind, wage ich zu bezweifeln. So, in dieser Form, darf eine Gesellschaft nicht funktionieren.

Gott sei Dank sind die Menschen wenigstens teilweise bereit, diese schwerwiegenden Fehler zu beheben. Ob sie zu beseitigen sind, stelle ich in Frage. Auf jeden Fall wird es noch Jahre dauern, bevor die Wunden verheilen. Der Preis der Wende sollte, wieder einmal, die Vergangenheitsbewältigung sein.

Solange die Gier des Menschen alle anderen Emotionen übertrifft, wird er solche Anläufe immer wieder starten und jedes Mal wieder von vorne beginnen müssen. Der Preis, den der Mensch dafür zahlen muß, übersteigt jegliche Art von Nutzen, ist also absolut sinnlose Vergeudung von Kraft, Energie und Leben. Ursache und Kontrollorgan des Übels ist immer das Geld.

Mit meinen Äußerungen will ich auf keinen Fall den Eindruck erwecken, selbst zu den vollkommenen Menschen zu gehören. Es ist eher das Gegenteil der Fall. Ich lerne auch durch die Fehler, die ich begangen habe. Allerdings versuche ich auch, aus den Fehlern anderer zu lernen.

****

Die Ereignisse, die außerhalb der deutschen Grenzen Angst und Schrecken verbreiteten, waren skandalös. Von Entspannung war überhaupt nichts zu spüren, außer der Tatsache, daß jeder wußte, daß ein Wettrüsten zwischen den Vereinigten Staaten und Rußland beendet war. Die Gefahr war damit keinesfalls unter Kontrolle, aber jeder hoffte darauf und redete sich ein, endlich sicher zu sein. Ein gefährlicher Trugschluß mit katastrophalen Folgen. Zwar war der nervtötende „Kalte Krieg" beendet, aber die Gefahr der atomaren Bedrohung wuchs von Tag zu Tag. Wer dachte schon an die Dritte Welt, China und an den Atomschrott aus Rußland? Oder an den Einsatz von viel schrecklicheren und grausameren Massenvernichtungsinstrumenten.

Die grausame Realität begann schon im Winter 1990/91 durch die Eskalation des Golf-Krieges. Ein Jahr später wurden wir geschockt von dem Kriegsbeginn in unserem Nachbarland Jugoslawien.

Ich konnte es zuerst überhaupt nicht fassen, als die Bilder von Jugoslawien über die Nachrichten ausgestrahlt wurden. Zuerst dachte ich, es handele sich um einen Teil eines neuen Bond-Filmes. Da, wo Sekunden vorher noch idyllische Bilder von einem der schönsten Länder der Welt gezeigt wurden, sah man urplötzlich Tiefflieger, welche auf LKWs schossen. Die Fahrer flüchteten in Panik, Gliedmaßen lagen auf der Straße. Als wenn eine höhere Macht uns für die Gleichgültigkeit unseren Nachbarn und deren voraussehbaren Problemen gegenüber bestrafen wollte, folgte das Unglück von Ramstein. Oder war Ramstein etwa kurz vor dem Ausbruch des Krieges in Jugoslawien? Die Aussage wäre die gleiche gewesen.

****

Dann gab es die erste Warnung und Bestätigung von meinem grausamen Gefühl auf der Tour in meine Heimatstadt. Eine weitere Warnung, daß eine große Gefahr auf mich lauerte. Auf einem Seminar langten wir abends reichlich hin und betäubten uns mit Aquavit. Am nächsten Morgen konnte ich mich nicht mehr bewegen. Es war nicht möglich aufzustehen, also blieb ich liegen. Der Seminarleiter dachte, es läge am Alkohol, und schloß mich von dem Seminar aus. Er demütigte mich sogar auf eine unausstehliche Art und Weise. Er war neu bei dem Unternehmen. Was wußte er denn von den Strapazen, die hinter mir lagen?

Ich blieb bis in den späten Abend alleine auf dem Zimmer und ließ mich von dem Dicken (Motorradkiste) aus dieser Lage befreien und in meine Heimatstadt transportieren. Mein Doc wies mich sofort in eine Herzklinik ein, dort wurde Gott sei Dank nur eine totale Erschöpfung festgestellt. Ein eindeutiges Zeichen dafür, kürzer zu treten. Aber wie? Wir saßen im Osten fest, fern von unserer gewohnten Umgebung. Dazu kam noch, daß unsere finanziellen Mittel ständig weniger wurden. Das änderte sich auch nicht, als die ersten Bestandsprovisionen ausgezahlt wurden. Das große Geschäft aus dem Herbst und Frühjahr 90/91 wurde voll zu Gunsten der Direktion verrechnet.

Das, was bis zu diesem Zeitpunkt passierte, waren nur die leichten Vorläufer einer richtigen Katastrophe, die ein unvorstellbares Ausmaß annehmen sollte.

Rosi sprach mir Mut zu, und gemeinsam entschlossen wir uns, es noch ein letztes Mal zu versuchen. Wir wollten sicher sein, wirklich alles getan zu haben.

Bis zu diesem Tag hatten wir immer noch ein herzliches Verhältnis zu den Mitbürgern und auch viele neue Bekannte, mit denen wir sehr viel unternahmen.

Im Sommer wurde in der Uckermark kaum ein Handschlag getan, eine Grillparty jagte die andere, auf denen fast generell ein selbsterlegtes Wildschwein angeboten wurde.

****

Was nun folgte, war mit dem Wort Katastrophe nicht mehr vergleichbar. Der Beginn einer Odyssee, deren Ende fast neun Jahre auf sich warten ließ und deren Folgen ich mein Leben lang spüren sollte.

Es begann mit der urplötzlichen Kündigung unserer Büroräume in der Uckermark, meine Hauptverwaltung und zentraler Schulungsort. Gegen diese Kündigung konnten wir nichts unternehmen. Es blieben mir nur drei Monate, um eine neue Zentrale aufzubauen und vor allem zu finden, was so gut wie unmöglich war. Einmal aufgrund des schlechten Zustandes der angebotenen Räumlichkeiten und deren vollkommen überzogener Mietzinsforderungen, zum anderen wegen des fehlenden Geldflusses. Wo sollten wir das Geld für einen Um- und Ausbau der neuen Büros hernehmen? Die Provisionen reichten gerade einmal, um die laufenden Kosten zu decken, meine Dispokredite waren fast alle restlos ausgeschöpft. Nur meine Kreditkarten ließen mir noch ein wenig Spielraum. Mein Direktor wollte mich nicht richtig verstehen, er zeigte sich sogar etwas ärgerlich, als ich ihn erneut um Hilfe bitten mußte. Mir war dieser Weg unangenehm genug, aber wen sollte ich denn sonst fragen? Er war es doch, der das Geld, davon ein nicht geringer Anteil durch unsere Arbeit, kassierte. Seine Argumente waren eben durch die Bedingungen des Karriereplanes, den jeder kannte und akzeptieren mußte, wollte er mit diesem Konzept arbeiten, in Ordnung. Rein geschäftlich vollkommen korrekt, rein menschlich und vom Vernunftdenken betrachtet in dieser Situation aus meiner Sicht sinnlos und verworren. Er war es, der uns immer wieder zwang, die Situation neu zu bedenken, und uns pausenlos zuredete, durchzuhalten. Er hatte uns zwar immer wieder etwas unter die Arme gegriffen, aber wie gesagt nur mit dem Nötigsten. Wäre unsere Situation nur einmal richtig saniert und etwas Spielraum geschaffen worden, wäre die Motivation eine ganz andere gewesen. Stattdessen machte er seine Hilfe immer wieder von Eigenumsätzen abhängig. Daß uns die Luft ausging und jegliche Motivation für Eigenumsatz verloren ging, war kein Wunder. Ich brauchte jeden Funken Energie für die Überzeugung in den Seminaren und für die Motivation meiner Mitarbeiter, und das war schwer genug, fast unmöglich. Eine Beförderung in die Direktion wäre die richtige Entscheidung gewesen, aber auch das sollte nicht sein. Ich hatte keine Lust mehr, wohl auch weil ich spürte, daß meine Zeit unweigerlich abgelaufen war.

Ich konnte unsere Situation noch geschickt verbergen, aber wie lange sollte ich das noch ertragen können?

****

Wie auch in den Jahren zuvor ließ ich mir regelmäßig meine Blutwerte kontrollieren, natürlich immer bei meinem Doc in Bremen. Eben der Doc, der mich so oft zusammengeflickt hatte und auch Heide damals versorgt hatte. Doc war für uns - Claus, Rosi und mich - zu etwas ähnlichem wie ein Familienmitglied geworden und besaß unser grenzenloses Vertrauen. Bei meinem Besuch in der Direktion schaute ich auch bei ihm vorbei und ließ mir routinemäßig Blut abnehmen. Wie immer nahmen wir uns ein bißchen Zeit, um uns etwas zu unterhalten.

Doc erzählte mir von seinen Problemen mit seiner Praxis. Er hatte kaum noch Motivation, um sie weiterzuführen. Die Praxis war immer bis zum Rand gefüllt, aber Doc hatte es schwer, wirtschaftlich zu überleben. Das Abrechnungssystem der gesetzlichen Krankenkassen machte ihm arg zu schaffen. Er gehört zu den Leuten, die streng nach dem geforderten System abrechneten und dabei nur verloren. Mir blieb die Spucke weg, als er mir erzählte, was er für die An- und Rückfahrt zu einem Hausbesuch erstattet bekam. Es war weniger als die Anfahrtsgebühren eines Taxis.

Doc hatte sich inzwischen als Facharzt eintragen lassen, aber das half ihm auch nicht weiter. Er wollte seine Patienten nicht im Stich lassen, und er hatte sehr viele. Davon war ein großer Teil schwer krank und auf seine Hausbesuche angewiesen. Er war oft bis spät in die Nacht unterwegs. Gesundheitlich sah man ihm an, daß er angegriffen war.

Ich nutze diesen kurzen Aufenthalt, um irgendwie an eine größere Menge Geld heranzukommen. Ich sprach bei verschiedenen Banken vor, meine Schwester im Schlepptau, um einen Bürgen zu stellen. Sie kannte unsere Lage und war bereit zu helfen. Es hatte keinen Sinn, die Banken blieben stur. Ich kam schließlich von der harten Konkurrenz. Manchmal kam es mir so vor, daß es ihnen ein richtiges Vergnügen war, mir eine Absage zu erteilen. Meine Schwester beschloß, uns aus eigener Tasche zu helfen, und tat dies unverzüglich. Der Umzug konnte beginnen, nur wohin stand noch nicht fest.

****

Zurück in unserem Dorf beschlossen wir, nicht weiterzusuchen und die zweite Hälfte des oberen Gutshauses anzumieten und umzubauen. Es war zwar vom Zugangsweg her unmöglich und vom Zustand her katastrophal, aber was kann man mit ein bißchen Farbe und Spachtel nicht alles ausrichten? Die Größe schien optimal und versprach ein Bilderbuchbüro. Als ich meine Pläne bekundete, gab es einen unterschwelligen Aufstand unter den Mitarbeitern. Anscheinend war dieser Ort nicht das, was sie als Aushängeschild betrachteten. Es war aber auf jeden Fall deutlich über dem Standard der ehemaligen Zentrale, zudem war der Mietzins akzeptabel.

Es blieben mir noch knapp zwei Monate, um alles zu organisieren. Bevor ich jedoch keine Mietverträge besaß, konnten wir nicht mit der Renovierung beginnen, und das sollte noch gewisse Zeit in Anspruch nehmen. Das Gebäude wurde inzwischen auch von der Treuhand verwaltet.

Dann kam die erste Hiobsbotschaft. Doc rief an und bat mich um einen dringenden Besuch. Es gab den dringenden Verdacht einer Hepatitis C. Ich wußte mit diesem Begriff überhaupt nichts anzufangen, verstand aber anhand der Besorgnis vom Doc sofort die Ernsthaftigkeit dieses Problems. Rosi versuchte mich etwas zu beruhigen, ohne großen Erfolg. Mein Gefühl hatte sich also doch bestätigt, war das der Grund für meine Eingebung auf der Tour in Bremen gewesen?

Für mich gab es in diesem Moment keinen Zweifel mehr, daß die Nachuntersuchung ein positives Ergebnis bringen würde, und so war es dann auch.

Was war das für eine Krankheit? Von der Hepatitis A und B hatte wohl schon jeder gehört, aber C? Doc klärte uns auf. Der Virus war erst kürzlich entdeckt wurden. Was uns stutzig machte: Er trat hauptsächlich in den neuen Bundesländern auf und schien dort auch schon bekannt zu sein.

Eine Übertragung der Hepatitis C konnte angeblich nur über ein Krankenhaus, einen Arzt oder direkte Blutübertragung erfolgen. Sogar beim ungeschützten Geschlechtsverkehr konnte eine Ansteckung fast ausgeschlossen werden, außer beim Analverkehr und unter der Voraussetzung, daß dieser Virus aktiv war. Doc erzählte auch, daß, solange der Virus nicht aktiv war, keine unmittelbare Gefahr bestand. Kam er aber zum Ausbruch, war die Überlebenschance nur 10 - 15%; bis dahin konnten Jahre, sogar Jahrzehnte vergehen.

Was und wie würde sich Rosi verhalten? Rosi hatte eine Heidenangst vor Krankheiten. Bei dem Wort Krebs oder ähnlichem konnte sie nächtelang keine Ruhe finden, und nun dieses. Was sie und uns auf die härteste Probe stellte, war die Tatsache, daß Rosi wieder schwanger war. Wir wollten noch ein zweites Kind, aber nicht zu diesem Zeitpunkt in dieser unsicheren Lage, und wir waren irritiert von dieser seltsamen Krankheit. Unser Entschluß war klar. Rosi konnte und durfte dieses Kind unter keinen Umständen austragen, nicht in diesem Moment.

Wie sich später herausstellte, sollte der angebliche Virus für ein Kind ungefährlich sein.

Ich hatte unseren Direktor, in einem vertraulichen Gespräch, von unserer Situation erzählt. Als wir dann eine Einladung zum Essen in einem der besten Lokale unserer Heimatstadt erhielten, kam ein Hoffnungsschimmer bei uns durch. Er tat so geheimnisvoll, daß eigentlich kein anderer Schluß daraus möglich war als der, daß er uns Hilfe anbieten wollte. Voller Hoffnung begaben wir uns auf den Weg. Sollte sein Herz ihm doch einen richtigen Anstoß gegeben haben? Beim Essen dann erfuhren wir den Grund seines Anliegens. Voller Stolz teilten er und seine Frau uns mit, daß sie bald Nachwuchs erwarteten.

Rosi und ich konnten unsere Enttäuschung und Wut sehr schwer verbergen. Nicht, daß wir enttäuscht darüber waren, daß die beiden ein Kind bekommen würden, wo wir unseres gerade verloren hatten, nein, wir erhielten eine grausame Strafe für unsere Entscheidung.

Ich blieb gelassen und ruhig, ging auf die Toilette und ließ erst einmal ein paar Tränen ab. Ich war froh, als wir dieses Lokal endlich wieder verlassen und uns auf den weiten Weg zurück machen konnten. Rosi und ich waren so sprachlos, daß wir den ganzen Rückweg kaum ein Wort sprechen konnten.

Ich hatte ihm von unserem Unglück vorher erzählt. Sicher hatte er in seiner Freude diese Begebenheit verdrängt oder ignoriert. Wenn Rosi unser Kind nicht ein paar Tage vorher verloren hätte, dann hätten wir uns sicher für ihn freuen können; so wurde dieses Ereignis für uns zur weiteren Qual.

Ich war kurz vor dem Zerbrechen und zunehmend von der Situation überfordert. Rosi gab mir Antrieb und Mut. Sie war es auch, die für die kommenden zwei Monate die Zügel in die Hand nahm und dafür Sorge trug, daß alles ein bißchen erträglicher wurde. Meine angebliche Krankheit wurde zum Tabu-Thema erklärt, und das war richtig so. Unsere Partnerschaft litt darunter noch nicht, im Gegenteil, wir rückten noch näher zusammen.

****

Für die nächsten Wochen war ich aus dem Rennen, erst einmal mußte ich etwas Kraft schöpfen, dann den Umzug vorbereiten und die Büroflächen sanieren und einrichten. Bis wir damit dann beginnen konnten, wurde es Mitte Dezember. Am 1.1.93 mußte das Büro in Betrieb genommen werden, bis dahin sollten und mußten 300 qm vollkommen neu gestaltet werden, und wer sollte das übernehmen? In dieser Zeit einen Handwerker zum Arbeiten zu finden, war unmöglich - und wenn, dann unbezahlbar. Wir entschlossen uns dazu, selbst den Pinsel in die Hand zu nehmen.

Meine Karrierepläne waren nun zunichte. Nach den alten Bedingungen hätte ich sie spielend erfüllen können. Ich wäre sogar schon einige Zeit Direktor gewesen.

Bei der kommenden Renovierung halfen uns nur zwei meiner Mitarbeiter, dafür aber ein paar Familien und Freunde aus unserem Dorf und einem kleinen Nachbardorf.

Das Gutshaus bestand aus alten Lehmwänden, ein Streichen oder Tapezieren war unmöglich. Wenn wir in einem Raum oder mit einer Decke fertig waren, kam die Überraschung. Nach ein paar Stunden lag alles wieder auf dem Fußboden.

Es blieb uns nichts anderes übrig, als die alte Farbe Millimeter für Millimeter von den Decken zu entfernen. So, auf diese Art, würde die Renovierung Monate in Anspruch nehmen. Ich entschied mich dafür, Spritzpistolen aus dem Baumarkt zu holen und alles mit Hochglanz-Latex zu überziehen.

Ungefähr 300 Kilo Latex und diverse Kilo Lackfarbe wurden so von uns verarbeitet, und das alles zwischen dem 19. und 31. Dezember. Rosi und ich standen sogar am Heiligabend bis spät in die Nacht auf den Leitern und arbeiteten. Die Elektrik wurde stellenweise erneuert und sogar eine Sprechanlage eingebaut. Bei einer Telefonfirma wurde eine der derzeit modernsten Anlagen bestellt und rechtzeitig installiert. Dann verlegten wir neue Teppichböden, später sogar auf dem Flur und auf der alten großen Treppe. Alles in allem übertraf das Ergebnis alle unsere Erwartungen. Wir hatten es in kurzer Zeit geschafft, ein modernes und schönes Büro in diesem uralten Gemäuer zu installieren. Daß der Eingangsbereich durch den uralten Keller führte und dort die Fäulnis den Lehm von den Wänden fallen ließ, war nur noch Nebensache. Oben war alles vorhanden. Ein großer, heller

Schulungsraum, ein Chefbüro, drei Mitarbeiter-Büros, das Materiallager, Rosis Büro mit dem Computer, moderne Telefonanlage in allen Räumen, Zigaretten- und Getränkeautomat, Kopiergerät und, und.................

****

Silvester hatten wir als Eröffnungstermin und Dankeschön an unsere Helfer vorgesehen. Alles war fertig, und ich saß, restlos geschafft, in meinem Sessel in dem neuen Büro und genoss die Aussicht. Was für Monate, und unter welchen Bedingungen, hatten wir hinter uns? Ich hatte schon wieder knapp drei Jahre den allerschlimmsten Streß hinter mir und die zusätzliche Gewißheit, das gleiche Schicksal wie mein Vater zu erleiden. Gab es überhaupt noch einen Weg, alles schadlos zu überstehen?, dachte ich und ließ die Vergangenheit Revue passieren.

Die grenzenlose Aufopferung und Anstrengung, den Mut umzusiedeln, um unsere Arbeit glaubwürdig und richtig zu machen. Mein Selbstbewußtsein litt schon seit zwei Jahren. Wenn unsere Rechnung jetzt nicht aufgehen sollte, wie sollte ich als Wessi hier oben weiter überleben können? Sobald jemand von unserer Lage erfahren würde, wäre uns der Spott der gesamten Region gewiß gewesen. Für Rosi und meine Tochter würde es unerträglich werden.

Ich schaute aus dem Fenster, die Straßenbeleuchtung ging gerade an, es dämmerte und die Aussicht war wundervoll. Die Äste an den Bäumen waren mit Rauhreif überzogen, die Dächer und Straßen waren von einer dünnen Schnee- und Eisdecke beschichtet. Wären die großen Sorgen und Probleme nicht vorhanden gewesen, es wäre so etwas wie ein Märchenland für uns geworden.

Als ich so dasaß und mir unsere Arbeit der vergangenen Tage betrachtete, erfüllte mich ein unbeschreibliches Gefühl von Stolz. Wir hatten es wieder einmal geschafft, und unter was für Bedingungen? Sensationell!

Jetzt noch ein paar Minuten Ruhe, dann würden bald die ersten

Gäste eintreffen und das Büro wäre eröffnet. Am liebsten hätte ich mich noch etwas ausgeruht, aber dann wäre ich wohl nicht wieder aufgewacht.

Zu den Erschöpfungen der harten Arbeit kam noch ein unerklärlicher Schmerz unter den kurzen Rippen, der bis in den Rücken ging. Mit der Krankheit konnte dieser, manchmal unerträgliche Schmerz nichts zu tun haben. Die Leber war nicht vergrößert und noch nicht einmal vom Alkohol angegriffen, obwohl mein Alkoholkonsum den normalen Bedarf bei weitem überstieg. Außerdem verursacht eine Leberkrankheit nur Schmerzen, wenn die Leber angeschwollen ist und die anderen Organe bedrängt. Was hatte dieser Schmerz zu bedeuten? Ein Grund, noch etwas vorsichtiger zu werden, aber worauf sollte ich denn noch aufpassen?

Das waren so meine Gedanken, die plötzlich durch ein lautes Hupkonzert unterbrochen wurden. Vor meinem Fenster, unten auf der Straße, stand ein Mercedes mit dem Kennzeichen unserer Heimatstadt und schien etwas zu suchen.

Nach kurzer Zeit klingelte es. Es waren Butzi, Backi und Stephan. Butzi hatte ich inzwischen schon Jahre nicht mehr gesehen. Backi hielt sich viel bei Claus und Marina auf.

Ich hatte davon gehört, daß Claus und Marina nach Kenia geflogen waren. Backi sollte für sie den Laden weiterführen. Stephan, ein Kunde von mir mit einer tollen neuen Geschäftsidee, hatte Butzi und Backi ganz spontan zu uns gefahren. Backi hatte keine Lust auf den Trubel im Laden und ihn einfach abgeschlossen gelassen.

Jetzt, wo die drei bei uns waren, schien alles in Ordnung. Nur die Berichte über Claus und Marina stimmten mich traurig. Diese Reise nach Kenia war Claus' letzter Versuch, mit ihr wieder ins Reine zu kommen.

Die Party war gelungen, und der Arbeitsalltag holte uns gleich am nächsten Tag wieder ein.

****

Ich wurde zunehmend aggressiver und zeitweise wohl auch unerträglich. Für einen Monat blieb ich oft im Bett liegen, um mich etwas zu regenerieren, Rosi übernahm die Steuerung des Büros.

Unser Direktor war mit Rosis Arbeitsweise überhaupt nicht einverstanden und empfahl mir, mich zumindest im geschäftlichen Bereich von ihr zu lösen. Ein Vorstoß von ihm, der mit Sicherheit keine Zustimmung meinerseits bringen konnte.

Frank nutzte die Gelegenheit, um die Mitarbeiter auf seine Seite zu ziehen, mit Erfolg. Jahrelang war sein Vorgehen bei den anderen verpönt, jetzt gewann er an Boden.

Er stellte den Antrag auf Beförderung zum Bezirksleiter und nahm das Rennen auf. Wollte ich in diesem Rennen Schritt halten, mußte ich alles daransetzen, zur gleichen Zeit meine Beförderung zum Direktor zu erzielen. Schaffte ich dies nicht, würde ich wirtschaftlich nicht einen Tag länger überleben können.

****

Meine frühere Führungskraft arbeitete inzwischen für ein Unternehmen aus dem sogenannten „Eiergeschäft", das sind Verkaufsveranstaltungen, die auf günstigen Tagesausflügen getätigt wurden. Er spürte unsere schlimme Lage und gab vor, uns helfen zu wollen. Wir sollten für ihn eine Verteilorganisation für Werbekarten aufbauen. Es wurde ein zusätzliches Büro auf dem Flur eingerichtet, und ein inzwischen guter Freund aus dem Nachbardorf übernahm die Leitung. Anfangs lief alles nach Plan; dies schien ein zusätzlicher Weg zu sein, um unsere größer werdenden Finanzlöcher ausfüllen zu können.

Meine Mitarbeiter verhielten sich sehr seltsam. Meine direkte Struktur war begeistert von unserem Büro, aber Frank verstand es blendend, seine Truppe und auch Mitarbeiter aus meiner Struktur gegen mich aufzuwiegeln. Ich spürte deutlich den Triumph in seinen Augen, jedes Mal, wenn er die Chance verspürte, mich aus dem Weg zu schaffen. Er war gierig auf die gesamte Struktur, das war so sicher wie das Amen in der Kirche. Würde er diesen Weg tatsächlich so gehen wollen, ich würde ihm nicht im Wege stehen.

****

Fasching und Rosenmontag gehören in den neuen Bundesländern zu den großen Ereignissen. Nicht ganz so stark wie im Rheinland, aber immerhin. Am Rosenmontag bekam ich Besuch. Wir fuhren über die Dörfer und besuchten ein paar Lokalitäten. Den Besuch brachte ich in einem Hotel auf dem Lande unter. Ich fuhr mit einem Taxi weiter zu einer Veranstaltung in einer Diskothek, zwölf km von unserem Dorf entfernt. Gegen ein Uhr morgens wollte ich nach Hause. Draußen hatte ein Schneesturm eingesetzt und es war bitterkalt. Die Diskothek befand sich in einem großen Hotel. Ich bestellte ein Taxi und bekam die eiskalte Antwort, daß die Taxen wegen des Schneesturmes nicht mehr fahren würden. Auf meine Bitte, ein Zimmer zu bekommen, bekam ich die Antwort, daß alles belegt war. Angeblich waren auch alle anderen Hotels belegt. Ich war nur mit einem Seidenhemd, Krawatte, einem Seidenanzug und Halbschuhen bekleidet, trotzdem entschied ich mich für einen Fußmarsch.

Zwölf Kilometer sollten vor mir liegen, zwölf Kilometer durch Eis und Schnee, dazu dieser unerbärmlich kalte Wind. Daß dieser Weg möglich war, hatte der Dicke ein Jahr zuvor bewiesen, als er zu Besuch bei uns war. Nach einem Streit hatte er mein Auto verlassen und sich aus dem Staub gemacht. Stunden später war er, mit Eiszapfen im Gesicht, vor unserer Tür gestanden.

Nun stand mir der gleiche Weg bevor, inzwischen war es schon drei Uhr morgens. Ich hatte es, so lange wie möglich, in der Disko ausgehalten, jetzt wurde dort geschlossen. Es bestand seit Beginn meiner Tätigkeit ein gespanntes Verhältnis zu dem Personal dieser Disko. Wer dort die Jahre über gearbeitet hatte, gehörte zum Teil noch zu den sogenannten Linientreuen. Ich meinerseits muß oftmals sehr provokant und überheblich gewirkt haben, und so bekam ich meine Quittung.

Ich denke, wenn sie es gewollt hätten, wäre es kein Problem gewesen, mir zu helfen, aber in dieser Situation war ich ihrem

Spott ausgesetzt. Ich begab mich also auf den Weg. Inzwischen war ich stark angetrunken, trotzdem ahnte ich, was vor mir lag. Meine Ahnung wurde umgehend zur Gewißheit, gleich auf den ersten Metern bekam ich die ersten Schwierigkeiten. Der Untergrund war vereist, und durch die dünne neue Schneedecke war es nicht mehr auszumachen, wie der Untergrund beschaffen war. Mit den Halbschuhen wurde es zum Balanceakt, den richtigen Weg zu finden, vor allem wenn der Untergrund aus Kopfsteinpflaster und schlecht befestigtem Bürgersteig bestand. Ich rutschte ein paar Mal so gemein aus, daß ich auch auf dem Hinterkopf landete.

Kurz vor der Stadtgrenze erkannte ich einen beleuchteten Hof. Auf ihm war ein älterer Mann am Schneefegen; ich näherte mich ihm vorsichtig, kaum noch in der Lage, mich richtig zu artikulieren. Nicht nur wegen meines vorherigen Alkoholkonsums, sondern auch, weil ich vor Kälte nur noch bibberte. Ich hielt dem Mann einen Geldschein entgegen und bat ihn, mich kurz nach Hause zu fahren. Er jagte mich von seinem Hof. Mir blieb nichts anderes übrig als weiterzulaufen. Ein paar Mal versuchte ich noch, eines der sehr selten vorbeifahrenden Autos anzuhalten, ohne Erfolg.

Meine Lage wurde kritisch. Hinter der Stadtgrenze hatte ich dann den schwersten Sturz, dabei verletzte ich mir den rechten Ellenbogen. Jetzt kam es darauf an, nicht aufzugeben. Ein Zurück gab es nicht mehr, und ich hatte noch etliche Kilometer vor mir, welche über eine zu großen Teilen ungeschützte Landschaft führten.

Wenn ich müde wurde, schrie ich mich selber an oder gab mir ein paar Ohrfeigen, um mich daran zu erinnern, daß alles kein böser Traum, sondern grausame Wirklichkeit war. Die Kälte setzte mir immer mehr zu, und ich wurde immer träger und müder.

Ich wußte aus Berichten von Bergsteigern und auch aus Erzählungen meiner Großeltern, daß die aufsteigende Müdigkeit ein sicheres Zeichen für das Erfrieren ist, und erhöhte meine Schrittzahl. Bei jedem Versuch zu joggen oder ein leichtes Lauftempo einzuschlagen, wurde ich knallhart bestraft. Der Untergrund war so glatt, daß es mir ständig den Boden unter den Füßen wegriß und ich erbarmungslos Kontakt mit dem harten Untergrund aufnahm. Einen kleinen Hügel konnte ich nicht aufrecht gehend bewältigen, also erklomm ich ihn auf allen vieren.

Je müder ich wurde, desto härter wurden die Ohrfeigen, die ich mir gab, und desto lauter wurden meine Schreie, die ich zur Selbstmotivation ausstieß. Es muß sich etwa so angehört haben: „Geh weiter, du Idiot! Los, reiß dich zusammen, es sind nur noch ein paar Kilometer! Nicht aufgeben!"

Die letzten Kilometer bestanden aus einer geraden Strecke, ich konnte das Dorf schon erkennen. Endlich gelang mir ein langsamer Laufschritt. Die Reststrecke bestand aus alten Panzerplatten, der Untergrund war nicht ganz so glatt. Aus dem Dorf kamen mir die ersten Autos entgegen, aber es hielt keiner an.

Wie Rosi mir ein paar Tage später erzählte, dachten die Fahrer, ich wäre am Joggen gewesen.

Mit allerletzter Kraft erreichte ich den Gutshof. Rosi und meine Tochter hatten sich große Sorgen gemacht. Jetzt, wo ich vor ihnen stand, wuchsen ihre Sorgen ins Unermeßliche. Ich hatte seit einem Monat schon keine Krankenversicherung mehr, weil ich die Beiträge nicht mehr zahlen konnte.

Rosi erzählte mir später, daß ich halluzinierte, es war ihr kaum möglich, sich mir zu nähern. Ständig schlug ich um mich und redete wirres Zeug. Trotzdem schaffte sie es, mir die Kleidung vom Leib zu entfernen und mich unter einem Stapel Decken einzuwickeln. Sie versorgte mich mit Wärmflaschen und heißer Zitrone. Zwei Tage später kam ich wieder richtig auf die Beine und begann mich zu erinnern.

Eines war von diesem Tag an sicher: Es wurde Zeit, an einen Rückzug zu denken. Wir wurden immer unbeliebter, vor allem in unserem Job.

Inzwischen hatten sich fast alle Führungskräfte aus den alten Bundesländern wieder aus den neuen Ländern zurückgezogen. Aber was sollten wir machen, gerade hatten wir die neuen Büros eingerichtet und noch einmal einige tausendeMark investiert. Jetzt alles hinschmeißen? Wie sollte das funktionieren? Ich hatte immer noch die Hoffnung, daß mein Direktor uns unterstützen würde, wenigsten bei meiner Beförderung. Auch aus dieser Hoffnung heraus unterstützte ich Frank bei seinen Karriereplänen und machte weiter. Sollten die beiden mich tatsächlich hintergehen, dann bedeutete es, daß sie dabei früher oder später den Kürzeren ziehen würden. Frank hatte nicht den Stil und die

Ausstrahlung, die er brauchen würde, um das Rennen erfolgreich zu beenden, aber er war zäh.

Ich überließ alles weitere dem Lauf der Dinge. Das Schicksal sollte weiterhin entscheiden, und ich wollte daran nicht mehr drehen.

****

Es kam, wie es kommen mußte oder sollte. Frank wurde, übrigens nur durch meine direkte Zustimmung, befördert und bekam genau den Höhenflug, der zu erwarten war.

Es wurde eine der schlimmsten Erniedrigungen, die ich bis dahin ertragen mußte, aber das schien niemanden auch nur im geringsten zu stören. Sie setzten sogar noch etliche Spitzen drauf.

Rosis und mein Endschluß stand nun endgültig fest. Wir planten unseren Rückzug, aber bis dahin sollte noch eine Menge passieren.

Seit geraumer Zeit hatte ich mir die Haare wieder Schulterlang wachsen lassen. Wann und wo es eben möglich war, ließ ich mich nicht mehr im Anzug blicken, sondern schlüpfte wieder in Jeans, Fransenjacke und Cowboystiefel.

Die Gegend, in der wir uns aufhielten, war keinesfalls nur idyllisch, sondern auch für manche Kreise eine wichtige Station zwischen Polen und Berlin. Über die Autobahn waren es nur 35 km bis Stettin, ständig passierten merkwürdige Dinge.

So auch ein Jahr zuvor an einem heißen Sommerabend. Ich sah schon von weitem, daß die einzige Tankstelle zwischen Berlin und Prenzlau von Blaulichtern abgeriegelt war. Wie sich herausstellte, hatten zwei Männer die Tankstellenbediensteten aufgefordert, sich mit dem Gesicht zum Boden auf die Straße zu legen. Sie hatten ihnen die Geldbörsen abgenommen und sie durch Schüsse in den Hinterkopf niedergestreckt. Diese Attacke war an Grausamkeit und Brutalität kaum noch zu überbieten.

Inzwischen hatte ich einen Kontakt zu einer Bar direkt neben der Autobahn und nicht weit von Prenzlau entfernt aufgebaut, und auch einige aus meiner Heimatstadt hatten Bekanntschaft mit dieser gemacht. Der Besitzer dieses Betriebes war ein total verrückter Hund. Als der Bürgermeister des Dorfes Attacken gegen seine Bar startete, warf der Barbesitzer ihm einfach eine Handgranate, ohne sie zu zünden, in den Hausflur. Dann war erst einmal Ruhe. Später stand dieser Vorfall unter anderem in der Berliner taz. Ihm wurden zwei Seiten gewidmet. Wie es kommen mußte, wurde er eines Tages verhaftet und mußte eine empfindliche Strafe absitzen.

****

Claus und Marina waren aus ihrem Urlaub in Kenia zurückgekehrt, sie hatten ihre Partnerschaft beendet. Ich konnte mir denken, was nun in Claus vor sich ging, und fuhr ihn bei nächster Gelegenheit besuchen. Meine Befürchtungen bestätigten sich schon auf den ersten Blick. Claus sah schlimm aus. Angeblich hatten sich Bakterien in seinem linken Fuß eingenistet, die ihn während eines Spazierganges durch eine Wasserlache in Afrika befallen hatten. Die Wunde wollte nicht verheilen, und Claus verlor ein Kilo Körpergewicht nach dem anderen.

Ich war der einzige Mensch, der in sein Gefühlsleben eindringen konnte. Allen anderen gegenüber verstand er es blendend, seine Schwächen zu verbergen. Claus stand kurz vor der Selbstaufgabe. Rosi und ich wußten, daß er die Trennung von Marina niemals würde verkraften können. Zu unseren eigenen Sorgen kamen jetzt noch die von Claus. Unsere Freundschaft, in der auch Rosi längst ihren Platz gefunden hatte, bewies sich oft gerade dann, wenn es einem von uns besonders schlecht ging.

Mit dem Bau der neuen Kneipe kam er nur schleppend voran, aber zumindest konnte man schon erkennen, was aus diesen Räumen werden sollte. Claus' Zustand war so bedenklich, daß er es mir nicht leichter werden ließ, zurück in die Uckermark zu fahren. Fortan besuchte ich Claus, wann es mir eben möglich war. Uns beiden tat diese Nähe gut, das spürte jeder von uns deutlich.

Meine Heimatstadt hatte sich verändert. Fast jede Szene-Kneipe lebte inzwischen durch den Konsum der Kokainverbraucher. Auf den Straßen regierte wieder einmal die Gewalt. Zwischendurch wurden Autos angezündet und Geschäfte geplündert. Das ungeschriebene Gesetz war wie vom Erdboden verschwunden. Eine Gruppe Türken hatte versucht, im Viertel alles an sich zu reißen, und war damit kräftig auf die Nase gefallen. Der ehemalige Zusammenhalt dieser Leute erwies sich genauso als Betrug, ähnlich dem, der uns widerfahren war. Ich konnte mir eine gewisse Art von Belustigung bei dieser Lage nicht verkneifen. Der Lauf der Dinge schien so etwas wie ein Strafgericht einzuberufen, aber warum traf es immer wieder Claus und mich so erbarmungslos hart?

Oma Änne hatte es nun schlimm getroffen. Ihr Blutgerinnsel im Kopf ließ es nicht mehr zu, daß sie auch nur eine Sekunde ohne Aufsicht bleiben konnte. So kam es, daß sie einen Platz in dem Pflegeheim bekam, welches jetzt auf der ehemaligen großen Wiese hinter dem Haus meiner anderen Großeltern erbaut worden war. Wir hätten ihr wirklich von ganzem Herzen gern geholfen, aber wie sollte das gehen? Diese Machtlosigkeit und vor allem eigene Hilflosigkeit raubte mir oft den Schlaf. Ich liebte Oma Änne, und das beruhte auf Gegenseitigkeit.

Meine Schwester informierte mich umgehend, wenn Omas Zustand schlechter oder besser wurde.

****

Ich hatte jedes Jahr zusätzliche Veranstaltungen für unser Unternehmen organisiert, dazu gehörte unter anderem bei unserem einjährigen Jubiläum auch ein Tag der offenen Tür. Der Höhepunkt war eine große Verlosung, die Hauptpreise waren Rundflüge über die Uckermark. Erst im letzten Jahr hatte ich Sagitta zu uns geholt. Sie war inzwischen Europameisterin in der Figurklasse im Bodybuilding und trainierte die Mitglieder für eine Woche in einem Sport-Studio. Die Krönung war ihr Auftritt in einer Diskothek in der Uckermark.

Um unsere Tochter so gut wie eben möglich aus den wachsenden Intrigen herauszuhalten, beschlossen wir dieses Mal, etwas für die Schule und das Dorf zu organisieren. Meine Idee war es, einen Umwelttag auszurufen.

Die Kinder sollten an diesem geplanten Tag am Morgen den Müll aus den umliegenden Wäldern einsammeln. Dafür wurden sie mit einem von einer Firma gesponserten Eiswagen und einer Gulaschkanone mit Erbsensuppe belohnt. Anschließend konnten sie an einem Luftballonweitflug teilnehmen. Luftballons wurden mit Helium aufgeblasen, eine Postkarte mit Namen und Adresse des Kindes und Grüßen an den Finder angeheftet und das gesamte Luftballonpaket wurde dann auf einen Schlag gestartet. Anhand der zurückgeschickten Karten sollte dann die Entfernung bestimmt werden. Die ausgeschriebenen Preise, und das waren reichlich, wurden von unseren Partnergesellschaften gestiftet. Der Gutshof wurde zu einem kleinen Jahrmarkt umfunktioniert. Jeder der ortsansässigen Unternehmer sollte die Möglichkeit besitzen, sich zu präsentieren, um Informationen und Aufträge zu tauschen.

Wir präsentierten unsere Firma mit einem großen Stand, vielen Extras und reichlich Faßbier und Grillfleisch zum Verkauf. Die Erlöse sollten den Kindern der Schule zugute kommen. Es fehlte in dieser Schule an jeder Ecke und Kante an Geld. So sollte wenigstens das Geld für ein Pausenspielgerät gesammelt werden. Meine Idee stieß auf allgemeine Zustimmung, und so fingen Rosi und ich mit den Vorbereitungen an.

****

Von meinen Mitarbeitern wußte keiner von unserem Vorhaben, die Zelte abzubrechen. Hätte ich diese Information schon zu diesem Zeitpunkt an sie weitergegeben, die Katastrophe hätte noch schrecklichere Ausmaße angenommen. Nur ein paar unserer Freunde aus der Gegend wurden von uns aufgeklärt. Sie waren zwar traurig über diese Entscheidung, aber sie akzeptierten und verstanden diese Maßnahme. Sie hatten hautnah mitbekommen, wie wir gekämpft hatten und immer noch kämpften, und unterstützen uns mit allen ihren bescheidenen Mitteln. Ich bin diesen Leuten zu großem Dank verpflichtet und werde sie immer in guter Erinnerung behalten.

****

Der Umwelttag wurde ein großer Erfolg für die Kinder. Unsere Tochter konnte stolz auf uns sein und stand voll im Mittelpunkt ihrer Schule. Überall sah man Fahnen und Luftballons, und die Kinder grölten im Chor den Namen unseres Unternehmens.

Nur die Erwachsenen übertrafen sich wieder einmal an Sturheit und Bockigkeit. Es kam kein Umsatz in die Kasse, und wir standen vor einem großen Problem. Am späten Nachmittag zog ein Gewitter auf, und auch die letzten Erwachsenen zogen sich zurück. Unsere Rechnung ging nicht auf.

Das Fleisch und das Bier waren noch nicht bezahlt, und für die Kinder blieben bis dahin nur die Preise vom Luftballonweitflug. Immerhin waren die Partnergesellschaften sehr spendabel gewesen, so daß im Wert von mehreren tausend Mark Sachpreise zur Verteilung bereitstanden. Das noch zu bezahlende Material beglich ich. Die noch anwesenden Mitarbeiter und ein paar Gäste aus dem Dorf sammelten für die Spende, und so kamen immerhin fast tausend Mark zusammen. Kurz nach der Übergabe des Geldes an den Schulleiter wurde ich der Unterschlagung bezichtigt. Die Schule gab das Geld für einen Kühlschrank aus, der im Lehrerzimmer seinen Platz fand, und ich legte mein Mandat sofort nieder.

Die Zeichen waren nun so eindeutig, daß sie keiner mehr übersehen konnte. Es sollte nicht sein, daß ich an diesem Ort verweile. Es war nicht meine eigentliche Aufgabe. Aber ich konnte mich noch nicht neu orientieren.

****

An einem Sonntagabend stand mein BMW noch auf dem Hof, am Montagmorgen war er spurlos verschwunden. Ich hatte plötzlich kein Fortbewegungsmittel mehr.

Nach dem ersten Schock war ich dann doch etwas erleichtert über diesen Schicksalsschlag. Der Wagen lief demnächst aus dem Leasingvertrag aus und hatte noch einige Reparaturen vor sich. Auf diesem Weg war ich wenigstens die hohen Leasingraten los.

****

Meine Stornoquote gehörte zu den niedrigsten von den inzwischen 17.000 Mitarbeitern des Unternehmens. Ich gehörte zu den 50 Besten, was die saubere Arbeit unseres Geschäftes betraf.

Bis zum Frühjahr 1993 schafften wir mit meiner Struktur das stolze Ergebnis von 5037 Neukunden und über 9700 Neuverträgen. Viele Mitarbeiter fanden, zumindest zeitweise, ein zweites Einkommen. Unsere Neukunden brachten den Versicherungen und Anlageunternehmen sowie den Bausparkassen etliche Millionen an Beiträgen.

Unter diesen Belastungen und Umständen hatte ich es immer noch verstanden, meine Motive glaubwürdig zu vermitteln.

Ich freute mich riesig über eine Einladung unseres Hauptgeschäftsführers und Gründers auf eine Party in seinem Privathaus.

Eine Woche vor dieser Party bekam ich Besuch von einem Journalisten aus Neubrandenburg. Wir hatten zwar die Erfahrung gemacht, sehr vorsichtig im Umgang mit Journalisten sein zu müssen, aber diese Vorsicht ließ ich vollkommen außer acht. Warum sollte ich auch vorsichtig sein, gerade noch waren wir in der regionalen Presse für unseren Umwelttag gewürdigt worden.

Einen Tag vor unserer Abreise zur besagten Party nach Köln kam dann die böse Überraschung. Plötzlich war mein Bild auf der Titelseite einer kostenlosen Ausgabe, die in jedem Haushalt im weiteren Umkreis von Neubrandenburg verteilt wurde. Die Auflage betrug über 350.000, die nahegelegene Stadt hatte gerade mal 25.000 Einwohner, also knapp 8000 Haushalte. Diese Zeitschrift erfaßte also ein umfangreiches Gebiet. Die Überschrift lautete: „Das zweifelhafte Geschäft der Allfinanz Vermittlungs-GmbH - Objektiv nur ein Schlagwort"

In diesem Artikel stand zwar kaum etwas Negatives, wie denn auch, ich hatte kaum etwas Negatives getan, außer den inzwischen schulterlangen Haaren und meinem extremen Auftreten. Die Anrede in diesem Artikel war es, der dieser Sache Glaubwürdigkeit verlieh. Anstelle von: Herr Behnken hat gesagt..........., wurde: Behnken hat gesagt..........., geschrieben und ein paar Spitzfindigkeiten. Also wurde die Anrede einfach weggelassen und dem Artikel eine zusätzliche negative Ausstrahlung verliehen.

Die Reaktion, gerade unter den Jugendlichen, war katastrophal. In einer Dorfdiskothek wurde ich erkannt und hatte gleich eine Gruppe am Hals. Nun war mir endgültig klar, daß meine Familie auf schnellstem Weg zurückgebracht werden mußte, aber das ging nicht so einfach und schon gar nicht sofort.

Die Geschäftsführung war bei meiner Ankunft von diesem Artikel unterrichtet. Der Tag, an dem ich zu dem Geschäftsführer eingeladen war, weil ich zu den 50 Besten in der Qualität des Geschäftes gehörte, wurde für mich zu einem Gang nach Canossa. Zu meiner Überraschung nahm mich der Firmengründer auf seine Seite und sprach mir Mut zu. Er gab mir das Gefühl, zu seinem Kreis zu gehören, und auch unser Pressechef kümmerte sich um uns. Es war Lutz Renner, der einzige Auslandskorrespondent der ehemaligen DDR, und nun stand er unserem Hauptgeschäftsführer zur Seite.

Rosi bekam an diesem Abend sogar das Angebot, als Nachrichtensprecherin zu arbeiten, lehnte aber, wie immer bei solchen Gelegenheiten, ab. Wenigstens gab es Hummer, Kaviar und Champagner bis zum Abwinken, und auch unser liebstes Hotel war gebucht, das mit der durchsichtigen Duschkabine. Für einen Tag konnten wir unseren Schmerz etwas lindern. Der Rückweg mit dem Gedanken daran, was in den kommenden Wochen vor uns liegen würde, war unerträglich, aber wir verstanden es meisterhaft, uns von diesen Gedanken abzulenken.

****

Was stand nicht alles auf dem Spiel? Oma Änne konnte ich nicht helfen, und es wäre meine verdammte Pflicht gewesen. Claus hatte inzwischen mindestens 20 kg abgenommen und bekam ständig größere Probleme mit seinem Diabetes. Ich selber hatte mit dem angeblichen Virus zu tun, und mein Werk, uns endlich in ein besseres Leben zu führen, brach scheinbar Stück für Stück zusammen. Frank spielte sich auf wie ein aufgeblasener Pfau. Natürlich hätte ich ihn ohne zu Zögern außer Gefecht setzen können, aber ich hatte die Gewißheit, daß er sich noch nach mir behaupten mußte. Darauf konnte ich keine Rücksicht mehr nehmen, auch nicht meinen Kunden gegenüber. Jetzt ging es nur noch um das Überleben meiner Familie. Ich hatte schon viel zu viel Energie und Vertrauen in diese Gegend gesteckt.

Es standen zu dieser Zeit noch zwei größere Wettbewerbe an, bei denen meine Mitarbeiter beteiligt werden sollten. Die Reisen mußten, wie immer, vorher eingekauft werden. An einer Reise sollten Rosi und ich als Begleitpersonen teilnehmen. Diesen Anlaß wollte ich nutzen und Rosi und meine Tochter auf dem Rückweg bei meiner Schwiegermutter unterbringen. Sie sollten sich wieder langsam in der Stadt eingewöhnen und nach einer passenden Wohnung Ausschau halten.

Unter meinen direkten Mitarbeitern befand sich auch ein junger Albino mit hellblondem Haar. Erst vor kurzem war er mit seinem Wartburg frontal gegen einen Baum gefahren. Ich war noch vor dem Krankenwagen an der Unfallstelle und fuhr nach einigen Telefonaten sofort in das Krankenhaus, wo er eingeliefert wurde. Es sah schlimmer aus als es war, der junge Mann hatte noch einmal großes Glück gehabt. Um weiterarbeiten zu können, benötigte er schnell einen neuen Wagen. Ich rief unseren Direktor an, um einen Vorschuß für diesen Pechvogel zu organisieren. Dieser wußte zu diesem Zeitpunkt noch nicht, daß die Verletzung des jungen Mannes nicht so schlimm war. Seine erste Frage war die nach seinem geschriebenen Umsatz in der vergangenen Woche.

Seit diesem Tag war meine Lust auf irgendein Gespräch mit meinem Direktor vollständig erloschen.

****

Mein neues Auto war ein gutes Schnäppchen. Die monatliche Belastung betrug nicht einmal ein Drittel von der Belastung durch den BMW. Es war ein Schmückstück. Es handelte sich um einen 300er Mercedes SE, schwarzmetallic, mit getönten Scheiben, Lorinser Fahrwerk, Momo-Felgen, beheizbare und elektronisch verstellbare Lederausstattung in schwarz, ASB, ABS und vieles mehr. Das Auto war sicherlich auch mit ein Grund dafür, daß uns keiner unsere Situation anmerken konnte und sollte.

Bei der Fahrt nach Sölden, der von unserer Direktion gemanagten Reise, fuhren wir (Rosi, meine Tochter und ich) als Beifahrer in einem Jeep einer anderen Führungskraft. Wie immer bei einer solchen Veranstaltung, stand eine Menge auf dem Programm. Vormittags eine kurze Schulung einer Partnergesellschaft, nachmittags Gletscherbesteigung, Abenteuerwanderung, Rafting, Hüttenabend und anderes. Wie bei derartigen Events üblich, war einer der Hauptgeschäftsführer von der Unternehmensleitung mit anwesend. Dieser gehörte wohl zu den vertrauensvollsten Männern in der Geschäftsleitung seit der Firmengründung. Er hatte seine junge Frau auf einer Alm, die ihren Eltern gehörte, kennengelernt und war nun mit Leib und Seele mit diesem Ort verwachsen. Er und seine junge Frau spürten unseren Unmut, aber da war noch etwas anderes. Rosi und ich bemerkten bei einigen Gesprächen, daß sie mit der Geschäftspolitik des Unternehmens nicht mehr einverstanden waren. Etwas war nicht in Ordnung, aber genau das sollte uns etwas Hoffnung geben. Wir überlegten lange, ob wir die beiden von den tatsächlichen Schwierigkeiten in den Strukturen unterrichten sollten, ließen aber davon ab. Ich sah ihnen deutlich an, daß ihre Probleme schon groß genug waren.

Unser Direktor war informiert von unserem Vorhaben, umzusiedeln, und versuchte alles, um die Lage zu beruhigen. Rosi und ich wurden sogar als Ehrengäste zusammen mit anderen Führungskräften mit einem Hubschrauber, welcher in Innsbruck startete, zum Wildwasser-Rafting eingeflogen.

Einen Tag vor der Abreise, auf einer Abenteuerwanderung, verletzte ich mir in einem Ruderboot meine beiden kleinen Zehen. Sie schwollen dick an, und es war mir kaum noch möglich, aufzutreten. Am Abend war ich ausgesprochen aggressiv. Wir saßen am Kaminfeuer, und ich hörte mir die Aussagen meiner Struktur an. Kurz vorher hatte ich sie davon unterrichtet, daß Rosi und meine Tochter fortan in Bremen bleiben würden. Ihre Entrüstung war groß, dabei hätten sie mir so leicht helfen können. Jeder von ihnen kannte den Karriereplan, und alle sabotierten meine Beförderung in eine Direktion. Der junge Albino war der Wortführer und wagte es sogar, mir zu drohen.

Nach diesem Vorfall stand für mich eindeutig fest, vorläufig keinen Handschlag mehr für dieses Unternehmen Ost zu investieren. Alles weitere sollte nur noch der Sicherung der Familie dienen. Kündigen stand außer Frage, meine Dynamikprovision und die Bestandsprovision standen auf dem Spiel. Die waren zwar mager, im Gegensatz zum Anteil der Direktion, aber sie sollten erst einmal ausreichen, um die wichtigsten Rechnungen zu bezahlen. Zumindest bis die offenen Rechnungen beglichen waren, dachte ich. In zwei Jahren sollte das erledigt sein können. Ich hoffte auch, in dieser Zeitspanne meine Rückschläge verdauen und verarbeiten zu können und in meiner Heimatstadt wieder Fuß gefaßt zu haben.

Der Rückzug erwies sich als äußerst schwierig, vor allem, weil Rosi keinen Weg fand, um eine Wohnung für uns zu bekommen. Claus registrierte unsere Situation und beeilte sich mit der Fertigstellung seines Ladens. Ich hing im Dorf fest und verkaufte so nach und nach alles, was zu verkaufen war, um wenigstens ab und zu in der Heimatstadt nach dem Rechten schauen zu können. Meine Freunde im Osten verkürzten mir die Zeit mit allerlei interessanten Unternehmungen.

Frank und die Mitarbeiter hatten beschlossen, ihre Büros in einer Baracke in der nahegelegenen Stadt einzurichten. Sie benötigten natürlich Material. Ich konnte nicht so schnell gucken, wie in meinen Büros die Lampen und der Teppichboden demontiert waren, ja sogar meine Glasschreibtische wurden in die neuen, schäbigen Räume transportiert, und das genau an dem Tag, an dem ich einen Nachmieter für diese Räume gefunden hatte. Ich war außer Rand und Band, vor allem als ich sah, was sie aus meinem Material gemacht hatten. Gestückelter Teppichboden und provisorisch installierte Lampen. Einfach schlampig, unseriös und dumm.

Solange es ging, mußte die Betreuung der Kunden sichergestellt werden. Das war das, worum es vornehmlich ging.

****

Nach einiger Zeit hielt ich es nicht mehr alleine im Gutshaus aus, mir fehlte meine Familie. Ich packte das Notwendigste zusammen und fuhr in die Heimat. Kurze Zeit schliefen wir zu viert in der kleinen Wohnung von Mutti, dann hatte ich eine schöne Wohnung über einer Zahnarztpraxis für uns gefunden. Es macht doch etwas aus, wie man auftritt und womit. In diesem Fall reichten der 300 SE und ein guter Anzug allemal, um einen Mietvertrag zu bekommen.

Holger, ein weiterer Bekannter, stellte uns einen richtigen großen LKW zur Verfügung, und ich machte mich mit ihm und Minne auf den Weg, um meine restlichen Sachen zu holen. Minne lief mir nach etlichen Jahren einfach so über den Weg und war sofort begeistert, als ich ihm von dem Unternehmen Umzug erzählte.

Von unseren Möbeln war kaum noch etwas zu gebrauchen, alles roch nach den Räumen aus dem Gutshof, also blieb vieles einfach dort. Trotz allem war der LKW randvoll, vor allem mit Akten, Material und ein paar persönlichen Dingen. Es war egal, ob wir erst einmal auf Apfelsinenkisten sitzen mußten oder nicht, wichtig war es, endlich wieder ein sicheres und sauberes Dach über dem Kopf zu haben. Das Schönste für mich war es, endlich in einem sauberen Bad zu liegen, ohne daß ich eine halbe Stunde auf das Wasser warten oder Angst haben mußte, daß der Erker mit der Badewanne abbrach, so wie es in dem Gutshof der Fall gewesen war.

Ich genoß das erste Bad mit Wonne.

.................Alles um mich herum reizt mich bis an die äußerste Grenze. Ich warte immer noch auf einen endgültigen Bescheid vom Versorgungsamt. Meine Medikamente werde ich, ohne ärztliche Hilfe, wohl nicht in den Griff bekommen. Das bedeutet für mich wohl noch einmal ein paar Monate Krankenhausaufenthalt. Rosi hat mir ihr wahres Gesicht gezeigt, so wie ich es immer vermutet hatte. Nun bleibt mir zur Zeit noch nicht einmal mehr das Bewußtsein, wenigstens zum Teil eine glückliche Ehe geführt zu haben. Alles, so scheint es, war nur Lug und Betrug. Gut, daß ich zwischendurch ein paar Ausbrüche hatte, sonst würde ich jetzt ganz ohne Gesicht dastehen. Ich habe alles irgendwie geahnt, nur daß es in dieser für mich härtesten Zeit stattfinden würde, daran wollte ich nie glauben. Selbst schuld.

Rosi baute sich regelmäßig eine undurchdringliche Mauer, wenn es darum ging, alte Sachen und Belastungen abzuarbeiten. Erst wenn ich explodiere, wird gerade mal das Notwendigste getan. Sie scheint restlos überfordert zu sein. Ich merke deutlich, wie die Kinder unter dieser Situation zu leiden beginnen, und wieder einmal bin ich absolut macht- und hilflos. Fast täglich steigen meine Depressionen, wieder einmal beginnt meine Suche nach dem Sinn des Ganzen.

War Jesus nicht der Verursacher für die vielen Glaubenskriege? Wie wäre die Geschichte ausgegangen, wenn er sich gegen die ihm zugefügten Erniedrigungen zur Wehr gesetzt hätte? Ich werde auf keinen Fall auch noch meine andere Backe hinhalten und über das Vergangene einfach hinwegsehen, das würde ich nicht verkraften können. Oder? Meine innere Stimme verlangt nach Genugtuung.

Rosi hat zwar Angst vor mir, sie hat aber keinen Grund dazu. Natürlich setzte ich sie unter Druck, schließlich will ich keine halben Sachen. Bevor ich diese Wohnung verlasse, muß alles restlos geordnet und erledigt sein.................

Meine Depressionen im Herbst 1993 hatten zuvor nie vorstellbare Ausmaße angenommen. Diese seltsame Krankheit im Hinterkopf und die dadurch täglich steigende Angst, der Betrug durch meine Firma, das Verhalten der Mitarbeiter und des Umfeldes. Dreieinhalb Jahre härtester Einsatz und Loyalität waren nichts wert gewesen. Wieder einmal war ich in einer Sackgasse. Rosi verhielt sich unauffällig, aber sehr seltsam. Ich spürte eine Veränderung an und in ihr. Diese Veränderung ließ mich deutlich spüren, daß unsere Partnerschaft ihrem Ende entgegenging, und dennoch standen uns noch ein paar Jahre zu. Ich versuchte mit Rosi über meine Gefühle zu sprechen, ohne Erfolg. Manchmal, nach einer durchzechten Nacht, öffnete sie ihren Gemütszustand und alles schien in Ordnung. Schon beim Aufwachen erwies sich das letzte Gespräch als sinnlos und war vergessen. Wir stritten uns täglich, meist für ein oder zwei Stunden, um uns danach gleich wieder stürmisch zu versöhnen.

****

Einmal noch sollte ich mit meinem Direktor in die Uckermark fahren, um an einer Veranstaltung von Frank teilzunehmen. Auf der Hinfahrt versuchte mich der Direktor auf eine denkwürdige Art und Weise zur Rede zu stellen. Die Veranstaltung war unter allem Niveau und für mich eine weitere Erniedrigung.

Auf dem Rückweg erklärte ich ihm ein letztes Mal ruhig und möglichst sachlich, wer ich war. Ohne Erfolg, er hatte seine Schublade aufgemacht und ließ mich darin herumzappeln.

****

Irgend etwas stand mir noch bevor, irgend etwas Grausames, das spürte ich deutlich. Das erste Mal auf einem nächtlichen Spaziergang durch einen Park. Mir zitterten meine Arme und Beine, ich war kaum noch in der Lage zu gehen. Für eine Strecke, für die ich im Normalfall vielleicht fünf Minuten benötigte, brauchte ich in dieser Nacht knapp eine Stunde. Rosi versuchte mich zu beruhigen und mich hinter einem Busch zu lieben. Ohne Erfolg.

Ich bekam immer größere Ängste, so stark und intensiv, daß ich zum ersten Mal in meinem Leben ernsthaft daran dachte, mir das Leben zu nehmen, aber warum und wofür? Ich konnte es einfach nicht ertragen, diesen Zustand, so wie er war, zu akzeptieren. Ich hatte doch alles gegeben und versucht und, nun konnte ich weder Oma noch Claus oder meiner Familie und schon gar nicht mehr mir selber helfen. Was hatte es noch für einen Sinn, noch einmal so viel Kraft zu investieren, wenn das Ergebnis immer wieder das gleiche ist?

Normal in einer Firma arbeiten? Das konnte auf keinen Fall über längere Zeit gutgehen; trotzdem bat ich Boris, meinen ehemaligen Mitarbeiter und Jungunternehmer, mich bei ihm als Werbehelfer einzustellen. Ich hatte es in der kurzen Zwischenzeit noch nicht geschafft, in meiner Heimatstadt meinen Kundenstamm auszubauen, und das würde auch noch einige Zeit in Anspruch nehmen. Für eine gewisse Zeit war die zusätzliche Anstellung akzeptabel, zumindest war meine Familie wieder krankenversichert.

Claus hatte es tatsächlich geschafft, den Laden zu eröffnen, Mitte September 1993. Fortan trug der neue Laden den Namen „Chevy". Ich half ihm und Marina, die Papiere der letzten Jahre zu erstellen, und Rosi übernahm ein paar Schichten in der Gaststätte. Zusammen mit meinen Bezügen als Finanzkaufmann war erst einmal eine solide Basis vorhanden.

****

In den Medien wurde die Hepatitis C als neues Aids-Virus dargestellt, was bei mir zu einem neuen Einbruch führte. Meine innere Stimme und auch meine Erfahrung sagten mir, daß es nur Sensationsnachrichten waren, aber es blieb ein bitterer Nachgeschmack, so bitter, daß ich das erste Mal versuchte, mir das Leben zu nehmen.

Rosi ignorierte diese Krankheit so gut es ging, und wir vereinbarten, darüber kein Wort zu verlieren. Aber man sah ihr deutlich die Spuren der Angst an. Solange dieser Virus nicht aktiv wurde, war er vollkommen harmlos, hämmerten wir uns pausenlos ein. Dolle Aussichten bei dem, was ich sonst noch mit mir herumschleppen mußte.

Ich war der Meinung, die Angst vorm Sterben hatte ich schon während der Zeit im Why Not abgelegt, aber die Angst, so langsam vor mich hin zu siechen, bekam ich nicht in den Griff.

Immer wieder dachte ich an meinen Vater und die Veränderungen an und in ihm, als sein Zustand sich verschlechterte. Keiner konnte es sehen oder verstehen was mit ihm passierte. Nun war ich also an der Reihe. Wie lange würde Rosi dieses Spiel durchhalten können?

Das Gefährliche an dieser Krankheit ist die psychische Veränderung, die einem selbst anfänglich nicht auffällt und schon gar nicht bewußt wird. Es ist nichts anderes als ein furchtbar langsames Sich-entfernen, ohne äußere Anzeichen. Es war also egal, ob ich Alkohol oder Drogen zu mir nahm oder nicht, verändern tat sich der Zustand sowieso.

In dieser Zeit muß ich manchmal total unverständig und aggressiv gewirkt haben. Immer wenn ich betäubt war, konnte ich meinen inneren Schmerz vergessen und wenigstens wieder lachen, also betäubte ich mich, so oft es eben ging.

****

Daß ich als Finanzkaufmann gut war, konnte ich noch einmal bei einem meiner ehemaligen Mitarbeiter und Kunden unter Beweis stellen. Mit ihm und seiner Familie hatten wir seit drei Jahren an einer Hausfinanzierung gebastelt. Er war Invalide, Streckenposten bei der Bundesbahn und fast 50 Jahre alt. Es war also kaum möglich, überhaupt an eine Finanzierung zu denken. Der Wille und der Wunsch dieser Familie nach Eigentum waren so groß, daß wir die letzten Jahre eisern an einer Eigenkapitalbildung gebastelt hatten, mit großem Erfolg.

Ohne genügend Eigenkapital wäre diese Familie hoffnungslos überlastet gewesen. Ich hätte auf keinen Fall einer Finanzierung zugestimmt. Gleichzeitig mit dem Beginn unseres Sparprogramms kam uns dann die erlösende Idee. Seine Berufsunfähigkeitrente konnte auf einen Schlag ausgezahlt werden. Sollte das gelingen, wären die Sorgen der Familie mit einem Schlag verschwunden. Die Finanzierungsbelastung würde deutlich unter der jetzigen Mietbelastung liegen. Nach drei Jahren Lauferei und etlichen amtsärztlichen Gutachten war es dann soweit. Die Familie bekam einen positiven Bescheid, suchte sich das entsprechende Objekt und ich baute die Finanzierung aus. Die Familie war mir so dankbar, daß der Hausherr mich ständig anrief und sich mehrfach revanchieren wollte. Die Krönung seiner ausdrucksstarken Freude sollte ein großer, festlicher Abend mit unseren Familien werden. Der Termin stand, und wir freuten uns innig auf dieses Erlebnis.

****

Es kam Schlag auf Schlag und so heftig und brutal, daß jeder, der diese Geschichte hört, fassungslos bleibt.

Es fing harmlos an, an einem Donnerstagvormittag, dem 16.12.1993. Ein sonniger und schöner Tag. Ich fühlte mich schon seit ein paar Tagen beobachtet. Mir fiel auf, daß sich die Fahrertür meines 300 SE schwierig öffnen ließ. Ich bat Rosi, vorsichtshalber bei der neuen Versicherung anzurufen, um nachzufragen, ob auf den Wagen schon eine Police bestand. Rosi bekam zur Auskunft, daß diese Police in Arbeit sei, wir brauchten uns keine Sorgen zu machen. Gerade hatte mir jemand eine größere Summe für dieses Auto geboten. In der Finanzierung stand er nur noch mit knapp der Hälfte der gebotenen Summe. Dieses Auto war unsere Notreserve, die einzige Reserve, die uns geblieben war. Im Falle eines Schadens deckte die Versicherung nur die Finanzierung. Für uns wäre das ein Verlust und sogar der endgültige Ruin gewesen. Ich paßte auf wie ein Luchs, hatte aber ein seltsames, unwirkliches Gefühl. An diesem Donnerstag wurde mir dann meine Rennmaschine, ein selbst zusammengestelltes Rennrad, direkt vor unserer Haustür gestohlen.

Am kommenden Freitagabend fuhr ich Rosi zum „Chevy", um dann gleich wieder nach Hause zu fahren. Dort wollte ich einen bevorstehenden Kundentermin vorbereiten. Ich hatte die Unterlagen schon vorbereitet und auf den Tisch gelegt. Es ging nur noch darum, mir die Unterlagen kurz einzuprägen, um sie dann bei dem Kunden zu präsentieren. Da dieses Vorhaben nur wenige Minuten in Anspruch nehmen sollte, ließ ich meine Brieftasche im Handschuhfach meines Wagens, komplett mit Führerschein, Fahrzeugschein, Kreditkarten und Scheckkarten. Den Wagen parkte ich um die Ecke auf einem Parkplatz einer Wachgesellschaft.

Als ich die Unterlagen eingesehen und zusammengestellt hatte, machte ich mich wieder auf den Weg zum Wagen.

Unsere Wohnung lag im oberen Bereich des Hauses. Im Erdgeschoß befanden sich die Zahnarztpraxis und darüber die Aufenthaltsräume für das Personal. Wenn die Praxis geschlossen war, waren wir die einzigen Bewohner dieses Hauses. Es war ursprünglich ein einstöckiges Haus, das mit dem Ausbau der Praxis aufgestockt worden war. Es wirkte wie ein Neubau und war ja auch zum Teil einer. Da unten die Praxis lag, gab es keinen Zugang für uns in die Kellerräume. Der Treppenaufgang war sehr schmal, dafür aber hell getüncht und neu verfliest.

Meinen Kundentermin hatte ich um 21.00 Uhr, ich mußte mich etwas beeilen und sprang die Treppen hinunter. Dann kam die erste böse Überraschung. Die Haupteingangstür ließ sich nicht mehr öffnen. Irgend etwas schien im Schließzylinder zu stecken.

So etwas Ähnliches hatten wir in diesem Haus schon öfter erleben müssen. Der Zahnarzt hatte zudem Streit mit seinem Bauunternehmer. Es gab ständig Schikanen am Türschloß oder an der Fassade, ohne daß die Ursache klar zugeordnet werden konnte. Ich telefonierte sofort mit dem Zahnarzt, welcher unter seiner Privatnummer zu erreichen war. Dieser machte sich unverzüglich auf den Weg und stellte bei seiner Ankunft fest, daß die Tür und das Schloß mit Sekundenkleber versiegelt waren. Er holte umgehend einen Notdienst zur Hilfe und verständigte gleichzeitig die Polizei.

Gegen Mitternacht war die Tür dann auf. Der Termin hatte sich erledigt, der Abend war gelaufen; ich mußte jetzt nur noch die Brieftasche aus dem Wagen sicherstellen.

Ich ging in Richtung Wachgesellschaft und war erstaunt: Das Auto war verschwunden. Hatte ich es eventuell doch an einem anderen Platz abgestellt?

Ich bekam Panik und lief verstört durch die Seitenstraßen, erst langsam, dann immer schneller. Das Auto war verschwunden! Ich begab mich umgehend auf den Weg zum nächsten Polizeirevier und schilderte den Vorgang. Es war dasselbe Revier, das auch über den Vorfall im Haus informiert war.

Der zuständige Beamte leitete sofort alles mögliche in die Wege, per Telex wurden sogar die Grenzübergänge informiert. Die Täter hatten einen Vorsprung von etwas mehr als drei Stunden, vorausgesetzt, sie hatten mich beobachtet und die Tür verklebt. Diese Zeit war ausreichend, um mit so einem Wagen von unserer Stadt aus die polnische Grenze zu überqueren. Meine schnellste Zeit für eine Strecke von 470 km, davon 170 km Landstraße, betrug damals zwei Stunden und 35 Minuten.

Ich war fassungslos und niedergeschlagen und wagte es kaum, Rosi und Claus davon zu unterrichten.

Claus glaubte mir nicht, daß der Wagen gestohlen war, er unterstellte mir, daß ich selbst die Finger dabei im Spiel hatte. Zwei Luxusautos in sechs Monaten, so etwas würde wohl nicht einmal dem dümmsten Betrüger einfallen.

Erst als ich ihm den entstandenen Schaden vorrechnete, fing er an zu begreifen.

Würde der Wagen nicht noch in der gleichen Nacht gefunden, wäre ich finanziell ruiniert. Vor allem aber konnte ich ohne PKW keinen meiner Jobs ausüben. Eine weitere Katastrophe stand mir noch bevor. Es muß jemand die Finger im Spiel gehabt haben, der mich kannte und über jeden meiner Schritte informiert war, also begab ich mich auf die Suche.

Ich wollte, wie immer, nichts unversucht lassen. Es stand zu viel auf dem Spiel. Zur Ruhe kommen und erst einmal ausschlafen, das schien mir unmöglich. Sollte ich etwa tatenlos zusehen, wie mein Leben und das meiner Familie restlos ruiniert wurden?

Erst in der kommenden Nacht verließen mich meine Kräfte, und ich wollte mich, resigniert und total am Ende, in der Wohnung schlafen legen. Als ich vor der Tür stand, fiel mir ein, daß ich noch gar keinen neuen Schlüssel für unsere Wohnung besaß. Rosi hatte den einzigen Schlüssel, und sie hielt sich bei ihrer Mutter im Viertel auf. Es war inzwischen die Nacht von Samstag auf Sonntag, also die Nacht vom 18. auf den 19. Dezember 1993. Die Uhr zeigte kurz nach 00.00 Uhr an.

Ich rief vorsichtshalber bei Mutti an und fragte, ob ich die beiden noch kurz stören durfte, um mir den Schlüssel abzuholen. Mutti hatte nichts dagegen, und ich machte mich auf den Weg.

Für den Weg ins Viertel benötigte ich eine knappe halbe Stunde. Es lag eine seltsame Stimmung in den Straßen. Es schien, als wenn die Ratten in dieser Nacht ihr Königstreffen abhielten. An jeder Ecke standen dunkle Gestalten, und die Luft war gefüllt mit Aggressionen. Es war kurz vor Weihnachten, um diese Jahreszeit eskalierte in unserer Stadt immer wieder die Lage. Die Krönung gab es dann oft in der Silvesternacht. Straßenbarrikaden blockierten die berühmte Sielwall-Kreuzung, und die Chaoten lieferten sich bedingungslose Schlachten mit den Behörden.

Genau ein Jahr waren Rosi und ich auf der Leiter im Gutshaus gestanden, um rechtzeitig die neuen Büros fertigzustellen.

Natürlich gibt es wesentlich schlimmere und härtere Schicksale, aber mir reichte das vergangene Jahr 1993. Nach allem, was ich in meinen bis dahin 37 Lebensjahren schon erlebt hatte, war dieses Jahr das wohl grausamste bisher, und es war nur der Beginn einer knallharten Bewährungsprobe.

Hoch zur Mitternacht der Armeeführer wird sich retten.

Plötzlich ist er auserwählt bei der Eins.

Sieben Jahre danach – die Seele wird nicht verflucht.

Bei seiner Rückkehr wird man sagen –

Eine Unze wo zehn

(Manfred Dimde – Prophezeiung des Nostradamus – Stern 50, 4.12.2003)

Von der Kreuzung im Viertel bis zur Wohnung von Mutti waren es nur ein paar hundert Meter. Die Kreuzung war belagert. Vereinzelte Gruppen verhielten sich besonders aggressiv. So schlimm, daß sogar ich etwas Angst bekam. Ich hatte noch ein paar Mark in der Tasche, gerade ausreichend für ein kleines Rollo. Von einem kleinen Imbiß aus konnte ich eine Gruppe, bestehend aus sechs bis acht Jugendlichen beobachten, die es auf zwei Heranwachsende abgesehen hatten; einer von ihnen war mit einem Baseballschläger ausgerüstet.

Ich sah etwas später und gerade noch rechtzeitig, wie die beiden Heranwachsenden von der Gruppe zu Boden gerissen wurden. Einer aus dieser Gruppe, es schien der Anführer zu sein, kniete auf einem der beiden und zog ein Messer. Ein paar Leute dieser Gruppe kamen mir bekannt vor. In diesem Moment war ich dazwischen. Die Gruppe löste sich blitzschnell auf. Ich half einem der armen Kerle auf die Beine; er schien einen Schock zu haben, war er doch gerade mit seinem Leben davongekommen. Ich beruhigte ihn etwas und empfahl ihm, die Polizei zu rufen. Ich sah noch, wie er in einer Telefonzelle verschwand, dann drehte ich mich um und erkannte einen der Angreifer. Ich stellte ihn zur

Rede. Urplötzlich veränderte sich die Situation.

Der Angreifer fing an, auf mich einzuprügeln. Zudem spürte ich eine rätselhafte Betäubung in meinem Körper, vernahm noch ein seltsames Knirschen in meinem Rücken und ein paar Schläge und Tritte, dann wurde es dunkel.

25. Kapitel - Sieben Leben auf einen Streich?

Was war passiert? Um das herauszufinden, brauchte ich Monate. Manche Dinge konnte ich erst viele Jahre später, ganz langsam und kontinuierlich, entschlüsseln.

Die Gruppe muß wie aus dem Nichts wieder aufgetaucht sein. Einer von ihnen muß mich mit einem Elektroschocker paralysiert haben (anders kann ich mir das taube Gefühl in meinem Körper nicht erklären), ein anderer muß mich mit einem Baseballschläger oder ähnlichem Gegenstand an der linken Schulter getroffen haben. Mein Körper und mein Gesicht wiesen zahlreiche Blessuren auf, aber das Schlimmste war wohl mein Rücken.

Ich fand mich verdattert auf dem Boden des Gehwegs wieder und versuchte aufzustehen. Spüren konnte ich zu diesem Zeitpunkt überhaupt nichts. Arme und Beine fühlten sich an wie gelähmt. Dann spürte ich nur noch, daß die Straße, die vorher noch belebt war, plötzlich eine seltsame Ruhe ausstrahlte. Ich weiß nicht, was dann passiert ist und vor allem, wie ich von dieser Stelle fortgekommen war. Nur eines spürte ich eindringlich und intensiv. Mein Leben schlich sich langsam, Stück für Stück aus meinem Körper.

Von Minute zu Minute wurde ich ruhiger und nahm mein Schicksal in Kauf.

Ohne Angst oder Beklemmung sah ich die kommenden Dinge auf mich zukommen, und mit jedem Moment wurde ich ruhiger. Bis zu dem Punkt, als jemand versuchte, mich aus einem Auto zu ziehen. Urplötzlich setzten unbeschreibliche Schmerzen ein, genau an der Stelle, wo ich ein Jahr zuvor die Phantomschmerzen zu spüren bekommen hatte.

In einem Krankenhaus bedrängte mich ein junger Arzt und verlangte von mir, daß ich ihm ein Messer zeigen soll oder etwas ähnliches.

Was für ein Messer? Ich hatte keines gesehen und auch keines gespürt. Mir war aber anhand der Angst des Arztes, die ich in seinem Gesicht lesen konnte, klar, daß es sich nur noch darum drehte, ohne Schmerzen zu sterben?

Angst? Im Gegenteil, nichts war mir wichtiger als endlich die Augen schließen zu können. Die Schmerzen wurden unerträglich.

Mir ging das alles nicht schnell genug, und ich fing meinerseits an, den Arzt anzubrüllen. Dann „endlich" war es soweit. Ich spürte eine wohlige Wärme in meinem Körper und schlief ein. So also fühlt es sich an, wenn der Todeszeitpunkt erreicht ist? Ich hatte mir das ganz anders vorgestellt.

Irgendwann, Tage später, setzte mein Bewußtsein für wenige Sekunden wieder ein. Ich konnte nur Frauen in seltsamen Gewändern erkennen. Mein erster Gedanke war: Um Gottes willen, in was für einem Bordell bist du denn gelandet und was mußt du bloß angestellt haben, daß du dich nicht bewegen kannst? Überall um mich herum erkannte ich Kabel und Geräte, der erste Eindruck war es, gefesselt zu sein. Mein nächster Gedanke war es, in einem anderen Leben zu sein. So sah also der Himmel oder die Hölle aus?

Dann spürte ich eine mir noch unbekannte fürsorgliche Wärme. Eine Frau mit vermummtem Gesicht, aber strahlend hellblauen Augen stand neben mir und hielt behutsam meine Hand. Kaum hörbar flüsterte sie mir ins Ohr, daß ich seit Tagen im Koma gelegen hätte und mich auf keinen Fall bewegen dürfe. Sie spritzte etwas durch einen Schlauch, eine andere Wärme breitete sich in meinem Körper aus, und ich schlief wieder ein.

Beim nächsten Aufwachen vernahm ich die Stimme von Rosi. Ich war also doch noch unter den Lebenden. Rosi muß sehr dankbar gewesen sein, mich lebend zu sehen.

Ich war eigenartigerweise enttäuscht; ich hatte gedacht, ich hätte alles überstanden, und nun war es vollkommen klar, daß alles noch einmal beginnen mußte. Mein erster Gedanke war die Erinnerung an das vergangene Jahr. Mich überbekam eine unbeschreibliche Angst, und ich fauchte Rosi an.

Die Arme konnte doch gar nichts dafür, aber ich war noch nicht bei Sinnen und das sollte auch noch eine Weile so bleiben. Dann verlor ich wieder das Bewußtsein.

Am 24.12.1993, am Heiligabend, war ich das erste Mal für längere Zeit bei Bewußtsein.

Ich muß unausstehlich gewesen sein, schließlich verstand ich die Welt nicht mehr. Die Zusammenhänge zu erklären oder nachzuvollziehen schien mir unmöglich. Meine Verbitterung wuchs von Stunde zu Stunde. Der Höhepunkt gipfelte in einem lautstarken Vorwurf an Rosi, weil ich keine Kleidung zum Anziehen hatte. Wie sollte die arme Frau auch daran denken, mir Kleidung zu bringen, vor allem weil ich vollkommen bewegungslos lag, mich keinen Millimeter rühren durfte und an allen Körperteilen irgendwelche Kabel oder Schläuche befestigt oder und eingeführt waren.

Ich konnte nicht ahnen, was Rosi, Claus und meine Familie alles durchmachen mußten. Ich war einfach nur verdattert und, wenn ich richtig darüber nachdenke, wohl auch ein bißchen sauer. So richtig wohl fühlte ich mich bei dem Gedanken über das Geschenk meines Lebens nicht. Mir war es einfach unverständlich, daß ich überhaupt wieder aufgewacht war, und so ging es wohl nicht nur mir.

Ein Arzt nach dem anderen tauchte auf, alle vollkommen fassungslos, und erzählte mir, wieviel Glück ich gehabt habe.

Ein Arzt drängte mich, die Polizei zu informieren. Das Krankenhaus hatte es nicht versäumt, war aber so mit meiner Rettung beschäftigt, daß sie es Rosi überließen. Rosi wiederum hatte ganz andere Probleme, und Claus empfahl ihr zu warten, bis ich was dazu sagen könne. Natürlich schien das in diesem Moment vollkommener Schwachsinn von Claus zu sein, es sei denn, er hatte die Täter gefunden. Das war aber nicht der Fall. Wertvolle Tage waren vergangen, und ich war noch lange nicht vernehmungsfähig.

Später erwies sich, daß Claus richtig gehandelt hatte. Er hatte damit seinen Spürsinn und seine Weitsicht für unsere Aufgabe untermauert und ihr somit die richtige Bedeutung zugewiesen.

Rosi und Claus hatten die Hölle hinter sich. Noch am sechsten Tage meines Komas sprachen ihnen die Ärzte nur wenig Hoffnung auf mein Überleben zu. Sie hatten mich in ein Schmerzkoma gelegt, weil ich anders keine Chance gehabt hätte. Wenn nicht die Verletzung selbst mir den Rest gegeben hatte, der Schmerz hätte ausgereicht, um mich zu töten.

Aber da war noch etwas anderes, was Rosi wirklich stark belastete. In diesen Tagen des Komas hatte sie die vollkommene Gewißheit bekommen, daß sie ein Kind erwartete.

Was muß in dieser Frau wohl vorgegangen sein? Was für eine Last hatte sie zu tragen?

Behutsam erzählte sie mir von unserem Glück, und ich verstand überhaupt nichts von dem, was da vor sich ging. Rosi wollte verständlicherweise meine Meinung dazu hören. Ich konnte ihr nicht helfen.

Heute bin ich heilfroh darüber, daß Rosi sich richtig entschieden hatte. Was für einen Mut und welche Tapferkeit muß sie aufgebracht haben, um den nächsten Schritt weiterzugehen?

Es ist ein zusätzlicher Grund dafür, daß ich dieser Frau ein Leben lang zu Dank verpflichtet sein werde.

Claus hatte Tag und Nacht mit seinen kleinen Hunden, Lümmel und Pinky, vor dem Eingang des Krankenhauses gesessen und gehofft. Lümmel, ein kleiner, frecher, bissiger weißer Chihuahua und Pinky, ein kleiner braun-schwarzer Yorkshire-Terrier.

Er war restlos fertig und vollkommen überfordert. Während dieser Zeit begriff er die richtige Bedeutung unserer Freundschaft. Seit diesem Zeitpunkt rückten wir noch unzertrennlicher und näher zusammen. Noch intensiver, als es während der Zeit im Why Not gewesen war. Wir fühlten uns schon lange wie eineiige Zwillinge, nun paßte nicht mal mehr ein Lufthauch zwischen uns.

****

Schon nach den Weihnachtsfeiertagen wurden die Schläuche, Drainagen und Geräte entfernt. Ich bekam eine letzte Morphiumspritze und wurde auf die Station verfrachtet. Kaum war ich auf der Station angekommen, da begann ich schon mit den ersten Gehversuchen und hielt mich im Aufenthaltsraum auf. Die Ärzte, die mich sahen, wurden etwas bleich und nervös. So etwas hatten sie wohl vorher noch nicht gesehen oder erlebt.

Mein Übermut wurde höllisch bestraft. Es dauerte nicht lange, und die Wirkung der letzten Spritze ließ nach; danach setzte ein unglaublicher Schmerz ein, genau an der Stelle, wo ich ein Jahr zuvor diesen wahnsinnigen Phantomschmerz gespürt hatte. Weitere Spritzen gab es nicht, nur alle vier Stunden ein paar Tropfen Novalgin. Ich konnte keinen klaren Gedanken mehr fassen, der Schmerz trieb mir ständig die Tränen in die Augen. Es wurde gegen den Schmerz im Krankenhaus vorerst nichts mehr unternommen.

Es fiel mir von Tag zu Tag schwerer, diesen zu ertragen, und ich wollte einfach nur noch raus aus diesem Krankenhaus, damit endlich jemand etwas gegen diesen Schmerz tun konnte. Im Krankenhaus hatte selten jemand so einen Heilungsprozeß gesehen. Es war vollkommen klar, daß sie den Schmerz nicht so für voll nahmen, wie er sich mir darstellte, und auch ich hatte noch etwas Hoffnung, daß er sich etwas lindern würde.

****

Langsam, so nach und nach, erfuhr ich einen Teil der Wahrheit, vielmehr bekam ich das tatsächliche Ausmaß dieser Katastrophe zu spüren und zu hören.

Die Schutzengel müssen gerade in meiner Nähe eine Versammlung abgehalten haben, als mir diese Geschichte passiert war. Einer allein hätte dieses Wunder niemals vollbringen können, es sei denn, er hatte ganz besondere Fähigkeiten. Oder war es der Chef höchstpersönlich?

Meine linke Schulter wies eine fast 20 cm lange Platzwunde auf, welche geklammert und geklebt wurde.

Am ganzen Körper befanden sich Hämatome, sogar am Kopf. Meine restlichen Zähne waren herausgebrochen. Auf der Brust befanden sich große Löcher von den Drainagen. Der Rücken sah aus wie ein Schlachtfeld. Mehrere kleine Narben wurden gekrönt von einer langen Narbe unter dem rechten Schulterblatt. Diese Narbe verläuft von der Wirbelsäule bis unter die rechte Achselhöhle.

Bei meiner Einlieferung soll ich bereits weit über vier Liter Blut verloren haben. Da ein Mensch nur 6,5 Liter Blut im Körper hat, war ich theoretisch schon tot. Die folgenden Operationen zogen sich, mit einer Unterbrechung, bis über den späten Sonntagnachmittag hinaus. Die Klinge des Messers, welches mir in den Rücken gebohrt wurde, muß mindestens 5 cm breit und 20 cm lang gewesen sein. Zwei sichtbare Stichwunden wurden festgestellt. In einem Stichkanal muß der Täter ein zweites Mal nachgestoßen haben. Das Lungengewebe wurde schwer beschädigt, eine Hauptschlagader neben dem Rückenmark um Bruchteile eines Millimeters verfehlt. Ein Stichkanal endete knapp unter der Herzkammer.

Eine weitere Verletzung des Lungengewebes wurde erst nach der zweiten Operation festgestellt. Ich lag schon wieder auf der Intensivstation, als die Ärzte einen erneuten Blutverlust von 3,5 Litern feststellten. Der Brustkorb wurde wieder geöffnet, ein Stück von der sechsten Rippe entfernt und das Lungengewebe mit Gewebekleber verschlossen.

An der ganzen Aktion waren bis zu acht Ärzte, unter ihnen ein Professor, beteiligt.

Genug Grund, um allen Beteiligten an dieser Stelle ein herzliches Dankeschön auszusprechen. Ich werde ihre Leistung immer in Erinnerung behalten.

Die Ärzte und das übrige Personal des Rotkreuz-Krankenhauses haben ein Wunder vollbracht, an das sie selber nicht zu glauben gewagt hatten.

Die einzigen Erinnerungen, die mir aus dem Koma geblieben sind, waren ein weißes Pferd mit Flügeln und eine seltsame Fratze mit Ohrring. Beide erschienen mir gleichzeitig, beständig und wurden in den kommenden Jahren meine Begleiter.

26. Kapitel - Im Laufrad der Hölle

Silvester 1993/94 war ein kühler, verregneter und grauer Tag.

Gott sei Dank kam Rosi mit ein paar leckeren Häppchen vorbei. Mein Appetit war gleich null, aber meine Augen genossen diese Köstlichkeiten.

Rosi konnte nicht lange bleiben. Auf den Straßen im Viertel war wieder Krawall, es war viel wichtiger, daß sie sicher und rechtzeitig nach Hause kam. Natürlich schlief sie mit der Kleinen bei Mutti. Mir war das nur Recht, ich war sehr angeschlagen und mußte viel schlafen.

Um Punkt 0.00 Uhr rüttelte es an meinem Bett. Säckel stand mit einer Flasche Sekt vor mir. So ein verrückter Hund, dachte ich und freute mich wie ein kleines Kind. Ein paar Minuten später schlief ich wieder ein.

.................Gerade habe ich wieder einen Arztbesuch hinter mir. Es war der Hämatologe. Für ein Gespräch von nur zwei Minuten mußte ich zweieinhalb Stunden warten, dabei litt ich unter den Schmerzen der Verletzung von 1993. Er versuchte mich etwas zu beruhigen, schließlich hatte er seine Aufgabe doch gut erfüllt. Seit dem Juli 1999 sind die Werte der angeblichen Hepatitis C „negativ". Ich hatte das fast Unmögliche wieder einmal geschafft. Vor einem Jahr lag, laut Aussage des Arztes, meine Überlebenschance nur zwischen 10 und 15 %. Im März waren es dann 35 %, und jeden Monat verbesserte sich diese Situation, aber „nur" diese. Zog man alle Faktoren mit in Betracht, konnte die theoretische Überlebenschance deutlich unter 5 %, vielleicht sogar nur bei 1 %, angesiedelt werden.

Bis zum 15.03.2000 muß ich nun noch durchhalten, danach kann ich sicher sein, zumindest diese Gefahr hinter mir gelassen zu haben. Erst dann kann ich mit dem Aufbau des Körpers wieder beginnen. Im Herbst 1998 hatte ich noch 128 Kilo gewogen, jetzt sind es gerade mal noch 72 kg.

Der Kleine und ich haben gestern einen Kalender aufgehängt. Jeder angefangene Tag wird von uns mit einem großen roten

Kreuz markiert. Am 15. 03. haben wir eine große grüne Tür mit einem Smiley in der Mitte gekennzeichnet.

Zu dem Stand der öffentlichen Diskussion möchte ich nur einen kurzen Kommentar abgeben. Wer meine bisherigen Kommentare aufmerksam verfolgt und verstanden hat, dem wird sicherlich aufgefallen sein, daß ich den Ereignissen oft voraus bin. Es ist gut, daß die Spendenaffäre um Kanzler Kohl im Moment aufgearbeitet wird, aber sie ist nicht das eigentliche Problem und soll nur ablenken; außerdem war es die ganzen Jahre über so offensichtlich, daß es mich wundert, warum es erst jetzt die Gemüter erhitzt. Viel schlimmer sehe ich die Abwehr der ehemaligen Regierungspartei. Der Parteivorsitzende Schäuble, der arme Kerl, wird als „Behinderter" für alle Probleme vorgeschoben. Die Person, welche als neuer Parteivorsitz in Frage kommen soll, ist Frau Merkel. Sie kommt aus einem Landkreis im Osten, in dem ich gearbeitet hatte. Ich erinnere mich sehr genau an ihren Kommentar in der Tagesschau und anderen Nachrichtensendern nach oder bei den Ausschreitungen um einen Castor-Transport. Bei diesem Transport wurde auch ein alter Bauer in seinem Traktor niedergeknüppelt. Ihre Drohung war eindeutig und unmißverständlich, ich kann sie noch fast wörtlich zitieren: „Das Volk soll sich bloß vorsehen, schließlich hat die Regierung die Macht!"

Im Klartext verstand ich das so: „Muckt nicht wieder auf, sonst bekommt ihr unsere Macht knallhart zu spüren, wir haben die Militär- und Polizeigewalt!"

Es war die klare Auffassung dieser Regierung und würde aus dieser Sicht eindeutig das Ziel einer stillen Diktatur bedeutet haben. Was ja auch wohl so gewesen ist.

Schon Adenauer hat gesagt: „Was schert mich mein dummes Geschwätz von gestern, oder wollt ihr mich daran hindern dazuzulernen!"

Diesen Kommentar der Politikerin dürfen die Menschen einfach nicht übersehen und schon gar nicht vergessen. Trotzdem sollte jeder Mensch eine weitere Chance erhalten dürfen.

Oder ....

Mitte Januar 1994 konnte ich schon wieder nach Hause. Endlich, denn die Schmerzen wurden von Tag zu Tag unerträglicher, und im Krankenhaus konnte oder wollte mir niemand richtig Gehör schenken. Als Doc den Operationsbericht in den Händen hielt, wurde er kreidebleich und war fassungslos. Ich schilderte die Schmerzsymptome, und da inzwischen einige Wochen vergangen waren, war ihm klar, daß gegen diese Schmerzen nur noch starke Schmerzmittel helfen konnten. Doc kannte mich nur zu gut, und er wußte sehr genau, daß ich kein Simulant bin. Er verschrieb mir Valeron und gab mir eine Überweisung zu einem Neurologen. Da ich noch kaum bewegungsfähig war, besuchte ich den erstbesten Neurologen in meiner Nähe; dessen Praxis lag wiederum nur einen Steinwurf entfernt vom Krankenhaus.

.................Es war ein Wunder, diese Messer-Attacke überlebt zu haben. Vor allem bei den großen Belastungen, welche die Jahre über ständig gewachsen waren; aber der Mensch kann sehr viel einstecken.

Einen großen Überlebenswillen von meiner Seite konnte es nicht mehr gegeben haben, ich war viel zu schwach und angegriffen, alleine von den Ereignissen in 1993. Was war es also, das mich überleben, vielmehr ins Leben zurückkehren ließ?

Natürlich hatten die Ärzte einen übermäßig großen Anteil daran; ihre Ausdauer und Beharrlichkeit war sicher ein Grund, aber genauso sicher war es auch nicht das Entscheidende.

Waren es das noch ungeborene Kind und der Glaube von Rosi und Claus, oder hatte ich noch eine Aufgabe in meinem Leben zu erfüllen?

Mir ist vollkommen klar, daß es viele Menschen gibt, die noch viel Furchtbareres durchgemacht haben.

Meine Geschichte ist noch lange nicht an ihrem Höhepunkt angekommen.

Das wirkliche Leben birgt viel mehr Spannung und Tragik in sich als jede erdachte Geschichte und ist durch keine Phantasie auf dieser Welt zu ersetzen.

Das, was ich bisher an Schicksals- und Niederschlägen hinnehmen mußte, konnte mich trotzdem nicht vollständig brechen. Ich hatte mir im Laufe der Jahre einen Schutzwall aus meterdickem Stahl um mich herum aufgebaut. Jeden Schlag konnte ich so etwas mildern und ihn für mich und andere lächerlich erscheinen lassen. Wer rechnet schon damit, daß es dadurch immer schlimmer werden kann, ungefähr so, als ob eine fremde Macht einem erzählen will, daß, wenn du etwas wegstecken kannst, du die nächste Belastung auch noch aushalten wirst.

Ich vergrub und vergrabe mich immer noch in der Hoffnung, daß alles Leid auch einen Ausgleich finden muß. Ich werde alles versuchen, diesen Ausgleich herzustellen. und nur ich alleine kann diesen Ausgleich finden und ins Gleichgewicht bringen. Ich denke, daß dies der einzig richtige Weg ist und sein wird........
....

Die Neurologin verhielt sich sehr seltsam und warf mir vor, mich auf Kosten der Allgemeinheit bereichern zu wollen. Es wurde Zeit, einen Anwalt zu informieren. Mein Doc war außer sich, schließlich wußte er genau, wie hart ich im Nehmen war. Dutzende Male hatte er mich schon zusammengeflickt, und nur in den härtesten Fällen konnte er mich überzeugen, mich krankschreiben zu lassen.

Es begann ein Spießroutenlauf mit den Behörden, und ich konnte mich noch nicht einmal richtig bewegen. Um einigermaßen klarkommen zu können, mußte ich alle zwei Stunden 30 Tropfen Valeron zu mir nehmen. Eine größere Strafe konnte es für mich nicht geben. Ich, der ich ein Gegner dieser Betäubungsmittel war, war von einem Tag auf den anderen darauf angewiesen!

Das war aber nicht einmal der Höhepunkt der Tragik. Kaum konnte ich mich auch nur etwas an das Geschehen erinnern, begann ein weiteres grausames Leiden. Doc und ich bezeichneten das als sogenanntes Vietnam-Syndrom.

Jede Nacht, immer zur gleichen Uhrzeit - nämlich zu der Zeit, als dieser Überfall stattgefunden hatte - setzte ein immer identischer Alptraum ein. Nach einiger Zeit kam dieser Alptraum sogar, sobald ich die Augen geschlossen hatte und etwas vor mich hin dämmerte. Nachts jedoch wurde es so schlimm, daß Rosi manches Mal Angst bekam und oft bei den Kindern schlafen mußte.

Diesen Alptraum habe ich in einem vorherigen Kapitel schon einmal beschrieben. Ich beschreibe ihn noch einmal, weil jetzt wohl jedem die Zusammenhänge klar werden.

Sobald ich die Augen zu hatte und etwas eingenickt war, bekam ich ein unbeschreibliches Angstgefühl. Ich hörte Stimmen, sah Schatten um mich herum und wußte, daß es darum ging, mich zu töten. Das ist weiter noch nicht das Schlimmste. Grausam wird es, wenn ich versuche, aus diesem Traum auszusteigen. Mein Körper ist wie gelähmt, die Beine und Arme kleben bewegungslos am Körper, es ist mir unmöglich, die Augen zu öffnen. Nach endlosen Minuten kann ich die Kraft aufbringen und mich aus dieser Lage befreien. In den ersten Monaten folgte dann ein wirrer Abwehrversuch, bei dem Rosi beinahe ihren Kopf herhalten mußte.

Den Neurologen hatte ich natürlich sofort gewechselt. Der Neue hatte sich intensiv mit meiner Problematik beschäftigt und gab mir die entsprechenden Medikamente, um wenigstens teilweise ruhig schlafen zu können.

Ich hatte seit meinem 21. Lebensjahr sehr viele Erfahrungen mit Drogen gemacht und unbeschadet überstanden. Glück gehabt! Um meine Situation zu verbergen (ich bekam Augen wie ein Fixer, und auch meine Bewegungen waren denen eines Junkies ähnlich), griff ich verstärkt zu Kokain. Was ich irgendwie bekommen konnte, nahm ich. So konnte ich mich wenigstens etwas flüssiger bewegen und mein Handicap kaschieren. Daß dies auf Dauer keine Lösung sein konnte, war mir klar, aber es war wohl das kleinste Problem, das ich zu lösen hatte.

Solange ich diesen Verbrauch nicht finanzieren mußte, war es irrelevant. Überall, wo ich auftauchte, wurde dieses Zeug angeboten, manchmal mehr, als es jemals von mir gewollt war.

Auch Claus war diesem Zeug unterlegen, und so erlagen wir beide diesem Laster. Nicht, daß wir vorher schon Gelegenheiten ausgelassen hatten, aber nun wurde es zu einem für uns immer notwendigeren Übel. Ohne es zu merken, stiegen wir weiter und weiter die Stufen zur Hölle hinab.

Claus hatte mehr und mehr mit seinem Schicksal zu hadern. Die Trennung von Marina setzte ihm täglich zu. Viel schlimmer, als er es selbst einsehen wollte. Vor allem aber, weil die beiden noch in einer gemeinsamen Wohnung lebten. Die Wohnung war sehr groß, und es wäre ein Kinderspiel gewesen, ein weiteres Schlafzimmer einzurichten. Marina dachte nicht daran, auszuziehen oder sich das andere Zimmer einzurichten.

Sie legte sich zu Claus ins Bett und erzählte ihm, immer wenn sie von einer Kneipentour zurückkam, von ihren Erlebnissen und Affären. Claus liebte sie immer noch und hörte ihr geduldig zu. Eine Katastrophe bahnte sich an. Seine Zuckerkomas kamen verstärkt zurück, und er bestand bald fast nur noch aus Haut und Knochen.

Claus verstand es ebenso meisterhaft wie ich, sein Leiden zu kaschieren. Mir konnte er nichts vormachen; ihm etwas darüber zu erzählen oder mit ihm darüber zu reden, endete wie ein Crash gegen eine Betonmauer. Also versuchten wir einfach nur, etwas zu überleben und uns die Zeit so angenehm wie möglich zu gestalten.

****

Erst im Februar nach der Messerattacke kamen ein paar Erinnerungen und Zusammenhänge in einer groben Richtung. Meine hauptsächliche Erinnerung im Schmerzkoma war ein unrasiertes, animalisches Gesicht mit einem großen silbernen Ohrring und im Gegensatz dazu ein weißes Pferd mit großen weißen Flügeln und einer seltsamen Aura.

Das, was passiert war, konnte ich nur in Bruchstücken wiedergeben. Jahre später fehlten mir noch etliche Minuten, vor allem die der Tat und die Zeit bis zur Ankunft im Krankenhaus. Meine einzige Erinnerung auf dem Weg war es, Claus noch unbedingt etwas Wichtiges mitteilen zu wollen. Ich mußte wohl irgend jemanden oder irgend etwas erkannt haben.

Rosi stand natürlich schon am erstmöglichen Tag im Büro der Direktion unseres Unternehmens. In Tränen aufgelöst erzählte sie von unserem Schicksal. Der Direktor und seine bekannte Art müssen ihr dort den Rest gegeben haben.

Zu meiner aktiven Zeit kümmerte er sich bei meinen Kunden, bei anfallenden Schadensfällen, immer sofort und unbürokratisch um Hilfe. In den meisten Fällen reichte ein Anruf in der Direktion der Partnergesellschaft, und alles nahm seinen positiven Lauf. Es war natürlich gerade jetzt wichtig, Rosi in den Versicherungsfragen unter die Arme zu greifen, und das war leider nicht der Fall.

Obwohl die Kraftfahrzeugversicherung uns telefonisch die Deckung des PKW zugesagt hatte, war mit einem Mal keine Rede mehr davon. Auf Rosis Frage, ob zumindest die Unfallversicherung, bis dahin war die Summe auf über eine Million Mark bei 100 % Invalidität angestiegen, zahlen würde, verneinte der Direktor. So etwas ist kein Unfall, war seine Antwort. Er kassierte monatlich angeblich mehrere hunderttausend Mark und kannte nicht einmal den § 1 der Allgemeinen Unfallversicherungsbestimmungen? Oh Gott, mit wem hatte ich die ganze Zeit zusammengearbeitet?

Ein Satz des § 1 der Unfallversicherungsbestimmungen lautet: >Ein Unfall ist eine von außen einwirkende, ungewollte Schädigung des Körpers.<

Ich konnte überhaupt nichts unternehmen, weil ich noch nicht klar denken konnte. Als mich eine ehemalige Mitarbeiterin einer Unfallversicherung noch einmal daraufhin ansprach, war ich wieder etwas am Ball, schrieb selber die Schadensmeldung und war zuversichtlich. Die Gesellschaft, bei der ich versichert war, hatte zusammen mit ihren Tochtergesellschaften über 3000 Neukunden in dreieinhalb Jahren von meiner Struktur bekommen. Das, was sie mir schuldig waren, erreichte noch lange nicht einmal die Summe der gesamten Einnahmen eines Monatsbeitrages aller Verträge meiner Kunden, dazu kam noch, daß die meisten Verträge langfristig abgeschlossen waren. Manche hatten eine Laufzeit von 30 Jahren.

In den ersten Monaten vertraute ich der Gerechtigkeit, wurde aber immer wieder auf eine harte Probe gestellt. Als ich dann feststellen mußte, daß die Geschäftsführung überhaupt keine Notiz von meinem Schicksal nahm, begann der nächste Akt meiner Verzweiflung.

Was hatte ich diesen Leuten getan, außer, daß ich mein letztes Hemd, meine ganze Kraft und das Schicksal meiner Familie aufs Spiel gesetzt hatte?

Ich wollte mich sofort an die Medien wenden, wurde aber von Claus zurückgehalten. Er hatte noch Hoffnung, daß doch noch alles zu einem guten Ende führen würde, und bat mich, ruhig zu bleiben. In diesem Fall sollte er recht behalten, vorerst aber nur unter dem Aspekt der Ruhe im Verhältnis zur Aufregung.

****

Natürlich bekam ich anfänglich ein paar Anrufe. Ich spürte oft die Scheinheiligkeit in der Stimme einiger Menschen und wurde immer frustrierter. Bei vielen war ihr Telefonat nur reine Neugier oder so etwas wie eine Höflichkeitsanfrage. Nur sehr wenige, kaum eine Handvoll, zeigten ehrliches Interesse.

Zu den Personen, denen ich ihr Interesse glaubhaft abnahm, gehörten auch Ina und Knud, ein junges hübsches Ehepaar. Sie arbeitete bei Mercedes in der EDV-Abteilung, und er saß im Büro der Direktion des Finanzdienstleistungsunternehmens. Ich hatte Knud erst ein halbes Jahr zuvor auf dem Seminar in Sölden kennengelernt, und wir spürten beide unsere Sympathie füreinander. Ihm waren zuvor schon ein paar Ungerechtigkeiten in diesem Büro aufgestoßen, und nun war er schockiert. Er blieb noch eine gewisse Zeit in diesem Beruf, bis er erkannte, daß dort auch für ihn keine Zukunft vorhanden war. Ina und Knud kümmerten sich liebevoll um uns, und ich revanchierte mich, wo es eben ging. Als Knud eine zusätzliche Beschäftigung suchte, weil sein Einkommen bei dem Unternehmen nicht mehr ausreichte, bekam er über unsere Bekannten mehrere Jobs angeboten. In einem dieser Jobs fand er noch etliche Jahre später ein Einkommen und konnte sich ein festes Standbein sichern. Es ist schon toll, wie sich die beiden entwickeln konnten, und ich freute mich von ganzem Herzen darüber.

****

Erst im April war ich in der Lage, eine etwas konkretere Aussage bei der Kriminalpolizei zu machen. Kostbare Monate waren vergangen, und ich war ein bißchen sauer auf Claus. Warum hatte er nicht umgehend dafür gesorgt, daß nach diesen Leuten gefahndet wurde, vor allem, wenn er selbst nicht in der Lage war, diese zu finden? So bekam die Angelegenheit einen seltsamen Beigeschmack, ungefähr so, als ob ich etwas zu verbergen hatte. Was mich und meine Einstellung dazu betraf, war genau das Gegenteil der Fall.

Meine Mutter schickte uns einen Mitarbeiter vom „Weißen Ring". Wie sich herausstellte, war dieser hauptberuflich als Filialleiter einer Bank beschäftigt. Interessiert hörte er sich die Geschichte an. Hilfe konnte er uns keine anbieten. Er verließ uns mit dem Kommentar, daß uns nichts anderes übrig blieb, als die Hilfe vom Sozialamt in Anspruch zu nehmen.

****

Das Unternehmen hielt sich auf Distanz. Trotz mehrfacher Telefonate mit der Hauptverwaltung kam nicht eine Rückmeldung. Noch nicht einmal meine Post wurde zu uns nach Hause umgeleitet. Rosi mußte viele Jahre regelmäßig in das Büro und nachsehen, ob Post für uns abgegeben worden war. Meine Verbitterung stieg von Tag zu Tag, daran änderten auch die spartanischen Postkarten des Direktors zum Weihnachtsfest nichts. Zu meiner Verbitterung kamen, ständig wachsend, Wut und grenzenlose Enttäuschung. Die Versicherung lehnte es kategorisch ab, den Diebstahlsschaden des Kfz zu begleichen. Unsere Schulden wuchsen in kürzester Zeit auf eine sechsstellige Summe an. Rosi wußte nicht, was zu tun war, und ich konnte ihr erst ab dem Monat April etwas unter die Arme greifen. Der Gang zum Sozialamt wurde unvermeidlich.

Die Krankenkasse forderte mich auf, in regelmäßigen Abständen zur amtsärztlichen Untersuchung zu gehen. Schon bei der ersten Untersuchung spürte man den Sinn und Zweck dieser erniedrigenden Prozedur. Trotz des Hinweises auf meine unerträglichen Schmerzen und klarer Anzeichen und Beweise wurde ich nach jeder Untersuchung gesundgeschrieben. Ich bekam Antworten wie: „Auch ein Rollstuhlfahrer kann zur Arbeit gehen", oder: „Sie wollen doch nur der Allgemeinheit auf der Tasche liegen!"

Im Grunde genommen waren die Art der Verletzung sehr leicht zu definieren und die Ursachen einleuchtend. Schon bei meiner Krankengymnastik wurde nach wenigen Behandlungen klar, daß eine Therapie fruchtlos war, auch weil sie zu spät begonnen hatte. Die Nervenstränge von der Wirbelsäule rechts bis zum Brustbein waren durchtrennt und wuchsen nicht wieder richtig zusammen. Dadurch entstand eine Parese (Lähmung) in diesem Bereich, ungefähr 15 cm breit und in voller Länge. Diese Lähmung fiel besonders in der vorderen Bauchmuskulatur, unter den kurzen Rippen, ins Gewicht. Es war das Gefühl, als wenn die Bauchmuskulatur den Druck der Innereien nicht dämmen konnte, und bei der geringsten Belastung drückten diese, begleitet von unvorstellbaren Schmerzen, unter die kurzen Rippen. Die Lähmung war eindeutig nachweisbar, und es gehört keine Phantasie dazu, sich diese Qualen vorzustellen. Jeder, der einmal eine Rippenprellung oder Rippenfellentzündung gehabt hat, weiß genau, was das für unangenehme Schmerzen sein können. Dazu kam und kommt die Vernarbung des inneren Gewebes. Die Stichkanäle waren bis zu 20 cm lang. Die Stiche gingen also quer durch den Körper. Es war ein zusätzliches Wunder, daß sie vorne nicht wieder herauskamen.

Sollte ich diesen Schmerz bildlich beschreiben, so kann ich sagen, daß sich ständig eine Kastanie mit stacheliger Schale unter der Bauchdecke befand. Belastete ich die rechte Seite, und sei es nur durch zu viel Bewegung, das konnte ein kurzes Anheben einer vollen Plastiktüte sein, dann war der Schmerz so groß, als ob eine zwei Meter lange Lanze durch den Körper ragte und sich ständig bewegte! Was war daran so schwer zu verstehen?

Das, was ich mein Leben lang vermutet hatte, wurde nach und nach bestätigt.

Unser System taugt nur etwas für Leute, die sich brav unterordnen. Kommt jemand in so eine prekäre Situation, zeigt sich das wahre Gesicht dieses Systems. Es wird untauglich und ist auf diese Art zum Scheitern verurteilt. Die Menschen, die eine ähnliche Situation durchleben, können sich nicht einmal mehr wehren, weil sie keine Lobby besitzen und ihnen jede Art sinnvoller Unterstützung versagt wird. Viele sind hoffnungslos verloren.

Was ist ein System wert, welches sich das Wort „soziale Marktwirtschaft" auf das Banner schreibt und Menschen, die wirkliche Hilfe benötigen, einfach in der Versenkung verschwinden läßt und nach außen einen unvorstellbaren und anmaßenden Glanz zur Schau stellt?

Man hört immer wieder die gleichen Worte von Politikern, die sich wehren: „So ist eben das Gesetz", sich aber nicht scheuen, ständig neue Gesetze zu ihren Gunsten zu erlassen. Ändert sich an dieser Situation nicht schnell etwas, muß sich die Gesellschaft nicht über den ständigen Verfall der Werte und ständig wachsende Gewaltbereitschaft wundern.

Außerdem haben sie unrecht, denn die Gesetzbücher sprechen im Grunde eine andere Sprache. Es liegt also an der Interpretation und an dem Einfluß, also der Lobby, wie diese Gesetzte interpretiert werden können.

Ich denke einmal, daß vielen dieser Menschen schnell und unbürokratisch geholfen werden könnte, wenn der Wille vorhanden wäre. Solange aber die untersten Schichten dazu benutzt werden, von den raffgierigen Eskapaden der oberen Schichten abzulenken, wird sich nicht viel ändern. Geld wäre mehr als genug vorhanden, um es allen gut gehen zu lassen.

****

Im April 1994 kam die nächste Hiobsbotschaft. Ringo war getötet worden!

Ringo, der alte Kämpfer mit dem großen Herzen, der niemals einer Fliege etwas zuleide tun konnte. Ringo, mit dem ich diesen schrecklichen Tag erlebt hatte, an dem wir beide unseren Tod, besser gesagt das bevorstehende Unheil, vorausgesehen hatten.

Was ist überhaupt los?, war mein erster Gedanke; danach verstand ich erst einmal überhaupt nichts mehr.

Mein Schock saß so tief, daß ich nicht einmal in der Lage war, eine einzige Träne zu vergießen. Ringo und ich waren nicht die einzigen, die dieser Gewaltwelle zum Opfer fielen. Es gab vor und nach uns noch viele andere.

Es war ein schreckliches Gefühl. Alle Kämpfer, die noch die alten Ideale und Werte in sich trugen, schienen auf irgendeine Art zum Tode verurteilt worden zu sein. Überleben taten nur wenige, meist nur, weil sie ihre Werte und Ideale einfach links liegen ließen oder aufgaben.

Bei mir erreichten diese Erniedrigungen genau das Gegenteil. Mit jedem Tag wurde mir bewußter, wie wichtig moralische Werte und die richtigen Ideale sind. Mit jedem Tag wuchs mein Bedürfnis, dieses Bild darzustellen und herauszufinden.

Ringos Tod war eine wirkliche Katastrophe. Er stand ahnungslos am Tresen einer kleinen Kneipe. Zwei Streithähne kriegten sich in die Wolle. Einer von ihnen zog ein Messer und wollte auf den anderen einstechen. In diesem Moment wollte Ringo zur Toilette; angeblich hatte er von der Auseinandersetzung nichts mitbekommen oder sie nicht genügend ernstgenommen. Der Angreifer stach daneben und traf Ringo ins Herz!

Der Täter konnte sofort ermittelt werden. Er bekam nicht einmal eine Strafe für Totschlag. Ich hörte etwas von einem Urteil von zweieinhalb Jahren. Die Begründung lautete, daß dieses Gemetzel ein Irrtum gewesen sei. Schließlich sei Ringo nicht die Zielperson gewesen.

Wut? Haß? Enttäuschung? Nichts, aber auch gar nichts, kann so eine Rechtsprechung rechtfertigen! Ein Menschenleben ist weniger wert als ein banaler Raubüberfall in einer Bank, bei der oft sowieso nur kleinste Summen zu holen sind und das Geld auch noch versichert ist. Die Strafe für so ein Delikt übertrifft in seiner Härte sogar oft noch das Töten eines Menschen, auch wenn es eindeutig nachgewiesen ist, daß der Täter gar keine Waffe bei sich hatte. Aus welchem Grund ist Geld in diesem Land wichtiger als die Würde seiner Bewohner? Was gibt diesen Leuten das Recht, so mit der Würde ihrer Mitmenschen umzugehen? Das Schlimmste daran war immer noch, daß diese Thematik von den Politikern mit den schamlosesten Ausreden umgangen und totgeschwiegen wurde. Besonders schlimm ist die Lage, weil wir in Deutschland leben und uns soziales Engagement auf unsere Fahne geschrieben haben. Ich denke, daß wir die Naturgesetzte, dazu gehört auch Ursache und Wirkung, noch gar nicht begriffen haben.

Leute, räumt endlich auf, sonst werdet ihr in einer Sackgasse enden, aus der es kein Entkommen geben wird. Das Schicksal und der Lauf der Dinge werden sich in Zukunft immer schneller und erbarmungsloser rächen. Ihr werdet es erleben.

****

Backi hatte sich, über Marina und das Lilliput, wieder bei Claus Zutritt verschafft. Hoch und heilig versprach er Claus, seine Fehler wiedergutzumachen und für die durch ihn entstandenen Schäden aufzukommen. Ich konnte Claus' Entscheidung nicht so richtig teilen. Backis Verhalten war dreist und frech, und er war nicht der einzige. Aber Claus hatte recht mit seiner Einstellung. Es war seine Art der Vergebung für einen Bruder, und da gibt es keine Obergrenze bei ungebührlichem Verhalten. Auf diese Art erhielt Claus eine Macht, die ihm vieles erlaubte.

Zu diesem Zeitpunkt hatte Claus es geschafft, trotz seines riesigen Schuldenberges ein paar Mark auf die Seite zu legen. Finanziell hatte er kein Problem, über die Runden zu kommen. Ständig standen bei ihm sogenannte Freunde vor der Tür und baten ihn um seine Hilfe.

Säckel hatte eben ein großes Herz, aber er war auch zuversichtlich, daß er sein Geld gut angelegt hatte. Ich war skeptisch. Was würde passieren, wenn sich sein Gesundheitszustand weiterhin verschlechterte? Würden diese Leute dann den Anstand besitzen und ihre Verbindlichkeiten begleichen?

Marina verstrickte sich mehr und mehr in ihrer Welt. Ihre Sticheleien und Intrigen erreichten einen noch nie dagewesenen Höhepunkt. Es war ein Zeichen ihrer Machtlosigkeit.

Ich hätte es spüren müssen, und das tat ich wohl auch.

Claus ging langsam, aber sicher zugrunde, ich wollte es aber noch nicht wahrhaben.

Marina konnte so in ihrem Zustand kaum noch ihre Läden führen. Sie mußte unbedingt raus aus diesem Milieu, bevor es eine größere Katastrophe geben würde. Wie aber sollten wir das anstellen, ohne daß es zusätzliche Konfrontationen geben würde?

Wir entschieden uns dafür, ruhig zu bleiben und abzuwarten. Irgendwann würde sie selbst merken, daß es für sie keinen weiteren Sinn ergeben würde.

Marina war hübsch, ständig lauerten irgendwelche Männer um sie herum, um nur einmal in die Nähe ihres Hinterns zu kommen. Ihre Art und Bewegung trieb so manchen bis an die Grenze des Wahnsinns. Sie genoß dieses Spiel. Bei vielen Leuten in ihrer Umgebung setzte der Verstand einfach aus. Klare Fakten und Argumente fielen über Bord, sobald Marina ihren Auftritt hatte. Jeder versuchte, sich bei ihr einen Vorteil zu verschaffen.

Ich mied, so oft es ging, den Umgang mit den Leuten aus dem Lilliput und nicht nur den. Der Schock des Überfalles saß immer noch so tief, daß ich die Nähe anderer, mir unbekannter Personen mied wie der Teufel das Paradies.

So richtig sicher und wohl fühlte ich mich nirgendwo. Nur in der Nähe von Rosi, meiner Tochter oder Säckel fühlte ich mich sicher und geborgen.

****

Rosis Schwangerschaft verlief ohne weitere Komplikationen. Mir war von Anfang an klar, daß es dieses Mal ein Junge werden würde. Ihre Verhaltensweise und auch ihr Aussehen ließen keinen anderen Schluß zu. Rosi wurde, wie auch bei ihrer Schwangerschaft mit unserer Tochter, von Tag zu Tag schöner, ihre Ausstrahlung weicher, und sie bekam einen seltsamen Glanz, so, als ob sie von einem Heiligenschein umgeben war. Dieses Mal stand der Name unseres nächsten Kindes sehr schnell fest.

Inzwischen hatten wir alle unter diesen Bedingungen möglichen Schritte eingeleitet. Den Schaden bei der Unfallversicherung gemeldet, Rechtsanwälte konsultiert, Rentenanträge gestellt und das Versorgungsamt eingeschaltet. Uns wurde sehr schnell klar, daß diese Prozedur mindestens ein bis zwei Jahre in Anspruch nehmen konnte. Bis dahin wollten wir die Öffentlichkeit aus diesem Fall herauslassen, immer noch in der Hoffnung, daß sich alles zum Guten wenden würde.

Natürlich hatten wir auch unsere Gläubiger von unserem Schicksal unterrichtet. Die Reaktion war bei allen gleich. Umgehend kamen die ersten Vollstreckungsbescheide.

Wir hatten etwas Angst um die weitere Entwicklung unserer Tochter. Die vielen Umzüge, ihr nicht mehr arbeitsfähiger Vater und nun auch noch Nachwuchs.

Arbeitsfähig war ich nun wirklich nicht, und es gab auch kaum noch Hoffnung, etwas für mich zu finden. Meine Dosis an Schmerzmitteln reichte alleine schon aus, um von diesem Gedanken Abstand zu nehmen. Fremde Tätigkeit unter diesen Voraussetzungen konnte schnell zum strafbaren Delikt werden, dann die fast vollkommene Bewegungsunfähigkeit, obwohl ich diese gut zu tarnen wußte, die hohen Verbindlichkeiten und – last, but not least - die unvorstellbaren Schmerzen und Alpträume.

Man konnte unserer Tochter deutlich ansehen, daß sie die Zusammenhänge kaum begreifen konnte. Rosi und ich versuchten alles, um ihr ein normales Heranwachsen zu ermöglichen, zwar ohne Fünf-Sterne-Hotels, aber mit einigem Erfolg. Von unseren finanziellen Problemen bekam sie überhaupt nichts zu spüren. Rosi und ich schafften es immer wieder, wenigstens einen gewissen Lebensstandard zu halten.

Wie aber würde sie auf das Neugeborene reagieren? Sie war acht Jahre lang ein umsorgtes und von allen verwöhntes und verhätscheltes Einzelkind gewesen. Behutsam bereiteten wir sie auf die bevorstehende Geburt vor. Zu unserer großen Überraschung freute sie sich schon bald genauso wie wir auf dieses Ereignis.

****

Am 09.08.1994, in der Mittagszeit, erblickte unser Sohn dann das Licht zur Welt. Dieses Mal dauerte die Geburt lange, viel zu lange für meine schlechte Konstitution.

Rosi hatte es sehr schwer, das Kind auf die Welt zu bringen, schon das geringste Schmerzempfinden konnte sie wahnsinnig machen. Es war ein zwölf Stunden andauernder Kampf, bis er endlich mit seinem kleinen Kopf das erste Mal frische Luft spürte. Ich war so fertig, daß ich erst einmal für einen kurzen Augenblick wohl bewußtlos wurde und langsam mit dem Gesicht zur Wand etwas an der Mauer herunterrutschte.

Das Baby wurde in den Nebenraum gebracht, und Rosis Schreie: „Was ist mit dem Baby, sie nehmen uns das Baby weg!" ließen mich sofort wieder klar werden. Natürlich nahm uns niemand das Baby weg, es wurde nur die Nabelschnur entfernt und das Kind wurde kurz beatmet.

Nach ein paar Sekunden lag der Kleine dann vor mir. Ich hielt ihm einen kleinen Finger vor seine winzige Hand, und er klammerte sich an ihm fest.

Unglaublich, was so ein kleines Wesen für eine Kraft entwickeln konnte. Für mich war es ein eindeutiges Zeichen dafür, daß der Kleine mich noch brauchen würde. Das gab mir Kraft und Zuversicht.

Das Schicksal hatte für uns eine kurze Verschnaufpause vorgesehen, eine sehr kurze.

****

Kurze Zeit nach der Geburt unseres Sohnes ließ ich mich erneut untersuchen. Doc hatte inzwischen keine Kraft mehr gehabt, um seine Praxis weiterzuführen, und einen würdigen Nachfolger eingesetzt. Claus und mir fiel es sehr schwer, den Neuen zu akzeptieren. Er konnte kaum etwas von unserer Geschichte wissen, es sei denn vom Hörensagen. Für einen Außenstehenden waren Säckel und ich Exoten, die bei vielen nur ein breites Grinsen hervorriefen. Der neue Doc konnte, im Gegensatz zum alten, unsere Lebensweise und Philosophie nur schwer begreifen und schon gar nicht akzeptieren.

Mit dem Erhalt der Ergebnisse aus der Untersuchung verpaßte er mir dann auch gleich den ersten Schock. Würden meine Werte sich im gleichen Tempo verschlechtern, so der Arzt, hätte ich kaum noch eine Überlebenschance.

Wir vereinbarten einen Termin bei einem sehr hoch angesehen Professor. Bis zu diesem Termin nahm ich zwar weiterhin die Schmerzmittel, rauchte Haschisch und nahm Kokain, aber ich unterließ eine Zeitlang jede Art von Genuß, der mit Alkohol zu tun hatte.

****

Rosi und Claus waren wieder einmal geschockt. Schon wieder mußte ihnen mein Ableben klar vor Augen erscheinen. Sie waren verzweifelt, und Säckel sah ich das erste Mal in Tränen aufgelöst.

Ich war zuversichtlich; meine innere Stimme verriet mir, daß meine Zeit noch nicht gekommen war, aber ich bekam schon wieder einen merkwürdigen Beigeschmack.

Ich denke, daß ich bis zu diesem Zeitpunkt schon viel zu oft mit diesen Gedanken konfrontiert wurde. Eine gewisse Art von Gleichgültigkeit machte sich in mir breit.

Auch Claus' Zustand verschlechterte sich zunehmend. Pausenlos redeten wir auf ihn ein und drohten ihm, die Freundschaft zu kündigen, weil er es nicht einsehen wollte, sich in einer Klinik behandeln zu lassen. Sein durchschnittlicher Zuckerpegel lag inzwischen bei 350. Für einen normalen Diabetiker eine tödliche Bedrohung. Säckel lebte bei diesem Wert erst richtig auf.

Ständig verlor er weiterhin an Gewicht. Er fraß wie ein Scheunendrescher, manchmal bis zu drei warme Mahlzeiten am Tag, ohne Erfolg. Die Mahlzeiten liefen meist sofort durch den Magen und Darm, und nur wenige Minuten nach deren Einnahme saß Säckel auf der Toilette.

Claus war bockig, für sein Verhalten gab es nur eine mögliche Erklärung. Er begann sich vollends aufzugeben, langsam, stetig und mit einer ungeheuren Ausdauer. Seine letzte Widerstandskraft bestand nur noch in seiner Art, sich zu betäuben. Das letzte bißchen Glück, das, wie er zu glauben schien, ihm noch geblieben war. Rosi, unsere Kinder und ich taten alles, um ihm seine fehlende Familie zu ersetzen und ihm den nötigen Halt zu geben. Teilweise hatten wir auch Erfolg damit, für kurze Zeit blühte Claus dann wieder auf. Zum Arzt ging er trotzdem selten, meist nur dann, wenn er sein Insulin abholen mußte, und auch darum drückte er sich gekonnt. Meist schickte er dann mich oder Backi, um das Rezept abzuholen und einzulösen. Die Zeichen waren eindeutig und klar. Säckel war fast am Ende. Da er sich nichts anmerken lassen durfte, wurde es sogar für mich schwierig, diese Situation zu erfassen. Das einzige, was uns jetzt noch hätte helfen können, war scheinbar ein Lottogewinn oder ein anderer Geldsegen. Nur schnell müßte dieses Geld kommen, sehr schnell.

****

Der Professor in der Klinik nahm sich Zeit für mich; ich konnte genau erkennen, daß er sich ausgiebig mit meinem Fall beschäftigt hatte. Es schien, als ob er über alles informiert war. Als er dann noch die Verletzung zu Gesicht bekam, war auch er zuerst etwas sprachlos. Er zeigte Verständnis für meinen Umgang mit den Drogen und dem Alkohol, empfahl mir aber, den Alkohol für ein paar Monate aus dem Körper zu lassen. Auch seiner Meinung nach konnte kein Mensch dieser Welt solche Schläge einfach so wegstecken. Die Hepatitis war dabei noch das Harmloseste.

Inzwischen hatte sich der Virus angeblich wieder verkapselt, und die große Gefahr war erst einmal besiegt. Er schickte mich nach Hause mit der Zuversicht, daß ich genug Willen besäße, um mit diesem Virus alleine fertigzuwerden, und er schien erst einmal recht zu behalten.

****

Wiederum konnten wir für kurze Zeit Luft schnappen. In dieser Zeit entschieden sich Rosi und ich, unser Sexualleben umzustellen. Eine fatale Entscheidung mit weitreichenden Auswirkungen. Zu dieser Zeit erschien sie sinnvoll und wohl auch richtig. Nur der Professor konnte mir die Angst vor diesem Virus nehmen und mir klar beweisen, daß er nur halb so schlimm war, wie er in den Medien dargestellt wurde. Die Medien schürten Angst und bezeichneten diesen Virus als eine neue Form von Aids. An die Betroffenen, und das wurden täglich mehr, dachte anscheinend keiner dieser Berichterstatter. Für die Betroffenen gab es meist nur einen Weg: Isolation, Angst und Hilflosigkeit, dazu dann noch der Selbstzweifel. Einerseits spürte man, daß der Umgang mit anderen Menschen vollkommen ungefährlich für diese war, andererseits konnte man sich aber auch nicht sicher sein, bei alldem, was man zu hören und zu lesen bekam. So ungefähr stelle ich mir eine Hetzjagd auf Außenseiter vor, zumindest was das Gefühl der Betroffenen angeht.

Nun konnte ich nachempfinden, wie einem HIV-Infizierten zumute sein mußte.

****

Wann es eben ging, hingen Claus und ich zusammen; manchmal war das täglich. Abwechselnd waren wir in der Nacht im Laden anwesend, eben so, wie es unser Gesundheitszustand zuließ. Der Laden war der einzige Ort, der uns Sicherheit gab, so etwas wie ein großes Wohnzimmer für uns und die Stammgäste.

Bis zu diesem Punkt bestanden die Stammgäste noch aus Leuten aus dem engsten Bekanntenkreis und der Nachbarschaft. Es war eine angenehme und tolle Atmosphäre, ohne Gewalt und Aggression. Jeder richtete sich nach den ungeschriebenen Verhaltensregeln.

Ganz anders war es hingegen im Lilliput. Dort machte sich das Chaos breit. Die Leute spürten schnell Marinas Schwächen und begannen damit, sie stellenweise auszunutzen. Langsam, aber sicher spürte man dies empfindlich an den Einnahmen. Es wurde immer schwerer, irgendeine Kontrolle auszuüben.

Marina und Claus trafen eine folgenschwere Vereinbarung: Solange Marina nicht wußte, was sie zu tun hatte, sollte ihr Backi unter die Arme greifen. Natürlich nicht umsonst. Sobald Marina sich für eine Alternative entscheiden würde, sollte Backi das Liliput übernehmen.

****

Am kommenden Weihnachtsfest wurde ich von Rosi und meiner Tochter in vieler Hinsicht überrascht und verwöhnt. Am 19. Dezember überraschten sie mich mit einem Geburtstagsgeschenk, genauso wie am Heiligabend. Ein goldener Ring und ein goldenes Feuerzeug. Ab jetzt sollte also mindestens dreimal pro Jahr Geburtstag gefeiert werden?

Ich war glücklich, und es half mir, die Geschehnisse wenigstens für kurze Zeit zu verdrängen. Ich war sehr stolz auf die beiden. Es war schon bewundernswert, wie sie diese Belastungen wegstecken konnten und damit umzugehen wußten.

****

Silvester wollten wir im engen Kreis zusammen mit den Kindern im Chevy, bei Claus, verbringen. Bis zum Jahreswechsel war es sehr angenehm und ruhig. Wir veranstalteten ein kleines Dart- und Billardturnier, und alles schien wunderbar in Ordnung.

Nach dem Jahreswechsel kam etwas Unruhe auf, der Laden füllte sich. Ich bekam ein seltsames Angstgefühl und konnte mich kaum noch von der Stelle rühren. Magic, ein junger Gastronom, der eine Zeitlang das ehemalige „Flamingo" betrieben hatte, setzte sich zu mir und erkannte sofort meine Angst. Beruhigen konnte er mich nicht, im Gegenteil. In seiner Gegenwart verstärkte sich dieses Gefühl.

Die Kinder legten sich zu Claus ins Bett und schliefen wie die Götter. Claus war selig, ihm waren die Kinder richtig ans Herz gewachsen.

Marina und Rosi waren gut angetrunken und wollten noch weiterziehen. In einer Großdiskothek, wo auch viele Leute aus dem ehemaligen „Why Not" verkehrten, hatte ein neues Bistro eröffnet. Dort wollten die beiden hinfahren, und sie wurden von einer Gruppe aus dem „Chevy" begleitet.

Nach ein paar Stunden wurde ich nervös. Rosi kam einfach nicht wieder zurück. Wenn die Kinder jetzt wach wurden, konnte ich kaum etwas machen. Der Kleine war sehr wild und ungestüm, ich hatte Angst, ihn auf den Arm zu nehmen, weil ich die Gefahr umgehen wollte, ihn ungewollt fallenzulassen.

Versuchte ich ihn auf den Arm zu nehmen, bekam ich sehr oft einen Tritt in den Bauch, meist genau an der Stelle, wo das Schmerzzentrum lag.

Ich machte mir Sorgen, vor allem wegen meiner seltsamen Angst, die mich die Nacht über begleitet hatte, also begab ich mich auf den Weg.

In diesem neuen Bistro angekommen, fand ich nirgendwo eine Spur von Rosi. Ich sah nur, wie ich von den anderen seltsam beobachtet wurde. Nach einer gewissen Zeit suchte ich sogar auf den Toiletten nach Rosi, ohne Erfolg. Plötzlich kam sie mir auf einer Treppe entgegen, so, als wenn ich mir keine Sorgen machen müßte. Irgend etwas Seltsames war hier im Gange. Ich war froh, Rosi endlich gefunden zu haben, und wir liebten uns in einer dunklen Ecke, danach bestiegen wir ein Taxi und fuhren zu Säckel, genau rechtzeitig, um die Kinder in Empfang zu nehmen. Kurz bevor wir das Bistro verließen, erkannte ich noch Magic und seinen Freund am Tresen. Der Freund war ein kleiner, zart besaiteter und schmächtiger Typ, immer rücksichtsvoll und sehr lieb.

Am frühen Abend klingelte unser Telefon. Säckel war am Telefon, seine Stimme klang verzweifelt und sehr aufgelöst. Er stammelte etwas von Magic und Messerstecherei.

So schnell es eben ging, zog ich mir ein paar Sachen an und ließ mich mit einem Taxi zum Chevy fahren. Mit dem Nissan Patrol machten wir uns auf den Weg zu dem Ort, wo das Ganze stattgefunden haben soll. Unterwegs erzählte Claus mir von dem, was er gehört hatte. Magic war in einer Kneipe im Viertel brutal niedergestochen wurden, auch sein Kumpel soll dabei erheblich etwas abbekommen haben. Der Angreifer soll Magic das halbe Hirn mit einem Messer herausgestoßen haben.

Um Magics Überleben wurde gerade verzweifelt in einem Krankenhaus gekämpft.

Das Gerücht bestätigte sich sofort, nachdem wir die Kneipe betreten hatten. Um die vollständige Sache mitzubekommen, gingen wir in zwei weitere Kneipen. Die Aussagen der Leute deckten sich, und auch der Täter stand einwandfrei fest.

Magic und sein Kumpel waren auf dem Weg zum Silvester-Essen seiner Mutter gewesen. Damals, als Magic die Kneipe übernommen hatte, hatte er seine Mutter aus dem Ruhrgebiet geholt, seinem vorherigen Wohnort, um sie nicht alleine zu lassen. Sie waren in eine Wohnung über der Kneipe gezogen, wo die Mutter noch viele Jahre leben mußte.

Kurz vor dem Essen wollten die beiden noch ein Bier trinken und landeten in der Absteige gleich neben der Bordellstraße. Dort traf Magic auf einen stadtbekannten Wahnsinnigen, der ihm anscheinend noch etwas schuldig war. Es dauerte nicht lange, und die beiden gerieten zuerst verbal aneinander. Der Kontrahent war bekannt für seine Aggressivität; gerade erst hatte er einen Freispruch dafür bekommen, daß er seine Freundin aus dem Fenster geschmissen hatte. Diese Freundin war nun querschnittsgelähmt und hatte vor lauter Angst und Verzweifelung ihre Aussage zurückgezogen. Der Verrückte ging straffrei aus. Säckel hatte diesen Typen schon einmal, zur „Why Not"-Zeit, quer durch das Viertel geprügelt. Damals war der Wahnsinnige über eine Begrenzungsmauer im Bordell geflüchtet.

Magic und sein Kumpel sollen am Flipper gestanden haben, als der Wahnsinnige mit einem Messer auf Magic losging. Vorher oder dazwischen verletzte er noch den Begleiter mit einem Stich ins Gesicht. Dieser bekam einen Schock und rannte erst einmal raus, was ihm auch niemand auf dieser kleinen Welt verübeln konnte. Magic lag, unzählige Male am Körper getroffen, in einer Blutlache vor dem Flipper und wimmerte. Der Wahnsinnige ging seelenruhig zum Tresen, trank von seinem Bier, hörte Magic wimmern, ging zu ihm zurück, setzte sich auf ihn und stach ihm mehrfach in den Schädel. Sein Gehirn soll ihm sichtbar aus dem Kopf gekommen sein.

In der kommenden Nacht verstarb er; es war ein Wunder und viel mehr wohl eine Qual, daß er dieses Attentat auch nur eine Sekunde überleben konnte.

Der Täter wurde nicht einmal des Mordes angeklagt und kam nach drei Jahren wegen guter Führung wieder auf freien Fuß.

Der Artikel 1 des Grundgesetzes der Bundesrepublik Deutschland lautet doch wohl: „Die Würde des Menschen ist unantastbar!"

Es tut mir leid, aber wie soll man die gesamte Rechtsprechung achten oder respektieren, wenn nicht einmal der Gesetzgeber seinen wichtigsten Artikel beachtet? Damit meine ich nicht irgendeine Person oder Partei, sondern das gesamte Rechtssystem. Was diesem System Menschenwürde bedeutet, werde ich euch auf den folgenden Seiten noch etwas näherbringen können. Warum ich mich darüber so mokiere? Ganz einfach: Es wäre so leicht, dieses System glaubwürdig zu machen, und mich ärgert einfach, daß es keiner tut. Die ersten Folgen dieses Unrechts werden schon durch eine Parteiaffäre nach der anderen aufgedeckt. Reicht das, um auf die Kernprobleme aufmerksam zu machen? Ich glaube nicht.

Nach diesem Skandal werden die Medien wieder träge werden, weil sie einfach satt von dieser Art Berichterstattung sein werden. Ich denke mal, daß dieses Problem nicht nur in Deutschland, sondern in jedem Land der Welt eine Rolle spielt. In der Bundesrepublik ist es aber besonders katastrophal, da sie sich weltweit als Moralapostel und Vorbild aufspielt. Es ist einfach nur traurig, rundweg traurig! Wie so vieles, was den Menschen in diesem Land vorgegaukelt wird. Muckt einer auf, heißt es liebend gerne: „Was wollt ihr denn? Wir haben doch mit den höchsten Lebensstandard der Welt!"

ZU WELCHEM PREIS? Nur auf Kosten der Armen, Kranken und Benachteiligten. Daß unser Sozialsystem von manchen Leuten brutal ausgenutzt wird, ist dabei nicht verwunderlich.

Auch in diesem Fall müssen die Konsequenzen von den Leuten getragen werden, die am dringendsten diese Hilfe benötigen. Die Grenzen zwischen Gut und Böse waren inzwischen soweit ineinander übergegangen, daß eine Trennlinie nicht mehr möglich war.

****

Die Schmerzmittel, die Schmerzen und der seelische Druck auf mich nahmen täglich zu. Äußerlich ließ ich mir so wenig wie möglich anmerken, was aber einen hohen Tribut forderte. Zu Hause wurde ich täglich gereizter und angespannter. Rosi dachte immer öfter, daß es ihre Schuld war; dabei war es nur die Folge der Auswirkungen. Unser Abstand zueinander vergrößerte sich merklich, was meine Verzweiflung täglich größer werden ließ. Die Alpträume potenzierten sich, und nun kam auch noch die Angst hinzu, meine Familie zu verlieren.

Verzweifelt versuchte ich alles mögliche, um die Verletzung in den Griff zu bekommen. Ich versuchte zu joggen, radzufahren, zu schwimmen, Rollerskates und Gymnastik, immer mit dem gleichen Ergebnis:

Nach sehr kurzer Belastung brach ich zusammen, was nicht einmal das Schlimmste war. Manchmal erst Stunden, oft aber Minuten später bekam ich Brechreiz, danach lag ich manches Mal tagelang bewegungslos im Bett.

Gute Ratschläge konnte ich bald nicht mehr hören. Natürlich meinten es ein paar Leute gut - aber hörten sie mir auch zu, wenn ich ihnen erklärte, was los war?

Zu ihrer Verteidigung muß ich sagen, daß meine Tarnung immer noch stand. Mein Bewegungsablauf glich sich so dem äußeren Bild an, daß ich den meisten mein Leiden verbergen konnte. Durch die zusätzliche Betäubung mit Alkohol und Drogen bekam ich eine Aura, die mich stark erscheinen ließ und zusätzlich ein breites Grinsen im Gesicht verursachte.

In meiner Welt konnte eine erkennbare Schwäche katastrophale Auswirkungen haben, das hatte ich schon sehr früh lernen müssen. Daß auch der Genuß von Drogen und Alkohol sowie der Gebrauch der starken Medikamente seinen hohen Preis einfordern würden, wurde von mir immer wieder beiseite geschoben.

Anscheinend dachten auch die Polizei und die Staatsanwaltschaft in ähnlichen Kategorien. Durch meine Akte aus dem „Why Not" müssen sie wohl geglaubt haben, daß ich immer noch zu gewissen Kreisen gehörte. Die Ermittlungen wurden eingestellt, das Verfahren abgeschlossen. Schlimm jedoch war auch der Grund, unter dem die Ermittlung geführt wurde: „Gefährliche Körperverletzung".

****

Unsere Tochter benahm sich vorbildlich. Entgegen unseren Vermutungen war von Neid und Mißgunst ihrem kleinen Bruder gegenüber nichts, aber auch gar nichts zu spüren. Im Gegenteil, sie benahm sich wie eine kleine Mutter, und die Kinder wuchsen, trotz ihres Alterunterschieds von acht Jahren, unzertrennlich zusammen. Die beiden zu beobachten, war eine Zeitlang meine größte Freude.

Auch Anton „Motzki", wie wir unseren schwarzen Kater nannten, den wir aus dem Osten mitgebracht hatten, fügte sich anstandslos in dieses Bild ein. Er spielte mit den beiden sogar „Mensch ärgere dich nicht", zumindest gab er sich Mühe.

Auf den Kleinen paßte Anton besonders gut auf. Tag und Nacht blieb er in seiner Nähe, so, als ob er den großen Aufpasser spielen wollte, und er spielte diese Rolle gut.

Anton war sowieso etwas ganz Besonderes. Ein Kater, der Türen aufmacht, ist nichts Außergewöhnliches, aber wenn er dann auch noch Licht an- und ausschalten kann und sich den Tisch deckt, dann schon. Ich kann Katzen nicht so richtig ausstehen, aber bei Anton ist das anders. Er hört, wenn man ihn ruft, und reagiert auch sonst auf Zeichen, die man ihm gibt. Seinen Namen Motzki hat er, weil er sich lautstark beschwert, wenn ihm irgend etwas nicht gefällt. Anton war pechschwarz und der hübscheste Kater, den ich jemals zu Gesicht bekommen hatte.

****

Dann kam ein kleiner Lichtblick. Die Unfallversicherung überwies schon einmal ein paar Mark. Endlich konnte ich mir das Wasserbett kaufen, das ich so dringend benötigte, und unsere Hoffnung wuchs. Sollte sich wenigstens unsere finanzielle Situation endlich klären lassen?

Nach der ersten kleinen Freude dann der nächste Niederschlag. Mein Rentenantrag wurde abgelehnt. Nicht wegen der Anerkennung des Schadens, sondern wegen fehlender elf Monatsbeiträge in den letzten fünf Jahren meiner Berufstätigkeit. Es nutzte überhaupt nichts, daß ich fast 20 Jahre eingezahlt hatte. So lautet eben das Gesetz bei dem Eintritt einer Berufsunfähigkeit. Vor allem, wenn man gegenrechnete, was ich gerade in den letzten Jahren geleistet hatte. Hunderten Menschen hatten wir ihr Eigentum finanziert, Arbeitsplätze gesichert und Kleinunternehmen bei der Gründung geholfen. Tausenden Menschen hatten wir geholfen, ihre angeblich wichtige Grundversorgung abzusichern, und nun so etwas. Es war ein sicheres Zeichen dafür, daß unsere Arbeit keine ausreichenden Früchte tragen konnte.

Mein Direktor meldete sich nur zweimal bei mir. Jedesmal offenbarte sich sehr schnell der Grund seines Besuches. Er brauchte eine Unterschrift für eine Vereinbarung mit Frank. Grundsätzlich war es in dieser Branche üblich, für übernommene Bestände hohe Summen als Ausgleich auszuzahlen. In meinem Fall jedoch war es andersherum. Von meiner spärlichen Bestandsprovision sollte ich noch einen Teil an Frank abtreten. Ich unterschrieb ohne Verzögerung. Meine Enttäuschung stieg, und ich fing an, Pressemitteilungen zu verfassen.

..................Vorher aber passierten noch ein paar nicht ganz so schlimme Sachen. Ich werde diese Dinge nicht chronologisch aufzählen, sondern so, wie sie mir in den Sinn kommen. Selbstverständlich läßt sich „alles“ beweisen und belegen. Ich werde, wie auch schon zuvor, nur die wichtigsten Begebenheiten erwähnen, um die Hintergründe dieser Verhaltensweisen klarzustellen. Diese Liste läßt sich beliebig lang fortsetzen. Ihr könnt euch nicht vorstellen, wie stark mich die bisherigen Geschehnisse und die Gedanken an das, was noch vor mir liegt, belasten, bis der Kreis sich wieder schließt. Nach jeder geschriebenen Seite kommen diese Dinge und viele Erinnerungen an die Oberfläche. Die Folge ist verheerend. Unruhe, Beklommenheit,

Angst, Panik und Verzweiflung zerren an den Nerven. Ich habe das Gefühl, daß ich nicht eher wieder zur Ruhe komme, bis ich alles erzählen konnte. Mit jedem Tag fällt mir die Erinnerung schwerer, und die Belastung potenziert sich.

Die Zeit läuft mir davon, und täglich wächst die Unruhe in mir.................

Noch war unser Doc ab und zu regelmäßig in seiner alten Praxis. Es war klar, daß wir uns die Tage aussuchten, wo „er" für uns zu sprechen war. Mir kam es so vor, als wenn das seinem Nachfolger gar nicht so recht war. In den ersten Jahren hatten wir mit dem Neuen so unsere Berührungsängste. Claus und der Neue kamen überhaupt nicht miteinander klar. Claus wurde immer uneinsichtiger. Es half auch nichts, daß ich immer wieder die Konfrontation mit Claus suchte und ihn sogar in der Öffentlichkeit zur Rede stellte. Claus war unter keinen Umständen dazu bereit, sich in einer Klinik behandeln zu lassen. Er war der festen Überzeugung, daß nur er alleine sein Problem und die Diabetes in den Griff bekommen konnte. Letztendlich mußte ich ihm in seiner Auffassung recht geben.

Inzwischen stand auf einem kleinen Wochenmarkt vor der Praxis des Doc und schräg gegenüber dem Eingang zum ehemaligen Why Not eine Bronzeplastik eines Ziegenbockes. Das Gesicht dieses Ziegenbockes samt seinem Bart erschien Säckel wie aus dem Gesicht geschnitten. Hatte der Kerl doch schon zu Lebzeiten ein Denkmal bekommen? Erstaunlich!

Es tat mir weh, ihn in seinem jetzigen Zustand erleben zu müssen. Von dem stattlichen und großen Kämpfer mit der gigantischen Ausstrahlung waren plötzlich nur noch Haut und Knochen übrig. Claus wiederum machte sich Sorgen um meinen Zustand. Täglich wuchs unsere Nähe. Aus eineiigen Zwillingen wurden, zumindest gedanklich, siamesische Zwillinge. Jeder fühlte und spürte das Leid des anderen.

Ich denke, unsere Beziehung konnte man leicht mit der Legende um Doc Holliday und Wyatt Earp vergleichen, zumindest was unsere Auffassung von dem Begriff „Freundschaft" betraf. Nichts und niemand konnte uns trennen, schon gar kein noch so schlimmer Schicksalsschlag. Im Gegenteil, jeder weitere Schlag schien uns nur noch näher zusammenzubringen.

****

Marina und das Lilliput entwickelten sich zu einer weiteren Katastrophe. Es verging kaum ein Tag, an dem Marina nicht bis zur Bewußtlosigkeit betrunken war. Was nicht so schlimm gewesen wäre, wenn sie sich dabei wohl gefühlt hätte, aber das Gegenteil war der Fall. Ein absolut klares Zeichen dafür, daß sie keine Kraft mehr besaß. Sie mußte raus aus diesem Loch, und das so schnell wie möglich. Noch war sie dazu nicht bereit. Im Laden selber gab es keine Kontrolle mehr. Backi versicherte uns täglich, daß er alles in den Griff bekommen würde.

Kurze Zeit nach der Beerdigung von Magic war Backi dann urplötzlich verschwunden, samt Einnahmen, Geländewagen und Schlüssel. Wir rechneten mit dem Schlimmsten und schalteten sogar die Polizei ein. Den Wagen fanden wir nicht weit von meiner Haustür entfernt, mit offenen Türen. Unsere Angst wuchs stündlich. Ich brauchte geschlagene zwei Tage und Nächte, um herauszufinden, was wirklich passiert war. Backi hatte sich sang- und klanglos aus dem Staub gemacht.

Es war ein sicheres Zeichen einer Art von Schwäche, die den Zustand der allgemeinen Situation widerspiegelte.

Ein Mensch, der einmal seine Freunde in dieser Form betrügt, der hatte anscheinend jegliche Form von Achtung verloren. Ich konnte Claus in dieser Hinsicht nicht begreifen. Warum ließ er es zu, daß diese Leute immer wieder an uns herankamen, vor allem in unserem angeschlagenen Zustand? Wir fetzten uns wie die Kesselflicker, wenn ich dieses Thema zur Sprache brachte.

Solange, bis ich von Rosi und Claus die Wahrheit erfuhr. Ich war wohl der einzige von allen, der niemals in die Kasse gegriffen hatte.

Säckel hatte die ganzen langen Jahre über vermutet, daß ich mein Schäfchen im Trockenen hatte. Das war also der Grund für unsere ständigen Diskrepanzen. Nur Rosi kannte den Grund

und war von Beginn an über diesen Sachverhalt informiert. Sie hatte mir zwar ständig Andeutungen darüber gemacht, aber ich wollte davon nichts hören. In meinen kühnsten Träumen hätte ich es nie vermuten können, daß zwischen Claus und mir so viel unentdecktes Mißverständnis geherrscht hatte. Er war das Leittier. Er muß also doch gewußt haben, welches Spiel unsere damaligen Bosse mit uns trieben! Schlimm daran war, daß er mich darüber nicht informierte. Oder konnte er es nicht? So war ich das gutmütige Lamm und steckte den anderen sogar noch mehr Geld in ihre Taschen. Ich hatte immer vermutet, daß Claus dieses so von mir forderte. Jetzt fühlte ich mich betrogen und ausgenutzt. Die ganzen Jahre über hatte ich geglaubt, daß unbedingtes Vertrauen zu einer guten und beständigen Geschäftsbeziehung gehörten und gehören. Die Wahrheit sah anders aus. Akzeptieren kann und will ich diesen Zustand nicht. Hätte ich 1987 diesen Sachverhalt gekannt, vieles wäre in eine andere Richtung gelaufen. Die Tortur mit der Bar und dem Milieu wäre mir und der Familie erspart geblieben. Diese Verhaltensweise war für meine Auffassung von Loyalität nicht passend und wird es auch nie werden.

Nun aber war so viel passiert, daß ich Säckel sogar diesen Fehler verzeihen mußte. Ein bitterer Beigeschmack blieb noch lange Zeit an mir haften.

****

Mit dem Verschwinden von Backi war das „Lilliput“ wohl endgültig zum Untergang verurteilt.

An dem Tag, an dem Marina sturzbetrunken vom Hocker fiel, sich die Bänder riß und operiert werden mußte, sah sie selbst ein, daß ihre Zeit im „Lilliput“ abgelaufen war. Annette, die quirlige Vollschlanke aus dem „Why Not“ und ehemalige letzte Gefährtin von Lollo, war inzwischen wieder aufgetaucht. Sie hatte gerade selbst ein Fiasko mit einer Kneipe hinter sich und wollte nun einen Baguette-Laden, auf den sie schon seit Jahren ein Auge hatte, übernehmen. Für Marina war es die passende Gelegenheit, aus dem „Lilliput“ herauszukommen. Mit seinen letzten Geldreserven finanzierte Claus diesen Schritt für Marina. Die Ära

„Rauchfang“ und „Lilliput“ war zu Ende.

Fast 18 Jahre hatte dieser kleine Laden unser Leben begleitet. Nun war endgültig Schluß. Natürlich versuchten Claus und ich noch, einen würdigen Nachfolger zu finden, aber die Zeit lief uns davon. Unterbrochen wurden unsere Bemühungen durch weitere unerträgliche Schläge. Als wir dann endlich einen Nachfolger gefunden hatten, war es schon zu spät. Der Laden war inzwischen über ein Jahr lang geschlossen, sein Flair war hinüber und verbraucht.

Ein paar Stammgäste aus dem „Lilliput“ wechselten zum „Chevy“. Das „Chevy“ litt unter der neuen Ausstrahlung, alte, bewährte Stammgäste blieben weg. Die finanzielle Katastrophe war für Säckel vorprogrammiert. Säckel hatte niemals die Hilfe eines Sozialamtes in Anspruch genommen. Er fand immer wieder einen Weg, seine Grundbedürfnisse zu befriedigen. Jetzt war seine Existenz gefährdet.

Marina war noch offizielle Besitzerin des „Chevy“, hatte aber soweit keine Befugnisse. Es war mir gelungen, Säckel als Geschäftsführer einzusetzen, mit allen Vollmachten. Säckel war sogar krankenversichert. Wieder einmal zahlten sich meine Kenntnisse als gelernter Kaufmann und Finanzberater wenigstens ein wenig für uns aus.

****

Von meiner Bestandsprovision aus meiner vorherigen Arbeit sahen Rosi und ich keinen Pfennig. Alles wurde nun dem Sozialamt übergeben. Noch reichten diese Provisionen, um die Leistungen des Amtes zumindest zum größten Teil abzudecken. Die Sicherheit der Familie war vorrangig. Wer konnte schon wissen, was noch alles passieren würde? Ich hatte immer noch keinen Schimmer, wer mich so zugerichtet hatte; jeden Tag mußte ich damit rechnen, daß ich erneut attackiert wurde. Wenn ich die Wohnung oder das Chevy verließ, war ich meist bis unter die Zähne bewaffnet.

****

Das Spießrutenlaufen mit den Ämtern, Behörden, Versicherungen und Gläubigern erreichte unvorstellbare Ausmaße. Selbstverständlich waren alle über den Sachverhalt unterrichtet, samt Kopien der Strafanzeigen und, und.....

Es kamen die merkwürdigsten Reaktionen. Die Kfz-Versicherung klagte ihre Beiträge ein und gewann den Prozeß. Die Schadensregulierung wurde abgelehnt, angeblich bestand keine Kaskodeckung. Die mündliche Zusage konnten wir nicht beweisen. Hätte ich diesen Fall für einen meiner Kunden regeln müssen, es hätte nicht ein einziges Problem gegeben. Jetzt, wo ich keinen Umsatz mehr für die Unternehmen produzieren konnte, wurde mir jegliche Unterstützung versagt. Nun hatte ich auch noch die Bank, welche das Auto finanziert hatte, am Hals und das Finanzamt für Kraftfahrzeugsteuer in der Uckermark. Sie wollten meine Unterlagen nicht anerkennen, obwohl ich sie per Einschreiben mit Rückschein und ärztlichem Attest zugesendet hatte. Der Wagen blieb angemeldet, und jährlich kam ein neuer Zahlungsbefehl.

Erst im Jahre 2000 gelang es mir, sie davon zu überzeugen, daß der Wagen verschwunden war.

Das große Unternehmen und ihr größter Versicherungspartner erwiesen sich als großangelegter Betrug. Zumindest, was ihre freiberuflichen Mitarbeiter betraf. Von einem Mitarbeiter hörte ich, daß der Versicherungspartner das gesamte Unternehmen gekauft hatte. Es existierte eine seit Jahren vorbereitete Vereinbarung zwischen dem Firmengründer und der Versicherung. Angeblich soll die Ablösung dem Gründer einen hohen zweistelligen Millionenbetrag gebracht haben. Die gesamte Geschäftsführung distanzierte sich von dem Unternehmen. Die Folgen waren eine Katastrophe.

Alleine in unserer Stadt kündigten mindestens fünf Direktoren ihre Mitarbeit und verließen die Strukturen. So etwas hatte es in der Geschichte eines Versicherungsvertriebes wohl noch nie gegeben. Ich bekam urplötzlich neue Mitarbeiterverträge im gehobenen Finanzdienstleistungs-Management, ohne irgendeine zusätzliche Information. Plötzlich war sogar die Absicherung der Führungskräfte, wie in meinem Fall, verbessert und korrigiert.

Von einem Wechsel in der Führungsetage wurde kein Sterbenswörtchen erwähnt. Seit langer Zeit schon wurde ich im Rundscheibenverteiler nicht mehr berücksichtigt.

Von den Änderungen der Verträge hatte ich keinen Vorteil. Mein Fall war ja schließlich unter den alten Vertragsbedingungen zustande gekommen. Der einzige Grund, mir neue Verträge zu schicken, war und ist wohl die Angst, ich könnte mit meinem Wissen an die Öffentlichkeit gehen und damit diesem Unternehmen einen noch größeren Schaden zufügen. Aber das Recht auf meine Loyalität haben sie inzwischen vollständig verwirkt. Ich hatte ihnen bis dato schließlich Jahre Zeit gelassen, ihren Irrtum zu korrigieren. Da es eindeutig feststand, daß ich keinen weiteren Umsatz produzieren konnte, war es ihnen egal. Ich denke, sie hofften darauf, daß ich den Fall einfach vergessen würde. Die Gesellschaft war lückenlos über meinen Gesundheitszustand informiert, schließlich war ich jahrelang auch Kunde gewesen.

Wir mußten annehmen, daß sie auch mit meinem Ableben spekulierten. Dieses Verhalten spürte ich auch bei sämtlichen gesetzlichen Institutionen. Alleine die Aussicht auf ein Ableben durch die Hepatitis C war für die damalige Zeit und nach damaligem Wissensstand gar nicht so gering.

Meine Mitarbeiterverträge im gehobenen Finanzdienstleistungsmanagement hielt ich noch eine lange Zeit aufrecht, und das aus guten Gründen.

Zum einen verringerte ich so die Last des Sozialamtes, zum anderen behielt ich die Kontrolle über die Vorgehensweise der Finanzdienstleistungsunternehmen.

****

Die Krankenkasse schickte mich in eine neurologische Klinik, zur Rehabilitation. Doc konnte sich ein lautes Lachen nicht verkneifen. Er kannte nur zu gut die Verfahrensweise einer solchen Kur und auch die Wirkung auf mich und andere. Was wollten sie damit erreichen? Sollte die Suizidrate dieser Klinik um ein Vielfaches angehoben werden? Die Menschen, die eine solche Kur in Anspruch nahmen, waren meist nur sehr geringfügig belastbar. Viele zerbrachen schon bei den kleinsten Alltagsproblemen wie einer Trennung vom Lebenspartner oder dem Verlust ihres Arbeitsplatzes.

Schon nach zwei bis drei Tagen meines Aufenthaltes bestätigte sich unsere Vermutung. Diese Klinik war nichts weiter als ein gut organisiertes Fließband, um Menschen notdürftig zu flicken, und das nach strengen Regeln. Erwachsene, im Leben stehende Menschen, mußten sich Regeln unterordnen, ähnlich denen man schon als Kind im Schullandheim unterworfen war. Für die Zeit ihres Aufenthaltes wurde ihnen jede Form von Mündigkeit genommen. Viele, so schien es, fanden sogar Gefallen daran. Andere wiederum drohten vollständig zu zerbrechen. Wer sollte denn auf sie aufpassen, wenn sie diese Klinik wieder verließen? Einigen blieb nichts anderes übrig, als jährlich diese Therapie zu wiederholen.

Anfangs hatte ich noch die Hoffnung, daß mir wenigstens bei der Bewältigung meiner Schmerzen geholfen, zumindest eine Linderung erzielt werden konnte. Darum ging es in dieser Klinik aber überhaupt nicht. Zu Recht hatte diese Klinik den Beinamen „Meisenburg". Alle Insassen wurden, im Umfeld dieser Klinik, wie Geisteskranke angesehen. Das Katastrophalste an der Vorgehensweise dieser Klinik waren die täglichen Gruppentherapien. Schmerzpatienten, Tinnitus-Patienten, Alkoholiker und Neurotiker saßen in einer Gesprächsrunde, hoffnungslos überlastet mit ihrem eigenen Geschick. Nun sollten sie auch noch die unterschiedlichen Gebrechen verkraften?

Diese Klinik diente einzig und alleine nur der Rechtfertigung für die Berufsbezeichnung „Therapeut".

Schon bei meiner Aufnahme mußte ich einen ausführlichen, ca. 100 Seiten umfassenden psychologischen Test ausfüllen, der zur Auswertung nach Göttingen oder Bielefeld geschickt wurde. Nach 14 Tagen kam diese Auswertung wieder zurück, und nun hatten sie es schwarz auf weiß. Meine Werte übertrafen die des geschulten Personals, ja sogar der Psychologen. Noch am gleichen Tag spürte ich die Abneigung der Therapeuten. In ihren täglichen Sitzungen kam auch mein Ergebnis zur Sprache und verbreitete sich wie ein Lauffeuer unter dem Personal. Ich spürte sofort die Abneigung in den Augen der Therapeuten, ich fühlte so etwas wie Neid, Haß und Unverständnis.

Im gegenseitigen Einvernehmen wurde die Therapie auf der Stelle abgebrochen. Schon am nächsten Morgen holte mich meine Schwester wieder ab und brachte mich nach Hause.

Eine große Frage blieb offen: Was hatte psychische Stärke mit meinem Leiden zu tun? Die Schmerzen waren trotzdem noch vorhanden, und auch an dem Vietnam-Syndrom konnten sie nichts ändern.

Im Bericht dieser Klinik wurden alle Schäden bestätigt und mir finanzielles Interesse vorgehalten.

Auch wenn mein Interesse finanzielle Absicherung bedeutet hätte - was wäre daran abwegig und vorwerfbar gewesen? Der einzige Grund für ihre Vorhaltungen war es, mich endgültig zu brechen, und fast hätten sie sogar Erfolg damit gehabt.

****

Wie in Trance griff ich immer öfter in der Nacht zu den Schmerzmitteln. Manchmal fehlten am nächsten Tag bis zu 100 ml Valeron. Ich merkte oft erst, was passiert war, wenn ich wieder zu Bewußtsein kam und Rosi die Schmerzmittel-Rationen überprüfte. Seltsamerweise fiel mir dann die Einnahme und der Weg dahin wieder ein. Es wurde zum hellen Wahnsinn, und keiner konnte mir helfen. Es war erstaunlich, daß ich auch diese Suizid-Attacken, die ich manches Mal noch nicht einmal richtig wahrnahm, ohne medizinische Hilfe überlebt habe. Jeder normale Mensch wäre schon bei einem Bruchteil dieser Dosis gestorben. Einige Male wurde ich vom Versorgungsamt für Opferentschädigung aufgefordert, Ärzte aufzusuchen, die meilenweit entfernt von meinem Wohnort ansässig waren. Die höchste Distanz waren dabei 60 km. Sie wußten genau, daß meine finanziellen Mittel begrenzt waren und ich dadurch nicht richtig reisetauglich war. So, auf diese Art versuchen sie, ihren Klienten den Willen zu nehmen und ihren Widerstand zu brechen. Warum? Was rechtfertigt dann noch ihre Existenz? Sind sie nicht dafür zuständig, Leuten wie mir zu helfen, oder dreht es sich hier nur um eine Arbeitsbeschaffungsmaßnahme ihrerseits? Das Versorgungsamt unserer Stadt sitzt in einem mehrstöckigen Haus, eine Etage ist für Fälle wie den meinen zuständig. So viele Geschädigte kann es in unserer Stadt nicht geben, die eine Bearbeitung von mehr als einem, höchstens drei Jahren rechtfertigen. Mein Fall war immer noch nicht vollständig abgeschlossen und würde noch zusätzlich Jahre in Anspruch nehmen, wenn ich im Herbst 1999 nicht in eine Einigung eingewilligt hätte. Mir stand eine kleine Grundrente zu, bei einer Invalidität von 50 %.

Ich kann es nur noch einmal wiederholen: Leute, seht euch vor, unser System kann sich solche Fehler nicht leisten, ohne langfristig Schaden zu nehmen. Es macht sich täglich unglaubwürdiger. Dadurch wächst genügend Nährboden für Individualisten, wie man an Österreich klar erkennen konnte. War das vielleicht die letzte Warnung? Gerade in einer Phase, wo unser Parteiensystem sich als lächerlich und unglaubwürdig darstellt!

Die Räder des Schicksals drehen sich immer schneller und erbarmungsloser!

Die Gutachten der Ämter konterten Doc, dessensein Nachfolger und ein Neurologe mit Gegengutachten anderer Persönlichkeiten. Die Ärzte der Ämter waren unqualifiziert, was sich anhand einer einzigen Schilderung leicht beweisen läßt. Keiner dieser Ärzte konnte, ohne in einem Fachbuch nachzulesen, sein Gutachten verfassen. Als Test für die Lähmung nahmen sie Hilfsmittel wie Heftklammern oder kleine Rollen mit Zacken, wie man sie zum Kochen oder Backen benutzt. Einfach lächerlich und haarsträubend, bei den Mitteln, die heutzutage zur Verfügung stehen.

Ich bin nicht die einzige Person, der es so geht und die so behandelt wird. Es ist in Deutschland leider an der Tagesordnung. Sogar Menschen, die jahrelang ihre Angehörigen im Koma versorgen, stehen vor diesem Desaster!

Das Valeron hinterließ deutliche Spuren bei mir. Der Magen und die Speiseröhre waren schon angegriffen. Der Magenverschluß war defekt. Die Darmfunktion war teilweise schon spürbar eingeschränkt. Das Valeron hatte schon lange keine große Wirkung mehr, trotzdem blieb ich bei der gleichen Dosis.

In einer Nacht, ich hatte schon den ganzen Tag über einen merkwürdigen Druck auf der linken Seite meiner Brust gespürt, bekam ich eine seltsame Beklemmung. Es folgten stichartige Schmerzen in der Herzgegend und Atembeschwerden. Rosi rief den Notarzt, und der reagierte blitzschnell. Ich wurde umgehend in die Intensivstation einer Klinik gebracht. Nach zwei Tagen konnte ich diese Klinik wieder verlassen. Anfänglich gab es den Verdacht eines Herzproblems, der sich aber nicht bestätigte. Nachdem die Ärzte meine Verletzung registrierten, wurde sehr schnell klar, daß es die Folgen der innerlichen Vernarbung des Gewebes unter der Herzkammer gewesen sind.

****

Ein weiteres Problem wurde meine Sorge um die Zukunft. Was, bitte schön, sollte ich machen? Geregelte Arbeit war nicht möglich. Nach zwei Stunden richtiger körperlicher Belastung brauchte ich Stunden, manchmal Tage, um mich zu erholen. Arbeit war nur unter der zusätzlichen Einnahme von Drogen und Alkohol möglich. Ein weiteres Hindernis war natürlich auch unsere finanzielle Situation. Ein Teufelskreis! Mir blieb nichts anderes übrig, als nach neuen Wegen zu suchen.

****

Ich hatte schon 1990 von einer internationalen Vernetzung aller Computer gehört und konnte mir zu der Zeit aber noch kein klares Bild davon zusammenreimen. Nun war dieses System auf dem Markt erhältlich. Nur wenige Freaks beschäftigten sich mit diesem neuen Medium, genannt Internet.

Ich besaß inzwischen zwei Computer. Auf einem waren die Daten meiner Osttätigkeit sichergestellt, auf dem anderen hielt ich mich auf dem Stand der Dinge. Claus zeigte mir einen Artikel aus der Bild-Zeitung, der von Timothy Leary und seiner Webseite berichtete. Timothy Leary, die zu dieser Zeit noch lebende Legende aus den sechziger Jahren.

In den sechziger Jahren erregte er weltweites Aufsehen durch seine Bücher über seine Experimente mit LSD, welche er im Auftrage des Militärs gemacht haben soll. Von Präsident Nixon soll er einmal als der gefährlichste Mann für die Vereinigten Staaten und die westliche Welt bezeichnet worden sein. Inzwischen hatte er es geschafft, Professor mit einem Lehrstuhl in Harvard zu werden.

Timothy Leary hatte nun ein Krebsleiden und stand kurz vor seinem Tod. Seine Nachrichten waren eindeutig und unmißverständlich. Zu ihm persönlich war kein Durchkommen, er wurde von einer Armada von Gefährten und Spezialisten, meist Studenten, abgeschirmt. Trotzdem ließ ich ihm eine Nachricht zukommen, in der ich ihm davon berichtete, daß wir ein ebenso hartes Gefecht lieferten, und unterschrieb sie mit den Worten: best hopes and wishes. The old guys from „Why Not", Germany!

Als dann die Nachricht vom Tod des Timothy Leary über das Netz kam, war ich sichtlich geschockt. Seine letzten Worte waren „Why Not". Hatte er doch meine Nachricht bekommen, und sollte dies ein Zeichen sein? Der gleiche Kommentar war in der Bild-Zeitung zu lesen: „Seine letzten Worte waren >Why Not<" Wie verbissen trieb ich meine Gedanken um die Nutzung des Internet voran. Ich hatte sofort erkannt, welches Potential hinter diesem Medium stand. Zu dieser Zeit wurde noch mit dem Internet gespielt, und nur wenige versuchten eine wirklich sinnvolle Nutzung. Das war eine Chance für uns mit großen und unbegrenzten Möglichkeiten.

Ich suchte mir eine Truppe zusammen und begann unsere Möglichkeiten zu durchleuchten. Bisher hatten weltweit nur wenige den kommerziellen Nutzen entdeckt. Es galt also etwas zu finden, was die Neugier der Nutzer und der Allgemeinheit auf sich zog. Das beste Mittel dafür war immer noch das Thema Erotik.

Wir entschlossen uns, ein Konzept zu entwickeln mit dem Ziel, alles über das Internet zu vermarkten. Angefangen mit Live Peep Shows bis hin zur Gebrauchtwagenbörse, Wettbüros, Immobilien und Weine. So müßte es gehen, dachte ich. Meine Idee hatte ich zusammen mit Alex, einem typischen Elektroniker und Computerfreak, entwickelt. Schnell griff die Begeisterung um sich, und die Mannschaft wuchs auf eine Stärke von acht Mann.

Es stellte sich sehr schnell heraus, daß aus dieser Mannschaft nur zwei Leute richtig am arbeiten waren. Das machte noch nicht viel, wir waren ja noch bei der Entwicklung der technischen Möglichkeiten. Es war noch Zeit genug, die anderen zu integrieren und vor allem zu checken. Fast jeden dieser Leute kannte ich seit vielen Jahren, und jeder hatte seine Qualitäten, die wir scheinbar unbedingt benötigten. Ich hatte absolut keine Lust, mich noch einmal direkt auf das Milieu einzulassen, also nahmen wir Leute, die damit zurechtkamen.

****

Die Beschwerden durch die Einnahme der Schmerzmittel wurden gefährlich.Doc wies mich umgehend in eine Schmerzklinik ein. Diese Klinik befand sich in dem Krankenhaus, welches mir das Leben geschenkt hatte. Wie sich herausstellte, war es eine Klinik in der Klinik. Das heißt, daß es eine vollkommen eigene Institution in dieser Klinik war, die vom anderen Ablauf getrennt worden war. Hätte man mich sofort in diese Abteilung überführt, mir wäre einiges erspart geblieben. Nun war ich nur froh, daß man mir jetzt helfen wollte.

Schon kurz vor meiner Einweisung in die Klinik verschlechterte sich der Gesundheitszustand von Oma Änne. Mich belastete es ungewöhnlich stark, sie in diesem Zustand zu erleben. Ich besuchte sie so oft es eben ging, immer darauf bedacht, daß keiner von der Familie mir über den Weg lief.

Oma genoß es wie ein kleines Mädchen, wenn ich ihren Kopf behutsam in den Armen hielt und sie zärtlich streichelte. Sie schmiegte sich an mich wie ein kleines Kätzchen.

Es war schwer für mich, weil ich selbst hilflos war. Rosi wollte mir anfangs keinen Glauben schenken, so lange, bis ich sie mit in das Altersheim nahm und ihr zeigte, wie ich mit Oma umging und wie wichtig es für diese Frau war, etwas Zärtlichkeit zu empfangen. Als Rosi uns so sah, konnte auch sie ihre Tränen nicht mehr zurückhalten, sie fing an zu begreifen.

Unser Verhältnis zueinander war angespannt und angekratzt wie nie zuvor. Jeder von uns versuchte, mit diesem Zustand so gut wie möglich klarzukommen. Die Angst blieb.

Jetzt, wo ich in der Schmerzklinik lag, verschlimmerte sich der Zustand von Oma Änne. Sie wurde in eine Klinik eingeliefert. Ich sollte sechs Wochen behandelt werden, ohne die Möglichkeit, sie noch einmal sehen zu können. Ich organisierte mir ein Auto und schlich mich mehrfach aus der Klinik. Als ich Oma so liegen sah, war mein erster Gedanke: >Warum müssen die alten Menschen so grausam leiden? Hatten sie nicht schon genug durch- und mitgemacht?<

Es wurde wenig getan, um ihr Leiden zu verringern, viel zu wenig für das, was diese alte Frau alles hinter sich gelassen hatte, und auch ich kann mich von diesem Vorwurf nicht freisprechen. In einem klaren Moment hielt ich ihre Hand und fragte sie, ob sie meine Hilfe benötigte. Ich sah ihre Sehnsucht in den Augen, aber gleichzeitig auch den Willen, noch etwas zu kämpfen. Ihre einzige Antwort war: „So'n Schiet!" Sie meinte damit die Situation. Ich hielt ihre Hand, und sie schlief ein.

In meiner Klinik wurde ich auf Morphiumsulfat (Morphin) eingestellt. Morphin ist ein lange wirkendes Morphiumpräparat, dessen Wirkung bis zu zwölf Stunden anhalten konnte. Die Umstellungsprozedur war sehr schwierig. Sechs Wochen waren eine lange Zeit. Zu dem Morphin gab es täglich einen Tropf und zusätzlich weitere Medikamente, so auch Psychopharmaka. Meinen Aufenthalt nutzte ich, um das Internet-Konzept zu vervollständigen und einen Song für Claus zu schreiben.

Kurz nach meiner Entlassung aus der Klinik war Oma Änne verstorben.

Ein Vierteljahr nach meiner Entlassung hatte ich einen großen Teil der Zusatzmedikamente eigenständig (u.a. Psychopharmaka) abgesetzt. Ich war zufrieden, mein Lebensgefühl gewann wieder etwas an Boden.

****

Claus und ich waren in den Nächten immer abwechselnd im Laden anwesend.

Drei Tage er, drei Tage ich. Solange einer von uns dort war, konnte nicht viel passieren. Unsere Ausstrahlung und unser Feeling reichten, um in besonders verrückten Nächten die Leute ruhigzustellen. Wir mußten nichts machen, einfach nur da sein. War ich an der Reihe, versüßte ich mir die Nächte mit Alkohol und Drogen. Die anderen Tage in der Woche war ich zu Hause und erholte mich von den Strapazen. Claus verhielt sich entgegengesetzt. Er nutzte auch seine „freien" Tage, um sich zu betäuben. Ich konnte es ihm nicht einmal zum Vorwurf machen. Sein Zustand hatte sich inzwischen so verschlechtert, daß wir täglich, sogar stündlich auf die nächste Hiobsnachricht warteten.

Dutzende Male rief er im allerletzten Moment bei uns an. Meist war die Stimme unerkenntlich, und er murmelte irgend etwas in das Telefon. Wir waren Tag und Nacht auf diese Anrufe vorbereitet, nur ich wußte noch, wie man ihm dann noch helfen konnte.

Marina hatte oft keine Kraft mehr und stand hilflos dieser Situation gegenüber, zudem schrie Claus sie oft an und verlangte nach mir. Oft brauchte ich fast eine Stunde, um ihn ins Leben zurückzuholen; oft mußte ich aufgeben und den Notarzt alarmieren. Viele Leute waren der Meinung, Claus trüge selbst Schuld an seinem Leiden. Natürlich würden seine Exzesse auf irgendeine Art sein Leben verkürzen, und daß er ein gebrochener Mann war, würde sein Leiden nur verschlimmern. Ihm blieb scheinbar gar nichts anderes übrig, als sich ständig zu betäuben, um wenigstens die Zeit, die ihm noch blieb, so angenehm wie möglich zu gestalten. Claus und ich gehörten zu den Personen, deren Instinkte unter Betäubung um ein wesentliches empfindsamer wurden, ähnlich dem Zustand einer Bewußtseinserweiterung. Daß dies ein gefährliches Spiel war und ist, schienen wir immer wieder zu verdrängen.

Die einzige Hoffnung, die blieb, war ein kleine Portion Glück und ein warmer Geldregen, der unseren Traum in Erfüllung gehen lassen könnte. Nur Sonne, Salzwasser und Pinienduft konnte noch nützlich sein. Aber wie?

Ich ahnte schon sehr früh, was passieren konnte, und tat vieles, um unser Leben erträglicher zu machen.

Ich konnte niemals aber auch nur annähernd ahnen, welche zusätzliche Last auf meinen Schultern liegen würde und was diese Bürde bedeuten konnte. Das, was noch passieren sollte, war schlimmer als der grausamste Horrorfilm, den ich je gesehen hatte. Ein Film, der ständig an Grausamkeit zunahm, ohne Happy-End, und als Aussicht auf Erlösung blieb nur der Tod.

Das war der Preis für den Weg, welcher durch Drogen und Alkohol erträglicher schien.

****

Unsere größte Angst und Sorge galt dem Moment, da Claus uns nicht mehr rechtzeitig würde erreichen können, und dieser Moment kam schneller, als wir es vermutet hatten.

Unser Kleiner war knapp ein Jahr alt. Er schlief in einem Kinderbett mit Gitter, gleich neben unserem Bett. Er hatte sehr schnell herausbekommen, wie man zwei Streben dieses Gitters entfernen konnte, und ehe wir überhaupt sahen, was passiert war, krabbelte er putzmunter in der Wohnung herum.

Irgendwie hatte dieser kleine Mann einen besonderen Bezug zu allen Gegenständen, welche nach Technik aussahen. Autos, Telefone und Anrufbeantworter waren seine Spezialität. Autos baute er sofort, an jeder möglichen Stelle, auseinander. Stieg er in einen Bus oder Pkw ein (natürlich konnte er noch nicht einmal auf den eigenen Beinen stehen), mußte er erst einmal um das Auto herum, um zu gucken, ob auch alle Reifen vorhanden waren. Danach ließ er sich, mit sichtlichem Stolz, in den Bus befördern und es durfte losgehen.

Es war an einem Sonntagmorgen. Erschrocken stellte ich fest, daß der Kleine nicht in seinem Bett war. Es war ihm wieder einmal gelungen, die Gitterstäbe herauszudrehen. Aus dem Wohnzimmer kamen, ständig wiederkehrend, seltsame Laute und ein Klicken wie von einem Anrufbeantworter. Erschrocken standen wir auf und fanden ihn tatsächlich an unserem Anrufbeantworter. Nachdem wir festgestellt hatten, daß ihm nichts passiert war, hörten wir, was auf dem Anrufbeantworter war. Es war kaum zu entschlüsseln, nur eines stand fest, Säckel lag wieder einmal im Koma.

Marina war an den Wochenenden oft unterwegs, und manchmal war sie es, die uns im allerletzten Moment anrief. Nun war der Augenblick gekommen, wo selbst Claus so heftig überrascht wurde, daß er wohl Stunden benötigte, um an das Telefon zu gelangen. Der Bursche war so unglaublich zäh, wie ich es noch bei keinem Menschen gesehen oder gehört hatte.

Bei einem Zuckerkoma verhält sich der Betroffene wie bei einem epileptischen Anfall. Der Körper verkrampft sich und beginnt zu zucken. Der Geist setzt vollständig aus. Der Betroffene bekommt Wahnvorstellungen.

In diesem Zustand hatten wir Claus schon Dutzende Male vorgefunden. Die einzige Person, die ihm helfen konnte - er ließ kaum noch einen anderen an sich heran -, war nun ich. Von mir ließ er sich Traubenzucker, aufgelöst in Wasser oder löffelweise, einflößen. Manchmal noch gelang es Marina, Erste Hilfe zu leisten.

Nach knapp einer Viertelstunde sah man dann die Wirkung, und Claus erholte sich langsam. Sein einziger Kommentar war dann wie üblich: „Oh Mann! Was für ein geiler Flash!"

Ich hätte ihn mehrfach für diesen Spruch steinigen können. Machte er sich überhaupt Gedanken über unsere Empfindungen, wenn wir ihn so auffanden?

Dieses Mal muß er schon seit Stunden gekämpft haben. Die Wohnung sah aus wie ein Schlachtfeld. Claus lag bewegungslos auf dem Flur, dicke Hautabschürfungen an Händen, Armen und Beinen. Es machte keinen Sinn, ihm zu helfen; das konnten nur noch die Notärzte.

Sie schafften es, Claus wieder ins Leben zurückzuholen. Kaum hatte er sein Bewußtsein wiedererlangt, schickte er die Ärzte wieder weg. In seiner Art war er dann so barsch und ungerecht, daß es mich immer wieder wunderte, daß sie überhaupt noch wiederkamen.

Eine Einweisung in eine Klinik verweigerte Claus mit allen seinen verbliebenen Kräften.

Die Zeit war gekommen, in der ich mich entscheiden mußte. Was war mir der Begriff Freundschaft wert, und wie weit sollte und konnte man damit umgehen?

Mein Entschluß war eindeutig und unmißverständlich:

Solange ich auch nur eine Hundertstelsekunde gesundheitlichen Vorsprung besaß, solange war es meine Pflicht, meinem Freund beizustehen. Egal, was käme und wie groß die Bürde sein würde.

Nach allem, was wir zusammen erlebt und durchgemacht hatten, war es das Mindeste, was man als guter Freund und Bruder zu tun hatte, auch wenn es mir selbst nicht gut ging und ich die Aufgabe nicht richtig erfüllen konnte.

Die angebliche Hepatitis würde ich in den Griff bekommen, wenn die Zeit dafür reif war, das spürte ich.

Was aber war, wenn alles auf einmal zusammenbrechen würde? Hätte ich dann noch die Kraft, das überleben zu können? Nach menschlichem Ermessen: nein!

Mein Gefühl sagte mir etwas anderes. Mir ging ständig die Botschaft von Timothy Leary durch den Kopf. War es vielleicht meine Aufgabe, dieses Teufelsrad zu überleben, um allen davon berichten zu können? Zum wiederholten Mal begann ich mit dem Schreiben unserer Geschichte und mußte wieder erkennen, daß die Zeit dafür noch nicht gekommen war.

****

Rosi und die Kinder unterstützten mich und Claus bei unserem schwierigen Problem. Wir schlossen Claus in die Familie mit ein, soweit das in unseren Möglichkeiten stand. Die Kinder wurden von uns so erzogen, daß sie Säckel als vollwertiges Familienmitglied akzeptierten, obwohl Erziehung dafür wohl das falsche Wort ist. Sie nahmen Säckel von alleine als Familienmitglied an.

Es war göttlich, mit anzusehen, wie Claus und die Große miteinander umgingen. Herzlich, voller Respekt und Achtung voreinander. Sie besuchte ihn regelmäßig, und so oft es ging, kümmerte sie sich um Pinky und Lümmel, die kleinen Hunde von Claus. Wir dachten, daß wir Claus damit den einzig möglichen Halt geben konnten. Einen Halt, den er seit seiner frühen Jugend hatte vermissen müssen und nach dem er sich sehnte, aber den er gleichzeitig auch ablehnte.

****

Das letzte Koma hatte deutliche Spuren bei Säckel hinterlassen. Es war Staub in die Schürfwunden gekommen, und die Wunden, besonders an beiden Beinen, wollten einfach nicht mehr verheilen. Wir sprachen mit Doc und bekamen Material zum Verbinden, Säubern und Desinfizieren. Es nutzte überhaupt nichts.

Täglich sah ich die Katastrophe beim Reinigen der Wunden. Sie wurden immer größer, mit breiten weißen Rändern und dunklem Fleisch im Zentrum. Ich wurde sauer und wütend, ein wochenlanger Kampf begann, bis Claus endlich die Notwendigkeit eines Arztbesuches begriff. Der neue Doc war fassungslos beim Anblick dieser Beine. Er konnte nicht mehr eingreifen und überwies Claus zu einem Chirurgen. Zweimal pro Woche wurde Claus behandelt, das heißt, die Wunde wurde gesäubert und verfaultes Fleisch und Gewebe entfernt. Die Wundversorgung übernahm eine Pflegerin, welche zweimal täglich zum Verbinden vorbeikam.

An manchen Tagen hätte ich Claus den Hals umdrehen können, gerade dann, wenn er keine Ambitionen auf einen Verbandswechsel hatte, weil ihm die Drogen vom letzten Tag noch in den Knochen hingen. Dann nämlich tat er so, als wenn er fest schlafen würde, und die Pflegerin stand wie angewurzelt vor der Tür. Ich bestand darauf, einen Schlüssel für die Wohnung, den Fahrstuhl und die Eingangstür zu bekommen.

So oft es eben mein eigener Zustand erlaubte, war ich nun bei Claus und verdrängte meine eigene Situation. Ich konnte und wollte es nicht akzeptieren, daß dieser Mann so elendig zu Grunde gehen sollte. Ich schöpfte ein bißchen Hoffnung dadurch, daß ich auf Claus' Einsicht vertraute. Irgendein Schock müßte doch ausreichen, um ihn wieder zur Besinnung zu bringen?

Er brauchte doch bloß in eine Klinik gehen und sich wieder richtig einstellen lassen. Dazu ein bißchen mehr Rücksicht auf seine

Ernährung und seinen Lebenswandel. Er hätte eine gute Chance gehabt, noch ein paar Jahre sorgenfrei zu überleben. Claus verhinderte jeden Schritt, der in diese Richtung ging. Im Gegenteil, der Umfang seiner Einnahmen von Kokain erreichte bis zu diesem Punkt unvorstellbare Ausmaße, und auch sein Verbrauch von Osborne erhöhte sich ständig. Ich konnte deutlich spüren, was in ihm vorging. Säckel war in einem Zwiespalt, aus dem es kein Entkommen geben konnte. Er war gebrochen, verletzt und enttäuscht, und das in einem Maße, daß jeder Gedanke an ein weiteres Leben sinnlos war. Das, was ihn so zäh und stark machte, war sein Bild von sich selbst aus vergangen Tagen. Er wollte einfach die Realität nicht akzeptieren. Schon gar nicht in diesem Zustand. Es war nichts weiter als ein riesiger Verdrängungsprozeß, der in ihm die Schlacht führte. Total unverständlich für jeden Außenstehenden und sehr schmerzlich für ihn und mich.

Das rechte Bein erholte sich sichtlich, nur am linken großen Zeh und dem danebenliegenden wurde es kritisch. Es kam, wie es kommen mußte. Säckel wurde in eine Klinik eingewiesen, und zwei seiner Zehen am linken Fuß wurden amputiert.

Natürlich hatte ich Mitgefühl mit ihm, aber ich zeigte es nicht. Auch wenn sein Weg für mich noch verständlich war, akzeptieren konnte und durfte ich sein Verhalten nicht. Letztendlich ging es auch um mein Leben und das Überleben meiner Kinder. Sein Verhalten und seine Bockigkeit brachten mich an meine eigene Überlebensgrenze, was nicht weniger bedeutet hätte, als daß die Kinder ihren Vater ganz verlieren würden.

Bis kurz nach seiner Amputation saß der Schock bei ihm sehr tief. Kaum war er wieder zu Hause, ging das Theater von vorne los. Für mich stand nun eindeutig fest, daß Claus die Anwesenheit von Marina nicht mehr ertragen konnte, andererseits liebte er sie immer noch so abgöttisch, daß er zumindest unbewußt ihre Nähe nicht missen wollte.

Ich hatte gehofft, daß er die Chance nutzen würde, um sich zu regenerieren und - was noch wichtiger war - endlich den Zuckerpegel regulieren zu lassen. Es tat sich nichts.

Die Quittung folgte nur kurze Zeit später. Der linke Fuß verheilte, aber gleichzeitig verfärbte sich das rechte Bein dunkel. Die nächste Katastrophe stand vor der Tür. Mit der kleinen Behinderung am linken Fuß hätte er vielleicht noch Leben können - und nun?

In der Nacht, in der sich herausstellen sollte, ob sein Bein sich erholen könnte, gab es ein unvorstellbares Theater im Chevy. Claus lag in seinem Bett und war restlos mit seinen Nerven am Ende. Er hatte Angst wie nie zuvor in seinem Leben. Unten im Laden vollzog sich das knallharte Gesetz der Straße. Ich versuchte die Spannung zu lösen, immer mit meinen Gedanken bei Säckel. Sich jetzt auf eine Eskalation einzulassen, würde Claus das Genick brechen.

In dieser Nacht verlor ich mein restliches Vertrauen in die Gemeinschaft und Claus seinen rechten Fuß sowie den Unterschenkel.

****

Für mich begann eine unerträgliche Situation. Ich war schon restlos ausgebrannt, wenn ich drei Nächte im Laden verbrachte. Nun mußte ich jeden Tag anwesend sein. Alleine schon, um Claus zu beruhigen und sicher zu stellen, daß es kein weiteres Theater geben würde.

Auch mein Verbrauch von Drogen und Alkohol nahm noch größere Ausmaße an. Ein Weg, der nur weitere Katastrophen herbeirufen würde, und dennoch war ich ihm ausgeliefert.

Claus bäumte sich auf. Er hatte seinen Fehler eingesehen, ändern konnte er nichts mehr. Wenigstens gab er sich Mühe, schnell wieder („auf die Beine zu kommen", wäre makaber) fit zu werden. Mit der Aussicht, fortan als Krüppel zu leben, würde er sich niemals abfinden können, das war so sicher wie das Amen in der Kirche, aber er gab sich anfangs noch Mühe.

Es kam der Punkt, wo er seine Verzweiflung nicht mehr kaschieren konnte. Da er sich äußerlich immer noch wie der alte Säckel benahm, vermuteten die Leute, daß er sich in seiner Haut wohl fühlte. Die ständigen überflüssigen Kommentare der Leute zehrten zusätzlich an den Nerven. Wer von ihnen war denn für ihn da? Nur wenn sie etwas von Claus forderten, waren sie bereit ihm zuzuhören. Wurden sie mit seinen Problemen konfrontiert, hatten sie schnell eine Ausrede parat und wendeten sich ab. Claus gab ihnen alles, was er noch geben konnte. Gefühl, Sicherheit und Verständnis. Im Gegenzug bekam er von einigen Hohn und Gelächter.

****

Das Internet-Konzept war grundsätzlich fertig. Ich drang sogar bis zu einer Vorstandssitzung der Telekom auf einer CEBIT vor. Ein Vertreter der Direktion besuchte mich später und war begeistert von unserem Konzept.

Die Arbeit von Alex und mir war getan. Jetzt sollten die anderen ihre Arbeit aufnehmen und einen Investor bringen. Eine Viertelmillion war dazu nötig. Dafür wollten wir ein komplettes Studio mit 24-Stunden-Livebetrieb und Kamera-Übertragungen zur Verfügung stellen. So ausgestattet und aufgebaut, daß sie von jedem Anbieter für jedes Produkt genutzt werden konnte.

Eine Unternehmensgruppe in Amsterdam war uns schon meilenweit voraus. Unseren anderen Mitläufern stiegen die möglicherweise erreichbaren Summen zu Kopf, und auch Claus wollte es nicht glauben. Ein paar fuhren in Gedanken schon einen Pullman mit Chauffeur, dabei hatten sie noch nicht einmal einen Finger krumm gemacht.

Knud beobachtete diese Situation und schüttelte ungläubig seinen Kopf. Mein nächster Zusammenbruch war vorprogrammiert, meine Suizidanfälle tauchten wieder auf. Ein Zeichen dafür, daß mich meine Kräfte verließen. Nun blieb mir nichts anderes mehr übrig, als auf einen Investor zu warten. Ich rief die gesamte Gruppe zusammen und erklärte ihnen die Lage, danach löste ich die Gruppe auf mit dem Hinweis, daß unser nächstes Treffen nur mit einem Investor stattfinden könne.

Ich rechnete immer noch mit einer Zahlung meiner Unfallversicherung. Für mich war der Sachverhalt klar, nur der Zeitpunkt stand nicht fest. Bei der Art meiner Versicherung und der Höhe der Versicherungssumme standen mir locker eine halbe Million Mark zu, ein etwas beruhigendes Gefühl. Für den Fall, daß sie keinen Investor für das Internet finden würden, sah ich so noch einen Weg, unseren Erfolg fortzusetzen. Das Verfahren zog sich in die Länge, die Wege verliefen sich im Sand. Einer aus unserer Gruppe verhielt sich besonders „klug". Er stellte unser Konzept einer Gruppe von Leuten vor, welche in der Stadt und auch in der gesamten Republik als Großbetrüger bekannt waren. Das Konzept wurde geändert, und es entstand ein großer Provider daraus. Im Jahr 1999 entlarvten sich die Hintermänner, weil sie gleichzeitig als Stromanbieter auf den Markt kommen wollten. Danach stand der Betrieb vor dem Aus. Mein Einstieg in das Internet war blockiert, und ich empfand auch gar keine Lust, mich auf Betrüger und Sprücheklopfer einzulassen.

Es blieb mir der Name meines Konzeptes und irgendwie auch der ursprüngliche Sinn, obwohl auch dieser erst viel später seine wahre Bedeutung entwickelte.

Knud bot sich an mit einem Vertrieb eines Branchenbuches für das Internet, aber auch hier war die Zeit noch nicht gekommen. Als die Öffentlichkeit endlich Notiz von diesem Medium nahm, war dem Unternehmen erst einmal scheinbar die Luft ausgegangen. Später etablierte es sich unter gleichem Namen.

Ich kam nicht mehr dazu, mein Konzept (Internet) weiterzuverfolgen. Das Schicksal hatte andere Wege für mich bestimmt.

Es sollte nicht sein. Das Internet und der eingeschlagene Weg waren nicht mein Auftrag.

****

Die Versicherung wehrte sich mit Händen und Füßen gegen die Leistung, die sie unserer Meinung nach zu bringen hatte. Unser Anwalt riet uns, das Urteil vom Sozialgericht abzuwarten. Mein Gebrechen war in keiner Gliedertaxe aufgeführt, und die anfängliche Zahlung erfolgte - so waren ihre Worte - nur aus Kulanz?!

In der Gliedertaxe wird fein säuberlich aufgelistet, welche Gebrechen zu welchem Invaliditätsgrad führen; daher kann nur eine Bewertung stattfinden, wenn das Gebrechen in dieser Liste aufgeführt ist. Es blieb die Chance der Bewertung durch das Versorgungsamt.

****

Frank wurde in der Uckermark von vielen Kunden abgewiesen und verhöhnt. Das Schicksal reagiert eben nun einmal gnadenlos. Genugtuung bringt mir das nicht, und das ist es auch nicht, was ich erwarte.

****

Ich bekam eine Ausgleichszahlung für die vergangenen Jahre. Schmerzensgelder sind unpfändbar, das ist auch schon der einzige Vorteil, den sie besitzen.

Bei der Härte und Belastung der Verletzung nur ein kleines Trostpflaster, das genauso so schnell verbraucht war, wie es hereinkam.

Ein paar Mark gingen für einen gebrauchten Laptop drauf, ein paar Mark für neue Kleidung. Eine kleine Summe für einen Kurzurlaub auf Ibiza, wo ich nach einem Weg für Claus und meine Familie suchen wollte.

Eingedeckt mit großen Mengen Schmerzmittel begab ich mich auf den Weg. Ibiza im Februar ist kalt und trostlos, fast wie ausgestorben. Mir bot sich plötzlich ein vollkommen anderes Bild. Völlig konträr zu dem Bild, das ich von unseren gemeinsamen Abenteuern her kannte. Die Klimaumstellung setzte mir derartig zu, daß ich ein Drittel meiner Zeit im Bett verbringen mußte. Trotzdem spürte ich, wie mir dieses Klima gut tat. In kurzer Zeit erholte ich mich und blühte etwas auf. Ich fand auch eine

Möglichkeit, um uns aus unserer Misere zu befreien. Ein Dachapartment, Neubau, mit Fahrstuhl, 3 Schlafzimmern, 2 Badezimmern, riesiger Terrasse, Rundum-Verglasung mit Schiebetüren, Marmorfußboden, Klimaanlage und Heizung, direktem Blick auf die Playa de Bossa und auf den dort, im Sommer, täglich stattfindenden Hippie-Markt. Gleich im Nebengebäude befand sich ein mehrstöckiges Ärztehaus. Idealere Bedingungen konnte es für uns nicht geben; sogar unser Überleben wäre so gesichert gewesen, und auch der Preis war ein Knüller.

Jetzt fehlte wieder einmal nur etwas Geld. Wieder einmal mußte ich meine ganze Hoffnung in ein Umdenken der Versicherung setzen. Das Klima würde auch Claus wieder neuen Lebenswillen einhauchen können, das war sicher.

Claus winkte ab. Für ihn scheiterte dieser Traum schon bei der Vorstellung, daß er das Geld dafür nicht aufbringen konnte, und er schämte sich, weil er immer noch im Rollstuhl saß. Die Prothesen paßten vorne und hinten nicht, und Claus hatte nicht die Geduld, sie ständig nachbessern zu lassen.

Nur die kleinste Druckstelle konnte zu einer erneuten Entzündung führen und zu einer weiteren Amputation.

Mir blieben nur drei Monate Zeit, um das Geld aufzutreiben, und alleine konnte ich das immer noch nicht schaffen.

Inzwischen stand für Claus eine weitere Katastrophe vor der Tür. Finanziell geriet er in immer größere Schwierigkeiten. Ich packte alles, was von der ersten Zahlung noch übrig war, in seine Kasse, damit wenigstens wieder für ein bis zwei Monate Luft da war. Claus half vorher noch einmal Marina und Annette bei der Begleichung diverser Rechnungen und gab Annette sogar noch Geld für einen Kurzurlaub. Dann waren auch seine letzten Mittel verbraucht.

Rosi und ich verzichteten oft auf die Hilfe von Claus, da uns die Situation wohlbekannt war. Oft auf Wegen, die Claus nicht nachvollziehen konnte, gaben wir ihm das Geld zurück, das er uns überflüssigerweise zugesteckt hatte.

Hatten wir eine größere Summe zur Verfügung, so steckten wir auch dieses Geld mit in den Topf, wie bei der kleinen Zahlung der Unfallversicherung.

Das Allerschlimmste wäre es gewesen, wenn Claus den Laden und damit auch die Wohnung verloren hätte. Daß er seine Wurzeln nicht noch einmal versetzen konnte, außer vielleicht nach Spanien, das war klar.

****

Thomas, von uns liebevoll „Krüppel" gerufen, suchte immer näheren Kontakt zu Claus. Thomas hatte das Schicksal ebenso hart und grausam getroffen. Früher war er ein baumlanger, blonder Hüne. Jetzt war er querschnittsgelähmt.

Sein Unfall passierte in einem Hallenbad. Er schwamm durch das Becken und bekam urplötzlich einen Schlag ins Genick. Irgendjemand, wer, konnte nicht festgestellt werden, ist ihm in das Genick gesprungen. Thomas sank sofort auf den Grund des Beckens. Es verging eine Weile, bevor er von jemandem bemerkt und aus dem Wasser gezogen wurde. Wie sich herausstellte, waren seine Halswirbel gebrochen. Es war zu der Zeit, als Claus sich noch im „Sound House", vor den Türen unserer Stadt, aufhielt. Thomas wohnte nicht weit vom „Sound House" entfernt, und sein Unfall sprach sich herum wie ein Lauffeuer.

Nach langem Aufenthalt in verschiedenen Kliniken und Rehazentren ließ sich Thomas bei Claus blicken. Es war ein trauriges Bild, wie er von einem Freund mit dem Rollstuhl durch die Tür geschoben wurde. Thomas war zunächst ein gebrochener Mann, verzweifelt und am Boden zerstört. Auch äußerlich war er kaum wiederzuerkennen. Claus zeigte ihm seine Härte und gab ihm Selbstvertrauen. Wie es Claus' Art war, war er nicht zimperlich mit seinem Wortgebrauch: „Eh, du Krüppel! Was ist los! Sieh bloß, daß du wieder auf die Beine kommst. Aufgeben will ich bei dir nicht sehen. Laß dich bloß nicht wieder blicken, bevor du aufrecht gehen kannst", und so weiter...... Es mag derbe und verrucht klingen, aber wenn Claus so etwas sagte, dann saß das auch. Jeder begriff sofort, was gemeint war, und auch Krüppel konnte sich ein Lachen nicht verkneifen. Anscheinend hatte Claus Erfolg mit diesen Worten bei Thomas. Thomas entwickelte einen ungeheuren Willen. Ein Jahr später konnte er sogar die ersten eigenen Schritte bewältigen, und er kam zurück, um seinen Fortschritt zu demonstrieren.

****

Thomas wollte sich unbedingt bei Claus revanchieren. Er bot ihm sogar finanzielle Hilfe an. Es war ein Bild für die Götter, die beiden mit ihren Rollis fahren zu sehen, so traurig diese Geschichte auch war. Thomas hatte etwas mehr Glück mit seinen Versicherungen gehabt, obwohl er auch viel zu früh aufgeben mußte. Claus nahm die Hilfe von Thomas an. Fortan war Thomas ständig anwesend, meist so oft, daß es schon anfing, etwas lästig zu werden.

****

Jeder konnte klar erkennen, daß Claus mit seiner neuen Rolle, im Rollstuhl fahren zu müssen, überhaupt nicht zurecht kam. Irgendwie war der Ausgang klar und unvermeidbar. Wer wollte das schon wahrhaben? Claus versuchte immer wieder, sein Handicap zu verbergen. Kam ihm jemand dumm, stand Claus plötzlich senkrecht im Rollstuhl und verteilte Ohrfeigen. Unglaublich dieser Mann!

Sitzt im Rollstuhl, ihm fehlt der halbe linke Fuß und das halbe rechte Bein, und er läßt sich auf solche Aktionen ein. Meine Angst stieg von Tag zu Tag, von Stunde zu Stunde.

Noch konnte ich mich auf den Beinen halten. Aber wie lange noch, und welchen Preis hatte ich dafür zu zahlen? Daß meine Ehe inzwischen kaputt ging, zehrte zusätzlich an meinen Nerven. Ich verdrängte diesen Zustand und hoffte darauf, daß ich eine neue Chance bekommen würde, wenn ich die Zeit fände, mich zu erholen. Meine innere Stimme verriet mir, daß diese Zeit kommen würde, gleichzeitig flüsterte sie mir aber auch ins Ohr, daß diese Möglichkeit für mich immer schwieriger werden würde.

Claus verstand meine Sorgen nur zu gut. Nächtelang genoßen wir unsere Gespräche, in denen wir uns gegenseitig Mut zusprachen.

****

Krüppel hatte inzwischen ein Haus in einer neuen Feriensiedlung an der Costa Blanca finanziert. Unsere Gedanken beschäftigten sich oft und ausnahmslos mit dieser Möglichkeit. Ich baute diesen Gedanken aus. Krüppel hatte über seinen Behindertenverband eine rege Nachfrage festgestellt. Schnell entstand aus unserer Idee ein Behindertenprojekt. Urlaub für Gehbehinderte in einem geschlossenen Urlaubspark.

Als ich anfing, diesen Weg weiterzuverfolgen, spürte ich die Dringlichkeit, den Sinn und den Nutzen dieser Idee. Das „Live Net Concept 2010" lebte wieder auf und bekam sogar eine dringliche Notwendigkeit. Endlich hatte ich wieder einen Strohhalm, an den ich mich klammern konnte. Das Konzept entwickelte sich einzigartig und auch später in unverminderter Beharrlichkeit.

****

In meiner Erzählung befinden wir uns nun im Herbst/Winter 1997. Claus bekam erneut seine Hilflosigkeit in gnadenloser Härte zu spüren. Er erfuhr erst zu diesem Zeitpunkt, daß sein Sohn, zu dem er seit 1978 keinen oder kaum Kontakt hatte und haben konnte, an einem Nierenversagen litt. Eine Niere war vollständig kaputt, die andere nur teilweise brauchbar. Seine einzige Hoffnung war es, einen Spender zu finden. Das Sparbuch für solche Fälle war aufgebraucht.

****

Nach zahllosen Anläufen und Versuchen hatte Marina einen Mann gefunden, der sich bedingungslos in sie verliebte. Der Kerl war ein Riese, über zwei Meter groß. Sie dagegen war nur ein laufender Meter. Wenn die beiden nebeneinander standen, wirkte das eigenartig. Wenn sie sich dann noch in den Armen lagen, konnte ich mir ein Grinsen nicht mehr verkneifen.

Marina wurde schwanger, und ihr Freund bestand auf einer gemeinsamen Wohnung.

Fünf Jahre waren Claus und Marina nun schon getrennt, und endlich kam eine Lösung in Sicht, dachte ich. Ich sah eine Chance für Claus, sich endlich vollständig von Marina lösen zu können.

Marina zog den längst überfälligen Schlußstrich. Dazu gehörte auch, daß sie das Chevy übergab. Krüppel bekam seine Chance, schließlich hatte er sich schon in einem erheblichen Maß finanziell beteiligt.

Ich war gegen diese Entscheidung von Claus und Marina, nicht weil ich etwas gegen Thomas gehabt hätte, sondern weil Thomas sich überhaupt nicht über seine Verantwortung im klaren war. Ich bot Thomas meine Hilfe an, er nutzte nicht eine Gelegenheit. Sicher hatte er viel Nachholbedarf, was für ihn das Gefühl von Erfolg und Achtung betraf, aber so, wie er die Sache anging, waren Probleme leicht vorhersehbar.

Claus nahm die Angelegenheit gelassen und mit müdem Schulterzucken hin.

Im Dezember 1997 stellte ich Claus mehrfach zur Rede, weil ich spürte, daß irgend etwas Bedeutendes passieren sollte. Das, was ich spürte, verhieß absolut nichts Gutes.

Claus beruhigte mich immer wieder; er gab mir sogar sein Versprechen, daß sich alles zum Guten wenden würde.

Heiligabend und Silvester verbrachten Rosi, Schwiegermutti, die Kinder, Claus und ich gemeinsam. Wir wollten ihm die Sicherheit vermitteln, daß wir voll und ganz zusammengehörten und es auch ernst damit meinten.

Es half nichts. Claus verkapselte sich immer mehr.

27. Kapitel – „Wer von euch ohne Sünde ist, der werfe den ersten Stein............."

(Johannes, Kapitel 8, Vers 7)

Ein Freund, ein Feind!

Es ist soweit,

Gedanken gehen bis in die Ewigkeit.

Erst „Eins", dann „Zwei",

vielleicht noch viel mehr.........

das Denken, es geht so...........

fällt reichlich schwer!

Ich will den Frieden

Und mußte lernen den Streit!

Soll ich nun leben,

oder ist es soweit?

Wie gerne tät ich mit Kindern spielen,

mit ihnen tanzen, ihr Lachen erleben!?

Um dies zu bekommen, wäre ich bereit,

zu lieben bis in die Ewigkeit!

(U.B., Frühjahr 1998)

Irgend etwas mußte sich am Laden verändern. So wie er war, hatte er keine Chance zu überstehen. Es mußte unbedingt anderes, neues Publikum angezogen werden.

Der Laden bekam einen neuen Teppichboden (azurblau) und neue Garnituren. Ich besorgte einen gebrauchten Großbildprojektor mit der zugehörigen Leinwand. So waren wir in der Lage, Formel-I-Rennen, wichtige Fußballspiele und Boxkämpfe auf die Großbildleinwand zu übertragen.

Das, was ich am Wochenende wieder aufbaute, zerstörte Claus in der Woche. Claus hatte jeden Bezug zur Realität verloren. Seine Aussagen wurden immer verwirrter und undurchsichtiger. Ich fühlte seine Zerrissenheit bis in die äußersten Haarspitzen, und es tat mir unendlich weh, ihn in diesem Zustand zu erleben. Immer mehr Leute wendeten sich von ihm ab. Sie wollten ihn groß und stark sehen. Daß so ein Mensch überhaupt selbst Probleme haben könnte, verursachte bei vielen nur ein müdes Lächeln. Ein paar Versuche gab es, aber sie scheiterten schnell an einer großen Portion Unverständnis. Die Versuche, zu helfen, scheiterten letztendlich an der Größe unseres Problems. Niemand war dieser Belastung gewachsen und schon gar nicht bereit, sich tiefer darauf einzulassen. Zu groß war die Angst vor dem, was sie dann zu sehen bekommen würden.

****

Mitte Januar 1998, Claus hatte eine Samstagnacht übernommen, passierte das Unglaubliche.

Wieder einmal konnte Claus es nicht lassen, sich in einen Streit einzumischen. Dabei verlor er das Gleichgewicht und fiel, mit wohl großer Wucht, auf die rechte Seite. Er war benommen von dem Sturz und fuhr mit dem Fahrstuhl in die Wohnung. In der Küche angekommen, bekam er Kreislaufprobleme und fiel, so erzählte er es mir, in die Küchenstühle. Das gab ihm den Rest. Als er wieder zur Besinnung kam, war seine rechte Schulter angeschwollen. Er vertuschte diese Tatsache, und Annette, welche im „Chevy" Dienst tat, konnte kaum merken, wie ernst die Lage war. Als man mir davon berichtete und ich daraufhin Claus sofort anrief, spielte er die Angelegenheit herunter, so daß ich noch nichts von der Härte der Sache mitbekommen konnte. Ich spürte zwar, daß etwas nicht in Ordnung war, aber Claus nahm mir auf seine barsche Art den Wind aus den Segeln: >Mach dir keine Sorgen, laß mich in Ruhe, ich will jetzt schlafen ... bis Morgen.<

Am Montag sah ich die Bescherung. Seine rechte Schulter sah aus wie ein aufgeblasener kleiner Luftballon. Ich konnte eindeutig erkennen, daß die Schulter wenn nicht gebrochen, so doch zumindest ausgekugelt war. Meine erst Empfindung bestand aus purem Entsetzen. Ich packte sofort ein paar Sachen von ihm zusammen, um ihn in das nächste Krankenhaus zu begleiten. Es war Eile geboten, schließlich hatte er schon den zweiten Tag in diesem Zustand verbracht.

Die Reaktion von Claus war ein weiterer Schock für mich. Mit all seinen Kräften und unverständlichen, aber eindeutigen Argumenten wehrte er sich gegen jegliche Art von Behandlung und Unterstützung.

Er glaubte doch tatsächlich, daß er auf Hilfe verzichten konnte. Ich rief Rosi zur Hilfe, und auch das nützte nichts. Claus vertröstete sie mit dem Versprechen, am nächsten Tag einen Arzt aufzusuchen.

Am nächsten Tag? Der Mann war wahnsinnig und absolut unzurechnungsfähig. Was sollten wir tun? Ärztliche Hilfe jeder Art verweigerte er sogar noch, als wir einen Notarzt herbeigerufen hatten. Als wir den Arzt über den Stand der Dinge informierten, war der Sachverhalt vollkommen klar. Wenn Claus die Hilfe ablehnte, dann waren uns und ihm die Hände gebunden.

Mir blieb nichts anderes übrig, als Claus meine Freundschaft aufzukündigen. Als ich den Laden betrat, wurde mein Entschluß nur noch bekräftigt. Auf dem Tresen standen zahlreiche leere Gläser, der Vorrat an Osborne und auch ein paar kleine Flaschen Kräuterlikör waren geleert. Vor Wut zerschmiß ich die Gläser und Flaschen an den Wänden, schloß den Laden ab und ging.

Meine weitere Reaktion war mit Rosi abgesprochen; Marina, Thomas und Annette wurden von uns darüber informiert. Natürlich hätte ich Claus auch mit Gewalt in ein Krankenhaus bringen können, aber die Gefahr einer weiteren, größeren Verletzung war dabei nicht ausgeschlossen. Ich mußte hart bleiben und darauf hoffen, daß Claus endlich zur Vernunft kommen würde. Vielleicht trieben ihn ja seine Schmerzen zur Einsicht?

Rosi und Marina redeten noch einmal auf Claus ein, ohne Erfolg. Ich ahnte, was passieren konnte.

Claus hatte einen Läufer, Hermi. Hermi war immer da, wenn Claus ihn rief. Hermi hatte sich uns als Maler und Handwerker vorgestellt. Claus nutzte ihn, so oft er konnte, wohl auch weil er wußte, daß ich ihn sonst in der Hand hielt und er das machen mußte, was ich ihm vorgab.

Gegen 22.00 Uhr schickte ich Rosi zum Laden, um nachzusehen, wie es Claus ging. Es stellt sich heraus, daß Claus Hermi zurückbeordert und den Laden einfach wieder aufgeschlossen hatte. Hermi stand hinter dem Tresen, und Claus saß, breit grinsend, in seinem Rollstuhl.

Am Mittwoch gelang es Rosi, unseren alten Doc ausfindig zu machen. Er war die einzige Person, die noch helfen konnte. Was Doc sagte, galt als Gesetz, und Doc machte sich in Windeseile auf den Weg. Rosi erwartete Doc am Hauseingang; ich ging schon voraus, um Claus vorzubereiten.

Tatsächlich reagierte Claus auf die Anwesenheit von Doc. Bereitwillig zeigte er ihm seine Schulter, und Doc wurde kreidebleich. Der ganze Arm war grün und blau, und Wundwasser hatte ihn zusätzlich aufgebläht. Einfühlsam und eindringlich warnte Doc Claus und wies ihn beschwörend darauf hin, daß er mit seinem Leben spielte. Er gab Claus eine Überweisung in das nächste Krankenhaus, und Claus ließ sich von Hermi, aber erst am kommenden Tag, dahin fahren. Noch am gleichen Abend war Claus wieder zurück. Er gab uns zu verstehen, daß kein Bett frei gewesen sei und er erst noch die Ergebnisse abwarten mußte. Tage später erzählte uns Hermi, daß Claus eindringlich aufgefordert worden war, sich in Behandlung zu begeben, er sich aber verweigerte.

Ich konnte es Claus nicht glauben, was er da von sich gab. Schließlich stand eindeutig fest, daß seine rechte Schulter gebrochen war. Der Kampf begann von vorne.

Es ging um mehr als um das Leben von Claus. Durch diese Aktion war auch mein Leben gefährdet. Wie sollte ich die kommende Belastung ohne Folgen noch verkraften und überleben können? Meine Kinder gingen mir durch den Kopf und was wir ihnen antaten.

Am kommenden Montag war ich dann zum Äußersten bereit. Ich war bereit, ihm sogar eine Pistole entgegenzuhalten, um ihm meine Entschlossenheit zu demonstrieren. Körperliche Gewalt war auszuschließen und hätte nur weiteren Schaden verursacht.

Ich hatte keine Wahl, alle anderen Wege schienen wert- und nutzlos. Kaum kam ich durch die Tür, war ich erstaunt und überrascht. Claus erwartete mich mit gepackten Taschen.

Im Krankenhaus angekommen, gab es die nächste böse Überraschung. Die Ärzte wollten zuerst die Aufnahme verweigern, weil sie Claus vorher eindeutig auf die Gefahren hingewiesen hatten. Ich nahm die Schelte auf mich und war froh, daß sie Claus schließlich doch noch in ihrer Obhut behielten.

Es war zu spät. Noch in der Nacht wurde Claus in eine andere Klinik überführt. Es folgten neun Tage der Angst und der Ungewißheit. Es hatte sich inzwischen schon Wundfäule gebildet, welche die ganze Schulter und den rechten Arm befallen hatte. Auch Teile des Brustkorbs waren angegriffen. Sieben Tage lang wurde täglich operiert. Teile der Schulter wurden herausgefräst und der Knochen aus dem Oberarm entfernt. Es blieb eine offene, 10 - 15 cm breite Wunde von der Schulter bis zum Unterarm. Die Wunde sah ungefähr so aus wie die in Kunstharz eingelegten Leichenteile einer Ausstellung in München.

Von nun an war eines sicher und klar: Claus' letzte Tage waren angebrochen. Er bereitete sich endgültig auf sein Sterben vor. Obwohl sein Kopf immer noch einen ungeheuren Überlebenswillen besaß, sein innerer Zwiespalt hatte ihn vollständig zerstört und aufgefressen. Er tat alles, um eine weitere Hilfe unmöglich zu gestalten.

Ich mußte mich auf das Allerschlimmste vorbereiten. Wenn dieser Tag eintreffen würde, dann würde Claus meine letzten Kraftreserven verzehren, das war absolut sicher.

Ich war mir aber immer noch sicher, daß er noch eine realistische Chance besitzen würde, wenn er seinen Konsum von Kokain und Alkohol einstellen und seinen Zucker behandeln lassen würde. Er ließ nicht mit sich reden, und mir blieb nichts anderes übrig, als ihm die kalte Schulter zu zeigen.

Meine Verbindung zu ihm bestand über meine Intuition. Er war sowieso nicht aus meinem Kopf zu verdrängen. Meine Gedanken und Gefühle beschrieb ich ihm in zahllosen Briefen.

Ich war verzweifelt und resigniert am kämpfen. Ich hatte nicht bemerkt, daß er sterben wollte. Dutzende Male hatte ich ihn aus den Zuckerkomas befreit und mich an seine Art, damit umzugehen, gewöhnt, und ich wußte, daß er noch eine Chance besaß. Es ging nur noch darum, ob er sie auch tatsächlich wollte.

Schon am Anfang, während der Operationen, war für Rosi und mich klar, daß ich aus unserer gemeinsamen Wohnung ausziehen mußte. Wollte ich Claus eine allerletzte Chance ermöglichen können, ohne die Familie in Gefahr zu bringen, mußte ich Tag und Nacht in der Wohnung und im Laden anwesend sein. Zu viele Leute wußten über seinen Zustand Bescheid, und die Gefahr, daß diese Situation ausgenutzt wurde, stieg täglich. Mein Nervenkostüm war stark angekratzt, und es war nicht gut, wenn die Kinder mich in diesem Zustand um sich ertragen mußten.

Noch während der Operationen kam heraus, daß Claus sich mit einem resistenten Krankenhausvirus angesteckt hatte. Er wurde zusätzlich isoliert.

Ich war mir über das, was kommen würde, im klaren und verlor die Nerven. In unserer Wohnung lief ich mit dem Kopf durch eine Holzverkleidung. Stundenlang weinte ich, restlos mit meinen Nerven am Ende. Rosi verstand sofort, um was es ging. Etwas zögerlich half sie mir, meine notwendigen Sachen zusammenzusuchen, war aber auch etwas erleichtert, daß ich diesen Schritt gehen wollte.

Eines war sicher wie das Amen in der Kirche, und jeder wusste das: Diese Tortur würde ich nur zwei bis drei Monate überstehen können; würde sie länger andauern, würde ich nur sehr schwer wieder aus eigener Kraft da herauskommen. Es war mir nur noch möglich, täglich am Ball zu bleiben, indem ich alles zu mir nahm, was ich zu greifen bekam. Ein Horror-Szenario.

Warum ich diese Qual auf mich nahm? Ganz klar! Würde ich jetzt, an diesem Punkt aufgeben, wäre meine Vorstellung vom Idealbild einer Freundschaft und von der Familie zerstört worden. Zumindest ich, für meine Person, wollte sicher gehen, dieses Bild aufrechtzuerhalten. Ein Zurück gab es nicht mehr, auch wenn Claus vielleicht selbst schuld an diesem Unglück war. Hätte ich ihn in diesem Moment im Stich gelassen, ich hätte nie wieder in einen Spiegel schauengucken können.

Natürlich waren die Formulierungen in meinen folgenden Briefen, die ich ihm ins Krankenhaus bringen ließ, knallhart, aber so konnte ich sicher gehen, daß Claus diese Zeilen auch wirklich überdachte. Es ist schwer, sich mit der Wahrheit auseinanderzusetzen, aber es ist der kürzeste und effektivste Weg, um den Tatsachen direkt ins Auge zu blicken.

****

Der nächste Gang nach Canossa stand mir bevor. Ich mußte seine Familie informieren. Dutzende Male hatte ich Säckel begleitet, wenn er Sehnsucht nach seiner Heimat bekam oder einfach nur Geld von seinem Vater forderte. Das Verhältnis zu seiner Familie war sehr angespannt, um nicht zu sagen „es war gar keines vorhanden". Der frühe Tod seiner Mutter, sie starb an einem Krebsleiden, hatte Claus verbittert und so hart werden lassen. Sein Vater hatte mehrere Herzanfälle erlitten und war gesundheitlich stark angegriffen. Mich hatte zuvor noch nie jemand aus dieser Familie zu Gesicht bekommen. Wenn Claus überhaupt einmal mit seinem Vater sprach, blieb ich vor der Tür im Auto sitzen.

Claus hatte mehrere Geschwister, darunter einen älteren Bruder und eine Zwillingsschwester. Der ältere Bruder wohnte mit seiner Familie in einer Doppelhaushälfte auf dem Grundstück des Geburtshauses, daneben der Vater mit seiner Frau.

Ich klingelte an der Haustür des Bruders, und mir wurde von seiner Frau geöffnet. Zaghaft und freundlich stellte ich mich vor und schilderte die Lage. Nach kurzer Überlegung riefen sie den Vater hinzu. Der einzige Grund meines Besuches war es, daß sich Claus und seine Familie versöhnten, bevor es ganz zu Ende ging und es zu spät dafür war.

Meine Empfindungen waren hochkarätig sensibilisiert und das Anliegen ebenso. Ich wußte, daß ich nur diese eine Chance besaß, und erreichte mein Ziel. Die Familie war zu einem Versuch bereit. Ich wies sie noch auf die derzeitigen Eigenarten von Claus hin und bat sie, nicht weiter darauf einzugehen. Eindringlich bat ich sie, ihm auch das noch Kommende zu verzeihen, schließlich ging es um den Frieden aller Beteiligten.

Wichtig war der Versuch, und der Erfolg gab mir recht.

Claus wußte nichts von meinem Auftritt, und er war sichtlich überrascht, seine Familie im Krankenhaus zu sehen.

****

Ich wunderte mich über gar nichts mehr, mein Zustand war grausam, jeder weitere Schlag machte mich kälter und verrückter.

Es setzte ein unglaublicher Verdrängungsprozeß ein, so ähnlich muß sich Claus vorher gefühlt haben. Meine Sehnsucht nach Sex und Zärtlichkeit erreichte einen bis dahin nie erlebten Höhepunkt. Wenn Rosi mich besuchen kam, wollte ich nicht viel reden, nur ihre Anwesenheit genießen. Wenn es dann zum körperlichen Kontakt kam, was wiederum sehr selten war, sog ich sie förmlich in mich auf. Manchmal dauerte es etliche Stunden, bevor ich die Finger von ihr lassen konnte. Danach verzehrte ich mich von neuem. Ich spürte aber auch deutlich, daß Rosi immer größeren Abstand zu mir suchte. Wenn ich dieses Thema zur Sprache brachte, stritt sie die Situation ab. Da ich genau wußte, daß sie mich und vor allem sich selbst damit betrog, wurde ich ihr gegenüber immer verbitterter. Sie sagte mir immer wieder, daß ich keine Angst haben bräuchte; alles würde gut werden.

Krüppel führte sich auf wie ein Verrückter. Ich denke, er hatte immer noch nicht begriffen, um was es eigentlich ging. Er hatte mit einem finanziellen Verlust zu rechnen, wir dagegen mit dem Verlust von allem. Er hatte diese Krise in ähnlicher Form doch schon einmal durchleben müssen. Sah er die Zeichen denn immer noch nicht?

Gerade hatten wir wieder unseren fast täglichen Streit, da kam die nächste Prüfung. Ich fuhr mit dem Fahrstuhl nach unten und wollte in den Laden. Hermi stand hinter dem Tresen, weil die Aushilfe noch nicht da war. Als ich die Haustür öffnete, sah ich das Desaster. Im ersten Moment dachte ich noch, weil gerade wieder ein Fußballspiel übertragen werden sollte, endlich hat sich unser Konzept herumgesprochen und der Laden ist voll. Kaum war die Tür hinter mir geschlossen, bemerkte ich, daß ich mich zwischen einer Vielzahl von Polizisten und Beamten befand. Da verschiedene Beamte dabei waren, folgerte ich schnell, daß es sich um eine Routinekontrolle von Polizei, Gewerbe- und Finanzamt handeln mußte. Ich hatte mit dem Laden offiziell nichts am Hut; mein Name war einschlägig bekannt, und es war besser, wenn er nicht in Erscheinung trat. Der Laden war in einem gepflegten Zustand, und nichts daran wäre auszusetzen gewesen. Ich ging an der Menge und dem Laden vorbei, direkt zu Rosi. Krüppel war der Inhaber, nun mußte er diese Rolle auch vertreten.

Ich hätte wissen müssen, was passieren würde. Irgendwie hatte ich so etwas geahnt.

Als ich dann im Laden anrief, erfuhr ich, daß er geschlossen war. Thomas wurde die Konzession entzogen.

Was war passiert?

Die Verantwortlichen der Untersuchung verlangten nach dem Besitzer; Thomas kam herunter und empfing sie mit den Worten: „Schönen Tag, schönes Wetter! Was darf ich Ihnen zu trinken anbieten, bevor Sie mit Ihrer Arbeit beginnen?" Die Beamten waren erstaunt über so viel Freizügigkeit. Thomas stieß auf erheblichen Widerstand. Auf die ihm gestellten Fragen wie: „Wo liegt das Buch für die Getränkeleitungsreinigung", „wo ist der Notausgang?" und „wo ist der Bierkeller?", konnte Thomas keine Antwort geben. Natürlich wußte er, wo alles zu finden war, aber er war den Umgang mit solchen Behörden nicht gewohnt. Sein Verhalten ließ darauf schließen, daß er total verstört war und Angst bekam. Die Beamten bemerkten seine Unsicherheit und auch seine Behinderung; sie nutzten die Möglichkeit, um ihn nun richtig fertigzumachen. Thomas stand am Rande eines

Nervenzusammenbruches und resignierte. Die Reaktion der Behörde war eindeutig: Dem Geschäft wurde die Konzession entzogen, wegen des Verdachtes auf Konzessionsbetrug. Drei Krüppel standen vor dem Nichts. Der eine lag im Krankenhaus, und noch immer stand nicht fest, ob er über den Berg kommen würde und wollte.

Thomas sollte am nächsten Tag auf dem Gewerbeamt erscheinen. Bei diesem Besuch konnte ich ihn noch nicht begleiten. Er tat mir leid, und er war am Boden zerstört.

Er erzählte mir von den Forderungen des Leiters des Gewerbeamtes. Dieser beschuldigte ihn, handlungsunfähig zu sein, alleine schon wegen seines Gebrechens. Thomas wurde des Konzessionsbetruges bezichtigt.

Es wurde Zeit, daß ich mich in diese Angelegenheit einmischte. Auf seinen nächsten und letzten Termin begleitete ich ihn. Als wir den Amtsraum betraten, war ich überrascht. An den Nebentischen saßen vier Kripobeamte und taten so, als ob sie zum täglichen Betrieb dazugehörten. Der Leiter des Gewerbeamtes, er hätte übrigens der Zwillingsbruder von einem der Bosse aus dem „Why Not" sein können, kam mit hochrotem und aufgeblasenem Kopf hinzu. Er ließ uns nicht zu Wort kommen; ich reagierte sauer und aggressiv, eine unbändige Wut stieg in mir auf. Der Kommentar des Gewerbeamtsleiters erinnerte mich an das Dritte Reich. In seinen Augen hatte ein Krüppel sowieso nichts in der Gastronomie verloren. Jede weitere Debatte hatte sich erübrigt, ohne daß weitere Folgen in Kauf genommen werden mußten. Ich verließ den Raum. Thomas war am Boden zerstört. Er zitterte am ganzen Körper, seine Tränen konnte er kaum noch zurückhalten.

Er tat mir leid, egal, was auch vorgefallen war, so eine Behandlung hatte er nicht verdient.

Der Grund war also Konzessionsbetrug? Einen Anwalt in diese Angelegenheit einzuschalten, hätte sicherlich den gewünschten Erfolg gebracht. Nur wann? Bis zur endgültigen Entscheidung wäre der Laden geschlossen geblieben. Wir ließen die Sache auf sich beruhen. Wie sollten wir den Laden halten und - was noch wichtiger war - seine Wohnung?

Ich versuchte, an ein paar Außenstände zu kommen, ohne größeren Erfolg. Nur wenige Personen interessierten sich wirklich für unser Schicksal. Wie schon des öfteren erlebt, so verhielten sie sich auch dieses Mal. Nur die reine Neugier zwang den einen oder anderen, ab und zu mal vorbeizuschauen. Sobald sie nähere Informationen besaßen, wendeten sie sich ab.

Es waren nur eine handvoll Personen, die ich zu dieser Zeit noch ernst nehmen konnte.

****

Knud und Ina wußten von unserem Traum in Spanien, und sie erkannten, daß es für Claus nur noch eine Möglichkeit geben würde, Spanien wiederzusehen. Völlig überraschend besorgten sie mir ein passendes Auto, einen Ford Granada Kombi. So konnte ich mir sicher sein, falls es der Wunsch von Claus sein sollte, ihn dahin zu bringen.

****

Solange der Laden geschlossen war, nutzte ich die Zeit und ließ ihn von Hermi von Grund auf neu streichen und lackieren. Kaum war der Laden fertig, begannen wir mit der Renovierung der Wohnung. Das Schlafzimmer von Claus mußte komplett umgebaut werden, ebenso die Badezimmer und Toiletten.

Um Ostern herum schaffte es Claus, sich nach Hause bringen zu lassen. Wie immer auf eigene Verantwortung.

Seine Familie sperrte sich dagegen, ihn aufzunehmen, wohl wegen der Kosten, die ihnen dadurch entstanden wären. Was verlangten sie aber von mir? Wie sollte ich auf Claus noch achtgeben, ohne selbst in weitere große Gefahr zu geraten?

Mein Zustand war schon mehr als schlimm genug.

In den Zeiten, als Claus im Krankenhaus lag, hatte ich einen ganz besonderen Draht zu ihm. Ich konnte einfach nicht zur Ruhe kommen. Wenn ich für ein oder zwei Tage schlief, verschlechterte sich sofort sein Gesundheitszustand, also blieb ich einfach wach. Manchmal bis zu „sieben Tagen" in der Woche.

In kürzester Zeit gelang es Claus wieder einmal, alle bestehenden Regeln zu brechen. Oft verweigerte er sogar die Behandlung durch die ambulanten Pflegedienste. Schon nach wenigen Tagen fiel er wieder, fast täglich, in ein Zuckerkoma. Er ging immer heimlich, wenn er sicher war, daß ich auch wirklich schlief, in den Laden und betäubte sich mit Alkohol oder aß Süßigkeiten.

Die Folgen waren brutal. Starker Durchfall und Zuckerkomas. Wieder mußte ich ihn viele Male unter schwierigsten Umständen festhalten und versuchen, ihn aus dem Koma zurückzuholen. Für mich eine äußerst schwierige Situation, besonders wegen der entstehenden möglichen Folgen.

Noch Tage nach so einem Kampf bekam ich zeitweise Schmerzkrämpfe, die mich einmal sogar auf offener Straße zusammenbrechen ließen.

Claus hatte seine Wunde an seiner rechten Seite noch nicht zu Gesicht bekommen, er fand einfach nicht den Mut. Es kam der Tag, an dem er diese Wunde rein zufällig beim Verbinden im Spiegel betrachtete. Der Schock saß so tief, daß in der folgenden Nacht das nächste Koma folgte. Dieses Mal konnte ich ihm nicht helfen, er wurde wieder in ein Krankenhaus eingeliefert.

Wegen des resistenten Virus kam er sofort wieder in eine Isolation, und schon nach wenigen Tagen fing er wieder an zu randalieren.

Rosi und Marina hielten täglich Kontakt zu ihm. Marina hatte inzwischen ihr Kind zur Welt gebracht und Claus davon berichtet. Claus war schon in einem Zustand, daß er kaum noch etwas richtig registrierte. Teilweise erzählte er davon, wieder Vater geworden zu sein. Ein eindeutiges Zeichen dafür, daß er die Trennung von Marina immer noch nicht begriffen hatte und auch nicht mehr begreifen würde.

****

Ich bekam immer größere Probleme, Claus und die finanzielle Situation in den Griff zu bekommen. Seine Familie, vor allem seine Geschwister, verlangten Sicherheiten von uns, bevor sie einschreiten wollten.

Der Laden und die Wohnung waren fertig renoviert und in einem Top-Zustand. Nur ein passendes Bett mußte noch organisiert werden. Rosi kümmerte sich bei der zuständigen Krankenkasse darum, und ein Krankenbett wurde bewilligt.

Knud und Ina boten sich an, den Laden zu übernehmen. Ich behielt ein Auge auf dem Laden und tat alles Menschenmögliche, um eine weitere Katastrophe zu verhindern. Mein Zustand veränderte sich täglich zum Schlechteren. Die Zeit, wo ich mich aus eigener Kraft hätte befreien können, schien längst verstrichen.

Die vielen schlaflosen Nächte verbrachte ich mit dem Schreiben von Gedichten. Vielleicht würde jemand den Hilferuf, der hinter diesen Gedichten stand, erkennen?

Die Miete für die Wohnung war seit einigen Monaten nicht mehr bezahlt, ebenso die Pacht für den Laden.

Ich tat das, was ich so nie getan hatte, und bat meine Mutter um Hilfe.

Das erste Mal, nachdem ich sie als Jugendlicher verlassen hatte.

****

Kurz vor meinem 42. Geburtstag schaffte es Claus, wieder einmal auf eigene Verantwortung und gegen meinen Widerstand, aus dem Krankenhaus entlassen zu werden. Schon gleich bei seinem Erscheinen war mir klar, daß die Katastrophe ihren weiteren Lauf nehmen würde. Es war ein Freitagnachmittag, und Claus verweigerte die Herausgabe des Krankenhausberichtes, in dem auch seine Medikamente und die Dosis aufgeführt waren.

Wir schafften es gerade noch, genug Insulin für ihn zu besorgen, mehr auch nicht. Am Vorabend meines Geburtstages sah ich

Claus das letzte Mal bei Bewußtsein. Er verweigerte jeglichen Kontakt und verzog sich unverzüglich zurück in sein Zimmer. Zeitweise bekam ich mit, wenn er an den Kühlschrank ging. Ich wollte ihm Zeit geben, sich an seine neue Umgebung zu gewöhnen, und ließ ihn zufrieden. Zwei Tage nach meinem Geburtstag hatte ich es mir erlaubt, das erste Mal seit seiner Ankunft für drei bis vier Stunden zu schlafen. Als ich wieder aufwachte, hatte ich ein sehr beklemmendes und hochdramatisches Gefühl. Ich öffnete die Tür zu seinem Zimmer und sah die Bescherung.

Da lag nun mein „Bruder" auf dem Fußboden, splitternackt und alle Verbände heruntergerissen. Seine Augen waren weit aufgerissen. Atmung und Puls waren nicht mehr spürbar.

Ich wußte sofort, daß nun der Zeitpunkt gekommen war, den ich so viele Jahre über befürchtet hatte.

Für ein paar Sekunden war ich vollkommen fassungslos, dann griff ich zum Telefon. Anstatt sofort den Notarzt zu rufen, informierte ich Rosi und sie schickte unverzüglich den Krankenwagen vorbei.

Die verlorenen Sekunden nutzte ich, um die Türen zu öffnen, den Fahrstuhl bereitzustellen und den Notarzt auf der Straße zu empfangen. So wie die vielen Dutzende Male vorher auch.

Als der Notarzt den Zustand von Claus erkannte, warf er mir einen vorwurfsvollen Blick zu, den ich nie wieder vergessen werde.

Sie packten Claus in einen Tragesack und verschwanden mit ihm.

Die nächsten Tage gehörten zu den grausamsten Ereignissen meines Lebens. Claus hatte es irgendwie geschafft, noch am Leben zu bleiben. Verzweifelt kämpften die Ärzte um das letzte bißchen, was noch in ihm war. Sieben Tage lang lag er so, mit weit aufgerissenen Augen, Herz, Lunge und Niere wurden durch Maschinen ersetzt. Erst am siebten Tag kam jemand auf die Idee, seine Augen zu schließen. Die ganze Zeit über sah ich deutlich vor meinen Augen, was Claus sah und fühlte.

Ich bat alle möglichen Leute, dafür Sorge zu tragen, daß die Maschinen endlich abgeschaltet wurden. Das einzige, was als

Reaktion kam, war eine riesige Empörungswelle.

An Claus heranzukommen, war für mich nicht möglich. Er lag wieder einmal isoliert auf der Intensivstation. Als guter und bester Freund fühlte ich nach allem, was passiert war, daß es nun meine Pflicht gewesen wäre, wenn ich ihn in diesem Zustand zu Gesicht bekommen hätte, die Maschinen abzuschalten.

Sein Vater rief mich an und verlangte von mir, daß ich Claus' Sohn unterrichte. Ich nahm auch diese schwere Bürde auf mich und stellte gleichzeitig den Kontakt zu dessen Großvater her.

Im Normalfall wären diese Wege relativ einfach zu gehen; bei unserem Vorleben und unserer Vorgeschichte und den dazu gehörenden Bedingungen war jeder Schritt extremen Belastungen unterworfen.

Claus wollte einfach nicht aufgeben. Er erwachte sogar noch einmal aus dem Koma. Er war zusätzlich blind, das Gehirn war beschädigt, die Bauchspeicheldrüse kaputt und auch seine Nieren waren nicht mehr funktionsfähig.

Der Tag kam, an dem ich ihm zur Seite stehen mußte. Der Moment, für den ich meine allerletzten Kraftreserven aufgespart hatte.

****

Thai-Klaus hatte von seinem Zustand gehört und begleitete mich. Zusammen standen wir nun vor dem Krankenbett. Wir beide waren erschrocken und sprachlos, aber jeder wußte und fühlte, was er zu tun hatte. Behutsam redeten wir auf Claus ein, berührten ihn an Nervenpunkten an der Schläfe, im Nacken und an den Handgelenken, um ihm die Angst vor dem Sterben zu nehmen. Thai-Klaus war Kampfsportlehrer und hatte seine Ausbildung in Thailand absolviert. Er besaß sogar eine außergewöhnliche und einzigartige Legitimation von höchster Stelle, die ihn dazu befugte, diese Lehre zu verbreiten. Ich durfte ihn beobachten, wie er Claus den Weg in die Kriegerkaste ebnete.

Ich versprach Claus, den Weg zu vollenden.

Nach endlosen Minuten schlief Claus ruhig ein.

Entgegen unserer Erwartung starb Claus immer noch nicht, sondern schöpfte etwas Kraft aus unserem Besuch. Die einzige Maschine, die noch angeschlossen war, war die künstliche Niere. Wir brachten es einfach nicht fertig, den Stecker herauszuziehen, weil wir befürchteten, daß er dann noch mehr würde zu leiden haben.

Unser Besuch fand an einem Samstag, spät abends, statt. In den kommenden Tagen, so schien es, erholte sich Claus. Er nahm sogar wieder Nahrung zu sich.

Am Freitag dann kam der Anruf aus der Klinik. Es war ein heißer und ungewöhnlicher Sommertag, niemand war zu erreichen.

Ich machte mich unverzüglich auf den Weg. An diesem Tag sollte das Leben von Claus also zu Ende gehen?

Dreieinhalb Stunden saß ich an seinem Bett, die Sonne brannte erbarmungslos in das Zimmer.

Ich hockte mich neben ihn und hielt seinen Kopf in meinen Armen und redete beruhigend auf ihn ein. Nach kurzer Zeit hockte ich mich neben ihn, hielt seine Hand und ließ gedanklich ein paar unserer Abenteuer Revue passieren.

Rosi hatte von mir den Auftrag bekommen, die Familie und auch Marina in das Krankenhaus zu beordern. Ich wußte, daß Säckel alle um sich haben wollte. Als sich nach über zwei Stunden immer noch nichts tat, schaltete ich mein Handy ein und rief Rosi an. Sie erzählte mir, daß die Familie nicht bereit war zu kommen. Ich war verwirrt und sehr sauer und ließ Rosi der Familie ausrichten daß ich den Hof abbrennen würde, wenn sie nicht unverzüglich erscheinen würden. Claus muß völlig klar in seinem Kopf gewesen sein. Ich sah, wie sich ein paar Tränen einen Weg über seine Wange suchten.

Eine Krankenschwester wies mich darauf hin, daß Menschen in diesem Zustand, also kurz vor dem Tod, immer völlig klar und aufnahmefähig seien.

Endlich und noch rechtzeitig kam Marina. Ich nutzte die Gelegenheit, um für eine halbe Stunde zu verschnaufen.

Als ich zurückkam, standen die Familie und auch Rosi um das Krankenbett herum. Der Vater wollte einfach nicht glauben, daß Claus noch etwas mitbekommen konnte; ich bewies ihm das Gegenteil. Wie die Stunden vorher schon, nahm ich wieder seinen Kopf sehr behutsam in die Arme, streichelte seine Schläfen und beruhigte ihn.

„Säckel, mein Freund, du weißt, daß ich alle meine Versprechen halte! Nun hast du sie alle noch einmal um dich. Suche dir einen aus!"

Dann ging ich mit der Familie vor die Tür. Nach kurzer Zeit spürte ich, daß ich meinen Part der Geschichte erfüllt hatte, und fuhr zum Laden.

Kaum hatte ich mich auf den Weg gemacht, betrat seine Zwillingsschwester das Zimmer, dieses Mal alleine.

Sie tat das, was ich vorher auch gemacht hatte; sie nahm Claus in den Arm. Als ich nach wenigen Minuten im Laden angekommen war, klingelte mein Handy. Claus war sanft und ruhig gestorben.

Mein Freund Säckel

Hat er Gewissen?
Wo geht´s mit dem Rest hin?
Wo sollte er schmoren, kaum daß die Pest käme?!

Ich will nur eines sagen:
Ich scheiß auf die Fragen!
In wenigen Jahren fehlen ausreichend Tragen.

Soll ich verzeihen?
Soll es auf sich beruhen?

Alles, was zählt, sind die beständigen Treuen!
Keiner von ihnen könnte es jemals bereuen!

Wer dieses verstanden,
sollte die Zukunft nicht scheuen!

Hört bloß nicht drauf
Und vergeßt bloß nicht, es euch einzubleuen!

(U.B., Frühjahr 1998)

Mir gingen die wunderbaren Jahre mit ihm durch den Kopf. Unsere Freundschaft und unser Zusammenhalt waren einzigartig. Nun war alles vorbei? Sollte nun meine Zeit kommen und ich ihm folgen müssen?

****

Nur ein paar Minuten vor Säckels Tod hatte ich das Geld von meiner Mutter bekommen, um die Mietrückstände auszugleichen und eine noch offene Steuerschuld zu bezahlen. Ein paar Mark hatte ich übrig.

Tammo und ich fuhren einfach nur raus aus der Stadt. Der Weg führte uns zur Love Parade nach Berlin.

Von dem Trubel auf der Love Parade bekamen wir kaum etwas mit. Unser Weg führte in den Tiergarten, dort rauchten wir einen Joint und ließen uns von den Tieren ablenken.

Am späten Abend verließen wir Berlin und besuchten einen Freund aus der Uckermark, in einem Tabledance-Lokal in Eberswalde.

Am Sonntagabend (Freitag war Claus gestorben) waren wir wieder zurück. Total fertig und restlos ausgelaugt.

Dienstagnacht wurde ich unsanft geweckt. Zwischendurch hatten Marina und Rosi zwar versucht, mich zu wecken, aber ich konnte und wollte keinen sehen und schon gar nicht sprechen. Im Unterbewußtsein bekam ich mit, daß die Familie Claus schon am frühen Mittwochmorgen beerdigen wollte. Am gleichen Morgen sollte die Todesanzeige erscheinen. Anscheinend wollten sie eine stille Trauerfeier abhalten.

Dienstagnacht holten mich Tammo, Jimmy und Wolle dann aus dem Bett und bereiteten mich vor. Wolle ließ mich seinen Jaguar fahren, und wir machten uns auf den Weg.

Claus bekam eine standesgemäße Beerdigung.

Wider alle Erwartungen hatten es viele geschafft, an diesem Begräbnis teilzunehmen. Als die Menschen sich um das Grab versammelten, öffnete sich der Himmel und ein Sonnenstrahl fiel in das Grab.

Die Leute um mich herum waren Schall und Rauch, nur der Zwillingsschwester von Claus schenkte ich meine Beachtung.

Nach der Beerdigung gingen wir sofort wieder nach Hause. Ich war frustriert, der Schock der Monate saß tief. So tief, daß ich kaum noch einen klaren Gedanken fassen konnte.

Es dauerte mehrere Tage, bis ich das erste Mal schlafen konnte. Ich geisterte verstört durch die Nächte. Im ehemaligen „Why Not“ wollte ich die Vergangenheit Revue passieren lassen. Ich wurde nicht hereingelassen. Ich war zu traurig und vor allem zu müde, um mich zur Wehr zu setzen, und ging einfach in die nächste Kneipe.

Nun hätte ich die Hilfe brauchen können. Es tat sich nichts, im Gegenteil - die Leute erwarteten immer mehr von mir. Die nächste Katastrophe war vorprogrammiert. War ich nun doch an der Reihe? Konnte ich überhaupt ohne Claus überleben?

Daß mein Körper langsam zusammenbrechen mußte, war sicher, und es grenzte wieder einmal an ein Wunder, was ich noch alles überstehen mußte.

****

Ein Kämpfer, ein Streiter,

ein einsamer Reiter,

saß in Gedanken versunken in einer Bar.

Wachsam die Sinne,

scharf seine Augen,

sein Geist so schwer, daß jeder es sah.

In seinen Augen so viel Trauer stand,

daß jeder erschrak, den dieser Blick fand.

In seinem Kopf nur ein Gedanke war,

wie schön doch die Zeit,

als die alten Freunde noch da.

Er ist der letzte

und einzige von ihnen, der weiß

wie es wirklich war.

Nun ist er alleine,

findet keine Ruh.

Andere spotten,

sehn ihm höhnisch zu.

Seine Zeit wird kommen,

er wird wieder lachen.

Andere weinen.

Er wird seinen Weg machen.

(U. B., Herbst 1999)

Rosi und die Kinder hatten sich inzwischen in einer Wohnung gleich neben dem „Chevy" einquartiert.

Noch konnte ich in Claus' Wohnung Unterschlupf finden, aber was sollte dann passieren? Die Wohnung meiner Familie war zu klein, um mich noch zu beherbergen. Ich bereitete mehrere Möglichkeiten vor; dann spürte ich, da meine Zeit abgelaufen war. Wollte ich das Versprechen noch einlösen, das ich Claus gegeben hatte, mußte ich mich sputen. Ich setzte mir den 15. September als letzte Möglichkeit, mich in Bewegung zu setzen, und es wurde eng.

Nun konnte ich täglich die Kinder auf dem Hof spielen sehen. Mir zersprang fast das Herz. Ich war so tief in meinem Teufelskreis gefangen, daß ich ihnen nicht helfen konnte.

Unsere Tochter nahm die ganze Angelegenheit noch mit Fassung, aber der Kleine bereitete mir große Sorgen. Er ließ sich nie etwas anmerken, und auf meine Fragen, ob ihm etwas am Herzen lag, antwortete er mit einem Kopfschütteln. Wenn ich vom Hof fuhr, sah ich seine traurigen, kleinen und fragenden Augen im Rückspiegel. Ich fing an, mein Schicksal zu hassen. Mein Herz blutete.

****

Es gab zwei Gründe, warum es mich nach Spanien zog: einmal

das Versprechen, das ich Claus gegeben hatte, und zum anderen sah ich eine Chance, noch aus diesem Teufelskreis herauszukommen.

Ich hatte inzwischen aber auch noch weitere Brücken gebaut, um mich befreien zu können. Die Leute, die sich noch um mich geschart hatten, mußten beweisen, daß sie auch ohne mich klarkommen und diese vorbereiteten Projekte auch ohne mich ausführen konnten. Ich wußte intuitiv, daß meine Kraft verbraucht war und der Zeitpunkt des Zusammenbruchs unmittelbar bevorstand. Würden sie dieses nicht in den Griff bekommen, dann wäre ich vorerst erledigt.

Jetzt konnte sich zeigen, ob es noch so etwas wie Freundschaft gab oder sie Schritt halten konnten - und ob alles Leiden einen Sinn gehabt hatte.

Da war nur noch ein Problem: Wie sollte ich nach Spanien kommen? Meine finanziellen Möglichkeiten waren restlos erschöpft. Das Geld meiner Mutter war längst verbraucht. Die Außenstände wurden nicht ausgeglichen. Sie hatten also mit Claus' Ableben spekuliert und waren der Meinung, damit von ihrer Verpflichtung entbunden zu sein.

Mir fehlte schon die Kraft, um noch härter durchzugreifen. Nun verstand ich genau, wie Claus sich gefühlt haben muß. Haß, Wut und Verzweiflung machten sich breit.

****

Anfangs sollte mich Anke auf die Spanientour begleiten. Anke hatte gute Sprachkenntnisse, und vor allem hatte sie sich jedes Jahr für mehrere Monate in Spanien aufgehalten. Es wäre zu schön gewesen, wenn das so geklappt hätte. Ich wollte unbedingt einen Platz für das Behindertenprojekt finden, und sie wäre eine Unterstützung gewesen. Ronald erzählte mir, daß Anke mir nicht vertraute, was den finanziellen Aspekt betraf, und sie hatte nicht unrecht mit ihrer Annahme.

Es wurde mir tatsächlich unmöglich, genügend Geld für diese Reise zusammenzubekommen. Sechs Wochen sollte und mußte diese Reise mindestens dauern. Eine kürzere Dauer kam nicht in Frage, sie hätte keinen Sinn ergeben. Schließlich mußte ich diese Zeit nutzen, um wieder etwas zu Kräften zu kommen, und dafür waren sechs Wochen nun wirklich knapp bemessen.

Rosi und ich sprachen alle Möglichkeiten und Situationen durch. Es blieb letztendlich nur noch eine übrig. Eine junge, eigenständig arbeitende Prostituierte war etwas in Schwierigkeiten. Sie hatte Drogenprobleme und war durchgebrannt. Wir trafen eine Vereinbarung. Sie sollte sich anschließen, um sich erholen zu können. Wenn uns unterwegs das Geld ausgehen sollte, wollte sie für ein paar Tage in einem Club arbeiten und unsere Reise sollte weitergehen. Rosi war damit einverstanden.

Wäre ich geblieben, wäre das auch mein sicherer Untergang gewesen, weil ich selber dringend Abstand von den Drogen bekommen mußte.

Was bei diesem Unternehmen zählte, waren ich und das Versprechen, das ich Claus gegeben hatte - und sonst nichts.

In der Nacht zum 15.09.98 ging unsere Reise los. Jeder von uns hatte wenige hundert Mark in der Tasche.

Um meine Schmerzen besser ertragen zu können, hatte ich eine Hälfte meines Wasserbettes in den Kombi gelegt. Der Wagen hing bis auf die Knie durch. Knud versprach, selbst auf seinen Laden achtzugeben. Rosi wohnte gleich nebenan und behielt den Laden zusätzlich im Auge.

Wir kamen bis über die französisch-spanische Grenze, in ein kleines Städtchen mit dem Namen Cadaquez. Da wir die ganze Woche vorher im Auto und an Stränden geschlafen hatten, quartierten wir uns im erstbesten Hotel ein. Die Übernachtungskosten in diesem Ort waren ungewöhnlich hoch, zumal die Saison schon zu Ende war. Nach wenigen Stunden wußten wir dann auch, warum. Cadaquez war so etwas wie ein Wallfahrtsort.

Picasso und Dali hatten diesen Ort benutzt, um sich neue Kraft und neue Inspirationen zu suchen.

Da Cheyenne noch nicht bereit war zu arbeiten - sie war anscheinend noch verwirrt von ihrem Entzug -, saßen wir in der Klemme. Rosi überwies uns etwas Geld, aber das reichte nicht einmal, um die bisher angelaufene Hotelrechnung zu bezahlen. Die Zeit drängte, täglich stiegen unsere Kosten. Rosi besorgte noch zusätzliches Geld und überwies es mit United Parcel Service in Form von Traveler-Schecks.

Ich mußte nach Barcelona fahren, ein paar hundert Kilometer von Cadaquez entfernt, dort Stunden nach der Adresse suchen und mich auf den Rückweg begeben.

Ich kam mit dem letzten Tropfen Benzin und mit der letzten Zigarette in Barcelona an. Am nächsten Morgen erhielt ich die Traveler-Schecks. Nun stand ich vor einem weiteren Problem. In Barcelona wollte mir zuerst keine Bank die Schecks einlösen. Mit Mühe und Not fand ich eine Bank, löste einen Teil ein und fuhr zurück nach Cadaquez, um unsere Hotelrechnung zu bezahlen. Wir packten unsere Sachen und fuhren wieder zurück in Richtung Barcelona.

****

Während unseres Aufenthaltes in Cadaquez konnte ich deutlich die Macht und Kraft dieses Ortes spüren. Eines frühen Abends, ich saß in einer kleinen Szenekneipe am Hafen, packte mich ein eigenartiges Gefühl. Auf so einen Anfall war ich vorbereitet, dafür hatte ich immer meinen Laptop im Gepäck. Ich spürte deutlich, was meine Aufgabe war, und begann die ersten Seiten dieser Erzählung zu schreiben. Das Schreiben ging mir so leicht von der Hand, als wenn es von einer höheren Macht gesteuert wurde. Nun kannte ich einen Teil meiner Aufgabe, aber es sollte noch ein Dreivierteljahr dauern, bis ich weiterschreiben durfte und konnte.

****

Wir mußten in Richtung Barcelona, weil unser Ziel Denia sein sollte. In Denia hatte Tammo einen ihm bekannten Makler unsere Ankunft avisiert. Danach wollten wir weiter, bis nach Gibraltar.

Wie immer kam alles vollkommen anders. Ich war schon lange nicht mehr schlank, mein Gewicht hatte sich durch die Medikamente und den Alkohol auf 128 kg erhöht, aber dieses Gewicht konnte man mir nicht ansehen. Nun nahm ich etwas ab. Mein Körper erholte sich alleine durch das Mittelmeerklima. Cheyenne war so unter Dampf, daß sie alles in sich hineinschob, was eßbar war. Sie wurde unausstehlich, und ich war froh, wenn sie mir nicht über den Weg lief. Sie dachte überhaupt nicht ans Arbeiten.

Ich fuhr die gesamte Strecke nach Gefühl, fast ganz ohne Karte. Nur so konnte ich mir absolut sicher sein, am richtigen Ort und an der richtigen Stelle zu landen. Das, was ich vorhatte, war außergewöhnlich und einzigartig. Es durfte einfach nicht passieren, daß mir jemand dieses Projekt aus der Hand nahm, so wie die vielen Male zuvor. Meine Tarnung als Zuhälter war mir dabei außerordentlich hilfreich. So konnte ich vollkommen sicher sein, daß ich mir die Haie vom Leib hielt und vor allem keine unnützen Wellen entstanden.

Eine Zeit lang übernachteten wir wieder an einem endlos langen Strand. In der Ferne sahen wir schemenhaft eine Bucht mit einem großen aufragenden Felsen. An diesem Strand wollte ich ein paar Tage ausruhen, so lange, bis Cheyenne soweit war, daß sie etwas arbeiten konnte. Als ich dann nach zwei Tagen die Gegend inspizierte, bemerkte ich, daß wir nur wenige Kilometer entfernt von Denia lagen.

Dieser Ort erwies sich als ideal für das Vorhaben. Hunderte von neuen Reihenhaussiedlungen, alle in Strandnähe und für Gehbehinderte leicht befahrbar. Vom Felsen in Denia konnte man bei klarer Sicht das nur 70 km entfernte Ibiza erkennen. Die Fahrt mit der Fähre sollte nicht einmal hundert Deutsche Mark kosten und dauerte nur dreieinhalb Stunden. Optimal, vor allem, weil diese Gegend von deutschen Ärzten aller Art besiedelt war.

Wir suchten einen Arbeitsplatz für Cheyenne, und sie fing an zu arbeiten. Über vier Wochen waren wir nun schon unterwegs gewesen, und sie hatte noch keinen Finger krumm gemacht.

Ich hatte nur noch eines im Sinn: ein Objekt finden und dann so schnell wie möglich zurück nach Hause fahren.

Eine seltsame Unruhe machte sich in mir breit, irgend etwas stimmte zu Hause nicht, das spürte ich deutlich. Die Zeit drängte.

Jetzt kam es nur darauf an, den richtigen Ansprechpartner zu finden. Tammos Adresse half ungemein. Diese Firma besaß einen ausgezeichneten Ruf und hatte die entsprechenden Referenzen. Sie verwaltete die Grundstücke des Königs von Spanien, so wurde es mir berichtet.

Meine Unruhe wurde immer größer, und ich wurde immer ungeduldiger. Dann lag ich plötzlich auf dem Rücken. Ich hatte mir eine Magen- und Darmgrippe eingefangen. Vier Tage lang war ich außerstande, unser Hotelzimmer zu verlassen, dann endlich konnte ich einen Besichtigungstermin wahrnehmen.

Der Termin war erfolgreich, ich setzte Cheyenne ins Auto und wir machten uns unverzüglich auf den Rückweg. Meine innere Stimme sagte mir, daß ich mich beeilen sollte, aber ich würde zu spät kommen.

Ich fuhr wie ein Geisteskranker, mit einer Pause von nur zwei Stunden, am Wegesrand irgendeiner Landstraße in Frankreich. Cheyenne hatte sich in ihrer letzten Nacht übervorteilen lassen, und uns fehlte Geld. Das bedeutete, wenn wir uns nur einmal verfahren sollten, würden wir unterwegs stecken bleiben. Nach 36 Stunden kam ich dann völlig erschöpft im Chevy an.

****

Rosi kündigte mir schon nach dem Überqueren der deutschen Grenze unsere Ehe auf. Ich hatte ein Handy dabei, das aber für Spanien nicht freigeschaltet war. Ab dem Passieren der deutschen Grenze funktionierte es wieder. Rosi hatte den Auftrag bekommen, das Handy freischalten zu lassen, sich aber wegen des finanziellen Drucks nicht getraut.

Mein ungutes Gefühl wurde bestätigt. Alle in der Stadt begonnenen Projekte waren im Sande verlaufen oder nicht bearbeitet worden. Jeder wußte, was davon abhängig war, und nun stand ich vor einem Scherbenhaufen. Die Miete für die Wohnung konnte nicht beglichen werden, was für mich bedeutete, daß ich auf der Straße stand. Ich hatte zwar zwei Wohnungen in Aussicht gehabt, aber beide gehörten zu einem der Projekte.

Einige Tage bäumte ich mich noch auf, dann kam der große Zusammenbruch.

Zuerst kamen die Suizidanfälle zurück, dann bekam ich so starke Schmerzen in den Gliedern, daß ich kaum noch gehen konnte. Ich besaß kaum noch Lebenswillen, und meine Antriebskräfte versagten in täglich größerem Ausmaß.

Zuerst nahm Doc an, daß ich unter einem sogenannten U-Boot-Syndrom litt, wie es bei Besatzungsmitgliedern der U-Boote im Zweiten Weltkrieg des öfteren festgestellt wurde.

Er wußte, welchem Streß ich in den letzten Jahren und besonders in den letzten Monaten ausgesetzt war. Er empfahl mir, fortan nur noch zu ruhen. Ich ahnte aber, was kommen würde.

Nun also sollte sich zeigen, ob ich die Belastungen der letzten Jahre überleben würde.

Mein Immunsystem brach zusammen, so wie ich es vorher prophezeit hatte.

****

Mike hatte gesehen, was passiert war, und stand mir etwas zur Seite, aber ohne sein Mißtrauen abzulegen. Er war der einzige, der in diesem Moment etwas spüren konnte, um was es hier ging und wie ich mich fühlen mußte.

Mike hatte mir einen kleinen Unterschlupf besorgt, eine kleine acht Quadratmeter große Wohnfläche in einer Dachwohnung. Der Platz reichte gerade für ein kleines Regal und mein Wasserbett. Es würde ausreichen zum Sterben, dachte ich. Was ich dabei nicht berücksichtigte, waren die vielen Treppen. Es würde unmöglich werden, die Treppen zu steigen.

Rosi bot mir an, daß ich mich in ihrer Wohnung ausruhen könne. So hatte ich ausreichend Ernährung in Reichweite, und es war immer jemand da, der ein Auge auf mich werfen konnte.

Es kam, wie es kommen mußte. Der Virus war angeblich aktiv, und damit hatte ich tatsächlich (so wie vorgewarnt und ohne die anderen Handicaps) nur noch eine angebliche Überlebenschance von zehn Prozent. Jetzt drehte sich scheinbar alles nur noch um die Bewilligung einer Therapie - und um die richtige. Doc setzte alle Hebel in Bewegung, und ich sollte scheinbar Glück haben.

Vor der Therapie besorgte ich mir noch etwas Geld und flog damit für ein paar Tage nach Denia. Ich wollte den Ort noch einmal zu Gesicht bekommen und die Entwicklung überprüfen und forcieren.

Rosi und der Kleine holten mich bei meiner Rückkehr vom Flugplatz ab. In der kommenden Nacht hatten wir dann unseren letzten sexuellen Kontakt. Ich schöpfte eine neue unbändige Hoffnung, spürte aber gleichzeitig ein Gefühl von Rache bei Rosi. Andersherum bewunderte ich ihren Mut, mich so weit begleitet zu haben. Sie riskierte alles, und ich bin froh, daß sie mit heiler Haut davonkam.

****

Bevor die Medikamententherapie beginnen sollte, setzte ich mich mit Rosi und der Großen zusammen, um sie auf das Kommende vorzubereiten und ihnen die Angst zu nehmen. Es war doch nicht alleine die angebliche Hepatitis C, die mir große Schwierigkeiten bereitete, sondern mein allgemeiner Gesamtzustand. Es war völlig klar, daß nun wirklich alles auf dem Spiel stand. Meine Widerstandskraft war nun völlig gebrochen. Mein Überlebenswille war nur noch sehr schwach, kaum spürbar. Die Nähe meiner Familie gab mir etwas Zuversicht und Geborgenheit, aber ich ahnte auch, was noch kommen könnte. Zudem war ich inzwischen Träger eines zusätzlichen großen und bedeutungsvollen

Geheimnisses geworden.

Die nächsten drei Monate sollten angeblich über mein Überleben richten. Zusätzlich zu meinen Medikamenten bekam ich Interferon und Rebetol (Ribavirin).

Zuerst das Interferon, ein körpereigener Abwehrstoff, dann noch das Rebetol. Das Interferon mußte ich alle zwei Tage spritzen, das Rebetol zweimal täglich in Form von drei Kapseln zu mir nehmen. Mit der Einnahme des Rebetol begann ein unglaublicher Kampf in meinem Körper. Ich bekam Flechten auf dem Kopf und am Bartansatz und rasierte meine Haare vollständig vom Kopf. Ein paar Tage später fiel ich um. Ich konnte keine Nahrung mehr aufnehmen, nicht von alleine aufstehen und nicht mehr auf die Toilette gehen. Täglich verlor ich mehr von meiner Widerstandskraft und war nicht mehr imstande, meinen Zustand zu vermitteln. Hätte ich nur die Medikamententherapie auf mich nehmen müssen, ich glaube, ich hätte das so nebenbei erledigen können. Nun war ich aber vollständig am Boden. Meine Kraftreserven waren alle verbraucht. Ich hatte meinen Körper und meine Seele bis auf das Äußerste geschunden, und dennoch brauchte ich noch die Kraft, um den kommenden Kampf zu überstehen.

Rosi wendete sich vollständig von mir ab, auch ihre Widerstandskraft war gebrochen. Nun kamen ihre Ängste der letzten Jahre zum Vorschein, und es schien so, als wenn sie sich dafür bei mir rächen wollte. Schon zu Beginn der Therapie verließ sie unser gemeinsames Bett und legte sich ins Kinderzimmer. Sie redete mit dem Arzt, der die Chemotherapie angeordnet hatte, und erfuhr, daß meine Überlebenschance schon auf 35 % gestiegen war. Das, was mich zusätzlich belastete, verdrängte sie. Ich besaß nicht einmal mehr die Kraft, um irgendeinen Wunsch zu äußern.

Ich schaffte es gerade mal, einen halben Liter Leitungswasser täglich zu mir zu nehmen. Erst als ich einmal die Kraft fand und explodierte, bekam ich etwas mehr Aufmerksamkeit und Beachtung. Fortan suchte Rosi nur noch mehr Abstand zu mir.

Ich fühlte mich allein, obwohl meine Familie in spürbarer Nähe war.

In dieser Zeit hätte ich unbedingt einen Menschen gebraucht, der mir seine Nähe signalisierte, aber ich hoffte vergebens. Niemand war für mich da, nicht eine einzige Person, keiner, der einen beruhigte oder einem die Hand hielt.

Keiner, der einem tröstende Worte zusprach, und keiner, der sich ehrlich für mich interessierte.

Der Kleine war es, der diesen Part übernahm und mir den notwendigen Halt gab, nicht zu resignieren.

Zeitweise waren es einzig und alleine meine innere Wut und Verzweiflung, dazu der Wunsch, alles richtigzustellen, was mir Kraft gab, mich immer wieder aufzubäumen.

Und dennoch spürte ich, daß ich das Schlimmste noch vor mir hatte.

Ich bin nicht klein,

mein Herz war auch nicht mehr rein!

Ich würde gern wieder drin wohnen, traust du dich mit rein?

Zuerst nehmen wir etwas Wärme mit,

eine Menge zum Lachen als zweiten Schritt!

Fürs erste reicht es um Sachen zu machen,

wir wollen ja nichts mehr da drinnen zu Bruch gehen lassen!

U. B. (You Be) 22. Februar 2000

28. Kapitel – Des Widerspenstigen Zähmung

Ich werde wiederkommen, um mein Volk

in das Paradies zu führen!

Und wer zu diesem Volk gehört, wird wissen,

welches Volk ich meine,

denn „Es" trägt keinen Namen!

Inzwischen waren zweieinhalb Monate seit der Beendigung meiner Therapie vergangen. Wir befinden uns gerade in der Mitte des Monats Juni 2000, und mir war Unmögliches und Undenkbares gelungen.

Ich hatte mich in dieser kurzen Zeit vollständig und eigenständig von meinen Medikamenten befreien können, inklusive des Morphinsulfates.

Ich hatte meine Lähmung in den Griff bekommen, lernen müssen, mit den Schmerzen zu leben und umzugehen, mein Leben angefangen neu zu organisieren, meine Familie und mein Umfeld zusätzlich auf den richtigen Weg geleitet, die Zusammenhänge der Alpträume entschlüsselt und aufgelöst und mich auf meine kommenden Aufgaben vorbereitet. Ich hatte sogar das Rauchen von einem Tag auf den anderen eingestellt, aber das gehörte nur zu der Kategorie „Nebenbei". Zwar war meine körperliche Leistungsfähigkeit noch sehr stark eingeschränkt, aber ich denke, alles andere ist Beweis genug dafür, daß mein Kopf und meine Intuition einwandfrei funktionieren.

Das Wichtigste aber war es, daß ich meine Bestimmung und meinen Platz in der Gesellschaft gefunden hatte.

Zu dieser Zeit wurde das „liveNet Concept 2010" von mir wieder mit Leben erfüllt und seiner Bestimmung angepaßt. Die Zielorientierung lautete nun eindeutig, einen Umdenkprozeß zu lenken, zu leiten und vorzugeben, was gar nicht so einfach war, da ich ja kein Telefon und dadurch keine Internetverbindung sowie keine angemeldete Firma besaß. Außerdem hatte ich ja auch noch einen großen Berg an unerledigten Forderungen und Verbindlichkeiten abzuarbeiten und zusätzlich meinen Körper, meine Seele und mein Umfeld bis auf das Äußerste geschunden.

Es war sehr schwierig, so zu beginnen, aber ich hatte schon an den höchsten Stellen auf mich aufmerksam machen können. Ich denke, daß dies eine Leistung ist, die sich auf der ganzen Welt sehen lassen kann.

Daß ich das alles geschafft hatte, ohne daß ich die mir zustehenden Mittel erhalten hatte, wird einige Leute stark in Bedrängnis bringen. Ich mußte immer noch von sehr geringen monatlichen Bezügen leben.

Eile mit Weile und Beharrlichkeit!

Wie ich das geschafft habe? Ich denke, wer meine Geschichte sorgsam studiert hat, der hat gemerkt, daß mir gar keine andere Wahl mehr blieb. Aber ich will diese noch nicht von mir beschriebene Zeit für euch etwas mit Leben füllen. Ganz so einfach, wie sich das alles anhört, war es ganz sicher nicht.

****

Ich war in den Augen der anderen einfach abgeschrieben. Sie sahen nicht, was ich für sie getan hatte und was ich noch tun werde. Ihre eigenen Probleme überforderten sie, obwohl diese nicht einmal ein Quentchen von den Problemen betrugen, die ich auf mich genommen hatte oder auf mich nehmen mußte und noch nehmen muß.

Das war eine Lage, die ich so nicht hinnehmen wollte.

Ich hatte immer, egal wie schlecht es mir selbst auch ging, versucht, Rücksicht auf meine Mitmenschen zu nehmen, und ihnen ein offenes Ohr geschenkt. Manchmal etwas hart und oft im ersten Moment auch unverständlich, aber zumindest mit eisernem und gutem Willen. Jetzt bekam ich deutlich zu spüren, wie sich alte, kranke und hilflose Menschen fühlen müssen, wenn sie alleingelassen werden. Natürlich muß das Leben für die andern weitergehen, aber wie sollen sich Probleme lösen lassen, wenn sie von vielen Beteiligten verdrängt werden?

Ich war mir nun anhand des von mir Erlebten sicher: Alles Leid, das man anderen Lebewesen zufügt (egal in welcher Art und Form), kommt wieder auf den Verursacher zurück. Erbarmungslos und unerbittlich. Meist in einer Form und an einer Stelle, wo man es am wenigsten erwarten würde. Das war nun so sicher, wie es Wasser im Ozean gibt.

Über ein Jahr lang konnte ich mir selbst am wenigsten helfen. Ich mußte zusehen, wie sich alle langsam aber sicher von mir abwendeten. Sogar meine Frau und meine Tochter verstanden mich kaum noch, und es war für sie schwer und unbegreiflich, dem Geschehen zu folgen. Ihre eigene Hilflosigkeit und Verzweiflung ließen sie Dinge tun, die sie später bereuten.

Nur zwei meiner sogenannten Freunde waren mir geblieben, welche in großen, aber regelmäßigen Abständen bei mir vorbeischauten. Alle anderen überließen mich meinem Schicksal. Ich spürte deutlich, daß - je schwächer ich wurde - ich immer mehr Druck von außen bekam. „Den kannst du abschreiben, der ist hinüber", oder: „Jetzt zeig ich's ihm."

Ich denke, daß nur mein kleiner Sohn ein unbändiges Vertrauen in mich setzte und mir Hoffnung gab.

Die Versicherungen, egal ob staatlich oder privat, ließen mich am sogenannten langen Arm verrecken. Oft, ja sogar sehr oft, gewann ich den Eindruck, daß sie mich schon vor Jahren abgeschrieben hatten und nun nur noch auf meinen Tod warteten.

Ich hatte alles unternommen, um die Last des Staates auf ein Minimum zu reduzieren, und ich stand immer noch da und wartete auf meinen endgültigen Bescheid. So, als wenn sie mich daran hindern wollten, daß ich wieder auf die Beine komme. Ich denke, daß hier ein absolut falsches Denken an der Tagesordnung war. Warum setzen wir Menschen die Macht des Geldes vor die Macht des Lebens?

Sie hatten die Rechnung ohne den Wirt gemacht!

Wenn man die Macht des Geldes richtig einsetzt oder - besser noch - das Geld vollständig außer acht läßt, kann dies die Welt im Schlafe verändern.

Was sind das für Wesen, die ihr Leben dafür vergeuden, sich zu bereichern, ohne ein Gleichgewicht herzustellen?

Im Grunde genommen werden viele nur von Habgier, Neid, Mißgunst und Angst, etwas zu verlieren, getrieben.

Auch ich hatte mich schon viel zu oft in diesem Treiben verirrt.

Einige versuchen inständig, diesen Weg zu finden, um einen gerechten Ausgleich schaffen zu können. Ich denke, daß dieser Wunsch inbrünstig in jedem steckt, und jeder braucht nur einen gewissen Schub, um dies zu erkennen.

****

Es war nur noch wenig Zeit bis zum Absetzen der Medikamente der Hepatitis-C–Therapie, und irgend etwas Seltsames ging in mir vor. Irgendwie fingen die Bilder der Vergangenheit an, Form anzunehmen. Die Fratze aus den Alpträumen formte sich langsam, sehr langsam zu einem Gesicht, und ich erkannte zunehmend die Zusammenhänge, die durch dieses Bild entstanden. Die Zusammenhänge wurden klar, und ich konnte das Geschehene somit langsam auflösen und entschlüsseln. Langsam, sehr langsam und über Wochen andauernd, so lange, bis ich mir sicher war.

Auch meine Vermutungen, was Rosi betraf, nahmen immer deutlichere Formen an. Sie leugnete zwar immer noch, daß sie ein neues Verhältnis hatte, aber ich kannte sie in- und auswendig. Schon vor vielen Monaten erkannte ich anhand ihrer Körpersprache die eindeutigen Signale. Außerdem war mein eigenes Verhalten ausschlaggebend für ihre Reaktionen. Wie sollte ich da noch eingreifen?

Rosi war wohl auch der Meinung, mir etwas zurückzahlen zu

müssen. Aber was? Sie wußte von Beginn unserer Beziehung an, mit welcher Art Mann und Mensch sie es zu tun hatte. Ich denke, daß Rosi sich beeinflussen ließ. Aber von wem oder was?

Trotz aller inneren Zerwürfnisse versuchte ich, alles zu akzeptieren und zu verstehen, was mir bestimmt nicht leicht fiel. Ich liebte diese Frau immer noch tief und innig.

Unter dem Vorwand, ein paar Tage in Spanien nach dem Rechten zu schauen, buchte Rosi dann einen Flug, verheimlichte mir aber den tatsächlichen Abflugtag bis zum letzten Moment. Sie wollte mit einem Mann fliegen, den sie mir gegenüber als Freund bezeichnete. Ich hatte ein paarmal geahnt, was zwischen den beiden lief, und mich an den Ort geschleppt, an dem sich die beiden trafen, einmal sogar mit meinem Sohn. Die Lage war eindeutig, aber keiner der beiden traute sich, mir die Wahrheit zu sagen. Sie unternahmen etwas später sogar schon mit den Kindern gemeinsame Ausflüge.

Oder gehörte das alles zu einer gewissen Art „Fügung", wie alles andere auch?

Dann kam der lang ersehnte Tag, an dem ich die Therapie endlich beenden durfte. Es wurde auch Zeit. Meine Kräfte waren an ihrem völligen Ende angelangt. Das dachte ich jedenfalls, wie so einige Male zuvor auch.

Rosi flog genau in jener Nacht, als ich die letzten Medikamente zu mir nehmen mußte. Ich war frustriert, schockiert und total verstört. Ich ließ die Jalousien herunter und schloß die Tür. Dann griff ich zu allem, was ich neben mir stehen sah und schluckte es hinunter. Ich wollte es endgültig wissen. Wofür mußte ich das alles über mich ergehen lassen? Wo steckte der Sinn des ganzen? „Soll ich nun leben - oder ist es soweit?"

Die Dosis, die ich zu mir nahm, hätte gereicht, um Elefanten stillzulegen, es waren mindestens 70 Tavor.

Am nächsten Tag wachte ich wieder auf.

Später stellten wir fest, daß ich die Medikamente in Trance wieder ausgespuckt haben muß.

Als ich aufstehen konnte, entdeckte ich einen Brief von Rosi, in dem sie mir ankündigte, daß unsere Beziehung nun endgültig vorbei war. Dieser Brief war vollkommen überflüssig, aber wenn ihr das gut tat, dann sollte es eben so sein, und er traf mich in meinem tiefsten Innern. Ich entschloß mich, alle Medikamente bis auf eine kleine Dosis (etwa ein Drittel) des Morphinsulfats wegzulassen. Jetzt oder nie!

Die kommenden zwei Tage ging es mir noch relativ gut. Ich trank etwas Alkohol und empfing ein paar Bekannte. Ich dachte, daß es nun wieder bergauf gehen würde. Denkste!

****

Nach dem dritten Tag ging es dann los.

Urplötzlich schüttelten mich pausenlos Weinkrämpfe, gnadenlos und fast 20 Stunden täglich. Ein seltsamer Druck lag auf mir und ließ mich nicht mehr schlafen. Ich ließ alles geduldig über mich ergehen und nahm alles, wie es eben kam, nicht ohne an tiefen seelischen Qualen zu leiden.

Aber irgendwie befreite mich das Weinen. Endlich war der Moment gekommen, an dem ich alles herauslassen konnte. Viel zu lange hatte ich darauf gewartet, und nun kam es mit geballter Ladung. Ich konnte mich kaum irgendwo aufhalten (es reichte schon aus, nur einen Raum zu wechseln), ohne daß diese Weinkrämpfe wieder anfingen, und das sollte noch einige Zeit so anhalten.

Die ersten drei Tage vergingen, wie schon erwähnt, noch ziemlich locker. Mit Beginn der Weinkrämpfe am vierten Tag war an keine Sekunde Schlaf mehr zu denken. Es begannen sieben weitere Tage, die es wahrlich in sich hatten. Ein äußerst merkwürdiger Zustand. Irgendwie wußte oder ahnte ich vorher, was auf mich zukommen würde; was das aber genau sein sollte, davon hatte ich keinen blassen Schimmer.

Ab dem fünften Tag ohne Schlaf begann eine merkwürdig intensive Phase. Ich wehrte mich mit Leibeskräften gegen die kommenden Eindrücke, aber es half nichts. Es war das Gefühl, das ich nur mit einer Zangengeburt vergleichen kann, und dieses Gefühl behielt ich noch sehr, sehr lange.

Nun sah ich langsam, was alles um mich herum passiert war. Ich erkannte das Chaos, das in meiner Umgebung herrschte, und meine Verzweiflung wuchs über mich hinaus.

Ich mußte erkennen lernen, daß ich selbst der Verursacher dieses Chaos' gewesen war.

Ich bekam wieder das intensive Gefühl, als hätte damals vor acht Jahren langsam meine Seele begonnen, den Körper zu verlassen. Jetzt stand sie aber deutlich neben mir und weigerte sich, in meinen Körper zurückzukommen. Jedenfalls nicht zu den alten Bedingungen.

Schloß ich meine Augen, tauchten kurz das Gesicht aus dem Koma und der weiße Pegasus wieder auf. Mein Gewicht reduzierte sich täglich, die Beine verloren jegliche Art von Gefühl, die Adern wurden immer dünner und die Organe immer schwächer.

Ich hatte in den letzten Wochen noch einmal stark abgenommen. Innerhalb einer Woche reduzierte sich das Gewicht weiter um etwa fünf Kilogramm auf ca. 55 kg.

Ich versuchte, gegen die Schlaflosigkeit zu halten und bäumte mich mit aller Kraft auf. Das Kaninchen meiner Tochter lief mir davon, und ich schleppte mich auf allen vieren hinterher. Langsam begann ich zu gehen. Dann fing ich an, auf Händen und Füßen die Terrasse sauberzumachen. Am nächsten Tag, ich hatte immer noch keinen Schlaf, setzte ich mich auf das Mountainbike und fuhr ein paar Kilometer; danach versuchte ich, an einem Sandsack zu trainieren.

Es muß ein sehr makaberes Bild abgegeben haben. Ein Wrack, das sich aufbäumt. Ich dachte, wenn ich jetzt alles aus mir heraushole, dann reagiert der Körper und ich kann endlich schlafen - denkste. Ich spürte deutlich, daß die Nerven, welche das Signal zum Schlafen an das Gehirn weiterleiten, blockierten. Das Gehirn schwoll merklich an. Ich bekam Empfindungen, die hochsensibel auf mich wirkten. Ich sah die Sachen, die passiert waren und wo ich nicht eingreifen konnte, und ich erkannte, was ich zu tun hatte. Aber wie bloß?

Am sechsten Tag tauchte ein schwarzes Rechteck vor meinen geschlossenen Augen auf, gerahmt von einem neongrünen Schimmer. Das ehemalige Gesicht und auch der Pegasus verschwanden.

Am siebten Tag sah ich dieses Tor sogar vor meinen offenen Augen.

Langsam mußte ich erkennen lernen, daß ich selber verantwortlich war für alles, was passiert war. Nicht, daß man nur von Schuld sprechen würde. Ich trage die Verantwortung für alles. Das sagte mir dieses Gefühl, das ich empfinden mußte. Gleichzeitig aber konnte das wiederum nur funktionieren, wenn ich die Schuld auf mich nahm.

Es war genau der Zustand, den ich durchlebte, der als das „Jüngste Gericht" bezeichnet wird.

Ich fühlte mich als Verräter an meinen Kindern und verantwortlich an dem Leid all derer, mit denen ich zu tun hatte.

Ich vernahm Stimmen aus allen möglichen Ecken und Winkeln. So als ob ich pausenlos beobachtet wurde. Ich spürte das intensive Gefühl, daß alle da waren. Claus, Lollo, Heide, Großvater, Vater und all die anderen Lebenden und Toten.

Langsam sog mich das schwarze Loch in sich auf, und ich ließ es über mich ergehen. Das weiße Pferd tauchte wieder auf, und ich erkannte plötzlich, womit ich es zu tun hatte.

Es war unter anderem auch das, was die Gläubigen Himmel und Hölle nennen.

Ich mußte mich entscheiden. Was sollte ich tun, oder wohin wollte ich gehen? Was würde passieren, wenn ich mich einfach fallen ließe? Was war zu tun, um dem Pferd zu folgen?

Ich sah einen alten Mann mit langen weißen Haaren, der etwas Ähnlichkeit mit der Erscheinung von Claus hatte, unter einem riesigen Urwaldbaum sitzen. Dieser Mann war verzweifelt und erbat Beistand. Es war ein Bild Gottes.

Das Pferd kam nur noch, wenn ich es in Gedanken rief. Sein Blick war verwirrt und trüb. Wollte ich mit ihm gehen, so würde dies bestimmt nicht einfach werden. Die Verlockung war groß, mich für das dunkle Loch zu entscheiden, aber ich wollte es nicht. Ich wollte doch noch den Regenwald retten und, und ....!

Ich erkannte, daß der Kampf zwischen dem, was manche als Gut und Böse bezeichnen, eben einfach sein muß, um ein gewisses Gleichgewicht herzustellen. Gäbe es diesen Zwiespalt nicht, würde es unsere Erde auch nicht geben. Aber ich erkannte auch, daß man diesen Zwiespalt auch auf ein Minimum reduzieren könnte. Das wäre dann wohl das Paradies auf Erden. Gleichzeitig nahm ich zur Kenntnis, daß, wenn die menschliche Rasse gefährdet ist, dann auch der Bereich der satanischen Einflüsse gefährdet sein müsse. Auch die dunkle Seite mußte sich entscheiden und sich hinter mich stellen, wenn sie sich nicht selber gefährden wollte. Es gestaltete sich diese Möglichkeit, und diese Herausforderung bezeichne ich als die letzte große Schlacht auf Erden. Die Schlacht der Erkenntnis und die Vorbereitung auf die kommende Kraft der Naturgewalten. Später kann ein Gleichgewicht durch zusätzliche Herausforderungen aus dem Universum hergestellt werden.

Die Erde ist der entscheidende Pol, der Diamant in unserem Universum. Hier ist der Ursprung allen organischen Lebens, wie wir es kennen in reiner und natürlicher Form.

Bevor die Menschen das Gleichgewicht der Dinge nicht herstellen können, können sie auch nicht das Universum erobern. Eine logische mathematische Gleichung.

Ich fühlte innig, daß die gute wie die schlechte Seite unbedingt Hilfe benötigten. Der Spielball, unsere Mutter Erde, war in Gefahr. Es mußte etwas getan werden. Ich entschied mich für diese Alternative und bekam dann endlich die Hilfe, auf die ich so endlos lange gewartet hatte.

Nicht, daß diese Hilfe aus direkter Hilfe von außen bestand, nein, sie kam durch den Überblick, den ich im ganzen erhielt. Manche nennen diese Hilfe Allah, Gott, Buddha, Zeus, Manitu oder anders. Ich nenne es „Vater".

„Jeder auferstehende Tote wird zur Osiris!", lehrt das ägyptische Totenbuch. Denn der Mensch ist der an der Trennung des >zerrissenen Gottes< leidende, vergehende Teil. Genesen kann er nur dann, wenn er wieder eins wird mit Gott."

(Aus der Academia Occulta, dem Lebenswerk von Maria Szepes und W. Charon/ Orbis Verlag)

In der siebten schlaflosen Nacht fand diese Erkenntnis statt. Alles, was ich in dieser Nacht, der Nacht vom 24. auf den 25.03.2000, genau zehn Tage nach dem Absetzen der Medikamente, tat, passierte wie von einer fremden Hand gesteuert. Ich schrieb ein paar merkwürdige Briefe, deren Sinn ich erst später erkannte, und ich wollte unbedingt meine Kinder absichern, alle meine Kinder. Ich spürte, daß ich die nächsten Tage nicht überleben kann, jedenfalls nicht, wenn ich nicht endlich Schlaf bekommen würde. Mein Haß war die Tage zuvor ein paarmal auf ein gewaltiges Potential angestiegen. Jedes Mal, wenn dieses Gefühl mich übermannte, kamen die nächsten Prügel von oben. So, als wenn alles nur eine Herausforderung an mich gewesen wäre, und so war es auch. Haß und andere negative Eigenschaften waren der falsche Weg. Dies aber zu erkennen und zu akzeptieren, war ein gnadenloser Weg.

Es mußte so kommen. Ich hatte es in meiner Verzweiflung mit allen aufgenommen, und jetzt tagte tatsächlich das, was als das „Jüngste Gericht" bezeichnet wird.

Und noch eines wurde mir klar, und es wurde im Laufe der kommenden Ereignisse immer offensichtlicher:

Das, was mir widerfuhr, war genau das, was im Christentum als „unbefleckte Empfängnis" bezeichnet wird.

Alles paßte: die Zustände, die Umstände, die Zahlen und Daten und das Datum - die Nacht vom 24. auf den 25.03.2000. Erst später wurde mir klar, daß genau neun Monate später der 24.12.2000 datiert wird. Bingo!

Der erste Jehova ist der höchste Punkt,*

das Prinzip aller Dinge.

Elohenu ist das Geheimnis

Der Ankunft des Messias.

Der zweite Jehova vereinigt das,

was zur Rechten und zur Linken ist,

in einer einzigen Gesamtheit.

**Jehova = Gott*

(III. Zohar, T2, col 286

Quelle: Die Kabbala von Papus / Fourier Verlag)

****

Ein weiterer wichtiger Schritt folgte, um mir die immer größer werdende Last von den Schultern zu nehmen. Hätte ich diese Erkenntnis nicht gewonnen, wäre ich unweigerlich in den kommenden Tagen gestorben.

Ich mußte um Vergebung bitten. Vergebung für all die Dinge, die ich anderen angetan hatte, waren sie auch noch so klein und scheinbar unbedeutend.

Der wohl weiseste und vernünftigste Weg. Dahin zu kommen, hat lange gedauert, sehr lange, und was mußte ich alles dafür auf mich nehmen!

Urplötzlich konnte ich alle Zusammenhänge klar erkennen, ihren Ursprung, ihre Ursache, ihre Wirkung.

Nicht, daß jetzt auf einmal alles vorbei gewesen wäre.

Nein, es war und ist erst der Anfang. Der Anfang eines neuen Weges.

Die nächsten Tage und Wochen waren mühselig. Am 25.03. kam Rosi aus Spanien zurück. Irgendwie war ich froh, irgendwie!

Bis zu ihrer Ankunft hatte ich noch so viel Unmut im Bauch, daß ich nicht genau wußte, wie ich reagieren würde. Ich hatte die letzten Nächte genau spüren können, wie sie mich zusätzlich ärgern wollte. Ich konnte genau fühlen, wann sie mit ihrem neuen Mann im Bett lag und wie lange sie sexuellen Kontakt hatten. So ganz vergessen konnte sie mich wohl nicht. In diesem, meinem Zustand war es eine zusätzliche Qual und Probe für mich. Ich bekam genau das, was ich brauchte, um den Bewußtseinszustand zu erreichen, der mich auf das kommende hohe Niveau bringen würde.

Als sie dann eintraf, saß ich am Tisch und versuchte wohl zum 50. Mal, ein Testament für die Kinder zu verfassen. Warum? Um ein Zeichen zu setzen!

Außerdem war ich mir noch gar nicht sicher, wie ich da wieder herauskommen würde. Immer noch plagten mich meine Selbstzweifel. Außerdem versagte so langsam mein Körper. Die Organe schienen vollständig ihre Arbeit eingestellt zu haben, sogar mein Herz konnte ich kaum noch spüren. Nur der Kopf schien noch zu arbeiten, und das auf Hochtouren.

Erst in der achten Nacht gelang es mir dann, für eine Stunde zu schlafen. Ich hatte etwas Last von mir nehmen können.

Nun ging die Arbeit richtig los. Jeden Tag ein Stückchen mehr. Richtige Sisyphusarbeit. Ich hatte mich von dem weißen Pferd leiten lassen, und nun mußte ich plötzlich alles neu erlernen. Das Gehen, das Reden, das Lesen, das Schreiben, Ordnung, den

Umgang mit den Kindern und,. und...

Nach einiger Zeit, vielleicht zwei Wochen, spürte ich, daß mein Umfeld auf meiner Art zu lernen mitgezogen wurde und selber nachzog.

Ich hatte lernen müssen und dürfen, was der Begriff „Selbstverantwortung" für eine große und gravierende Rolle spielen kann. Verantwortung für all sein Tun und Handeln zu übernehmen, für wirklich alles und auch für die Folgen.

Daß auch der Neue von Rosi langsam in dieses Bild mit eingefügt werden mußte, machte diese Aufgabe bestimmt nicht leichter. Ich lernte schnell, wie ich mit dieser Situation zurechtkommen konnte. Es gibt keine Alternative, weder für die Kinder noch für mich. Ich denke, Rosi hatte eine ganz gute Wahl getroffen, und die Kinder sind sicher gut aufgehoben. Sie werden sich nach einiger Zeit ohne Schaden an die neue Bezugsperson gewöhnt haben.

Jeden Tag stellten sich neue Hindernisse in den Weg, die es zu meistern galt. Alles auf einmal zu erledigen, ging nicht. Oder doch? Da waren die Familie und die schlimmen Wunden. Da war mein Körper, der jede Sekunde im Griff behalten werden mußte, und da war mein Auftrag. Ein Auftrag, der alles bisher Gewesene in den Schatten stellen würde. Wirklich alles.

Alleine das ständig wachsende Wissen über diesen Auftrag ließ mir das, was alles auf mich zurollte, als Kinderspiel erscheinen. Mein Körper war das beste Zeichen dafür, daß ich auf dem einzig richtigen Weg war, und dankte mir auf seine Weise - und ich denke, daß dies so bleiben wird. Auch die Ereignisse um mich herum ließen mich wissen, daß mein jetziger Weg der richtige war. Plötzlich verspürte ich Hilfe von allen Seiten, ohne daß irgend jemand von meinem Schicksal wissen konnte.

****

Es dauerte ungefähr vier Wochen, bis ich wieder länger als drei Stunden am Tag schlafen konnte. Sehr langsam kam wieder Blut in meine Beine. Es wurde auch höchste Eisenbahn. Die Zehen waren schon schwarzrot angelaufen. Die Adern nur noch so dick wie Stecknadeln.

Meinen Körper lernte ich scheinbar bis in die kleinsten Zellen zu überwachen und zu steuern. Nicht ohne die Sicht auf den Lauf der Dinge insgesamt zu verlieren. So etwas nenne ich:

„Streng im Einklang mit der Natur leben."

In diesem Zusammenhang eine schwere Bürde. Der gesamte Zustand meines Tuns und Wirkens verwandelte sich von Wollen in Möchten und Müssen, immer mit einer gewissen Vorsicht und einem gewaltigen Respekt. Jeder Schritt war auf den Millimeter genau bedacht, und jede Reaktion schien wie von Geisterhand gesteuert. Jeder Schritt in die falsche Richtung wurde mit irgendeinem zusätzlichen Schmerz bestraft, so lange, bis ich automatisch den richtigen Pegel gefunden hatte und jeder Selbstzweifel ausgelöscht war.

Genau wie mir, so erging es in gewisser Art und Weise auch meinem Umfeld. So, als wenn alles von mir ausstrahlen würde - und so war es auch.

Jedes Mal, wenn ich eine Hürde geschafft hatte und beherrschte, dann kam die nächste, und so ging es Stück für Stück weiter. Täglich gewinne ich an Kraft, Macht und Ausdauer dazu; meine Gedanken und Reaktionen bekommen Geschwindigkeit.

Nun wartete ich dummerweise nur noch auf den Geldfluß. Ich dachte, ohne diesen könne sich nun einmal nichts bewegen. Wir leben im Zeitalter der Hochtechnologie und der Jets. Zum Paradies gehören auch Wohlstand und Wohlbefinden. Nur die Prioritäten müssen anders gesetzt werden, das ist auch schon alles.

Mein Weg führte mich in den kommenden Monaten zu den Philippinen. Was ich dort wollte? Ihr werde Euch davon berichten.

Wir werden gemeinsam einen neuen Weg ebnen. Ihr werdet uns folgen.

Wir, das sind immer zwei.

Und vergeßt es nie:

Wir sind nur zwei von Euch!

That's The Way, .. it is!

U. B.

(You Be)